제2판

근대 국어 강독

제2판

근대 국어 강독

나찬연·나벼리 지음

경진출판
Kyungjin Publishing co.

머리말

『근대 국어 강독』은 근대 국어의 시기에 간행된 문헌의 텍스트를 강독함으로써, 학습자들이 근대 국어를 문헌을 통하여 확인하고 분석하는 능력을 기르기 위한 책이다. 이에 따라서 이 책에서는 17, 18, 19세기에 간행된 문헌에서 국어사적으로 중요한 텍스트를 선정하여 수록하였다. 독자들은 이 책을 통하여 17세기의 국어로부터 19세기 말의 국어에 이르기까지 국어가 변화하는 모습을 확인할 수 있고, 나아가 중세 국어와 어서 근대 국어에 대한 통시적인 안목을 기를 수 있을 것으로 기대한다.

이 책에 실린 근대 국어 문헌의 텍스트를 소개하면 다음과 같다. 먼저 17세기의 문헌으로 『동국신속삼강행실도』, 『산성일기』, 『노걸대언해』, 『송강가사』를 수록하였다. 그리고 18세기의 문헌으로 『어제경민음』, 『동명일기』, 『한중만록』, 『오륜행실도』를 수록하였다. 끝으로 19세기 문헌으로 『규합총서』, 『태상감응편도설언해』, 『사민필지』, 『독립신문』을 수록하였다.

이 책에서는 국어사적으로 의의가 있는 문헌의 텍스트뿐만 아니라 국문학사적으로 의의가 있는 문헌의 텍스트도 함께 수록하였다. 곧, 이 책에 수록된 작품 중에서 『산성일기』, 『송강가사』, 『동명일기』, 『한중만록』에 실린 텍스트는 국어학뿐만 아니라 국문학사적 의의도 매우 커서, 고전문학을 공부하는 독자들에게도 도움이 될 것으로 생각한다.

지은이는 『근대 국어 강독』과 함께 『중세 국어 강독』도 발간하였는데, 이 책에서는 15세기와 16세기의 중세 국어 시기에 간행된 문헌의 텍스트를 실었다. 15세기의 문헌으로는 『용비어천가』, 『훈민정음 언해본』, 『석보상절』, 『월인천강지곡』, 『월인석보』, 『두시언해』, 『악학궤범』의 텍스트를 실었으며, 16세기의 문헌으로는 『번역노걸대』, 『번역박통사』, 『번역소학』, 『소학언해』, 『언간과 교서』, 『악장가사』의 텍스트를 실었다.

독자들은 『중세 국어 강독』과 『근대 국어 강독』을 학습함으로써 15세기로부터

19세기 말에 이르는 국어의 통시적 변화 과정을 실제 문헌을 통하여 확인할 수 있다. 이처럼 중세 국어와 근대 국어에 대한 통시적인 변화 모습을 학습함으로써 독자들은 현대 국어가 형성된 과정을 정확하게 이해할 수 있을 것이다.

이 책은 '제7차 교육과정'에 따른 『고등학교 문법』(2010)과 '2022 개정 교육과정'에 따른 『화법과 언어』(2025) 등의 학교 문법 교과서에 기술된 문법 교육의 내용에 기반하여 집필되었다. 그리고 허웅 선생님의 『우리 옛말본』(1975)과 『국어학』(1984), 이기문 교수의 『국어사 개설』(2006), 고영근 교수의 『표준 중세국어 문법론』(2010)에 기술된 문법의 내용과 용어도 이 책에 반영하였다.

지은이는 『근대 국어 강독』과 함께 『중세 국어의 이해』, 『중세 국어 강독』, 『중세 국어 입문』, 『근대 국어 입문』도 간행하였다. 중세 국어와 근대 국어를 처음 배우는 독자들은 먼저 『중세 국어 입문』, 『중세 국어의 이해』에 제시된 언어 이론을 학습하고 난 다음에, 『근대 국어 입문』과 『근대 국어 강독』으로 근대 국어의 텍스트를 강독하기 바란다. 이러한 학습을 통하여 중세 국어와 근대 국어의 공시적인 모습과 함께 국어사의 통시적인 맥락을 이해하는 데에 크게 도움이 될 것이다.

이 책이 나오기까지는 여러 사람의 도움이 있었다. '학교 문법 연구회'의 권영환, 김문기, 박성호 회원은 이 책에 기술된 중세와 근대 국어의 문법 이론을 검토하고 오류를 수정하는 데에 큰 도움을 주었다. 그리고 이 책으로 근대 국어를 익히는 수많은 독자들이 '학교 문법 교실(http://scammar.com)' 홈페이지의 문답방에 문법에 관련한 질문을 올려서, 이 책의 내용을 다듬는 데에 큰 도움이 되었다. 끝으로 책을 발간해 주신 '경진출판'의 양정섭 대표님께 고마운 뜻을 전한다.

지은이에게 평생의 스승으로 남아서 큰 가르침을 주신, 고(故) 나진석 선생님께 이 책을 바친다.

2025. 12.

지은이들 씀

차 례

일러두기

1. 이 책에서 형태소 분석에 사용하는 문법적 단위에 대한 약어는 다음과 같다.

범주	약칭	본디 명칭
품사	의명	의존 명사
	인대	인칭 대명사
	지대	지시 대명사
	형사	형용사
	보용	보조 용언
	관사	관형사
	감사	감탄사
불규칙 용언	ㄷ불	ㄷ 불규칙 용언
	ㅂ불	ㅂ 불규칙 용언
	ㅅ불	ㅅ 불규칙 용언
어근	불어	불완전(불규칙) 어근
파생 접사	접두	접두사
	명접	명사 파생 접미사
	동접	동사 파생 접미사
	조접	조사 파생 접미사
	형접	형용사 파생 접미사
	부접	부사 파생 접미사
	사접	사동사 파생 접미사
	피접	피동사 파생 접미사
	강접	강조 접미사
	복접	복수 접미사
	높접	높임 접미사
조사	주조	주격 조사
	서조	서술격 조사
	목조	목적격 조사

범주	약칭	본디 명칭
조사	보조	보격 조사
	관조	관형격 조사
	부조	부사격 조사
	호조	호격 조사
	접조	접속 조사
어말 어미	평종	평서형 종결 어미
	의종	의문형 종결 어미
	명종	명령형 종결 어미
	청종	청유형 종결 어미
	감종	감탄형 종결 어미
	연어	연결 어미
	명전	명사형 전성 어미
	관전	관형사형 전성 어미
선어말 어미	주높	상대 높임의 선어말 어미
	객높	주체 높임의 선어말 어미
	상높	객체 높임의 선어말 어미
	과시	과거 시제의 선어말 어미
	현시	현재 시제의 선어말 어미
	미시	미래 시제의 선어말 어미
	회상	회상 표현의 선어말 어미
	*확인	확인 표현의 선어말 어미
	*원칙	원칙 표현의 선어말 어미
	*감동	감동 표현의 선어말 어미
	*화자	화자 표현의 선어말 어미
	대상	대상 표현의 선어말 어미

* 종래의 '주관적 믿음 표현, 객관적 믿음 표현, 느낌 표현, 인칭법의 선어말 어미를 각각 '확인 표현, 원칙 표현, 감동 표현, 화자 표현'의 선어말 어미로 명칭을 변경했다.

2. 이 책의 형태소 분석에서 사용되는 약호는 다음과 같다.

부호	기능	용례
#	어절의 경계 표시.	철수가 # 국밥을 # 먹었다.
+	한 어절 내에서의 형태소 경계 표시.	철수 + -가 # 먹- + -었- + -다
( )	언어 단위의 문법 명칭과 기능 설명.	먹(먹다) - + -었(과시)- + -다(평종)
[ ]	파생어의 내부 짜임새 표시.	먹이[먹(먹다)- + -이(사접)-]- + -다(평종)
	합성어의 내부 짜임새 표시.	국밥[국(국) + 밥(밥)] + -을(목조)
-a	a의 앞에 다른 말이 실현되어야 함.	-다, -냐 ; -은, -을 ; -음, -기 ; -게, -으면
a-	a의 뒤에 다른 말이 실현되어야 함.	먹(먹다)-, 자(자다)-, 예쁘(예쁘다)-
-a-	a의 앞뒤에 다른 말이 실현되어야 함.	-으시-, -었-, -겠-, -더-, -느-
a(← A)	기본 형태 A가 변이 형태 a로 변함.	지(← 짓다, ㅅ불)- + -었(과시)- + -다(평종)
a(↚ A)	A 형태를 a 형태로 잘못 적음(오기)	국빱(↚ 국밥) + -을(목)
Ø	무형의 형태소나 무형의 변이 형태	예쁘- + -Ø(현시)- + -다(평종)

3. 다음은 문장을 1과 2의 약어와 약호를 사용하여 어절 단위로 분석한 예이다.

불휘 기픈 남ᄀᆞᆫ ᄇᆞᄅᆞ매 아니 뮐ᄊᆡ 곶 됴코 여름 하ᄂᆞ니 [용가 2장]

① 불휘 : 불휘(뿌리, 根) + -Ø(← -이 : 주조)
② 기픈 : 깊(깊다, 深)- + -Ø(현시)- + -은(관전)
③ 남ᄀᆞᆫ : 낡(← 나모 : 나무, 木) + -ᄋᆞᆫ(-은 : 보조사)
④ ᄇᆞᄅᆞ매 : ᄇᆞᄅᆞᆷ(바람, 風) + -애(-에 : 부조, 이유)
⑤ 아니 : 아니(부사, 不)
⑥ 뮐ᄊᆡ : 뮈(움직이다, 動)- + -ㄹᄊᆡ(-으므로 : 연어)
⑦ 곶 : 곶(꽃, 花)
⑧ 됴코 : 둏(좋아지다, 좋다, 好)- + -고(연어, 나열)
⑨ 여름 : 여름[열매, 實 : 열(열다, 結)- + -음(명접)]
⑩ 하ᄂᆞ니 : 하(많아지다, 많다, 多)- + -ᄂᆞ(현시)- + -니(평종, 반말)

4. 단, 아래의 경우에는 예외적으로 다음과 같은 방법으로 어절의 짜임새를 분석한다.

가. 명사, 동사, 형용사는 특별한 경우가 아니면 품사의 명칭을 표시하지 않는다. 단, 의존 명사와 보조 용언은 예외적으로 '의명'과 '보용'으로 표시한다. 그리고 자동사와 타동사를 구분할 필요가 있을 때에는 각각 '자동'과 '타동'으로 표시한다.

① 부톄 : 부텨(부처, 佛) + -ㅣ(← -이 : 주조)
② 괴오쇼셔 : 괴오(사랑하다, 愛)- + -쇼셔(-소서 : 명종)
③ 올ᄒᆞ시이다 : 옳(옳다, 是)- + -ᄋᆞ시(주높)- + -이(상높)- + -다(평종)
④ ᄆᆡᆼᄀᆞᄂᆞ니 : ᄆᆡᆼᄀᆞ(← ᄆᆡᆼᄀᆞᆯ다, 製 : 만들다, 타동)- + -ᄂᆞ(현시)- + -니(연어)
⑤ 니거늘 : 니(가다, 다니다, 行 : 자동)- + -거늘(연어)

나. 한자말로 된 복합어는 더 이상 분석하지 않는다.

① 中國에 : 中國(중국) + -에(부조, 비교)
② 無上涅槃ᄋᆞᆯ : 無上涅槃(무상열반) + -ᄋᆞᆯ(목조)

다. 특정한 어미가 다른 어미의 내부에 끼어들어서 실현될 때에는 다음과 같이 표기한다. 이때 단일 형태소의 내부가 분리되는 현상은 '…'로 표시한다.

① 어리니잇가 : 어리(어리석다, 愚 : 형사)- + -잇(← -이- : 상높)- + -니…가(의종)
② 자거시늘 : 자(자다, 宿 : 동사)- + -시(주높)- + -거…늘(-거늘 : 연어)

라. 형태가 유표적으로 존재하지 않으면서도 문법적이 있는 '무형의 형태소'는 다음과 같이 'Ø'로 표시한다.

① <u>가ᄆᆞ라</u> 비 아니 오ᄂᆞᆫ 싸히 잇거든
- ᄀᆞᄆᆞ라 : [가물다(동사) : ᄀᆞᄆᆞᆯ(가뭄, 旱 : 명사) + -Ø(동접)-]- + -아(연어)

② <u>바ᄅᆞ</u> 自性을 ᄉᆞᄆᆞᆺ 아ᄅᆞ샤
- 바ᄅᆞ : [바로(부사) : 바ᄅᆞ(바ᄅᆞ다, 正 : 형사)- + -Ø(부접)]

③ <u>불휘</u> 기픈 남ᄀᆞᆫ
- 불휘(뿌리, 根) + -Ø(← -이 : 주조)

④ 내 ᄒᆞ마 <u>命終호라</u>
- 命終ᄒᆞ(명종하다 : 동사)- + -Ø(과시)- + -오(화자)- + -라(← -다 : 평종)

마. 무형의 형태소로 실현되는 시제 표현의 선어말 어미는 다음과 같이 표기한다.

① 동사나 형용사의 종결형과 관형사형에서 나타나는 '과거 시제 표현'의 무형의 선어말 어미는 '-Ø(과시)-'로, '현재 시제 표현'의 무형의 선어말 어미는 '-Ø(현시)-'로 표시한다.

㉠ 아ᄃᆞᆯᄃᆞᆯ히 아비 <u>죽다</u> 듣고

- 죽다 : 죽(죽다, 死 : 동사)- + -Ø(과시)- + -다(평종)

㉡ 엇던 行業을 지ᅀᅥ 惡德애 <u>ᄢᅥ러딘다</u>

- ᄢᅥ러딘다 : ᄢᅥ러디(떨어지다, 落 : 동사)- + -Ø(과시)- + -ㄴ다(의종)

㉢ 獄ᄋᆞᆫ 罪 <u>지ᅀᅳᆫ</u> 사ᄅᆞᆷ 가도ᄂᆞᆫ ᄡᅡ히니

- 지ᅀᅳᆫ : 짓(짓다, 犯 : 동사)- + -Ø(과시)- + -ㄴ(관전)

㉣ 닐굽 ᄒᆡ 너무 <u>오라다</u>

- 오라(오래다, 久 : 형사)- + -Ø(현시)- + -다(평종)

㉤ 여슷 大臣이 힝뎌기 <u>왼</u> ᄃᆞᆯ 제 아라

- 외(외다, 그르다, 誤 : 형사)- + -Ø(현시)- + -ㄴ(관전)

② 동사나 형용사의 연결형에 나타나는 과거 시제나 현재 시제 표현의 무형의 선어말 어미는 표시하지 않는다.

㉠ 몸앳 필 <u>뫼화</u> 그르세 다마 男女를 내ᅀᆞᄫᆞ니

- 뫼화 : 뫼호(모으다, 集 : 동사)- + -아(연어)

㉡ 고히 <u>길오</u> <u>놉고</u> <u>고ᄃᆞ며</u>

- 길오 : 길(길다, 長 : 형사)- + -오(← -고 : 연어)
- 놉고 : 놉(높다, 高 : 형사)- + -고(연어, 나열)
- 고ᄃᆞ며 : 곧(곧다, 直 : 형사)- + -ᄋᆞ며(-으며 : 연어)

③ 합성어나 파생어의 내부에서 실현되는 과거 시제나 현재 시제 표현의 무형의 선어말 어미는 표시하지 않는다.

㉠ 왼녁 : [왼쪽, 左 : 외(왼쪽이다, 右)- + -ㄴ(관전 ▹ 관접) + 녁(녘, 쪽 : 의명)]

㉡ 늘그니 : [늙은이 : 늙(늙다, 老)- + -은(관전) + 이(이, 者 : 의명)]

17세기 옛글 1부

1. 동국신속삼강행실도

2. 산성일기

3. 노걸대언해

4. 송강가사

1. 동국신속삼강행실도

『동국신속삼강행실도』(東國新續三綱行實圖)는 1617년(광해군 9)에 유근(柳根) 등이 왕명으로 편찬하였다. 이 책은 세종조에 간행된 『삼강행실도』(三綱行實圖)와 중종조에 간행된 『속삼강행실도』(續三綱行實圖)의 후속편에 해당한다.

『동국신속삼강행실도』는 임진왜란을 겪고 난 뒤에 피폐된 국민의 도의(道義)를 부흥하려고 간행하였다. 당초의 계획은 임진왜란을 통하여 발생한 충(忠), 효(孝), 열(烈)의 행적을 채집하고 공포하여 민심을 격려하는 것이었다. 그러나 기술 대상의 폭을 한층 더 넓혀서, 주로 임진왜란 후에 조정으로부터 표창 받은 인물을 중심으로 편찬였다. 주로 『여지승람』(輿地勝覽) 등의 고전과 각 지방의 보고 자료를 폭넓게 취합하여 '충, 효, 열'의 모범이 되는 수많은 사람들의 행적을 기재했다.

이 책은 원집(原集) 17권과 속부(續附) 1권으로 짜여 있다. 원집 권1~8은 효자, 권9는 충신, 권10~17은 열녀이고, 속부는 『삼강행실도』와 『속삼강행실도』에 수록된 인물 72명의 행적을 부록으로 싣고 있다. 각 인물의 행적의 내용을 도화(圖畵) 1장에 그렸고 행적의 내용을 한문으로 적은 다음에 국문을 덧붙였다.

이 책은 근대 국어 초기의 특징을 잘 나타내고 있는데, 이를 정리하면 다음과 같다.

첫째, 간혹 'ㅿ' 글자가 나타나기도 하는데, 전대의 『삼강행실도』와 『속삼강행실도』의 영향을 받은 관습적 표기로 보인다.

(보기) 아ᅀᆞ, 뵈ᅀᆞᆸ고, ᄆᆞᅀᆞᆷ, 나ᅀᆞ명, ᄀᆞᅀᆞᆷ

둘째, 음절의 첫소리에는 'ㆁ' 글자가 쓰이지 않았으나, 음절의 끝소리에 실현되는 /ŋ/의 소리를 적는 데에는 'ㆁ' 글자와 'ㅇ' 글자를 섞어서 적었다.

(보기) ① 느ᇰ히, 무덤이니ᇰ이다, 듀ᇰ노, 시ᇰ시, 금샤ᇰ됴애

② ᄯᅩᆼ, 양셩현, 뎡유왜난, 셩이, 며래덩울

셋째, 된소리를 표기하는 데에 단어의 첫 머리에 'ㅂ'계와 'ㅅ'계 합용 병서와 더불

어서, 'ㅄ'계 합용 병서인 'ᄢ, ᄣ'의 글자가 드물게 사용되고 있다. 여기서 'ㅄ'계는 실제로는 사용되지 않았는데, 중세 국어의 표기 관습상 그대로 남은 흔적이다. 특히 'ᄢ'이 'ᄞ'으로 바뀐 예가 보인다.

(보기) ① 'ㅂ'계 합용 병서 : ᄠᅳ려, ᄢᅵ고, ᄠᅥ나디, 샤슈로ᄡᅥ, ᄡᅩ다가, ᄡᆞ인, ᄧᅳᄌᆞ며, ᄩᅡ
② 'ㅅ' 계 합용 병서 : ᄯᅩᆼ, 길ᄉᆡᆨ의, ᄶᅡ홀, ᄯᅩ, ᄲᅢᆯ리, ᄲᅢ여
③ 'ㅄ' 계 합용 병서 : ᄢᅢ텨, ᄢᅧ뎌, ᄣᅳ리더니 ; ᄢᅡ, ᄣᆞ리되, ᄣᅢ예

넷째, 각자 병서 글자인 'ㅆ' 글자와 더불어서 'ㅃ'이 단어의 첫 머리에 쓰인 것이 특징이다.

(보기) 싸홈의, 유쎡딘ᄋᆞᆫ ; 뿌모ᄋᆞ, 빠여, 빠뎌, 빼여, 빠, 빼텨

다섯째, '이어적기(連綴)'뿐만 아니라 '끊어적기(分綴)'와 '거듭적기(重綴)', '재음소화' 등의 표기 방법도 나타난다.

(보기) ① 끊어적기 : 모칙이, ᄆᆞ음애, 도적으로, 부ᄌᆞ의
② 거듭적기 : 음시기며 → 음식기며, 자피믈 → 잡피믈, 도저기 → 도적기
③ 재음소화 : 븍녀크로 → 븍녁흐로, 겨틔 → 겻히, 녀픠 → 녑히, 수페 → 숩헤

여섯째, 모음과 모음 사이에 실현되는 'ㄹㄹ'을 'ㄹㄴ'으로 표기한 예가 있다.

(보기) 올라 → 올나, ᄆᆞᆯᄅᆞ → ᄆᆞᆯ나, 흘너 → 흘너, 블러 → 블너

일곱째, /ㅅ/이 음절의 끝에서 /ㄷ/으로 실현되어서 /ㄱ, ㄴ, ㄷ, ㄹ, ㅁ, ㅂ, ㅇ/의 7종성 체계로 굳어졌다.

(보기) 맛보고>맏보고, 셧녁키>셛녁키, 당ᄒᆞ엿거ᄂᆞᆯ>당ᄒᆞ엳거ᄂᆞᆯ, 잇고>읻고, 늣디>늗디, 여ᄉᆞᆺ>여ᄉᆞᆮ, 좃디>졷디, 쟝ᄎᆞᆺ>쟝ᄎᆞᆮ, 좇고>졷고, 옷>옫

여덟째, 비음화, 원순 모음화, 'ㄹ' 두음 법칙이 적용된 예가 드물게 나타난다. 다만 구개음화의 예는 아주 드문데, 이는 15세기의 『삼강행실도』와 16세기에 간행된 『속삼강행실도』의 영향이다.

(보기) ① 비음화 : 듕로〉듕노, 맛나〉만나, 신라〉신나, 듁령〉듁녕
② 원순 모음화 : 블리고〉불리고, 믄득〉문득, 븍도〉북도
③ 'ㄹ' 두음 법칙 : 리셰민〉니셰민, 례법〉녜법, 료동〉뇨동
④ 구개음화 : 텬옥〉쳔옥

아홉째, 일부 단어에서는 음절의 종성 /ㄷ/을 'ㅅ'으로 표기한 예가 나타난다.

(보기) 받ᄌᆞ온대 → 밧ᄌᆞ온대, 블드러 → 븟드러, 얻디 → 엇디

열째, 중세 국어에서는 '-ㅅ'이 관형격 조사와 사잇소리 표기 글자로 두루 쓰였으나, '-ㅅ'은 대체로 사잇소리를 표기하는 글자로만 쓰인다.

열한째, /ㅎ/으로 끝나는 체언은 대체로 그 /ㅎ/을 그대로 유지하고 있다.

(보기) 길흘, 길흘, ᄒᆞᆫ나흘, ᄆᆞ올히, 우히

열두째, 명사형 전성 어미가 중세 국어와 마찬가지로 '-옴/-움'로 실현되기도 하고 새로운 형태인 '-음/-ㅁ'으로 실현되기도 하여, 두 형태가 혼용되고 있다.

(보기) ㄱ. 영장호매, 함셩호매, 셜워호미
ㄴ. 슬허ᄒᆞᄆᆞᆯ, 사라시모론, 잡피믈, 조ᄎᆞᄆᆞᆯ

열셋째, 명사형 전성 어미로서 '-기'가 쓰인 예가 늘어났다.

(보기) ᄆᆞᆯ ᄃᆞᆯ리기, ᄭᅮ짓기ᄅᆞᆯ, 졔ᄉᆞᄒᆞ기를, 화ᄒᆞ기ᄅᆞᆯ

열넷째, 대상법의 선어말 어미 '-오-/-우-'는 거의 소멸하였으나, 화자 표현의 선어말 어미인 '-오-/-우'는 종결형에서 대체로 그대로 쓰이고 있다.

(보기) 아니호리라, ᄃᆡ힝호리라, 아니호리라, 몯ᄒᆞ노라, 호리라

열다섯째, 완료를 나타내는 선어말 어미 '-엇-/-얏-', '-아시-/-야시-' 등이 쓰였다.

(보기) ㄱ. 드러갓더니, 병드럿거ᄅᆞᆯ, 니벗ᄂᆞᆫ, 되엿더니, 쥐엿던
ㄴ. 칙텨시니, 사마시니, ᄒᆞ야시니

孝子

介白斷指 *

유ᄒᆨ[1] 니개ᄇᆡᆨ[2]은 양셩현[3] 사ᄅᆞᆷ이니 져머셔브터[4] 효ᄒᆡᆼ이 잇더니 ᄌᆞ라매[5] 미처[6] 부뫼 다 오래 병드럿거ᄅᆞᆯ[7] 개ᄇᆡᆨ이 겨ᄐᆡ[8] ᄠᅥ나디[9] 아니ᄒᆞ야 안ᄌᆞ며 누우며[10] 음식기며[11] 오ᄌᆞᆷᄯᅩᆼ[12] ᄂᆞᆯ 제 반ᄃᆞ시 븓자바[13] 닐곱 ᄒᆡ예 니ᄅᆞ도록 게ᄋᆞᆯ리[14] 아니 ᄒᆞ더니 어미 죽거ᄂᆞᆯ 슬허ᄒᆞᄆᆞᆯ[15] 녜예[16] 넘게 ᄒᆞ고 영장호매[17] 미처 시묘[18] 사라 쥭만 먹더라 아비 병이

---

* **介白斷指** : 개백단지. 개백(介白)이 손가락을 자르다. [孝子 7 : 19]

1) 유ᄒᆨ : 유학(幼學). 고려·조선 시대에, 벼슬하지 아니한 유생(儒生)을 이르던 말이다.
2) 니개ᄇᆡᆨ : 이개백(李介白). 사람 이름이다.
3) 양셩현 : 양성현(陽城縣). 땅 이름이다.
4) 져머셔브터 : 졈(젊다, 少)- + -어셔(-어서 : 연어, 상태의 유지) + -브터(-부터 : 보조사, 시작)
5) ᄌᆞ라매 : ᄌᆞ라(자라다, 長)- + -ㅁ(← -옴 : 명전) + -애(-에 : 부조, 위치)
6) 미처 : 밋(미치다, 이르다, 及)- + -어(연어)
7) 병드럿거ᄅᆞᆯ : 병들[병들다, 宿疾 : 병(병, 疾) + 들(들다, 宿)-]- + -엇(완료)- + -거ᄅᆞᆯ(← -거늘 : 연어, 상황) ※ 17세기 이후에는 '-엇-/-앗-/-얏-'은 '완료(完了)'를 나타내는 선어말어미로 바뀌어서 쓰였다.
8) 겨ᄐᆡ : 곁(곁, 側) + -ᄋᆡ(-에 : 부조, 위치)
9) ᄠᅥ나디 : ᄠᅥ나[떠나다, 離 : ᄠᅳ(뜨다, 隔)- + -어(연어) + 나(나다, 出)-]- + -디(-지 : 연어, 부정)
10) 누우며 : 누우(← 눕다, ㅂ불 : 눕다, 臥)- + -며(← -으며 : 연어, 나열)
11) 음식기며 : 음식ㄱ(← 음식 : 음식, 飮食) + -이며(접조) ※ '음식ㄱ'는 '음식'의 /ㄱ/을 'ㄱㄱ'으로 거듭 적은 형태이다.
12) 오ᄌᆞᆷᄯᅩᆼ : [오줌똥 : 오ᄌᆞᆷ(오줌, 尿) + ᄯᅩᆼ(똥, 糞)]
13) 븓자바 : 븓잡[붙잡다, 持 : 븓(← 븥다 : 붙다, 附)- + 잡(잡다, 執)-]- + -아(연어)
14) 게ᄋᆞᆯ리 : [게을리, 怠(부사) : 게ᄋᆞᆯㄹ(← 게ᄋᆞ르다 : 게으르다, 怠)- + -이(부접)]
15) 슬허ᄒᆞᄆᆞᆯ : 슬허ᄒᆞ[슬퍼하다, 哀 : 슳(슬퍼하다, 哀)- + -어(연어) + ᄒᆞ(하다, 爲 : 보용)-]- + -ㅁ(← -옴 : 명전) + -ᄋᆞᆯ(목조)
16) 녜예 : 녜(← 례 : 예, 예법, 禮) + -예(← -에 : 부조, 위치) ※ '례 〉 녜'의 변화는 'ㄹ' 두음 법칙이 적용된 결과이다.
17) 영장호매 : 영장ᄒᆞ[영장하다 : 영장(영장, 永葬 : 명사) + -ᄒᆞ(동접)-]- + -옴(명전) + -애(-에 : 부조, 위치, 상황) ※ '영장(永葬)'은 편안하게 장사를 지내는 것이다.
18) 시묘 : 시묘(侍墓). 부모의 거상(居喪) 중에 3년간 그 무덤 옆에서 움막을 짓고 사는 것이다.

듕커ᄂᆞᆯ[19] ᄯᅩᆼ을 맏보고[20] 손가락 베혀[21] 약애 ᄠᅡ[22] 밧ᄌᆞ온대[23] 병이 즉제 됴ᄒᆞ니라[24] 아븨[25] 거상을 ᄒᆞᆫᄀᆞᆯᄀᆞᆮ티[26] 젼상대로[27] ᄒᆞ니 젼후 여ᄉᆞᆺ ᄒᆡ를 ᄒᆞᆫ 번도 지븨 니ᄅᆞ디 아니ᄒᆞ니라 탈상[28]ᄒᆞ고 ᄆᆡ일 새배[29] 어을메[30] ᄉᆞ당의[31] 뵈ᅀᆞᆸ고 나며 들 제 ᄯᅩ 그리 ᄒᆞ더라 공헌대왕[32] 상ᄉᆞ[33]애 심상[34]을 삼 년을 ᄒᆞ고 인셩[35] 인슌[36] 상애 다[37] 소ᄒᆞ거ᄂᆞᆯ[38] 긔년ᄂᆞᆯ[39] ᄒᆞ니라 금샹됴[40]애 졍문[41] ᄒᆞ시니라[42]

---

19) 듕커ᄂᆞᆯ : 듕ㅎ[← 듕ᄒᆞ다(중하다) : 듕(중, 重 : 불어)- + -ᄒᆞ(형접)-]- + -거ᄂᆞᆯ(-거늘 : 연어, 상황)

20) 맏보고 : 맏보[← 맛보다 : 맏(← 맛 : 맛, 味) + 보(보다, 見)-]- + -고(연어, 계기) ※ '맏보고'의 종성 /ㄷ/은 7종성 체계에 따라서 평파열음화가 적용된 형태이다.

21) 베혀 : 베히[← 버히다(베다, 斷 : 타동) : 벟(베어지다 : 자동)- + -이(사접)-]- + -어(연어)

22) ᄠᅡ : ㅳ(← ᄠᅳ다 : 타다, 섞다, 和)- + -아(연어)

23) 밧ᄌᆞ온대 : 밧(← 받다 : 바치다, 獻)- + -ᄌᆞ오(← -ᄌᆞᆸ- : 객높)- + -ㄴ대(← -은대 : -은데, 연어, 설명의 계속, 이유) ※ '밧ᄌᆞ온대'는 /받/의 종성 /ㄷ/을 'ㅅ'으로 표기한 형태이다.

24) 됴ᄒᆞ니라 : 둏(좋아지다, 療 : 자동)- + -Ø(과시)- + -ᄋᆞ니(원칙)- + -라(← -다 : 평종)

25) 아븨 : 압(← 아비 : 아버지, 父) + -의(관조)

26) ᄒᆞᆫᄀᆞᆯᄀᆞᆮ티 : [한결같이, 一如(부사) : ᄒᆞᆫᄀᆞᆯ(한결 : 불어) + ᄀᆞᆮㅌ(← ᄀᆞᇀ다 : 같다, 同)- + -이(부접)] ※ 'ᄀᆞᆮ티'는 'ᄀᆞ티'의 초성 /ㅌ/을 'ㄷㅌ'으로 거듭 적은 형태이다. 'ᄒᆞᆫᄀᆞᆯ'을 [ᄒᆞᆫ(一, 관사) + ᄀᆞᆯ(명사)]로 분석할 가능성이 높으나, 'ᄀᆞᆯ'의 의미가 분명하지 않다.

27) 젼상대로 : 젼상(전상, 앞의 상, 前喪) + -대로(보조사, 마찬가지) ※ '전상(前喪)'은 그 앞의 상, 곧 어머니의 상을 이른다.

28) 탈상 : 탈상(脫喪). 어버이의 삼년상을 마치는 것이다.

29) 새배 : 새벽, 晨.

30) 어을메 : 어읆(어스름, 昏) + -에(부조, 위치)

31) ᄉᆞ당의 : ᄉᆞ당(사당, 廟) + -의(-에 : 부조, 위치)

32) 공헌대왕 : 공헌대왕(恭憲大王). 조선 시대 명종(明宗, 1534~1567)의 시호이다.

33) 상ᄉᆞ : 상사(喪事). 사람이 죽은 일이다.

34) 심상 : 심상(心喪). 상복은 입지 아니하지만 상제처럼 말과 행동을 삼가고 조심하는 것이다.

35) 인셩 : 인성(仁聖). 조선 제12대 왕인 인종(仁宗)의 비(妃)이다.

36) 인슌 : 인순(仁順). 조선 제13대 왕인 명종(明宗)의 비(妃)이다.

37) 다 : 모두, 다, 皆(부사)

38) 소ᄒᆞ거ᄂᆞᆯ : 소ᄒᆞ[소하다 : 소(소, 素 : 불어) + -ᄒᆞ(동접)-]- + -거ᄂᆞᆯ(-거늘 : 연어, 상황) ※ '소(素)'는 상중(喪中)에 고기나 생선 따위의 비린 음식을 먹지 아니하는 것이다.

39) 긔년ᄂᆞᆯ : 긔년ㄴ(← 긔년 : 기년, 일년, 期年) + -ᄋᆞᆯ(목조) ※ '긔년ㄴ'은 '긔년'의 종성 /ㄴ/을 'ㄴㄴ'으로 거듭 적은 형태이다.

40) 금샹됴 : [금상조, 今上朝 : 금샹(금상, 今上) + 됴(조, 朝)] ※ '됴(朝)'는 왕이나 왕조의 통치 기간을 이르고, 이때의 '금상됴(今上朝)'는 당대 임금(= 광해군)의 통치 기간을 이른다.

41) 졍문 : 정문(旌門). 충신, 효자, 열녀 들을 표창하기 위하여 그 집 앞에 세우던 붉은 문이다.

유학(幼學) 이개백(李介白)은 양성현(陽城縣)의 사람이니, 젊어서부터 효행(孝行)이 있더니, 자람에 이르러 부모(父母)가 다 오래 병들었거늘, 개백이 곁에 떠나지 아니하여, 앉으며 누우며 음식이며 오줌똥 눌 때 반드시 붙잡아, 일곱 해에 이르도록 게을리 아니하더니, 어미가 죽거늘 슬퍼함을 예(禮)에 넘게 하고, 영장(永葬)함에 이르러 시묘(侍墓) 살아 죽만 먹더라. 아비가 병이 중(重)하거늘, 똥을 맛보고 손가락을 베어 약에 타서 바쳤는데 병이 즉시 좋아졌니라. 아비의 거상(居喪)을 한결같이 전상(前喪)대로 하니, 전후 여섯 해를 한 번도 집에 이르지 아니하였니라. 탈상(脫喪)하고 매일 새벽 어스름에 사당(祠堂)에 뵙고, 나며 들 때 또 그리 하더라. 공헌대왕(恭憲大王)의 상사(喪事)에 심상(心喪)을 삼 년 하고, 인성(仁聖), 인순(仁順)의 상(喪)에 다 소(素)하거늘 기년(期年)을 하였느니라. 금상(今上)의 조(朝)에 정문(旌門)하셨니라.

勇男活母 *

류용남[1)]은 튱쥐[2)] 사름이라 셩[3)]이 지극훈 회러니[4)] 나히[5)] 아홉 설에[6)] 할아븨[7)] 상ᄉᆞ롤 만나[8)] 그 부모의[9)] 흰옷 니벗ᄂᆞᆫ[10)] 주롤 보고 닐오ᄃᆡ 부뫼 거상 오솔 니벗거든[11)] ᄌᆞ식이 홀로 아님이[12)] ᄆᆞᄋᆞᆷ애 편안ᄒᆞ랴[13)]

---

42) ᄒᆞ시니라 : ᄒᆞ(하다, 爲)- + -시(주높)- + -Ø(과시)- + -니(원칙)- + -라(← -다 : 평종)

* **勇男活母**(용남활모) : 용남(勇男)이 어머니를 살리다. [孝子 7 : 44]

1) 류용남 : 유용남(劉勇男). 사람 이름이다.

2) 튱쥐 : ① 튱쥬(충주, 忠州 : 지명) + -ㅣ(← -의 : 관조) ② 튱쥐(충주, 忠州 : 지명) ※ '州'는 16세기 초까지는 음이 /쥬/였는데, 이 시기부터는 /쥐/로 쓰이는 것이 일반적이었다.

3) 셩 : 성품(性品)

4) 회러니 : 효(효, 孝) + -ㅣ(← -이- : 서조)- + -러(← -더- : 회상)- + -니(연어, 설명 계속)

5) 나히 : 나ㅎ(나이, 歲) + -이(주조)

6) 설에 : 설(살, 歲 : 의명) + -에(부조, 위치)

7) 할아븨 : 할압[← 할아비(할아버지, 祖) : 할-(← 한- : 大, 접두)- + 아비(아버지, 父)] + -의(관조) ※ 접두사인 '할-'은 어원상으로 [하(크다, 大)- + -ㄹ(← -ㄴ : 관전)]으로 다시 분석할 수 있다.

8) 만나 : 만나(만나다, 遇)- + -아(연어) ※ '맛나 → 만나'의 변동은 /ㄷ/이 /ㄴ/으로 비음화한 형태이다.

9) 부모의 : 부모(부모, 父母) + -의(관조, 의미상 주격)

10) 니벗ᄂᆞᆫ : 닙(입다, 服)- + -엇(완료)- + -ᄂᆞ(현시)- + -ㄴ(관전) ※ '-엇ᄂᆞ-'는 '-엇-'과 '-ᄂᆞ-'가 결합하여 '현재 완료'의 뜻을 나타낸다.

11) 니벗거든 : 닙(입다, 服)- + -엇(완료)- + -거든(-는데 : 연어, 설명 계속)

12) 아님이 : 아니[← 아니ᄒᆞ다(아니하다 : 보용, 부정) : 아니(아니, 不 : 부사, 부정)- + -Ø(← -

ᄒᆞ고 고기ᄅᆞᆯ 먹디 아니ᄒᆞ고 됴셕에[14] 졔[15]ᄅᆞᆯ 도와 삼 년을 ᄆᆞᆮ다[16] 임진왜란을 만나 그 어미로 더브러 수플[17] 아래 업데엿더니[18] 도적이 니르러[19] 쟝ᄎᆞᆺ[20] 그 어미ᄅᆞᆯ 해호려[21] 커ᄂᆞᆯ[22] 용남이 손으로 그 어미ᄅᆞᆯ 븓들고[23] 닐오ᄃᆡ ᄎᆞᆯ하리[24] 나ᄅᆞᆯ 주기고 늘근 어미란[25] 해티[26] 말라 ᄒᆞ니 도적이 ᄃᆞᆯ 다 노ᄒᆞ니라[27] 금샹됴애 졍문 ᄒᆞ시니라

류용남(劉勇男)은 충주(忠州)의 사람이다. 성품(性品)이 지극한 효(孝)이더니, 나이 아홉 살에 할아버지의 상사(喪事)를 만나, 그 부모가 흰 옷 입은 것을 보고 이르되 "부모가 거상(居喪)의 옷을 입었는데, 자식이 홀로 (거상의 옷을 입지) 아니함이 마음에 편하랴?" 하고, 고기를 먹지 아니하고 조석(朝夕)에 제(祭)를 도와 삼 년을 마쳤다. 임진왜란(壬辰倭亂)을 만나 그 어머니와 더불어 수풀 아래 엎드렸더니, 도적이 이르러 장차 그 어머니를 해하려 하거늘, 용남이 손으로 그 어머니를 붙들고 이르되 "차라리 나를 죽이고 늙은 어머니는 해(害)하지 말라." 하니, 도적이 둘 다 놓았니라. 금상(今上)의 조(朝)에 정문(旌門)하셨니라.

ᄒᆞ- : 동접)-]- + -ㅁ(← -옴 : 명전) + -이(주조) ※ '아님'은 문맥상 '거상의 옷을 입지 아니함'의 뜻이다.

13) 편안ᄒᆞ랴 : 편안ᄒᆞ[편안하다 : 편안(편안, 便安 : 명사) + -ᄒᆞ(형접)-]- + -랴(의종, 판정, 미시, 설의)

14) 됴셕에 : 됴셕(조석, 아침저녁, 朝夕) + -에(부조, 위치)

15) 졔 : 제사(祭)

16) ᄆᆞᆮ다 : ᄆᆞᆮ(← ᄆᆞᆾ다 : 마치다, 終)- + -Ø(과시)- + -다(평종) ※ 'ᄆᆞᆮ다(< ᄆᆞᆾ다)'의 종성 /ㄷ/은 7종성 체계에 따라서 /ㅊ/이 평파열음화한 형태이다.

17) 수플 : [수풀, 林 : 숳(숲, 林) + 플(풀, 草)]

18) 업데엿더니 : 업데(엎드리다, 伏)- + -엿(← -엇- : 완료)- + -더(회상)- + -니(연어, 설명 계속)

19) 니르러 : 니를(이르다, 至)- + -어(연어)

20) 쟝ᄎᆞᆺ : 쟝ᄎᆞᆺ(← 쟝ᄎᆞ : 장차, 將次, 부사)

21) 해호려 : 해ᄒᆞ[해하다 : 해(해, 害 : 명사) + ᄒᆞ(동접)-]- + -오려(-려 : 연어, 의도)

22) 커ᄂᆞᆯ : ㅎ(← ᄒᆞ다 : 하다, 爲)- + -거ᄂᆞᆯ(-거늘 : 연어, 상황)

23) 븓들고 : 븓들[← 븥들다(붙들다, 扶) : 븥다(붙다, 附)- + 들(들다, 擧)-]- + -고(연어, 계기)

24) ᄎᆞᆯ하리 : 차라리, 甯(부사)

25) 어미란 : 어미(어머니, 母) + -란(-는 : 보조사, 주제, 대조)

26) 해티 : 해ㅎ[← 해ᄒᆞ다(해하다, 해치다) : 해(해, 害 : 명사)- + -ᄒᆞ(동접)-]- + -디(-지 : 연어, 부정)

27) 노ᄒᆞ니라 : 놓(놓다, 놓아주다, 釋)- + -Ø(과시)- + -ᄋᆞ니(원칙)- + -라(← -다 : 평종)

柳橿同死 *

튱의[1] 위뉴강[2]은 안음현[3] 사ᄅᆞᆷ이니 뎡유왜난[4]애 온[5] 집 사ᄅᆞᆷ이 황셕산셩[6]에 드럿더니[7] 셩[8]이 함ᄒᆞ야ᄂᆞᆯ[9] 강이 그 어미ᄅᆞᆯ 업고 셩에 나가 그 아ᅀᆞ[10] 가로[11] ᄒᆡ여곰[12] 븟드러[13] 가게 ᄒᆞ고 도로[14] 도적 가온대 드러가 ᄯᅩ 아비ᄅᆞᆯ 어버 나오더니 아비 면티[15] 몯ᄒᆞᆯ 줄 알고 ᄀᆞᆯ오ᄃᆡ[16] 나ᄂᆞᆫ 츼텨시니[17] 네 그[18] 몬져 나가라 ᄒᆞ니 강이 울고 가디[19] 아니ᄒᆞ야 ᄀᆞᆯ오ᄃᆡ 아바님이 예[20] 겨시거ᄃᆞᆫ[21] ᄌᆞ식이 난ᄃᆞᆯ[22] 어드러[23] 가리오[24]

---

* 柳橿同死(유강동사) : 유강(柳橿)이 같이 죽다. [孝子 8 : 16]

1) 튱의 : 충의(忠義). 충성과 절의이다.
2) 위뉴강 : 위유강(衛柳橿). 인명이다. ※ '류강 〉 뉴강'의 변화는 'ㄹ' 두음 법칙이 적용된 결과이다.
3) 안음현 : 안음현(安陰縣). 지명이다.
4) 뎡유왜난 : 정유왜란(丁酉倭亂). 조선 시대에 임진왜란의 휴전 교섭이 결렬된 뒤, 선조 30년(1597)에 왜장(倭將) 가토 기요마사(加藤淸正) 등이 14만의 대군을 이끌고 다시 쳐들어와 일으킨 전쟁이다. ※ '뎡유왜난'은 '뎡유왜란'을 오각한 형태이다.
5) 온 : [온, 모든, 擧(관사, 양수) : 오(← 오ᄋᆞᆯ다 : 온전하다, 全)- + -ㄴ(관전 ▹ 관접)]
6) 황셕산셩 : 황석산성(黃石山城)이다.
7) 드럿더니 : 들(들다, 入)- + -엇(완료)- + -더(회상)- + -니(연어, 설명 계속)
8) 셩 : 성(城)
9) 함ᄒᆞ야ᄂᆞᆯ : 함ᄒᆞ[함하다 : 함(함, 陷 : 불어) + -ᄒᆞ(동접)-]- + -야ᄂᆞᆯ(← -아ᄂᆞᆯ : 연어, 상황) ※ '함(陷)'은 함락(陷落)되는 것이다.
10) 아ᅀᆞ : 아우, 弟. ※ 이 시기에는 /ㅿ/이 이미 사라졌으므로, '아ᄋᆞ'로 표기되어야 한다.
11) 가로 : 가(가, 榎, 위유강의 동생 : 인명) + -로(부조, 방편)
12) ᄒᆡ여곰 : [하여금(부사) : ᄒᆞ(하다, 爲)- + -ㅣ(← -이- : 사접)- + -여(← -어 : 연어 ▹ 부접) + -곰(보조사, 강조)]
13) 븟드러 : 븟들[← 븥들다(붙들다, 扶) : 븟(← 븥다 : 붙다, 附)- + 들(들다, 擧)-]- + -어(연어) ※ '븟드러'의 'ㅅ'은 '븥드러'에서 /븥/의 종성인 /ㄷ/을 'ㅅ'으로 표기한 형태이다.
14) 도로 : [도로, 逆(부사) : 돌(돌다, 回 : 자동)- + -오(부접)]
15) 면티 : 면ᄒᆞ[← 면ᄒᆞ다(면하다, 벗어나다) : 면(면, 免 : 불어)- + -ᄒᆞ(← -ᄒᆞ- : 동접)-]- + -디(연어, 부정)
16) ᄀᆞᆯ오ᄃᆡ : ᄀᆞᆯ(← ᄀᆞᄅᆞ다 : 이르다, 말하다, 曰)- + -오ᄃᆡ(-되 : 연어, 설명 계속)
17) 츼텨시니 : 츼티[결정되다, 치우치다, 已 : 츼(치우치다, 비키다)- + -티(강접)-]- + -어시(완료)- + -니(연어, 이유) ※ 여기서 '츼티다'는 죽을 운명이 결정되는 것이다.
18) 그 : 그, 其(지대, 정칭) ※ '그'는 자기(= 아버지)의 죽음을 가리키는 지시 대명사이다. 따라서 "그 먼저"는 "내가 죽기 전에"의 뜻으로 쓰였다.
19) 가디 : 가(가다, 去)- + -디(-지 : 보용, 부정)

ᄒᆞ고 드듸여[25] ᄒᆞᆫ가지로[26] ᄒᆞᆫ 칼해[27] 주그니라[28] 금샹됴애 정문ᄒᆞ시니라

충의(忠義) 위유강(衛柳橿)은 안음현(安陰縣)의 사람이니, 정유왜란(丁酉倭亂)에 온 집 사람이 황석산성(黃石山城)에 들었더니, 성(城)이 함락(陷落)되거늘, 강(橿)이 그 어머니를 업고 성에 나가 그 아우인 가(榎)로 하여금 (어머니를) 붙들어 가게 하고, 도로 도적 가운데 들어가 또 아버지를 업어 나오더니, 아버지가 (죽음을) 면(免)하지 못할 줄을 알고 이르되, "나는 (죽음이) 결정되었으니 네가 그 먼저 나가라." 하니, 강(橿)이 울고 가지 아니하여 이르되 "아버님이 여기 계시는데 자식이 나간들 어디로 가리오?" 하고, 드디어 마찬가지로 한 칼에 죽었느니라. 금상(今上)의 조(朝)에 정문(旌門)하셨느니라.

20) 예 : 여기, 此(지대, 정칭)
21) 겨시거ᄃᆞᆫ : 겨시(계시다, 在)- + -거든(-는데 : 연어, 설명 계속)
22) 난ᄃᆞᆯ : 나(나가다, 出)- + -ㄴᄃᆞᆯ(-ㄴ들 : 연어, 양보)
23) 어드러 : 어디로, 何處(부사)
24) 가리오 : 가(가다, 去)- + -리(미시)- + -오(← -고 : 의종, 설명)
25) 드듸여 : [드디어, 遂(부사) : 드듸(디디다, 이어받다, 踏, 承)- + -여(← -어 : 연어 ▹ 부접)]
26) ᄒᆞᆫ가지로 : ᄒᆞᆫ가지[한가지(명사) : ᄒᆞᆫ(한, 一 : 관사, 양수) + 가지(가지, 類) : 의명] + -로(부조, 방편)
27) 칼해 : 칼ㅎ(← 갈ㅎ : 칼, 劍) + -애(-에 : 부조, 위치) ※ 중세 국어의 '갈ㅎ'이 '칼ㅎ'으로 변화하였다.
28) 주그니라 : 죽(죽다, 死)- + -Ø(과시)- + -으니(원칙)- + -라(← -다 : 평종)

忠臣

溫達誓衆 *

온달[1)]은 평양부[2)] 사ᄅᆞᆷ이라 양강왕[3)]의 져근 ᄯᆞ리[4)] 스스로 듕ᄆᆡᄒᆞ야[5)] 달의 안해[6)] 되엿더니[7)] 후쥬[8)] 무뎨[9)] 뇨동[10)]을 틸ᄉᆡ[11)] 션봉[12)]이 되여 분로ᄒᆞ여[13)] 텨 크기[14)] 이긔니 왕이 대형[15)] 벼슬 주엇더니 밋[16)] 평강왕이 즉위호매[17)] 달이 엳ᄌᆞ와[18)] ᄀᆞᆯ오ᄃᆡ[19)] 신래[20)] 우리 한븍[21)] ᄡᅡ홀[22)] 벼혀[23)]

---

* 溫達誓衆(온달서중) : 온달(溫達)이 대중에게 맹서하다. [忠臣 1 : 13]

1) 온달 : 온달(溫達). 고구려 평원왕 때의 장군(?~590)이다. 어려서 바보라는 말을 들었으나, 평강 공주와 혼인하여 무예를 닦고 무장이 되었다. 590년에 신라에 빼앗긴 한강(漢江) 이북의 땅을 되찾고자 출전하였다가 전사하였다.
2) 평양부 : 평양부(平壤府). 땅 이름이다.
3) 양강왕 : 양강왕(陽岡王). 고구려의 제24대 왕(재위 기간 545~559)이다. 동위, 북제 등에 조공하여 친선을 도모하고 백암성, 신성 등을 중수하였다. 돌궐의 침입을 격퇴하였으나 신라와 백제에게 한강 유역을 잃었다.
4) ᄯᆞ리 : ᄯᆞᆯ(딸, 女) + -이(주조)
5) 듕ᄆᆡᄒᆞ야 : 듕ᄆᆡᄒᆞ[중매하다 : 듕ᄆᆡ(중매, 仲媒 : 명사)- + -ᄒᆞ(동접)-]- + -야(← -아 : 연어)
6) 안해 : 안해[아내, 妻 : 안ㅎ(안, 內) + -애(부조▷명접)] + -∅(← -이 : 보조)
7) 되엿더니 : 되(되다, 爲)- + -엿(← -엇- : 완료)- + -더(회상)- + -니(연어, 설명 계속)
8) 후쥬 : 후주(後周). 중국 남북조 시대에, 북위(北魏)가 동서로 갈라선 뒤 557년에 서위(西魏)의 우문각이 세운 나라이다. 장안(長安)을 도읍으로 하여 북제(北齊)를 멸하고 화베이(華北)를 통일하였으나, 581년에 수나라에 멸망하였다.
9) 무뎨 : 무뎨(무제, 武帝) + -∅(← -이 : 주조) ※ '무뎨(무제, 武帝)'는 중국 북주(北周)의 무제(재위 561~577)다.
10) 뇨동 : 요동(遼東). 중국 랴오닝 성 남부의 반도이다. 황해의 북쪽에 있으며, 서쪽으로 보하이해(海)의 랴오둥만(灣), 동쪽으로 서조선만(灣)이 자리하고 있다. ※ '료동>뇨동'의 변화는 'ㄹ' 두음 법칙이 적용된 결과이다.
11) 틸ᄉᆡ : 티(치다, 伐)- + -ㄹᄉᆡ(-므로, -니 : 연어, 이유)
12) 션봉 : 선봉(先鋒). 부대의 맨 앞에 나서서 작전을 수행하는 군대나 사람이다.
13) 분로ᄒᆞ여 : 분로ᄒᆞ[분노하다 : 분로(분노, 奮怒 : 명사)- + -ᄒᆞ(동접)-]- + -여(← -어 : 연어) ※ 중세 국어에서는 '분로ᄒᆞ야'의 형태였는데, 여기서는 '분로하여'로 변화하였다.
14) 크기 : 크(크다, 大)- + -기(↚ -게 : -게, 연어, 도달) ※ '크기'는 '크게'를 오각한 형태이다.
15) 대형 : 대형(大兄). 고구려 때의 십사 관등 가운데 다섯째 등급이다. 국가의 기밀, 법 개정, 병사의 징발, 관작(官爵)의 수여 따위의 일을 맡아보았다.
16) 밋 : 밋(← 및 : 및, 及, 부사, 접속) ※ '밋'은 원문의 '及'을 직역한 것인데, 잉여적으로 쓰였다.

군현[24)]을 사마시니[25)] 원컨댄[26)] 대왕이 신으로뻐[27)] 블쵸타[28)] 마ᄅᆞ샤[29)] 군을 주어셔 가게 ᄒᆞ시면 반ᄃᆞ시 내 ᄯᅡ흘 다시 가지링다[30)] 왕이 허ᄒᆞ셔늘[31)] 달이 님힝애[32)] 밍셰ᄒᆞ야 ᄀᆞᆯ오ᄃᆡ 계립현[33)] 듁녕으로뻐[34)] 셛녁키[35)] 내게[36)] 아니 오면 도라오디 아니호리라[37)] 드듸여[38)] 신나[39)] 사ᄅᆞᆷ으로 더브러[40)]

---

17) 즉위호매 : 즉위ᄒᆞ[← 즉위ᄒᆞ다(즉위하다) : 즉위(즉위, 卽位 : 명사)- + -ᄒᆞ(동접)-]- + -옴(명전) + -애(-에 : 부조, 위치, 이유)
18) 엳ᄌᆞ와 : 엳ᄌᆞ오(← 엳즙다, ㅂ불 : 여쭈다, 問)- + -아(연어)
19) ᄀᆞᆯ오ᄃᆡ : ᄀᆞᆯ(이르다, 曰)- + -오ᄃᆡ(-되 : 연어, 설명 계속)
20) 신래 : 신라(新羅) + -ㅣ(← -이 : 주조)
21) 한븍 : 한북(漢北). 한강의 북쪽 땅이다.
22) ᄯᅡ흘 : ᄯᅡㅎ(땅, 地) + -ᄋᆞᆯ(목조)
23) 버혀 : 버히[베다, 割 : 벟(베어지다, 斬 : 자동)- + -이(사접)-]- + -어(연어)
24) 군현 : 군현(郡縣). 군현 제도에서의 군(郡)과 현(縣)을 아울러 이르는 말이다.
25) 사마시니 : 삼(삼다, 爲)- + -아시(완료)- + -니(연어, 설명 계속, 이유)
26) 원컨댄 : 願ㅎ[← 원ᄒᆞ다(원하다) : 원(원, 願 : 명사) + -ㅎ(← -ᄒᆞ- : 동접)-]- + -건댄(-건대 : 연어, 조건)
27) 신으로뻐 : 신(신, 臣) + -으로뻐(-으로써 : 부조, 방편) ※ '-으로뻐'는 [-으로(부조, 방편) + ᄡᅥ(← ᄡᅳ다 : 쓰다, 用)- + -어(연어)]으로 형태로 분석되는 부사격 조사이다.
28) 블쵸타 : 블쵸ㅎ[← 블쵸ᄒᆞ다(불초하다) : 블쵸(불초, 不肖 : 명사)- + -ᄒᆞ(동접)-]- + -Ø(현시)- + -다(평종) ※ '블쵸(불초, 不肖)'는 못나고 어리석은 것이다.
29) 마ᄅᆞ샤 : 말(말다, 毋)- + -ᄋᆞ샤(← -으시- : 주높)- + -아(연어)
30) 가지링다 : 가지(가지다, 持)- + -리(미시)- + -ㆁ(← -이- : 상높, 예사 높임)- + -다(평종)
31) 허ᄒᆞ셔늘 : 허ᄒᆞ[허락하다 : 허(허, 許 : 불어)- + -ᄒᆞ(동접)-]- + -시(주높)- + -어늘(-거늘 : 연어, 상황) ※ 15세기의 중세 국어에서는 '허ᄒᆞ샤ᄂᆞᆯ'의 형태였는데, 이 문헌에서는 '허ᄒᆞ셔늘'으로 실현되엇다. 이는 '-시-'와 '-어'가 단순하게 /셔/로 축약된 형태이다.
32) 님힝애 : 님힝(임행, 떠남에 임함, 臨行) + -애(-에 : 부조, 위치) ※ '림힝>님힝'의 변화는 'ㄹ' 두음 법칙이 적용된 결과이다.
33) 계립현 : 계립현(鷄立峴). 땅 이름이다.
34) 듁녕으로뻐 : 듁녕(죽령, 竹嶺) + -으로뻐(-으로써 : 부조, 방편) ※ '듁령 → 듁녕'의 변동은 /ㄹ/이 /ㄴ/으로 비음화한 형태이다. '듁녕으로뻐'는 '죽령으로부터'로 의역하여 옮긴다.
35) 셛녁키 : 셛녁ㅋ[← 섯녁(서녘) : 셔(서, 西) + -ㅅ(사잇) + 녁ㅋ(← 녁 : 녘, 쪽, 의명)] + -이(주조) ※ '셛녁키'는 '셛녘'의 종성 /ㅋ/을 'ㄱㅋ'으로 거듭 적은 형태이며, 중세 국어의 '녁'이 이 시기에 '녘'으로 형태가 변하였다. 그리고 사잇소리를 표기하는 '-ㅅ'이 '-ㄷ'으로 표기되었는데, 이는 7종성 체계에 따라서 /ㅅ/이 /ㄷ/으로 평파열음화한 형태이다.
36) 내게 : 나(나, 吾) + -ㅣ게(← -의게 : -에게, 부조, 상대)
37) 아니호리라 : 아니ㅎ[아니ᄒᆞ다(아니하다, 不 : 보용, 부정) : 아니(아니, 不 : 부사, 부정) + -ᄒᆞ(동접)-]- + -오(화자)- + -리(미시)- + -라(← -다 : 평종)
38) 드듸여 : 드디어, 遂(부사)
39) 신나 : 신라(新羅). ※ '신라 → 신나'의 변동은 /ㄹ/이 /ㄴ/으로 비음화한 형태이다.

아됴셩[41] 아래 사호다가 흐ᄅᆞᄂᆞᆫ 살의[42] 마친[43] 배[44] 되야 주그니라

온달(溫達)은 평양부(平壤府) 사람이다. 양강왕(陽岡王)의 작은 딸이 스스로 중매(仲媒)하여 온달의 아내가 되었더니, 후주(後周)의 무제(武帝)가 요동(遼東)을 치니 (온달이) 선봉(先鋒)이 되어 분노(奮怒)하여 (후주 무제를) 쳐서 크게 이기니, 왕이 (온달에게) 대형(大兄)의 벼슬을 주었더니, 평강왕이 즉위함에 온달이 여쭈어 이르되 "신라(新羅)가 우리 한북(漢北) 땅을 베어서 군현(郡縣)을 삼았으니, 원컨대 대왕이 신에게 '불초(不肖)하다.' 마시고 군사(軍士)를 주어서 가게 하시면, 반드시 내가 땅을 다시 가지겠습니다." 왕이 허락하시거늘, 온달이 임행(臨行)에 맹세하여 말하되 "계립현(鷄立峴) 죽령(竹嶺)으로부터 서쪽이 나에게 아니 오면 돌아오지 아니하리라." 드디어 (온달이) 신라(新羅) 사람과 더불어 아단성(阿旦城) 아래서 싸우다가, 흐르는 화살에 맞은 바가 되어서 죽었느니라.

象賢忠烈 *

부ᄉᆞ[1] 송상현[2]은 셔울 사ᄅᆞᆷ이니 임진왜난의 동ᄂᆡ[3] 부ᄉᆞ ᄒᆞ야 셩을 딕킈여[4] 힘이 지당[5] 몯 ᄒᆞ여 손조[6] 두어 ᄌᆞ[7]를 쥐엿던[8] 부체예[9]

---

40) 더브러 : 더블(더불다, 與)- + -어(연어)

41) 아됴셩 : 아단성(阿旦城). 땅 이름이다. 아단성(阿旦城)이 서울 광진구에 있는 아차산성(阿且山城)이라는 주장과 충청북도 단양의 온달산성(溫達山城)이라는 주장으로 엇갈린다.

42) 살의 : 살(화살, 矢) + -의(-에 : 부조, 위치)

43) 마친 : 마치[맞히다 : 맞(맞다, 中 : 자동)- + -히(피접)-]- + -Ø(과시)- + -ㄴ(관전)

44) 배 : 바(바, 所) + -ㅣ(← -이 : 보조)

* **象賢忠烈**(상현충렬) : 상현(象賢)은 충성(忠誠)스럽고 節義(절의)에 열렬(熱烈)하다. [忠臣 1 : 35]

1) 부ᄉᆞ : 부사(府使). 조선 시대에 둔 대도호부사와 도호부사를 통틀어 이르던 말이다.

2) 송상현 : 송상현(宋象賢). 조선 선조 때의 문신(1551~1592)이다. 동래(東來) 부사로서 임진왜란 때에 성의 남문(南門)에 올라가 싸움을 독려하고 순절하였다.

3) 동ᄂᆡ : 동래(東來). 땅 이름이다. 현재의 부산광역시 동래구 일대였다. ※ '동ᄅᆡ → 동ᄂᆡ'의 변동은 /ㄹ/이 /ㄴ/으로 비음화한 형태이다.

4) 딕킈여 : 딕킈(← 딕희다 : 지키다, 守)- + -여(← -어 : 연어) ※ '딕킈여'는 '딕희여'의 종성 /ㄱ/을 'ㄱㅋ'으로 거듭 적은 형태이다.

5) 지당 : 지탱(支撑)

6) 손조 : [손수, 手(부사) : 손(손, 手) + -조(부접)] ※ 중세 국어의 '손소'가 '손조'로 변화하였는

써 조ᄎᆞᆫ[10] 사ᄅᆞᆷ으로 ᄒᆞ여곰[11] 제 아ᄇᆡ게[12] 뎐ᄒᆞ여 닐오ᄃᆡ ᄃᆞᆯ모로[13] ᄀᆞ티[14] ᄡᆞ인[15] 외로온[16] 셩의 도적 마글 모칙[17]이 업ᄉᆞ니 이 시졀의 당ᄒᆞ여ᄂᆞᆫ[18] 부ᄌᆞ의 은은[19] 경ᄒᆞ고 군신의 의ᄂᆞᆫ 듕ᄒᆞ다 ᄒᆞ다[20] 함셩호매[21] 샹현이 관ᄃᆡ[22]를 정졔[23]ᄒᆞ고 븍녁흐로[24] ᄇᆞ라며 ᄌᆡᄇᆡ[25]ᄒᆞ고 구디[26] 안자셔 주근대 그 쳡이 ᄯᅩ ᄉᆞ졀ᄒᆞ여ᄂᆞᆯ[27] 도적의 쟝쉬[28] 그 의ᄅᆞᆯ 감격ᄒᆞ여 두 주검을[29] 거두워[30] 합장ᄒᆞ고 닙표ᄒᆞ니라[31] 그 저긔 밀양 사ᄅᆞᆷ 노개방[32]

데, 이는 /ㅿ/이 /ㅈ/으로 바뀐 특이한 예이다.

7) ᄌᆞ : 자(字), 글자.
8) 쥐엿던 : 쥐(쥐다, 把)- + -엿(← -엇- : 완료)- + -더(회상)- + -ㄴ(관전)
9) 부체예 : 부체(부채, 扇) + -예(← -에 : 부조, 위치)
10) 조ᄎᆞᆫ : 좇(좇다, 따르다, 從)- + -Ø(과시)- + -ᄋᆞᆫ(관전)
11) ᄒᆞ여곰 : [하여금, 使(부사) : ᄒᆞ(하다, 爲)- + -이(사접)- + -어(연어 ▷ 부접) + -곰(보조사, 강조)]
12) 아ᄇᆡ게 : 압(← 아비 : 아버지, 父) + -ᄋᆡ게(-에게 : 부조, 상대)
13) ᄃᆞᆯ모로 : [달무리, 月暈 : ᄃᆞᆯ(달, 月) + 모로(무리, 暈)] ※ 성을 포위한 왜군의 병력을 '달무리'에 비유한 것이다.
14) ᄀᆞ티 : [같이, 同(부사) : ᄀᆞᇀ(같다, 同 : 형사)- + -이(부접)]
15) ᄡᆞ인 : ᄡᆞ이[싸이다 : ᄡᆞ(싸다, 包)- + -이(피접)-]- + -Ø(과시)- + -ㄴ(관전)
16) 외로온 : 외로오[← 외롭다, ㅂ불(외롭다, 孤) : 외(외, 孤 : 관사) + -로오(← -롭- : 형접)-]- + -Ø(현시)- + -ㄴ(← -ᄋᆞᆫ : 관전)
17) 모칙 : 묘책(妙策)
18) 당ᄒᆞ여ᄂᆞᆫ : 당ᄒᆞ[당하다 : 당(당, 當 : 불어) + -ᄒᆞ(동접)-]- + -여(← -어 : 연어) + -ᄂᆞᆫ(보조사, 주제)
19) 은은 : 은(은, 恩 : 은혜) + -ᄋᆞᆫ(보조사, 주제, 대조)
20) ᄒᆞ다 : ᄒᆞ(하다, 謂)- + -Ø(과시)- + -다(평종)
21) 함셩호매 : 함셩ᄒᆞ[← 함셩ᄒᆞ다(함성하다) : 함셩(함성, 陷城 : 명사)- + -ᄒᆞ(동접)-]- + -옴(명전) + -애(-에 : 부조, 이유) ※ '함셩(陷城)'은 성이 함락되는 것이다.
22) 관ᄃᆡ : 관대(冠帶). 옛날 벼슬아치들의 공복(公服)이다.
23) 정졔 : 정제(整齊). 격식에 맞게 차려입고 매무시를 바르게 하는 것이다.
24) 븍녁흐로 : 븍녁ㅎ[북녘, 북쪽 : 븍(북, 北 : 명사) + 녁ㅎ(← 녘, 쪽 : 의명)] + -으로(부조, 방향) ※ '븍녁ㅎ'의 표기는 '븍녘'의 종성 /ㅋ/을 /ㄱ/과 /ㅎ/으로 재음소화하여 표기한 형태이다.
25) ᄌᆡᄇᆡ : 재배(再拜). 절을 두 번 하는 것이다.
26) 구디 : [굳이, 꼿꼿이, 堅(부사) : 굳(굳다, 堅 : 형사)- + -이(부접)]
27) ᄉᆞ졀ᄒᆞ여ᄂᆞᆯ : ᄉᆞ졀ᄒᆞ[사절하다 : ᄉᆞ졀(사절, 死節 : 명사) + -ᄒᆞ(동접)-]- + -여ᄂᆞᆯ(← -어ᄂᆞᆯ : -거늘, 연어, 상황) ※ 'ᄉᆞ졀(死節)'은 절개를 위하여 목숨을 버리는 것이다.
28) 쟝쉬 : 쟝슈(장수, 酋) + -ㅣ(← -이 : 주조)
29) 주검을 : 주검[주검, 시체, 屍 : 죽(죽다, 死 : 자동)- + -엄(명접)] + -을(목조)

이 고을 교쉬[33] 되여 셩묘[34] 위판[35]을 뫼와[36] 셩의 드러 ᄒᆞᆫ가지로 주그니라 쇼경대왕[37]이 증[38] 니조판셔[39] ᄒᆞ시고 금샹됴애 졍문ᄒᆞ시니라

부사(府使) 송상현(宋象賢)은 서울 사람이니, 임진왜란에 동래(東萊) 부사를 하여, 성(城)을 지키어 힘이 지탱 못하여, 손수 두어 글자를 쥐었던 부채에 써서, 다른 사람으로 하여금 자기의 아버지에게 전(傳)하여 이르되, "달무리같이 싸인 외로운 성에 도적을 막을 묘책(妙策)이 없으니, 이러한 때에 당(當)하여는 부자(夫子)의 은(恩)은 경(輕)하고, 군신(君臣)의 의(義)는 중(重)하다." 하였다. 함성(陷城)함에 상현이 관대(冠帶)를 정제(整齊)하고 북쪽으로 바라보며 재배(再拜)하고 꼿꼿이 앉아서 죽으니, 그 첩(妾)이 또 사절(死節)하거늘, 도적의 장수(將帥)가 그 의(義)를 감격하여, 주검을 거두어 합장하고 입표(立標)하였느니라. 그때에 밀양(密陽) 사람인 노개방(盧盖邦)이 고을의 교수(敎授)가 되어, 성묘(聖廟)와 위판(位版)을 모셔서 성에 들어 마찬가지로 죽었느니라. 소경대왕(昭敬大王)이 이조판서(吏曹判書)를 증(贈)하시고 금상(今上)의 조(朝)에 정문(旌門)하셨느니라.

---

30) 거두워 : ① 거두우[↚ 거두다(거두다, 收) : 걷(걷다, 收 : 자동)- + -우(사접)-]- + -어(연어) ② 거두우[거두게 하다, 使收 : 걷(걷다, 收 : 자동)- + -우(사접)- + -우(사접)-]- + -어(연어) ※ '거두우다'의 형태가 쓰인 예가 없으므로 ①로 분석하는 것이 좀 더 합리적이다.

31) 닙표ᄒᆞ니라 : 닙표ᄒᆞ[입표하다 : 닙표(입표, 立標 : 명사)- + -ᄒᆞ(동접)-]- + -Ø(과시)- + -니(원칙)- + -라(← -다 : 평종) ※ '닙표(立標)'는 나무, 돌, 기 따위로 표를 세우는 것이다. '립표〉닙표'의 변화는 'ㄹ' 두음 법칙이 적용된 결과이다.

32) 노개방 : 노개방(盧盖邦). 사람 이름이다.

33) 교쉬 : 교슈(교수, 敎授, 교수) + -ㅣ(← -이 : 보조) ※ '교수(敎授)'는 조선 시대에, 지방 유생(儒生)의 교육을 맡아보던 종육품 벼슬이다. 향교(鄕校)를 지도하기 위하여 부(府)와 목(牧)에 두었다. ※ 중세 국어의 'ᄃᆞ외다'가 '되다'의 형태로 바뀌었다.

34) 셩묘 : 성묘(聖廟). 공자를 모신 사당이다. 원래 선사묘(先師廟)라고 하였다가 중국 명나라 성조 때 문묘(文廟) 또는 성묘(聖廟)라고 하였으며, 청나라 때에는 공자묘(孔子廟)라 했다.

35) 위판 : 위판(位版). 단(壇), 묘(廟), 원(院), 절에 모시는 신주(神主)의 이름을 적은 나무패이다.

36) 뫼와 : 뫼오(← 뫼옵다, ㅂ불 : 모시다, 奉)- + -아(연어)

37) 쇼경대왕 : 소경대왕(昭敬大王, 1567년~1608). 조선 제14대 왕인 선조(宣祖) 임금의 시호(諡號)이다.

38) 증 : 증(贈). 관직이나 지위를 주는 것이다.

39) 니조판셔 : 이조판서(吏曹判書). 조선 시대에 육조 가운데 문관의 선임과 훈봉, 관원의 성적 고사(考査), 포폄(褒貶)에 관한 일을 맡아보던 관아(이조, 吏曹)의 으뜸 벼슬(정이품)이다. '리조판셔〉니조판셔'의 변화는 'ㄹ' 두음 법칙이 적용된 결과이다.

吉元抗賊 *

현감 신길원[1]은 셔울 사ᄅᆞᆷ이니 임진셰의[2] 문경 고을ᄒᆡ[3] 원으로셔[4] 왜적의게 자펴셔[5] 도적이 환도[6]ᄅᆞᆯ ᄲᅢ여[7] 협박ᄒᆞ야[8] 닐오ᄃᆡ 네 고을 원이니 ᄆᆞᆯ ᄃᆞᆯ리기 잘ᄒᆞᄂᆞᆫ다[9] 길원이 닐오ᄃᆡ 내 션ᄇᆡ니[10] 엇디 능히 ᄆᆞᄅᆞᆯ ᄃᆞᆯ리리오 도적이 ᄯᅩ 협박ᄒᆞ야 닐오ᄃᆡ 네 ᄲᆞᆯ리[11] 항ᄒᆞ고[12] 일홈 두라[13] 길원이 ᄯᅩ 굴티[14] 아니ᄒᆞᆫ대[15] ᄯᅩ 길ᄒᆞᆯ ᄀᆞᄅᆞ치라 ᄒᆞ거ᄂᆞᆯ 아디 몯ᄒᆞ노라 벋받고[16] 손으로 목을 ᄀᆞᄅᆞ치며 닐오ᄃᆡ ᄲᆞᆯ리 베히라[17] ᄒᆞ고 ᄭᅮ짓기ᄅᆞᆯ[18] 입의 그치디[19] 아니ᄒᆞᆫ대 도적의 쟝슈ㅣ 크게 노ᄒᆞ야 ᄒᆞᆫ ᄑᆞᆯᄒᆞᆯ[20] 버히고 닐오ᄃᆡ 길ᄒᆞᆯ ᄀᆞᄅᆞ치디 몯ᄒᆞ리로소냐[21] 길원이 닐오ᄃᆡ

---

* 吉元抗賊(길원항적) : 길원(吉元)이 적에게 항거하다. [忠臣 1 : 51]

1) 신길원 : 신길원(申吉元). 사람 이름이다.
2) 임진셰의 : 임진셰(임진세, 壬辰歲) + -의(-에 : 부조, 위치) ※ '임진세'는 1592년이다.
3) 고을ᄒᆡ : 고을ㅎ(고을, 郡) + -ᄋᆡ(-의 : 관조)
4) 원으로셔 : 원(원, 員) + -으로셔(-으로서 : 부조, 자격) ※ '원(員)'은 고을의 수령(首領)이다.
5) 자펴셔 : 자피[잡히다 : 잡(잡다, 拘 : 타동)- + -히(피접)-]- + -어셔(-어서 : 연어, 동작 유지)
6) 환도 : 환도(環刀). 예전에, 군복에 갖추어 차던 군도(軍刀)이다.
7) ᄲᅢ여 : ᄲᅢ(빼다, 拔)- + -여(← -어 : 연어)
8) 협박ᄒᆞ야 : 협박ᄒᆞ[협박하다 : 협박(협박, 脅迫 : 명사) + -ᄒᆞ(동접)-]- + -야(← -아 : 연어)
9) 잘ᄒᆞᄂᆞᆫ다 : 잘ᄒᆞ[잘하다, 善 : 잘(잘, 能 : 부사) + -ᄒᆞ(동접)-]- + -ᄂᆞ(현시)- + -ㄴ다(의종, 2인칭)
10) 션ᄇᆡ니 : 션ᄇᆡ(선비, 士) + -Ø(← -이- : 서조)- + -니(연어, 이유)
11) ᄲᆞᆯ리 : [빨리, 速(부사) : ᄲᆞᆯㄹ(← ᄲᆞᄅᆞ다 : 빠르다, 速, 형사)- + -이(부접)]
12) 항ᄒᆞ고 : 항ᄒᆞ[항하다, 항복하다 : 항(항, 降 : 불어) + -ᄒᆞ(동접)-]- + -고(연어, 나열, 계기)
13) 두라 : 두(두다, 置)- + -라(명종)
14) 굴티 : 굴ㅎ[← 굴ᄒᆞ다(굴하다, 굴복하다) : 굴(굴, 屈 : 불어)- + -ㅎ(← -ᄒᆞ- : 동접)-]- + -디(-지 : 연어, 부정)
15) 아니ᄒᆞᆫ대 : 아니ᄒᆞ[아니하다, 不(보용, 부정) : 아니(아니, 不 : 부사, 부정) + -ᄒᆞ(동접)-]- + -ㄴ대(-는데, -니 : 연어, 반응)
16) 벋받고 : 벋받[벋서다, 벋대다, 拒 : 벋(접두 : 강세)- + 받(치받다, 衝)-]- + -고(연어, 계기)
17) 베히라 : 베히[← 버히다(베다, 斬 : 타동) : 벟(베어지다 : 자동)- + -이(사접)-]- + -라(명종)
18) ᄭᅮ짓기ᄅᆞᆯ : ᄭᅮ짓(← ᄭᅮ짖다 : 꾸짖다, 罵)- + -기(명전) + -ᄅᆞᆯ(목조)
19) 그치디 : 그치[그치다, 止 : 긏(끊어지다, 切 : 자동)- + -이(사접)-]- + -디(-지 : 연어, 부정)
20) ᄑᆞᆯᄒᆞᆯ : ᄑᆞᆯㅎ(팔, 臂) + -ᄋᆞᆯ(목조) ※ 'ᄇᆞᆯㅎ 〉 ᄑᆞᆯㅎ 〉 팔'과 같이 변화하였다.
21) 몯ᄒᆞ리로소냐 : 몯ᄒᆞ[못하다, 不能(보용, 부정) : 몯(못, 不能 : 부사, 부정)- + -ᄒᆞ(동접)-]- +

ᄑᆞᆯ 업ᄉᆞᆫ[22] 사ᄅᆞᆷ이 므ᄉᆞ[23] 이ᄅᆞᆯ ᄒᆞ리오 도적이 촌촌이[24] 베히다 금샹됴애 졍문ᄒᆞ시니라

현감(縣監) 신길원(申吉元)은 서울 사람이니, 임진년(壬辰年)에 문경(聞慶) 고을의 원(員)으로서 왜적(倭賊)에게 잡혀서, 도적(盜賊)이 환도(環刀)를 빼어 협박(脅迫)하여 이르되, "네가 고을의 원이니 말 달리기를 잘하는가?" 길원이 이르되, "내가 선비니 어찌 능히 말을 달리리오?" 도적이 또 협박하여 이르되, "네가 빨리 항복하고 이름을 두라." 길원이 또 굴(屈)하지 아니하니, 또 "길을 가리키라." 하거늘 "알지 못한다." 하고 벋대고 손으로 목을 가리키며 이르되 "빨리 베라." 하고 꾸짖기를 입에 그치지 아니하니, 도적의 장수가 크게 노하여 한 팔을 베고 이르되, "길을 가리키지 못하겠느냐?" 길원이 이르되, "팔 없는 사람이 무슨 일을 하리오?" 도적이 (길원을) 갈기갈기 베었다. 금상(今上)의 조(朝)에 정문(旌門)하셨느니라.

－리(미시)－ + －ᄅᆞᆺ(← －ᄃᆞᆺ－ : 감동)－ + －오냐(← －ᄋᆞ냐 : 의종, 판정)

22) 업ᄉᆞᆫ : 없(없다, 無)－ + －∅(현시)－ + －ᄋᆞᆫ(관전)

23) 므ᄉᆞ : 므ᄉᆞ(← 므ᄉᆞᆺ : 무슨, 何, 관사, 지시, 미지칭)

24) 촌촌이 : [村村이, 갈기갈기(부사) : 촌(寸 : 명사) + 촌(寸 : 명사) + －이(부접)]

烈女

薛氏貞信 *

셜시[1]ᄂᆞᆫ 경쥐부 사ᄅᆞᆷ이니 아비 나히[2] 늘거 부방의[3] 당ᄒᆞ엳거ᄂᆞᆯ[4] 쇼년[5] 가실이라[6] ᄒᆞ리[7] 원ᄒᆞ야[8] ᄃᆡ힝ᄒᆞ여지라[9] ᄒᆞ여ᄂᆞᆯ 아비 ᄀᆞᆯ오ᄃᆡ 원컨대[10] ᄯᆞᆯ로ᄡᅧ[11] 키[12] 뷔ᄅᆞᆯ[13] 받들게[14] 호리라[15] 이예 가실이 긔약[16]을 쳥ᄒᆞᆫ대 셜이 ᄀᆞᆯ오ᄃᆡ 쳡이 이믜[17] ᄆᆞᅀᆞᆷ으로ᄡᅧ[18] 허ᄒᆞ여시니[19] 주그미

---

* **薛氏貞信**(설씨정신) : 설씨(薛氏)가 정조가 굳고 믿음이 있다. [烈女 1 : 2]

1) 셜시 : 설씨(薛氏). 사람 이름이다.
2) 나히 : 나ㅎ(나이, 年) + -이(주조)
3) 부방의 : 부방(부방, 赴防) + -의(-에 : 부조, 위치) ※ '부방(赴防)'은 조선 시대에 다른 지방의 군대가 서북 변경을 방어하기 위하여 파견 근무를 하던 일이다.
4) 당ᄒᆞ엳거ᄂᆞᆯ : 당ᄒᆞ[당하다 : 당(당, 當 : 불어)- + -ᄒᆞ(동접)-]- + -엳(← -엿- : 과시)- + -거ᄂᆞᆯ(-거늘 : 연어, 상황) ※ '-엳-'의 종성 /ㄷ/은 7종성 체계에 따라서 /ㅅ/이 평파열음화한 형태이다.
5) 쇼년 : 소년(少年)
6) 가실이라 : 가실(가실, 인명, 嘉實) + -이(서조)- + -Ø(현시)- + -라(← -다 : 평종)
7) ᄒᆞ리 : ᄒᆞ(하다, 謂)- + -ㄹ(관전) # 이(이, 人 : 의명) + -Ø(← -이 : 주조)
8) 원ᄒᆞ야 : 원ᄒᆞ[원하다 : 원(원, 願 : 명사)- + -ᄒᆞ(동접)-]- + -야(← -아 : 연어)
9) ᄃᆡ힝ᄒᆞ여지라 : ᄃᆡ힝ᄒᆞ[대행하다 : ᄃᆡ힝(대행, 代行 : 명사)- + -ᄒᆞ(동접)-]- + -여(← -어 : 연어) # 지(싶다 : 보용, 희망)- + -Ø(현시)- + -라(← -다 : 평종)
10) 원컨대 : 원ㅎ[← 원ᄒᆞ다(원하다) : 원(원, 願 : 명사)- + -ᄒᆞ(동접)-]- + -건대(연어, 조건)
11) ᄯᆞᆯ로ᄡᅧ : ᄯᆞᆯ(딸, 女) + -로ᄡᅧ(-로써 : 부조, 방편)
12) 키 : 키(箕) ※ '키'는 곡식 따위를 까불러 쭉정이나 티끌을 골라내는 도구이다.
13) 뷔ᄅᆞᆯ : 뷔(빗자루, 箒) + -ᄅᆞᆯ(목조)
14) 받들게 : 받들[받들다, 奉 : 받(받다, 受)- + 들(들다, 擧)-]- + -게(연어, 사동) ※ '키와 비를 받들다'는 '시집 보내다'라는 의미로 쓰인 말이다.
15) 호리라 : ㅎ(← ᄒᆞ다 : 하다, 보용, 사동)- + -오(화자)- + -리(미시)- + -라(← -다 : 평종)
16) 긔약 : 기약(期約)
    ※ 이때의 '긔약(期約)'은 문맥상 '혼인의 날을 정하는 약속'의 뜻으로 쓰였다.
17) 이믜 : 이미, 旣(부사)
18) ᄆᆞᅀᆞᆷ으로ᄡᅧ : ᄆᆞᅀᆞᆷ(마음, 心) + -으로ᄡᅧ(-으로써 : 부조, 방편) ※ 이 시기에는 /ㅿ/이 사라지고 'ᄆᆞᄋᆞᆷ'의 형태로 쓰였으나, 여기서는 의고적인 표기로 'ᄆᆞᅀᆞᆷ'으로 표기했다. 그리고 '-으로ᄡᅧ'가 하나의 부사격 조사로 굳어서 쓰인 것으로 분석하였다.
19) 허ᄒᆞ여시니 : 허ᄒᆞ[← 許ᄒᆞ다(허락하다) : 허(허, 許 : 불어) + -ᄒᆞ(동접)-]- + -여시(← -아시

읻고[20] 변호미[21] 업스리라 ᄃᆡᄒᆞ여[22] 도라와 셩녜호미[23] 늗디[24] 아니ᄒᆞ니라 이예 거우로ᄅᆞᆯ[25] ᄠᆞ려[26] 신을[27] ᄒᆞ여 ᄒᆞᆫ나ᄒᆞᆯ[28] 머므루다[29] 드듸여 ᄒᆡᆼᄒᆞ야[30] 여ᄉᆞᆮ[31] ᄒᆡ예 도라오디 아니ᄒᆞ니 아비 닐오ᄃᆡ 처엄의[32] 삼 년으로뻐 긔약ᄒᆞ여시니[33] 가히[34] 다른 겨레[35]예 도라보낼[36] 거시라 셜이 감히 졷디[37] 아니ᄒᆞ니 아비 강잉ᄒᆞ야[38] ᄆᆞ올[39] 사ᄅᆞᆷ의게 혼인호려[40] ᄒᆞ거늘

-：-았-, 완료)- + -니(연어, 설명 계속, 이유)

20) 읻고 : 읻(← 잇다 : 있다, 有)- + -고(연어, 나열, 대조) ※ '주그미 읻고'는 문맥상 '죽음이 있을지언정'으로 옮긴다. ※ '읻-'의 /ㄷ/은 7종성 체계에 따라서 /ㅅ/이 평파열음화한 형태이다.

21) 변호미 : 변ㅎ[← 변ᄒᆞ다(변하다, 變하다) : 변(변, 變 : 불어) + -ᄒᆞ(동접)-]- + -옴(명전) + -이(주조)

22) ᄃᆡᄒᆞ여 : ᄃᆡᄒᆞ[대하다(대신하다, 代身) : ᄃᆡ(대, 代 : 불어) + -ᄒᆞ(동접)-]- + -여(← -아 : 연어)

23) 셩녜호미 : 셩녜ㅎ[← 셩녜ᄒᆞ다(성례하다) : 셩녜(성례, 成禮 : 명사)- + -ᄒᆞ(동접)-]- + -옴(명전) + -이(주조) ※ '셩례 → 셩녜'의 변동은 /ㄹ/이 /ㄴ/으로 비음화한 형태이다.

24) 늗디 : 늗(← 늦다 : 늦다, 晩)- + -디(-지 : 연어, 부정) ※ '늗-'의 종성 /ㄷ/은 /ㅈ/이 평파열음화한 형태이다.

25) 거우로ᄅᆞᆯ : 거우로(거울, 鏡) + -ᄅᆞᆯ(목조)

26) ᄠᆞ려 : ᄠᆞ리(부수뜨리다, 分)- + -어(연어)

27) 신을 : 신(신, 신표, 信) + -을(목조) ※ '신(信)'은 신표(信標), 곧 믿음의 증표이다.

28) ᄒᆞᆫ나ᄒᆞᆯ : ᄒᆞᆫ나ㅎ(← ᄒᆞ나ㅎ : 하나, 一, 수사, 양수) + -ᄋᆞᆯ(목조)

29) 머므루다 : 머므루[← 머믈우다(머물게 하다) : 머믈(머물다, 留 : 자동)- + -우(사접)-]- + -∅(과시)- + -다(평종) ※ 'ᄒᆞᆫ나ᄒᆞᆯ 머므루다'는 문맥상 '하나를 보관하고 있었다'로 옮긴다.

30) ᄒᆡᆼᄒᆞ야 : ᄒᆡᆼᄒᆞ[행하다, 실제로 하다 : ᄒᆡᆼ(행, 行 : 불어)- + -ᄒᆞ(동접)-]- + -야(← -아 : 연어) ※ 'ᄒᆡᆼᄒᆞ다'는 어떤 일을 실제로 해 나가는 것이다.

31) 여ᄉᆞᆮ : 여ᄉᆞᆮ(← 여ᄉᆞᆺ : 여섯, 六, 관사, 양수) ※ '여ᄉᆞᆮ'의 /ㄷ/은 /ㅅ/이 평파열음화한 형태이다.

32) 처엄의 : 처엄[처음, 始 : 처(← 첫 : 始, 관사) + -엄(명접)] + -의(-에 : 부조, 위치)

33) 긔약ᄒᆞ여시니 : 긔약ᄒᆞ[기약하다 : 긔약(기약, 期約 : 명사)- + -ᄒᆞ(동접)-]- + -여시(← -아시- : 완료)- + -니(연어, 이유)

34) 가히 : [가히, 능히, 可(부사) : 가(가, 可 : 명사) + -ㅎ(← -ᄒᆞ- : 형접)- + -이(부접)]

35) 겨레 : 씨족(氏族) ※ 여기서 '다른 겨레'는 '다른 집안 사람(他族)'으로 옮긴다.

36) 도라보낼 : 도라보내[돌려보내다, 歸 : 돌(돌다, 回)- + -아(연어) + 보내(보내다, 遣)-]- + -ㄹ(관전)

37) 졷디 : 졷(← 좇다 : 좇다, 따르다, 從)- + -디(-지 : 연어, 부정) ※ '졷-'의 /ㄷ/은 /ㅊ/이 평파열음화한 형태이다.

38) 강잉ᄒᆞ야 : 강잉ᄒᆞ[무릅쓰다, 강제하다 : 강잉(강잉, 强仍 : 명사)- + -ᄒᆞ(동접)-]- + -야(← -아 : 연어) ※ '강잉(强仍)'은 억지로 참거나 마지못하여 그대로 하는 것이다. 여기서는 '강제(强制)하다'의 뜻으로 쓰였다.

39) ᄆᆞ올 : ᄆᆞ올(← ᄆᆞ올ㅎ : 마을, 村)

40) 혼인호려 : 혼인ㅎ[← 혼인ᄒᆞ다(혼인하다, 婚姻) : 혼인(혼인, 婚姻 : 명사)- + -ᄒᆞ(동접)-]- + -오려(-려 : 연어, 의도) ※ 문맥상 '혼인ᄒᆞ다'는 '혼인시키다'로 옮긴다.

> 셜이 구디[41] 거ᄉᆞ다[42] 이예 가실이 와셔 ᄠᆞ린 거우로 ᄡᅥ[43] 드리티니[44] 드듸여 다ᄅᆞᆫ 날로 언약ᄒᆞ야 녜ᄅᆞᆯ 일우니라[45]

설씨(薛氏)는 경주부(慶州府) 사람이니, (설씨의) 아버지가 나이가 늙어 부방(赴防)에 당(當)하였거늘, 소년(少年) 가실(嘉實)이라 하는 이가 원(願)하여 "대행(代行)하고 싶다." 하거늘, (설씨의) 아버지가 이르되, "원(願)컨대 (내) 딸로써 (당신을 위하여) 키와 빗자루를 받들게 하겠다." 이에 가실이 기약(期約)을 청(請)하니, 설이 이르되 "첩(妾)이 이미 마음으로써 허(許)하였으니, 죽음이 있을지언정 변(變)함이 없으리라. (저의 아버지를) 대신하고 돌아와 성례(成禮)하는 것이 늦지 아니하니라." 이에 거울을 부수어 신표(信標)를 삼아서 (깨어진 조각) 하나를 가지고 있었다. 드디어 (가실이) 행(行)하여 여섯 해에 돌아오지 아니하니, (설씨의) 아버지가 (설씨에게) 이르되 "처음에 삼 년으로 기약(期約)하였으니 가히 다른 집안 사람(他族)에 돌려보낼 것이다." 설이 감히 좇지 아니하니 아버지가 강잉(强仍)하여 마을 사람에게 혼인(婚姻)시키려 하거늘, 설이 굳이 (아버지의 말을) 거슬렀다. 이에 가실이 와서 부수뜨린 거울을 가지고 (설씨의 집에) 들이닥치니, 드디어 다른 날로 언약(言約)하여 예(禮)를 이루었니라.

文氏墜崖 *

> 문시ᄂᆞᆫ[1] 광산현[2] 사ᄅᆞᆷ이니 강호문[3]의 안해라[4] 신우[5] 무진년의[6] 예[7]

---

41) 구디 : [굳이, 堅(부사) : 굳(굳다, 堅)- + -이(부접)]

42) 거ᄉᆞ다 : 거ᄉᆞ(↚ 거ᄉᆞᆯ다 : 거스르다, 拒)- + -∅(과시)- + -다(평종)

43) 거우로 ᄡᅥ : 거우로(← 거우루 : 거울, 鏡) # ᄡᅥ(그것으로써 : -로써, 부조, 방편) ※ 'ᄡᅥ'는 한문 원문의 '以'를 직역한 것인데, '~을 가지고'로 의역한다. 'ᄡᅥ'는 [ᄡ(← ᄡᅳ다, 用 : 동사)- + -어(연어 ▹ 부접)]로 분석되는 파생 부사이다.

44) 드리티니 : 드리티[들이치다, 들이닥치다, 投 : 들(들다, 入 : 자동)- + -이(사접)- + -티(강접)-]- + -니(연어, 설명 계속, 이유)

45) 일우니라 : 일우[이루다, 成 : 일(이루어지다, 成)- + -우(사접)-]- + -∅(과시)- + -니(원칙)- + -라(← -다 : 평종)

* **文氏墜崖**(문씨추애) : 문씨(文氏)가 절벽에서 떨어지다. [烈女 1 : 11]

1) 문시ᄂᆞᆫ : 문시[문씨, 文氏 : 문(문, 文 : 사람의 성씨) + -시(-씨, 氏 : 접미)] + -ᄂᆞᆫ(보조사, 주제)

2) 광산현 : 광산현(光山縣). 땅 이름이다.

3) 강호문의 : 강호문(康好文). 사람 이름이다.

4) 안해라 : 안해[아내, 妻 : 안ㅎ(안, 內) + -애(부조 ▹ 명접)] + -∅(서조)- + -∅(현시)- + -라(←

도적기[8] 사ᄂᆞᆫ 바[9] ᄆᆞᅌᆞᆯ히[10] ᄃᆞ라드니[11] 문시 잡피믈[12] 니버[13] 도적기 모글 ᄆᆡ여[14] 핍박ᄒᆞ여 ᄒᆞ여곰 압셔[15] 가게 ᄒᆞ니 문시 면티[16] 몯ᄒᆞᆯ 줄 알고 이예 어린 아ᄒᆡ를 기ᄉᆡ[17] ᄞᆞ려[18] 나모 그ᄅᆞᆯ히[19] 두고 큰 아ᄒᆡᄃᆞ려[20] 닐러 ᄀᆞᆯ오ᄃᆡ 네 ᄯᅩᄒᆞᆫ[21] 여긔[22] 이시라[23] 쟝ᄎᆞᆫ[24] 간슈ᄒᆞ리[25] 이시리라 아ᄒᆡ 강잉ᄒᆞ여 좃다[26] 녜여[27] 셕박[28] 빙애[29] 우ᄒᆡ 니ᄅᆞ니

-다 : 평종)

5) 신우(辛禑) : 고려 제32대 왕인 우왕(禑王 : 재위 기간 1374~1388)을 이르는 말이다. 신돈(辛旽)의 시녀인 반야(般若)의 소생이다. 우왕이 이성계에 의해서 폐위된 왕이기 때문에 시호 없이 신우(辛禑)라고 부르는데, 이는 우왕이 신돈(辛旽)의 자식이라는 뜻으로 붙인 이름이다.
6) 무진년의 : 무진년(무진년, 戊辰年) + -의(-에 : 부조, 위치)
7) 예 : 왜(倭). 현재의 일본이다.
8) 도적기 : 도적ㄱ(← 도적 : 도적, 盜賊) + -이(주조) ※ '도적기'은 '도적'의 종성 /ㄱ/을 'ㄱㄱ'으로 거듭 적은 형태이다.
9) 바 : 곳, 所(의명). '도적기 사ᄂᆞᆫ 바 ᄆᆞᅌᆞᆯ히 ᄃᆞ라드니'는 '도적이 (문씨가) 사는 곳의 마을에 달려드니'의 뜻이다.
10) ᄆᆞᅌᆞᆯ히 : ᄆᆞᅌᆞᆯㅎ(마을, 村) + -ᄋᆡ(-에 : 부조, 위치)
11) ᄃᆞ라드니 : ᄃᆞ라드[← ᄃᆞ라들다(달려들다, 突入) : ᄃᆞᆮ(← ᄃᆞᆮ다 : 닫다, 달리다, 走)- + -아(연어) + 드(← 들다 : 들다, 入)-]- + -니(연어, 설명 계속, 이유)
12) 잡피믈 : 잡피[← 자피다(잡히다, 被擄) : 잡(잡다, 擄 : 타동)- + -히(피접)-]- + -ㅁ(명전) + -을(목조)
13) 니버 : 닙(입다, 당하다, 被)- + -어(연어)
14) ᄆᆡ여 : ᄆᆡ(매다, 繫)- + -여(← -어 : 연어)
15) 압셔 : 압셔[앞서다 : 압(← 앞 : 앞, 前) + 셔(서다, 立)-]- + -Ø(← -어 : 연어)
16) 면티 : 면ㅎ[← 면ᄒᆞ다(면하다) : 면(면, 免 : 불어) + -ᄒᆞ(동접)-]- + -디(-지 : 연어, 부정)
17) 기ᄉᆡ : 깃(포대기, 襁褓) + -ᄋᆡ(-에 : 부조, 위치)
18) ᄞᆞ려 : ᄞᆞ리(싸다, 裹)- + -어(연어) ※ 'ᄢᆞ리다(15C) 〉 ᄞᆞ리다(17C)'로 형태가 바뀌었는데, /ㄲ/의 된소리 표기가 'ㅴ'에서 'ㅲ'으로 바뀐 형태이다.
19) 그ᄅᆞᆯ히 : 그ᄅᆞᆯㅎ(← ᄀᆞᄂᆞᆯㅎ : 그늘, 陰) + -ᄋᆡ(-에 : 부조, 위치) ※ '그ᄅᆞᆯ히'는 'ᄀᆞᄂᆞᆯ히'를 오기한 형태이다.
20) 아ᄒᆡᄃᆞ려 : 아ᄒᆡ(아이, 孩) + -ᄃᆞ려(-더러, -에게 : 부조, 상대)
21) ᄯᅩᄒᆞᆫ : [또한, 又(부사) : ᄯᅩ(또, 又 : 부사) + ᄒᆞ(하다, 爲)- + -ㄴ(관전▷관접)]
22) 여긔 : 역(← 여기 : 여기, 此, 지대, 정칭) + -의(-에 : 부조, 위치)
23) 이시라 : 이시(있다, 在)- + -라(명종)
24) 쟝ᄎᆞᆫ : 쟝ᄎᆞᆫ(← 쟝ᄎᆞᆺ : 장차, 將, 부사) ※ '쟝ᄎᆞᆺ'가 '쟝ᄎᆞᆫ'로 바뀐 것은 7종성 체계에 따라서 /ㅅ/이 /ㄷ/으로 평파열음화한 형태이다.
25) 간슈ᄒᆞ리 : 간슈ᄒᆞ[간수하다, 보호하다 : 간슈(간수, 看守 : 명사) + -ᄒᆞ(동접)-]- + -ㄹ(관전) # 이(이, 人 : 의명) + -Ø(← -이 : 주조)
26) 좃다 : 좃(← 좇다 : 좇다, 따르다, 從)- + -Ø(과시)- + -다(평종)

노픠[30] 가히 일쳔 자히라[31] 문시 ᄒᆞᆫ가지로 자피인[32] ᄆᆞᄋᆞᆯ 겨집ᄃᆞ려 닐러 ᄀᆞᆯ오ᄃᆡ 도적긔게[33] 더러이고[34] 사라시모론[35] 모ᄆᆞᆯ 조히[36] ᄒᆞ야 주그매[37] 나아감 만[38] ᄀᆞᆮ디 몯ᄒᆞ다 ᄒᆞ고 이예 모ᄆᆞᆯ ᄠᅥᆯ텨[39] ᄂᆞ려디니[40] 도적기 아ᄒᆡᄅᆞᆯ 주기고 가다[41] 절벽 아래 며래덩울[42]이 이셔 죽디 아니ᄆᆞᆯ[43] 어ᄃᆞ니라[44]

문씨(文氏)는 광산현(光山縣)의 사람이니 강호문(康好文)의 아내이다. 신우(辛禑) 무진년(戊辰年)에 왜(倭) 도적이 (문씨가) 사는 곳의 마을에 달려드니, 문씨가 잡힘을 당하여 도적이 (문씨의) 목을 매어 핍박(逼迫)하여 (문씨로) 하여금 앞서서 가게 하니, 문씨가 (죽음을) 면(免)치 못할 줄을 알고, 이에 어린 아이를 보자기에 싸서 나무 그늘에 두고, 큰 아이에게 일러 말하되 "너 또한 여기에 있어라. 장차 너를 간수(看守)할

---

27) 녜여 : 녜(← 녀다 : 가다, 行)- + -여(← -어 : 연어)
28) 셕박 : 석벽(石壁)
29) 빙애 : 벼랑, 崖.
30) 노픠 : [높이, 高(명사) : 높(높다, 高 : 형사)- + -의(명접)] + -Ø(← -이 : 주조)
31) 자히라 : 잫(자, 尺 : 의명) + -이(서조)- + -Ø(현시)- + -라(← -다 : 평종)
32) 자피인 : 자피이[↚ 자피다(잡히다, 被擄) : 잡(잡다, 擄)- + -히(피접)-]- + -Ø(과시)- + -ㄴ(관전) ※ '자피인'은 '자핀'를 오각한 형태이다.
33) 도적긔게 : 도적ㄱ(← 도적 : 도적, 盜賊) + -의게(-에게 : 부조, 상대) ※ '도적긔게'는 '도적'의 종성 /ㄱ/을 'ㄱㄱ'으로 거듭 적은 형태이다.
34) 더러이고 : 더러이[더럽히다 : 더러(← 더럽다, ㅂ불 : 더럽다, 汚)- + -이(사접)-]- + -고(연어, 계기)
35) 사라시모론 : 살(살다, 生)- + -아시(완료)- + -ㅁ(명전) + -오론(↚ -ᄋᆞᆫ : 보조사, 주제) ※ '사라시모론'은 '사라시ᄆᆞᆫ'을 오각한 형태인데, '살아 있는 것은'으로 의역하여 옮긴다.
36) 조히 : [깨끗이, 맑게, 潔(부사) : 좋(← 좋ᄒᆞ다 : 깨끗하다, 맑다, 潔)- + -이(부접)]
37) 주그매 : 주금[죽음, 죽는 것, 死 : 죽(죽다, 死)- + -음(명전)] + -애(-에 : 부조, 위치)
38) 만 : 만(의명, 비교)
39) ᄠᅥᆯ텨 : ᄠᅥᆯ티[떨치다, 振 : ᄠᅥᆯ(떨다, 振)- + -티(강접)-]- + -어(연어)
40) ᄂᆞ려디니 : ᄂᆞ려디[내려지다, 떨어지다, 墜 : ᄂᆞ리(내리다, 降)- + -어(연어) + 디(지다 : 보용, 피동)-]- + -니(연어, 설명의 계속, 이유)
41) 가다 : 가(가다, 行)- + -Ø(과시)- + -다(평종)
42) 며래덩울 : 담쟁이덩굴, 蘿蔓.
43) 아니ᄆᆞᆯ : 아니[← 아니ᄒᆞ다(아니하다, 不 : 보용, 부정) : 아니(아니, 不 : 부사, 부정) + -Ø(← -ᄒᆞ- : 동접)-]- + -ㅁ(명전) + -ᄋᆞᆯ(목조)
44) 어ᄃᆞ니라 : 얻(얻다, 得)- + -Ø(과시)- + -ᄋᆞ니(원칙)- + -라(← -다 : 평종)

이가 있으리라.” 아이가 강잉(强仍)하여 (어머니의 말을) 좇았다. (문씨가) 가서 석벽 벼랑 위에 이르니 높이가 가히 일천 자이다. 문씨가 (자기와) 마찬가지로 잡힌 마을 여자에게 일러 말하되, “도적에게 더럽히고 살아 있는 것은 몸을 깨끗이 하여 죽음에 나아가는 것만 같지 못하다.” 하고, 이에 몸을 떨쳐서 (석벽 벼랑에서) 떨어지니 도적이 아이를 죽이고 갔다. 절벽 아래 담쟁이덩굴이 있어서 (문씨가) 죽지 아니하는 것을 얻었느니라.

千玉節行 *

ᄉᆞ비[1] 쳔옥[2]은 박쳔군[3] 사ᄅᆞᆷ이니 의원 뉴극슌[4]의 쳡이라 임진왜난의 남진이[5] 평양 싸홈의 가 죽거ᄂᆞᆯ 쳔옥이 듣고 긔졀ᄒᆞ엿다가[6] 다시 ᄭᆡ야[7] 도적의 딘[8]의 가 몸소 지아븨[9] 주검을[10] ᄎᆞ자 엇디[11] 몯ᄒᆞ야 쟝ᄎᆞᆺ[12] 믈의 ᄃᆞ라들고져[13] ᄒᆞ거를[14] ᄆᆞ을 사ᄅᆞᆷ이 ᄃᆞ라가[15] 구ᄒᆞ여 시러곰[16]

---

* 千玉節行(천옥절행) : 천옥(千玉)의 절개를 지키는 행실. [烈女 3 : 43]
1) ᄉᆞ비 : 사비(私婢). 사가(私家)에서 부리던 여자 노비이다.
2) 쳔옥은 : 천옥(千玉). 사람 이름이다. ※ ‘텬옥〉쳔옥’은 /ㅌ/이 /ㅊ/으로 구개음화한 예이다.
3) 박쳔군 : 박천군(博川郡). 땅 이름이다.
4) 뉴극슌의 : 유극순(劉克純). 사람 이름이다. ※ ‘류극슌〉뉴극슌’의 변화는 ‘ㄹ’ 두음 법칙이 적용된 결과이다.
5) 남진이 : 남진(남편, 지아비, 夫) + -이(주조)
6) 긔졀ᄒᆞ엿다가 : 긔졀ᄒᆞ[기절하다 : 긔졀(기절, 氣絶 : 명사) + -ᄒᆞ(동접)-]- + -엿(완료)- + -다가(연어, 전환)
7) ᄭᆡ야 : ᄭᆡ(깨다, 甦)- + -야(← -아 : 연어)
8) 딘 : 진(陣). 진영(陣營). 군대가 진을 치고 있는 곳이다.
9) 지아븨 : 지압[← 지아비, 夫 : 지(← 집 : 집, 家) + 아비(아버지, 父)] + -의(관조) ※ ‘지아비’는 원래 [집(집, 家) + -ㅅ(사잇) + 아비(아버지, 父)]로 분석되는 합성어였는데, ‘짒아비〉짓아비〉지아비’로 변화했다. 마찬가지로 ‘지어미’도 ‘짒어미〉짓어미〉지어미’로 변화했다.
10) 주검을 : 주검[주검, 시체, 屍 : 죽(죽다, 死 : 자동)- + -엄(명접)] + -을(목조)
11) 엇디 : 엇(← 얻다 : 얻다, 得)- + -디(-지 : 연어, 부조) ※ ‘엇디’는 종성 /ㄷ/을 ‘ㅅ’으로 적은 형태이다.
12) 쟝ᄎᆞᆺ : 쟝ᄎᆞᆺ(← 쟝ᄎᆞ : 장차, 부사)
13) ᄃᆞ라들고져 : ᄃᆞ라들[달려들다, 赴 : ᄃᆞᆯ(← ᄃᆞᆮ다 : 닫다, 달리다, 走)- + -아(연어) + 들(들다, 入)-]- + -고져(-고자 : 연어, 의도)
14) ᄒᆞ거를 : ᄒᆞ(하다, 爲)- + -거를(← -거ᄂᆞᆯ : -거늘, 연어, 상황)
15) ᄃᆞ라가 : ᄃᆞ라가[달려가다, 奔 : ᄃᆞᆯ(← ᄃᆞᆮ다, ㄷ불 : 닫다, 달리다, 走)- + -아(연어) + 가(가다,

면ᄒᆞ다[17] 인ᄒᆞ여[18] 그 지아븨[19] 평ᄉᆡᆼ[20] 버힌[21] 바 손톱과 ᄠᅥ러딘[22] 바 나ᄂᆞᆺ과[23] 머리털을 가져다가 주머니 가온대 담고 ᄯᅩ 그 머리터럭[24]을 버혀 ᄒᆞᆫᄃᆡ[25] 봉ᄒᆞ여 념습ᄒᆞ야[26] 곽의[27] 녀코[28] 몸의 거상 오ᄉᆞᆯ 닙고 ᄒᆞᆰ을 져 무덤을 일오고 거적의 ᄌᆞᆷ자고 밥을 폐ᄒᆞ고 제ᄉᆞᄒᆞ기를 정셩을 다ᄒᆞ고 ᄉᆞ절[29]의 새 오ᄉᆞᆯ 지어 분묘 알ᄑᆡ 가 블[30] 디르더라[31] 쇼경대왕[32] 됴애 정문ᄒᆞ시니라

사비(私婢)인 천옥(千玉)은 박천군(博川郡)의 사람이니, 의원(醫員)인 유극순(劉克純)의 첩이다. 임진왜란에 남편이 평양 싸움에 가서 죽거늘, 천옥이 (그 일을) 듣고 기절(氣節)하였다가 다시 깨어, 도적의 진영(陣營)에 가서 몸소 지아비의 주검을 찾았는데, (주검을) 얻지 못하여 장차 물에 달려들고자 하거늘, 마을 사람이 달려가 (천옥)을 구(救)하여 능히 (죽음을) 면(免)하였다. 인(因)하여 그 지아비가 평생(살아 있을 때) 벤

去)-]- + -아(연어)

16) 시러곰 : [능히, 得(부사) : 실(← 싣다, ㄷ불 : 얻다, 得)- + -어(연어 ▷ 부접) + -곰(보조사, 강조)]

17) 면ᄒᆞ다 : 면ᄒᆞ[면하다 : 면(면, 免 : 불어)- + -ᄒᆞ(동접)-]- + -Ø(과시)- + -다(평종)

18) 인ᄒᆞ여 : 인ᄒᆞ[인하다 : 인(인, 因 : 불어) + -ᄒᆞ(동접)-]- + -여(← -아 : 연어)

19) 지아븨 : 지압[← 지아비, 夫 : 지(← 집 : 집, 家) + 아비(아버지, 父)] + -의(관조, 의미상 주격)
※ '지아븨'는 관형절에 쓰인 주격으로 의역하여 '지아비가'로 옮긴다.

20) 평ᄉᆡᆼ : 평생(平生). ※ 문맥상 '평상시'나 '살아 있을 때'로 의역한다.

21) 버힌 : 버히[베다, 剪 : 벟(베어지다 : 자동)- + -이(사접)-]- + -Ø(과시)- + -ㄴ(관전)

22) ᄠᅥ러딘 : ᄠᅥ러디[떨어지다, 落 : ᄠᅥᆯ다(떨다, 離)- + -어(연어) + 디(지다, 落)-]- + -Ø(과시)- + -ㄴ(관전)

23) 나ᄂᆞᆺ과 : 나ᄂᆞᆺ(← 나ᄅᆞᆺ : 나룻, 수염, 髭髮) + -과(접조)

24) 머리터럭 : [머리털, 頭髮 : 머리(머리, 頭) + 터럭(털, 髮)]

25) ᄒᆞᆫᄃᆡ : [한데, 한 곳, 同處(명사) : ᄒᆞᆫ(한, 一 : 관사, 양수) + ᄃᆡ(데, 곳, 處 : 의명)]

26) 념습ᄒᆞ야 : 념습ᄒᆞ[염습하다 : 념습(염습, 殮襲 : 명사)- + -ᄒᆞ(동접)-]- + -야(← -아 : 연어)
※ '념습(殮襲)'은 시신을 씻긴 뒤 수의로 갈아입히고 염포로 묶는 것이다. '렴습〉념습'의 변화는 'ㄹ' 두음 법칙이 적용된 결과이다.

27) 곽의 : 곽(곽, 관, 棺) + -의(-에 : 부조, 위치)

28) 녀코 : 녛(넣다, 含)- + -고(연어, 계기)

29) ᄉᆞ절의 : ᄉᆞ절(사절, 사계절, 四節) + -의(-에 : 부조, 위치)

30) 블 : 불(火)

31) 디르더라 : 디르(지르다, 焚)- + -더(회상)- + -라(← -다 : 평종)

32) 쇼경대왕 : 소경대왕(昭敬大王). 조선 제14대 왕인 선조(宣祖) 임금의 시호(諡號)이다.

손톱과 떨어진 수염과 머리털을 가져다가 주머니 가운데 담고, 또 그 머리털을 베어서 함께 봉(封)하여 염습(殮襲)하여 관에 넣고, 몸에 거상(居喪) 옷을 입고 흙을 져서, 사절(四節)에 새 옷을 지어서 분묘(墳墓) 앞에 가서 불을 지르더라. 소경대왕(昭敬大王)의 조(朝)에 정문(旌門)하셨니라.

2. 산성일기

『산셩일긔』는 병자호란 때에 남한산성에서 청인들과의 항쟁에 참여하였던 어떤 궁중 나인(宮中內人)이 지은 작품이라고 여겨 왔다. 그러나 근래에 와서 나만갑(羅萬甲, 1592~1642)이 지은 한문본 『병자남한일기』(丙子南漢日記)를 삼인칭의 소설 형식으로 발췌하여 1647년 이전에 국역한 일기라는 주장이 있다.

나만갑은 조선 중기의 인조 때의 문신으로서, 인조 반정 후에 순릉참봉(順陵參奉)이 되고 1627년(인조 5)에 정묘호란이 일어나자 왕을 모시고 강화(江華)로 피난하였다. 이어서 1636년(인조 14)에 병자호란이 발생하자 남한산성에서 농성 중에 공조참의(工曹參議)로 기용되고, 이어 병조참지(兵曹參知)를 맡아서 군량 공급에 큰 공을 세웠다.

국문본의 『산성일기』는 3종의 이본이 있다. 첫째는 국립중앙도서관에 소장된 '궁체본(흘림체본)'이다. 둘째는 이 책에서 해석과 분석의 대상으로 삼은 '낙선재본(樂善齋本)'이 있는데 정성을 들여 정자로 쓴 『산셩일긔 병ᄌ』이다. 셋째는 구장서각본(舊藏書閣本)으로, '한국정신문화연구원'의 도서실에 있는 해서체본이다.

『산성일기』의 내용은 이본마다 약간의 차이가 있지만 대체로 다음의 내용으로 구성되어 있다.

도입부에서는 만주(滿洲)에서 세력을 키운 여진족(女眞族) 누르하치(奴兒合赤)가 명나라를 괴롭히므로, 명나라에서 조선에 원병을 청하여 청나라와 조선의 관계가 나빠지게 되었다. 이에 따라서 병자년(1636) 12월에 마침내 청군이 침입하여 전세가 위급하게 되었다. 왕은 남한산성(南漢山城)으로, 왕비와 왕자들은 강화도(江華島)로 피난하여 항쟁하기로 한 일까지의 전말을 기술하고 있다.

중간부에서는 남한산성에서 청군과의 대치 속에서 저항하던 50여 일 간의 사실을 왕의 측근에서 보고들은 대로 일기 형식으로 자세히 기록하였다. 청군의 포위 속에 고립되어 고전(苦戰)하는 상황에서, 주화파(主和派)들의 행위를 비판하고 척화신(斥和臣)들의 절의를 칭찬하고 격려하는 논조(論調)로 소상하게 기록하고 있다.

후반부에서는 정축년(1637) 1월 30일에 인조가 남한산성에서 삼전도(三田渡)로 나가 항복한 뒤, 청군의 퇴각과 소현세자(昭顯世子)와 봉림대군(鳳林大君)과 척화신(斥和

臣)들 일행의 심양(瀋陽)행과 인조의 환궁(還宮), 4월에 조선의 사신이 청에 바친 조공물목(朝貢物目), 11월 삼전도에 청제(淸帝)의 송덕비(頌德碑)를 세우기까지의 일들을 기록하고 있다.

낙선재본의『산성일기』에 나타난 표기와 국어학적인 특징을 정리하면 다음과 같다.

첫째, 음절 사이에서 'ㄹ-ㄹ'이 'ㄹ-ㄴ'으로 표기된 예가 있다.

(보기) 거즛말로→거즛말노, 열리매→열니매

둘째, 끊어적기의 표기법이 대단히 많이 보이며, 거듭적기의 표기법도 제법 나타난다. 특히 한 음소를 재음소화 과정을 통하여 거듭적기로 표기한 예도 나타난다.

(보기) ㄱ. 죽이고, 한인을, 구월의, 죽으니, 금이라
ㄴ. 드러→들러
ㄷ. 기픠→깁희, 넢→넙ㅎ

셋째, 음절의 끝소리 /ㄷ/을 'ㅅ'으로 표기한 예가 눈에 띈다.

(보기) 듣지→듯디, 듣고→듯고, 얻고→엇고, 믿디→밋디

넷째, 'ㄹ' 두음 법칙, 구개음화, 원순 모음화, 비음화 현상이 적용된 예가 나타난다.

(보기) ① 'ㄹ' 두음 법칙 : 룡호>뇽호, 란의>난의, 리ᄅᆞᆯ>니ᄅᆞᆯ, 령의정>녕의정
② 구개음화 : 겁틱ᄒᆞ다>겁칙ᄒᆞ야, 삐여디ᄃᆡ>삐여지ᄃᆡ, 티다>치다, 업더디샤>업더지샤
③ 원순 모음화 : 브ᄅᆞ지져>부ᄅᆞ지져, 브ᄅᆞ고>부ᄅᆞ고, 머므시던>머무시던, 베프미라>베푸미라, 플닙을>풀닙을
④ 비음화 : 만력>만녁, 침로>침노, 강홍립>강홍닙

다섯째, 반모음 /i/나 /j/로 끝나는 체언 다음에서 주격 조사의 형태가 '-가'로 실현된 예가 보인다.

(보기) ᄆᆞᆯ채가(ᄆᆞᆯ채 + -가)

여섯째, 동사에서 실현되는 무형의 과거 시제 선어말 어미인 '-Ø-'가 그대로 실현되고 있다.

(보기) 병ᄉᆞ 목ᄉᆞ들이 다 죽다, 셰ᄌᆞᄂᆞᆫ 뎐쥬의 분됴ᄒᆞ시다

일곱째, 현재 시제의 평서형이 '-ㄴ다'의 형태로 실현되는 경우가 있다. 곧 중세 국어에서는 '-ᄂᆞ-'로만 실현되던 현재 시제의 선어말 어미가 자음으로 끝난 어간 뒤에서 현대 국어와 같이 '-ㄴ-'의 형태로 실현되었다.

(보기) 잘 막ᄌᆞᄅᆞ디 못ᄒᆞᆫ다 ᄒᆞ샤

여덟째, 명사형 전성 어미의 형태가 부분적으로 '-옴/-움'에서 '-음/-ᄋᆞᆷ'로 바뀌었다.

(보기) 무상호믈>무상ᄒᆞ믈, 감동호믈>감동ᄒᆞ믈, 곧호미>곧ᄒᆞ미

아홉째, 대상 표현의 선어말 어미 '-오-/-우-'의 예는 거의 볼 수 없다. 반면에 화자 표현의 선어말 어미는 실현되고 있으나, 대체로 서술격 조사나 선어말 어미 '-ᄂᆞ-' 뒤에서 제한적으로만 실현되고 있다.

(보기) ㄱ. 딤이로라, 황뎨로라, 왕ᄌᆡ로다 ;
ㄴ. 왓노라, 보내노라

열째, 선어말 어미인 '-앗-/-엇-/-엿- ; -아시-/-어시-/-야시-/-여시-' 등이 실현되어서 '완료'의 동작상을 나타나낸다.

(보기) 왓기로, 허ᄒᆞ엿더니, 편지ᄒᆞ야시ᄃᆡ

이러한 특징을 종합해 보면, 『산성일기』에는 주격 조사의 형태로 '-가'가 쓰이는 등 초기의 근대 국어의 모습이 잘 나타나 있다.

산셩일긔 병ᄌᆞ[1)]

만녁[2)] 십칠 년 긔튝[3)] 구월의 노라치란[4)] 오랑캐로 뇽호쟝군[5)]을 ᄒᆞ이다[6)] 노라치ᄂᆞᆫ 녀진쥐[7)] 싸 오랑캐니 제 한아비와[8)] 아비 다 다ᄅᆞᆫ 오랑캐 난의[9)] 죽고 노라치ᄂᆞᆫ 동방으로 ᄃᆞ라나니[10)] ᄇᆡᆨ녁희[11)] 모든 오랑캐를 침노ᄒᆞ야[12)] 긔셰[13)] 졈졈 듕ᄒᆞ고[14)] 잇다감[15)] 노략ᄒᆞᆫ 한인[16)]을 도로 보내여 듕됴[17)]에 헌튱ᄒᆞ더니[18)] 다ᄅᆞᆫ 오랑캐 근오십[19)] 등이[20)] 식합호[21)]를

---

1) 병ᄌᆞ : 병자(丙子). 육십갑자의 열셋째로서, 병자호란이 일어난 1636년(인조 14)이다.
2) 만녁 : 만력(萬曆). 중국 명나라 신종(神宗)의 연호(1573~1619)이다. ※ '만력>만녁'은 비음화의 예이다.
3) 긔튝 : 기축(己丑). 육십갑자의 스물여섯째로서 중국 명나라 시대인 1595년이다.
4) 노라치란 : 노라치(누르하치) + -∅(서조)- + -라(←-다 : 평종) + -ㄴ(관전) ※ '노라치란'은 '노라치라 ᄒᆞᄂᆞᆫ'에서 'ᄒᆞ(謂)-'와 '-ᄂᆞ(현시)-'가 줄어져서 된 말이다. 그리고 누르하치(Nurhachi, 努爾哈赤, 노이합적)는 중국 청나라의 창건자로서 초대 황제(재위 1616~1626)이다. 여진의 대부분을 통일하여 한(汗)의 지위에 올라 국호를 후금(後金)이라 하였다. 명나라와 전쟁을 치르는 도중에 병사하였지만, 그가 확립해 놓은 기초 위에 아들인 '홍타이지'가 천하 통일의 대업을 완수하였다.
5) 뇽호쟝군 : 용호장군(龍虎將軍). 중국 무관의 명칭이다. ※ '룡호>뇽호'는 두음 법칙의 예다.
6) ᄒᆞ이다 : ᄒᆞ이[하게 하다, 시키다, 使 : ᄒᆞ(하다, 爲)- + -이(사접)-]- + -∅(과시)- + -다(평종)
7) 녀진쥐 : 여진주(女眞州). 여진족이 사는 땅이다.
8) 한아비와 : 한아비[할아버지, 祖父 : 하(크다, 大)- + -ㄴ(관전) + 아비(아버지, 父)] + -와(접조)
9) 난의 : 난(난, 난리, 亂) + -의(-에 : 부조, 위치, 원인) ※ '란>난'은 두음 법칙의 예이다.
10) ᄃᆞ라나니 : ᄃᆞ라나[달아나다 : ᄃᆞᆯ(←ᄃᆞᆮ다, ㄷ불 : 닫다, 달리다, 走)- + -아(연어) + 나(나다, 出)]- + -니(연어, 설명의 계속, 이유)
11) ᄇᆡᆨ녁희 : ᄇᆡᆨ녁ㅎ[북녘, 북쪽 : ᄇᆡᆨ(북, 北) + 녁ㅎ(녘, 쪽 : 의명)] + -의(관조, 부조)
12) 침노ᄒᆞ야 : 침노[침노하다 : 침노(침노, 侵擄 : 명사) + -ᄒᆞ(동접)-]- + -야(←-아 : 연어) ※ '침노(侵擄)'는 남의 나라를 불법으로 쳐들어가거나 쳐들어오는 것이다. '침로>침노'는 비음화(비음화)의 예이다.
13) 긔셰 : 긔셰(기세, 氣勢) + -∅(주조)
14) 듕ᄒᆞ고 : 듕ᄒᆞ[중하다 : 듕(중, 重 : 불어) + -ᄒᆞ(형접)-]- + -고(연어, 나열)
15) 잇다감 : 이따금, 時(부사).
16) 한인 : 한인(漢人). 중국 본토인이다.
17) 듕됴 : 중조(中朝). 중국 명나라의 조정이다.
18) 헌튱ᄒᆞ더니 : 헌튱ᄒᆞ[헌충하다 : 헌튱(헌충, 獻忠 : 명사) + -ᄒᆞ(동접)-]- + -더(회상)- + -니(연어, 설명의 계속) ※ '헌튱(獻忠)'은 상대편에게 자기의 충성을 드러내어 보이는 것이다.
19) 근오십 : 극오십(克五十). 누르하치와 같은 여진족의 추장이다.
20) 등이 : 등(등, 等 : 의명) + -이(주조)

노략ᄒᆞ고 지휘[22] 뉴부[23]ᄅᆞᆯ 죽이고 건쥐로[24] ᄃᆞ라나거ᄂᆞᆯ 노라치 즉시 근오십의 머리ᄅᆞᆯ 버혀[25] 듕됴의 드리고 ᄯᅩ 됴ᄒᆞᆫ[26] ᄆᆞᆯ을 공ᄒᆞ고[27] 제 한아비와 아비 듕국[28]을 위ᄒᆞ야 병화의[29] 죽은 곡졀[30]을 알외여[31] ᄡᅥ[32] 대쟝 일홈을 어드니라[33]

산성일기(山城日記) 병자(丙子)

【 제1장▷ 】 만력(萬曆) 십칠년 기축(己丑) 구월(九月)에 누르하치라는 오랑캐로 (하여금) 용호장군(龍虎將軍)을 시켰다. 누르하치는 여진주(女眞州) 땅의 오랑캐이니, 제 할아버지와 아버지가 다 다른 오랑캐의 난(亂)에 죽고, 누르하치는 동방(東方)으로 달아나니, 북(北)녘의 모든 오랑캐를 침노(侵擄)하여 기세(氣勢)가 점점 중(重)하고, 이따금 노략(擄掠)질한 한인(漢人)을 도로 보내어 중조(中朝)에 헌충(獻忠)하더니, 다른 오랑캐인 극오십(克五十) 등이 시하보(柴河堡)를 노략하고, 지휘(指揮)인 유부(劉斧)를 죽이고 건주(建州)로 달아나거늘, 누르하치가 즉시 극오십(克五十)의 머리를 베어 중조(中朝)에 드리고, 또 좋은 말을 공(貢)하고, 제 할아버지와 아버지가 중국(中國)을 위하여 병화(病禍)에 죽은 곡절(曲折)을 아뢰어서, 대장(大將)의 이름을 얻었느니라.

---

21) 싀합호 : 시하보(柴河堡). 만주에 있는 지명이다.
22) 지휘 : 지휘(指揮). 명나라 무관직의 이름이다.
23) 뉴부 : 유부(劉斧). 명나라 무관의 이름이다.
24) 건쥐로 : 건쥐(건주, 建州 : 땅 이름) + -로(부조, 방향) ※ 건주(建州)는 중국 남만주 지린(吉林) 지방의 옛 이름이다.
25) 버혀 : 버히[베다, 斬 : 벟(베어지다)- + -이(사접)-]- + -어(연어)
26) 됴ᄒᆞᆫ : 둏(좋다, 好)- + -은(관전)
27) 공ᄒᆞ고 : 공ᄒᆞ[공하다 : 공(공, 貢 : 불어) + -ᄒᆞ(동접)-]- + -고(연어, 계기) ※ '공(貢)'은 공물을 바치는 것이다.
28) 듕국 : 중국(中國). 중국 명나라이다.
29) 병화의 : 병화(병화, 兵火) + -의(-에 : 부조, 위치, 원인) ※ '병화(兵火)'는 전쟁으로 말미암은 재화(災禍)나, 또는 그런 피해이다.
30) 곡졀 : 곡절 (曲折). 순조롭지 아니하게 얽힌 이런저런 복잡한 사정이나 까닭.
31) 알외여 : 알외[알리다 : 알(알다, 知)- + -오(사접)- + -ㅣ(사접)-]- + -여(← -어 : 연어)
32) ᄡᅥ : [그로써, 以(부사) : ᄡᅳ(쓰다, 用)- + -어(부접)]
33) 어드니라 : 얻(얻다, 得)- + -Ø(과시)- + -으니(원칙)- + -라(← -다 : 평종)

노라치 점점 강셩ᄒᆞ야 제 아ᄋᆞ[34] 속기합치[35]를 죽이고 군ᄉᆞ를 아오라[36] 모든 오랑캐를 침노ᄒᆞ더니 무오[37] 긔미년[38] 간의[39] 무슌셩[40]을 함믈ᄒᆞ고[41] 총병[42] 댱승윤[43] 등이 죽고 경냑[44] 양효[45] 등이 대패ᄒᆞ고 쳠ᄉᆞ[46] 반총안[47] 등이 다 죽다[48]

노라치가 점점 강성(强盛)하여, 제 아우인 속기합치(舒儿哈赤)를 죽이고 군사(軍士)를 합하여 모든 오랑캐를 침노(侵擄)하더니, 무오(戊午)와 기미년(己未年) 사이(間)에 무순성(撫順城)을 함몰(陷沒)하고, 총병(總兵)인 【제 2장▻】 장승윤 등이 죽고, 경략(經略)인 양호(楊鎬) 등이 대패(大敗)하고, 첨사(僉使)인 반중안(潘仲安) 등(等)이 다 죽었다.

됴션국 도원슈[49] 강홍닙[50] 부원슈 김경셔 죵ᄉᆞ관[51] 니민환 쇼쟝[52]

---

34) 제 아ᄋᆞ : 저(인대, 재귀칭) + -ㅣ(관조) # 아ᄋᆞ(아우, 弟)
35) 속기합치 : 사람 이름. 수르하치(舒儿哈赤).
36) 아오라 : 아올(아우르다, 합하다, 竝)- + -아(연어)
37) 무오 : 무오(戊午). 육십갑자의 쉰다섯째. 1618년이다.
38) 긔미년 : 기미년(己未年). 1육십갑자의 쉰여섯째. 1619년이다.
39) 간의 : 간(사이, 間) + -의(-에 : 부조, 위치, 시간)
40) 무슌셩 : 무순성(撫順城). 중국 요동성 중부 지방 무순에 있는 성의 이름이다.
41) 함믈ᄒᆞ고 : 함믈ᄒᆞ[함몰하다 : 함믈(함몰, 陷沒 : 명사) + -ᄒᆞ(동접)-]- + -고(연어, 계기) ※ '함믈(陷沒)'은 원래 모조리 다 죽음의 뜻으로 쓰이는 말인데, 여기서는 '함락(陷落)'의 뜻이다.
42) 총병 : 총병(總兵). 중국 명나라 때의 무관직의 이름이다.
43) 댱승윤 : 장승윤. 명나라 때의 무관의 이름이다.
44) 경냑 : 경략(經略). '경략조선군무사(經略朝鮮軍務使)'를 줄인 말로서, 명나라 때의 무관직의 이름이다. ※ '경략>경냑'은 비음화의 예이다.
45) 양효 : 양호(楊鎬 : ?~1629년). 중국 명나라 때의 무관으로, 1597년의 정유재란 때 경략조선군무사(經略朝鮮軍務使)가 되어 참전하였다. 울산 도산성 싸움에서 왜군에게 패하여 파면되었다. 1618년 청나라가 명나라를 침략하자 다시 기용되어, 요동을 경략하였으나 실패하였다.
46) 쳠ᄉᆞ : 첨사(僉使). 조선 시대에, 각 진영에 둔 종삼품 무관 벼슬이다. 절도사의 아래로 병마첨사, 수군첨사가 있으며 목 · 부 소재지에는 목사나 부사가 겸임하였다.
47) 반총안 : 반중안(潘仲安). 중국 명나라 때의 무관의 이름이다.
48) 죽다 : 죽(죽다, 死)- + -Ø(과시)- + -다(평종)
49) 도원슈 : 도원수(都元帥). 고려와 조선 시대에, 전쟁이 났을 때 군무를 통괄하던 임시 무관 벼슬이다.
50) 강홍닙 : 강홍립(姜弘立). 조선 광해군 때의 무신(1560~1627)이다. 광해군 11년(1619)에 심천(深川) 싸움에 오도 도원수(五道都元帥)로 출정하였다가 후금(後金)의 포로가 되어 9년간 그곳에 머물렀다. 그 뒤 정묘호란 때 후금의 사신으로 강화(江華)에 와서 화의를 주선한 후

김응하 등이 마가ᄎᆡᆨ[53]를 조차 삼ᄇᆡᆨ 니ᄅᆞᆯ[54] 드러가 도적의게[55] 빠힌[56] ᄇᆡ[57] 되니 김응하ᄂᆞᆫ 힘뻐[58] 빠화[59] 죵시[60] 굴티[61] 아니코 죽으니 이[62] 니ᄅᆞᆫ[63] 김쟝군이라 됴졍이 병조판셔ᄅᆞᆯ 튜증ᄒᆞ고[64] 강홍닙 이하ᄂᆞᆫ 다 항복ᄒᆞ니라[65] 긔미의[66] 노라치 아국을 통코져[67] ᄒᆞ야 홍닙은 머므러 두고 민한 등을 내여 보내니라[68]

조선국(朝鮮國)의 도원수(都元帥)인 강홍립(姜弘立), 부원수(副元帥)인 김경서(金景瑞), 종사관(從事官)인 이민환(李民寏), 소장(小將)인 김응하(金應河) 등이 마가채를 따라 삼백 리를 들어가 도적(盜賊)에게 싸인 바가 되니, 김응하(金應河)는 힘써 싸워 종시(終始) 굴(屈)하지 아니하고 죽으니, 이 사람이 이른바 김 장군(金將軍)이다. 조정(朝廷)이 (김응하에게) 병조판서(兵曹判書)를 추증(追贈)하고, 강홍립(姜弘立) 이하(以下)는 다 항

에 국내에 머물렀으나, 역신으로 몰려 단식하다가 죽었다. ※ '강홍립〉강홍닙'은 비음화의 예이다.

51) 죵ᄉᆞ관 : 종사관(從事官). 조선 시대에, 각 군영의 주장(主將)을 보좌하던 종육품 벼슬이다.

52) 쇼쟝 : 소장(小將). 조선 시대에 오위(五衛)에 속한 종육품 무관 벼슬이다.

53) 마가ᄎᆡᆨ : 마가채(馬家寨). 중국 만주 지역의 옛 지명이다.

54) 니ᄅᆞᆯ : 니(리, 里, 의명) + -ᄅᆞᆯ(목조) ※ '리〉니'는 'ㄹ' 두음 법칙의 예이다.

55) 도적의게 : 도적(도적, 盜賊) + -의게(-에게 : 부조, 상대)

56) 빠힌 : 빠히[싸이다 : 빠(싸다, 包)- + -히(피접)-]- + -ㄴ(관전)

57) ᄇᆡ : ᄇᆞ(↚바 : 바, 所, 의명) + -ㅣ(주조)

58) 힘뻐 : 힘쁘[← 힘쁘다(힘쓰다) : 힘(힘, 力) + 쁘(쓰다, 用)-]- + -어(연어)

59) 빠화 : 빠호(싸우다, 爭)- + -아(연어)

60) 죵시 : 종시(終始). 시종, 처음부터 끝까지, 내내(부사).

61) 굴티 : 굴ㅎ[← 굴ᄒᆞ다(굴하다) : 굴(굴, 屈 : 불어) + -ᄒᆞ(동접)-]- + -디(-지 : 연어, 부정)

62) 이 : 이(이, 이 사람 : 인대) + -Ø(주조)

63) 니ᄅᆞᆫ : 니ᄅᆞ(이르다, 曰)- + -Ø(과시)- + -ㄴ(관전) ※ '니ᄅᆞᆫ'은 문맥을 감안하여서 '이른바'로 옮긴다.

64) 튜증ᄒᆞ고 : 튜증ᄒᆞ[추증하다 : 튜증(추증, 追贈 : 명사) + -ᄒᆞ(동접)-]- + -고(연어, 나열) ※ '튜증(追贈)'은 나라에 공로가 있는 벼슬아치가 죽은 뒤에 품계를 높여 주던 일이다.

65) 항복ᄒᆞ니라 : 항복ᄒᆞ[항복하다 : 항복(항복, 降伏 : 명사) + -ᄒᆞ(동접)-]- + -Ø(과시)- + -니(원칙)- + -라(← -다 : 평종)

66) 긔미의 : 긔미(기미, 己未) + -의(-에 : 부조, 위치, 시간) ※ '기미(己未)'는 육십갑자의 쉰여섯째로 1619년을 이른다.

67) 통코져 : 통ㅎ[← 통ᄒᆞ다(통하다, 소통하다) : 통(통, 通 : 불어) + -ㅎ(← -ᄒᆞ- : 동접)-]- + -고져(연어, 의도)

68) 보내니라 : 보내(보내다, 遣)- + -Ø(과시)- + -니(원칙)- + -라(← -다 : 평종)

복(降伏)하였느니라. 기미년(己未年)에 노라치가 아국(我國)을 통(通)하고자 하여, 홍립(弘立)은 머물러 두고 민한(民寏) 등을 내어 보내었느니라.

이 ᄒᆡ 오월의 노라치 나라 일홈을 금이라[69] ᄒᆞ고 황의[70]를 닙고 딤이로라[71] ᄒᆞ며 그 후의 심양[72]을 함믈ᄒᆞ니 뎐ᄌᆡ[73] 원슝환으로[74] 경냑[75]을 ᄒᆞ야 광녕의[76] 가 도적을 막ᄌᆞᄅᆞ게[77] ᄒᆞ여더니[78] 병인의[79] 노라치 원슝환의게 패ᄒᆞ야 분통ᄒᆞ야 등창[80] 나 죽으니 ᄎᆞᄌᆞ[81] 홍타시[82] 납ᄒᆞ니라[83] 노라치 일ᄌᆞᆨ[84] 나가 노다가[85] 뫼 녑ᄒᆡ[86] ᄒᆞᆫ 겨집이 오좀을 누고 디나가거늘[87]

---

69) 금이라 : 금(金, 나라 이름) + -이(서조)- + -∅(현시)- + -라(← -다 : 평종)

70) 황의 : 황의(黃衣). 누런 색깔의 옷으로 중국 황제가 입는 옷이다.

71) 딤이로라 : 짐(짐, 朕) + -이(서조)- + -로(← -오- : 화자)- + -라(← -다 : 평종) ※ '딤(朕)'은 임금이 자기를 가리키는 일인칭 대명사이다.

72) 심양 : 심양(Shenyang, 瀋陽). 중국 만주 랴오닝 성(遼寧省)에 있는 도시로서, 교통의 요지이며 중공업이 발달하였다. 성내에는 궁전이 있고, 교외에 동릉(東陵) · 북릉(北陵) 따위의 청나라 명소가 있다.

73) 뎐ᄌᆡ : 뎐ᄌᆞ(천자, 天子) + -ㅣ(주조) ※ 이때의 '천자'는 명나라 황제인 신종(神宗)이다.

74) 원슝환으로 : 원슝환(원숭환, 袁崇煥) + -으로(부조, 방편) ※ '원숭환(袁崇煥)'은 중국 명나라 때의 무장(武將)이다.

75) 경냑 : 경략(經略). '경략조선군무사(經略朝鮮軍務使)'를 줄인 말로서 명나라 때의 무관 벼슬의 이름이다.

76) 광녕의 : 광녕(광령, 廣寧) + -의(-에 : 부조, 위치) ※ '광령(廣寧)'은 요하의 서쪽 지방이다.

77) 막ᄌᆞᄅᆞ게 : 막ᄌᆞᄅᆞ[잘라서 막다, 防 : 막(막다, 防)- + ᄌᆞᄅᆞ(자르다, 絶)-]- + -게(연어, 사동)

78) ᄒᆞ여더니 : ᄒᆞ(하다 : 보용, 사동)- + -여(← -엿- : 완료)- + -더(회상)- + -니(연어, 설명의 계속, 이유)

79) 병인의 : 병인(병인년, 丙寅) + -의(-에 : 부조, 위치, 시간) ※ 병인(丙寅)은 육십갑자의 셋째로서, 여기서는 1626년을 이른다.

80) 등창 : 등창[등창 : 등(등, 背) + 창(창, 瘡)] ※ '등창'은 등에 나는 큰 부스럼이다.

81) ᄎᆞᄌᆞ : 차자, 둘째 아들, 次子.

82) 홍타시 : 홍타이지(Hong Taiji, 皇太極). 청나라 태조인 누르하치의 아들이며, 중국 청나라의 제2대 황제(1592~1643)이다. 묘호는 태종이다.

83) 납ᄒᆞ니라 : 납[납하다 : 납(납, 臘 : 불어) + -ᄒᆞ(동접)-]- + -∅(과시)- + -니(원칙)- + -라(← -다 : 평종) ※ '납(臘)'은 원래 납일(臘日 : 동지 뒤 셋째 미일(未日))에 민간이나 조정에서 조상이나 종묘 또는 사직에 제사 지내던 일이다. 여기서 '납ᄒᆞ다'는 왕위를 계승하다의 뜻으로 쓰였다.

84) 일ᄌᆞᆨ : 일찍이, 早(부사).

85) 노다가 : 노(← 놀다 : 놀다, 遊)- + -다가(연어, 전환)

86) 녑ᄒᆡ : 녑ㅎ(← 녚 : 옆구리, 脇) + -ᄋᆡ(-에 : 부조, 위치) ※ '녑ㅎ'은 '녚(脇)'의 종성인 /ㅍ/을

보니 오좀이 뫼ᄒᆞᆯ[88] ᄯᅮ러[89] 깁희[90] ᄆᆞᆯ채가[91] 드러가니 노라치 긔이히[92] 너겨 그 겨집을 ᄃᆞ려다가[93] 아ᄃᆞᆯ을 나ᄒᆞ니[94] 이[95] 니ᄅᆞᆫ바[96] 홍타시라[97]

이 해 오월(五月)에 노라치가 나라의 이름을 금(金)이라 하고, 황의(黃衣)를 입고 "(내가) 짐(朕)이다." 하며, 그 후에 심양(瀋陽)을 함몰(陷沒)하니, 천자(天子)가 원숭환(袁崇煥)으로 (하여금) 경략(經略)을 시키어 광녕(廣寧)에 가서 도적(盜賊)을 잘라서 막게 하였더니, 병인년(丙寅年)에 노라치가 원숭환(袁崇煥)에게 패(敗)하여 분통(憤痛)하여 등창이 나서 죽으니, 차자(次子)인 홍타이지가 왕위를 계승하였느니라. 노라치가 일찍 나가 놀다가, 【제5장▷】 산 옆에 한 계집이 오줌을 누고 지나가거늘, (홍타이지가) 보니 오줌이 산을 뚫어 (그) 깊이가 말채찍이 들어가니, 노라치가 기이하게 여겨 그 계집을 데려다가 아들을 낳으니, 이(= 이 사람)가 이른바 홍타이지다.

뎡묘[98] 정월의[99] 강홍닙이 홍타시로 다래여[1] 대군을 니ᄅᆞ혀[2] 아국을

/ㅂ/ + /ㅎ/으로 재음소화(再音素化)여 표기한 형태이다.

87) 디나가거늘 : 디나가[지나가다 : 지나(지나다, 過)- + -아(연어) + 가(가다, 去)-]- + -거늘(연어, 상황)

88) 뫼ᄒᆞᆯ : 뫼ㅎ(산, 山) + -ᄋᆞᆯ(목조)

89) ᄯᅮ러 : ᄯᅮᆯ(뚫다, 掘)- + -어(연어)

90) 깁희 : 깁희[← 기픠(깊이, 깊은 곳 : 명사) : 깊ㅎ(← 깊다 : 깊다, 深)- + -의(명접)] + -Ø(주조) ※ '깁희'는 '기픠'의 /ㅍ/을 /ㅂ/ + /ㅎ/로 재음소화하여 표기한 것이다. '깁희'는 명사로 쓰였고 '깁히'는 부사로 쓰였다.

91) ᄆᆞᆯ채가 : ᄆᆞᆯ채[말채찍, 策, 鞭 : ᄆᆞᆯ(말, 馬) + 채(채찍, 鞭)] + -가(주조) ※ 중세 국어에서는 /i/나 반모음 /j/로 끝나는 체언 뒤에서는 주격 조사의 형태가 '-Ø'로 실현되었다. 그러나 여기서는 주격 조사가 현대 국어에서처럼 '-가'로 실현되었다. 가장 이른 시기에 '-가'가 나타났다.

92) 긔이히 : [기이하게(부사) : 긔이(기이, 奇異 : 명사) + -ᄒᆞ(형접)- + -이(부접)]

93) ᄃᆞ려다가 : ᄃᆞ리(데리다, 伴)- + -어(연어) + -다가(보조사, 동작의 유지, 강조)

94) 나ᄒᆞ니 : 낳(낳다, 生)- + -ᄋᆞ니(연어, 설명의 계속)

95) 이 : 이(이, 이 사람 : 인대) + -Ø(주조)

96) 니ᄅᆞᆫ바 : [이른바, 所謂(부사) : 니ᄅᆞ(이르다, 曰)- + -ㄴ(관전) + 바(바, 所 : 의명)]

97) 홍타시라 : 홍타시(홍타이지, 皇太極)) + -Ø(서조)- + -라(← -다 : 평종) ※ '홍타시'는 청나라의 제2대 황제인 태종이다.

98) 뎡묘 : 정묘(丁卯). 육십갑자의 넷째이다. 이때는 1627년(인조 5년)을 가리킨다.

99) 정월의 : 정월(정월, 正月) + -의(-에 : 부조, 위치, 시간) ※ '정월(正月)'은 음력으로 한 해의 첫째 달이다.

1) 다래여 : 다래(← 달애다 : 달래다, 꾀다, 誘)- + -여(← -어 : 연어)

2) 니ᄅᆞ혀 : 니ᄅᆞ혀[일으키다 : 닐(일어나다, 起)- + -ᄋᆞ(사접)- + -혀(강접)-]- + -Ø(← -어 :

텰시[3] 압녹강을 어름으로[4] 건너 이 밤의[5] 의쥐를[6] 엄습ᄒᆞ니[7] 부윤[8] 판관[9]이 다 죽고 안쥐[10]를 함몰ᄒᆞ니 병ᄉᆞ[11] 목ᄉᆞ들이[12] 다 죽다[13] 샹이[14] 강화[15] 피란ᄒᆞ시고[16] 셰ᄌᆞᄂᆞᆫ[17] 뎐쥬의[18] 분됴ᄒᆞ시다[19]

정묘(丁卯) 정월(正月)에 강홍립(姜弘立)이 홍타이지를 꾀어서 대군(大軍)을 일으켜 아국(我國)을 치므로, 압록강(鴨綠江)을 얼음으로 건너 이 밤에 의주(義州)를 엄습(掩襲)하니, 부윤(府尹)과 판관(判官)이 다 죽고, 안주(安州)를 함몰(陷沒)하니 병사(兵士)와 목사(牧師)들이 다 죽었다. 상(上)이 강화도(江華島)로 피란(避亂)하시고 세자(世子)는

연어)

3) 텰시 : 티(치다, 伐)- + -ㄹ시(-므로, -니, -는데 : 연어, 이유, 설명의 계속)

4) 어름으로 : 어름[얼음, 氷 : 얼(얼다, 氷)- + -음(명접)] + -으로(부조, 방편)

5) 밤의 : 밤(밤, 夜) + -의(-에 : 부조, 위치, 시간)

6) 의쥐를 : 의쥐(의주, 義州) + -를(목조)

7) 엄습ᄒᆞ니 : 엄습ᄒᆞ[엄습하다 : 엄습(엄습, 掩襲 : 명사) + -ᄒᆞ(동접)-]- + -니(연어, 설명의 계속, 이유)

8) 부윤 : 부윤(府尹). 조선 시대의 지방 관아인 부(府)의 우두머리이다. 종이품 문관의 외관직으로 영흥부와 평양부, 의주부, 전주부, 경주부의 다섯 곳에 두었다.

9) 판관 : 판관(判官). 고려와 조선 시대에 중앙에 둔, 오품에서 구품까지의 벼슬이다. 개성부, 중문, 통례문, 자운방, 대청관, 오부 따위에 두었다.

10) 안쥐 : 안주(安州). 평안남도 안주군에 있는 읍이다. 청천강에 면한 수륙 교통의 중심지로 농산물의 집산지이며, 탄광으로도 유명하다. 군청 소재지이다.

11) 병ᄉᆞ : 병마절도사(兵馬節度使). 각 지방에 두어 병마를 지휘하던 종이품의 무관이다.

12) 목ᄉᆞ들이 : 목ᄉᆞ들[목사들 : 목ᄉᆞ(목사, 牧使) + -들(복접)] + -이(주조) ※ 목사(牧使)는 조선 시대에, 관찰사의 밑에서 지방의 목(牧)을 다스리던 정삼품 외직 문관이다. 병권(兵權)도 함께 가졌다. ※ 중세 국어에서는 복수 접미사의 형태가 '-ᄃᆞᆶ'이었는데, 여기서는 '-ᄃᆞᆯ'로 실현되어서 단어 끝의 /ㅎ/이 탈락하였다.

13) 죽다 : 죽(죽다, 死)- + -Ø(과시)- + -다(평종)

14) 샹이 : 샹(상, 임금, 上) + -이(주조)

15) 강화 : 강화도(江華島). 인천광역시 강화군에 있는 섬이다.

16) 피란ᄒᆞ시고 : 피란ᄒᆞ[피란하다 : 피란(피란, 避亂 : 명사) + -ᄒᆞ(동접)-] + -시(주높)- + -고(연어, 나나열, 계기)

17) 셰ᄌᆞᄂᆞᆫ : 셰ᄌᆞ(세자, 世子) + -ᄂᆞᆫ(보조사, 주제) ※ 당시의 세자는 '소현세자(昭顯世子)'였다.

18) 뎐쥬의 : 뎐쥬(전주, 全州) + -의(-에 : 부조, 위치)

19) 분됴ᄒᆞ시다 : 분됴ᄒᆞ[분조하다 : 분됴(분조, 分朝) + -ᄒᆞ(동접)-]- + -시(주높)- + -Ø(과시)- + -다(평종) ※ '분됴(分朝)'는 조정을 나눈다는 뜻이다. 큰 전란이 있을 때, 임금이 본조정(本朝廷)과 별도로 임시로 설치한 조정이다. 예를 들어서 임진왜란 때 선조가 의주 방면으로 피난하면서 세자 광해군을 따로 함경도로 피란시켰는데, 선조가 있던 의주의 행재소와 구분하여 세자가 있던 곳을 이르던 말이다.

【제6장▷】 전주(全州)에 분조(分朝)하셨다.

초의[20] 갑ᄌᆞ[21] 니괄[22]의 난의[23] 괄의 쟝슈[24] 한명년[25]의 아ᄃᆞᆯ이 도망ᄒᆞ여 오랑캐게[26] 다 거ᄌᆞᆺ말노[27] 아국이 홍닙의 일문[28]을 다 ᄌᆞᆺ지ᄅᆞ다[29] 니ᄅᆞ고 홍닙을 다ᄅᆡ여[30] 도적을 인도ᄒᆞ여 오니 이에 니ᄅᆞ러 됴졍이 홍닙의 삼촌 딘쟝군 강인[31]과 홍닙의 쳐ᄌᆞ[32]를 진쳔의[33] 보내여 홍닙을 뵈니[34] 홍닙이 비로소[35] 뉘웃고[36] 노적[37]도 구ᄐᆡ여[38] 아국을 틸 의ᄉᆡ[39] 업고 아국도 ᄯᅩᄒᆞᆫ ᄉᆞ신[40]을 보내여 화친ᄒᆞ기를 쳥ᄒᆞ니

---

20) 초의 : 초(앞, 初) + -의(-의 : 관조)

21) 갑ᄌᆞ : 갑자, 甲子. 육십갑자의 첫째로서, 여기서는 1624년을 이른다. ※ '초의 갑ᄌᆞ'는 '갑자년 초'라는 뜻으로 쓰인 말이다. '갑ᄌᆞ 초의'가 오기된 형태이다.

22) 니괄 : 이괄(李适). 조선 인조 때의 무신이며 반란자(1587~1624)이다. 인조 반정에 공을 세웠는데, 김류와 반목하여 평안 병사(兵使)로 좌천되었다. 이괄은 이에 불만을 품고 인조 2년(1624)에 서울로 쳐들어와 흥안군(興安君)을 새로운 왕으로 추대하였으나, 불과 하루 만에 관군에게 패하여 도망치다가 부하에게 피살되었다.

23) 난의 : 난(난, 亂) + -의(-에 : 부조, 위치, 시간) ※ '란>난'은 'ㄹ' 두음 법칙의 예이다.

24) 쟝슈 : 장수(將帥).

25) 한명년 : 한명련(韓明璉). 조선 중기의 무신(?~1624)이다. 임진왜란과 정유재란 때 도원수 권율의 휘하에서 공을 세웠으며, 의병장 정기룡과 함께 경상우도에 있던 적군을 무찔렀다.

26) 오랑캐게 : 오랑캐(오랑캐, 胡) + -게(↚ ᄋᆡ게 : -에게, 부조, 상대)

27) 거ᄌᆞᆺ말노 : 거ᄌᆞᆺ말[거짓말 : 거ᄌᆞᆺ(거짓, 假) + 말(말, 言)] + -노(↚ -로 : 부조, 방편) ※'거ᄌᆞᆺ말노'는 '거ᄌᆞᆺ말로'의 'ㄹ-ㄹ'을 'ㄹ-ㄴ'으로 표기한 형태이다.

28) 일문 : 일문(一門). 한 가문이나 문중이다.

29) ᄌᆞᆺ지ᄅᆞ다 : ᄌᆞᆺ지ᄅᆞ[마구찌르다 : ᄌᆞᆺ(마구 : 접두)- + 지ᄅᆞ(찌르다, 刺)-]- + -Ø(과시)- + -다(평종)

30) 다ᄅᆡ여 : 다ᄅᆡ(← 달애다 : 달래다, 꾀다, 誘)- + -여(← -어 : 연어)

31) 딘쟝군 강인 : 진창군 강인(晋昌君 姜絪, 1555~1634). 조선 시대의 문신이다. 임진왜란 때는 왕을 호위하였으며, 정묘호란 때는 회답사(回答使)로서 적진을 왕래하며 협상하였다.

32) 쳐ᄌᆞ : 처자(妻子). 처와 자식.

33) 진쳔의 : 진쳔(진천, 鎭川) + -의(-에 : 부조, 위치) ※ '진쳔(鎭川)'은 현재 충청북도 진천군의 가운데에 있는 땅 이름이다.

34) 뵈니 : 뵈[보이다 : 보(보다, 見)- + -ㅣ(사접)-]- + -니(연어 : 설명의 계속, 반응)

35) 비로소 : [비로소(부사) : 비롯(비롯하다, 始)- + -오(부접)]

36) 뉘웃고 : 뉘웃(← 뉘웇다 : 뉘우치다, 悔)- + -고(연어, 나열)

37) 노적 : 노적(獶賊). 오랑캐의 도적이다.

38) 구ᄐᆡ여 : 구태여(부사).

39) 의ᄉᆡ : 의ᄉᆞ(의사, 意思) + -ㅣ(주조)

젹이 허락ᄒᆞ다[41)]

갑자년(甲子年) 초(初)에 이괄(李适)의 난(亂)에 괄(适)의 장수(將帥) 한명련(韓明璉)의 아들이 도망(逃亡)하여, 오랑캐에게 다 거짓말로 아국(我國)이 홍립(弘立)의 일문(一門)을 다 마구찔렀다 이르고, 홍립(弘立)을 꾀어 도적(盜賊)을 인도(引渡)하여 오니, 이에 이르러 조정(朝廷)이 홍립(弘立)의 삼촌(三寸)인 진창군(晉昌君) 강인(姜絪)과 처자(妻子)를 진천(鎭川)에 보내어 홍립에게 보이니, 홍립이 비로소 뉘우치고, 노적(獵賊)도 구태여 아국(我國)을 칠 의사가 없고, 【제 7장▷】 아국(我國)도 또한 사신을 보내어 화친(和親)하기를 청하니, 적(敵)이 허락(許諾)하였다.

샹이[42)] 노ᄉᆞ[43)]로 더브러 피 마셔 텬디긔[44)] ᄆᆡᆼ셰ᄒᆞ실ᄉᆡ[45)] 대신 윤방[46)] 오윤겸[47)] 병조판셔 니셩구[48)] 참판[49)] 최명길[50)]이 ᄒᆞᆫ가지로[51)] ᄆᆡᆼ셰예 참예ᄒᆞ니라[52)] 홍타시 홍닙과 홍닙의 호녀[53)]와 ᄒᆞᆫ녀[54)]를 다 내여 보내니

40) ᄉᆞ신 : 사신(使臣).

41) 허락ᄒᆞ다 : 허락ᄒᆞ[허락하다 : 허락(허락, 許諾 : 명사) + -ᄒᆞ(동접)-]- + -Ø(과시)- + -다(평종)

42) 샹이 : 샹(상, 임금, 上) + -이(주조)

43) 노ᄉᆞ : 노사(獵使). 오랑캐 나라의 사신이다.

44) 텬디긔 : 텬디(천지, 天地) + -긔(←-ᄭᅴ : -께, 부조, 상대, 높임)

45) ᄆᆡᆼ셰ᄒᆞ실ᄉᆡ : ᄆᆡᆼ셰ᄒᆞ[맹세하다 : ᄆᆡᆼ셰(맹세, 盟誓 : 명사) + -ᄒᆞ(동접)-]- + -시(주높)- + -ㄹᄉᆡ(-므로 : 연어, 이유, 원인)

46) 윤방 : 윤방(尹昉, 1563~1640). 조선 시대의 문신이다. 1618년(광해군 10) 인목대비를 폐위하자 정청에 불참, 사직했다가 인조반정으로 예조판서에 등용되었다. 정묘호란이 일어나자 왕을 강화에 호종했으며, 병자호란 때에는 묘사제조로서 신주를 모셨다.

47) 오윤겸 : 오윤겸(吳允謙, 1559~1636). 조선 중기의 문신이다. 광해군 때에 호조참의, 우부승지 등을 역임하고 선현들의 문묘종사와 폐모론(廢母論)에 반대하여 탄핵을 받았다. 중추부동지사로서 명나라에 다녀왔으며, 인조 때 형조와 예조판서, 우의정 등을 거쳐 영의정에 올랐다.

48) 니셩구 : 이성구(李聖求, 1584~1643). 조선 중기의 문신이다. 이항복이 정협 문제로 모함을 받자 이들을 물리치고 이항복을 도왔다. 인조 반정 후에 대사헌, 이조, 형조, 병조의 판서를 역임했다. 병자호란 때에 세자가 볼모로 선양에 갈 때에 좌의정으로 수행했다. 돈령부영사와 영의정에 올랐다.

49) 참판 : 참판(參判). 조선 시대 육조(六曹)에 속해 있던 종2품의 관직이다.

50) 최명길 : 최명길(崔鳴吉, 1586~1647). 조선 중기의 문신이다. 인조 반정에 참여한 반정 공신이다. 병자호란 때에 강화를 주관하여 인조의 신임을 얻었다. 이후 대명, 대청 외교를 맡고 개혁을 추진하면서 국정을 주도했다.

51) ᄒᆞᆫ가지로 : ᄒᆞᆫ가지[한가지(명사) : ᄒᆞᆫ(한, 一 : 관사) + 가지(가지, 種 : 명사)] + -로(부조, 방편)

아국이 노적을 두려[55] 홍닙의 죄를 의논티[56] 못ᄒᆞ더니 미구의[57] 홍닙의 일문이 의논ᄒᆞ야 닙을 ᄀᆞ마니[58] 죽이다[59]

임금이 노사(獷使)와 더불어 피를 마시어 천지(天地)께 맹세(盟誓)하시므로, 대신(大臣)인 윤방(尹昉), 오윤겸(吳允謙), 병조판서(兵曹判書)인 이성구(李聖求), 참판(參判)인 최명길(崔鳴吉)이 한가지로 맹세(盟誓)에 참예(參預)하였느니라. 홍타이지가 홍립과 홍립의 호녀(胡女)와 한녀((漢女)를 다 내어 보내니, 아국(我國)이 노적(獷賊)을 두려워하여 홍립의 죄(罪)를 의논(議論)하지 못하더니, 미구(未久)에 홍립의 일문(一門)이 의논(議論)하여 홍립을 몰래 죽였다.

경오[60]의 노적이 븍경[61]을 침노ᄒᆞ니 황뎨[62] 원슝환이 잘 막ᄌᆞᄅᆞ디 못ᄒᆞᆫ다[63] ᄒᆞ샤 잡아다가 죽이시다[64] 아국이 노적으로 더브러 형뎨[65] 되고 츈츄의[66] ᄉᆞ신을 보내더니 병ᄌᆞ 츈의 무신 니확[67]과 쳠지 나덕헌[68]

52) 참예ᄒᆞ니라 : 참예ᄒᆞ[참예하다, 참여하다 : 참예(참예, 參預 : 명사) + -ᄒᆞ(동접)-]- + -Ø(과시)- + -니(원칙)- + -라(← -다 : 평종)
53) 호녀 : 호녀(胡女). 만주족 여자를 얕잡아서 부르는 말이다.
54) ᄒᆞᆫ녀 : 한녀(漢女). 중국 여자이다.
55) 두려 : 두리(두려워하다, 畏)- + -어(연어)
56) 의논티 : 의논ᄒᆞ[← 의논ᄒᆞ다(의논하다) : 의논(의논, 議論 : 명사) + -ᄒᆞ(동접)-]- + -디(-지 : 연어, 부정)
57) 미구의 : 미구(미구, 未久) + -의(-에 : 부조, 위치, 시간) ※ '미구(未久)'는 얼마 오래지 않은 때이다.
58) ᄀᆞ마니 : [가만히, 몰래, 竊(부사) : ᄀᆞ만(가만 : 불어) + -Ø(← -ᄒᆞ- : 형접)- + -이(부접)]
59) 죽이다 : 죽이[죽이다, 殺 : 죽(죽다, 死)- + -이(사접)-]- + -Ø(과시)- + -다(평종)
60) 경오 : 경오년(庚午年). 경오는 육십갑자(六十甲子)의 일곱째로서, 경오년은 1630년이다.
61) 븍경 : 북경(北京).
62) 황뎨 : 황뎨(황제, 皇帝) + -Ø(주조) ※ 여기서 '황뎨(皇帝)'는 명나라의 황제이다.
63) 못ᄒᆞᆫ다 : 못ᄒᆞ[못하다(보용, 부정) : 못(부사, 부정) + -ᄒᆞ(동접)-]- + -ㄴ(← -ᄂᆞ- : 현시)- + -다(평종) ※ 현재 시제의 선어말 어미가 모음 어간 뒤에서 현대 국어처럼 '-ㄴ-'으로 실현되었다. 그리고 '못ᄒᆞᆫ다'의 '못'은 종성 /ㄷ/을 'ㅅ'으로 표기한 형태이다.
64) 죽이시다 : 죽이[죽이다, 殺 : 죽(죽다, 死)- + -이(사접)-]- + -시(주높)- + -Ø(과시)- + -다(평종)
65) 형뎨 : 형뎨(형제, 兄弟) + -Ø(보조)
66) 츈츄의 : 츈츄(춘추, 봄과 가을, 春秋) + -의(-에 : 부조, 위치, 시간)
67) 니확 : 이확(李廓, 1590~1665). 조선 후기의 무관이다. 광해군 때에 무과(武科)에 급제한 후

이 ᄉᆞ신으로 심양의 가니 홍타시 황뎨로라[69] 칭ᄒᆞ고 국호를 대쳥이라[70] ᄒᆞ며 니확 등을 겁칙ᄒᆞ야[71] 반녈의[72] 참예ᄒᆞ라[73] ᄒᆞ니 확 등이 죽기로ᄡᅥ[74] 듯디[75] 아니ᄒᆞ니 모든 오랑캐 확 등을 치며 끄으니[76] 의관이 ᄡᅴ여지ᄃᆡ[77] 죵시 굴티 아니ᄒᆞ니라 확 등이 홍타시의 답셔[78]를 맛다[79] 오다가 ᄀᆞ마니 셩[80] 딕흰[81] 오랑캐게 두고 오니 당초의[82] 그 편지를 맛다[83] ᄒᆞ야 됴졍이 논죄ᄒᆞ니라

【 제8장 ▷ 】 경오년(庚午年)에 노적(獵賊)이 북경(北京)을 침노(侵擄)하니, 황제(皇帝)가 "원숭환(袁崇煥)이 (노적을) 잘 잘라막지 못한다." 하시어, (원숭환)을 잡아다가 죽이셨다. 아국(我國)이 노적(獵賊)과 더불어 형제(兄弟)가 되고 춘추(春秋)에 사신(使臣)을 보내더니, 병자년(丙子年) 춘(春)에 무신(武臣)인 이확(李廓)과 첨지(僉知)인 나덕헌

에, 병자호란 때에 남한산성을 수비하였고, 뒤에 충청도 병마절도사와 삼도통제사를 지냈다.

68) 나덕헌 : 나덕헌(羅德憲, 1573~1640). 조선 중기의 무신이다. 이괄의 난 때 안현 싸움에서 공을 세우고 사신으로 여러 차례 후금의 심양에 다녀왔다.

69) 황뎨로라 : 황뎨(황제, 皇帝) + -∅(서조)- + -로(← -오- : 화자)- + -라(← -다 : 평종)

70) 대쳥이라 : 대쳥(대청, 大淸) + -이(서조)- + -∅(현시)- + -라(← -다 : 평종)

71) 겁칙ᄒᆞ야 : 겁칙ᄒᆞ[← 겁틱ᄒᆞ다(겁박하다) : 겁칙(← 겁틱 : 겁박, 劫迫, 명사) + -ᄒᆞ(동접)-]- + -야(← -아 : 연어) ※ '겁칙(급박, 劫迫)'은 으르고 협박하는 것이다. '겁틱>겁칙'은 구개음화의 예이다.

72) 반녈의 : 반녈(반열, 班列) + -의(-에 : 부조, 위치) ※ '반녈(班列)'은 품계나 신분, 등급의 차례이다. '반렬>반녈'은 비음화의 예이다.

73) 참예ᄒᆞ라 : 참예ᄒᆞ[참예하다 : 참예(참여, 參預 : 명사) + -ᄒᆞ(동접)-]- + -라(명종) ※ 여기서 '반열에 참예하는 것'은 신하의 신분으로 황제에게 예를 갖추는 행사에 참여하는 것이다.

74) 죽기로ᄡᅥ : 죽(죽다, 死)- + -기(명전) + -로ᄡᅥ(-로써 : 부조, 방편)

75) 듯디 : 듯(← 듣다 : 듣다, 聞)- + -디(-지 : 연어, 부정) ※ '듯디'는 종성 /ㄷ/을 'ㅅ'으로 표기한 예이다.

76) 끄으니 : 끄(← 끌다 : 끌다, 引)- + -으니(← -니 : 연어, 설명의 계속, 이유) ※ '끄으니'는 '끄니'의 오기이다. ※ 'ᄭᅳᆯ다>끌다'로 변화했다. 각자 병서 글자인 'ㄲ'이 쓰인 예이다.

77) ᄡᅴ여지ᄃᆡ : ᄡᅴ여지[찢어지다 : ᄡᅴ(찢다, 째다, 裂)- + -어(연어) + 지(← 디다 : 보용, 피동)-]- + -ᄃᆡ(-되 : 연어, 설명의 계속) ※ 'ᄡᅴ여디ᄃᆡ>ᄡᅴ여지ᄃᆡ'는 구개음화의 예이다.

78) 답셔 : 답셔(答書), 답장.

79) 맛다 : 맡(맡다, 任)- + -아(연어)

80) 셩 : 성(城).

81) 딕흰 : 딕희(지키다, 守)- + -∅(과시)- + -ㄴ(관전)

82) 당초의 : 당초(당초, 처음, 當初) + -의(-에 : 부조, 위치, 시간)

83) 맛다 : 맛(← 맡다 : 맡다, 任)- + -∅(과시)- + -다(평종)

(羅德憲)이 사신(使臣)으로 심양(瀋陽)에 가니, 홍타이지가 "(내가) 황제로다."라고 칭(稱)하고, 국호(國號)를 대청(大淸)이라고 하며, 이확(李廓) 등을 겁박(劫迫)하여 "반열(班列)에 참예(參預)하라." 하니, 확(廓) 등이 죽기로써 듣지 아니하니,【 제9장 ▻】모든 오랑캐가 확(廓) 등을 치며 끄니 의관(衣冠)이 찢어지되, 종시(終始) 굴(屈)하지 아니하였느니라. 확(廓) 등이 홍타이지의 답서(答書)를 맡아서 오다가, 몰래 성(城)을 지킨 오랑캐에게 두고 오니, 당초(當初)에 그 편지를 맡았다 하여 조정(朝廷)이 (이확 등을) 논죄(論罪)하였느니라.

ᄎᆞ년의[84] 농골대[85] 마부대[86] 두 쟝슈[87] 인녈왕후[88] 국상의 됴졔ᄒᆞ라[89] 나오니 대개 아국을 탐지ᄒᆞ랴[90] ᄒᆞ미라 됴뎡이 ᄇᆞ야흐로 화친을 빅쳑ᄒᆞ매[91] 노ᄉᆞ ᄃᆡ졉ᄒᆞ기를[92] 박히[93] ᄒᆞ고 피국[94] 왕ᄌᆡ[95] 쥬샹긔[96] 편지ᄒᆞ야시

84) ᄎᆞ년의 : ᄎᆞ년(차년, 이해, 此年) + -의(-에 : 부조, 위치, 시간)

85) 농골대 : 용골대(龍骨大, ?~?). 청나라의 장수로 본명은 '영고이대(英固爾岱)'이다. 병자호란 때에 마부대와 함께 10만 대군을 거느리고 쳐들어왔다. 이후 여러 차례 내왕하여 조선의 형편을 살폈다. ※ '룡골대>농골대'는 'ㄹ' 두음 법칙이 적용된 예이다.

86) 마부대 : 마부대(馬夫大, ?~?). 병자호란 때 조선에 침입한 중국 청나라의 장군이다. 1636년(인조14)의 병자호란(丙子胡亂) 때 조선에 침입한 장수로서, 청나라의 전신인 후금(後金) 때부터 사신으로 여러 차례 조선을 왕래했다. 1635년에는 후금의 친서(親書)를 가지고 조선에 오기도 하였다. 병자호란 때는 청나라 태종(淸太宗)의 막료(幕僚)로서 행패가 심하였다.

87) 쟝슈 : 쟝슈(장수, 將帥) + -ㅣ(주조)

88) 인녈왕후 : 인열왕후(仁烈王后, 1594~1635). 조선 제16대 왕인 인조의 비이다. 1610년 능양군과 결혼해 청성현부인으로 봉해졌으며, 1623년 인조반정으로 능양군이 왕이 되자 왕비가 되었다. 그후 소현세자와 후일의 효종인 봉림대군과 인평대군, 용성대군을 낳았다.

89) 됴졔ᄒᆞ라 : 됴졔ᄒᆞ[조제하다 : 됴졔(조제, 弔祭 : 명사) + -ᄒᆞ(동접)-]- + -라(-러 : 연어, 목적) ※ '됴졔(弔祭)'는 죽은 사람의 영혼을 조문(弔問)하여 제사하는 것이다.

90) 탐지ᄒᆞ랴 : 탐지ᄒᆞ[탐지하다 : 탐지(탐지, 探知 : 명사) + -ᄒᆞ(동접)-]- + -랴(-려 : 연어, 의도) ※ 중세 국어의 '-오랴'가 여기서는 '-랴'의 형태로 실현되었다.

91) 빅쳑ᄒᆞ매 : ① 빅쳑(배척하다 : 빅쳑(배척, 排斥 : 명사) + -ᄒᆞ(동접)-]- + -ㅁ(명전) + -애(-에 : 부조, 위치, 이유) ② 빅쳑(배척하다 : 빅쳑(배척, 排斥 : 명사) + -ᄒᆞ(동접)-]- + -매(-매 : 연어, 이유)

92) ᄃᆡ졉ᄒᆞ기를 : ᄃᆡ졉ᄒᆞ[대접하다 : ᄃᆡ졉(대접, 待接 : 명사)- + -ᄒᆞ(동접)-]- + -기(명전) + -를(목조)

93) 박히 : [박절히(부사) : 박(박, 薄 : 불어) + -ᄒᆞ(←-ᄒᆞ- : 형접)- + -이(부접)]

94) 피국 : 피국(彼國). 그 나라이다. 여기서는 '청나라'를 이른다.

95) 왕ᄌᆡ : 왕ᄌᆞ(왕자, 王子) + -ㅣ(주조) ※ 이때의 '왕ᄌᆞ'는 청나라 황제의 왕자를 뜻한다.

96) 쥬샹긔 : 쥬샹(주상, 임금, 主上) + -긔(←-ᄭᅴ : -께, 부조, 상대, 높임)

ᄃᆡ[97] 답디[98] 아니ᄒᆞ고 일ᄌᆞᆨ[99] 인묵대비[1] 국샹의 오랑캐 와셔 됴졔ᄒᆞᆯ 적 뎐샹의셔[2] ᄃᆡᄒᆡᆼ녜[3] ᄒᆞ기를 허ᄒᆞ엿더니[4] 이제 당ᄒᆞ여ᄂᆞᆫ[5] 금쳔교의[6] 댱[7]을 치고 치졔ᄒᆞ더니[8] ᄇᆞ람이 부러 댱이 열니매[9] 금군들이[10] 이시믈[11] 농골대 등이 크게 의려ᄒᆞ며[12] 댱녕[13] 홍익한[14]과 관ᄒᆞᆨ[15]이 샹소ᄒᆞ야

---

97) 편지ᄒᆞ야시ᄃᆡ : 편지ᄒᆞ[편지하다 : 편지(편지, 便紙 : 명사)- + -ᄒᆞ(동접)-]- + -야시(← -아시- : 완료)- + -ᄃᆡ(-되 : 연어, 설명의 계속)

98) 답디 : 답[← 답ᄒᆞ다(답하다) : 답(답, 答 : 명사) + -Ø(← -ᄒᆞ- : 동접)-]- + -디(-지 : 연어, 부정)

99) 일ᄌᆞᆨ : 일찍, 일찍이, 早(부사).

1) 인묵대비 : 인목대비(仁穆大妃, 1584~1632). 조선 제14대 왕 선조의 계비이다. 19세에 왕비가 되었으며 영창대군을 낳았다. 광해군이 즉위하자 아들 영창대군과 부친 김제남이 사사되고 폐서인되었다. 인조반정으로 복권되었다.

2) 뎐샹의셔 : 뎐샹(전상, 殿上) + -의셔(-에서 : 부조, 위치) ※ '뎐샹(殿上)'은 전각이나 궁전의 윗자리이다.

3) ᄃᆡᄒᆡᆼ녜 : 대행례(代行禮). 왕이나 왕비가 죽은 뒤 시호(諡號)를 올리기 전에 드리던 예이다. ※ 'ᄃᆡᄒᆡᆼ례〉ᄃᆡᄒᆡᆼ녜'는 비음화의 예이다.

4) 허ᄒᆞ엿더니 : 허ᄒᆞ[허하다 : 허(허, 허락, 許 : 불어) + -ᄒᆞ(동접)-]- + -엿(← -앗- : 완료)- + -더(회상)- + -니(연어, 설명의 계속, 이유)

5) 당ᄒᆞ여ᄂᆞᆫ : 당ᄒᆞ[당ᄒᆞ다 : 당(당, 當 : 불어)- + -ᄒᆞ(동접)-]- + -여(← -아 : 연어) + -ᄂᆞᆫ(보조사, 주제)

6) 금쳔교의 : 금쳔교(금천교, 錦川橋). '금쳔교(錦川橋)'는 창덕궁 안 진선문 밖에 있는 금천(禁川)에 만들어진 돌다리이다.

7) 댱 : 장(帳). 둘러쳐서 가리게 되어 있는 장막, 휘장, 방장 따위를 통틀어 이르는 말이다.

8) 치졔ᄒᆞ더니 : 치졔ᄒᆞ[치제하다 : 치졔(치제, 致祭 : 명사)- + -ᄒᆞ(동접)-]- + -더(회상)- + -니(연어, 설명의 계속) ※ '치졔(致祭)'는 임금이 제물과 제문을 보내어 죽은 신하를 제사 지내던 일이다.

9) 열니매 : 열니[← 열리다 : 열(열다, 開)- + -리(피접)-]- + -매(-매, -니 : 연어, 이유, 설명의 계속) ※ '열니매'는 '열리매'의 'ㄹ-ㄹ'을 'ㄹ-ㄴ'으로 표기한 형태이다.

10) 금군 : 금군(禁軍). 고려와 조선 시대에 궁중을 지키고 임금을 호위, 경비하던 친위병이다.

11) 이시믈 : 이시(있다, 有)- + -ㅁ(명전) + -을(목조)

12) 의려ᄒᆞ며 : 의려ᄒᆞ[의려하다 : 의려(의려, 疑慮 : 명사)- + -ᄒᆞ(동접)-]- + -며(연어, 나열) ※ '의려(疑慮)'는 의심하여 염려하는 것이다.

13) 댱녕 : 댱녕(장령, 掌令). 조선 시대에 사헌부(司憲府)에 속한 정사품 벼슬이다. 태종 원년(1401)에 사헌시사를 고친 것이다.

14) 홍익한 : 홍익한(洪翼漢, 1586~1637). 조선 인조 때의 문신이다. 삼학사(三學士)의 한 사람으로, 병자호란 때에 척화론을 주장하여 중국 청나라 선양(瀋陽)에 붙잡혀 갔으나 끝내 뜻을 굽히지 않고 죽었다.

15) 관ᄒᆞᆨ : 관학(官學). 나라에서 인재를 양성하기 위하여 세운 학교이다. 성균관, 사학(四學), 향교 따위이다. 여기서는 관학의 유생들을 이른다.

노ᄉᆞᄅᆞᆯ 버혀 디라[16] 쳥ᄒᆞ니 뇽골대 등이 듯고 황망이[17] ᄃᆞ라나니 경셩[18]이 진동ᄒᆞ고 묘당[19]이 황겁ᄒᆞ야 ᄌᆡ신[20]을 ᄯᆞ라[21] 보내여 머믈기ᄅᆞᆯ 쳥ᄒᆞᄃᆡ 듯디 아니ᄒᆞ고 도라가니라

차년(此年)에 용골대(龍骨大)와 마부대(馬夫大) 두 장수(將帥)가 인열왕후(仁烈王后)의 국상(國喪)에 조제(弔祭)하러 나오니, 대개(大槪) 아국(我國)을 탐지(探知)하려 함이다. 조정(朝廷)이 바야흐로 화친(和親)을 배척(排斥)하매, 노사(獶使)를 대접(待接)하기를 박(薄)하게 하고, 【 제10장 ▻ 】 피국(彼國)의 왕자(王子)가 주상(主上)께 편지(便紙)하였으되 답(答)하지 아니하고, 일찍이 인목대비(仁穆大妃)의 국상(國喪)에 오랑캐가 와서 조제(弔祭)할 때에는 전상(殿上)에서 대행례(大行禮)를 하기를 허락(許諾)하였더니, 이제를 당(當)하여는 금천교(錦川橋)에 장(帳)을 치고 치제(致祭)하더니, 바람이 불어 장(帳)이 열리매 (밖에 조선의) 금군(禁軍)들이 있음을 용골대(龍骨大) 등이 크게 의려(疑慮)하며, 장령(掌令)인 홍익한(洪翼漢)과 관학(官學)이 상소(上疏)하여 "노사(獶使)를 베어 없애라." 청(請)하니, 용골대(龍骨大) 등(等)이 듣고 황망(慌忙)히 달아나니, 【제11장 ▻】 경성(京城)이 진동(振動)하고 묘당(廟堂)이 황겁(惶怯)하여, 재신(宰臣)을 따라 보내어 (용골대에게) 머물기를 청(請)하였지만, (용골대가) 듣지 아니하고 돌아갔느니라.

샹이 즉시 팔방의 하교ᄒᆞ샤[22] 화친을 파ᄒᆞᄂᆞᆫ[23] ᄯᅳᆺ[24]을 니ᄅᆞ시고 날마다 드ᄂᆞᆫ 샹쇠[25] 오랑캐 칠[26] 말이라 부평[27] 안산의[28] 돌히[29]

---

16) 버혀 디라 : 버히[베다, 斬 : 벟(베어지다 : 자동사)- + -이(사접)-]- + -어(연어) # 디(지다 : 지게 하다, 떨어뜨리다, 없애다, 落)- + -라(명종)

17) 황망이 : 황망이[황망히(부사) : 황망(황망, 慌忙) + -Ø(← -ᄒᆞ- : 형접)- + -이(부접)] ※ '황망(慌忙)이'는 '마음이 몹시 급하여 당황하고 허둥지둥하는 면이 있게'의 뜻을 나타낸다.

18) 경셩 : 경성(京城). 도읍(都邑)의 성(城)이다. 조선의 도읍인 한양(漢陽)이다.

19) 묘당 : 묘당(廟堂). 조선 시대에 의정부(議政府)를 달리 이르는 말이다.

20) ᄌᆡ신 : 재신(宰臣). 정삼품 당상관 이상의 벼슬이나 그 벼슬에 있던 사람이다.

21) ᄯᆞ라 : ᄯᆞᄅ(← ᄯᆞᄅᆞ다 : 따르다, 從)- + -아(연어) ※ 중세 국어에서는 'ᄠᆞᆯ와'로 실현되던 형태인데, 이 단어는 'ᄠᆞᆯ오다>ᄯᆞᆯ오다>ᄯᆞᄅᆞ다'로 형태가 바뀌었다.

22) 하교ᄒᆞ샤 : 하교ᄒᆞ[하교하다 : 하교(하교, 下敎 : 명사) + -ᄒᆞ(동접)-]- + -시(주조)- + -아(연어) ※ '하교(下敎)'는 윗사람이 아랫사람에게 가르침을 베푸는 것이다.

23) 파ᄒᆞᄂᆞᆫ : 파ᄒᆞ[파하다 : 파(파, 破 : 불어) + -ᄒᆞ(동접)-]- + -ᄂᆞ(현시)- + -ㄴ(관전)

24) ᄯᅳᆺ : 뜻, 意. ※ 'ᄠᅳᆮ>ᄯᅳᆺ'으로 형태가 바뀌었다.

25) 샹쇠 : 샹소(상소, 上疏) + -ㅣ(주조)

올마 노히고[30] 경샹 평안도의 올히[31] 빠호고[32] 대구의 구름이 진[33] 치고 청파[34]의 개고리 빠호고 녜안힉[35] 강믈이 긋허지고[36] 셔울이 짜히[37] 븕고 셩듕을[38] ᄒᆞᄅᆞ[39] ᄂᆡ예[40] 스믈 닐곱 곳 별학[41]을 치고 큰 믈이 급히 드러와 동대문 길히[42] 막히고 무지게 ᄒᆡ를 쎄엿더라[43]

상(上)이 즉시 팔방(八方)에 하교(下敎)하시어 화친(和親)을 파(破)하는 뜻을 이르시고, 날마다 드는 상소(上疏)가 오랑캐를 칠 말이다. 부평(富平)과 안산(鞍山)의 돌이 옮아 놓이고, 경상(慶尙)과 평안도(平安道)의 오리가 싸우고, 대구(大邱)의 구름이 진(陳)을 치고, 청파(靑坡)의 개구리가 싸우고, 예안(禮安)의 강물이 끊어지고, 서울이 땅이 붉고, 성중(城中)에 【 제12장▷】 하루 안에 스물 일곱 곳에 벼락을 치고, 큰 물이 급(急)히 들어와 동대문(東大門) 길이 막히고, 무지개가 해를 꿰었더라.

녕의경[44] 김뉴[45] 등이 묘당의[46] 이시되 화친은 임의[47] 미들 거시

---

26) 칠 : 치(치다, 伐)- + -ㄹ(관전) ※ '티다>치다'는 구개음화의 예이다.
27) 부평 : 부평(안산, 富平). 현재의 인천광역시 부평구 부평동 일대를 이르는 지역이다.
28) 안산의 : 안산(안산, 安山) + -의(관조) ※ '안산(鞍山)'은 현재의 경기도 남서부에 있는 시이다.
29) 돌히 : 돌ㅎ(돌, 石) + -이(주조)
30) 노히고 : 노히[놓이다 : 놓(놓다, 置)- + -이(피접)-]- + -고(연어, 나열)
31) 올히 : 올히(오리, 鴨) + -∅(주조)
32) 빠호고 : 빠호(← 빠호다 : 싸우다, 鬪)- + -고(연어, 나열)
33) 진 : 진(陣). 군사들의 대오(隊伍)를 배치한 것이나 그 대오가 있는 곳이다.
34) 청파 : 청파(靑坡). 현재의 서울시 용산구의 연화봉 동쪽 기슭에 위치한 땅 이름이다.
35) 녜안힉 : 예안ㅎ(← 예안 : 예안, 禮安) + -익(-에 : 부조, 위치) ※ '예안(禮安)'은 현재의 경상북도 안동군 지역에 있던 예안현(禮安縣)을 이른다. '례안>녜안'은 'ㄹ' 두음 법칙의 예이다.
36) 긋허지고 : 긋허지[끊어지다 : 긇(끊다, 絶)- + -어(연어) + 지(지다 : 보용, 피동)-]- + -고(연어, 나열)
37) 짜히 : 짜ㅎ(땅, 地) + -이(주조)
38) 셩듕을 : 셩듕(성중, 城中) + -을(-에 : 목조, 보조사적 용법)
39) ᄒᆞᄅᆞ : 하루, 一日.
40) ᄂᆡ예 : ᄂᆡ(내, 內) + -예(← -에 : 부조, 위치)
41) 별학 : 별학(← 벼락 : 벼락, 벽력, 霹靂)
42) 길히 : 길ㅎ(길, 路) + -이(주조)
43) 쎄엇더라 : 쎄(꿰다, 貫)- + -엇(완료)- + -더(회상)- + -라(← -다 : 평종)
44) 녕의정 : 영의정(領議政). ※ '령의정>녕의정'은 'ㄹ' 두음 법칙의 예이다.

업고 빠호기와[48] 딕희기[49] 다 ᄒᆞᆯ일업더라[50] 최명길이 샹소ᄒᆞ야 화ᄉᆞ[51] 보내기를 청ᄒᆞᆫ대[52] 교리[53] 오공[54]과 니조졍낭[55] 윤공[56]이 샹소ᄒᆞ야 명길을 버혀 디라 ᄒᆞ니 됴졍이 이리토[57] 못ᄒᆞ고 져리토[58] 못ᄒᆞ더니 김뉴와 명길이 의논ᄒᆞ여 역관을 심양의 보내여 노적의 ᄯᅳᆺ을 탐지ᄒᆞᆯᄉᆡ[59] 홍타시 역관ᄃᆞ려[60] 니ᄅᆞᄃᆡ 네 나라히[61] 동지ᄃᆞᆯ[62] 이십오일 젼으로[63] 대신 왕ᄌᆞ를

---

45) 김뉴 : 김유(金瑬, 1571～1648). 조선 인조 때의 문신이다. 인조 반정 때에 공을 세워, 정사공신이 되었다. 병자호란 때에는 영의정으로서 최명길 등과 더불어 화의를 주장하여 왕이 항복하게 하였다. 시문에 뛰어났다.

46) 묘당의 : 묘당(묘당, 廟堂) + -의(-에 : 부조)

47) 임의 : 이미, 已(부사). ※ '임의'는 '이믜'의 오기이다.(과잉 분철)

48) 빠호기와 : 빠호(싸우다, 鬪)- + -기(명전) + -와(접조)

49) 딕희기 : 딕희(지키다, 守)- + -기(명전) + -Ø(주조)

50) ᄒᆞᆯ일업더라 : ᄒᆞᆯ일없[← ᄒᆞᆯ일없다(하릴없다) : ᄒᆞ(하다, 爲)- + -ㄹ(관전) + 일(일, 事) + 없(없다, 無)-]- + -더(회상)- + -라(← -다 : 평종) ※ 'ᄒᆞᆯ일없다'은 달리 어떻게 할 도리가 없는 것이다.

51) 화ᄉᆞ : 화사(和使). 어떤 나라와 분쟁이 있을 때에, 화해의 뜻을 전하러 보내는 사신이다.

52) 청ᄒᆞᆫ대 : 청ᄒᆞ[청하다 : 청(청, 請 : 명사) + -ᄒᆞ(동접)-]- + -ㄴ대(-는데, -니 : 연어, 반응)

53) 교리 : 교리(校理). 조선 시대에, 집현전, 홍문관, 교서관, 승문원 따위에 속하여 문한(文翰)의 일을 맡아보던 문관 벼슬이다. 정오품 또는 종오품이었다.

54) 오공 : 오공(吳公). 오달제(吳達濟, 1609～1637). 병자호란 때 3학사의 한 사람으로 인조 때에 병조좌랑, 정언, 부교리 등을 지냈다. 병자호란 때에 청나라와의 화의를 극력 반대하였으나, 인조가 항복한 뒤 적장의 심문에 굴하지 않아 죽임을 당하였다.

55) 니조졍낭 : 이조정랑(吏曹正郎). 고려 후기와 조선 시대에 이조(吏曹) 관아에 소속된 정5품 관직이다. ※ '리조〉니조'는 'ㄹ' 두음 법칙의 예이다.

56) 윤공 : 윤공(尹公). 윤집(尹集, 1606～1637). 조선 인조 때의 충신이다. 병자호란 때의 삼학사의 한 사람으로, 벼슬은 교리(校理)에 이르렀다. 인조 15년(1637)에 척화론자로 몰려 중국 청나라에 잡혀가 선양(瀋陽)에서 살해되었다.

57) 이리토 : 이리ㅎ[← 이리ᄒᆞ다(이리하다) : 이리(이리 : 부사) + -ㅎ(← -ᄒᆞ- : 동접)-]- + -Ø(← -디 : -지, 연어, 부정) + -도(보조사, 강조)

58) 져리토 : 져리ㅎ[← 져리ᄒᆞ다(저리하다) : 뎌리(저리 : 부사) + -ㅎ(← -ᄒᆞ- : 동접)-]- + -Ø(← -디 : -지, 연어, 부정) + -도(보조사, 강조)

59) 탐지ᄒᆞᆯᄉᆡ : 탐지ᄒᆞ[탐지하다 : 탐지(탐지, 探知 : 명사) + -ᄒᆞ(동접)-]- + -ㄹᄉᆡ(-므로 : 연어, 이유) ※ '탐지(探知)'는 드러나지 않은 사실이나 물건 따위를 더듬어 찾아 알아내는 것이다.

60) 역관ᄃᆞ려 : 역관(역관, 譯官) + -ᄃᆞ려(-에게, -더러 : 부조, 상대)

61) 나라히 : 나라ㅎ(나라, 國) + -이(주조)

62) 동지ᄃᆞᆯ : [동짓달 : 동지(동지, 冬至) + ᄃᆞᆯ(달, 月)] ※ '동지ᄃᆞᆯ'은 음력으로 열한 번째 달(십일월)이다.

63) 젼으로 : 젼(전, 前) + -으로(부조, 방편)

보내디 아니면[64] 내 당당이[65] 동으로 크게 나가리라 ᄒᆞ고 그 답셔의[66] ᄒᆞ야시ᄃᆡ[67] 네 나라히 산셩을 만히 빠거니와[68] 내 당당이 대노[69]로 조차 갈[70] 거시니 산셩으로 날을[71] 막을소냐[72] 네 나라히 강화[73]ᄅᆞᆯ 밋거니와[74] 내 팔도ᄅᆞᆯ 즛ᄇᆞᄅᆞᆯ[75] 적 죠고만 셤으로 나라 노ᄅᆞᄉᆞᆯ[76] ᄒᆞᆯ소냐 네 나라히 의논 잡으니[77] 다 션ᄇᆡ니[78] 가히[79] 붓을 들러[80] 날을 막을소냐 ᄒᆞ엿더라[81]

영의정(領議政)인 김유(金瑬) 등이 묘당(廟堂)에 있되, 화친(和親)은 이미 믿을 것이 없고 싸우기와 지키기가 다 하릴없더라. 최명길(崔鳴吉)이 상소(上疏)하여 화사(和使)를 보내기를 청(請)하는데, 교리(校理)인 오공(吳公)과 이조정랑(吏曹正郎)인 윤공(尹公)이 상소(上疏)하여 "명길(鳴吉)을 베어 없애라." 하니, 조정(朝廷)이 이리하지도 못하고 저리하지도 못하더니, 【 제13장▻】 김유(金瑬)와 명길(鳴吉)이 의논(議論)하여 역관(譯官)을 심양(瀋陽)에 보내어 노적(獹賊)의 뜻을 탐지(探知)하므로, 홍타이지가 역관(譯官)

64) 아니면 : 아니[← 아니ᄒᆞ다(아니하다 : 보용, 부정) : 아니(부사, 부정)- + -Ø(← -ᄒᆞ- : 동접)-]- + -면(연어, 조건)
65) 당당이 : [마땅히, 반드시, 必(부사) : 당당(← 당당 : 당당, 當當 : 불어)- + -Ø(← -ᄒᆞ- : 형접)- + -이(부접)]
66) 답셔의 : 답셔(답서, 答書) + -의(-에 : 부조, 위치)
67) ᄒᆞ야시ᄃᆡ : ᄒᆞ(하다)- + -야시(← -아시- : 완료)- + -시(주높)- + -ᄃᆡ(-되 : 연어, 설명의 계속)
68) 빠거니와 : 빠(← 쌓다 : 쌓다, 積)- + -거니와(연어 : 인정 반전) ※ '-거니와'는 앞절 사실을 인정하기는 하지만 뒷절의 내용에서 반전을 보이는 뜻을 나타내는 연결 어미이다.
69) 대노 : 대노(대로, 大怒)
70) 조차 갈 : 좇(좇다, 從)- + -아(연어) # 가(가다, 去)- + -ㄹ(관전)
71) 날을 : 나(나, 我 : 인대) + ㄹ을(← -ᄅᆞᆯ : 목조) ※ '날을'은 '나ᄅᆞᆯ'의 오기이다.
72) 막을소냐 : 막(막다, 障)- + -을소냐(의종, 반어)
73) 강화 : 강화도(江華道).
74) 밋거니와 : 밋(← 믿다 : 믿다, 信)- + -거니와(연어, 인정 반전)
75) 즛ᄇᆞᄅᆞᆯ : 즛ᄇᆞᆯ[← 즛ᄇᆞᆲ다(짓밟다) : 즛(짓- : 접두, 강조)- + ᄇᆞᆲ(밟다, 履)-]- + -ᄋᆞᆯ(관전)
76) 노ᄅᆞᄉᆞᆯ : 노ᄅᆞᆺ[노ᄅᆞᆺ : 놀(놀다, 遊)- + -ᄋᆞᆺ(명접)] + -ᄋᆞᆯ(목조)
77) 잡으니 : 잡(잡다, 執)- + -은(관전) # 이(이 : 의명) + -Ø(주조)
78) 션ᄇᆡ니 : 션ᄇᆡ(선비, 士) + -Ø(서조)- + -니(연어, 이유)
79) 가히 : [가히, 능히(부사) : 가(가, 可 : 불어) + -ㅎ(← -ᄒᆞ- : 형접)- + -이(부접)]
80) 들러 : 들ㄹ(← 들다 : 들다, 擧)- + -어(연어) ※ '들러'는 '드러'를 거듭적기로 표기한 형태이다.
81) ᄒᆞ엿더라 : ᄒᆞ(하다, 爲)- + -엿(← -앗- : 완료)- + -더(회상)- + -라(← -다 : 평종)

에게 이르되, "네 나라가 동짓달 이십오일 전(前)으로 대신(大臣)과 왕자(王子)를 보내지 아니하면, 내가 반드시 동(東)쪽으로 크게 나가겠다." 하고 그 답서(答書)에 하였으되, "너의 나라가 산성(山城)을 많이 쌓거니와, 내가 반드시 대로(大路)로 좇아갈 것이니, 산성(山城)으로 나를 막을소냐? 네 나라가 강화도(江華島)를 믿거니와, 내가 팔도(八道)를 짓밟을 때에 【 제14장▷】 조그만 섬으로 나라 노릇을 할소냐? 네 나라가 의논(議論)을 잡은 이가 다 선비이니, 가히 붓을 들어 나를 막을소냐?" 하였더라.

묘당[82]이 그 편지ᄅᆞᆯ 보고 대신을 보내고져 ᄒᆞ되 척화ᄒᆞᄂᆞᆫ[83] 의논이 ᄇᆞ야흐로 듕ᄒᆞ기의[84] 보내디 못ᄒᆞ다가 오란[85] 후의 보내ᄃᆡ 밋디 못ᄒᆞ니라[86]

묘당(廟堂)이 그 편지(便紙)를 보고 대신(大臣)을 보내고자 하되, 척화(斥和)하는 의논(議論)이 바야흐로 중(重)하기에 (대신을) 보내지 못하다가, 오랜 후에 (대신을) 보내었으나 (도적들이 조선 조정의 말을) 믿지 못하였느니라.

김뉴 김ᄌᆞ뎜[87]이 의논ᄒᆞ야 의쥬[88]ᄅᆞᆯ ᄇᆡᆨ마산셩[89]의 옴기고[90] 황쥬[91]ᄅᆞᆯ

82) 묘당 : 묘당(廟堂). 조선 시대에 '의정부(議政府)'를 달리 이르던 말이다.

83) 척화ᄒᆞᄂᆞᆫ : 척화ᄒᆞ[척화하다 : 척화(척화, 斥和 : 명사)- + -ᄒᆞ(동접)-]- + -ᄂᆞ(현시)- + -ㄴ(관전) ※ '척화(斥和)'는 화친하자는 논의를 배척하는 것이다.

84) 듕ᄒᆞ기의 : 듕ᄒᆞ[중하다 : 듕(중, 重 : 불어)- + -ᄒᆞ(동접)-]- + -기(명전) + -의(-에 : 부조, 이유)

85) 오란 : 오라(오래다, 久)- + Ø(현시)- + -ㄴ(관전)

86) 못ᄒᆞ니라 : 못ᄒᆞ[못하다(보용, 부정) : 못(부사, 부정) + -ᄒᆞ(동접)-]- + -Ø(과시)- + -니(원칙)- + -라(← -다 : 평종)

87) 김ᄌᆞ뎜 : 김자점(金自點, 1588~1651). 조선 중기의 문신이다. 인조 반정 때에 공을 세워 벼슬이 영의정에 이르렀다. 효종이 즉위한 후에 파직당하자, 이에 앙심을 품고 조선이 북벌(北伐)을 계획하고 있음을 청나라에 밀고하여 역모죄로 처형되었다.

88) 의쥬 : 의주(義州). 평안북도 의주군에 있는 읍이다. 여기서는 '의주의 군사'라는 뜻으로 쓰인 말이다.

89) ᄇᆡᆨ마산셩 : 백마산성(白馬山城). 평안북도 의주군 백마산에 있던 성이다. 병자호란 때 임경업 장군이 지키던 곳으로 지금도 그 터가 남아 있다.

90) 옴기고 : 옴기[← 옮기다(옮기다, 移) : 옮(옮다, 移)- + -기(사접)-]- + -고(연어, 나열)

91) 황쥬 : 황쥬(황주, 黃州). 황해도 황주군 가운데에 있는 땅의 이름이다. 여기서는 '황주의 군사'라는 뜻으로 쓰였다.

젼방산셩[92]의 옴기고 평산[93]을 당슈산셩[94]의 옴기니 각각 큰 길히셔[95] 삼십 니나[96] ᄒᆞ고 먼 ᄃᆡᄂᆞᆫ ᄒᆞᆫ[97] 이틀 길이라 냥셔[98] 큰 길히 사ᄅᆞᆷ 업ᄉᆞᆫ ᄯᅡ히 되고 김ᄌᆞ뎜이 도원싊[99] 되여 니ᄅᆞᄃᆡ 도적이 반ᄃᆞ시 오디 아니리라[1] ᄒᆞ고 사ᄅᆞᆷ이 혹 도적이 오리라 ᄒᆞ리[2] 이시면 대로ᄒᆞ고[3] 셩 직흴 군ᄉᆞ를 ᄒᆞ나토[4] 더 뎡티[5] 아니ᄒᆞ고 의쥬 져 편 뇽골산[6] 봉화를[7] 셔울ᄀᆞ디[8] 가면 소동ᄒᆞ리라[9] ᄒᆞ여 도원싊 잇ᄂᆞᆫ 젼방산셩ᄭᆞ디[10] 오게 뎡ᄒᆞ얏더니[11] 납월[12] 초뉵일 이후의 년ᄒᆞ야[13] 봉화 두 ᄌᆞ로ᄂᆞᆯ[14]

---

92) 젼방산셩 : 정방산성(正方山城). 황해북도 사리원시 정방리 정방산에 있는 고려 시대의 성곽이다.

93) 평산 : 평산(平山). 황해 남동쪽에 있는 군이다. 여기서는 '평산의 군사'라는 뜻으로 쓰였다.

94) 당슈산셩 : 장수산성(長壽山城). 북한의 황해남도 신원군 아양리 장수산에 있는 고구려 때의 산성(山城)이다.

95) 길히셔 : 길ㅎ(길, 路) + -ᄋᆡ셔(-에서 : 부조, 위치)

96) 니나 : 니(리, 里 : 의명) + -나(보조사, 강조) ※ '리>니'는 'ㄹ' 두음 법칙의 예이다.

97) ᄒᆞᆫ : 한(대략 : 관사)

98) 냥셔 : 양서(兩西). 황해도와 평안도를 아울러 이르는 말이다. ※ '량셔>냥셔'는 'ㄹ' 두음 법칙의 예이다.

99) 도원싊 : 도원슈(도원수, 都元帥) + -ㅣ(보조) ※ '도원규(都元帥)'는 고려와 조선 시대에 전쟁이 났을 때에 군무를 통괄하던 임시 무관의 벼슬이다.

1) 아니리라 : 아니[← 아니ᄒᆞ다(아니하다 : 보용, 부정) : 아니(부사, 부정) + -Ø(← -ᄒᆞ- : 동접)-]- + -리(미시)- + -라(← -다 : 평종)

2) ᄒᆞ리 : ᄒᆞ(하다, 謂)- + -ㄹ(관전, 미시) # 이(이, 人 : 의명) + -Ø(주조)

3) 대로ᄒᆞ고 : 대로ᄒᆞ[대로하다, 크게 화를 내다 : 대로(대로, 大怒 : 명사)- + -ᄒᆞ(동접)-]- + -고(연어, 계기)

4) ᄒᆞ나토 : ᄒᆞ나ㅎ(하나, 一 : 수사) + -도(보조사, 강조)

5) 뎡티 : 뎡ㅎ[← 뎡ᄒᆞ다(정하다) : 뎡(정, 定 : 불어) + -ㅎ(← -ᄒᆞ- : 동접)-]- + -디(-지 : 연어, 부정)

6) 뇽골산 : 용골산(龍骨山). 평안북도 피현군 남부 염주군의 경계에 있는 산이다. ※ '룡골산>뇽골산'은 'ㄹ' 두음 법칙의 예이다.

7) 봉화를 : 봉화(봉화, 烽火) + -를(목조) ※ 문맥상 '봉화(烽火)'는 주격으로 쓰이므로 '봉화를'은 '봉홰'의 오기이다.

8) 셔울ᄀᆞ디 : 셔울(서울, 京) + -ᄀᆞ디(↚ -ᄭᆞ디 : -까지, 보조사, 도달점)

9) 소동ᄒᆞ리라 : 소동ᄒᆞ[소동하다 : 소동(소동, 騷動 : 명사) + -ᄒᆞ(동접)-]- + -리(미시)- + -라(← -다 : 평종)

10) 젼방산셩ᄭᆞ디 : 젼방산셩(정방산성, 正方山城) + -ᄭᆞ디(-까지 : 보조사, 도달점)

11) 뎡ᄒᆞ얏더니 : 뎡ᄒᆞ[정하다 : 뎡(정, 定 : 불어)- + -ᄒᆞ(동접)-]- + -얏(← -앗- : 완료)- + -더(회상)- + -니(연어, 설명의 계속)

> 혀ᄃᆡ[15] ᄌᆞ뎜이 니ᄅᆞᄃᆡ 반ᄃᆞ시 ᄉᆞ신을 맛ᄂᆞᆫ[16] 블이라[17] 엇디[18] 도적이 올 니[19] 이시리오[20] 초구일의 비로소[21] 군관[22] 신용[23]을 의쥬 보내여 적병을 탐지ᄒᆞᆯᄉᆡ[24] 신용이 슌안[25] 니ᄅᆞ니 적병이 임의[26] 편만ᄒᆞ얏ᄂᆞᆫ디라[27] 신용이 ᄃᆞ라와[28] 보ᄒᆞ니[29] ᄌᆞ뎜이 대로ᄒᆞ여 신용을 버히려 ᄒᆞ더니 다ᄅᆞᆫ 군관이 ᄯᅩ ᄒᆞ니 비로소 장계ᄒᆞ니라[30]

김유(金庾)와 김자점(金自點)이 의논(議論)하여, 의주(義州)의 군대(軍隊)를 백마산성

---

12) 납월 : 납월(臘月). 음력 섣달(12월)을 다르게 이르는 말이다.

13) 년ᄒᆞ야 : 년ᄒᆞ[연하다, 잇다 : 년(연, 連 : 불어) + -ᄒᆞ(동접)-]- + -야(← -아 : 연어) ※ '련ᄒᆞ야>년ᄒᆞ야'는 'ㄹ' 두음 법칙의 예이다.

14) ᄌᆞ로ᄂᆞᆯ : ᄌᆞ로(자루, 柄) + -ᄂᆞᆯ(↚ -ᄅᆞᆯ : 목조) ※ 'ᄌᆞ로ᄂᆞᆯ'은 'ᄌᆞ로ᄅᆞᆯ'의 오기이다.

15) 혀ᄃᆡ : 혀(켜다, 火)- + -ᄃᆡ(-되, -니 : 연어, 설명의 계속)

16) 맛ᄂᆞᆫ : 맛(← 맞다 : 맞다, 迎)- + -ᄂᆞ(현시)- + -ㄴ(관전)

17) 블이라 : 블(불, 火) + -이(서조)- + -Ø(현시)- + -라(← -다 : 평종)

18) 엇디 : 어찌, 何(부사).

19) 올 니 : 오(오다, 來)- + -ㄹ(관전) # 니(← 리 : 까닭, 理, 의명) + -Ø(주조) ※ '리>니'는 'ㄹ' 두음 법칙의 예이다.

20) 이시리오 : 이시(있다, 有)- + -리(미시)- + -오(← -고 : 의종, 설명)

21) 비로소 : [비로소(부사) : 비롯(비롯다, 始 : 동사)- + -오(부접)]

22) 군관 : 군관(軍官). 장교이다.

23) 신용 : 신용(申涌, 1560~1631). 조선 중기 문신이다. 임진왜란이 일어나자 의병장으로 활약했다. 저작, 수찬을 거쳐 승지, 대사간 등을 역임하고, 관찰사에 이르렀으며, 청주 봉계서원에 제향되었다. 저서에 『의례고람』, 『상례통재』, 『오복통고』 등이 있다.

24) 탐지ᄒᆞᆯᄉᆡ : 탐지ᄒᆞ[탐지하다 : 탐지(탐지, 探知 : 명사) + -ᄒᆞ(동접)-]- + -ㄹᄉᆡ(-므로, -니, -는데 : 연어, 이유, 설명의 계속) ※ '탐디>탐지'는 구개음화의 예이다.

25) 슌안 : 순안(順安). 평양 북서쪽에 위치하고 있는 구역으로, 북쪽은 평안남도에 접하고 서쪽은 용성, 남쪽은 형제산에 접한다.

26) 임의 : 임의(↚ 이믜 : 이미, 旣, 부사). ※ '임의'는 '이믜'의 오기이다.(과잉 분철)

27) 편만ᄒᆞ얏ᄂᆞᆫ디라 : 편만ᄒᆞ[편만하다 : 편만(편만, 遍滿 : 명사) + -ᄒᆞ(동접)-]- + -얏(← -앗- : 완료)- + -ᄂᆞ(현시)- + -ㄴ디라(-ㄴ지라 : 연어, 이유) ※ '편만(遍滿)'은 널리 그득 찬 것이다.

28) ᄃᆞ라와 : ᄃᆞ라오[달려오다 : ᄃᆞᆯ(← ᄃᆞᆮ다, ㄷ불 : 달리다, 走)- + -아(연어) + 오(오다, 來)-]- + -아(연어)

29) 보ᄒᆞ니 : 보ᄒᆞ[보하다(보고하다) : 보(보, 보고, 報 : 불어) + -ᄒᆞ(동접)-]- + -니(연어, 설명의 계속)

30) 장계ᄒᆞ니라 : 장계ᄒᆞ[장계하다 : 장계(장계, 狀啓 : 명사) + -ᄒᆞ(동접)-]- + -Ø(과시)- + -니(원칙)- + -라(← -다 : 평종) ※ '장계(狀啓)'는 왕명을 받고 지방에 나가 있는 신하가 자기 관하(管下)의 중요한 일을 왕에게 보고하던 일이나 그런 문서이다.

(白馬山城)에 옮기고, 황주(黃州)의 군대를 정방산성(正方山城)에 옮기고, 평산(平山)의 군대를 장수산성(長壽山城)에 옮기니, 【 제15장▹】 각각 큰 길에서 삼십 리나 하고 먼 데는 한 이틀 길이다.

양서(兩西)의 큰 길이 사람이 없는 땅이 되고, 김자점(金自點)이 도원수(都元帥)가 되어 이르되, "도적(盜賊)이 반드시 오지 아니하리라." 하고, (어떤) 사람이 "혹시 도적(盜賊)이 오리라." 할 이가 있으면 대로(大怒)하고, 성(城)을 지킬 군사(軍士)를 하나도 더 정(定)하지 아니하고, "의주(義州)의 저 편 용골산(龍骨山)의 봉화(烽火)가 서울까지 가면 소동(騷動)하리라." 하여, 도원수(都元帥)가 있는 정방산성(正方山城)까지 (봉화가) 오게 정(定)하였더니, 【제16장▹】 납월(臘月) 초육일(初六日) 이후(以後)에 연(連)하여 봉화(烽火) 두 자루를 켜니, 자점(自點)이 이르되 "(이 봉화는) 반드시 사신(使臣)을 맞이하는 불이다. 어찌 도적(盜賊)이 올 리가 있으리오?"

초구일(初九日)에 비로소 군관(軍官)인 신용(申涌)을 의주(義州)에 보내어 적병(賊兵)을 탐지(探知)하니, 신용이 순안(順安)에 이르니 적병(賊兵)이 이미 편만(遍滿)하였는지라, 신용이 달려와 보고(報告)하니 자점이 대로(大怒)하여 신용을 베려 하더니, 다른 군관(軍官)이 또 보고하니 비로소 장계(狀啓)하였느니라.

대개[31] 적병이 강을 건너니 대로의 것칠[32] 거시 업ᄉᆞ니 오기를 ᄇᆞ람 ᄀᆞᆺ티[33] ᄒᆞ고 번신[34]의 장계ᄂᆞᆫ 적이 다 아사[35] 가진 고로[36] 됴뎡이 막연이[37] 몰랏다가[38] 십이일 오후의 비로소 적셰[39] 급ᄒᆞᆫ 줄 알고 십삼일의 강화 들기를 의논ᄒᆞᆯ시 김경징[40]으로 검찰ᄉᆞ[41]를 ᄒᆞ이고[42]

31) 대개 : 대개(大槪), 대부분(부사).
32) 것칠 : 것치(거치다, 障碍)- + -ㄹ(관전) ※ '것칠'은 '거칠'을 거듭적기로 표기한 예이다.
33) ᄀᆞᆺ티 : [같이(부사) : ᄀᆞᆺㅌ(← ᄀᆞᇀ다 : 같다, 同)- + -이(부접)] ※ 'ᄀᆞᆺ티'는 'ᄀᆞ티'를 거듭적기로 표기한 예이다.
34) 번신 : 번신(藩臣). 중앙에서 먼 곳에 있는 감영의 관찰사이다.
35) 아사 : 앗(앗다, 빼앗다, 奪)- + -아(연어)
36) 고로 : ① 고(고, 故 : 의명) + -로(부조) ② [고로(부사) : 故(고 : 명사) + -로(부조▹부접)]
37) 막연이 : [막연히(부사) : 막연(막연, 漠然 : 불어) + -∅(← -ᄒᆞ- : 형접)- + -이(부접)] ※ '막연이'는 '갈피를 잡을 수 없을 정도로 아득하게'의 뜻을 나타낸다.
38) 몰랏다가 : 몰ㄹ(← 모ᄅᆞ다 : 모르다, 不知)- + -앗(완료)- + -다가(연어, 전환)
39) 적셰 : 적셰(적세, 賊勢) + -∅(주조) ※ '적셰(賊勢)'는 도적의 세력이다.
40) 김경징 : 김경징(金慶徵, 1589~1637). 조선 중기의 문신이다. 인조반정에 참여하여 공을 세우고 도승지, 한성부 판윤을 지냈다. 병자호란 때 강화가 함락되자, 강도 검찰사(江都檢察使)

니민구[43]로 부亽를 삼다[44] 김뉴ㅣ 그 아ᄃᆞᆯ의 무상ᄒᆞᆷ을[45] 모ᄅᆞᄂᆞᆫ 거시 아니로ᄃᆡ[46] 가쇽[47] 피란ᄒᆞ기ᄅᆞᆯ 위ᄒᆞ야 경징으로 검찰亽ᄅᆞᆯ ᄒᆞ이고 샹이 무ᄅᆞ시니[48] 뉴ㅣ[49] 경징을 맛당ᄒᆞ니이다[50] ᄒᆞ더라

【 제17장▻】 대개(大槪) 적병(賊兵)이 강(江)을 건너니, 대로(大路)에 거칠 것이 없으니 오기를 바람같이 하고, 번신(藩臣)의 장계(狀啓)는 도적(盜賊)이 다 빼앗아 가진 고(故)로 조정(朝廷)이 막연(漠然)히 몰랐다가, 십이일 오후(午後)에 비로소 적세(賊勢)가 급(急)한 줄 알고, 십삼일(十三日)에 강화도(江華島)에 들어가기를 의논(議論)하니, 김경징(金慶徵)으로 검찰사(檢察使)를 하게 하고, 이민구(李敏求)로 부사(副使)를 삼았다. 김유(金庾)가 그(자기) 아들(김경징)이 무상(無常)함을 모르는 것이 아니되, 가속(家屬)이 피란(避亂)하기를 위(爲)하여, 【 제18장▻】 경징(慶徵)으로 검찰사(檢察使)를 하게 하고, 상(上)이 그 이유를 물으시니 김유(金庾)가 "경징(慶徵)을 (검찰사로 삼는 것이) 마땅합니다."라고 하더라.

십亽일 오후의 대개[51] 창황이[52] 남대문[53]을 나셔[54] 강화로 향ᄒᆞ더니

로서 수비에 소홀했다는 대간(臺諫)의 탄핵을 받아 처형되었다.

41) 검찰亽 : 검찰사(檢察使).

42) ᄒᆞ이고 : ᄒᆞ이[하게 하다, 시키다, 使 : ᄒᆞ(하다, 爲)- + -이(사접)-]- + -고(연어, 나열)

43) 니민구 : 이민구(李敏求, 1589~1670). 조선 중기의 문신이다. 1612년 증광문과에 장원 급제한 후 1624년(인조 2) 이괄의 난 때에 장만(張晩)의 종사관(從事官)으로 난을 진압했다. 1627년 정묘호란 때에 병조참판으로 세자를 모시고 남으로 피난했다. 병자호란 때에 강도검찰부사(江都檢察副使)가 되어 왕을 강화에 모시려 하였으나, 적군이 어가(御駕)의 길을 막아 책임을 다하지 못했다. 후에 돌아와 경기우도 관찰사가 되었으나, 강화가 함락된 책임으로 아산(牙山)에 귀양가고, 1643년 영변(寧邊)에 이배(移配)된 후 1649년 풀려났다.

44) 삼다 : 삼(삼다, 爲)- + -Ø(과시)- + -다(평종)

45) 무상ᄒᆞᆷ을 : 무상ᄒᆞ[무상하다: 무상(無常 : 명사) + -ᄒᆞ(형접)-]- + -ㅁ(명전) + -을(목조) ※ 무상(無常)은 정상에서 벗어난 상태이다. 여기서는 김유의 아들인 김경징이 능력이 없는 것을 표현하였다.

46) 아니로ᄃᆡ : 아니(아니다)- + -로되(←-오되 : -되, 연어, 설명의 계속)

47) 가쇽 : 가속(家屬). 한 집안에 딸린 구성원이다.

48) 무ᄅᆞ시니 : 물(←묻다, ㄷ불 : 묻다, 聞)- + -ᄋᆞ시(주높)- + -니(연어, 설명의 계속, 반응)

49) 뉴ㅣ : 뉴(유, 김유, 庾, 金庾) + -ㅣ(주조)

50) 맛당ᄒᆞ니이다 : 맛당ᄒᆞ[마땅하다 : 맛당(마땅 : 불어) + -ᄒᆞ(형접)-]- + -Ø(현시)- + -니(원칙)- + -이(상높)- + -다(평종)

51) 대개 : 대가(대가, 大駕) + -ㅣ(주조) ※ '대가(大駕)'는 임금이 타는 연(輦)과 같이 고귀한 사

적쟝 마부대 수ᄇᆡᆨ 긔[55]를 거ᄂᆞ리고 임의 홍졔원[56]의 다ᄃᆞ라시니[57] 샹이 도로 드러오샤[58] 남문의 뎐좌ᄒᆞ시니[59] 상해[60] 황황ᄒᆞ고[61] 셩듕의[62] 곡셩[63]이 쳘텬ᄒᆞ더라[64] 니판[65] 최명길이 ᄌᆞ청ᄒᆞ야[66] 적당으로[67] 나가 볼ᄉᆡ[68] 훈년대쟝[69] 신경진[70]으로 ᄒᆞ여곰[71] 모화관[72]의 츌진ᄒᆞ고[73] 대가ᄂᆞᆫ

람이 타는 탈것이다. 여기서는 인조 임금의 대가를 이른다.

52) 창황이 : [창황히(부사) : 창황(창황, 蒼黃, 倉皇) + -Ø(← -ᄒᆞ- : 형접)- + -이(부접)] ※ '창황(蒼黃, 倉皇)이'는 '미처 어찌할 사이 없이 매우 급작스럽게'의 뜻을 나타낸다.

53) 남대문 : 남대문(南大門). 숭례문(崇禮門)의 딴 이름이다. 조선 시대에 건립한 한양 도성의 남쪽 정문이다.

54) 나셔 : 나(나다, 出)- + -아셔(-아서 : 연어)

55) 수ᄇᆡᆨ 긔 : 수ᄇᆡᆨ(수백, 數百) # 긔(기, 旗) ※ '긔(기, 旗)'는 청나라의 정치 · 군사 단위인 '팔기(八旗軍)'의 단위인 '기(旗)'를 이르던 말인데, 1기(旗)의 정원은 7,500명이었다.

56) 홍졔원 : 홍제원(洪濟院). 조선 시대에, 중국 사신들이 서울 성안에 들어오기 전에 임시로 묵던 공관이다. 현재의 서울특별시 서대문구 홍제동에 있었다.

57) 다ᄃᆞ라시니 : 다ᄃᆞᆯ(← 다ᄃᆞᆮ다, ㄷ불 : 다다르다, 到)- + -아시(완료)- + -니(연어, 설명의 계속)

58) 드러오샤 : 드러오[들어오다 : 들(들다, 入)- + -어(연어) + 오(오다, 來)-]- + -시(주높)- + -Ø(← -아 : 연어)

59) 뎐좌ᄒᆞ시니 : 뎐좌ᄒᆞ[전좌하다 : 뎐좌(전좌, 殿座 : 명사) + -ᄒᆞ(동접)-]- + -시(주높)- + -니(연어, 설명의 계속) ※ '뎐좌(殿座)'는 임금 등이 정사를 보거나 조하(朝賀)를 받으려고, 정전(正殿)이나 편전(便殿)에 나와 앉던 일이나 그 자리이다.

60) 상해 : 상하(↚ 샹하 : 상하, 上下) + -ㅣ(주조)

61) 황황ᄒᆞ고 : 황황ᄒᆞ[황황하다 : 황황(황황, 遑遑 : 불어) + -ᄒᆞ(형접)-]- + -고(연어, 나열) ※ '황황(遑遑)'은 갈팡질팡 어쩔 줄 모르게 급한 것이다.

62) 셩듕의 : 셩듕(성중, 城中) + -의(-에 : 부조, 위치)

63) 곡셩 : 곡성(哭聲). 곡소리이다.

64) 쳘텬ᄒᆞ더라 : 쳘텬ᄒᆞ[철천하다 : 쳘텬(철천, 徹天 : 명사) + -ᄒᆞ(형접)-]- + -더(회상)- + -라(← -다 : 평종) ※ '쳘텬(徹天)'은 '하늘에 사무친다'는 뜻으로, 두고두고 잊을 수 없도록 뼈에 사무치는 것이다.

65) 니판 : 이판(吏判). '이조판서(吏曹判書)'의 준말이다. '리판〉니판'은 'ㄹ' 두음 법칙의 예이다.

66) ᄌᆞ청ᄒᆞ야 : ᄌᆞ청ᄒᆞ[자청하다 : ᄌᆞ청(자청, 自請 : 명사) + -ᄒᆞ(동접)-]- + -야(← -아 : 연어)

67) 적당으로 : 적당(적장, 賊場) + -으로(부조, 위치, 방향) ※ '적당'은 도둑 무리가 있는 장소인 진영(陣營)이다.

68) 나가 볼ᄉᆡ : 나가[나가다 : 나(나다, 出)- + -아(연어) + 가(가다, 去)-]- + -아(연어) # 보(보다, 견(見) : 보용, 시도)- + -ㄹᄉᆡ(-니 : 설명의 계속)

69) 훈년대쟝 : 훈련대장(訓練大將). 조선 시대에 둔 훈련도감의 으뜸 벼슬으로서, 품계는 종이품이었다. '훈련〉훈년'은 비음화의 예이다.

70) 신경진 : 신경진(申景禛, 1575~1643). 조선 인조 때의 문신이다. 인조반정 때의 공로로 평성(平城) 부원군에 봉하여졌고, 후에 영의정을 지냈다.

71) ᄒᆞ여곰 : [하여금, 使(부사) : ᄒᆞ(하다, 爲)- + -이(사접)- + -어(연어 ▷ 부접) + -곰(보조사,

싀구문으로[74] 나셔 남한산셩[75]의 드르시다[76]

십사일(十四日) 오후(午後)에 대가(大駕)가 창황(蒼黃)히 남대문(南大門)을 나서 강화(江華)로 향(向)하더니, 적장(賊將)인 마부대(馬夫大)가 (팔기병, 八旗兵) 수백(數百) 기(旗)를 거느리고 이미 홍제원(洪濟院)에 다다랐으니, 상(上)이 도로 (도성으로) 들어오시어 남문(南門)에 전좌(殿座)하시니, 상하(上下)가 황황(遑遑)하고, 성중(城中)에 곡성(哭聲)이 철천(徹天)하더라. 이판(吏判)인 최명길(崔鳴吉)이 자청(自請)하여 적장(賊場)으로 나가 보니, 【제 19장▷】(그 사이에) 훈련대장(訓練大將)인 신경진(申景禛)으로 하여금 모화관(慕華館)에 출진(出陣)하게 하고, 대가(大駕)는 수구문(水口門)으로 나가서 남한산성(南漢山城)에 드셨다.

명길이 마부대로[77] 보고 온 연고[78]를 무른듸[79] 적쟝이 답[80] 왈 네 나라히 무단이[81] 밍세를 빅반ᄒᆞ야시매[82] 화친ᄒᆞ라[83] 왓노라[84] ᄒᆞ더라

강조)]

72) 모화관 : 모화관(慕華館). 조선 시대에, 중국 사신을 영접하던 곳이다. 이전의 '모화루(慕華樓)'를 고친 것이다.

73) 츌진ᄒᆞ고 : 츌진ᄒᆞ[출진하다 : 츌진(출진, 出陣 : 명사) + -ᄒᆞ(동접)-]- + -고(연어, 나열) ※ '츌진(出陣)'은 싸움터로 나아가는 것이다.

74) 싀구문으로 : 싀구문(수구문, 水口門) + -으로(부조, 방향) ※ '싀구문(水口門)'은 지금의 광희문(光熙門)인데,, 시구문(屍軀門) 또는 수구문(水口門)이라고도 하였다. 서소문(西小門)과 함께 시신(屍身)을 도성 밖으로 내보내던 문이다.

75) 남한산셩 : 남한산성(南漢山城). 경기도 광주시 중부면 산성리 남한산에 있는 산성이다. 병자호란 때 농성 45일 만에 항복한 싸움터로 유명하다.

76) 드르시다 : 들(들다, 入)- + -ᄋᆞ시(주높)- + -Ø(과시)- + -다(평종)

77) 마부대로 : 마부대(마부대, 馬夫大) + -로(↚-를 : 목조)

78) 연고 : 연고(緣故). 까닭, 사연.

79) 무른듸 : 물(← 묻다, ㄷ불 : 묻다, 問)- + -은듸(-은데, -니 : 설명의 계속, 반응)

80) 답 : 답(答). 대답하다.

81) 무단이 : [무단히(부사) : 무단(무단, 無斷) + -Ø(← -ᄒᆞ- : 형접)- + -이(부접)] ※ '무단(無斷)이'는 '사전에 허락이 없이'나 '아무 사유가 없이'이다.

82) 빅반ᄒᆞ야시매 : 빅반ᄒᆞ[배반하다 : 빅반(배반, 背叛 : 명사) + -ᄒᆞ(동접)-]- + -야시(← -아시- : 완료)- + -매(-매 : 연어, 이유)

83) 화친ᄒᆞ라 : 화친ᄒᆞ[화친하다 : 화친(화친, 和親 : 명사) + -ᄒᆞ(동접)-]- + -라(-러 : 연어, 목적)

84) 왓노라 : 오(오다, 來)- + -앗(완료)- + -노라(평종, 현시, 화자) ※ '-노라'는 중세 국어 시대에는 '-ᄂᆞ(현시)- + -오(화자)- + -라(← -다 : 평종)'으로 분석할 수 있는데, 이 시기에는 1인칭의 현재 시제를 나타내는 평서형 종결 어미로 굳은 것으로 본다.

김뉴 니셩구[85] 등이 쳥딕ᄒᆞ야[86] 새빅[87] 강화ᄅᆞᆯ 가시게 뎡ᄒᆞ얏더니[88] 십오일의 샹이 거러 힝ᄒᆞ시다가[89] 여러 번 업더지샤[90] 옥톄[91] 블평ᄒᆞ시니[92] 도로[93] 셩의 드ᄅᆞ시다[94]

명길(鳴吉)이 마부대(馬夫大)를 보고 (조선에) 온 연고(緣故)를 물으니, 적장(賊將)이 답(答)하여 왈(曰), "너의 나라가 무단(無斷)히 맹세(盟誓)를 배반(背叛)하였으매, 화친(和親)하러 왔노라." 하더라. 김유(金瑬)와 이성구(李聖求) 등(等)이 (임금에게) 청대(請對)하여, 새벽에 강화(江華)에 가시게 정(定)하였더니, 십오일(十五日)에 상(上)이 걸어 행(行)하시다가, 여러 번 엎어지시어 【제 20장▷】 옥체(玉體)가 불편(不便)하시니, 도로 성(城)에 드셨다.

85) 니셩구 : 이성구(李聖求, 1584~1644). 조선 인조 때의 문신이다. 대사헌, 병조 판서 등 요직을 두루 거쳐 영의정을 지냈다. 병자호란 때에 왕을 호종(扈從)하였고, 왕세자가 볼모로 심양(瀋陽)에 갈 때에 수행하였다.

86) 쳥딕ᄒᆞ야 : 쳥딕ᄒᆞ[청대하다 : 쳥딕(청대, 請對 : 명사) + -ᄒᆞ(동접)-]- + -야(← -아 : 연어) ※ '쳥딕(請對)'는 신하가 급한 일이 있을 때에 임금에게 뵙기를 청하는 것이다.

87) 새빅 : 샙(← 새배 : 새벽, 晨) + -ᄋᆡ(-에 : 부조, 위치, 시간)

88) 뎡ᄒᆞ얏더니 : 뎡ᄒᆞ[정하다 : 뎡(정, 定 : 불어) + -ᄒᆞ(동접)-]- + -얏(← -앗- : 완료)- + -더(회상)- + -니(연어, 설명의 계속)

89) 힝ᄒᆞ시다가 : 힝ᄒᆞ[행하다, 가다 : 힝(행, 行 : 불어) + -ᄒᆞ(동접)-]- + -시(주높)- + -다가(연어, 전환)

90) 업더지샤 : 업더지[엎어지다 : 업더(엎드리다, 伏)- + 디(지다 : 보용, 피동)-]- + -시(주높)- + -아(연어) ※ '업더디샤〉업더지샤'는 구개음화의 예이다.

91) 옥톄 : 옥톄(옥체, 玉體) + -Ø(주조) ※ '옥톄(玉體)'는 임금의 몸을 높여서 이르는 말이다.

92) 블평ᄒᆞ시니 : 블평ᄒᆞ[불평하다 : 블평(불평, 不平 : 명사) + -ᄒᆞ(형접)-]- + -시(주높)- + -니(연어 : 이유, 설명의 계속) ※ '불평(不平)'은 마음이 편하지 아니하거나, 병으로 몸이 불편한 것이다. 여기서는 '불편'으로 옮긴다.

93) 도로 : [도로(부사) : 돌(돌다, 回)- + -오(부접)]

94) 드ᄅᆞ시다 : 들(들다, 入)- + -ᄋᆞ시(주높)- + -Ø(과시)- + -다(평종)

3. 노걸대언해

16세기 초에 간행된 『번역노걸대』(飜譯老乞大)와 17세기에 간행된 『노걸대언해』(老乞大諺解)는 한문본인 『노걸대』(老乞大)를 한글로 번역한 책이다. 『노걸대언해』는 대략 조선 현종 때에 정상국(鄭相國)이 1670년에 발간한 것으로 추측한다.

『노걸대언해』는 중종 때에 최세진이 지은 『번역노걸대』(飜譯老乞大, 1517년 이전)를 참고하여 한문본 『노걸대』를 언해한 것으로 보인다. 곧 『노걸대언해』는 여러 면에서 『번역노걸대』에 나타난 한문 해석과 한글 표기 원리를 반영하고 있으며, 오각(誤刻)을 바로잡고 빠진 원문을 채워 넣었다. 따라서 『번역노걸대』와 『노걸대언해』를 비교하면 16세기 초의 중세 국어와 17세기 말의 근대 국어의 모습의 차이를 알 수 있다.

이 책은 상권과 하권의 2권 2책으로 되어 있으며, 대화의 구절마다 주석을 달았고 한자 원문과 언해문 사이의 경계 표시를 권점 ○으로 표시했다. 현재 『노걸대언해』의 원본은 서울대학교 규장각에 소장되어 있다.

『노걸대언해』를 중종 때에 발간된 『번역노걸대』와 비교하면, 다음과 같은 국어학적인 특징이 나타난다.

첫째, 『번역노걸대』에서 쓰였던 'ᅀ'과 'ᅌ'의 글자가 쓰이지 않았다.

(보기) ᄆᆞᅀᆞᆷ〉ᄆᆞᄋᆞᆷ, 요ᄉᆞᅀᅵ〉요ᄉᆞ이, 가ᅀᆞᆯ히〉ᄀᆞ올히 ; 일뎌ᇰ〉일뎡, ᄀᆞ자ᇰ〉ᄀᆞ장, ᄆᆡᇰᄀᆞᆯ며〉ᄆᆡᆼᄀᆞᆯ며, 혀ᇰ아〉형아

둘째, 단어의 첫 머리에 'ㅂ'계와 'ㅅ'계 합용 병서는 나타나지만, 'ㅄ'계 합용 병서는 나타나지 않는다. 그리고 각자 병서는 'ㅆ'만 쓰였다. 특히 'ㅶ'이 쓰인 것은 16세기 초에 발간된 『번역노걸대』의 영향 때문인 것으로 보인다.

(보기) ① 'ㅂ'계 합용 병서 : ᄣᅥ난다, ᄠᅳᆫ, ᄡᅧᄂᆞᆯ히, ᄡᅳᄂᆞᆫ, 대ᄧᅩᆨ, 코ᄢᅵᆫᄆᆞᆯ, ᄠᅳ고
② 'ㅅ' 계 합용 병서 : ᄶᅥ시며, 아니커니ᄯᆞ녀, ᄲᅢ혀
③ 각자 병서 : 써, 써쇼ᄃᆡ, 써시되, 쓰고, ᄊᆞ던가

셋째, 음절 말에 실현되는 /ㄷ/을 'ㅅ'으로 표기한 예가 보인다.

(보기) 곧→곳, 듣보니→듯보니, 믿디>밋디디, 듣디→듯디, 다ᄃᆞᆮ디→다ᄃᆞᆺ디, 얻고져→엇고져

넷째, 대체로 이어적기(連綴)로 표기하였으나, 끊어적기(分綴)나 거듭적기(重綴)로 표기한 곳도 더러 보이며, 음절의 종성을 재음소화하여 표기하는 경우가 있다.

(보기) ① 끊어적기 : 사ᄅᆞᆷ이, ᄌᆞ식이며, 대뽁에, 일홈을
② 거듭적기 : 알픠셔→앒픠셔, 비체→빗체, ᄀᆞ트니ᄂᆞᆫ→ᄀᆞᆺ트니ᄂᆞᆫ
③ 재음소화 : 알프로→앒흐로

다섯째, 'ㄹ' 두음 법칙, 비음화, 구개음화가 적용된 예는 흔히 나타나지만, 원순모음화가 적용된 예는 드물게 나타난다. 이는 16세기 초에 발간된 『번역노걸대』의 영향을 받은 것으로 보인다.

(보기) ① 'ㄹ' 두음 법칙 : ᄅᆡ일>ᄂᆡ일, 련구ᄒᆞ기>년구ᄒᆞ기, 열닷량>열닷냥, 리쳔을>니쳔을
② 비음화 : 나ᄃᆞᆮ니기>나ᄃᆞᆫ니기, ᄃᆞᆫ녀오리라, ᄃᆞᆫ녀오리라, 맛나>만나, 잇ᄂᆞ냐>읻ᄂᆞ냐>인ᄂᆞ냐
③ 구개음화 : 마디>마지
④ 원순 모음화 : 브리워>부리워

여섯째, '-옴/-움', '-오려/-우려' 등의 어미의 형태가 '-음/-ㅁ', '-ᄋᆞ려/-으려' 등으로 표기되는 경우가 있다. 반면에 '-오ᄃᆡ'의 /ㅗ/는 그대로 유지되고 있다.

(보기) ㄱ. 니로미>니ᄅᆞ미
ㄴ. 바도려>바드려, 호려>ᄒᆞ려, 니보려>니브려
ㄷ. 호ᄃᆡ, 닐오ᄃᆡ, 의논호ᄃᆡ

일곱째, 명사형 전성 어미로서 '-기'가 쓰인 것이 늘어났다.

(보기) 글 니ᄅᆞ기를 ᄆᆞᆺ고, 글 외오기 ᄒᆞ야, 예셔 셔울 가기, 콩 ᄉᆞᆲ기ᄅᆞᆯ, 블 ᄡᅵᆺ기 ᄒᆞᄂᆞᆫ다, 고기 봇기

여덟째, '-노라(-ᄂᆞ-+-오-+-라)'와 '-롸(-오-+-라)'를 제외하고는 화자 표현과 대상 표현의 선어말 어미 '-오-/-우-'가 거의 실현되지 않는다. 따라서 '-노라'나 '-롸'에서도 화자 표현의 선어말 어미를 분석하지 않는다.

아홉째, /ㅎ/으로 끝나는 체언은 대부분 /ㅎ/을 그대로 유지하고 있으나, 매우 드물게 체언이 끝소리 /ㅎ/이 탈락한 예도 보인다.

(보기) ㄱ. ᄒᆞ나흘, 세흘, 우희, ᄡᅡ히만, 뒤흐로
ㄴ. 우헤ᄂᆞᆫ>우에ᄂᆞᆫ

열째, 보조 용언 구성이었던 '-어 잇-'이나 '-어 이시-'가 하나의 형태로 굳어져서, '-앗-/-엇-/-얏-/-엿-'이나 '-아시-/-어시-/-야시-/-여시-' 등과 같이 완료를 나타내는 선어말 어미로 쓰이게 되었다.

(보기) ㄱ. 다ᄃᆞ라써ᄃᆞᆫ, 씌엇드라
ㄴ. 못ᄒᆞ엿노니, 몯ᄒᆞ얏ᄂᆞ냐
ㄷ. 두어시니, 못ᄒᆞ여시니, 뎡ᄒᆞ야시니

열한째, 중세 국어와 마찬가지로 동사가 서술어로 쓰일 때에 과거 시제를 나타내는 무형의 형태소 '-Ø-'가 그대로 유지되고 있다.

(보기) 어제 ᄀᆞᆺ 오니라, 네 뉘손ᄃᆡ 글 ᄇᆡ혼다, 내 高麗 王京으로셔브터 오롸

열두째, 의문형 어미의 형태가 중세 국어에서처럼 2인칭의 의문형 형태인 '-ㄴ다'가 쓰이고 있는데, 이는 16세기 초에 발간된 『번역노걸대』의 영향인 것으로 보인다.

(보기) 네 어드러로셔브터 온다, 네 每日 므슴 공부ᄒᆞᄂᆞᆫ다

『노걸대언해』는 초기 근대 국어의 모습이 일부 반영되어 있음을 알 수 있다. 그러나 『노걸대언해』는 16세기 초에 간행된 『번역노걸대』의 영향으로 화자 표현, 확인 표현, 과거 시제 표현, 의문 표현 등에서 중세 국어의 특징이 그대로 남아 있다.

老乞大諺解 下

[장면 1. 고려 상인이 친척인 이가(李家)를 찾으러 여관에 들르다]*

高 : 읍ᄒᆞ노이다[1] 큰형아。이 뎜[2]에 모시뵈[3] ᄑᆞᆯ 高麗ㅅ 나그내 李개[4] 잇ᄂᆞ냐[5]。

主 : 네 뎌[6]를 ᄎᆞ자 므슴 ᄒᆞᆯᄶᅡ[7]。

高 : 내 뎌의 권당이러니[8] 앗가[9] ᄀᆞᆺ 高麗ㅅ ᄯᅡ흐로셔[10] 오롸[11]。

主 : 앗가 ᄀᆞᆺ 나가시니[12] 羊 져제[13] 모롱이[14]를 향ᄒᆞ야 가니라[15]。 제[16] 닐오ᄃᆡ 즉제[17] 오려 ᄒᆞ더니 네 아직[18] 나갓다가[19] ᄒᆞᆫ 디위[20]

---

* [장면 1]에서 '高'는 고려 상인이며, '主'은 고려 상인이 찾아간 여관의 주인(主人)이다.

1) 읍ᄒᆞ노이다 : 읍ᄒᆞ[읍하다 : 읍(읍, 揖 : 명사) + -ᄒᆞ(동접)-]- + -ᄂᆞ(현시)- + -오(화자)- + -이(상높, 아주 높임)- + -다(평종) ※ '읍(揖)'은 인사하는 예(禮)의 하나이다. 여기서는 '인사드립니다.'로 옮긴다. 그리고 '-오-'는 중세 국어에 쓰인 화자 표현의 선어말 어미인 '-오-'의 잔영이다.
2) 뎜 : 점(店). 가게.
3) 모시뵈 : [모시베 : 모시(모시, 紵) + 뵈(베, 布)]
4) 李개 : 李가[이가, 李哥 : 李(명사) + -哥(-가 : 접미)] + -ㅣ(← -이 : 주조) ※ '李가'는 이씨의 성씨를 가진 사람이다.
5) 잇ᄂᆞ냐 : 잇(← 이시다 : 있다, 在)- + -ᄂᆞ(현시)- + -냐(의종, 판정)
6) 뎌 : 저, 그, 彼(인대, 정칭).
7) ᄒᆞᆯᄶᅡ : ᄒᆞ(하다, 爲)- + -ㄹᄶᅡ(← ㄹ따 : 의종, 2인칭, 미시)
8) 권당이러니 : 권당(친척, 眷黨) + -이(서조)- + -러(← -더- : 회상)- + -니(연어, 설명 계속)
9) 앗가 : 아까(부사)
10) ᄯᅡ흐로셔 : ᄯᅡㅎ(땅, 地) + -으로셔(-으로서 : 부조, 출발점)
11) 오롸 : 오(오다, 來)- + -Ø(과시)- + -롸(← -오라 : 평종, 화자) ※ '-롸'는 화자 표현의 선어말 어미인 '-오-'에 평서형 종결 어미인 '-라(← -다)'가 축약된 형태이다.
12) 나가시니 : 나가[나가다, 出 : 나(나다, 出)- + 가(가다, 去)-]- + -아시(완료)- + -니(연어, 설명 계속)
13) 羊 져제 : 羊(양) # 져제(저자, 시장, 市) ※ '양 져제'는 양(羊)을 사고파는 시장이다.
14) 모롱이 : 모롱이(角頭). 산모퉁이의 휘어 둘린 곳이다.
15) 가니라 : 가(가다, 去)- + -Ø(과시)- + -니(원칙)- + -라(← -다 : 평종)
16) 제 : 저(자기, 己 : 인대, 재귀칭) + -ㅣ(← -이 : 주조)
17) 즉제 : 즉시, 便(부사)

기드려 다시 오나라[21]。

高 : 이믜 제[22] 羊 져재 모롱이에 가시면[23] 또 머디 아니ᄒᆞ니 내 그저 예셔[24] 기ᄃᆞᆯ오리라[25]。

主 : 네 ᄆᆞᄋᆞᆷ으로[26] 기ᄃᆞᆯ오라。

高 : 제 어늬[27] 방의 브리워[28] 잇ᄂᆞ뇨[29]。

主 : 뎌 西南 모해[30] 바ᄌᆞ문[31] 남녁 죠고만 널문[32]이 긔라[33]。

高 : 제 나가시면 집 보리[34] 잇ᄂᆞ냐。

主 : ᄒᆞᆫ 져므니[35] 잇더니 예 업스니 나간 듯 ᄒᆞ다。

高 : 인사드립니다. 큰형아. 이 점(店)에 모시베를 팔 高麗(고려)의 나그내 李(이)가가 있느냐?

主 : 네가 그를 찾아 무엇을 하겠는가?

---

18) 아직 : 잠깐, 且(부사). ※ 여기서 '아직'은 원문에 쓰인 '且'를 미루어 볼 때 '잠깐'으로 옮긴다.

19) 나갓다가 : 나가[나가다, 出 : 나(나다, 出)- + 가(가다, 去)-]- + -앗(완료)- + -다가(연어, 전환)

20) 디위 : 번, 番(의명)

21) 오나라 : ① 오(오다, 來)- + -나(확인)- + -라(명종) ② 오(오다, 來)- + -나라(-너라 : 명종)

22) 제 : 저(저 사람, 他 : 인대, 재귀칭) + -ㅣ(← -이 : 주조) ※ '저'는 원래 '자기(己)'의 뜻을 나타내는 재귀칭의 인칭 대명사이지만, 여기서는 '저 사람'이라는 뜻으로 쓰였다.

23) 가시면 : 가(가다, 行)- + -이시(완료)- + -면(연어, 조건)

24) 예셔 : 예(여기, 這 : 지대) + -셔(-서 : 보조사, 위치 강조)

25) 기ᄃᆞᆯ오리라 : 기ᄃᆞᆯ오(기다리다, 待)- + -리(미시)- + -라(← -다 : 평종)

26) ᄆᆞᄋᆞᆷ으로 : ᄆᆞᄋᆞᆷ(마음, 心) + -으로(부조, 방편) ※ 'ᄆᆞᄋᆞᆷ으로'는 '마음대로, 좋을 대로'의 뜻으로 쓰였다.

27) 어늬 : 어느, 何(관사)

28) 브리워 : 브리우(짐을 부리다, 下)- + -어(연어)

29) 잇ᄂᆞ뇨 : 잇(있다 : 보용, 완료)- + -ᄂᆞ(현시)- + -뇨(-냐 : 의종, 설명)

30) 모해 : 모ㅎ(모퉁이, 角) + -애(-에 : 부조, 위치)

31) 바ᄌᆞ문 : [바자문, 芭籬門 : 바ᄌᆞ(바자, 芭籬) + 문(문, 門)] ※ '바자(芭)'는 울타리에 드나들 수 있도록 낸 사립문대로서, 갈대, 수수깡, 싸리 따위로 발처럼 엮거나 결어서 만든 물건이다. 울타리를 만드는 데에 쓰인다.

32) 널문 : [널문 : 널(널빤지, 板) + 문(문, 門)] ※ '널문'은 널빤지로 만든 문이다.

33) 긔라 : 그(거기, 是 : 지대) + -ㅣ(← -이- : 서조)- + -Ø(현시)- + -라(← -다 : 평종)

34) 집 보리 : 집(집, 家) # 보(보다, 看)- + -ㄹ(관전) # 이(이, 人 : 의명) + -Ø(← -이 : 주조)

35) 져므니 : [젊은이, 後生來 : 졈(젊다, 幼)- + -은(관전) + 이(이, 人 : 의명)] + -Ø(← -이 : 주조)

高 : 내가 그의 권당(眷黨)이니, 아까 막 高麗(고려)의 땅으로부터 왔다.

主 : (그가) 아까 막 나갔으니, 羊(양) 시장의 모롱이를 향하여 갔느니라. 자기가 이르되 즉시 오려 하더니, 네가 잠깐 나갔다가 한번 기다려 다시 오너라.

高 : 이미 그가 羊(양) 시장의 모롱이에 갔으면, (여기서 시장이) 또 멀지 아니하니 내가 그저 여기서 (그를) 기다리겠다.

主 : 네 마음대로 기다려라.

高 : 그가 어느 방에 (짐을) 부려 (두고) 있느냐?

主 : 저 西南(서남) 모퉁이에 (있는) 바자문 남쪽의 조그만 널문이 거기이다.

高 : 그가 나갔으면 집을 볼 사람이 있느냐?

主 : 한 젊은이가 있더니, (지금) 여기에 없으니, (밖에) 나간 듯하다.

> 主 : 네 高麗 ᄯᅡᄒᆡ셔[36] 므슴 貨物[37] 가져온다[38]。
>
> 高 : 내 여러 필 ᄆᆞᆯ을 가져오롸[39]。
>
> 主 : ᄯᅩ 므슴 貨物 잇ᄂᆞ뇨。
>
> 高 : 다ᄅᆞᆫ 아모 것도 업고 져기[40] 人蔘과 모시뵈 잇다。
>
> 主 : 이제 깁시[41] 엇더ᄒᆞ뇨。
>
> 高 : 갑시 如常호되[42] 人蔘은 졍히[43] 업스니 갑시 ᄀᆞ장 됴흐니라[44]。
>
> 主 : 이제 언머[45]에 ᄑᆞᄂᆞᆫ고[46]。

---

36) ᄯᅡᄒᆡ셔 : ᄯᅡᇂ(땅, 地) + -ᄋᆡ셔(-에서 : 부조, 위치)

37) 貨物 : 화물. 운반할 수 있는 유형(有形)의 재화나 물품을 통틀어 이르는 말이다.

38) 가져온다 : 가져오[가져오다, 來 : 가지(가지다, 持)- + -어(연어) + 오(오다, 來)-]- + -Ø(과시)- + -ㄴ다(-는가 : 의종, 2인칭)

39) 가져오롸 : 가져오[가져오다, 來 : 가지(가지다, 持)- + -어(연어) + 오(오다, 來)-]- + -Ø(과시)- + -롸(← -오라 : 평종, 화자)

40) 져기 : [적이, 조금, 小(부사) : 젹(적다, 小)- + -이(부접)]

41) 깁시 : 깁(← 값 : 값, 價錢) + -이(주조) ※ '깁시'는 '갑시'를 오각한 형태이다.

42) 如常호되 : 如常ᄒᆞ[여상하다 : 如常(여상 : 불어)- + -ᄒᆞ(형접)-]- + -오되(-되 : 연어, 설명 계속) ※ '如常(여상)'은 평시나 보통 때와 같은 것이다.

43) 졍히 : [정말로, 진정으로, 正(부사) : 졍(정, 正 : 불어) + -ㅎ(← -ᄒᆞ- : 형접)- + -이(부접)]

44) 됴흐니라 : 둏(좋다, 好)- + -Ø(현시)- + -으니(원칙)- + -라(← -다 : 평종)

45) 언머에 : 언머(얼마, 多少 : 지대, 미지칭) + -에(부조, 위치, 기준)

46) ᄑᆞᄂᆞᆫ고 : ᄑᆞ(← ᄑᆞᆯ다 : 팔다, 賣)- + -ᄂᆞ(현시)- + -ㄴ고(-ㄴ가 : 의종, 설명)

高 : 往年[47]은 그저 서 돈에 ᄒᆞᆫ 근식이러니[48] 이제 ᄑᆞᆯ 리[49] 업슴으,
널빤지로 만든 문로[50] 닷 돈에 ᄒᆞᆫ 근식이라도[51] 어들 ᄃᆡ[52] 업스니라。

主 : 네 뎌 蔘이 어딋[53] 蔘고[54]。

高 : 내 하ᄂᆞᆫ[55] 新羅蔘이라。

主 : 新羅蔘이면 ᄯᅩ 됴타。 므슴[56] ᄑᆞᆯ기 근심ᄒᆞ료[57]。 뎨[58] 아니 李개
오ᄂᆞ냐。

主 : 네가 高麗(고려) 땅에서 무슨 貨物(화물)을 가져왔는가?

高 : 내가 여러 필(匹)의 말을 가져왔다.

主 : 또 무슨 貨物(화물)이 있느냐?

高 : 다른 (것은) 아무 것도 없고 人蔘(인삼)과 모시베가 조금 있다.

主 : 이제 값이 어떠하냐?

高 : 값이 如常(여상)하되, 人蔘(인삼)은 정말로 없으니 값이 가장 좋으니라.

主 : 이제 (인삼은) 얼마에 파는가?

高 : 往年(왕년)은 그저 세 돈에 한 근(斤)씩이더니, 이제 팔 것이 없으므로 닷 돈에 한 근식이라도 얻을 데가 없으니라.

主 : 너의 저 蔘(삼)이 어디의 蔘(삼)인가?

---

47) 往年 : 왕년, 지나간 해.

48) 근식이러니 : 근식[근씩 : 근(근, 斤 : 의명) + -식(-씩 : 접미, 각자)] + -이(서조)- + -러(← -더- : 회상)- + -니(연어, 설명 계속) ※ '근(斤)'은 무게의 단위이다.

49) ᄑᆞᆯ 리 : ᄑᆞᆯ(팔다, 賣)- + -ㄹ(관전) # 리(↚ 이 : 것, 의명) + -Ø(← -이 : 주조)

50) 업슴으로 : 없(없다, 無)- + -음(명전) + -으로(부조, 방편, 이유) ※ '-음으로'는 명사형 전성 어미와 부사격 조사가 결합된 형태인 '-음으로'가 이유를 나타내는 연결 어미인 '-으므로'의 형태로 바뀌는 과정을 보여 준다.

51) 근식이라도 : 근식[근씩 : 근(근, 斤 : 의명) + -식(-씩 : 접미)] + -이라도(보조사, 양보)

52) ᄃᆡ : ᄃᆡ(데, 處 : 의명) + -Ø(← -이 : 주조)

53) 어딋 : 어듸(어디, 那裏 : 지대, 미지칭) + -ㅅ(-의 : 관조)

54) 蔘고 : 蔘(삼, 인삼) + -고(-인가 : 보조사, 의문, 설명)

55) 하ᄂᆞᆫ : 하(것, 者 : 의명) + -ᄂᆞᆫ(보조사, 주제)

56) 므슴 : 무슨(관사), 어찌(부사). 甚麼.

57) 근심ᄒᆞ료 : 근심ᄒᆞ[근심하다, 愁 : 근심(근심, 謹審 : 명사)- + -ᄒᆞ(동접)-]- + -료(-겠느냐 : 의종, 설명)

58) 뎨 : 저기에, 저기. 那箇(부사)

高 : 내 것은 新羅蔘(신라삼)이다.

主 : 新羅蔘(신라삼)이면 또 좋다. 무슨(어찌) 팔기를 근심하랴? 저기 李哥(이가)가 오는 것이 아니냐?[59]

[장면 2. 고려 상인이 친척인 이가(李哥)를 만나서 숙소로 가서 이야기하다]*

> 李 : 이대[1] 이대。 언제 오뇨[2]。 집의셔[3] 다 이대 잇던가[4]。
>
> 高 : 다 이대 잇더라。
>
> 李 : 내 햐쳐[5]에 가쟈。

李 : 반갑다. 반갑다. 언제 왔느냐? 집에서는 다 잘 있던가?

高 : 다 잘 있더라.

李 : 내 하처(下處)에 가자.

> 李 : 청ᄒᆞ노니[6] 안해[7] 안즈라。 네 언제 王京의셔 ᄠᅥ난다[8]。
>
> 高 : 내 七月 초싱[9]애 ᄠᅥ나롸[10]。

---

59) 원문을 직역하면, "저기 아니 이가(李哥)가 오느냐?"인데, "저기 이가(李哥)가 오는 것이 아니냐?"로 의역한다.

* [장면 2]에서 '高'는 고려 상인이며, '李'는 고려 상인의 친척인 '이가(李哥)'이다.

1) 이대 : [잘, 좋이(부사) : 읻(좋다, 착하다, 묘하다, 善 : 형사)- + -애(부접)] ※ '이대'는 원래 '잘, 좋이'의 뜻으로 쓰이는 부사이나, 원문의 '好麽'를 감안하면 여기서는 '잘 있었느냐?'나 '반갑다'의 뜻을 나타내는 감탄사로 쓰였다.

2) 오뇨 : 오(오다, 來)- + -Ø(과시)- + -뇨(-느냐 : 의종, 설명)

3) 집의셔 : 집(집, 家) + -의셔(-에서 : 부조, 위치) ※ '-의셔'는 단체 무정 명사 뒤에 실현된 부사격 조사인데, 여기서는 문맥상 주격으로 해석할 수도 있다.

4) 잇던가 : 잇(← 이시다 : 있다, 在)- + -더(회상)- + -ㄴ가(-ㄴ가 : 의종, 판정)

5) 햐쳐 : 下處(하처). 손님이 묵고 있는 집이다.

6) 청ᄒᆞ노니 : 청ᄒᆞ[청하다 : 청(청, 請 : 명사) + -ᄒᆞ(동접)-]- + -ᄂᆞ(현시)- + -오(화자)- + -니(연어, 설명 계속)

7) 안해 : 안ㅎ(안, 內) + -애(-에 : 부조, 위치)

8) ᄠᅥ난다 : ᄠᅥ나[떠나다, 離 : ᄠᅳ(뜨다, 隔)- + -어(연어) + 나(나다, 出)-]- + -Ø(과시)- + -ㄴ다(-는가 : 의종, 2인칭)

9) 초싱 : 초생(초승, 初生). ※ '초싱'은 음력으로 그 달 초하루부터 처음 며칠 동안이다.

10) ᄠᅥ나롸 : ᄠᅥ나[떠나다, 離) : ᄠᅳ(뜨다, 隔)- + -어(연어) + 나(나다, 出)-]- + -Ø(과시)- + -롸

李 : 또 엇디 이 즈음에아[11] 굿 온다。

高 : 내 길흘 조차 날회여[12] 오롸。

李 : 우리 집의 유뮈[13] 잇ᄂᆞ냐。

高 : 유뮈 잇다。이 유무에 써시미[14] 아므란[15] ᄌᆞ셔ᄒᆞᆫ[16] 줄[17]이 업다。

李 : 네 올 저긔 우리 父親 母親 묻아자비[18] 아ᄋᆞ아자비[19] 묻아자븨[20] 겨집 아ᄋᆞ아자븨 겨집 묻누의[21] 묻누의 남진[22] 둘재 형 셋지[23] 형 형의 겨집[24] 아ᄋᆞ누의[25] 아ᄋᆞ들히[26] 다 이때[27] 잇던가[28]。

高 : 다 이대 잇더라。

(← -오라 : 평종, 화자)

11) 즈음에아 : 즈음(즈음, 무렵 : 의명) + -에(부조, 위치) + -아(-야 : 보조사, 한정 강조) ※ 보조사 '-아'는 15세기 국어의 보조사 '-ᅀᅡ'가 변한 형태이다.

12) 날회여 : [천천히, 느리게, 慢(부사) : 날호(느리다, 慢)- + -ㅣ(← -이- : 사접)- + -여(← -어 : 연어 ▷ 부접)]

13) 유뮈 : 유무(편지, 소식, 書信) + -ㅣ(← -이 : 주조)

14) 써시미 : 쓰(쓰다, 書)- + -어시(완료)- + -ㅁ(명전) + -ㅣ(← -이 : 주조) ※ '써시미'는 문맥에 따라서 '써 있는 것이'로 옮긴다.

15) 아므란 : 아므란[아무런(관사) : 아므라(← 아므랗다 : 아무렇다, 형사)- + -ㄴ(관전 ▷ 관접)]

16) ᄌᆞ셔ᄒᆞᆫ : ᄌᆞ셔ᄒᆞ[자세하다, 仔細 : ᄌᆞ셔(자세, 仔細 : 불어) + -ᄒᆞ(형접)-]- + -Ø(현시)- + -ㄴ(관전)

17) 줄 : 것, 者(의명)

18) 묻아자비 : [← 몯아자비(큰아버지, 伯父) : 묻(← 몯 : 맏이, 昆) + 아자비(아저씨, 叔)] ※ '묻'은 '몯(맏이, 昆 : 명사)'의 종성인 /ㄷ/을 'ㅅ'으로 표기한 것이다.

19) 아ᄋᆞ아자비 : [작은아버지, 叔父 : 아ᄋᆞ(아우, 弟) + 아자비(아저씨, 叔)]

20) 묻아자븨 : 묻아자ㅂ[← 몯아자비(큰아버지, 伯父) : 묻(← 몯 : 맏이, 昆) + 아자비(아저씨, 叔)] + -의(관조)

21) 묻누의 : [← 몯누의(맏누이, 姐姐) : 묻(← 몯 : 맏이, 昆) + 누의(누이, 姐)]

22) 남진 : 남편.

23) 셋지 : 셋지[↚ 셋재(셋째, 관사) : 셋(三, 수사) + -재(-째 : 접미)] ※ '셋지'는 '셋재'를 오각한 형태이다.

24) 형의 겨집 : 형의 아내. 형수(兄嫂)

25) 아ᄋᆞ누의 : [여동생, 妹子 : 아ᄋᆞ(아우, 弟) + 누의(누이, 姐)]

26) 아ᄋᆞ들히 : 아ᄋᆞ들ㅎ[아우들 : 아ᄋᆞ(아우, 弟) + -들ㅎ(-들 : 복접)] + -이(주조) ※ 15세기 국어의 '-ᄃᆞᆯㅎ'이 '-들ㅎ'으로 형태가 바뀌었다.

27) 이때 : 이때(↚ 이대 : 잘, 安樂好, 부사). ※ '이때'는 '이대'의 오기이다. '이대'는 [잘, 좋이(부사) : 읻(좋다, 착하다, 묘하다, 善)- + -애(부접)]로 분석된다.

28) 잇던가 : 잇(← 이시다 : 있다, 在)- + -더(회상)- + -ㄴ가(-ㄴ가 : 의종, 판정)

> 李 : 그리 됴히[29] 이시면 黃金이 귀ᄒᆞ다 니ᄅᆞ디 말라。 편안홈이아[30] 빗ᄊᆞ미[31] 하니라[32]。

李 : (내가) 청(請)하니 안에 앉아라. 네 언제 王京(왕경)에서 떠났는가?

高 : 내가 칠월 초승에 떠났다.

李 : 또 어찌 이 즈음에야 막 왔는가?

高 : 내가 길을 쫓아 천천히 왔다.

李 : 우리 집의 편지가 있느냐?

高 : 편지가 있다. 이 편지에 써 있는 것이 아무런 자세한 것이 없다.

李 : 네가 올 적에 우리 父親(부친), 母親(모친), 큰아버지, 작은아버지, 큰아버지의 아내(= 백모), 작은아버지의 아내(= 숙모), 누나, 누나의 남편(= 자형), 둘째 형, 셋째 형, 형의 아내(= 형수), 여동생, 아우들이 다 잘 있던가?

高 : 다 잘 있더라.

李 : 그리 잘 있으면 黃金(황금)이 귀하다고 이르지 말라. 편안함이야 값이 있음이 많으니라.

> 李 : 괴이ᄒᆞ다。 오ᄂᆞᆯ 아ᄎᆞᆷ의 가치[33] 울고 ᄯᅩ ᄌᆞ치음ᄒᆞ더니[34] 果然 권당[35]이 오고 ᄯᅩ 書信이 이시니 ᄯᅩ 아니 니ᄅᆞᄂᆞ냐[36]。 家書ㅣ[37]

---

29) 됴히 : [좋게, 잘(부사) : 둏(좋다, 好)- + -이(부접)]

30) 편안홈이아 : 편안ㅎ[← 편안ᄒᆞ다(편안하다) : 편안(편안, 便安 : 명사)- + -ᄒᆞ(형접)-]- + -옴(명전) + -이아(-이야 : 보조사, 한정 강조) ※ 15세기 국어의 보조사 '-이ᅀᅡ'는 '-이ᅀᅡ> -이아> -이야'의 변천 과정을 거친다. 그리고 이 구절은 문맥에 따라서 '가족들이 편안한 것이야 말로'로 옮긴다.

31) 빗ᄊᆞ미 : 빗ᄊᆞ[← 빋ᄉᆞ다(값이 있다, 값이 나가다) : 빋(값, 錢) + ᄊᆞ(← ᄉᆞ다 : 값어치가 있다, 値)-]- + -ㅁ(← -옴 : 명전) + -이(주조)

32) 하니라 : 하(많다, 크다, 多)- + -Ø(현시)- + -니(원칙)- + -라(← -다 : 평종)

33) 가치 : 까치. 鵲.

34) ᄌᆞ치음ᄒᆞ더니 : ᄌᆞ치음ᄒᆞ[재채기하다 : ᄌᆞ치음(← ᄌᆞ치욤 : 재채기, 嚏噴, 명사) + -ᄒᆞ(동접)-]- + -더(회상)- + -니(연어, 설명 계속, 이유)

35) 권당 : 권당(眷黨), 친척.

36) 니ᄅᆞᄂᆞ냐 : 니ᄅᆞ(이르다, 말하다, 曰)- + -ᄂᆞ(현시)- + -냐(-냐 : 의종, 판정) ※ '또 아니 니ᄅᆞᄂᆞ냐'는 직역하면 '또 아니 말하느냐?'인데, 이 표현은 '흔히 하는 말이 있지 않느냐'로 의역하여 옮길 수 있다.

37) 家書ㅣ : 家書(가서) + -ㅣ(← -이 : 주조) ※ '家書(가서)'는 집에서 온 편지이다.

萬金 ᄡᅳ다 ᄒᆞᄂᆞ니라。 小人[38]의 계집과 아ᄒᆡ들히[39] 다 이대 잇던가。

高：다 安樂ᄒᆞ더라。 네 그 져근ᄯᆞᆯ[40]이 되야기[41] 낫더니 내 올 제 다 됴하[42] 암그랏더라[43]。

李：네 므슴 貨物을 가져온다[44]。

高：내 여러 필 ᄆᆞᆯ을 가져오고 ᄯᅩ 人蔘과 모시뵈 이시니 이재[45] 갑시 엇더ᄒᆞ뇨。

李：ᄆᆞᆯ 갑과 뵛[46] 갑ᄉᆞᆫ 그저 녜[47] ᄀᆞᆺ거니와[48] 人蔘 갑ᄉᆞᆫ ᄀᆞ장 됴ᄒᆞ니라。

高：닐옴이[49] 올타[50]。 앗씨[51] ᄀᆞᆺ[52] 이 店엣[53] 뎌 나그내도 이리 니ᄅᆞ더라。

李：네 몃 벗이 잇ᄂᆞ뇨[54]。

高：ᄯᅩ 두 벗이 이쇼되[55] 다 권당[56]이니 ᄒᆞ나흔[57] 姑舅의게셔[58] 난

---

38) 小人 : 소인. 말하는 사람이 자신을 낮추어서 하는 겸양말이다.
39) 아ᄒᆡ들히 : 아ᄒᆡ들ㅎ[아이들 : 아ᄒᆡ(아이, 孩兒) + -들ㅎ(-들, 們 : 복접)] + -이(주조)
40) 져근ᄯᆞᆯ : [작은딸 : 젹(작다, 小)- + -은(관전) + ᄯᆞᆯ(딸, 女兒)]
41) 되야기 : 되야기(마마꽃, 疹子) + -Ø(주조) ※ '되야기'는 천연두를 앓을 때 살갗에 부스럼처럼 불긋불긋하게 돋는 것이다.
42) 됴하 : 둏(좋아지다, 好)- + -아(연어)
43) 암그랏더라 : 암글(아물다, 痊痾)- + -앗(완료)- + -더(회상)- + -라(← -다 : 평종)
44) 가져온다 : 가져오[가져오다 : 가지(가지다, 持)- + -어(연어) + 오(오다, 來)-]- + -Ø(과시)- + -ㄴ다(의종, 2인칭)
45) 이재 : 이재(↚ 이제 : 이제, 今) ※ '이재'는 '이제(今)'를 오각한 형태이다.
46) 뵛 : 뵈(베, 布) + -ㅅ(-의 : 관조)
47) 녜 : 녜(예전, 往) + -Ø(← -이 : -와, 부조, 비교)
48) ᄀᆞᆺ거니와 : ᄀᆞᆺ(← ᄀᆞᆮ다 : 같다, 同)- + -거니와(연어, 인정 대조)
49) 닐옴이 : 닐(← 니르다, 說, 曰)- + -옴(명전) + -이(주조)
50) 올타 : 옳(옳다, 是)- + -Ø(현시)- + -다(평종)
51) 앗씨 : 아씨(↚ 앗까 : 아까, 恰)
52) ᄀᆞᆺ : 겨우, 처음, 갓, 처음, 방금, 纔(부사) ※ 문맥으로 보아서는 '방금'의 뜻으로 쓰였다.
53) 店엣 : 店(점, 가게) + -에(부조. 위치) + -ㅅ(-의 : 관조)
54) 잇ᄂᆞ뇨 : 잇(← 이시다 : 있다, 在)- + -ᄂᆞ(현시)- + -뇨(-냐 : 의종, 설명)
55) 이쇼되 : 이시(있다, 有)- + -오되(-되 : 연어, 설명 계속) ※ 중세 국어에서는 '-시-'가 모음으로 시작하는 어미와 결합될 때에는 '-샤-'로 변동하여 '이샤ᄃᆡ'로 실현되었다. 이에 반해서 근대 국어의 시기에는 '이쇼되'로 단순하게 축약된다.
56) 권당이니 : 권당(眷黨, 친척) + -이(서조)- + -니(연어, 설명 계속)

형이오 ᄒᆞ나흔 兩姨의게셔[59] 난 아이라。

병：어ᄃᆡ 부리워[60] 잇ᄂᆞᆫ고。

高：順城門 官店[61] 거릿 븍녁[62] ᄒᆞᆫ 술읫 방[63]의 부리워 잇노라[64]。

李：안제[65] 오뇨[66]。

高：내 그저[67] 어제 오롸。

李 : 괴이하다. 오늘 아침에 까치가 울고 또 재채기하더니, 果然(과연) 권당(眷黨)이 오고 또 書信(서신)이 있으니, 또 흔히 하는 말이 있지 않느냐? 家書(가서)가 萬金(만금)의 값이 있다 하느니라. 小人(소인)의 아내와 아이들이 다 잘 있던가?

高 : 다 安樂(안락)하더라. 너의 그 작은 딸이 마마꽃이 났더니, 내가 올 때에 다 좋아져 아물었더라.

李 : 네가 무슨 貨物(화물)을 가져왔는가?

高 : 내가 여러 필(匹)의 말을 가져오고, 또 人蔘(인삼)과 모시베가 있으니, 이제 값이 어떠하냐?

李 : 말 값과 베(布)의 값은 그저 옛날과 같거니와 人蔘(인삼) 값은 가장 좋으니라.

高 : (네가) 말하는 것이 옳다. 아까 방금 이 店(점, 가게)에 있는 저 나그네도 이렇게 이르더라.

李 : 네가 벗이 몇이 있느냐?

高 : 또 두 벗이 있되 다 권당(眷黨, 친척)이니, 하나는 외삼촌에게서 난 형(= 고종사촌)

---

57) ᄒᆞ나흔 : ᄒᆞ나ㅎ(하나, 一 : 수사, 양수) + -은(보조사, 주제)

58) 姑舅의게셔 : 姑舅(고구, 시부모, 외삼촌, 장인) + -의게셔(-에게서 : 부조, 위치, 비롯함)
※ 여기서 '姑舅(고구)'는 문맥상 '외삼촌'의 뜻으로 쓰였다.

59) 兩姨의게셔 : 兩姨(양이, 이모) + -의게셔(-에게서 : 부조, 위치, 비롯함)

60) 부리워 : ᄇᆞ리우(← ᄇᆞ리우다 : 짐을 부리다, 裏下)- + -어(연어) ※ 'ᄇᆞ리우다〉부리우다'의 변화는 원순 모음화가 적용된 결과이다.

61) 官店 : 관점. 관(官)에서 운영하는 가게이다.

62) 븍녁 : [북녘, 북쪽 : 븍(북, 北) + 녁(녘, 쪽 : 의명)]

63) 술읫 방 : 술위(수레, 車) + -ㅅ(-의 : 관조) # 방(방, 房) ※ 수레와 짐을 보관하는 가게이다.

64) 잇노라 : 잇(← 이시다 : 있다, 보용, 완료)- + -노라(평종, 현시, 화자)

65) 안제 : 안제(↚ 언제 : 언제, 幾時)

66) 오뇨 : 오(오다, 來)- + -Ø(과시)- + -뇨(-냐 : 의종, 설명)

67) 그저 : 그저, 只(부사)

이요 하나는 이모에게서 난 아이(= 이종사촌)다.

李 : 어디에 (짐을) 부려 (놓고) 있는가?

高 : 順城門(순성문)의 官店(관점) 거리의 북녘 한 수레 방에 (짐을) 부려 (놓고) 있다.

李 : 언제 왔느냐?

高 : 내 그저 어제 왔다.

> 李 : 이 벗은 누고고[68]。
>
> 高 : 遼東[69] 이 녁킈[70] 와[71] 몯ᄃᆞ라[72] 왓노라[73]。 뎨[74] 또 여러 필 ᄆᆞᆯ이 어시니[75] ᄒᆞᆫᄃᆡ 모라[76] 오롸[77]。 뎌는 漢人이니 遼東잣[78] 언해셔[79] 사ᄂᆞ니 내 길흘[80] 조차 올 적의 ᄀᆞ장 만히 뎌의 구졔홈올[81] 어드롸[82]。 내 한말[83]을 아디 못ᄒᆞ니 길헤 먹을 꺼시며[84] ᄆᆞᆯ돌희[85]

---

68) 누고고 : 누고(← 누구 ← 누 : 누구, 誰, 인대, 미지칭) + -고(보조사, 의문, 설명)

69) 遼東 : 요동. 중국 요하(遼河)의 동쪽 지방. 지금의 요녕성(遼寧省) 동남부 일대를 일컫는다.

70) 이 녁킈와 : 이(이, 這 : 관사) # 녁ㅋ(← 녁ㅎ : 녘, 邊) + -의(-에 : 부조, 위치) ※ 중세 국어에서 '녁'이었던 형태가 이 시기의 국어에서는 '녁ㅎ(← 녘)'의 형태로 바뀌었다. 그리고 '녁ㅋ'은 '녘'의 종성 /ㅋ/을 'ㄱㅋ'으로 거듭 적은 형태이다.

71) 와 : 오(오다, 이르다, 到)- + -아(연어)

72) 몯ᄃᆞ라 : 몯ᄃᆞᆯ[← 몯ᄃᆞᆮ다, ㄷ불(달려 모이다) : 몯(← 몯다 : 모이다, 合)- + -ᄃᆞᆯ(← ᄃᆞᆮ다, ㄷ불 : 닫다, 달리다, 走)-]- + -아(연어) ※ '몯ᄃᆞ라'는 종성 /ㄷ/을 'ㅅ'으로 표기한 형태이다.

73) 왓노라 : 오(오다, 來)- + -앗(완료)- + -노라(평종, 현시, 1인칭)

74) 뎨 : 저기에, 저기. 那箇(부사).

75) 어시니 : 어시(←이시다 : 있다, 有)- + -니(연어, 설명 계속, 이유) ※ '어시니'는 '이시니'를 오각한 형태이다.

76) 모라 : 몰(몰다, 赶)- + -아(연어)

77) 오롸 : 오(오다, 來)- + -Ø(과시)- + -롸(평종, 화자)

78) 잣 : 성(城)

79) 언해셔 : 언ㅎ(← 안ㅎ : 안, 內) + -애셔(-에서 : 부조, 위치) ※ '언해셔'는 '안해셔'를 오각한 형태이다.

80) 길흘 : 길ㅎ(길, 路) + -을(목조)

81) 구졔홈을 : 구졔ㅎ[← 구졔ᄒᆞ다(구제하다) : 구졔(구제, 救濟 : 명사) + -ᄒᆞ(동접)-]- + -옴(명전) + -을(목조) ※ '구졔홈'은 '도움(助)'으로 의역하여 옮긴다.

82) 어드롸 : 얻(얻다, 得)- + -Ø(과시)- + -롸(평종, 화자)

83) 한말 : 한말(漢말), 중국말. 漢兒言語.

84) 꺼시며 : 껏(← 것 : 것, 의명) + -이며(접조) ※ '꺼시며'는 '거시며'에 된소리 되기가 적용된 형태이다.

85) ᄆᆞᆯ돌희 : ᄆᆞᆯᄃᆞᆯㅎ[말들 : ᄆᆞᆯ(말, 馬) + -ᄃᆞᆯㅎ(-들 : 복접)] + -의(관조)

草料[86]와 다뭇[87] 햐쳐[88]를 젼혀[89] 이 큰형이 슈고ᄒᆞ더니라[90]。
李 : 닐오미[91] 올타[92]。

李 : 이 벗은 누구인가?

高 : 遼東(요동) 이 쪽에 와서 달려 모여서 왔다. 저 사람이 또 여러 필(匹)의 말이 있으니, 함께 (말을) 몰아 왔다. 저 사람은 漢人(한인)이니, 遼東城(요동성) 안에서 사니, 내가 길을 쫓아 올 적에 가장 많이 저 사람의 도움을 얻었다. 내가 중국말을 알지 못하니, 길에(서) 먹을 것이며 말들의 草料(초료)와 함께 하처(下處)를 전적으로 이 큰형이 수고하더니라.

李 : (네가) 말한 것이 옳다.

高 : 내 아직[93] 햐쳐의 가노라。 다시 서ᄅᆞ 보쟈。
李 : 아직 머므러든[94] 우리 잠싼 ᄒᆞᆫ 잔 술 먹어 마지[95] 아니ᄒᆞᆯ 쎳가[96]。
高 : 마다[97]。 오ᄂᆞᆯ은 밧브니[98] 다시 서ᄅᆞ 보와[99] 술 먹어도 ᄂᆡ일[1] 늣다[2] 아니커니ᄯᆞ녀[3]。 이러면[4] ᄂᆡ일 이믜셔[5] 店에 너를 ᄎᆞ자가셔

86) 草料 : 초료, 말 따위에게 먹이는 꼴이다.
87) 다뭇 : 더불어, 함께, 幷(부사)
88) 햐쳐 : 하처(下處). 손님의 숙소이다.
89) 젼혀 : [전(全)적으로, 오로지(부사) : 젼(전, 全 : 불어) + -혀(부접)]
90) 슈고ᄒᆞ더니라 : 슈고ᄒᆞ[수고하다 : 슈고(수고, 受苦 : 명사)- + -ᄒᆞ(동접)-]- + -더(회상)- + -니(원칙)- + -라(← -다 : 평종)
91) 닐오미 : 닐(← 니르다 : 이르다, 說)- + -옴(명전) + -이(주조)
92) 올타 : 옳(옳다, 是)- + -Ø(현시)- + -다(평종)
93) 아직 : 장차, 이제, 곧, 아직, 且(차). 여기서 '아직'은 원문의 '且(차)'를 번역한 것인데, 이러한 사실과 문맥을 감안하여 '아직'을 '장차'나 '이제, 곧' 등으로 옮긴다.
94) 머므러든 : 머믈(머무르다, 停)- + -어든(← -거든 : 연어, 조건)
95) 마지 : 마(← 말다 : 말다, 不當)- + -지(연어, 부정) ※ '마디>마지'는 /ㄷ/이 /ㅈ/으로 구개음화한 예이다. 그리고 "먹어 마지 아니ᄒᆞᆯ 쎳가"는 "먹기를 말지 아니할 것인가?"로 옮긴다.
96) 쎳가 : 쎳(← 것 : 것, 의명) + -가(보조사, 의문, 판정)
97) 마다 : 마(← 말다 : 싫다, 不要)- + -Ø(현시)- + -다(평종)
98) 밧브니 : 밧브[바쁘다, 忙 : 밧(← 밫다 : 바빠하다, 忙)- + -브(형접)-]- + -니(연어, 설명 계속, 이유)
99) 보와 : 보오(← 보다 : 보다, 見)- + -아(연어) ※ '보와'는 '보아'를 오각한 형태이다.
1) ᄂᆡ일 : 내일(來日) ※ 중세 국어에서는 'ᄅᆡ일>ᄂᆡ일'의 변화는 'ㄹ' 두음 법칙이 적용된 결과이다.

　　홈쯰[6] 뎌 권당들과 훈딕셔[7] 훈두 잔 먹쟈。

李：내 너 보내라[8] 밧씌[9] 가마[10]。

高：네 보내기[11] 말라。

李：네 이 방의 사룸 업스니 가디 말라。

高：이러면 네 또 허믈[12] 말라。

李：小人은 아므란[13] 이밧는[14] 일도 업스니[15] 므서슬[16] 허믈ᄒᆞ리오[17]。

　　우리 훈 짓[18] 사룸이오 또 븐[19] 사룸이 아니어니ᄯᆞ녀[20]。

---

2) 늣디 : 늣(← 늦다 : 늦다, 遲)- + -디(-지 : 연어, 부정)

3) 아니커니ᄯᆞ녀 : 아니ㅎ[← 아니ᄒᆞ다(아니하다 : 보용, 부정) : 아니(부사, 부정) + -ㅎ(← -ᄒᆞ- : 동접)-]- + -거(확인)- + -니(연어, 설명의 계속, 이유) + -ᄯᆞ녀(보조사, 영탄, 설의)

4) 이러면 : 이러[← 이러ᄒᆞ다(이러하다) : 이러(이러 : 불어) + -Ø(← -ᄒᆞ- : 형접)-]- + -면(연어, 조건) ※ '이러면'은 원문에는 '這們時'로 표현되어 있다.

5) 이믜셔 : 이믜(곧, 이미, 就 : 부사) + -셔(-서 : 보조사, 강조) ※ '이믜셔'는 '이미(旣)'와 '곧'의 두 가지 뜻으로 쓰이는 부사인데, 여기서는 '곧'의 뜻으로 쓰였다.

6) 홈씌 : [함께(부사) : 홈(← 훈 : 한, 一, 관사) + 쯰(때, 時 : 의명)] ※ 중세 국어에서는 '훈ᄢᅴ'의 형태로 쓰였는데, 여기서는 '홈씌'로 실현되었다. '훈'의 종성 /ㄴ/(설음)이 'ᄢᅴ'의 /ㅂ/(순음)에 발음 위치가 동화되어서 /ㄴ/이 /ㅁ/으로 바뀐 형태이다.

7) 훈딕셔 : 훈딕[한데, 한곳(명사) : 훈(한, 一, 同 : 관사) + 딕(데, 處 : 의명)] + -셔(-서 : 보조사) ※ '훈딕셔'는 '한 자리에서'로 의역하여 옮길 수 있다.

8) 보내라 : 보내(보내다, 送)- + -라(-러 : 연어, 목적) ※ 이때의 '보내다'는 배웅하다의 뜻이다.

9) 밧씌 : 밧ㅅ(← 밨 : 밖, 外) + -의(-에 : 부조, 위치) ※ '밧씌'는 '밧긔'의 종성 'ㅅ'을 를 거듭 적은 형태이다.

10) 가마 : 가(가다, 去)- + -마(평종, 약속)

11) 보내기 : 보내(보내다, 送)- + -기(-지 : 연어, 부정)

12) 허믈 : 허물. 恠.

13) 아므란 : [아무런, 甚麽(관사) : 아므라(← 아므랗다 : 아무렇다)- + -ㄴ(관전 ▷ 관접)]

14) 이밧는 : 이밧(← 이받다 : 대접하다, 잔치하다, 館待)- + -ᄂᆞ(현시)- + -ㄴ(관전) ※ '이밧는'은 '이받는'의 종성 /ㄷ/을 'ㅅ'으로 표기한 형태이다.

15) 업스니 : 없(없다, 沒)- + -ᄋᆞ니(연어, 설명 계속, 이유)

16) 므서슬 : 므섯(← 므스것 : 무엇, 甚麽) + -올(목조)

17) 허믈ᄒᆞ리오 : 허믈ᄒᆞ[허물하다, 탓하다 : 허믈(허물, 恠 : 명사)- + -ᄒᆞ(동접)-]- + -리(미시)- + -오(← -고 : -느냐, 의종, 판정) ※ 여기서 '허믈ᄒᆞ다'는 '흉을 보다.'로 옮긴다.

18) 훈 짓 : 훈(한, 一 : 관사, 양수) # 지(← 집 : 집, 家) + -ㅅ(-의 : 관조)

19) 븐 : 딴, 他(관사).

20) 아니어니ᄯᆞ녀 : 아니(아니다, 不是)- + -Ø(현시)- + -어(← -거- : 확인)- + -니(연어, 이유, 설명 계속) + -ᄯᆞ녀(보조사, 영탄, 설의)

高 : 내 곧 下處(하처)에 간다. 다시 서로 보자.

李 : 아직 머물러 있으니, 우리 잠깐 한 잔 술을 먹기를 마지 아니할 것인가?

高 : 싫다. 오늘은 바쁘니, 내일 다시 서로 (만나) 보아서 술을 먹어도 늦지 않지 않느냐? 이러면 내일 이미 店(가게)에 너를 찾아가서, 함께 저 眷黨(권당)들과 한데서 한두 잔 먹자.

李 : 내가 너를 보내러(배웅하러) 밖에 가마.

高 : 네가 (나를) 보내지 말라.[21)]

李 : 이 방에 사람이 없으니 네가 가지 말라.

高 : 이러면 네가 또 (나를) 흉보지 말라.[22)]

李 : 小人(소인)은 아무런 대접하는 일도 없으니 (당신에게) 무엇을 흉보리요? 우리는 한 집의 사람이요, 또 딴 사람이 아니잖느냐? 〈이하 생략〉……

21) 네 보내기를 말라 : "네가 나를 배웅할 필요가 없다."는 의미로 쓰였다.

22) 이러면 네가 또 (나를) 흉보지 말라. : '내가 오늘 자네 방에서 자고 가면, 내가 자네에게 신세를 졌다고 훗날 흉을 보지 말라.'의 뜻으로 쓰였다.

4. 송강가사

『송강가사』(松江歌辭)는 조선 선조 때의 문신이며 문학가인 정철(鄭澈, 1536~1593)의 시가집으로서 목판본 1책으로 짜여 있다. 여러 이본(異本)이 있으나 그 중에서 황주본(黃州本), 성주본(星州本), 관서본(關西本)의 세 판본이 전하는데, 이 책에서는 〈황주본〉을 대상으로 하여 작품을 해석하고 문법 형태를 분석하였다.

황주본(黃州本)은 숙종 16년(1690)부터 숙종 22년(1696) 사이에 이계상(李季祥)이 황주(黃州)에서 간행한 책이다. 이 책에는 이선(李選)이 지은 발문이 붙어 있는데, 이를 근거로 황주본을 이선본(李選本)이라고도 한다. 이 책에는 〈관동별곡〉, 〈사미인곡〉, 〈속미인곡〉, 〈성산별곡〉, 〈장진주사〉와 제목을 두지 않은 단가 51수가 수록되어 있다. 그리고 이 책의 끝의 간기(刊記)에 "庚午元月上澣 完山後人李選書"라는 기록이 있는데, 이 간기에 기록된 '경오(庚午)'는 1690년(숙종 16)에 해당되나 어느 해에 출간된 판본인지는 확실하지 않다. 황주본은 비록 17세기 말에 간행되었지만, 실제로는 정철이 살았던 16세기 말로부터 이계상이 이 책을 간행한 17세기 말까지의 근대 국어의 모습이 반영되어 있다고 보아야 한다.

『송강가사』에 실린 〈관동별곡〉, 〈사미인곡〉, 〈속미인곡〉, 〈장진주사〉의 내용을 정리하면 다음과 같다.

첫째, 〈관동별곡〉(關東別曲)은 정철이 45세 되던 1580년(선조 13) 1월 강원도 관찰사로 제수되어 원주에 부임했을 때에, 그 해 3월에 관동팔경과 내금강, 외금강, 해금강을 유람하고 지은 가사 작품이다.

둘째, 정철은 50세 되던 1585년(선조 18)에 사간원과 사헌부 양사로부터 탄핵을 받고 조정에서 물러나 고향인 전라남도 담양으로 낙향하였다. 〈사미인곡〉과 〈속미인곡〉은 이때에 지은 가사 작품이다. 〈사미인곡〉(思美人曲)은 1587년(선조 20)에서 1588년 사이에 쓰여진 것으로 추정된다. 이 작품은 계절의 변화를 축으로 하는 사시가(四時歌) 형식을 취하였는데, 4계절의 변화에 따라 임을 향한 간절함과 짙은 외로움을 표현하였다. 〈속미인곡〉(續美人曲)은 고향인 창평(昌平)에서 1588년(선조 21)에 지은 작품이다. 임을 잃고 그리워하는 여인의 애절한 심정을 두 여인의 대화 형식으로 노래한 것이 특징이다.

셋째, 〈장진주사〉(將進酒辭)는 저작 연대가 미상인 작품으로 16구의 짧은 형식으로 되어 있다. 문학적 형태 면에서 가사(歌辭)로 보기도 하고 장형 시조(時調)로 보기도 한다. 이 작품은 사람이 한번 죽으면 생전에 즐기지 못한 것을 뉘우친들 아무 소용이 없으니, 지금 실컷 술을 마시자는 것이다. '어욱새, 속새, 덥가나무, 누런 해, 흰 달, 가는비, 쇼쇼리 바람'과 같은 순수한 우리말로써 인생의 무상함을 표현해 새로운 시 세계를 창조했다.

『송강가사』는 정철이 이 작품을 지은 16세기 말의 국어학적인 특징과, 이 책이 실제로 간행된 17세기 말의 국어학적인 특징이 혼재되어서 나타난다.

첫째, 음절 말에 실현되는 /ㄷ/을 'ㅅ'으로 표기한 예가 보인다.

(보기) 귿마다 → 긋마다, 묻쟈 → 뭇쟈, 져근덛 → 져근덧, 돋도록 → 돗도록

둘째, 전통적인 이어적기(連綴)뿐만 아니라, 끊어적기(分綴)와 거듭적기(重綴)가 혼용되었다. 그리고 한 음소를 두 개의 음소로 재음소화하여 표기하는 경우가 있다.

(보기) ① 끊어적기 : ᄆᆞ리 → ᄆᆞᆯ이, ᄆᆞᄅᆞᆯ → ᄆᆞᆯ을, 일호미 → 일홈이, 누니로다 → 눈이로다, 니미시니가 → 님이신가 ; ᄃᆞᄅᆞᆯ → ᄃᆞᆯ을(聞)
② 거듭적기 : 기퍼 → 깁퍼, 겨틔 → 겻틔, 지픠ᄂᆞᆫ → 집픠ᄂᆞᆫ, ᄇᆞ티고져 → ᄇᆞᆺ티고져
③ 노ᄑᆞ시고 → 놉ᄒᆞ시고

셋째, 모음과 모음 사이에 실현되는 'ㄹㄹ'을 'ㄹㄴ'으로 표기한 것이 특징이다.

(보기) 올라 → 올나, ᄆᆞᆯ러나니 → ᄆᆞᆯ너나니, 놀래관대 → 놀내관대, 흘려 → 흘녀

넷째, 체언의 종성 /ㅎ/이 탈락한 예가 보인다.

(보기) 하ᄂᆞᆯ희>하ᄂᆞᆯ의

다섯째, 비음화와 'ㄹ' 두음 법칙이 적용된 예가 나타나며, 원순 모음화와 구개음화 현상의 예는 아주 드물게 나타난다.

(보기) ① 비음화 : 쇼향로>쇼향노, 되엿마ᄂᆞᆫ>되엳마ᄂᆞᆫ>되연마ᄂᆞᆫ, 산영루>산영누, 녕롱>녕농, 풍랑>풍낭

② 'ㄹ' 두음 법칙 : 려산(廬山)>녀산, 력력(歷歷)히>녁녁히, 로룡(老龍)>노룡, 락산(洛山)>낙산, 루(樓)>누

③ 원순 모음화 : 플>풀

④ 구개음화 : 하딕(下直)>하직

일곱째, 2인칭의 의문형 어미인 '-은다'의 형태가 유지되고 있다.

(보기) 千古 興亡을 아ᄂᆞᆫ다 몰ᄋᆞ는다

여덟째, 정철이 살았던 16세기 말의 국어가 반영되어, 화자 표현과 대상 표현의 '-오-/-우-'가 실현된 예가 나타난다.

(보기) ① 화자 표현의 예 : 되오리라, ᄒᆞ노라

② 대상 표현의 예 : 무론, 닐온, 거론

아홉째, '-앗-/-엇-/-얏-/-엿, -어시-/-아시-/-야시/-여시-' 등의 선어말 어미가 실현되어서 '완료'의 동작상을 표현한다.

(보기) ㄱ. 고잣ᄂᆞᆫ, 누엇더니, 셧다, ᄒᆞ얏더니

ㄴ. ᄌᆞ자시니, 니어시니

열째, 아주 드물지만 현재 시제의 선어말 어미의 형태로 '-ᄂᆞ-' 대신에 '-ㄴ-'이 쓰인 예가 있다.

(보기) 昭陽江 ᄂᆞ린 믈이어드러로 듣단 말고(들-+-ㄴ-+-다)

松송江강歌가辭ᄉᆞ 上샹

關관東동別별曲곡*

[서사]

江강湖호[1]애 病병이 깁퍼[2] 竹듁林님의[3] 누엇더니[4] 關관東동[5] 八팔百ᄇᆡᆨ里리에 方방面면을[6] 맛디시니[7] 어와[8] 聖셩恩은이야[9] 가디록[10] 罔망極극ᄒᆞ다[11] 延연秋츄門문[12] 드리ᄃᆞ라[13] 慶경會회 南남門문[14] ᄇᆞ라보며 下하直직고[15] 믈너나니[16]

---

* 〈관동별곡, 關東別曲〉: 정철이 45세 되던 1580년(선조 13) 1월 강원도 관찰사로 제수되어 원주에 부임했을 때에, 그 해 3월에 관동팔경과 내금강, 외금강, 해금강을 유람하고 지은 가사 작품이다.

1) 江湖 : 강호. 인간이 사는 세상(世上)을 비유적으로 이르는 말이다.

2) 깁퍼 : 깁ㅍ(← 깊다 : 깊다, 深)- + -어(연어) ※ '깁퍼'는 '기펴'의 /ㅍ/을 'ㅂㅍ'으로 거듭 적은 형태이다.

3) 竹林의 : 竹林(죽림, 대나무 숲) + -의(-에 : 부조, 위치) ※ 중국 위(魏)·진(晉)의 정권 교체기에 부패한 정치 권력에는 등을 돌리고 죽림에 모여 거문고와 술을 즐기며 청담(淸談)으로 세월을 보낸 일곱 명의 선비를 '죽림칠현(竹林七賢)'이라고 하였다. 정철의 고향인 전라남도 담양군(潭陽郡)의 창평면(昌平)에는 예로부터 대나무가 많았는데, 이 구절은 정철 자신이 은거했던 일을 중국의 죽림칠현이 은거했던 일에 비유한 것이다.

4) 누엇더니 : 누(← 눕다, ㅂ불 : 눕다, 臥)- + -엇(완료)- + -더(회상)- + -니(연어, 설명 계속)

5) 關東 : 관동. 강원도에서 대관령 동쪽에 있는 지역이다. = 영동(嶺東).

6) 方面 : 방면. 어떤 장소나 지역이 있는 방향이나 그 일대이다. 조선 시대에 관찰사가 다스리던 행정 구역이다.

7) 맛디시니 : 맛디[맡기다, 任 : 맜(맡다, 任 : 타동)- + -이(사접)-]- + -시(주높)- + -니(연어, 설명 계속)

8) 어와 : 노래 따위에서, 흥에 취했을 때 내는 감탄사이다.

9) 聖恩이야 : 聖恩(성은, 임금의 큰 은혜) + -이야(보조사, 한정 강조) ※ 중세 국어의 '-이ᅀᅡ[-이(주조) + -ᅀᅡ(보조사)]'의 형태가 이 시기에 강조 보조사인 '-이야'의 형태로 바뀌었다.

10) 가디록 : 가(가다, 去)- + -디록(-을수록 : 연어, 비례 심화)

11) 罔極ᄒᆞ다 : 망극ᄒᆞ[망극하다 : 罔極(망극 : 명사) + -ᄒᆞ(형접)-]- + -Ø(현시)- + -다(평종) ※ '罔極(망극)'은 임금이나 어버이의 은혜가 한이 없는 것이다.

12) 延秋門 : 연추문. 한양의 경복궁 서쪽에 있는 문이다.

13) 드리ᄃᆞ라 : 드리ᄃᆞᆯ[← 드리ᄃᆞᆮ다, ㄷ불(들이닫다, 몹시 빨리 달리다) : 들(← 들다 : 들다, 入)- + -이(부접) + ᄃᆞᆯ(← ᄃᆞᆮ다, ㄷ불 : 닫다, 달리다, 走)-]- + -아(연어)

14) 慶會 南門 : 경회 남문. 경복궁(景福宮) 경회루(慶會樓)의 남쪽 문이다.

玉옥節절[17]이 알ᄑᆡ[18] 셧다[19] 平평丘구驛역[20] ᄆᆞᆯ을 ᄀᆞ라[21] 黑흑水슈[22]로 도라드니
蟾셤江강[23]은 어듸메오[24] 雉티岳악[25]은 여긔로다[26]

江湖(강호)에 病(병)이 깊어 竹林(죽림)에 누웠더니, (임금님께서 나에게) 關東(관동) 八百里(팔백리)에 (있는) 方面(방면)을 맡기시니, 어와 聖恩(성은)이야 갈수록 罔極(망극)하다. 延秋門(연추문)으로 들이달아, 慶會樓(경회루)의 南門(남문)을 바라보며 (임금님께) 下直(하직)하고 물러나니, 玉節(옥절)이 (관찰사 행렬의) 앞에 섰다. 平丘驛(평구역)에서 말을 갈아 黑水(흑수)로 돌아드니, 蟾江(섬강)은 어디인가? 雉岳(치악)은 여기이구나. 【 관찰사로 임명되어 부임지인 원주로 출발하다 】

昭쇼陽양江강 ᄂᆞ린 믈이 어드러로[27] 든단 말고[28] 孤고臣신 去거國국[29]에
白빅髮발도 하도 할샤[30] 東동州쥐[31] 밤 계오[32] 새와[33] 北븍寬관亭뎡[34]의 올나[35]

15) 下直고 : 下直[← 下直ᄒᆞ다(하직하다) : 下直(하직 : 명사)- + -ᄒᆞ(동접)-]- + -고(연어, 계기)
16) 믈너나니 : 믈너나[물러나다 : 믈ㄴ(← 믈ㄹ- ← 므르다 : 무르다, 退)- + -어(연어) + 나(나다, 出)-]- + -니(연어, 설명 계속) ※ ‘믈너나니’는 ‘물러나니’의 ‘ㄹㄹ’을 ‘ㄹㄴ’으로 표기한 형태이다.
17) 玉節 : 옥절. 옥으로 만든 신표(信標)로서 관찰사의 상징물이다.
18) 알ᄑᆡ : 앒(앞, 前) + -ᄋᆡ(-에 : 부조, 위치)
19) 셧다 : 셔(서다, 立)- + -엇(완료)- + -다(평종)
20) 平丘驛 : 평구역. 경기도 양주의 동쪽 70리에 있는, 원주와 춘천의 갈림길에 있던 역이다.
21) ᄀᆞ라 : ᄀᆞᆯ(갈다, 替)- + -아(연어)
22) 黑水 : 흑수. 경기도 여주(驪州)의 북쪽으로 흐르는 여강(驪江)의 옛 이름이다.
23) 蟾江 : 섬강. 한강의 한 지류로서 원주 서남쪽 50리에 있는 강이다.
24) 어듸메오 : 어듸메(← 어드메 : 어디쯤, 지대, 미지칭) + -Ø(← -이- : 서조)- + -Ø(현시)- + -오(← -고 : -냐, 의종, 설명)
25) 雉岳 : 치악. 치악산. 강원도 원주시 횡성군 및 영월군에 걸쳐 있는 산이다.
26) 여긔로다 : 여긔(여기, 此 : 지대, 정칭) + -ㅣ(← -이- : 서조)- + -Ø(현시)- + -로(← -도- : 감동)- + -다(평종)
27) 어드러로 : 어드러(어디, 何處 : 지대, 미지칭) + -로(부조, 방향)
28) 든단 말고 : 드(← 들다 : 들다, 入)- + -ㄴ(← -ᄂᆞ- : 현시)- + -다(의종) + -ㄴ(관전) # 말(말, 言) + -고(보조사, 의문) ※ ‘든단 말고’는 ‘든다 ᄒᆞᄂᆞᆫ 말고’에서 ‘ᄒᆞᄂᆞ-’가 줄어진 말이다. 그리고 ‘든다’에서는 현재 시제의 선어말 어미가 ‘-ㄴ-’의 형태로 실현되었다.
29) 孤臣去國 : 고신 거국. 임금의 곁을 떠난 외로운 신하가 서울을 떠나는 것이다.
30) 하도 할샤 : 하(많다, 多)- + -Ø(← -디 : -기, 명전) + -도(보조사, 강조) # 하(많다, 多)- + -Ø(현시)- + -ㄹ샤(-구나 : 감종) ※ ‘하도 할샤’는 ‘하디도 할샤’에서 ‘-디도’가 줄어진 말이다.

ᄒᆞ니[36] 三삼角각山산 第뎨一일峯봉이 ᄒᆞ마면[37] 뵈리로다[38] 弓궁王왕[39] 大대闕궐터희[40] 烏오鵲쟉[41]이 지지괴니[42] 千쳔古고 興흥亡망을 아ᄂᆞᆫ다[43] 몰ᄋᆞᄂᆞᆫ다[44] 淮회陽양[45] 녜[46] 일홈이 마초아[47] ᄀᆞᄐᆞᆯ시고[48] 汲급長댱孺유[49] 風풍彩치[50]를 고텨[51] 아니 볼 게이고[52]

昭陽江(소양강)에서 내린 물이 어디로 들었다는 말인가? 孤臣去國(고신거국)에 白髮

---

31) 東州 : 동주. 지금의 강원도의 철원(鐵原)이다.
32) 계오 : [겨우(부사) : 계오(못 이기다, 不勝 : 동사)- + -Ø(부접)]
33) 새와 : 새오(새우다, 徹夜)- + -아(연어)
34) 北寬亭 : 북관정. 철원 북쪽에 있는 정자(亭子)이다. 후 삼국 시대에 궁예(弓裔)가 세운 태봉국(泰封國)의 도읍지(都邑地)였던 곳이다.
35) 올나 : 올ㄴ(← 올ㄹ- ← 오ᄅᆞ다 : 오르다, 登)- + -아(연어) ※ '올나'는 '올라'의 'ㄹㄹ'을 'ㄹㄴ'으로 표기한 형태이다.
36) ᄒᆞ니 : ᄒᆞ(보다, 見 : 보용, 시도)- + -니(연어, 설명 계속)
37) ᄒᆞ마면 : [거의, 까딱하면, 하마터면(부사) : ᄒᆞ마(부사) + -Ø(← -이- : 서조)- + -면(연어 ▻ 부접)]
38) 뵈리로다 : 뵈[보이다, 示 : 보(보다, 見 : 타동)- + -ㅣ(← -이- : 피접)-]- + -리(미시)- + -로(← -도- : 감동)- + -다(평종)
39) 弓王 : 궁왕. 궁예왕(弓裔王). 후고구려의 건국자이자 왕이다. (?~918). 송도에 도읍을 정하고, 901년에 스스로 왕이 되어 국호를 후고구려라고 하였다. 뒤에 왕건에게 폐위되었다.
40) 터희 : 터ㅎ(터, 垈) + -의(-에 : 부조, 위치)
41) 烏鵲 : 오작. 까막까치. 까마귀와 까치를 아울러서 이르는 말이다.
42) 지지괴니 : 지지괴(지저귀다)- + -니(연어, 설명 계속)
43) 아ᄂᆞᆫ다 : 아(← 알다 : 알다, 知)- + -ᄂᆞ(현시)- + -ㄴ다(-ㄴ가 : 의종, 2인칭)
44) 몰ᄋᆞᄂᆞᆫ다 : 몰ᄋᆞ(←/ 모ᄅᆞ다 : 모르다, 不知)- + -ᄂᆞ(현시)- + -ㄴ다(-ㄴ가 : 의종, 2인칭) ※ '몰ᄋᆞᄂᆞᆫ다'는 '모ᄅᆞᄂᆞᆫ다'를 오각한 형태이다.(과잉 분철)
45) 淮陽 : 회양. 강원도 회양군 서북쪽에 있는 지명이다.
46) 녜 : 옛날, 예전, 昔(명사)
47) 마초아 : [때마침(부사) : 맞(맞다, 當 : 자동)- + -호(사접)- + -아(연어 ▻ 부접)]
48) ᄀᆞᄐᆞᆯ시고 : ᄀᆞᇀ(같다, 同)- + -Ø(현시)- + -ᄋᆞᆯ시고(-구나 : 감종)
49) 汲長孺 : 급장유. 중국 한(漢) 무제(武帝) 때에 무제에게 직간(直諫)한 신하로서 이름은 암(黯), 자는 장유(長孺)이다. 무제가 회양(淮陽) 태수로 좌천시켰으나, 급장유는 거기서 백성들에게 선정을 베풀었다.
50) 風彩 : 풍채. 드러나 보이는 사람의 겉모양이다.
51) 고텨 : 고티[고치다, 거듭하다, 改, 復 : 곧(곧다, 直 : 형사)- + -히(사접)-]- + -어(연어) ※ '고텨'는 '고티다(거듭하다)'의 연결형인데, 여기서는 '다시(復)'로 의역해서 옮긴다.
52) 볼 게이고 : 보(보다, 見)- + -ㄹ(관전) # 게(← 것 : 것, 者, 의명) + -이(서조)- + -Ø(현시)- + -고(-냐 : 의종, 판정)

(백발)도 많기도 많구나. 東州(동주)에서 밤을 겨우 새워 北寬亭(북관정)에 올라 보니, (임금님이 계신) 三角山(삼각산)의 第一峯(제일봉)이 하마터면 보이겠구나. 弓王(궁왕)의 大闕(대궐) 터에 烏鵲(오작)이 지저귀니, 千古(천고)의 興亡(흥망)을 아는가 모르는가? 淮陽(회양)의 옛 이름이 때마침 (이곳의 지명과) 같을시고.[53] 汲長孺(급장유)의 風彩(풍채)를 다시 아니 볼 것이냐? 【강원도의 원주 감영으로 부임하는 노정】

[본사]

營영中듕[54]이 無무事ᄉᆞ ᄒᆞ고 時시節졀이 三삼月월인 제[55] 花화川쳔[56] 시내[57] 길히[58] 楓풍岳악[59]으로 버더[60] 잇다 行힝裝장[61]을 다 ᄲᅥᆯ티고[62] 石셕逕경의[63] 막대 디퍼[64] 百빅川쳔洞동[65] 겨ᄐᆡ[66] 두고 萬만瀑폭洞동[67] 드러가니 銀은 ᄀᆞ튼 무지게 玉옥 ᄀᆞ튼 龍룡의 초리[68] 섯돌며[69] ᄲᅮᆷᄂᆞᆫ[70] 소ᄅᆡ[71] 十십里리의[72]

---

53) 淮陽의 옛 이름이 때마침 같을시고 : 정철이 관찰사로 부임하는 길에 강원도 회양(淮陽)의 지명에서, 중국 한나라 때에 회양(淮陽)의 태수로서 백성들에게 선정(善政)을 베풀었던 급장유(汲長孺)를 연상했다. 이는 정철이 관찰사로서 한나라의 급장유처럼 백성에게 선정을 베풀겠다는 의지를 표현한 것이다.

54) 營中 : 영중. 예전에 병영이나 진영의 안을 이르던 말인데, 여기서는 관찰사가 머물러 있는 감영의 안, 곧 원주의 감영의 안을 이른다.

55) 제 : 제, 적에, 時(의명) ※ '제'는 [적(적, 때, 時 : 의명) + -의(-에 : 부조)]의 방식으로 형성된 파생 명사이다.

56) 花川 : 화천. 예전에 강원도의 회양부에 속하였던 화천현이다.

57) 시내 : 시내[← 시내ㅎ(시내, 川) : 시(← 실 : 실, 絲) + 내ㅎ(내, 川)]

58) 길히 : 길ㅎ(길, 路) + -이(주조)

59) 楓岳 : 풍악. 풍악산으로서, 가을의 금강산을 달리 이르는 말이다.

60) 버더 : 벋(벋다, '뻗다'의 예삿말)- + -어(연어)

61) 行裝 : 행장. 여행할 때에 쓰는 물건과 차림이다.

62) ᄲᅥᆯ티고 : ᄲᅥᆯ티[떨치다 : ᄲᅥᆯ(떨다, 振)- + -티(강접)-]- + -고(연어, 계기) ※ 〈성주본〉(1747년)에는 'ᄲᅥᆯ치고'로 표기되어 있다. 'ᄲᅥᆯ티고〉ᄲᅥᆯ치고'는 /ㅌ/이 /ㅊ/으로 구개음화한 예이다.

63) 石逕의 : 石逕(석경) + -의(-에 : 부조, 위치) ※ '石逕(석경)'은 돌이 많은 좁은 길이다.

64) 디퍼 : 딮(짚다, 拄)- + -어(연어)

65) 百川洞 : 백천동. 장안사 동북 쪽에 있는 옥경대와 명경대로 들어가는 골짜기의 이름이다.

66) 겨ᄐᆡ : 곁(곁, 傍) + -ᄋᆡ(-에 : 부조, 위치)

67) 萬瀑洞 : 만폭동. 표훈사(表訓寺)의 위로부터 만하연(摩訶衍)의 아래까지 뻗어 있는 계곡이다.

68) 초리 : 초리(꼬리, 尾) + -∅(← -이 : 주조)

69) 섯돌며 : 섯돌[섞여 돌다 : 섯(← 섥 : 섞이다, 混)- + 돌(돌다, 回)-]- + -며(연어, 동시, 나열)

70) ᄲᅮᆷᄂᆞᆫ : ᄲᅮᆷ(뿜다, 噴)- + -ᄂᆞ(현시)- + -ㄴ(관전)

ᄌᆞ자시니[73] 들을 제ᄂᆞᆫ 우레러니[74] 보니ᄂᆞᆫ[75] 눈이로다[76]

(원주 감영의) 營中(영중)이 無事(무사)하고 時節(시절)이 三月(삼월)인 적에, 花川(화천)의 시내 길이 楓岳(풍악)으로 벋어 있다. 行裝(행장)을 다 떨치고 石逕(석경)에 막대를 짚어, 百川洞(백천동)을 곁에 두고 萬瀑洞(만폭동)으로 들어가니, (폭포수의) 銀(은) 같은 무지개와 玉(옥) 같은 龍(용)의 꼬리가 섞여 돌며 뿜는 소리가 十里(십리)에 잦았으니, 들을 적에는 우레이더니 보니까는 눈(雪)이구나. 【강원도 원주의 감영에서 출발하여 금강산 만폭동의 장관을 보다】

金금剛강臺ᄃᆡ[77] ᄆᆡᆫ[78] 우層층의[79] 仙션鶴학[80]이 삿기치니[81] 春츈風풍 玉옥笛뎍聲셩의[82] 첫 ᄌᆞᆷ을 ᄭᆡ돗던디[83] 縞호衣의 玄현裳샹[84]이 半반空공의[85] 소소[86] ᄯᅳ니[87] 西셔湖호[88] 녯[89] 主쥬人인[90]을 반겨셔 넘노ᄂᆞᆫ[91] ᄃᆞᆺ

---

71) 소ᄅᆡ : 소ᄅᆡ(소리, 聲) + -Ø(← -이 : 주조)

72) 十里의 : 十里(십리) + -의(-에 : 부조, 위치) ※ 〈성주본〉(1747년〉에는 '十里예'로 표기되었다.

73) ᄌᆞ자시니 : ᄌᆞᆽ(잦다, 빈번하다, 頻)- + -아시(완료)- + -니(연어, 설명 계속, 이유)

74) 우레러니 : 우레(우레, 雷) + -Ø(← -이- : 서조)- + -러(← -더- : 회상)- + -니(연어, 설명 계속)

75) 보니ᄂᆞᆫ : 보(보다, 見)- + -니(-니, -니까 : 연어, 이유) + -ᄂᆞᆫ(보조사, 대조)

76) 눈이로다 : 눈(눈, 雪) + -이(서조)- + -Ø(현시)- + -로(← -도- : 감동)- + -다(평종)

77) 金剛臺 : 금강대. 표훈사 북쪽에 있는 석벽의 이름이다.

78) ᄆᆡᆫ : 맨, 最(관사)

79) 우層의 : 우層[윗층, 上層 : 우(← 우ㅎ : 위, 上) + 層(층)] + -의(-에 : 부조, 위치)

80) 仙鶴 : 선학. 신선이 타고 논다는 학이다.

81) 삿기치니 : 삿기치[새끼치다 : 삿기(새끼, 子) + 치(치다, 기르다, 養)-]- + -니(연어, 설명 계속)

82) 玉笛聲의 : 玉笛聲(옥적성) + -의(-에 : 부조, 원인) ※ 여기서 '玉笛聲(옥적성)'은 옥으로 만든 피리 소리라는 뜻인데, 여기서는 봄바람의 소리를 미화하여서 옥적성으로 표현하였다.

83) ᄭᆡ돗던디 : ᄭᆡ(깨다, 寤)- + -돗(감동)- + -더(회상)- + -ㄴ디(-ㄴ지 : 연어, 막연한 의문)

84) 縞衣 玄裳 : 호의 현상. '縞衣(호의)'는 원래는 흰 비단 저고리를 뜻하는 말인데, 여기서는 두루미의 흰 깃을 비유적으로 이르는 말로 쓰였다. 그리고 '玄裳(현상)'은 원래 '검은 치마'를 뜻하는 말인데, 여기서는 학의 날개 끝과 꽁지가 검은 것을 비유적으로 표현한 것이다.

85) 半空의 : 半空(반공) + -의(-에 : 부조, 위치) ※ '半空(반공)'은 그리 높지 아니한 허공이다.

86) 소소 : 솟[솟게, 솟구치게, 곧추(부사) : 솟(솟다, 岌)- + -오(부접)]

87) ᄯᅳ니 : ᄯᅳ(뜨다, 浮)- + -니(연어, 설명 계속)

88) 西湖 : 서호. 중국 항주(杭州)에 있는 호수이다.

89) 녯 : ① 녜(예전, 昔 : 명사) + -ㅅ(-의 : 관조) ② 녯[옛날의, 昔(관사) : 녜(예전, 昔 : 명사) + -ㅅ(-의 : 관조)]

金剛臺(금강대) 맨 위層(층)에서 仙鶴(선학)이 새끼를 치니, 春風(춘풍)의 玉笛聲(옥적성)에 첫 잠을 깨었던지, 縞衣(호의) 玄裳(현상)이 半空(반공)에 솟구쳐 뜨니, 西湖(서호)의 옛 主人(주인)을 반겨서 넘노는 듯. 【 금강대 위에 있는 선학을 보다 】

> 小쇼香향爐노 大대香향爐노[92] 눈 아래 구버보고 正졍陽양寺ᄉᆞ[93] 眞진歇헐臺ᄃᆡ[94] 고텨[95] 올나[96] 안ᄌᆞᆫ말이[97] 廬녀山산[98] 眞진面면目목[99]이 여긔야[1] 다 뵈ᄂᆞ다[2] 어와 造조化화翁옹이[3] 헌ᄉᆞ토[4] 헌ᄉᆞᄒᆞᆯ샤[5] ᄂᆞᆯ거든 쒸디[6] 마나[7] 셧거든[8] 솟디 마나 芙부蓉용[9]을 고잣ᄂᆞᆫ[10] ᄃᆞᆺ 白ᄇᆡᆨ玉옥을 뭇것ᄂᆞᆫ[11] ᄃᆞᆺ 東동溟명[12]을

---

90) 西湖 녯 主人 : 서호의 옛 주인. 송(宋)나라 때의 은사(隱士)인 '임포(林逋)'를 이른다. 임포는 현재 항주(杭州)에 있는 서호(西湖) 가에서 학(鶴)을 자식으로 생각하고, 매화(梅花)를 아내처럼 사랑하며 살았다고 한다.

91) 넘노ᄂᆞᆫ : 넘노[← 넘놀다 : 넘(넘다, 越)- + 놀(놀다, 遊)-]- + -ᄂᆞ(현시)- + -ㄴ(관전)

92) 小香爐 大香爐 : 소향로 대향로. 만폭동 어귀에 있는 뾰족한 두 봉우리이다.

93) 正陽寺 : 정양사. 표훈사 북쪽에 있는 절 이름이다.

94) 眞歇臺 : 진헐대. 정양사 앞에 있는 고개 이름이다.

95) 고텨 : 고티[고치다, 거듭하다 : 곧(곧다, 直 : 형사)- + -히(사접)-]- + -어(연어)

96) 올나 : 올ㄴ(← 올ㄹ- ← 오ᄅᆞ다 : 오르다, 登)- + -아(연어) ※ '올나'는 '올라'의 'ㄹㄹ'을 'ㄹㄴ'으로 표기한 형태이다.

97) 안ᄌᆞᆫ말이 : 앉(앉다, 坐)- + -ᄋᆞᆫ말이(-니, -은즉 : 연어, 설명 계속, 이유)

98) 廬山 : 여산. 중국 강서성에 있는 산의 이름으로, 남장산, 광산, 광려라고도 한다. '려산>녀산'의 변화는 'ㄹ' 두음 법칙이 적용된 결과이다.

99) 眞面目 : 진면목. 본디부터 지니고 있는 그대로의 상태이다.

1) 여긔야 : 여긔(여기, 此 : 지대, 정칭) + -야(보조사, 한정 강조) ※ '-야'는 중세 국어의 보조사 '-ᅀᅡ'가 바뀐 형태이다.

2) 뵈ᄂᆞ다 : 뵈[보이다 : 보(보다, 見)- + -ㅣ(← -이- : 피접)-]- + -ᄂᆞ(현시)- + -다(평종)

3) 造化翁 : 조화옹. 조물주. 우주 만물을 생성 변화시키는 신을 이른다.

4) 헌ᄉᆞ토 : 헌ᄉᆞㅎ[← 헌ᄉᆞᄒᆞ다(수다스럽다, 야단스럽다) : 헌ᄉᆞ(헌사, 수다 : 명사) + -ᄒᆞ(형접)-]- + -Ø(← -디 : -기, 명전) + -도(보조사, 강조) ※ '헌ᄉᆞ토'는 '헌ᄉᆞᄒᆞ디도'가 축약된 형태이다.

5) 헌ᄉᆞᄒᆞᆯ샤 : 헌ᄉᆞᄒᆞ[수다스럽다, 야단스럽다 : 헌ᄉᆞ(헌사, 수다 : 명사) + -ᄒᆞ(형접)-]- + -Ø(현시)- + -ㄹ샤(-구나 : 감종)

6) 쒸디 : 쒸(뛰다, 湧)- + -디(-지 : 연어, 부정)

7) 마나 : 마(← 말다 : 말다, 보용, 부정, 勿)- + -나(← -거나 : 연어, 선택)

8) 셧거든 : 셔(서다, 立)- + -엇(완료)- + -거든(연어, 조건)

9) 芙蓉 : 부용. 연꽃이다.

10) 고잣ᄂᆞᆫ : 곶(꽂다, 揷)- + -앗(완료)- + -ᄂᆞ(현시)- + -ㄴ(관전)

11) 뭇것ᄂᆞᆫ : 무ᇧ(묶다, 束)- + -엇(완료)- + -ᄂᆞ(현시)- + -ㄴ(관전)

박ᄎᆞᄂᆞᆫ[13] ᄃᆞᆺ 北븍極극을 괴왓ᄂᆞᆫ[14] ᄃᆞᆺ 놉흘시고[15] 望망高고臺ᄃᆡ[16] 외로올샤[17] 穴혈望망峰봉[18] 하ᄂᆞᆯ의[19] 추미러[20] ᄆᆞᄉᆞ[21] 일을 ᄉᆞ로리라[22] 千쳔萬만 劫겁[23] 디나도록 구필[24] 줄 모ᄅᆞᄂᆞᆫ다[25] 어와 너여이고[26] 너 ᄀᆞᄐᆞ니[27] ᄯᅩ 잇ᄂᆞᆫ가[28]

小香爐(소향로)와 大香爐(대향로)를 눈 아래 굽어보며, 正陽寺(정양사)의 眞歇臺(진헐대)에 고쳐 올라앉으니, 廬山(여산)의 眞面目(진면목)이 여기서야 다 보인다. 어와 造化翁(조화옹)이 야단스럽기도 야단스럽구나. 날거든 뛰지를 말거나, 섰거든 솟지를 말거나, 芙蓉(부용)을 꽂은 듯 白玉(백옥)을 묶은 듯, 東溟(동명)을 박차는 듯 北極(북극)을 괸 듯. 높을시고 望高臺(망고대) 외롭구나 穴望峰(혈망봉). (망고대와 혈망봉이) 하늘에 치밀어 무슨 일을 사뢰리라 千萬劫(천만 겁)이 지나도록 굽힐 줄 모르는가? 어와 너이구나. 너 같은 이가 또 있는가?【진헐대에서 금강산의 소향로와 대향로를 조망하다】

開ᄀᆡ心심臺ᄃᆡ[29] 고텨 올나 衆듕香향城셩[30] ᄇᆞ라보며 萬만二이千쳔 峯봉을 歷녁歷녁

---

12) 東溟 : 동명. 동해 바다이다.

13) 박ᄎᆞᄂᆞᆫ : 박ᄎᆞ[박차다, 세게 차다 : 박(접두, 강조)- + ᄎᆞ(차다, 蹴)-]- + -ᄂᆞ(현시)- + -ㄴ(관전)

14) 괴왓ᄂᆞᆫ : 괴오(괴다, 떠받치다, 拄)- + -앗(완료)- + -ᄂᆞ(현시)- + -ㄴ(관전)

15) 놉흘시고 : 놉ㅎ(← 높다 : 높다, 高)- + -Ø(현시)- + -을시고(-구나 : 감종) ※ '놉흘시고'는 '노플시고'의 초성 /ㅍ/을 /ㅂ/과 /ㅎ/으로 재음소화하여 표기한 형태이다.

16) 望高臺 : 망고대. 금강산 동쪽에 있는 봉우리이며, '망군대(望軍臺)'라고도 부른다.

17) 외로올샤 : 외로오(← 외롭다, ㅂ불 : 외(외, 孤 : 관사) + -롭(형접)-]- + -Ø(현시)- + -ㄹ샤(← 을샤 : -구나, 감종)

18) 穴望峰 : 혈망봉. 금강산의 한 봉우리이다.

19) 하ᄂᆞᆯ의 : 하ᄂᆞᆯ(하늘, 天) + -의(-에 : 부조, 위치) ※ '하ᄂᆞᆯ희>하ᄂᆞᆯ의'는 체언의 종성 /ㅎ/이 탈락한 형태이다.

20) 추미러 : 추밀[치밀다 : 추(치- : 접두, 강세)- + 밀(밀다, 推)-]- + -어(연어)

21) ᄆᆞᄉᆞ : ᄆᆞᄉᆞ(← ᄆᆞᄉᆞᆺ : 무슨, 何, 관사, 미지칭)

22) ᄉᆞ로리라 : ᄉᆞ로(← ᄉᆞᆲ다, ㅂ불 : 사뢰다, 아뢰다, 白)- + -리(← -ᄋᆞ리- : 미시)- + -라(← -다 : 평종)

23) 劫 : 겁. 어떤 시간의 단위로도 계산할 수 없는 무한히 긴 시간이다. 하늘과 땅이 한 번 개벽한 때부터 다음 개벽할 때까지의 동안이라는 뜻이다.

24) 구필 : 구피[굽히다, 曲 : 굽(굽다, 曲)- + -히(사접)-]- + -ㄹ(관전)

25) 모ᄅᆞᄂᆞᆫ다 : 모ᄅᆞ(모르다, 不知)- + -ᄂᆞ(현시)- + -ㄴ다(-는가 : 의종, 2인칭)

26) 너여이고 : 너(너, 汝 : 인대, 2인칭) + -이(서조)- + -Ø(현시)- + -어(← -거- : 확인)- + -이고(-구나 : 감종) ※ '-이고'는 특수한 형태의 감탄형 종결 어미로 처리한다.

27) ᄀᆞᄐᆞ니 : ᄀᆞᇀ(같다, 如)- + -ᄋᆞᆫ(관전) # 이(이, 것, 者 : 의명) + -Ø(← -이 : 주조)

28) 잇ᄂᆞᆫ가 : 잇(있다, 有)- + -ᄂᆞ(현시)- + -ㄴ가(-는가 : 의종, 판정)

히[31] 혀여 ᄒᆞ니[32] 峯봉마다 ᄆᆡᆺ쳐[33] 잇고 ᄀᆞᆺ마다[34] 서린 ᄀᆡ운 ᄆᆞᆰ거든 조티[35] 마나 조커든[36] ᄆᆞᆰ디 마나 뎌 ᄀᆡ운 ᄒᆞ터 내야 人인傑걸을 ᄆᆞᆫᄃᆞᆯ고쟈[37] 形형容용도 그지업고[38] 體톄勢세[39]도 하도 할샤 天텬地디 삼기실[40] 제 自ᄌᆞ然연이[41] 되연마ᄂᆞᆫ[42] 이제 와 보게 되니 有유情졍도 有유情졍ᄒᆞᆯ샤[43]

開心臺(개심대)에 다시 올라 衆香城(중향성)을 바라보며, 萬二千(만이천) 峯(봉)을 歷歷(역력)히 헤아려 보니, 峯(봉)마다 맺혀 있고 끝마다 서린 기운이, 맑거든 깨끗하지 말거나 깨끗하거든 맑지 말거나. (만이천 봉의) 저 기운 흩어 내어 人傑(인걸)을 만들고자 (하네). 形容(형용)도 그지없고 體勢(체세)도 많기도 많구나. (조물주가) 天地(천지)를 만드실 때에 (천지가) 自然(자연)히 되었건마는, 이제 와 보게 되니 有情(유정)도

29) 開心臺 : 개심대. 정양사 위에 있는 대(臺)이다.
30) 衆香城 : 중향성. 금강산의 내금강에 있는 영랑봉의 동남쪽을 둘러싸고 있는 하얀 바위 성이다.
31) 歷歷히 : [역력히(부사) : 歷歷(역력 : 불어) + -ㅎ(← -ᄒᆞ- : 형접)- + -이(부접)] ※ '歷歷(역력)'은 자취나 기미, 기억 따위가 환히 알 수 있을 정도로 또렷한 것이다. '력력히>녁녁히'의 변화는 'ㄹ' 두음 법칙이 적용된 결과이다.
32) 혀여 ᄒᆞ니 : 혀(← 혜다 : 헤아리다, 세다, 算)- + -여(← -어 : 연어) # ᄒᆞ(하다, 보다 : 보용, 시도)- + -니(연어, 설명 계속) ※ '혀여 ᄒᆞ니'는 '혜여 ᄒᆞ니'를 오각한 형태이다. 〈성주본〉(1747년)에는 '혜여 ᄒᆞ니'로 표기되었다.
33) ᄆᆡᆺ쳐 : ᄆᆡᆺ치[맺히다 : ᄆᆡᆺㅈ(← ᄆᆡᆽ다 : 맺다, 結)- + -히(피접)-]- + -어(연어) ※ 'ᄆᆡᆺ쳐'는 'ᄆᆡ쳐'의 초성 /ㅊ/을 'ㅅㅊ'으로 거듭 적은 형태이다.
34) ᄀᆞᆺ마다 : ᄀᆞᆺ(← ᄀᆞᆮ ← ᄀᆞᇀ : 끝, 末) + -마다(보조사, 각자) ※ 'ᄀᆞᆺ마다'는 'ᄀᆞᇀ마다'의 종성 /ㄷ/을 'ㅅ'으로 표기한 형태이다.
35) 조티 : 좋(깨끗하다, 淨)- + -디(-지 : 연어, 부정) ※ 〈성주본〉(1747년)에는 '조치'로 표기되어 있다. '조티>조치'는 초성 /ㅌ/이 /ㅊ/으로 구개음화한 예이다.
36) 조커든 : 좋(맑다, 깨끗하다, 淨)- + -거든(연어, 조건)
37) ᄆᆞᆫᄃᆞᆯ고쟈 : ᄆᆞᆫᄃᆞᆯ(만들다, 製)- + -고쟈(-고자 : 연어, 의도)
38) 그지업고 : 그지없[그지없다, 끝이 없다 : 그지(끝, 한도, 限) + 없(없다, 無)-]- + -고(연어, 나열)
39) 體勢 : 체세. 몸의 자세이다.
40) 삼기실 : 삼기(생기게 하다, 만들다, 作)- + -시(주높)- + -ㄹ(관전) # 제(때, 時 : 의명) ※ '삼기실'의 주체는 '하느님(조물주)'이다.
41) 自然이 : [자연히, 自然(부사) : 自然(자연 : 명사) + -Ø(← -ᄒᆞ- : 형접)- + -이(부접)]
42) 되연마ᄂᆞᆫ : 되(되다, 爲)- + -연(← -엿- : 완료)- + -마ᄂᆞᆫ(-마는 : 연어, 대조) ※ '되엿마ᄂᆞᆫ → 되엳마ᄂᆞᆫ → 되연마ᄂᆞᆫ'의 변동은 평파열음화에 이어서 비음화가 일어난 형태이다.
43) 有情ᄒᆞᆯ샤 : 有情ᄒᆞ[유정하다(뜻이 있다) : 有情(유정 : 명사) + -ᄒᆞ(형접)-]- + -Ø(현시)- + -ㄹ샤(← 을샤 : -구나, 감종) ※ '有情ᄒᆞ다'는 뜻이 있는 것이다. 곧, 조물주가 만든 천지(天地) 자연에는 모두 조물주의 특별한 뜻이 담겨 있다는 것이다.

有情(유정)하구나. 【 개심대에서 금강산을 조망하다 】

> 毗비盧로峯봉[44] 上상上상頭두[45]의 올라 보니[46] 긔[47] 뉘신고[48] 東동山산[49] 泰태山산[50]이 어ᄂᆞ야[51] 놉돗던고[52] 魯노國국[53] 조븐 줄도 우리ᄂᆞᆫ 모ᄅᆞ거든[54] 넙거나[55] 넙은 天텬下하 엇찌ᄒᆞ야[56] 젹닷[57] 말고[58] 어와 뎌 디위ᄅᆞᆯ[59] 어이ᄒᆞ면[60] 알 거이고[61] 오ᄅᆞ디 못ᄒᆞ거니 ᄂᆞ려가미[62] 고이ᄒᆞᆯ가[63]

毗盧峯(비로봉) 上上頭(상상두)에 올라 본 이가, 그가 뉘신고? 東山(동산)과 泰山(태산)이 어느 것이 높던가? 魯國(노국)이 좁은 줄도 우리는 모르는데, 넓거나 넓은 天下(천하)가

---

44) 毗盧峯 : 비로봉. 강원도 고성군 장전읍과 회양군 내금강면 사이에 있는 산봉우리로서, 금강산의 최고봉이다. 높이는 1,638미터이다.

45) 上上頭 : 상상두. 최고 높은 봉우리이다.

46) 보니 : 보(보다, 見)- + -ㄴ(관전) # 이(이, 사람, 者 : 의명) + -∅(← -이 : 주조)

47) 긔 : 그(그, 彼 : 인대, 정칭) + -ㅣ(← -이 : 주조)

48) 뉘신고 : 누(누구, 誰 : 인대, 미지칭) + -ㅣ(← -이- : 서조)- + -시(주높)- + -∅(현시)- + -ㄴ고(-ㄴ가 : 의종, 설명)

49) 東山 : 동산. 중국 산동성의 읍창현에 있는 산의 이름이다.

50) 泰山 : 태산. 중국 산동성의 태산현 북쪽에 있는 산의 이름이다.

51) 어ᄂᆞ야 : 어ᄂᆞ(어느 것, 何物 : 지대, 미지칭) + -야(보조사, 한정 강조)

52) 놉돗던고 : 놉(← 높다 : 높다, 高)- + -돗(감동)- + -더(회상)- + -ㄴ고(-ㄴ가 : 의종, 설명)

53) 魯國 : 노국. 기원전 1055년에 주(周)나라 무왕의 아우인 주공(周公) 단(旦)이 지금의 산동성(山東省) 취푸(曲阜)에 도읍하여 세운 나라이다. 기원전 249년 34대 경공(頃公) 때에 초(楚)나라에 멸망하였다. 공자(孔子)의 고향이기도 한다.

54) 모ᄅᆞ거든 : 모ᄅᆞ(모르다, 不知)- + -거든(-거든, -는데 : 연어, 설명 계속)

55) 넙거나 : 넙(넓다, 廣)- + -거나(연어, 강조)

56) 엇찌ᄒᆞ야 : 엇찌ᄒᆞ[어찌하다 : 엇찌(어찌, 何 : 부사) + -ᄒᆞ(동접)-]- + -야(← -아 : 연어)

57) 젹닷 : 젹(작다, 小)- + -∅(현시)- + -다(평종) + -ㅅ(관조) ※ 이때의 '-ㅅ'은 문장 전체를 관형어로 쓰이게 한다. 여기서 '젹닷'은 '적다는'으로 옮긴다.

58) 말고 : 말(말, 言) + -고(-인가 : 보조사, 의문, 설명)

59) 디위ᄅᆞᆯ : 디위(지위, 자리, 地位) + -ᄅᆞᆯ(목조)

60) 어이ᄒᆞ면 : 어이ᄒᆞ[어찌하다, 何 : 어이(어찌, 何 : 부사) + -ᄒᆞ(동접)-]- + -면(연어, 조건)

61) 거이고 : 거(← 것 : 의명) + -이(서조)- + -∅(현시)- + -고(-가 : 의종, 설명)

62) ᄂᆞ려가미 : ᄂᆞ려가[내려가다 : ᄂᆞ리(내리다, 降)- + -어(연어) + 가(가다, 去)-]- + -ㅁ(명전) + -이(주조)

63) 고이ᄒᆞᆯ가 : 고이ᄒᆞ[← 괴이ᄒᆞ다(이상하다, 異) : 괴이(괴이, 怪異 : 불어) + -ᄒᆞ(형접)-]- + -ㄹ가(-ㄹ까 : 의종, 미시, 판정)

어찌하여 적다는 말인가?[64] 어와, (공자의) 저 지위(地位)를 어찌하면 알 것이냐? 오르지 못하니 내려감이 괴이할까? 【 개심대에서 비로봉을 바라보며 공자의 경지를 생각하다 】

> 圓원通통골[65] ᄀᆞᄂᆞᆫ 길로[66] 獅ᄉᆞ子ᄌᆞ峯봉[67]을 ᄎᆞ자가니 그 알ᄑᆡ[68] 너러바회[69] 火화龍룡쇠[70] 되여셰라[71] 千쳔年년 老노龍룡[72]이 구ᄇᆡ구ᄇᆡ[73] 서려 이셔 晝듀夜야의[74] 흘녀[75] 내여[76] 滄창海ᄒᆡ[77]에 니어시니[78] 風풍雲운[79]을 언제 어더 三삼日일雨우[80]를 디련ᄂᆞᆫ다[81] 陰음崖애예[82] 이온[83] 풀을[84] 다 살와[85] 내여ᄉᆞ라[86]

---

64) 넓거나 넓은 天下가 어찌하여 적다는 말인가? : 맹자(孟子)가 말한 "孔子登東山而小魯 登泰山而小天下(공자가 동산에 오르니 노나라가 작아 보였고, 태산에 오르니 천하가 작아 보였다.)는 구절을 연상하고 쓴 표현이다. 『孟子』 권13 '盡心' 上에 나오는 구절이다.

65) 圓通골 : 원통골. 표훈사에서 북쪽으로 뚫린 골짜기 이름이다.

66) ᄀᆞᄂᆞᆫ 길로 : ᄀᆞᄂᆞ(← ᄀᆞᄂᆞᆯ다 : 가늘다, 細)- + -ㄴ(관전) # 길(길, 路) + -로(부조, 방향) ※ 여기서 'ᄀᆞᄂᆞᆫ 길'은 세로(細路), 곧 '좁은 길(오솔길)'을 뜻한다.

67) 獅子峯 : 사자봉. 화룡소 북쪽에 있는 봉우리이다.

68) 알ᄑᆡ : 앒(앞, 前) + -ᄋᆡ(관조)

69) 너러바회 : 너러바회[너럭바위, 盤石 : 널(널다, 펼치다, 展)- + -어(연어) + 바회(바위, 巖)] + -∅(← -이 : 주조)

70) 火龍쇠 : 火龍소[화룡소 : 火龍(화룡) + 소(소, 沼)] + -ㅣ(← -이 : 보조) ※ '화룡소(火龍소)'는 만폭동의 팔담(八潭) 중에서 여덟 번째 못이다.

71) 되여셰라 : 되(되다, 爲)- + -엿(← -앗- : 완료)- + -예라(↚ -에라 : -구나, 감종) ※ 중세 국어에서는 '-에라'가 '-에(감동)- + -라(평종)'으로 분석하였으나, 근대 국어에서는 '-에라'를 감탄형의 종결 어미로 처리한다.

72) 老龍 : 노룡. 늙은 용이다. 일차적으로 화룡소의 물굽이를 비유적으로 표현했는데, 이차적으로는 늙은 신하인 서정적 자아를 비유적으로 표현한 것이다. '로룡〉노룡'의 변화는 'ㄹ' 두음 법칙이 적용된 결과이다.

73) 구ᄇᆡ구ᄇᆡ : [굽이굽이(부사) : 굽(굽다, 曲 : 동사)- + -ᄋᆡ(명접) + 굽(굽다, 曲 : 동사)- + -ᄋᆡ(명접)] + -∅(← -예 : 부조, 위치) ※ '구ᄇᆡ구ᄇᆡ'는 명사인 '구ᄇᆡ'와 '구ᄇᆡ'가 합쳐져서 된 부사이다.

74) 晝夜의 : 晝夜(주야, 밤낮) + -의(-에 : 부조, 위치)

75) 흘녀 : 흘니[← 흘리- : 흐르(흐르다, 流 : 자동)- + -이(사접)-]- + -어(연어) ※ '흘녀'는 '흘려'의 'ㄹㄹ'을 'ㄹㄴ'으로 표기한 형태이다.

76) 내여 : 내[내다, 出 : 나(나다, 出 : 자동)- + -ㅣ(← -이- : 사접)-]- + -여(← -어 : 연어)

77) 滄海 : 창해. 넓고 큰 바다이다.

78) 니어시니 : 니(← 닛다 : 잇다, 連)- + -어시(-었- : 완료)- + -니(연어, 설명 계속)

79) 風雲 : 풍운. '좋은 시절'을 비유적으로 표현한 말이다.

80) 三日雨 : 삼일우. 삼 일 동안 계속해서 오는 비라는 뜻으로, '많이 오는 비'를 이르는 말이다. 여기서는 선정(善政)이나 임금님의 은총을 비유적으로 표현한 말이다.

81) 디련ᄂᆞᆫ다 : 디(지게 하다, 떨어뜨리다, 뿌리다, 落)- + -려(연어, 의도) # ᄒᆞ(보용, 의도)- + -ᄂᆞ

圓通(원통)골의 좁은 길(細路)로 獅子峯(사자봉)을 찾아가니, 그 앞의 너럭바위가 火龍(화룡)소가 되었구나. 千年(천년) 老龍(노룡)이 구비구비 서려 있어, (화룡소의 물이) 晝夜(주야)에 흘려 내어 滄海(창해)에 이었으니, (천년 노룡아, 너는) 風雲(풍운)을 언제 얻어 三日雨(삼일우)를 뿌리려 하는가? 陰崖(음애)에 시든 풀을 다 살려 내어라. 【사자봉과 화룡소에서 감회를 느끼다】

> 摩마訶아衍연[87] 妙묘吉길祥샹[88] 안문재[89] 너머 디여[90] 외나모 뼈근[91] ᄃᆞ리 佛불頂뎡臺ᄃᆡ[92]예 올라 ᄒᆞ니 千쳔尋심[93] 絶졀壁벽을 半반空공애 셰여[94] 두고 銀은河하水슈 한[95] 구ᄇᆡᄅᆞᆯ 촌촌이[96] 버혀[97] 내여 실 ᄀᆞ티 플텨[98] 이셔 뵈[99] ᄀᆞ티 거러시니[1] 圖도經경[2] 열두 구ᄇᆡ 내 보매ᄂᆞᆫ[3] 여러히라[4] 李니謫뎍仙

(현시)- + -ㄴ다(-ㄴ가 : 의종, 2인칭) ※ '디련ᄂᆞᆫ다'는 '디려 ᄒᆞᄂᆞᆫ다 → 디려 ㅎᄂᆞᆫ다(/ㆍ/ 탈락) → 디렿ᄂᆞᆫ다 → 디렫ᄂᆞᆫ다(평파열음화) → 디련ᄂᆞᆫ다(비음화)'의 변동 과정을 거친 형태이다.

82) 陰崖예 : 陰崖(음애, 그늘진 벼랑) + -예(← -에 : 부조, 위치) ※ '陰崖(음애)'는 백성들이 처한 어려운 환경을 비유적으로 표현한 것이다.

83) 이온 : 이오(← 입다, ㅂ불 : 시들다, 憔)- + -ㄴ(← -ᄋᆞᆫ : 관전)

84) 풀을 : 풀(풀, 草) + -을(목조) ※ '플>풀'의 변화는 원순 모음화가 적용된 결과이다. '陰崖예 이온 풀'은 모진 학정으로 어려움에 처한 백성을 비유적으로 표현한 말이다.

85) 살와 : 살오[살리다, 活 : 살(살다, 生)- + -오(사접)-]- + -아(연어)

86) 내여ᄉᆞ라 : 내[내다(보용, 완료) : 나(나다, 出 : 자동)- + -ㅣ(← -이- : 사접)-]- + -여(← -어- : 확인)- + -ㅅ(감동)- + -ᄋᆞ라(-으라 : 명종, 아주 낮춤)

87) 摩訶衍 : 마하연. 표훈사(表訓寺)에 딸린 암자이다.

88) 妙吉祥 : 묘길상. 마하연 동쪽 3리쯤 되는 곳의 석벽에 새겨진 미륵상(彌勒像)이다.

89) 안문재 : [안문재, 雁門재 : 雁門(안문) + 재(재, 嶺)] ※ '안문재'는 마하연과 유점사(楡岾寺)의 중간에 있는 고개의 이름이다.

90) 디여 : 디(내려가다, 降)- + -여(← -어 : 연어) ※ '디다'는 원래 '넘어지다, 떨어지다'의 뜻으로 쓰이는 말인데, 여기서는 '내려가다'의 뜻으로 쓰였다.

91) 뼈근 : 뻑(← 석다 : 썩다, 腐)- + -Ø(과시)- + -은(관전)

92) 佛頂臺 : 불정대. 금강산의 십이폭포를 가장 잘 조망할 수 있다고 하는 바위이다.

93) 千尋 : 천심. 천 길이라는 뜻으로, 매우 높거나 깊은 것을 이르는 말이다.

94) 셰여 : 셰[세우다 : 셔(서다, 立 : 자동)- + -ㅣ(← -이- : 사접)-]- + -여(← -어 : 연어)

95) 한 : 하(하다, 크다, 大)- + -Ø(현시)- + -ㄴ(관전)

96) 촌촌이 : [촌촌이, 한 치 한 치마다(부사) : 촌(寸 : 명사) + 촌(寸 : 명사) + -이(부접)]

97) 버혀 : 버히[베다, 斬 : 벟(베어지다 : 자동)- + -이(사접)-]- + -어(연어)

98) 플텨 : 플티[풀치다 : 플(풀다, 解)- + -티(강접)-]- + -어(연어)

99) 뵈 : 뵈(베, 布) + -Ø(← -이 : -와, 부조, 비교)

1) 거러시니 : 걸(걸리다, 卦 : 자동)- + -어시(-었- : 완료)- + -니(연어, 설명 계속)

션[5] 이제 이셔 고텨 의논ᄒᆞ게 되면 廬녀山산[6]이 여긔도곤[7] 낫단[8] 말 못 ᄒᆞ려니[9]

摩訶衍(마하연)과 妙吉祥(묘길상)과 안문재를 넘어 내려가서, 외나무 썩은 다리를 (건너서) 佛頂臺(불정대)에 올라 보니, 千尋(천심) 絶壁(절벽)을 半空(반공)에 세워 두고, 銀河水(은하수) 큰 굽이를 촌촌(寸寸)이 베어 내어, 실 같이 풀어헤쳐 있어 베와 같이 걸렸으니, 圖經(도경) 열두 굽이가 내가 보기에는 여럿이다. 李謫仙(이적선)이 이제 있어, 다시 의논하게 되면 廬山(여산)이 여기보다 낫다는 말을 못하겠거니. 【불정대 십이폭포의 장관을 구경하다】

山산中듕을 ᄆᆡ양[10] 보랴[11] 東동海ᄒᆡ로 가쟈ᄉᆞ라[12] 籃남輿여[13] 緩완步보[14]ᄒᆞ야 山산映영樓누의[15] 올나 ᄒᆞ니 玲녕瓏농碧벽溪계[16]와 數수聲셩啼뎨鳥됴[17]ᄂᆞᆫ 離니別별을

2) 圖經 : 도경. 그림으로 그린 경치나 모양이다.
3) 보매ᄂᆞᆫ : 보(보다, 見)- + -ㅁ(명전) + -애(-에 : 부조, 위치) + -ᄂᆞᆫ(보조사, 주제)
4) 여러히라 : 여러ㅎ(여럿, 多數) + -이(서조)- + -Ø(현시)- + -라(← -다 : 평종)
5) 李謫仙 : 이적선. 중국 당나라의 시인(701~762). 자는 태백(太白). 젊어서 여러 나라에 만유(漫遊)하고, 뒤에 출사(出仕)하였으나, 안녹산의 난으로 유배되는 등 불우한 만년을 보냈다.
6) 廬山 : 여산. 지금의 강서성(江西省) 구강시(九江市) 남쪽에 위치한 명산으로, 웅장하고 기이하기로 유명하다. 광산(匡山)·광려(匡廬)라고도 불렸다.
7) 여긔도곤 : 여긔(여기, 此 : 지대, 정칭) + -도곤(-보다 : 부조, 비교)
8) 낫단 : 낫(낫다, 勝)- + -Ø(현시)- + -다(평종) + -ㄴ(관전) ※ '낫단'은 '낫다 ᄒᆞᄂᆞᆫ'이 축약된 형태이다.
9) 못 ᄒᆞ려니 : 못(못, 不能 : 부사, 부정) # ᄒᆞ(하다, 謂)- + -리(미시)- + -어니(← -거니 : 평종, 당위, 짐작) ※ '-거니'는 마땅한 사실로 인정하거나 미루어 짐작한 사실임을 나타내는 종결어미이다. 흔히 속으로 하는 말의 인용 구성에 쓰인다.
10) ᄆᆡ양 : 매양, 늘, 常(부사)
11) 보랴 : 보(보다, 見)- + -Ø(현시)- + -랴(의종, 판정, 미시)
12) 가쟈ᄉᆞ라 : 가(가다, 行)- + -쟈ᄉᆞ라(-자꾸나 : 청종, 아주 낮춤)
13) 籃輿 : 남여. 의자와 비슷하고 뚜껑이 없는 작은 가마이다.
14) 緩步 : 완보. 천천히 걷는 것이나, 또는 느린 걸음을 이른다. ※ '籃輿 緩步ᄒᆞ야'는 '(나는) 남여를 타고 (가마꾼들은 남여를 메고) 천천히 걸어'의 뜻이다.
15) 山映樓의 : 山映樓(산영루) + -의(-에 : 부조, 위치) ※ '산영류 → 산영누'의 변동은 /ㄹ/이 /ㄴ/으로 비음화한 형태이다. ※ 강원도 고양시에 있는 중흥사(中興寺)의 아래에 비석거리가 있는데, '山映樓(산영루)'는 그 비석거리 앞에 있는 절벽 위에 세워진 누각이다.
16) 玲瓏碧溪 : 영롱벽계. 玲瓏(영롱)은 광채가 찬란한 것이며, 壁溪(벽계)는 물이 맑아 푸른빛이 도는 시내이다. ※ '령농>녕농'의 변화는 'ㄹ' 두음 법칙이 적용된 결과이다.

怨(원)ᄒᆞᄂᆞᆫ[18] ᄃᆞᆺ 旌(졍)旗(긔)를[19] ᄯᅥᆯ티니[20] 五(오)色(ᄉᆡᆨ)이 넘노ᄂᆞᆫ[21] ᄃᆞᆺ 鼓(고)角(각)[22]을 섯부니[23] 海(ᄒᆡ)雲(운)이 다 것ᄂᆞᆫ[24] ᄃᆞᆺ 鳴(명)沙(사)[25] 길 니근[26] ᄆᆞᆯ이 醉(취)仙(션)[27]을 빗기[28] 시러 바다ᄒᆞᆯ[29] 겻ᄐᆡ[30] 두고 海(ᄒᆡ)棠(당)花(화)[31]로 드러가니 白(ᄇᆡᆨ)鷗(구)야[32] ᄂᆞ디[33] 마라 네 벋인[34] 줄 엇디 아ᄂᆞᆫ[35]

山中(산중)을 마냥 보랴? 東海(동해)로 가자꾸나. 籃輿(남여)로 緩步(완보)하여 山映

---

17) 數聲啼鳥 : 수성제조. 여러 소리로 우짖는 산새이다.
18) 怨ᄒᆞᄂᆞᆫ : 怨ᄒᆞ[원하다, 원망하다 : 怨(원 : 불어) + -ᄒᆞ(동접)-]- + -ᄂᆞ(현시)- + -ㄴ(관전)
19) 旌旗 : 정기. '정(旌)'과 '기(旗)'를 아울러 이르는 말이다. ※ '정(旌)'은 깃대 끝에 새의 깃으로 꾸민 장목을 늘어뜨린 의장기이며, '기(旗)'는 헝겊이나 종이 따위에 글자나 그림, 색깔 따위를 넣어 어떤 뜻을 나타내거나 특정한 단체를 나타내는 데 쓰는 물건이다.
20) ᄯᅥᆯ티니 : ᄯᅥᆯ티[떨치다, 振 : ᄯᅥᆯ(떨다, 振)- + -티(강접)-]- + -니(연어, 설명 계속, 이유)
21) 넘노ᄂᆞᆫ : 넘놀[놈놀다 : 넘(넘다, 越)- + 놀(놀다, 움직이다, 動)-]- + -ᄂᆞ(현시)- + -ㄴ(관전) ※ '넘놀다'는 물결이나 불 따위가 넘실거리거나 바람에 가볍게 흔들리다.
22) 鼓角 : 고각. 군중(軍中)에서 호령할 때에 쓰던 북과 나발이다.
23) 섯부니 : 섯부[← 섯불다(섞어 불다) : 섯(← 셗다 : 섞다, 混)- + 부(← 불다 : 불다, 吹)-]- + -니(연어, 설명 계속, 이유)
24) 것ᄂᆞᆫ : 것(← 걷다 : 걷히다, 收)- + -ᄂᆞ(현시)- + -ㄴ(관전) ※ '것ᄂᆞᆫ'은 '걷ᄂᆞᆫ'의 종성 /ㄷ/을 'ㅅ'으로 표기한 형태이다.
25) 鳴沙 : 명사. 밟거나 진동을 주면 독특한 소리를 내는 모래이다. 콧노래를 부르는 듯한 소리나 무엇을 잘게 씹는 것 같은 소리를 낸다.
26) 니근 : 닉(익다, 慣)- + -Ø(과시)- + -은(관전)
27) 醉仙 : 취선. 취한 신선. 여기서는 화자 자신이다.
28) 빗기 : [비스듬히, 빗기어, 가로, 斜(부사) : 빗기(가르지르다, 斜 : 타동)- + -Ø(부접)]
29) 바다ᄒᆞᆯ : 바다ㅎ(바다, 海) + -ᄋᆞᆯ(목조)
30) 겻ᄐᆡ : 겻ㅌ(← 곁 : 곁, 傍) + -ᄋᆡ(-에 : 부조, 위치) ※ '겻ᄐᆡ'는 '겨ᄐᆡ'의 /ㅌ/을 'ㅅㅌ'으로 거듭 적은 형태이다.
31) 海棠花 : 해당화. 장미과의 낙엽 활엽 관목. 5~8월에 붉은 자주색 꽃이 가지 끝에 피고 열매는 가장과로 8월에 붉게 익는다. 관상용이고 바닷가의 모래땅이나 산기슭에 난다. 여기서는 해당화가 피어 있는 곳의 뜻으로 쓰였다.
32) 白鷗야 : 白鷗(백구, 갈매기) + -야(호조, 낮춤)
33) ᄂᆞ디 : ᄂᆞ(← ᄂᆞᆯ다 : 날다, 飛)- + -디(-지 : 연어, 부정)
34) 벋인 : 벋(벗, 友) + -이(서조)- + -Ø(현시)- + -ㄴ(관전) ※ 중세 국어의 '벋(友)'은 이 시기(17세기 말)에 이미 '벗'으로 형태가 바뀌었다. 여기에 '벋'으로 표기된 것은 이 작품이 지어질 당시인 16세기 말의 단어 형태가 반영된 것이다. 〈성주본〉(1747년)에는 '벗인'으로 표기되었다.
35) 아ᄂᆞᆫ : 아(← 알다 : 알다, 知)- + -ᄂᆞ(현시)- + -ㄴ(← -ㄴ가 : -는가, 의종, 판정) ※ '아ᄂᆞᆫ'은 '아ᄂᆞᆫ가'에서 의문형 종결 어미인 '-ㄴ가'의 /가/가 탈락된 형태이다.

樓(산영루)에 올라 보니, 玲瓏碧溪(영롱벽계)와 數聲啼鳥(수성제조)는 離別(이별)을 怨(원)하는 듯, 旌旗(정기)를 떨치니 五色(오색)이 넘노는 듯, 鼓角(고각)을 섞어 부니 海雲(해운)이 다 걷히는 듯, 鳴沙(명사) 길에 익은 말이 醉仙(취선)을 비스듬히 실어, 바다를 곁에 두고 海棠花(해당화)로 들어가니, 白鷗(백구)야 날지 마라. (내가) 네 벗인 줄 어찌 아는가? 【 동해로 향하면서 감회를 느끼다 】

> 金금爛난窟굴[36] 도라 드러 叢총石셕亭뎡[37] 올라 ᄒᆞ니 白ᄇᆡᆨ玉옥樓누[38] 남은 기동[39] 다만 네히[40] 셔 잇고야[41] 工공倕슈[42]의 셩녕인가[43] 鬼귀斧부[44]로 다ᄃᆞᄆᆞᆫ가[45] 구ᄐᆞ야[46] 六뉵面면은 므어슬[47] 象샹톳던고[48]

金欄窟(금란굴)을 돌아들어 叢石亭(총석정)에 올라 보니, 白玉樓(백옥루)에 남은 기둥이 다만 넷이 서 있구나. (백옥루는) 工倕(공수)의 작품인가? 鬼斧(귀부)로 다듬었는가? 구태여 六面(육면)은 무엇을 象(상)하였던가? 【 총석정에서 사선봉의 장관을 보다 】

> 高고城셩을란[49] 뎌만[50] 두고 三삼日일浦포[51]를 ᄎᆞ자가니[52] 丹단書셔[53]ᄂᆞᆫ 宛완然연

---

36) 金欄窟 : 금난굴. 강원도 통천군 동쪽 12리에 있는 굴이다.

37) 叢石亭 : 총석정. 강원도 통천군 고저(庫底)에 있는 정자이다. 관동 팔경의 하나로, 주위에 현무암으로 된 여러 개의 돌기둥이 바다 가운데에 솟아 있어 절경을 이룬다. ※〈성주본〉(1747년)에는 '叢石亭의'로 표기되어 있다.

38) 白玉樓 : 백옥루. 문인(文人)이나 묵객(墨客)이 죽은 뒤에 간다는 천상의 누각이다. 당나라 시인인 이하(李賀)가 죽을 때에, 천사가 와서 천제(天帝)의 백옥루가 이루어졌으니, 이하를 불러 그것을 기록하게 하려 한다고 말했다는 데서 유래한다.

39) 기동 : [기둥, 株 : 긷(기둥, 柱) + -옹(명접)] ※ '긷〉기동〉기동〉기둥'으로 형태가 변화했다.

40) 네히 : 넿(넷, 四 : 수사, 양수) + -이(주조)

41) 잇고야 : 잇(있다 : 보용, 완료 지속)- + -Ø(현시)- + -고야(-구나 : 감종, 아주 낮춤)

42) 工倕 : 공수. 중국 고대의 이름난 기술자이다.

43) 셩녕인가 : 셩녕(성냥일, 工作, 작품, 陶) + -이(서조)- + -Ø(현시)- + -ㄴ가(-ㄴ가 : 의종, 판정)

44) 鬼斧 : 귀부. 귀신의 도끼라는 뜻으로, 신기한 연장이나 훌륭한 세공(細工)을 이르는 말이다.

45) 다ᄃᆞᄆᆞᆫ가 : 다ᄃᆞᆷ(다듬다, 細工)- + -Ø(과시)- + -ᄋᆞᆫ가(-은가 : 의종, 판정)

46) 구ᄐᆞ야 : 구ᄐᆞ야(← 구틔여 : 구태여, 억지로, 부사)

47) 므어슬 : 므엇(무엇, 何 : 지대, 미지칭) + -을(목조)

48) 象톳던고 : 象ᇂ[← 象ᄒᆞ다(형상하다, 본뜨다) : 象(상 : 불어) + -ᄒᆞ(동접)-]- + -돗(감동)- + -더(회상)- + -ㄴ고(-ㄴ가 : 의종, 설명)

49) 高城을란 : 高城(고성, 땅 이름) + -을(목조) + -란(← 으란 : -은, 보조사, 주제)

ᄒᆞ되[54] 四ᄉᆞ仙션[55]은 어ᄃᆡ 가니[56] 예[57] 사흘 머믄 後후의 어ᄃᆡ 가 ᄯᅩ 머믈고[58] 仙션遊유潭담[59] 永영郞낭湖호[60] 거긔나[61] 가 잇ᄂᆞᆫ가 淸쳥澗간亭뎡[62] 萬만景경臺ᄃᆡ[63] 몃[64] 고ᄃᆡ[65] 안돗던고[66]

高城(고성)은 저만큼 두고 三日浦(삼일포)를 찾아가니, (사선이 남석으로 갔다는) 丹書(단서)는 (바위에) 宛然(완연)하되 四仙(사선)은 어디 갔니? (사선이) 여기에 사흘을 머문 後(후)에 어디 가 또 머물렀을까? 仙遊潭(선유담), 永郞湖(영랑호) 거기나 가 있는가? 淸澗亭(청간정), 萬景臺(만경대) 몇 곳에 앉았던가? 【 삼일포에서 네 신선을 회고하다 】

梨니花화[67]ᄂᆞᆫ 블셔[68] 디고 졉동새 슬피[69] 울 제 洛낙山산[70] 東동畔반[71]으로

---

50) 뎌만 : 뎌(저, 彼 : 지대, 정칭) + -만(-만치, -만큼 : 보조사, 비교)

51) 三日浦 : 삼일포. 강원도 고성군에 있는 호수이다. 신라 때에 네 화랑이 이곳에 왔다가 아름다운 경치에 매료되어 사흘을 머물렀던 데서 유래된 명칭이다. 사선정(四仙亭), 몽천암(夢天庵) 따위의 고적(古跡)이 있으며, 관동팔경의 하나이다.

52) ᄎᆞ자가니 : ᄎᆞ자가[찾아가다 : ᄎᆞᆽ(찾다, 索)- + -아(연어) + 가(가다, 行)-]- + -니(연어, 설명 계속)

53) 丹書 : 단서. 바위나 돌에 새긴 글로서, "永郞徒南石行(영랑도남석행)"의 글귀를 이른다.

54) 宛然ᄒᆞ되 : 宛然ᄒᆞ[완연하다 : 宛然(완연 : 명사) + -ᄒᆞ(형접)-]- + -되(-되 : 연어, 설명 계속) ※ '宛然(완연)'은 눈에 보이는 것처럼 아주 뚜렷한 것이다.

55) 四仙 : 사선. 신라 시대의 선도(仙徒) 네 사람으로서, '술랑(述郞), 남랑(南郞), 영랑(永郞), 안상(安祥)'을 이른다.

56) 가니 : 가(가다, 行)- + -Ø(과시)- + -니(-니 : 의종, 반말)

57) 예 : 여기, 此(지대, 정칭)

58) 머믈고 : 머믈(머물다, 留)- + -ㄹ고(-ㄹ가 : 의종, 미시, 설명) ※ 〈성주본〉(1747년)에는 '머믄고'으로 표기되어 있다. 그리고 문맥으로 보아서도 '머믈고'는 '머믄고'를 오각한 것으로 보이므로, 과거 추측으로 해석하여 '머물렀을까?'로 옮긴다.

59) 仙遊潭 : 선유담. 강원도 고성군에 있는 못(淵)으로서, 간성(杆城)에서 남쪽으로 4km쯤 떨어진 곳에 있다. 신라 시대에 사선(四仙)이 놀았던 못(淵)이라는 고사에서 지어진 이름이다.

60) 永郞湖 : 영랑호. 강원도 속초시 교외에 있는 호수로서, 옛날에 '영랑(永郞)'이라는 신선이 이곳에서 놀았다고 한다.

61) 거긔나 : 거긔(거기, 彼處 : 지대, 정칭) + -나(← -이나 : 보조사, 선택) ※ '-이나'는 마음에 차지 아니하는 선택, 또는 최소한 허용되어야 할 선택이라는 뜻을 나타내는 보조사이다.

62) 淸澗亭 : 청간정. 강원도 고성군 토성면(土城面) 해안에 있는 정자. 관동 팔경의 하나이다.

63) 萬景臺 : 만경대. 청간정의 동쪽에 층층으로 서 있는 돌 봉우리로 된 대(臺)이다.

64) 몃 : 몃(← 몇 : 몇, 何, 관사)

65) 고ᄃᆡ : 곧(곳 : 處) + -ᄋᆡ(-에 : 부조, 위치)

66) 안돗던고 : 안(← 앉다 : 앉다, 坐)- + -돗(감동)- + -더(회상)- + -ㄴ고(-ㄴ가 : 의종, 설명)

義의相샹臺ᄃᆡ[72]예 올라 안자 日일出츌을 보리라 밤듕 만[73] 니러[74] ᄒᆞ니 祥샹雲운[75]이 집픠ᄂᆞᆫ[76] 동[77] 六뉵龍뇽이 바퇴ᄂᆞᆫ[78] 동 바다ᄒᆡ[79] ᄡᅥ날 제ᄂᆞᆫ 萬만國국이 일위더니[80] 天텬中듕의 티ᄯᅳ니[81] 毫호髮발[82]을 혜리로다[83] 아마도 녈구롬[84] 근쳐의 머믈셰라[85] 詩시仙션[86]은 어ᄃᆡ 가고 咳히唾타[87]만 나맛ᄂᆞ니[88] 天텬地디間간 壯장ᄒᆞᆫ[89] 긔별[90] ᄌᆞ셔히도[91] 홀셔이고[92]

---

67) 梨花 : 이화. 배꽃이다.

68) ᄇᆞᆯ셔 : 벌써, 旣(부사)

69) 슬피 : [슬피, 슬프게, 哀(부사) : 슳(슬퍼하다, 哀 : 동사)- + -ㅂ(← -브- : 형접)- + -이(부접)]

70) 洛山 : 낙산. 강원도 양양군에 있는 산이다. ※ '락산>낙산'의 변화는 'ㄹ' 두음 법칙이 적용된 결과이다.

71) 東畔 : 동반. 동쪽에 있는 언덕이다.

72) 義相臺 : 의상대. 강원도 양양군 강현면(降峴面) 전진리(前津里)에 있는 정자이다.

73) 밤듕 만 : 밤듕[밤중 : 밤(밤, 夜) + 듕(중, 中)] # 만(동안, 만 : 의명)

74) 니러 : 닐(일어나다, 起)- + -어(연어)

75) 祥雲 : 상운. 복되고 좋은 일이 있을 조짐이 보이는 구름이다.

76) 집픠ᄂᆞᆫ : 집픠(← 지픠다 : 지피다, 한데 엉기어 붙다, 集)- + -ᄂᆞ(현시)- + -ㄴ(관전) ※ '집픠ᄂᆞᆫ'은 '지픠ᄂᆞᆫ'의 /ㅍ/을 'ㅂㅍ'으로 거듭 적은 형태이다.

77) 동 : 동(← 둥 : 둥, 의명) ※ '둥'은 여러 가지의 일이 일어나는 듯함을 나타내는 의존 명사이다.

78) 바퇴ᄂᆞᆫ : 바퇴(떠받치다, 지지하다, 버티다, 拄)- + -ᄂᆞ(현시)- + -ㄴ(관전)

79) 바다ᄒᆡ : 바다ㅎ(바다, 海) + -ᄋᆡ(-에 : 부조, 위치) ※ '바다ᄒᆡ'는 문맥상 '바다에서'로 옮긴다.

80) 일위더니 : 일위[↚ 일리다(일어지다, 흔들리다) : 일(일다, 흔들다, 淘)- + -리(← -이- : 피접)-]- + -더(회상)- + -니(연어, 설명 계속) ※ '일위더니'는 '일리더니'의 오기로 보인다. 그리고 용언의 어근이 /ㄹ/로 끝날 때에 결합하는 피동 접미사의 형태가 중세 국어의 '-이-'를 대신하여 '-리-'로 실현되었다.

81) 티ᄯᅳ니 : 티ᄯᅳ[치뜨다, 떠오르다, 浮 : 티(치- : 강접)- + ᄯᅳ(뜨다, 浮)-]- + -니(연어, 이유)

82) 毫髮 : 호발. 가늘고 짧은 털, 곧 아주 작은 물건을 이른다.

83) 혜리로다 : 혜(세다, 헤아리다, 量)- + -리(미시)- + -로(← -도- : 감동)- + -다(평종)

84) 녈구롬 : 녈구롬[열구름, 行雲 : 녀(가다, 行)- + -ㄹ(관전) + 구롬(구름, 雲)] ※ 여기서 '녈구름(行雲)'은 임금의 총기를 흐리게 하는 간신 무리들을 비유적으로 표현한 것이다. '녈구롬'은 〈성주본〉(1747년)에는 '녈구롬이'으로 표기되어 있다. 문맥을 감안해도 '녈구롬'은 '녈구롬이'를 오각한 것으로 판단된다.

85) 머믈셰라 : 머믈(머물다, 머무르다, 留)- + -Ø(현시)- + -ㄹ셰라(-을라 : 평종, 염려) ※ '-ㄹ셰라'는 혹시 그러할까 염려하는 뜻을 나타내는 평서형의 종결 어미이다.

86) 詩仙 : 시선. 두보를 시성(詩聖)이라 이르는 데 상대하여 '이백(李白)'을 이르는 말이다.

87) 咳唾 : 해타. 기침과 침을 아울러 이르는 말로서, 어른의 말씀을 뜻한다. 여기서는 훌륭한 사람의 말이나 글로서, 이백이 지은 '등금릉봉황대(登金陵鳳凰臺)'의 한시를 이른다.

88) 나맛ᄂᆞ니 : 남(남다, 殘留)- + -앗(완료)- + -ᄂᆞ(현시)- + -니(연어, 설명 계속)

89) 壯ᄒᆞᆫ : 壯ᄒᆞ[크고 성대하다 : 壯(장 : 불어) + -ᄒᆞ(형접)-]- + -ㄴ(관전)

梨花(이화)는 벌써 지고 접동새가 슬피 울 적에, 洛山(낙산)의 東畔(동반)으로 義相臺(의상대)에 올라 앉아, 日出(일출)을 보리라 밤중 동안 일어나 보니, 祥雲(상운)이 지피는 둥 六龍(육룡)이 (해를) 떠받치는 둥 (하고), (해가) 바다에 떠날 때에는 萬國(만국)이 흔들리더니, 天中(천중)에 떠오르니 毫髮(호발)을 헤아리겠구나. 아마도 지나가는 구름이 근처에 머물라. 詩仙(시선)은 어디 가고 咳唾(해타)만 남았으니, 天地間(천지간)의 壯(장)한 기별(奇別)을 자세히도 하는구나. 【 의상대에서 일출의 장관을 보다 】

斜사陽양[93] 峴현山산의[94] 躑텩躅툑[95]을 므니[96] ᄇᆞᆯ와[97] 羽우盖개芝지輪륜[98]이 鏡경浦포[99]로 ᄂᆞ려가니 十십里리 氷빙紈환[1]을 다리고 고텨[2] 다려 長댱松숑 울흔[3] 소개 슬ᄏᆞ장[4] 펴뎌시니[5] 믈결도 자도[6] 잘샤[7] 모래ᄅᆞᆯ[8] 혜리로다 孤고舟쥬[9]

90) 긔별 : 기별(奇別)
91) ᄌᆞ셔히도 : ᄌᆞ셔히[자세히(부사) : ᄌᆞ셔(자세, 仔細 : 불어) + -ㅎ(← -ᄒᆞ- : 형접)- + -이(부접)] + -도(보조사, 강조)
92) ᄒᆞᆯ셔이고 : ᄒᆞ(하다, 爲)- + -Ø(현시)- + -ㄹ셔이고(-구나 : 감종, 아주 낮춤)
93) 斜陽 : 사양. 석양(夕陽)이다. '석양 무렵에'로 의역하여 옮긴다.
94) 峴山의 : 峴山(현산) + -의(관조) ※ '峴山(현산)'은 양양군(襄陽郡)의 북쪽에 있는 산 이름이다.
95) 躑躅 : 척촉. 철쭉꽃이다.
96) 므니 : 므니[천천히, 遲(부사) : 므ㄴ(← 므느다 : 늦추다, 물러나다, 遲)- + -이(부접)] ※ '므느다'가 '늦추다(延), 물러나다(退)'의 뜻으로 쓰였으므로, '천천히'로 옮긴다.
97) ᄇᆞᆯ와 : ᄇᆞᆯ오(← ᄇᆞᆲ다, ㅂ불 : 밟다, 履)- + -아(연어)
98) 羽盖芝輪 : 우개지륜. 예전에 녹색의 새털로 된, 왕후(王侯)의 수레를 덮던 덮개나 그 수레이다.
99) 鏡浦 : 경포. 강원도 강릉의 동해안에 있는 석호(潟湖)이다.
1) 氷紈 : 빙환. 얼음같이 희고 빛이 고운 명주이다. 여기서는 경포호의 잔잔한 수면을 비유적으로 표현한 것이다.
2) 고텨 : 고티[고치다, 改 : 곧(곧다, 直)- + -히(사접)-]- + -어(연어)
3) 울흔 : 울흐[← 울ᄒᆞ다(울타리를 치다) : 울(울타리, 柵 : 명사)- + -ᄒᆞ(동접)-]- + -Ø(과시)- + -ㄴ(관전) ※ '울흔'은 '울ᄒᆞᆫ'을 오각한 형태이다. 〈성주본〉(1747년)에는 '울ᄒᆞᆫ'으로 표기되었다.
4) 슬ᄏᆞ장 : [실컷, 싫도록(부사) : 슳(싫다, 嫌)- + ᄀᆞ장(만큼 다, 끝까지 : 의명)] ※ '슬ᄏᆞ장'은 '슳다'의 어간인 '슳-'에 의존 명사인 'ᄀᆞ장'이 직접 결합하여서 된 특수한 형태의 부사이다.
5) 펴뎌시니 : 펴디[펴지다 : 펴(펴다, 伸)- + -어(연어) + 디(지다 : 보용, 피동)-]- + -어시(-었- : 완료)- + -니(연어, 설명 계속)
6) 자도 : 자(자다, 康)- + -Ø(← -디 : -기, 명전) + -도(보조사, 강조) ※ '자도'는 '자디도'에서 명사형 전성 어미인 '-디'가 탈락된 형태이다.
7) 잘샤 : 자(자다, 康)- + -Ø(현시)- + -ㄹ샤(-구나 : 감종, 아주 낮춤)
8) 모래ᄅᆞᆯ : 모래(모래, 沙) + -ᄅᆞᆯ(목조) ※ 중세 국어의 '몰애'가 이 시기에 '모래'로 표기가 바뀌었다. 중세 국어에서 실현되었던 유성 후두 마찰음(/ɦ/)의 음가를 가진 /ㅇ/이 근대 국어

解ᄒᆡ纜람[10]ᄒᆞ야 亭뎡子ᄌᆞ 우ᄒᆡ 올나가니 江강門문橋교[11] 너믄 겨ᄐᆡ[12] 大대洋양이 거긔로다[13] 從둉容용ᄒᆞᆫ댜[14] 이 氣긔像샹 濶활遠원ᄒᆞᆫ댜[15] 뎌 境경界계 이도곤[16] ᄀᆞᄌᆞᆫ[17] ᄃᆡ[18] ᄯᅩ 어ᄃᆡ 잇닷[19] 말고[20] 紅홍粧장古고事ᄉᆞ[21]를 헌ᄉᆞ타[22] ᄒᆞ리로다 江강陵능 大대都도護호[23] 風풍俗쇽이 됴흘시고[24] 節졀孝효旌졍門문[25]이 골골이[26] 버러시니[27] 比비屋옥可가封봉[28]이 이제도 잇다 ᄒᆞᆯ다[29]

斜陽(사양)에 峴山(현산)의 躑躅(척촉)을 천천히 밟아, 羽盖芝輪(우개지륜)이 鏡浦(경

시기에 소멸되었음을 알 수 있다.

9) 孤舟 : 고주. 외로이 떠 있는 배이다.
10) 解纜 : 해람. 닻줄을 풀어서 배를 띄우는 것이다.
11) 江門橋 : 강문교. 강릉 경포의 동쪽 어귀에 있는 판교(板橋, 널다리)이다.
12) 겨ᄐᆡ : 곁(곁, 傍) + -ᄋᆡ(-에 : 부조, 위치)
13) 거긔로다 : 거긔(거기, 彼處 : 지대, 정칭) + -Ø(← -이- : 서조)- + -Ø(현시)- + -로(← -도- : 감동)- + -다(평종)
14) 從容ᄒᆞᆫ댜 : 從容ᄒᆞ[조용하다 : 從容(종용, 조용 : 불어)- + -ᄒᆞ(형접)-]- + -Ø(현시)- + -ㄴ댜(← -ㄴ뎌 : -구나, 감종, 아주 낮춤)
15) 濶遠ᄒᆞᆫ댜 : 濶遠ᄒᆞ[활원하다 : 濶遠(활원 : 불어) + -ᄒᆞ(형접)-]- + -Ø(현시)- + -ㄴ댜(← -ㄴ뎌 : -구나, 감종, 아주 낮춤) ※ '濶遠(활원)'은 넓고 아득한 것이다.
16) 이도곤 : 이(이, 此 : 지대, 정칭) + -도곤(-보다 : 부조, 비교)
17) ᄀᆞᄌᆞᆫ : ᄀᆞᆽ(갖추어져 있다, 具 : 형사)- + -Ø(현시)- + -ᄋᆞᆫ(관전)
18) ᄃᆡ : ᄃᆡ(데, 곳, 處 : 의명) + -Ø(← -이 : 주조)
19) 잇닷 : 잇(← 이시다 : 있다, 有)- + -Ø(현시)- + -다(평종) + -ㅅ(관조) ※ 관형격 조사인 '-ㅅ'은 문장 전체를 관형어로 쓰이게 한다.
20) 말고 : 말(말, 言) + -고(-인가 : 보조사, 의문, 설명)
21) 紅粧古事 : 홍장 고사. 고려 우왕 때 강원 감사 박신(朴信)과 기생 홍장(紅粧)에 대한 옛 일이다. 박신이 홍장을 사랑하다가 임기가 만료되어 떠나려 할 때에, 강릉 부사인 조운흘(趙云仡)이 뱃놀이를 하며 홍장을 선녀로 꾸며 박신을 현혹케 한 일이다.
22) 헌ᄉᆞ타 : 헌ᄉᆞᇂ[← 헌ᄉᆞᄒᆞ다(수다를 떨다) : 헌ᄉᆞ(헌사 : 명사) + -ᄒᆞ(형접)-]- + -Ø(현시)- + -다(평종)
23) 大都護 : 대도호. 조선 시대에 '안동, 창원, 강릉, 영변, 영흥'에 둔 지방 행정 기관이다.
24) 됴흘시고 : 둏(좋다, 好)- + -Ø(현시)- + -을시고(-을시고 : 감종, 아주 낮춤)
25) 節孝旌門 : 절효 정문. 충신과 효자, 열녀를 찬양하기 위하여 세운 붉은 문이다.
26) 골골이 : [골짜기마다, 谷谷(부사) : 골(골, 谷) + 골(골, 谷) + -이(부접)]
27) 버러시니 : 벌(벌여 있다, 늘어서다, 列)- + -어시(-었- : 완료)- + -니(연어, 설명 계속)
28) 比屋可封 : 비옥 가봉. 집집마다 덕행이 있어 모두 표창할 만하다는 뜻으로, 나라에 어진 사람이 많음을 비유적으로 이르는 말이다.
29) ᄒᆞᆯ다 : ᄒᆞ(하다, 謂)- + -ㄹ다(-ㄹ까 : 의종, 2인칭, 미시)

포)로 내려가니, 十里(십리) 氷紈(빙환)을 다리고 고쳐 다려, 長松(장송)이 울타리를 친 속에 실컷 펴졌으니, 물결도 자기도 자구나. (물속에 있는) 모래를 헤아리겠구나. 孤舟(고주)를 解纜(해람)하여 亭子(정자) 위에 올라가니, 江門橋(강문교)를 넘은 곁에 大洋(대양)이 거기로다. 從容(종용)하구나 이 氣像(기상), 濶遠(활원)하구나, 저 境界(경계). 이보다 갖추어진 데가 또 어디에 있다는 말인가? 紅粧(홍장)의 古事(고사)를 '야단스럽다.' 하겠구나. 江陵大都護(강릉 대도호) 風俗(풍속)이 좋을시고. 節孝旌門(절효 정문)이 골짜기마다 늘어섰으니, '比屋可封(비옥 가봉)이 이제도 있다.' 하겠는가? 【 경포의 장관과 강릉의 미풍양속을 기리다 】

> 眞진珠쥬館관[30] 竹듁西셔樓루[31] 五오十십川쳔[32] ᄂᆞ린[33] 믈이 太태白ᄇᆡᆨ山산 그림재ᄅᆞᆯ[34] 東동海ᄒᆡ로 다마 가니 ᄎᆞᆯ하리[35] 漢한江강의 木목覓멱의[36] 다히고져[37] 王왕程뎡[38]이 有유限ᄒᆞᆫ ᄒᆞ고 風풍景경이 못 슬믜니[39] 幽유懷회[40]도 하도 할샤[41] 客ᄀᆡᆨ愁ᄉᆔ[42]도 둘 ᄃᆡ[43] 업다 仙션槎사[44]ᄅᆞᆯ ᄯᅴ워[45] 내여 斗두牛우[46]로 向향ᄒᆞ살가[47]

30) 眞珠館 : 진주관. 삼척부(三陟部)에 있는 객관(客官)으로 '진주(眞珠)'는 삼척의 옛 이름이다.
31) 竹西樓 : 죽서루. 진주관 서쪽에 있는 누각으로서 관동팔경의 하나이다.
32) 五十川 : 오십천. 삼척부 남쪽으로 흐르는 냇물로서 죽서루 아래를 흐른다.
33) ᄂᆞ린 : ᄂᆞ리(내리다, 내려오다, 降)- + -∅(과시)- + -ㄴ(관전)
34) 그림재ᄅᆞᆯ : 그림재(그림자, 影) + -ᄅᆞᆯ(목조)
35) ᄎᆞᆯ하리 : 차라리, 寧(부사)
36) 木覓의 : 木覓(목멱) + -의(-에 : 부조, 위치) ※ '木覓(목멱)'은 서울 남산(南山)의 옛 이름이다.
37) 다히고져 : 다히[닿게 하다 : ᄃᆞᇂ(닿다, 到)- + -이(사접)-]- + -고져(-고자 : 연어, 의도) ※ '다히고져'은 그 뒤에 실현되어야 할 보조 용언인 '하ᄂᆞ다'가 생략된 형태이다.
38) 王程 : 왕정. 임금의 일로 다니는 관리의 여정이다.
39) 슬믜니 : 슬믜[← 슬믜우- ← 슬믭다, ㅂ불(싫고 밉다, 憎) : 슳(싫다, 惡)- + 믜우(← 믭다, ㅂ불 : 밉다, 憎)-]- + -니(← -으니 : 연어, 설명 계속) ※ '슬믜니'는 '슬믜우니'를 오각한 형태이다.
40) 幽懷 : 유회. 그윽한 회포이다.
41) 하도 할샤 : 하(많다, 多)- + -∅(← -디 : -기, 명전) + -도(보조사, 강세) # 하(많다, 多)- + -∅(현시)- + -ㄹ샤(-구나 : 감종, 아주 낮춤)
42) 客愁 : 객수. 객지에서 느끼는 쓸쓸함이나 시름이다.
43) ᄃᆡ : ᄃᆡ(데, 處 : 의명) + -∅(← -이 : 주조)
44) 仙槎 : 선사. 신선이 타고 다닌다는 뗏목이다.
45) ᄯᅴ워 : ᄯᅴ우[띄우다, 浮 : ᄯᅳ(뜨다, 浮)- + -ㅣ(← -이- : 사접)- + -우(사접)-]- + -어(연어)
46) 斗牛 : 두우. 북두칠성(北斗七星)과 견우성(牽牛星)이다.
47) 向ᄒᆞ살가 : 向ᄒᆞ[향하다 : 向(향 : 불어) + -ᄒᆞ(동접)-]- + -살가(← -ㄹ가 : -ㄹ까, 의종, 미

仙션人인을 ᄎᆞᄌᆞ려 丹단穴혈의[48] 머므살가[49]

眞珠館(진주관) (서쪽에 있는) 竹西樓(죽서루) (아래의) 五十川(오십천)으로 내려온 물이, 太白山(태백산) 그림자를 東海(동해)로 담아 가니, 차라리 漢江(한강)의 木覓(목멱)에 닿게 하고자 (한다). 王程(왕정)이 有限(유한)하고 風景(풍경)이 싫지 않으니, 幽懷(유회)도 많기도 많구나. 客愁(객수)도 둘 데가 없다. 仙槎(선사)를 띄워 내어 斗牛(두우)로 向(향)할까? 仙人(선인)을 찾으려 丹穴(단혈)에 머물까? 【 죽서루에서 객수(客愁)를 느끼다 】

天텬根근[50]을 못내[51] 보와[52] 望망洋양亭뎡[53]의 올은말이[54] 바다 밧근[55] 하ᄂᆞᆯ이니 하ᄂᆞᆯ 밧근 므서신고[56] ᄀᆞᆺ득[57] 怒노ᄒᆞᆫ 고래[58] 뉘라셔[59] 놀내관대[60] 블거니[61] 뿜거니[62] 어즈러이 구ᄂᆞᆫ디고[63] 銀은山산[64]을 것거[65] 내여 六뉵合합[66]

시, 판정) ※ '-살가'는 의문형 어미 '-ㄹ가'의 강조형이다.

48) 丹穴의 : 丹穴(단혈) + -의(-에 : 부조, 위치) ※ '丹穴(단혈)'은 고성 남쪽에 있는 굴(堀)로서, 신라 시대에 사선(四仙)이 놀던 곳이라는 전설이 전한다.

49) 머므살가 : 머므(← 머믈다 : 머물다, 留)- + -살가(← -ㄹ가 : -ㄹ까, 의종, 미시, 판정)

50) 天根 : 천근. 하늘의 맨 끝이다. 여기서는 동쪽 수평선의 맨 끝을 가리킨다.

51) 못내 : [못내, 끝내 못(부사) : 못(못, 不能 : 부사, 부정) + -내(-내 : 부접)]

52) 보와 : 보(보다, 見)- + -Ø(← -오- : 화자)- + -아(연어) ※ '보와'는 '보아'의 오기이다.

53) 望洋亭 : 망양정. 경상북도 울진군 기성면 해안에 있는 정자(亭子)로서 관동 팔경의 하나이다.

54) 올은말이 : 올(← 오ᄅᆞ다 : 오르다, 登)- + -은말이(← -은마리 : -니, -ㄴ즉, 연어, 설명 계속)

55) 밧근 : 밨(밖, 外) + -은(보조사, 주제)

56) 므서신고 : 므섯(무엇, 何 : 지대, 미지칭) + -이(서조)- + -Ø(현시)- + -ㄴ고(-ㄴ가 : 의종, 설명) ※ 〈성주본〉(1747년)에는 '므어신고'으로 표기되어 있다.

57) ᄀᆞᆺ득 : 가뜩, 그러지 않아도 매우, 甚(부사)

58) 고래 : 고래(고래, 鯨) + -Ø(← -이 : 주조) ※ 여기서 '고래'는 파도를 비유적으로 표현한 것이다.

59) 뉘라셔 : 누(누구, 誰 : 인대, 미지칭) + -ㅣ라셔(← -이라서 : 주조) ※ '-ㅣ라셔'는 [-ㅣ(← -이- : 서조)- + -라셔(← -아셔 : 연어, 이유, 근거)]의 방식으로 형성된 주격 조사이다. 곧, '감히', '능히'의 뜻을 더하면서 특별히 가리켜 강조하여 주어임을 나타내는 격조사이다.

60) 놀내관대 : 놀내[← 놀래다(놀라게 하다) : 놀나(← 놀라다 : 놀라다, 警)- + -ㅣ(← -이- : 사접)-]- + -관대(-건대 : 연어, 이유) ※ '놀내관대'는 '놀래관대'의 'ㄹㄹ'을 'ㄹㄴ'으로 표기한 형태이다.

61) 블거니 : 블(불다, 吹)- + -거니(연어, 대립적 되풀이) ※ '-거니'는 대립되는 두 동작이나 상태가 되풀이됨을 나타내는 연결 어미이다. 그리고 〈성주본〉(1747년)에는 '불거니'로 표기되어 있는데, '블거니>불거니'의 변화는 /ㅡ/가 /ㅜ/로 원순 모음화한 형태이다.

의 ᄂᆞ리ᄂᆞᆫ ᄃᆞᆺ 五오月월 長댱天텬[67]의 白ᄇᆡᆨ雪셜은 ᄆᆞᄉᆞ[68] 일고[69]

天根(천근)을 끝내 보지 못하여 望洋亭(망양정)에 오르니, 바다 밖은 하늘이니 하늘 밖은 무엇인가? 가뜩이나 怒(노)한 고래가 누구라서 놀라게 하건대, (물을) 불거니 뿜거니 어지럽게 구는 것인가? 銀山(은산)을 꺾어 내어 六合(육합)에 내리는 듯, 五月(오월) 長天(장천)에 白雪(백설)은 무슨 일인가? 【망양정에서 파도의 장관을 바라보다】

[결사]

져근덧[70] 밤이 드러 風풍浪낭[71]이 定뎡ᄒᆞ거ᄂᆞᆯ[72] 扶부桑상[73] 咫지尺쳑의[74] 明명月월을 기ᄃᆞ리니 瑞셔光광千쳔丈댱[75]이 뵈ᄂᆞᆫ[76] ᄃᆞᆺ 숨ᄂᆞᆫ고야[77] 珠쥬簾렴[78]을 고텨 것고[79] 玉옥階계[80]를 다시 쓸며 啓계明명星셩[81] 돗도록[82] 곳초안자[83] ᄇᆞ라보니

---

62) ᄲᅳᆷ거니 : ᄲᅳᆷ(← ᄲᅮᆷ다 : 뿜다, 噴)- + -거니(-거니 : 연어, 대립적 되풀이) ※‘ᄲᅳᆷ거니’는 ‘ᄲᅮᆷ거니’를 오각한 형태이다.

63) 구ᄂᆞᆫ디고 : 구(← 굴다 : 굴다, 行)- + -ᄂᆞ(현시)- + -ㄴ디고(-ㄴ지고 : -ㄴ 것인가, 의종, 설명, 감탄)

64) 銀山 : 은산. 은으로 만든 산이란 뜻으로, 흰빛의 파도 더미를 비유적으로 이른 말이다.

65) 것거 : 겄(걲다, 折)- + -어(연어)

66) 六合 : 육합. 천지와 사방을 통틀어 이르는 말로서, 하늘과 땅, 동·서·남·북을 이른다.

67) 長天의 : 長天(장천) + -의(-에 : 부조) ※‘長天(장천)’은 끝없이 잇닿아 멀고도 넓은 하늘이다.

68) ᄆᆞᄉᆞ : 무슨, 何(관사, 지시, 미지칭)

69) 일고 : 일(일, 事) + -고(-인가 : 보조사, 의문, 설명)

70) 져근덧 : [잠시, 잠시 후(부사) : 젹(적다, 작다, 少)- + -은(관전) + 덧(← 덛 : 덧, 짧은 시간)]

71) 風浪 : 풍랑. 바람과 물결을 아울러 이르는 말이다. ‘풍랑 → 풍낭’의 변동은 /ㄹ/이 /ㄴ/으로 비음화된 예이다.

72) 定ᄒᆞ거ᄂᆞᆯ : 定ᄒᆞ[정하다(안정되다) : 定(정 : 불어) + -ᄒᆞ(동접)-]- + -거ᄂᆞᆯ(-거늘 : 연어, 상황)

73) 扶桑 : 부상. 동해 바다 가운데에 있다는 큰 신목(神木)으로서, 해와 달이 뜨는 곳을 이른다.

74) 咫尺의 : 咫尺(지척) + -의(-에 : 부조) ※‘咫尺(지척)’은 아주 가까운 거리이다. 그리고 ‘扶桑 咫尺의’는 ‘扶桑의 咫尺에서 떠오를’의 뜻이다.

75) 瑞光千丈 : 서광천장. 길이가 긴 상서로운 빛이다.

76) 뵈ᄂᆞᆫ : 뵈[보이다, 보여 지다 : 보(보다, 見)- + -ㅣ(← -이- : 피접)-]- + -ᄂᆞ(현시)- + -ㄴ(관전)

77) 숨ᄂᆞᆫ고야 : 숨(숨다, 隱)- + -ᄂᆞ(현시)- + -ㄴ고야(-구나 : 감종)

78) 珠簾 : 주렴. 구슬 따위를 꿰어 만든 발이다.

79) 것고 : 것(← 걷다 : 걷다, 撤)- + -고(연어, 계기) ※‘것고’는 ‘걷고’의 종성 /ㄷ/을 ‘ㅅ’으로 표기한 형태이다.

白ᄇᆡᆨ蓮년花화[84] ᄒᆞᆫ 가지를 뉘라셔 보내신고[85] 일이[86] 됴흔 世셰界계 ᄂᆞᆷ 대되[87] 다 뵈고져[88] 流뉴霞하酒쥬[89] ᄀᆞ득 부어[90] ᄃᆞᆯᄃᆞ려[91] 무론[92] 말이 英영雄웅은 어ᄃᆡ 가며 四ᄉᆞ仙션은 긔[93] 뉘러니[94] 아ᄆᆡ나[95] 맛나[96] 보아 녯 긔별 뭇쟈[97] ᄒᆞ니 仙션山산[98] 東동海ᄒᆡ예 갈 길히 머도 멀샤[99]

잠시 (후) 밤이 들어 風浪(풍랑)이 定(정)하거늘, 扶桑(부상)의 咫尺(지척)에서 (떠오

---

80) 玉階 : 옥계. 옥같이 고운 섬돌이다.
81) 啓明星 : 계명성. 샛별. 금성(金星)이다.
82) 돗도록 : 돗(← 돋다 : 돋다, 出)- + -도록(-도록 : 연어, 도달) ※'돗도록'은 '돋도록'의 종성 /ㄷ/을 'ㅅ'으로 표기한 형태이다.
83) 곳초안자 : 곳초앉[← 고초앉다(곧추앉다) : 곧(곧다, 直 : 형사)- + -호(사접)- + -Ø(부접) + 앉(앉다, 坐)-]- + -아(연어) ※'고초앉다'는 허리를 펴고 똑바로 앉는 것이다.
84) 白蓮花 : 백련화. 흰 연꽃이다. 여기서는 달을 비유적으로 표현한 말이다.
85) 보내신고 : 보내(보내다, 遣)- + -시(주높)- + -Ø(과시)- + -ㄴ고(-ㄴ가 : 의종, 설명)
86) 일이 : 일이[← 이리(이렇게, 如此 : 부사) : 이(이, 此 : 지대, 정칭) + -리(부접)] ※'일이'는 '이리'를 오각한 형태이다.(과잉 분철)
87) 대되 : 모두, 통틀어, 全(부사)
88) 뵈고져 : 뵈[보이다, 보게 하다 : 보(보다, 見)- + -ㅣ(← -이- : 사접)-]- + -고져(-고자 : 연어, 의도)
89) 流霞酒 : 유하주. 신선들이 마신다는 좋은 술이다.
90) 부어 : 부(← 븟다, ㅅ불 : 붓다, 注)- + -어(연어)
91) ᄃᆞᆯᄃᆞ려 : ᄃᆞᆯ(달, 月) + -ᄃᆞ려(-에게 : 부조, 상대) ※'ᄃᆞ려'는 [ᄃᆞ리(데리다 : 동사)- + -어(연어▷조접)]의 방식으로 형성된 파생 조사이다.
92) 무론 : 물(← 묻다, ㄷ불 : 묻다, 問)- + -Ø(과시)- + -오(대상)- + -ㄴ(관전) ※17세기 초부터는 대상 표현의 선어말 어미는 일반적으로 쓰이지 않았다. 여기서 쓰인 선어말 어미 '-오-'는 『송강가사』가 처음으로 지어진 16세기 중세 국어의 흔적이다.
93) 긔 : 그(그, 彼 : 인대, 정칭) + -ㅣ(← -이 : 주조)
94) 뉘러니 : 누(누구, 誰 : 인대, 미지칭) + -ㅣ(← -이- : 서조)- + -러(← -더- : 회상)- + -니(의종, 반말)
95) 아ᄆᆡ나 : 아ᄆᆞ(← 아모 : 아무, 某, 인대, 부정칭) + -ㅣ나(← -이나 : 보조사, 선택)
96) 맛나 : 맛나(만나다, 遇)- + -아(연어) ※'맛나'는 '맏나'의 종성 /ㄷ/을 'ㅅ'으로 표기한 형태이다. 〈성주본〉(1747년)에는 '만나'로 표기되었는데, '맏나 → 만나'의 변동은 /ㄷ/이 /ㄴ/으로 비음화된 예이다.
97) 뭇쟈 : 뭇(← 묻다 : 묻다, 問)- + -쟈(-자 : 청종) ※'뭇쟈'는 '묻쟈'의 종성 /ㄷ/을 'ㅅ'으로 표기한 형태이다.
98) 仙山 : 선산. 선인이 산다고 하는 동해의 삼신산(三神山)이다.
99) 멀샤 : 머(← 멀다 : 멀다, 遠)- + -Ø(현시)- + -ㄹ샤(-구나 : 감종, 아주 낮춤)

를) 明月(명월)을 기다리니, 瑞光千丈(서광천장)이 보이는 듯 숨는구나. 珠簾(주렴)을 고쳐 걷고 玉階(옥계)를 다시 쓸며, 啓明星(계명성)이 돋도록 곧추앉자 바라보니, 白蓮花(백련화) 한 가지를 누구라서 보내셨는가? 이리 좋은 世界(세계)를 남들에게 모두 다 보이고자. (한다.) 流霞酒(유하주)를 가득 부어 달에게 물은 말이, "英雄(영웅)은 어디 가며 四仙(사선)은 그가 누구이더니?" 아무나 만나 보아 옛 기별을 묻자 하니, 仙山(선산)이 있는 東海(동해)에 갈 길도 멀기도 멀구나. 【 망양정에서 월출을 보고 신선의 풍류를 즐기다 】

> 松숑根근[1)]을 볘여[2)] 누어[3)] 픗ᄌᆞᆷ을[4)] 얼픗[5)] 드니 ᄭᅮᆷ애[6)] ᄒᆞᆫ 사ᄅᆞᆷ이 날ᄃᆞ려 닐온[7)] 말이 그ᄃᆡᄅᆞᆯ[8)] 내 모ᄅᆞ랴[9)] 上샹界계[10)]예 眞진仙션[11)]이라 黃황庭뎡經경[12)] 一일字ᄌᆞ를 엇디 그ᄅᆞᆺ[13)] 닐거 두고 人인間간의[14)] 내려와셔 우리를 ᄯᆞᆯ오ᄂᆞᆫ다[15)] 져근덧 가디 마오[16)] 이 술 ᄒᆞᆫ 잔 머거 보오 北북斗두星셩[17)] 기우려[18)]

1) 松根 : 송근. 소나무 뿌리이다.
2) 볘여 : 볘(베다, 枕)- + -여(← -어 : 연어)
3) 누어 : 누(← 눕다, ㅂ불 : 눕다, 臥)- + -어(연어) ※ '누어'는 '누워'의 오기이다.
4) 픗ᄌᆞᆷ을 : 픗ᄌᆞᆷ[풋잠, 선잠 : 픗(풋- : 접두)- + ᄌᆞ(자다, 眠)- + -ㅁ(명접)] + -을(목조)
5) 얼픗 : 얼핏, 언뜻(부사)
6) ᄭᅮᆷ애 : ᄭᅮᆷ[꿈 : ᄭᅮ(꾸다, 夢 : 동사)- + -ㅁ(명접)] + -애(-에 : 부조, 위치)
7) 닐온 : 닐(← 니ᄅᆞ다 : 이르다, 曰)- + -Ø(과시)- + -오(대상)- + -ㄴ(관전) ※ 여기서 쓰인 대상 표현의 '-오-'는 『송강가사』가 지어진 16세기 중세 국어의 흔적이다.
8) 그ᄃᆡᄅᆞᆯ : 그ᄃᆡ[그대, 汝(인대, 2인칭, 예사 높임) : 그(그, 彼 : 지대) + -ᄃᆡ(접미, 높임)] + -ᄅᆞᆯ(목조)
9) 모ᄅᆞ랴 : 모ᄅᆞ(모르다, 不知)- + -랴(의종, 판정, 미시)
10) 上界 : 상계. 천상계. 하늘나라이다.
11) 眞仙 : 진선. 도를 성취한 신선이다.
12) 黃庭經 : 황정경. 도가(道家)의 네 가지 경문이다.
13) 그ᄅᆞᆺ : [그릇, 誤(부사) : 그ᄅᆞ(그르, 잘못, 誤 : 부사) : 그ᄅᆞ(그르다, 誤 : 형용)- + -ㅅ(← -ᄋᆞᆺ(부접)] ※ '그ᄅᆞᆺ'은 '그ᄅᆞ'와 함께 쓰이는 파생 부사이다.
14) 人間의 : 人間(인간, 사람이 사는 세상) + -의(-에 : 부조, 위치)
15) ᄯᆞᆯ오ᄂᆞᆫ다 : ᄯᆞᆯ오(← ᄠᆞᆯ오다 : 따르다, 從)- + -ᄂᆞ(현시)- + -ㄴ다(-ㄴ가 : 의종, 2인칭) ※ 'ᄠᆞᆯ오다>ᄯᆞᆯ오다'의 변화는 'ㅂ' 계 합용 병서가 'ㅅ' 계 합용 병서로 교체된 것이다.
16) 마오 : ① 마(← 말다 : 말다, 勿, 보용, 부정)- + -오(명종, 예사 높임) ② 마(← 말다 : 말다, 勿, 보용, 부정)- + -오(← -고 : 연어, 나열)
17) 北斗星 : 북두성. 북두칠성(北斗七星)이다. 여기서는 술을 푸는 국자를 북두성에 비유했다.
18) 기우려 : 기우리[기우리다, 傾 : 기울(기울다, 傾)- + -이(사접)-]- + -어(연어)

> 滄창海ᄒᆡ水슈[19] 부어 내여 저 먹고 날 머겨ᄂᆞᆯ[20] 서너 잔 거후로니[21] 和화風풍이 習습習습[22]ᄒᆞ야 兩냥腋익[23]을 추혀[24] 드니[25] 九구萬만里리 長댱空공[26]애 져기면[27] ᄂᆞᆯ리로다[28]

松根(송근)을 베고 누워 풋잠을 얼핏 드니, 꿈에 한 사람이 나에게 이른 말이, "그대를 내가 모르랴? (그대는) 上界(상계)에 (있는) 眞仙(진선)이다. 黃庭經(황정경) 一字(일자)를 어찌 잘못 읽어 두고, 人間(인간)에 내려와서 우리를 따르는가? 잠시 가지 말고, 이 술 한잔 먹어 보오." (꿈속의 한 사람이) 北斗星(북두성)을 기울여 滄海水(창해수)를 부어 내어, 저 먹고 날 먹이거늘 서너 잔 기울이니, 和風(화풍)이 習習(습습)하여 兩腋(양액)을 추켜드니, 九萬里(구만리) 長空(장공)에 어지간하면 날겠구나.【꿈속에서 신선과 만나다】

> 이 술 가져다가[29] 四ᄉᆞ海ᄒᆡ[30]예 고로[31] ᄂᆞᆫ화[32] 億억萬만 蒼창生ᄉᆡᆼ[33]을 다 醉취케[34] ᄆᆡᆼ근[35] 後후의 그제야[36] 고텨 맛나[37] 또 ᄒᆞᆫ 잔 ᄒᆞ쟛고야[38]

---

19) 滄海水 : 창해수. 넓고 큰 바다의 물. 여기서는 술을 비유했다.
20) 머겨ᄂᆞᆯ : 머기[먹이다 : 먹(먹다, 食)- + -이(사접)-]- + -어ᄂᆞᆯ(-거늘 : 연어, 상황) ※ 〈성주본〉(1747년)에는 '먹여ᄂᆞᆯ'로 표기되어 있다.
21) 거후로니 : 거후로(거우르다, 기울이다, 傾)- + -니(연어, 설명 계속)
22) 習習 : 습습. 바람이 산들산들한 것이다.
23) 兩腋 : 양액. 양쪽 겨드랑이이다.
24) 추혀 : 추혀[추키다, 上昇 : 추(추다, 위로 치올리다, 上昇)- + -혀(강접)-]- + -어(연어)
25) 드니 : 드(← 들다 : 들다, 擧)- + -니(연어, 설명 계속, 이유) ※ 〈성주본〉(1747년)에는 '드러'로 표기되었다.
26) 長空 : 장공. 끝없이 높고 먼 공중이다.
27) 져기면 : [적이, 小(부사) : 젹(적다, 小)- + -이(부접)- + -∅(서조)- + -면(연어 ▹ 부접)] ※ '젹이'는 '꽤 어지간한 정도로'의 뜻을 나타내는 부사이다.
28) ᄂᆞᆯ리로다 : ᄂᆞᆯ(날다, 飛)- + -리(미시)- + -로(← -도- : 감동)- + -다(평종)
29) 가져다가 : 가지(가지다, 持)- + -어(연어) + -다가(보조사, 동작의 유지, 강조)
30) 四海 : 사해. 온 세상이다.
31) 고로 : [고루, 均(부사) : 고ᄅ(← 고ᄅᆞ다 : 고르다, 均, 형사)- + -오(부접)]
32) ᄂᆞᆫ화 : ᄂᆞᆫ호(나누다, 分)- + -아(연어)
33) 蒼生 : 창생. 세상의 모든 사람이다.
34) 醉케 : 醉ㅎ[← 醉ᄒᆞ다(취하다) : 醉(취 : 불어) + -ᄒᆞ(동접)-]- + -게(연어, 사동)
35) ᄆᆡᆼ근 : ᄆᆡᆼ그(← ᄆᆡᆼ글다 : 만들다, 作)- + -∅(과시)- + -ㄴ(관전)

말 디쟈[39] 鶴학을 ᄐᆞ고 九구空공의[40] 올나가니 空공中듕 玉옥簫쇼[41] 소ᄅᆡ[42] 어제런가[43] 그제런가[44] 나도 ᄌᆞᆷ을 ᄭᆡ여[45] 바다ᄒᆞᆯ 구버보니 기픠ᄅᆞᆯ[46] 모ᄅᆞ거니[47] ᄀᆞ인들[48] 엇디 알리[49] 明명月월이 千쳔山산 萬만落낙[50]의 아니 비쵠[51] ᄃᆡ[52] 업다

이 술 가져다가 四海(사해)에 고루 나누어, 億萬(억만) 蒼生(창생)을 다 醉(취)하게 만든 後(후)에, 그제야 다시 만나 또 한잔 하자구나. 말이 떨어지자 鶴(학)을 탁고 九空(구공)에 올라가니, 空中(공중)(에서 나는) 玉簫(옥소)의 소리가 어제이던가 그제이던가? 나도 잠을 깨어 바다를 굽어보니, 기피를 모르거니 가(邊)인들 어찌 알리? 明月(명월)이 千山(천산) 萬落(만낙)에 아니 비췬 데가 없다. 【 신선과 술을 마시면서 풍류를 즐기다 】

---

36) 그제야 : 그제[그때에, 彼時 : 그(그, 彼 : 관사, 지시, 정칭) + 제(적에, 時 : 의명)] + −야(보조사, 한정 강조)

37) 맛나 : 맛나[만나다, 遇 : 맛(←맞다 : 맞다, 迎)− + 나(나다, 出)−]− + −아(연어) ※ 〈성주본〉(1747년)에는 '만나'로 표기되어 있다.

38) ᄒᆞ쟈고야 : ᄒᆞ(하다, 爲)− + −쟈고야(−자꾸나 : 청종, 아주 낮춤)

39) 디쟈 : 디(지다, 떨어지다, 落)− + −쟈(−자 : 연어, 순간적 계기)

40) 九空의 : 九空(구공) + −의(−에 : 부조, 위치) ※ '九空(구공)'은 아득히 높고 먼 하늘이다.

41) 玉簫 : 옥소. 옥퉁소이다.

42) 소ᄅᆡ : 소ᄅᆡ(소리, 音) + −Ø(←−이 : 주조)

43) 어제런가 : 어제(어제, 昨日) + −Ø(←−이− : 서조)− + −러(←−더− : 회상)− + −ㄴ가(−ㄴ가 : 의종, 판정)

44) 그제런가 : 그제(그저께, 去去日) + −Ø(←−이− : 서조)− + −러(←−더− : 회상)− + −ㄴ가(−ㄴ가 : 의종, 판정)

45) ᄭᆡ여 : ᄭᆡ(깨다, 寤)− + −여(←−어 : 연어)

46) 기픠ᄅᆞᆯ : 기픠[깊이, 深(명사) : 깊(깊다, 深 : 형사)− + −의(명접)] + −ᄅᆞᆯ(목조)

47) 모ᄅᆞ거니 : 모ᄅᆞ(모르다, 不知)− + −거(확인)− + −니(연어, 설명 계속) ※ 확인 표현의 선어말어미인 '−거−'는 이 작품이 처음 지어진 중세 국어의 영향으로 실현된 것이다.

48) ᄀᆞ인들 : ᄀᆞ(가, 邊) + −인들(보조사, 양보) ※ '−인들'은 [−이(서조)− + −ㄴ들(연어 ▹ 조접)]의 방식으로 형성된 파생 보조사이다.

49) 알리 : 알(알다, 知)− + −리(의종, 반말, 미시)

50) 千山萬落 : 천산만락. 온 세상이다.

51) 비쵠 : 비최(비치다, 照)− + −Ø(과시)− + −ㄴ(관전)

52) ᄃᆡ : ᄃᆡ(데, 곳, 處 : 의명) + −Ø(←−이 : 주조)

[관동별곡의 여정*]

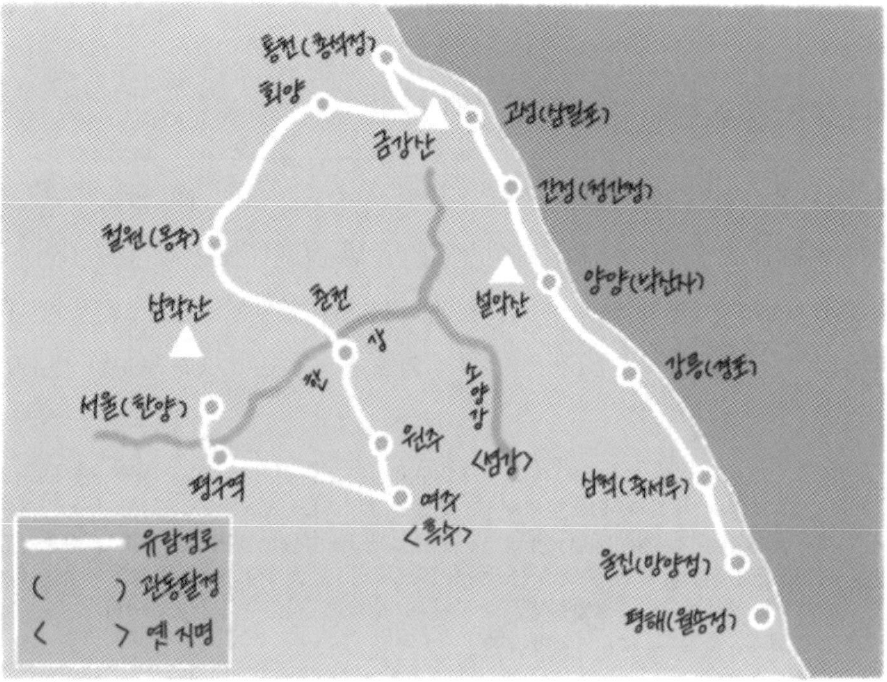

1. 강원도의 관찰사로 부임하는 여정

① 전라남도 담양군 창평면의 죽림(竹林) ⇨ ② 연추문(延秋門) (한양) 경회 남문 ⇨ ③ 평구역(平丘驛) ⇨ ④ 흑수(黑水) ⇨ ⑤ 섬강(蟾江)과 치악(雉岳) ⇨ ⑥ 소양강(昭陽江) ⇨ ⑦ 동주(東州) ⇨ ⑧ 북관정(北寬亭) ⇨ ⑨ 회양(淮陽)

2. 금강산을 유람하는 여정

① 원주(原州)의 감영(監營) ⇨ ② 만폭동(萬瀑洞) ⇨ ③ 금강대(金剛臺) ⇨ ④ 진헐대(眞歇臺) ⇨ ⑤ 개심대(開心臺) ⇨ ⑥ 사자봉(獅子峯)과 화룡소(火龍沼) ⇨ ⑦ 마하연(摩訶衍), 묘길상(妙吉祥), 안문재, 외나무 썩은 다리, 불정대(佛頂臺) ⇨ ⑧ 산영루(山映樓)

3. 동해안에서 관동팔경을 유람하는 여정

① 총석정(叢石亭) ⇨ ② 삼일포(三日浦) ⇨ ③ 의상대(義相臺) ⇨ ④ 경포(鏡浦) ⇨ ⑤ 죽서루(竹西樓) ⇨ ⑥ 망양정(望洋亭)

---

*민현식(2017), 『고등학교 국어』(신사고) 참조.

思ᄉᆞ美미人인曲곡*

[서사]

이 몸 삼기실[1] 제 님을 조차[2] 삼기시니 ᄒᆞᆫ ᄉᆡᆼ[3] 緣연分분이며[4] 하ᄂᆞᆯ 모ᄅᆞᆯ[5] 일이런가[6] 나 ᄒᆞ나[7] 졈어[8] 잇고 님 ᄒᆞ나 날 괴시니[9] 이 ᄆᆞ음 이 ᄉᆞ랑 견졸[10] ᄃᆡ[11] 노여[12] 업다 平평生ᄉᆡᆼ애 願원ᄒᆞ요ᄃᆡ[13] ᄒᆞᆫᄃᆡ[14] 녜쟈[15] ᄒᆞ얏더니[16] 늙거야[17] 므ᄉᆞ[18] 일로 외오[19] 두고 그리ᄂᆞᆫ고[20] 엇그제[21]

---

* 〈사미인곡, 思美人曲〉 : 정철이 50세 되던 1585년(선조 18)에 사간원과 사헌부 양사로부터 탄핵을 받고 조정에서 물러나 낙향하여서, 고향인 전라남도 담양에서 지은 가사 작품이다.

1) 삼기실 : 삼기(만들다, 지어내다, 製)- + -시(주높)- + -ㄹ(관전) ※ '삼기다'는 타동사인 '지어내다, 만들어내다'의 뜻으로 쓰이는 동사이다. 그리고 '삼기다'에 주체 높임의 선어말 어미인 '-시-'가 실현된 것을 감안하면, '삼기다'의 주체는 '하늘(= 조물주)'이다.

2) 조차 : 좇(좇다, 따르다, 從)- + -아(연어)

3) ᄉᆡᆼ : 평생(平生)

4) 緣分이며 : 緣分(연분) + -이며(접조) ※ 문맥으로 보아서 '緣分이며'는 '연분을'을 오기한 형태로 보인다. '연분'은 하늘에서 베푼 인연 혹은 부부가 되는 인연이다.

5) 모ᄅᆞᆯ : 모ᄅᆞ(모르다, 不知)- + -ㄹ(관전)

6) 일이런가 : 일(일, 事) + -이(서조)- + -러(← -더- : 회상)- + -ㄴ가(-ㄴ가 : 의종, 판정)

7) ᄒᆞ나 : 하나, 一(수사, 양수) ※ 문맥상 '오직(唯)'으로 의역하여 옮길 수 있다.

8) 졈어 : 졈(젊다, 幼)- + -어(연어)

9) 괴시니 : 괴(사랑하다, 愛)- + -시(주높)- + -니(연어, 이유)

10) 견졸 : 견조(견주다, 比)- + -ㄹ(관전)

11) ᄃᆡ : ᄃᆡ(데, 곳, 處 : 의명) + -Ø(← -이 : 주조)

12) 노여 : 노여[← ᄂᆞ외야(다시, 復 : 부사) : ᄂᆞ외(거듭하다, 復 : 동사)- + -야(← -아 : 연어 ▷ 부접)]

13) 願ᄒᆞ요ᄃᆡ : 願ᄒᆞ[원하다 : 願(원 : 명사) + -ᄒᆞ(동접)-]- + -요ᄃᆡ(← -오ᄃᆡ : -되, 연어, 설명 계속) ※ '願ᄒᆞ요ᄃᆡ'는 중세 국어에서 실현되었던 '-오ᄃᆡ'의 형태가 그대로 쓰였다.

14) ᄒᆞᆫᄃᆡ : [한데, 함께, 同(부사) : ᄒᆞᆫ(한, 一 : 관사, 양수) + ᄃᆡ(데, 곳, 處 : 의명)]

15) 녜쟈 : 녜(← 녀다 : 가다, 行)- + -쟈(-자 : 청종, 아주 낮춤)

16) ᄒᆞ얏더니 : ᄒᆞ(하다, 謂)- + -얏(완료)- + -더(회상)- + -니(연어, 설명 계속)

17) 늙거야 : 늙(늙다, 老)- + -거(확인)- + -어야(연어, 한정 강조)

18) 므ᄉᆞ : 므ᄉᆞ(← 므슴 : 무슨, 何, 관사)

19) 외오 : [외따로, 孤(부사) : 외(외, 孤 : 관사)- + -오(부접)]

20) 그리ᄂᆞᆫ고 : 그리(그리다, 戀)- + -ᄂᆞ(현시)- + -ㄴ고(-ㄴ가 : 의종, 설명)

21) 엇그제 : [엊그제, 바로 며칠 전에 : 엇(← 어제 : 어제, 昨日) + 그제(그저께, 어제의 전날)]

님을 뫼셔[22] 廣광寒한殿뎐[23]의 올낫더니[24] 그 더듸[25] 엇디ᄒᆞ야[26] 下하界계[27]예 ᄂᆞ려오니 올 저긔[28] 비슨 머리 헛틀언[29] 디[30] 三삼年년일쇠[31] 臙연脂지粉분[32] 잇ᄂᆡ마ᄂᆞᆫ[33] 눌[34] 위ᄒᆞ야 고이 ᄒᆞᆯ고 ᄆᆞ음의 ᄆᆡ친[35] 실음[36] 疊텹疊텹이[37] 빠혀[38] 이셔 짓ᄂᆞ니[39] 한숨이오 디ᄂᆞ니[40] 눈믈이라 人인生싱은 有유限ᄒᆞᆫ ᄒᆞᆫᄃᆡ 시름도 그지업다[41] 無무心심ᄒᆞᆫ 歲셰月월은 믈 흐ᄅᆞ듯 ᄒᆞᄂᆞᆫ고야[42] 炎염凉냥[43]이

---

22) 뫼셔 : 뫼시(모시다, 伴)- + -어(연어)
23) 廣寒殿 : 광한전. 달 속의 항아(姮娥)가 산다는 전각(殿閣)이다.
24) 올낫더니 : 올ㄴ(← 올ㄹ- ← 오ᄅᆞ다 : 오르다, 登)- + -앗(완료)- + -더(회상)- + -니(연어, 설명 계속) ※ '올낫더니'는 '올랏더니'의 'ㄹㄹ'을 'ㄹㄴ'으로 표기한 형태이다.
25) 더듸 : 덛(덛, 사이, 間) + -의(-에 : 부조, 위치)
26) 엇디ᄒᆞ야 : 엇디ᄒᆞ[어찌하다 : 엇디(어찌, 何 : 부사) + -ᄒᆞ(동접)-]- + -야(← -아 : 연어)
27) 下界 : 하계. 천상계에 상대하여 사람이 사는 이 세상을 이르는 말이다.
28) 저긔 : 적(적, 때, 時 : 의명) + -의(-에 : 부조, 위치) ※ 〈성주본〉(1747년)에는 '적의'로 표기되었다.
29) 헛틀언 : 헛틀(흐트러지다)- + -어(← -거- : 확인)- + -ㄴ(관전) ※ 〈성주본〉(1747년)에는 '얼킈연'으로 표현되어 있다. '얼킈연'은 [얼킈(얼키다)- + -여(← -어 : 확인)- + -ㄴ(관전)]으로 분석된다.
30) 디 : 디(지, 시간의 경과 : 의명) + -∅(← -이 : 주조)
31) 三年일쇠 : 三年(삼년) + -이(서조)- + -∅(현시)- + -ㄹ쇠(-일세 : 평종, 감동) ※ 〈성주본〉(1747년)에는 '三年이라'로 표현되었다. '三年일쇠'는 '三年이로소이(다)'가 축약된 형태이다.
32) 臙脂粉 : 연지분. 연지와 분. 곧, 화장품이다.
33) 잇ᄂᆡ마ᄂᆞᆫ : 잇(있다, 有)- + -ᄂᆡ(-네 : 평종, 예사 높임) + -마ᄂᆞᆫ(-마는 : 보조사, 종결) ※ '-ᄂᆡ'는 중세 국어의 '-ᄂᆞ이(다)'가 줄여진 형태로, 이 시기에는 예사 높임의 종결 어미로 쓰였다.
34) 눌 : 누(누구, 誰 : 인대, 미지칭) + -ㄹ(목조)
35) ᄆᆡ친 : ᄆᆡ치[맺히다 : ᄆᆡᆽ(맺다, 結)- + -히(피접)-]- + -∅(과시)- + -ㄴ(관전)
36) 실음 : 시름, 걱정, 憂.
37) 疊疊이 : [첩첩이(부사) : 疊疊(첩첩, 겹겹 : 명사) + -이(부접)]
38) 빠혀 : 빠히[쌓이다 : 빻(싸다, 包)- + -이(피접)-]- + -어(연어)
39) 짓ᄂᆞ니 : 짓(짓다, 製)- + -ᄂᆞ(현시)- + -ㄴ(관전) # 이(이, 것, 者 : 의명) + -∅(← -이 : 주조)
40) 디ᄂᆞ니 : 디(지다, 떨어지다, 落)- + -ᄂᆞ(현시)- + -ㄴ(관전) # 이(이, 것, 者 : 의명) + -∅(← -이 : 주조)
41) 그지업다 : 그지없[끝이 없다 : 그지(끝, 한도, 限 : 명사) + 없(없다, 無 : 형사)-]- + -∅(현시)- + -다(평종)
42) ᄒᆞᄂᆞᆫ고야 : ᄒᆞ(하다, 爲)- + -ᄂᆞ(현시)- + -ㄴ고야(-ㄴ구나 : 감종, 아주 낮춤)
43) 炎凉 : 염량. 더위와 서늘함을 아울러 이르는 말이다. 여기서는 '세월(歲月)'의 흐름을 비유적으로 표현하였다.

ᄣᆡᄅᆞᆯ[44] 아라 가ᄂᆞᆫ ᄃᆞᆺ 고텨[45] 오니 듯거니[46] 보거니 늣길[47] 일도 하도 할샤[48]

(하늘이) 이 몸을 만들어 내실 때 임을 좇아 만들어 내시니, (임과 나의) 한 생(一生)의 緣分(연분)을 하늘이 (어찌) 모를 일이던가? 나 하나 젊어 있고, 임 하나 나를 사랑하시니, 이 마음 이 사랑 견줄 데가 다시 없다. (내가) 平生(평생)에 願(원)하되, "함께 가자." 하였더니, 늙어서야 무슨 일로 따로 두고 (임을) 그리는가? 엊그제 임을 모셔 廣寒殿(광한전)에 올랐더니, 그 사이에 어찌하여 下界(하계)에 내려오니, 올 적에 빗은 머리 흐트러진 지가 三年(삼년)일세. 臙脂粉(연지분)이 있네마는 누구를 위하여 고이 할까? 마음에 맺힌 시름이 疊疊(첩첩)이 쌓여 있어, 짓는 것이 한숨이요 지는 것이 눈물이다. 人生(인생)은 有限(유한)한데 시름도 그지없다. 無心(무심)한 歲月(세월)은 물 흐르듯 하는구나. 炎凉(염량)이 때를 알아 가는 듯이 다시 오니, 듣거니 보거니 느낄 일도 많기도 많구나.

[본사 1 – 봄]

東동風풍이 건듯[49] 부러 積젹雪셜[50]을 헤텨[51] 내니 窓창 밧긔[52] 심근[53] 梅ᄆᆡ花화 두세 가지 픠여셰라[54] ᄀᆞᆺ득[55] 冷ᄂᆡᆼ淡담ᄒᆞᆫᄃᆡ[56] 暗암香향[57]은 므ᄉᆞ

44) ᄣᆡᄅᆞᆯ : ᄣᆡ(때, 時) + –ᄅᆞᆯ(목조)

45) 고텨 : 고티[고치다, 改 : 곧(곧다, 直 : 형사)– + –히(사접)]– + –어(연어) ※ '고텨'는 '다시'로 의역하여 옮긴다.

46) 듯거니 : 듯(← 듣다 : 듣다, 聽) + –거니(–거니 : 연어, 동작의 반복) ※ '듯거니'는 '듣거니'의 종성 /ㄷ/을 'ㅅ'으로 표기한 형태이다.

47) 늣길 : 늣기(← 늗기다 : 느끼다, 感)– + –ㄹ(관전) ※ '늣길'은 '늗길'의 종성 /ㄷ/을 'ㅅ'으로 표기한 형태이다.

48) 하도 할샤 : 하(많다, 多)– + Ø(← –디 : 명전) + –도(보조사) # 하(많다, 多)– + –Ø(현시)– + –ㄹ샤(–구나 : 감종, 아주 낮춤)

49) 건듯 : 건듯. 바람이 가볍게 슬쩍 부는 모양(부사).

50) 積雪 : 적설. 쌓인 눈이다.

51) 헤텨 : 헤티[헤치다 : 헤(헤다, 泳)– + –티(–치– : 강접)–]– + –어(연어) ※ '헤다'는 팔다리를 놀려 물을 헤치고 앞으로 나아가는 것이다.

52) 밧긔 : 밨(밖, 外) + –의(–에 : 부조, 위치)

53) 심근 : 싦(← 시므다 : 심다, 植)– + –Ø(과시)– + –은(관전)

54) 픠여셰라 : 픠(피다, 發)– + –엿(← –엇– : 완료)– + –예라(↚ –에라 : –구나, 감종, 아주 낮춤)

> 일고[58] 黃황昏혼의 ᄃᆞᆯ이 조차 벼마ᄐᆡ[59] 빗최니[60] 늣기ᄂᆞᆫ[61] ᄃᆞᆺ 반기ᄂᆞᆫ ᄃᆞᆺ 님이신가[62] 아니신가 뎌[63] 梅ᄆᆡ花화 것거[64] 내여 님 겨신 ᄃᆡ 보내오져[65] 님이 너[66]ᄅᆞᆯ 보고 엇더타[67] 너기실고[68]

東風(동풍)이 건듯 불어 積雪(적설)을 헤쳐 내니, 窓(창) 밖에 심은 梅花(매화)가 두세 가지가 피었구나. 가뜩이나 冷淡(냉담)한데 暗香(암향)은 무슨 일인가? 黃昏(황혼)에 달이 좇아 베갯맡에 비취니, (저 달이 나를) 느끼는 듯 (나를) 반기는 듯 (하니), (저 달이) 임이신가 아니신가? 저 梅花(매화)를 꺾어 내어 임이 계신 데 보내고자 (하네). 임이 너를 보고 어떻다 여기실까?

[본사 2 – 여름]

> ᄭᅩᆺ[69] 디고 새 닙[70] 나니 綠녹陰음이 ᄭᆞᆯ렷ᄂᆞᆫᄃᆡ[71] 羅나幃위[72] 寂적寞막ᄒᆞ고

※ '픠여셰라'는 '픠여세라'의 오기로 보인다. ※ 중세 국어에서는 감동 표현의 선어말 어미로 '–에–'와 평서형의 종결 어미로 '–라(← –다)'를 설정했으나, 근대 국어의 시기에는 '–에라'의 형태를 감탄형의 종결 어미로 처리한다.

55) ᄀᆞᆺ득 : 가뜩이나, 그러지 않아도 매우, 甚(부사)

56) 冷淡ᄒᆞᆫᄃᆡ : 冷淡ᄒᆞ[냉담하다 : 冷淡(냉담 : 명사) + –ᄒᆞ(형접)–]– + –ㄴᄃᆡ(–ㄴ데 : 연어, 설명 계속) ※ '冷淡(냉담)'은 날씨가 쌀쌀한 것이다.

57) 暗香 : 암향. 그윽히 풍겨 오는 향기나 어둠 속에 풍기는 향기이다. 여기서는 매화 향기를 이르는 말이다.

58) 일고 : 일(일, 事) + –고(–인가 : 보조사, 의문, 설명)

59) 벼마ᄐᆡ : 벼맡[← 벼개맡(베갯맡) : 벼(← 벼개 : 베개) + 맡(맡, 가까운 데)] + –ᄋᆡ(–에 : 부조, 위치) ※ '벼맡'은 '벼개맡'의 오기이다.

60) 빗최니 : 빗최(← 비최다 : 비치다, 照)– + –니(연어, 설명 계속)

61) 늣기ᄂᆞᆫ : 늣기(← 늗기다 : 느끼다, 感)– + –ᄂᆞ(현시)– + –ㄴ(관전)

62) 님이신가 : 님(임, 主) + –이(서조)– + –시(주높)– + –Ø(현시)– + –ㄴ가(–ㄴ가 : 의종, 판정)

63) 뎌 : 저, 彼(지대, 정칭)

64) 것거 : 겄(꺾다, 折)– + –어(연어)

65) 보내오져 : 보내(보내다, 送)– + –오져(← –고져 : 연어, 의도) ※ 이 문장은 '보내오져'는 연결 어미인 '–고져'만으로 문장을 끝맺고 있다.

66) 너 : '매화'를 '너(汝)'로 의인화하여 표현하였다.

67) 엇더타 : 엇더ㅎ[← 엇더ᄒᆞ다(어떠하다, 何) : 엇더(어떠 : 불어) + –ᄒᆞ(형접)–]– + –Ø(현시)– + –다(평종)

68) 너기실고 : 너기(여기다, 念)– + –시(주높)– + –ㄹ고(–을까 : 의종, 설명, 미시)

69) ᄭᅩᆺ : ᄭᅩᆺ(꽃, 花). 'ᄭᅩᆺ'은 /ᄭᅩᆮ/의 종성 /ㄷ/을 'ㅅ'으로 표기한 형태이다.

繡슈幕막[73]이 뷔여[74] 잇다 芙부蓉용[75]을 거더 노코 孔공雀쟉[76]을 둘러 두니 ᄀᆞᆺ득 시ᄅᆞᆷ[77] 한ᄃᆡ[78] 날은 엇디 기돗던고[79] 鴛원鴦앙錦금[80] 버혀[81] 노코[82] 五오色ᄉᆡᆨ線션[83] 플텨[84] 내여 금 자ᄒᆡ[85] 견화 이셔[86] 님의 옷 지어 내니 手슈品품은ᄏᆞ니와[87] 制졔度도[88]도 ᄀᆞᄌᆞᆯ시고[89] 珊산瑚호樹슈[90] 지게 우ᄒᆡ[91] 白ᄇᆡᆨ玉옥函함의[92] 다마 두고 님의게[93] 보내오려[94] 님 겨신 ᄃᆡ ᄇᆞ라보니 山산인가 구롬인가 머흐도[95] 머흘시고 千쳔里리 萬만里리 길ᄒᆡ[96] 뉘라셔[97] ᄎᆞ자갈고[98]

---

70) 닙 : 닙(← 닢 : 잎, 葉)
71) ᄭᆞᆯ렷ᄂᆞᆫᄃᆡ : ᄭᆞᆯ리[깔리다 : ᄭᆞᆯ(깔다, 藉)- + -리(← -이- : 피접)-]- + -엇(완료)- + -ᄂᆞ(현시)- + -ㄴᄃᆡ(-는데 : 연어, 설명 계속) ※ /ㄹ/로 끝나는 용언의 어근에 피동 접마사가 '-이-' 대신에 '-리-'의 형태로 실현되었다.
72) 羅幃 : 나위. 얇은 비단으로 만든 장막이다.
73) 繡幕 : 수막. 수(繡)를 놓아 장식한 장막이다.
74) 뷔여 : 뷔(비다, 空)- + -여(← -어 : 연어)
75) 芙蓉 : 부용. 부용장(芙蓉帳). 연꽃 무늬가 있는 비단으로 만든 방장이다. ※ '방장(房帳)'은 방문이나 창문에 치거나 두르는 휘장이다. 흔히 겨울철에 외풍을 막기 위하여 친다.
76) 孔雀 : 공작. 공작 병풍(孔雀 屛風). 공작의 그림이 있는 병풍이다.
77) 시ᄅᆞᆷ : 시름, 憂.
78) 한ᄃᆡ : 하(많다, 多, 크다, 大)- + -ㄴᄃᆡ(-ㄴ데 : 연어, 설명 계속)
79) 기돗던고 : 기(← 길다 : 길다, 長)- + -돗(감동)- + -더(회상)- + -ㄴ고(-ㄴ가 : 의종, 설명)
80) 鴛鴦錦 : 원앙금. 원앙을 수놓은 이불, 혹은 부부가 함께 덮는 이불이다.
81) 버혀 : 버히[베다, 斷 : 벟(베어지다, 切 : 자동)- + -이(사접)-]- + -어(연어)
82) 노코 : 놓(놓다, 置 : 보용, 완료 지속)- + -고(연어, 계기)
83) 五色線 : 오색선. 다섯 가지 빛깔의 실이다.
84) 플텨 : 플티[풀어 버리다 : 플(풀다, 解)- + -티(강접)-]- + -어(연어)
85) 자ᄒᆡ : 자ㅎ(자, 尺) + -ᄋᆡ(-에 : 부조, 위치)
86) 견화 이셔 : 견호(견주다, 재다, 量)- + -아(연어) # 이시(있다 : 보용, 완료)- + -어(연어)
87) 手品은ᄏᆞ니와 : 手品(수품, 솜씨) + -은(보조사, 주제) + -ᄏᆞ니와(보조사, 물론이거니와) ※ '-ᄏᆞ니와'는 'ᄒᆞ거니와'에서 /ㆍ/가 탈락하고 /ㅎ/이 /ㄱ/이 축약되어서 형성된 보조사이다.
88) 制度 : 제도. 마련된 법도이다. 여기서는 옷을 만들 때 지켜야 할 격식을 이른다.
89) ᄀᆞᄌᆞᆯ시고 : ᄀᆞᆽ(갖추어져 있다, 具 : 형사)- + -Ø(현시)- + -ᄋᆞᆯ시고(-구나 : 감종)
90) 珊瑚樹 : 산호수. 자금우과의 상록 소관목으로, 높이는 5~8cm이며, 잎은 돌려나고 타원형이다.
91) 우ᄒᆡ : 우ㅎ(위, 上) + -ᄋᆡ(-에 : 부조, 위치)
92) 白玉函의 : 白玉函(백옥함) + -의(-에 : 부조, 위치) ※ '白玉函(백옥함)'은 흰 옥으로 만든 함이다.
93) 님의게 : 님(임, 主) + -의게(-에게 : 부조, 상대)
94) 보내오려 : 보내(보내다, 遣)- + -오려(-려 : 연어, 의도)
95) 머흐도 : 머흐(← 머흘다 : 험하고 사납다)- + -Ø(← -디 : -기, 명전) + -도(보조사, 강조)

니거든[99] 여러 두고 날인가[1] 반기실가

꽃이 지고 새 잎이 나니 綠陰(녹음)이 깔렸는데, 羅幃(나위)가 寂寞(적막)하고 繡幕(수막)이 비어 있다. 芙蓉(부용)을 걷어 놓고 孔雀(공작)을 둘러 두니, 가뜩이나 시름이 많은데 날은 어찌 길던가? 鴛鴦錦(원앙금) 베어 놓고 五色線(오색천) 풀어 내어, 금(金)자에 견주어서 임의 옷을 지어 내니, 手品(수품)은 말할 것도 없고 制度(제도)도 갖추어져 있구나. (임의 옷을) 珊瑚樹(산호수) 지게 위에 (있는) 白玉函(백옥함)에 담아 두고, 임에게 보내려 임이 계신 데를 바라보니, 山(산)인가 구름인가 험하기도 험하구나. 千里(천리) 萬里(만리) 길에 누구라서 찾아갈까? 가거든 (임께서 백옥함을) 열어 두고 (임의 옷을) 나인가 반기실가?

[본사 3 – 가을]

ᄒᆞᄅᆞ밤[2] 서리 김의[3] 기러기 우러 녤[4] 제 危위樓루[5]에 혼자 올나[6]
水슈晶정簾념[7] 거든마리[8] 東동山산의 ᄃᆞᆯ이 나고 北븍極극[9]의 별이 뵈니

※ '머흘도'는 '머흐디도'에서 명사형 어미인 '-디'가 줄어진 말이다.

96) 길ᄒᆡ : 길ㅎ(길, 路) + -ᄋᆡ(-에 : 부조, 위치) ※ 〈성주본〉(1747년)에는 '길ᄒᆞᆯ'로 표기되었다.

97) 뉘라셔 : 누(누구, 誰 : 인대, 미지칭) + -ㅣ라셔(← -이라서 : 주조) ※ '-ㅣ라셔'는 [-ㅣ(← -이- : 서조)- + -라셔(← -아셔 : 연어, 이유, 근거)]의 방식으로 형성되었는데, '감히', '능히'의 뜻을 더하면서 특별히 가리켜 강조하여 주어임을 나타내는 격조사이다.

98) ᄎᆞ자갈고 : ᄎᆞ자가[찾아가다 : ᄎᆞᆽ(찾다, 尋)- + -아(연어) + 가(가다, 去)-]- + -ㄹ고(-ㄹ까 : 의종, 설명, 미시)

99) 니거든 : 니(← 녀다 : 가다, 行)- + -거든(-거든 : 연어, 조건)

1) 날인가 : 날(← 나 : 나, 我, 인대, 1인칭) + -이(서조)- + -∅(현시)- + -ㄴ가(-ㄴ가 : 의종, 판정)

2) ᄒᆞᄅᆞ밤 : [↚ ᄒᆞᄅᆺ밤(하룻밤, 一夜) : ᄒᆞᄅᆞ(하루, 一日) + -ㅅ(사잇) + 밤(밤, 夜)]

3) 김의 : 기(↚ ᄢᅵ다 : 끼다) + -ㅁ(명전) + -의(-에 : 부조, 위치, 원인) ※ '김의'은 'ᄢᅵᆷ의'를 오각한 형태이다.

4) 녤 : 녜(← 녀다 : 가다, 行)- + -ㄹ(관전)

5) 危樓 : 위루. 위험스러울 만큼 매우 높은 누각(樓閣)이다.

6) 올나 : 올ㄴ(← 올ㄹ- ← 오ᄅᆞ다 : 오르다, 登)- + -아(연어) ※ '올나'는 '올라'의 'ㄹㄹ'을 'ㄹㄴ'으로 표기한 형태이다.

7) 水晶簾 : 수정렴. 수정 구슬을 꿰어서 만든 아름다운 발이다.

8) 거든마리 : 걷(걷다, 撤)- + -은마리(-으니, -은즉 : 연어, 설명 계속, 반응)

9) 北極 : 북극. 북쪽의 하늘 끝이다.

님이신가 반기니 눈믈이 절로[10] 난다 淸청光광[11]을 픠워[12] 내여 鳳봉凰황樓누의[13] 븟티고져[14] 樓누 우ᄒᆡ 거러[15] 두고 八팔荒황[16]의 다 비최여 深심山산窮궁谷곡[17] 졈[18] 낫[19] ᄀᆞ티[20] ᄆᆡᆼ그쇼셔[21]

하룻밤 (동안) 서리가 낌에 기러기가 울어서 갈 때에, 危樓(위루)에 혼자 올라 水晶簾(수정렴)을 걷으니, 東山(동산)에 달이 나고 北極(북극)에 별이 보이니, 임이신가 반기니 눈물이 절로 난다. (달과 북극성)에서 淸光(청광)을 피워 내어 鳳凰樓(봉황루)에 붙이고자 (하네). (청광을) 樓(누) 위에 걸어 두고 八荒(팔황)에 다 비취여, 深山窮谷((심산궁곡)을 조금이마 낮같이 만드소서.

[본사 4 – 겨울]

乾건坤곤[22]이 閉폐塞ᄉᆡᆨ[23]ᄒᆞ야 白ᄇᆡᆨ雪셜이 ᄒᆞᆫ 비친[24] 제 사ᄅᆞᆷ은ᄏᆞ니와[25] ᄂᆞᆯ새도[26] 긋처[27] 잇다 瀟쇼湘샹[28] 南남畔반[29]도 치오미[30] 이러커든 玉옥樓누

---

10) 절로 : [저절로, 自(부사) : 절(← 저 : 저, 己, 인대, 재귀칭) + -로(부조▷부접)]
11) 淸光 : 청광. 선명한 빛이라는 뜻으로, 이백(李白)의 시에 나오는 말이다.
12) 픠워 : 픠우[피우다 : 픠(피다, 發)- + -우(사접)-]- + -어(연어) ※〈성주본〉(1747년)에는 '쥐여'로 표기되어 있는데, '쥐여'는 '쥐(쥐다, 握)- + -여(← -어 : 연어)'로 분석된다.
13) 鳳凰樓 : 봉황루. 임이나 임금이 계신 곳을 아름답게 이르는 말이다.
14) 븟티고져 : 븟티[← 브티다(붙이다, 着) : 븥(← 븥다 : 붙다, 附)- + -이(사접)-]- + -고져(-고자 : 연어, 의도) ※'븟티고져'는 '브티고져'의 /ㅌ/을 'ㅅㅌ'으로 거듭 적은 형태이다.
15) 거러 : 걸(걸다, 掛)- + -어(연어)
16) 八荒 : 팔황. 여덟 방위의 멀고 너른 범위라는 뜻으로, 온 세상을 이르는 말이다.
17) 深山窮谷 : 심산 궁곡. 높은 산과 깊은 골짜기이다.
18) 졈 : 좀, 조금이나마, 少(부사)
19) 낫 : 낫(← 낮 : 낮, 晝) ※'낫'은 '낮'의 종성 /ㄷ/을 'ㅅ'으로 표기한 형태이다.
20) ᄀᆞ티 : [같이, 如(부사) : ᄀᆞᇀ(같다, 如 : 형사)- + -이(부접)]
21) ᄆᆡᆼ그쇼셔 : ᄆᆡᆼ그(← ᄆᆡᆼ글다 : 만들다, 製)- + -쇼셔(-소서 : 명종, 아주 높임) ※중세 국어에는 'ᄆᆡᆼᄀᆞᄅᆞ쇼셔'로 실현되었는데, 여기서는 현대어에서처럼 용언 어간의 /ㄹ/이 탈락되었다.
22) 乾坤 : 건곤. 하늘과 땅이다.
23) 閉塞 : 폐색. 겨울에 천지가 얼어붙어 생기가 막히는 것이다.
24) 비친 : 빛(빛, 光) + -이(서조)- + -Ø(현시)- + -ㄴ(관전) ※〈성주본〉(1747년)에는 '빗친'으로 표기되어 있다. ※'빗친'은 '비친'의 /ㅊ/을 'ㅅㅊ'으로 거듭 적은 형태이다.
25) 사ᄅᆞᆷ은ᄏᆞ니와 : 사ᄅᆞᆷ(사람, 人) + -은(보조사, 주제) + -ᄏᆞ니와(말할 것도 없이, 물론이고, 보조사)

高고處쳐[31]야 더옥 닐너[32] 므ᄉᆞᆷ[33] ᄒᆞ리[34] 陽양春츈[35]을 부처[36] 내여 님 겨신 ᄃᆡ 쏘이고져[37] 茅모簷쳠[38] 비쵠 ᄒᆡᄅᆞᆯ 玉옥樓누[39]의 올리고져 紅홍裳샹[40]을 니믜ᄎᆞ고[41] 翠취袖슈ᄅᆞᆯ[42] 半반만 거더 日일暮모脩슈竹듁[43]의 혬 가림도[44] 하도 할샤 댜ᄅᆞᆫ[45] ᄒᆡ[46] 수이[47] 디여[48] 긴 밤을 고초안자[49] 靑쳥燈등[50] 거론[51]

---

26) ᄂᆞᆯ새도 : ᄂᆞᆯ새[날짐승 : ᄂᆞ(← ᄂᆞᆯ다 : 날다, 飛)- + -ㄹ(관전) + 새(새, 鳥)] + -도(보조사, 마찬가지)

27) 긋처 : 긋ㅊ(← 긏다 : 그치다, 止)- + -어(연어) ※ '긋처'는 '그처'의 /ㅊ/을 'ㅅㅊ'으로 거듭 적은 형태이다. 〈성주본〉(1747년)에는 '긋쳐'로 표기되어 있다.

28) 瀟湘 : 소상. 중국 후난 성(湖南省)의 동정호(洞庭湖) 남쪽에 있는 소수(瀟水) 강과 상강(湘江) 강을 아울러 이르는 이름이다. 부근에 경치가 아름다운 소상팔경이 있다.

29) 南畔 : 남반. 일정한 지역을 남북으로 반씩 나누었을 때, 남쪽에 해당하는 부분이다. 여기서 소상(瀟湘) 남반(南畔)은 정철의 고향인 담양군의 '창평'을 표현한 것이다.

30) 치오미 : 치오(← 칩다, ㅂ불 : 춥다, 寒)- + -ㅁ(← 옴 : 명전) + -이(주조)

31) 玉樓高處 : 옥루고처. 옥으로 된 누각과 높은 곳, 곧 임금이 계신 곳이다.

32) 닐너 : 닐ㄴ(← 닐ㄹ- ← 니ᄅᆞ다 : 이르다, 말하다, 曰)- + -어(연어) ※ '닐너'는 '닐러'의 'ㄹㄹ'을 'ㄹㄴ'으로 표기한 형태이다.

33) 므ᄉᆞᆷ : 무엇, 何(지대, 미지칭)

34) ᄒᆞ리 : ᄒᆞ(하다, 爲)- + -리(의종, 반말, 미시)

35) 陽春 : 양춘. 따뜻한 봄이다.

36) 부처 : 붗(부치다, 젓다, 부추기다, 扇)- + -어(연어) ※ '붗다(扇)'는 부채 따위를 흔들어서 바람을 일으키는 것이다.

37) 쏘이고져 : 쏘이[쏘이다 : 쏘(쏘다, 射)- + -이(사접)-]- + -고져(-고자 : 연어, 의도)

38) 茅簷 : 모첨. 초가지붕의 처마이다.

39) 玉樓 : 옥루. 옥으로 장식한 화려한 누각으로 여기서는 임금이 사는 대궐을 이른다.

40) 紅裳 : 홍상. 다홍치마. 혹은 조복(朝服)에 딸린 아래옷의 하나로서 임금에게 하례할 때에 입는다. 붉은 빛깔의 바탕에 검은 선을 두른다.

41) 니믜ᄎᆞ고 : 니믜ᄎᆞ[여미어 차다(여미어 차다) : 니믜(여미다)- + ᄎᆞ(차다, 着)]- + -고(연어, 계기) ※ '니믜ᄎᆞ다'는 벌어진 옷깃을 바로 합쳐 단정하게 하여 입는 것이다.

42) 翠袖ᄅᆞᆯ : 翠袖(취수) + -ᄅᆞᆯ(목조) ※ '翠袖(취수)'는 푸른 소매이다.

43) 日暮脩竹 : 일모수죽. 해가 질 무렵에 긴 대나무에 의지하여 서 있는 것이다. 이 구절은 당나라의 시인 두보의 〈가인, 佳人〉이라는 시에서, "天寒翠袖薄 日暮倚脩竹" 곧, "날씨는 찬데 여름 옷을 입고 저녁 나절에 긴 대숲에 의지해 있네."라는 시구(詩句)를 인용한 말이다.

44) 혬 가림도 : 혬[헤아림, 셈, 算 : 혜(헤아리다)- + -ㅁ(명접)] # 가리(가리다, 選)- + -ㅁ(명전) + -도(보조사, 강조) ※ '혬 가림'은 생각이 여러 갈래로 나누어짐을 나타낸다. 이런 생각 저런 생각, 곧 여러 가지 생각이 드는 것이다.

45) 댜ᄅᆞᆫ : 댜ᄅᆞ(← 뎌르다 : 짧다, 短)- + -Ø(현시)- + -ㄴ(관전)

46) ᄒᆡ : ᄒᆡ(해, 日) + -Ø(← -이 : 주조)

47) 수이 : [쉽게, 쉬이(부사) : 수(← 쉽다, ㅂ불 : 쉽다, 易)- + -이(부접)]

48) 디여 : 디(지다, 落)- + -여(← -어 : 연어)

겻ᄐᆡ[52] 鈿뎐恐공候후[53] 노하[54] 두고 ᄭᅮᆷ의나[55] 님을 보려 ᄐᆡᆨ[56] 밧고[57] 비겨시 니[58] 鴦앙衾금[59]도 ᄎᆞ도 ᄎᆞᆯ샤[60] 이 밤은 언제 샐고[61]

乾坤(건곤)이 閉塞(폐색)하여 白雪(백설)이 한 빛인 때에, 사람은 말할 것도 없고 날짐승도 그쳐 있다. 瀟湘(소상)의 南畔(남반)도 추움이 이렇거든, 玉樓高處(옥루고처)야 더욱 일러 무엇 하리? 陽春(양춘)을 부쳐 내어 임 계신 데에 쏘이고자. 茅簷(모첨)에 비친 해를 玉樓(옥루)에 올리고자, 紅裳(홍상)을 여미어 차고 翠袖(취수)를 半(반)만 걷어, 日暮脩竹(일모수죽)에 생각의 갈래도 많기도 많구나. 짧은 해가 쉽게 져서 긴 밤을 곧추앉아, 靑燈(청등)을 걸은 곁에 鈿恐候(전공후)를 놓아 두고, 꿈에나 임을 보려 턱을 받치고 기대었으니, 鴦衾(앙금)도 차기도 차구나. 이 밤은 언제 샐고?

[결사]

ᄒᆞᄅᆞ도 열두 ᄣᅢ[62] ᄒᆞᆫ ᄃᆞᆯ도 셜흔[63] 날 져근덧[64] ᄉᆡᆼ각 마라[65] 이

---

49) 곳초안자 : 곳초앉[← 고초앉다(곧추앉다, 꼿꼿하게 앉다) : 고초(곧추 세우다, 直立 : 동사)-+-∅(부접)+앉(앉다, 坐)-]-+-아(연어) ※ '곳초안자'는 /ㅊ/을 'ㅅㅊ'으로 거듭 적은 형태이다.

50) 靑燈 : 청등. 청사초롱. 궁중에서 사용하던 등롱(燈籠)이다. 푸른 운문사(雲紋紗)로 바탕을 삼고 위아래에 붉은 천으로 동을 달아서 만든 옷을 둘러씌웠다.

51) 거론 : 걸(걸다, 卦)-+-∅(과시)-+-오(대상)-+-ㄴ(관전) ※ 여기서 쓰인 대상 표현의 '-오-'는 정철이 『송강가사』를 지었던 16세기 말 국어의 흔적이다.

52) 겻ᄐᆡ : 겻ㅌ(← 곁 : 곁, 傍)+-ᄋᆡ(-에 : 부조, 위치) ※ '겻ᄐᆡ'는 '겨ᄐᆡ'의 /ㅌ/을 'ㅅㅌ'으로 거듭 적은 형태이다.

53) 鈿恐候 : 전공후. 몸체에 자개를 박은 하프와 비슷한 동양의 옛 현악기이다.

54) 노하 두고 : 놓(놓다, 置)-+-아(연어) # 두(두다 : 보용, 완료 지속)-+-고(연어, 계기)

55) ᄭᅮᆷ의나 : ᄭᅮᆷ(꿈, 夢)+-의(-에 : 부조, 위치)+-나(보조사, 선택)

56) ᄐᆡᆨ : ᄐᆡᆨ(턱, 頤) ※ 〈성주본〉(1747년)에는 'ᄃᆡᆨ'으로 표기되어 있다.

57) 밧고 : 밧(← 받다 : 받치다, 支)-+-고(연어, 계기) ※ '밧고'는 종성 /ㄷ/을 'ㅅ'으로 표기한 형태이다.

58) 비겨시니 : 비기(기대다, 의지하다, 倚)-+-어시(-었- : 완료)-+-니(연어, 설명 계속)

59) 鴦衾 : 앙금. 원앙금. 원앙을 수놓은 이불로서, 부부가 함께 덮는 이불이다.

60) ᄎᆞ도 ᄎᆞᆯ샤 : ᄎᆞ(차다, 寒)-+-∅(← -디 : -기 : 명전)+-도(보조사, 강조) # ᄎᆞ(차다)-+-∅(현시)-+-ㄹ샤(-구나 : 감종, 아주 낮춤)

61) 샐고 : 새(새다, 明)-+-ㄹ고(-ㄹ까 : 의종, 설명, 미시) ※ '새다'는 날이 밝아 오는 것이다.

62) ᄣᅢ : 때, 時.

시ᄅᆞᆷ 닛쟈[66] ᄒᆞ니 ᄆᆞ음의 ᄆᆡ쳐[67] 이셔 骨골髓슈[68]의 ᄢᅦ텨시니[69] 扁편鵲쟉[70]이 열히[71] 오다[72] 이 병을 엇디ᄒᆞ리[73] 어와 내 병이야[74] 이[75] 님의 타시로다[76] ᄎᆞᆯ하리[77] ᄉᆡ어디여[78] 범나븨[79] 되오리라[80] 곳나모[81] 가지마다 간 ᄃᆡ 죡죡[82] 안니다가[83] 향 므틴[84] ᄂᆞᆯ애로[85] 님의 오ᄉᆡ[86] 올므리라[87] 님이야[88]

---

63) 셜흔 : 서른, 三十(관사, 양수)

64) 져근덧 : [잠시, 暫(부사) : 젹(적다, 작다, 少)- + -은(관전) + 덧(← 덛 : 덧, 짧은 시간)]

65) 마라 : 말(말다, 勿)- + -아(연어)

66) 닛쟈 : 닛(← 닞다 : 잊다, 忘)- + -쟈(-자 : 청종) ※'닛쟈'는 종성 /ㄷ/을 'ㅅ'으로 표기한 형태이다.

67) ᄆᆡ쳐 : ᄆᆡ치[맺히다 : ᄆᆡᆽ(맺다, 結)- + -히(피접)-]- + -어(연어)

68) 骨髓 : 골수. 뼈의 중심부인 골수 공간(骨髓空間)에 가득 차 있는 결체질(結締質)의 물질이다.

69) ᄢᅦ텨시니 : ᄢᅦ티(꿰뚫다 : ᄢᅦ(꿰다, 貫)- + -티(강접)-]- + -어시(완료)- + -니(연어, 이유)

70) 扁鵲 : 편작. 중국 전국 시대의 의사(?~?)이다. 본명은 진월인(秦越人)으로서, 임상 경험을 바탕으로 치료하였다. 장상군(長桑君)으로부터 의술을 배워 환자의 오장을 투시하는 경지에까지 이르렀다고 전한다.

71) 열히 : 열ㅎ(열, 十 : 수사, 양수) + -이(주조)

72) 오다 : 오(오다, 來)- + -다(← -나 : 연어, 대조) ※'오다'는 '오나'의 오기이다. 〈성주본〉(1747년)에는 '오나'로 표기되어 있다.

73) 엇디ᄒᆞ리 : 엇디ᄒᆞ[어찌하다 : 엇디(어찌, 何 : 부사) + -ᄒᆞ(동접)-]- + -리(평종, 반말, 미시)

74) 병이야 : 병(병, 病) + -이야(보조사, 강조)

75) 이 : 이(이것, 此 : 지대) + -∅(← -이 : 주조)

76) 타시로다 : 탓(탓 : 의명, 원인) + -이(서조)- + -∅(현시)- + -로(← -도- : 감동)- + -다(평종) ※'탓'은 15세기 국어에서는 '닷'의 형태였다.

77) ᄎᆞᆯ하리 : 차라리, 寧(부사)

78) ᄉᆡ어디여 : ᄉᆡ어디[← ᄉᆡ여디다(물 새듯이 없어지다) : ᄉᆡ(새다, 漏)- + -여(← -어 : 연어) + 디(지다 : 보용, 피동)-]- + -여(← -어 : 연어)

79) 범나븨 : 범나븨[호랑나비, 蝴蝶 : 범(호랑이, 虎) + 나븨(← 나비 : 나비, 蝶)] + -∅(← -이 : 보조

80) 되오리라 : 되(되다, 爲)- + -오(화자)- + -리(미시)- + -라(← -다 : 평종) ※여기서 쓰인 인칭 표현의 선어말 어미인 '-오-'는 정철이 송강가사를 지은 16세기 말 국어의 흔적이다.

81) 곳나모 : [꽃나무 : 곳(← 곶 : 꽃, 花) + 나모(나무, 木)] ※'곳나모'는 종성 /ㄷ/을 'ㅅ'으로 표기한 형태이다.

82) 죡죡 : 족족(의명) ※'죡죡'은 어떤 일을 하는 하나하나이다.

83) 안니다가 : [앉으며 다니다 : 안(← 앉다 : 앉다, 坐)- + 니(가다, 다니다, 行)-]- + -다가(-다가 : 연어, 동작 전환)

84) 므틴 : 므티[묻히다 : 믇(묻다, 着)- + -히(사접)]- + -∅(과시)- + -ㄴ(관전) ※〈성주본〉(1747년)에는 '므든'으로 표기되어 있다.

85) ᄂᆞᆯ애로 : ᄂᆞᆯ애[날개, 羽 : ᄂᆞᆯ(날다, 飛)- + -애(← -개 : 명접)] + -로(부조, 방편)

86) 오ᄉᆡ : 옷(옷, 衣) + -ᄋᆡ(-에 : 부조, 위치)

날인[89] 줄 모ᄅᆞ셔도[90] 내[91] 님 조ᄎᆞ려[92] ᄒᆞ노라[93]

하루도 열두 때 한 달도 서른 날 잠간도 생각을 말아서 이 시름 잊자 하니, 마음에 맺혀 있어 骨髓(골수)에 꿰뚫었으니, 扁鵲(편작)이 열이 오나 이 병을 어찌하리? 어와 내 병이야, 이것이 임의 탓이구나. 차라리 사라져서 범나비가 되리라. 꽃나무 가지마다 간 데 족족 앉아다니다가, 향을 묻힌 날개로 임의 옷에 옮으리라. 임이야 (그 범나비가) 나인 줄 모르셔도 내가 임을 좇으려 한다.

---

87) 올므리라 : 옮(옮다, 이동하다, 移)- + -으리(미시)- + -라(←-다 : 평종)

88) 님이야 : 님(임, 主) + -이야(보조사, 한정 강조) ※ 중세 국어의 '-이ᅀᅡ'가 '-이야'의 형태로 바뀌었다.

89) 날인 : 날(↚나 : 나, 我, 인대) + -이(서조)- + -Ø(현시)- + -ㄴ(관전) ※ '날인'은 '나인'을 오각한 형태이다.

90) 모ᄅᆞ셔도 : 모ᄅᆞ(모르다, 不知)- + -시(주높)- + -어도(연어, 양보) ※ 중세 국어에서는 주체 높임의 선어말 어미인 '-시-'에 모음으로 시작하는 어미가 결합하면 '-시-'의 형태가 '-샤-'로 변동하였다. 곧, 중세 국어의 시기에는 '모ᄅᆞ샤도'로 실현되었으나, 이 시기에는 '모ᄅᆞ셔도'로 실현되었다.

91) 내 : 나(나, 我 : 인대, 1인칭) + -ㅣ(←-이 : 주조)

92) 조ᄎᆞ려 : 좇(좇다, 從)- + -ᄋᆞ려(-으려 : 연어, 의도)

93) ᄒᆞ노라 : ᄒᆞ(하다 : 보용)- + -ㄴ(←-ᄂᆞ- : 현시)- + -오(화자)- + -라(평종)

續속美미人인曲곡*

뎨[1)] 가는 뎌[2)] 각시 본 듯도[3)] ᄒᆞᆫ뎌이고[4)] 天텬上샹 白ᄇᆡᆨ玉옥京경[5)]을 엇디ᄒᆞ야 離니別별ᄒᆞ고 ᄒᆡ 다 뎌[6)] 져믄[7)] 날의 눌을[8)] 보라 가시ᄂᆞᆫ고[9)]

(갑녀) : 저기 가는 저 각시 본 듯도 하구나. 天上(천상)의 白玉京(백옥경)을 어찌하여 離別(이별)하고, 해가 다 져 저문 날에 누구를 보러 가시는가?

어와 네여이고[10)] 이내[11)] ᄉᆞ셜[12)] 드러 보오[13)] 내 얼굴[14)]이 거동[15)]이 님 괴얌즉[16)] ᄒᆞᆫ가마ᄂᆞᆫ[17)] 엇딘디[18)] 날 보시고 네로다[19)] 녀기실ᄉᆡ[20)] 나도

* 〈속미인곡, 續美人曲〉 : 정철이 50세 되던 1585년(선조 18)에 사간원과 사헌부 양사로부터 탄핵을 받고 조정에서 물러나 낙향하여, 고향인 전라남도 담양에서에서 지은 가사 작품이다.

1) 뎨 : 저기, 彼(지대, 정칭)
2) 뎌 : 저, 彼(관사, 지시, 정칭)
3) 본 듯도 : 보(보다, 見)- + -Ø(과시)- + -ㄴ(관전) # 듯(듯 : 의명) + -도(보조사, 강조)
4) ᄒᆞᆫ뎌이고 : ᄒᆞ(하다 : 보용, 추측)- + -Ø(현시)- + -ㄴ뎌(-구나 : 감종) + -이고(-구나 : 감종, 아주 낮춤) ※ 'ᄒᆞᆫ뎌이고'는 'ᄒᆞ다'의 어간 'ᄒᆞ-'에 감탄형 어미인 '-ㄴ뎌'와 '-이고'가 겹쳐서 실현된 특이한 표현이다. 정상적으로는 'ᄒᆞᆫ뎌'로 표현해야 한다.
5) 白玉京 : 백옥경. 하늘 위에 옥황상제가 산다고 하는 가상적인 서울이다.
6) 뎌 : 디(지다, 落)- + -어(연어)
7) 져믄 : 져므(← 져믈다 : 저물다, 暮)- + -Ø(과시)- + -ㄴ(관전)
8) 눌을 : 눌(← 누 : 누구, 誰, 인대, 미지칭) + -을(목조)
9) 가시ᄂᆞᆫ고 : 가(가다, 行)- + -시(주높)- + -ᄂᆞ(현시)- + -ㄴ고(-ㄴ가 : 의종, 설명)
10) 네여이고 : 너(너, 汝 : 인대, 2인칭) + -ㅣ(← -이- : 서조) + -Ø(현시)- + -어(← -거- : 확인)- + -이고(← -구나 : 감종, 아주 낮춤)
11) 이내 : [이내, 나의, 我(관사) : 이(이, 此 : 관사, 지시) + 나(나, 我 : 인대) + -ㅣ(← -ᄋᆡ : 관조)] ※ '이내'는 '내(= 나의)'를 강조해서 이르는 지시 관형사이다. 〈성주본〉(1747년)에는 '내'로 표현되어 있다.
12) ᄉᆞ셜 : 사설, 辭說. 늘어놓는 말이나 이야기이다.
13) 보오 : 보(보다, 見)- + -오(명종, 예사 높임)
14) 얼굴 : 모습, 형상, 樣.
15) 거동 : 거동(擧動). 몸을 움직임, 또는 그런 짓이나 태도이다.
16) 괴얌즉 : 괴(사랑하다, 寵) + -얌즉(← -암직 : 연어, 가치)
17) ᄒᆞᆫ가마ᄂᆞᆫ : ᄒᆞ(하다 : 보용, 추측)- + -Ø(현시)- + -ㄴ가(-ㄴ가 : 의종, 판정) + -마ᄂᆞᆫ(-마는 : 보조사, 종결, 대조)

님을 미더 군ᄠᅳ디[21] 젼혀 업서 이ᄅᆡ야[22] 교ᄐᆡ야[23] 어ᄌᆞ러이[24] 구돗ᄯᅥᆫ디[25] 반기시ᄂᆞᆫ ᄂᆞᆺ비치[26] 녜와[27] 엇디 다ᄅᆞ신고[28] 누어[29] ᄉᆡᆼ각ᄒᆞ고 니러[30] 안자 혜여[31] ᄒᆞ니[32] 내 몸의 지은 죄 뫼[33] ᄀᆞ티[34] ᄡᅡ혀시니[35] 하ᄂᆞᆯ히라[36] 원망ᄒᆞ며 사ᄅᆞᆷ이라 허믈ᄒᆞ랴[37] 셜워[38] 플텨[39] 혜니 造조物믈의 타시로다[40]

(을녀) : 어와, 너이구나. 이내 사설(辭說)을 들어 보오. 내 얼굴이 거동이 임이 사랑함

18) 엇던디 : 엇디(어찌, 어째서, 何 : 부사) + -Ø(← -이- : 서조)- + -ㄴ디(-ㄴ지 : 연어, 막연한 의문)
19) 네로다 : 너(너, 汝 : 인대, 2인칭) + -ㅣ(← -이- : 서조)- + -Ø(현시)- + -로(← -도- : 감동)- + -다(평종)
20) 녀기실ᄉᆡ : 녀기(너기다, 思)- + -시(주높)- + -ㄹᄉᆡ(-므로 : 연어, 이유)
21) 군ᄠᅳ디 : 군ᄠᅳᆮ[잡념, 사심 : 군(쓸데없다, 雜 : 접두)- + ᄠᅳᆮ(뜻, 생각, 意)] + -이(주조)
22) 이ᄅᆡ야 : 이ᄅᆡ(재롱, 아양, 응석) + -야(← -이야 : 보조사, 한정 강조)
23) 교ᄐᆡ야 : 교ᄐᆡ(교태, 嬌態) + -야(← -이야 : 보조사, 한정 강조)
24) 어ᄌᆞ러이 : [어지러이, 어지럽게(부사) : 어ᄌᆞ러(← 어즈럽다, ㅂ불 : 어지럽다, 亂)- + -이(부접)]
25) 구돗ᄯᅥᆫ디 : 구(← 굴다 : 굴다, 행동하다)- + -돗(감동)- + -더(회상)- + -ㄴ디(-ㄴ지 : 연어, 막연한 의문) ※ ‘구돗ᄯᅥᆫ디’는 ‘구돗던디’의 종성 /ㄷ/을 ‘ㅅ’으로 거듭 적은 형태이다.
26) ᄂᆞᆺ비치 : ᄂᆞᆺ빛[낯빛, 顔色 : ᄂᆞᆺ(← ᄂᆞᆾ : 낯, 顔) + 빛(빛, 色)] + -이(주조)
27) 녜와 : 녜(예, 옛날, 昔) + -와(← -과 : 부조, 비교)
28) 다ᄅᆞ신고 : 다ᄅᆞ(다르다, 異)- + -시(주높)- + -ㄴ고(-ㄴ가 : 의종, 설명)
29) 누어 : 누(← 눕다, ㅂ불 : 눕다, 臥)- + -어(연어) ※ ‘누어’는 ‘누워’의 오기이다.
30) 니러 : 닐(일어나다, 起)- + -어(연어)
31) 혜여 : 혜(헤아리다, 생각하다, 思)- + -여(← -어 : 연어)
32) ᄒᆞ니 : ᄒᆞ(보다 : 보용, 시도, 경험)- + -니(연어, 설명 계속, 반응)
33) 뫼 : 뫼(산, 山) + -Ø(← -이 : 부조, 비교)
34) ᄀᆞ티 : [같이, 如(부사) : ᄀᆞᇀ(같다, 如 : 형사)- + -이(부접)]
35) ᄡᅡ혀시니 : ᄡᅡ히[쌓이다 : ᄡᅡᇂ(쌓다, 積)- + -이(피접)-]- + -어시(완료)- + -니(연어, 설명 계속, 이유)
36) 하ᄂᆞᆯ히라 : 하ᄂᆞᆶ(하늘, 天)- + -이라(보조사, 지적, 강조) ※ 이때의 ‘-이라’는 어떤 대상을 지적(指摘)하여 강조하는 뜻을 나타내는 보조사이다. ‘하ᄂᆞᆯ이라’와 ‘사ᄅᆞᆷ이라’는 서술어인 ‘허믈ᄒᆞ랴’에 대하여 목적어로 쓰였다.
37) 허믈ᄒᆞ랴 : 허믈ᄒᆞ[허물하다, 責 : 허믈(허물 : 명사) + -ᄒᆞ(동접)-]- + -랴(-랴 : 의종, 판정, 미시)
38) 셜워 : 셜우(← 셟다, ㅂ불 : 섧다, 哀)- + -어(연어)
39) 플텨 : 플티[풀어 버리다 : 플(풀다, 解)- + -티(강접)-]- + -어(연어)
40) 타시로다 : ᄐᆞᆺ(ᄐᆞᆺ : 의명) + -이(서조)- + -Ø(현시)- + -로(← -도- : 감동)- + -다(평종)
※ 15세기 국어에서는 ‘ᄃᆞᆺ’이었는데, 이 시기에는 ‘ᄐᆞᆺ’으로 형태가 바뀌었다.

직 한가마는, 어째서인지 나를 보시고 “너이구나.” 여기시므로, 나도 임을 믿어 군뜻이 전혀 없어, 재롱이야 교태야 어즈러이 굴었던지, (임이 나를) 반기시는 낯빛이 예전과 어찌 다르신가? 누워 생각하고 일어나 앉아 헤아려 보니, 내 몸에 지은 죄가 산같이 쌓였으니, 하늘이라 원망하며 사람이라 허물하랴? 서러워 풀어서 헤아리니 (이는) 造物(조물)의 탓이구나.

글란[41] ᄉᆡᆼ각 마오[42]

(갑녀) : 그것은 생각 마오.

ᄆᆡ친[43] 일이 이셔이다[44] 님을 뫼셔 이셔[45] 님의 일을 내 알거니[46] 믈 ᄀᆞ튼 얼굴이 편ᄒᆞ실 적 몃[47] 날일고[48] 春춘寒한苦고熱열[49]은 엇디ᄒᆞ야 디내시며 秋츄日일冬동天텬[50]은 뉘라셔[51] 뫼셧ᄂᆞᆫ고[52] 粥쥭早조飯반[53] 朝죠夕셕 뫼[54] 녜와 ᄀᆞᆺ티[55] 셰시ᄂᆞᆫ가[56] 기나긴[57] 밤의 ᄌᆞᆷ은 엇디 자시ᄂᆞᆫ고[58] 님

41) 글란 : 글(← 그 : 그것, 彼, 지대) + -란(보조사, 주제)
42) 마오 : 마(← 말다 : 말다, 勿)- + -오(명종 : 예사 높임)
43) ᄆᆡ친 : ᄆᆡ치[맺히다 : ᄆᆡᆽ(맺다, 結)- + -히(피접)-]- + -Ø(과시)- + -ㄴ(관전)
44) 이셔이다 : 이시(있다, 有)- + -어(확인)- + -이(상높, 아주 높임)- + -다(평종) ※ ‘-어-’는 이 작품이 지어진 16세기 말의 국어에 나타났던 확인 표현의 선어말 어미의 잔영이다.
45) 뫼셔 이셔 : 뫼시(모시다, 伴)- + -어(연어) # 이시(있다 : 보용, 지속)- + -어(연어)
46) 알거니 : 알(알다, 知)- + -거니(연어, 근거) ※ ‘-거니’는 이미 정해진 어떤 사실을 인정하면서 그것이 다른 사실의 전제나 조건이 됨을 나타내는 연결 어미이다. 흔히 뒤에는 의문 형식이 온다.
47) 몃 : 몃(← 몇 : 관사, 미지칭)
48) 날일고 : 날(날, 日) + -이(서조)- + -ㄹ고(-ㄹ까 : 의종, 설명, 미시)
49) 春寒苦熱 : 춘한 고열. 봄의 꽃샘 추위와 견디기 힘들 정도로 매우 심한 더위이다.
50) 秋日冬天 : 추일동천. 가을날과 겨울날이다.
51) 뉘라셔 : 누(누구, 誰 : 인대, 미지칭) + -ㅣ라셔(주조) ※ ‘-이라셔’는 앞의 체언을 특별히 가리켜 강조하면서 주어임을 나타내는 격조사이다. ‘감히’, ‘능히’의 뜻을 나타낸다.
52) 뫼셧ᄂᆞᆫ고 : 뫼시(모시다, 伴)- + -엇(완료)- + -ᄂᆞ(현시)- + -ㄴ고(-ㄴ가 : 의종, 설명)
53) 粥早飯 : 죽조반. 죽으로 만든 자릿 조반으로서, 아침밥 전에 조금 먹는 죽이다.
54) 뫼 : 밥. 飯.
55) ᄀᆞᆺ티 : [같이, 如(부사) : ᄀᆞᆺㅌ(← ᄀᆞᇀ다 : 같다, 如 : 형사)- + -이(부접)] ※ ‘ᄀᆞᆺ티’는 ‘ᄀᆞ티’의 /ㅌ/을 ‘ㅅㅌ’으로 거듭 적은 형태이다.
56) 셰시ᄂᆞᆫ가 : 셰시(잡수시다, 食)- + -ᄂᆞ(현시)- + -ㄴ가(-ㄴ가 : 의종, 판정)

다히[59] 消쇼息식을 아므려나[60] 아쟈[61] ᄒᆞ니 오ᄂᆞᆯ도 거의로다[62] ᄂᆡ일이나[63] 사ᄅᆞᆷ 올가 내 ᄆᆞᄋᆞᆷ 둘 ᄃᆡ[64] 업다 어드러로[65] 가쟛[66] 말고 잡거니[67] 밀거니 놉픈[68] 뫼희[69] 올라가니 구롬은ᄏᆞ니와[70] 안개ᄂᆞᆫ ᄆᆞᄉᆞ[71] 일고[72] 山산川쳔이 어둡거니[73] 日일月월을 엇디 보며 咫지尺쳑[74]을 모ᄅᆞ거든 千쳔里리를 ᄇᆞ라보랴[75] ᄎᆞᆯ하리 물ᄀᆞ의[76] 가 ᄇᆡ길히나[77] 보랴[78] ᄒᆞ니 ᄇᆞ람이야[79] 믈결리

57) 기나긴 : 기나기[← 기나길다(기나길다) : 기(← 길다 : 길다, 長)- + -나(연어) + 길(길다, 長)-]- + -∅(현시)- + -ㄴ(관전)
58) 자시ᄂᆞᆫ고 : 자(자다, 眠)- + -시(주높)- + -ᄂᆞ(현시)- + -ㄴ고(-ㄴ고 : 의종, 설명)
59) 다히 : 쪽, 便(의명)
60) 아므려나 : [아무리(부사) : 아므(아무, 某 : 인대, 부정칭) + -리(부접) + -이어나(-이거나 : 보조사, 선택)] ※'아므려나'는 '아무리 해서든지'의 뜻으로 쓰이는 파생 부사이다.
61) 아쟈 : 아(← 알다 : 알다, 知)- + -쟈(-자 : 청종)
62) 거의로다 : 거의(거의 : 부사) + -∅(← -이- : 서조)- + -∅(현시)- + -로(← -도- : 감동)- + -다(평종) ※'거의로다'는 '거의 날이 저물었구나.'나 '거의 다 지나갔구나.'의 뜻으로 쓰인 말이다.
63) ᄂᆡ일이나 : ᄂᆡ일(내일, 來日) + -이나(보조사, 선택) ※'ᄅᆡ일〉ᄂᆡ일'의 변화는 'ㄹ' 두음 법칙이 적용된 결과이다.
64) ᄃᆡ : ᄃᆡ(데, 處 : 의명) + -∅(← -이 : 주조)
65) 어드러로 : 어드러(어디로, 何處 : 부사) + -로(부조, 방향)
66) 가쟛 : 가(가다, 行)- + -쟈(-자 : 청종) + -ㅅ(관조) ※관형격 조사 '-ㅅ'은 '어드러로 가쟈'의 전체 문장을 관형어로 쓰이게 한다.
67) 잡거니 : 잡(잡다, 執)- + -거니(연어, 대립되는 동작의 반복)
68) 놉픈 : 놉ㅍ(← 높다 : 높다, 高)- + -∅(현시)- + -은(관전) ※'놉픈'은 '노픈'의 /ㅍ/을 'ㅂㅍ'으로 거듭 적은 형태이다.
69) 뫼희 : 뫼ㅎ(산, 山) + -의(-에 : 부조, 위치)
70) 구롬은ᄏᆞ니와 : 구롬(구름, 雲) + -은(보조사) + -ᄏᆞ니와(말할 것도 없이, 물론이고 : 보조사)
71) ᄆᆞᄉᆞ : 무슨, 何(관사, 지시, 미지칭)
72) 일고 : 일(일, 事) + -고(보조사, 의문, 설명)
73) 어둡거니 : 어둡(어둡다, 昏)- + -거니(연어) ※'-거니'는 이미 정해진 어떤 사실을 인정하면서 그것이 다른 사실의 전제나 조건이 됨을 나타내는 연결 어미이다. '-거니'의 뒤에는 의문의 형식이 온다.
74) 咫尺 : 지척. 아주 가까운 거리이다.
75) ᄇᆞ라보랴 : ᄇᆞ라보[바라보다 : ᄇᆞ라(바라다, 望)- + -아(연어) + 보(보다, 見)-]- + -랴(의종, 판정, 미시)
76) 물ᄀᆞ의 : 물ᄀᆞ[물가, 水邊 : 물(물, 水) + ᄀᆞ(가, 邊)] + -의(-에 : 부조, 위치)
77) ᄇᆡ길히나 : ᄇᆡ길ㅎ[뱃길 : ᄇᆡ(배, 舟) + 길ㅎ(길, 路)] + -이나(보조사, 선택)
78) 보랴 : 보(보다, 見)- + -랴(← -오랴 : -으려, 연어, 의도)
79) ᄇᆞ람이야 : ᄇᆞ람(바람, 風) + -이야(보조사, 강세)

야[80] 어둥졍[81] 된뎌이고[82] 샤공은 어ᄃᆡ 가고 ᄇᆡᆫ[83] ᄇᆡ만 걸렷ᄂᆞᆫ고[84] 江강川텬의 혼자 셔셔[85] 디ᄂᆞᆫ ᄒᆡ를 구버보니[86] 님 다히 消쇼息식이 더옥 아득ᄒᆞᆫ뎌이고[87] 茅모簷쳠[88] ᄎᆞᆫ 자리의[89] 밤듕 만[90] 도라오니 半반壁벽靑쳥燈등[91]은 눌[92] 위ᄒᆞ야 ᄇᆞᆯ갓ᄂᆞᆫ고[93] 오ᄅᆞ며 ᄂᆞ리며 헤ᄠᅳ며[94] 바자니니[95] 져근덧[96] 力녁盡진[97]ᄒᆞ야 ᄑᆞᆺᄌᆞᆷ[98]을 잠간 드니 精졍誠셩이 지극ᄒᆞ야 ᄭᅮᆷ의[99] 님을 보니 玉옥 ᄀᆞᄐᆞᆫ 얼구리[1] 半반이 나마[2] 늘거셰라[3] ᄆᆞ음의 머근 말슴 슬ᄏᆞ장[4] ᄉᆞᆲ쟈[5]

---

80) 믈결리야 : 믈결ㄹ[← 믈결(물결, 波) : 믈(물, 水) + 결(결, 紋)] + -이야(보조사, 강세)
※ '믈결리야'는 '믈겨리야'의 'ㄹ'을 'ㄹㄹ'로 거듭 적은 형태이다.
81) 어둥졍 : 어리둥절하게(부사)
82) 된뎌이고 : 되(되다, 化)- + -Ø(과시)- + -ㄴ뎌(-구나 : 감종) + -이고(-구나 : 감종)
※ '된뎌이고'의 정상적으로는 '된뎌'로 표현해야 한다.
83) ᄇᆡᆫ : ᄇᆡ(비다, 空)- + -Ø(과시)- + -ㄴ(관전)
84) 걸렷ᄂᆞᆫ고 : 걸리[걸리다 : 걸(걸다, 掛)- + -리(피접)-]- + -엇(완료)- + -ᄂᆞ(현시)- + -ㄴ고(-ㄴ가 : 의종, 설명) ※ 〈성주본〉(1747년)에는 '걸렷ᄂᆞ니'로 표현되어 있다.
85) 셔셔 : 셔(서다, 立)- + -어셔(-어서 : 연어)
86) 구버보니 : 구버보[굽어보다 : 굽(굽다, 曲)- + -어(연어) + 보(보다, 見)-]- + -니(연어, 설명 계속)
87) 아득ᄒᆞᆫ뎌이고 : 아득ᄒᆞ[아득하다 : 아득(아득 : 불어) + -ᄒᆞ(형접)-]- + -Ø(현시)- + -ㄴ뎌(감종 : -구나) + -이고(-구나 : 감종) ※ 정상적인 표현은 '아득ᄒᆞᆫ뎌'이다.
88) 茅簷 : 모첨. 초가지붕의 처마이다.
89) ᄎᆞᆫ 자리의 : ᄎᆞ(차다, 寒)- + -Ø(현시)- + -ㄴ(관전) # 자리(자리, 處) + -의(-에 : 부조, 위치)
90) 밤듕 만 : 밤듕[밤중 : 밤(밤, 夜) + 중(중, 中)] # 만(동안, 만 : 의명)
91) 半壁靑燈 : 반벽청등. 벽 가운데 걸린 청사 초롱의 등불이다.
92) 눌 : 누(누구, 誰) + -ㄹ(← -ᄅᆞᆯ : 목조)
93) ᄇᆞᆯ갓ᄂᆞᆫ고 : ᄇᆞᆰ(밝다, 明)- + -앗(완료)- + -ᄂᆞ(현시)- + -ㄴ고(-ㄴ가 : 의종, 설명)
94) 헤ᄠᅳ며 : 헤ᄠᅳ[← 헤쁘다(헤매며 떠돌다) : 헤(헤매다)- + ᄠᅳ(← 쁘다 : 뜨다, 浮)-]- + -며(연어, 나열)
95) 바자니니 : 바자니(따라가거나 바장이다)- + -니(연어, 설명 계속) ※ '바자니다'는 부질없이 짧은 거리를 오락가락 거니는 것이다. 그리고 〈성주본〉(1747년)에는 '바자니니'가 '바니니'로 표현되어 있다.
96) 져근덧 : [잠시, 暫(부사) : 젹(적다, 작다, 少)- + -은(관전) + 덧(← 덛 : 덧, 짧은 시간)]
97) 力盡 : 역진. 힘이 다하여 지치는 것이다. ※ '력진〉녁진'은 'ㄹ' 두음 법칙이 적용된 예이다.
98) ᄑᆞᆺᄌᆞᆷ : [풋잠 : ᄑᆞᆺ(풋- : 깊지 않은, 접두)- + ᄌᆞ(자다, 眠)- + -ㅁ(명접)]
99) ᄭᅮᆷ의 : ᄭᅮᆷ[꿈, 夢 : ᄭᅮ(꾸다, 夢 : 동사)- + -ㅁ(명접)] + -의(-에 : 부조, 위치)
1) 얼구리 : 얼굴(모습, 형상, 貌) + -이(주조)
2) 나마 : 남(넘다, 越)- + -아(연어)
3) 늘거셰라 : 늙(늙다, 老)- + -엇(완료)- + -예라(← -에라 : -구나, 감종)
4) 슬ᄏᆞ장 : [실컷(부사) : 슳(싫다, 嫌)- + ᄀᆞ장(만큼 다, 끝까지 : 의명)]

ᄒᆞ니 눈믈이 바라[6] 나니 말ᄉᆞᆷ인들[7] 어이ᄒᆞ며[8] 情졍을 못다 ᄒᆞ야[9] 목이 조차 몌여[10] ᄒᆞ니[11] 오뎐된[12] 鷄계聲셩의[13] ᄌᆞᆷ은 엇디 ᄭᆡ돗던고[14] 어와 虛허事ᄉᆞ로다[15] 이 님이 어ᄃᆡ 간고[16] 결의[17] 니러 안자 窓창을 열고 ᄇᆞ라보니 어엿븐[18] 그림재[19] 날 조ᄎᆞᆯ[20] ᄯᆞᆫ이로다[21] ᄎᆞᆯ하리 ᄉᆡ여디어[22] 落낙月월이나[23] 되야 이셔 님 겨신 窓창 안ᄒᆡ[24] 번드시[25] 비최리라[26]

(을녀) : 맺힌 일이 있습니다. 임을 모시고 있어서 임의 일을 내가 알거니, 물 같은 모습이 편안하실 적이 몇 날이겠는가? 春寒苦熱(춘한고열)은 어찌하여 지내시며, 秋日冬天(추일동천)은 누구라서 모시어 있는가? 粥早飯(죽조반) 朝夕(조석) 밥을 예전과

---

5) ᄉᆞᆲ쟈 : ᄉᆞᆲ(아뢰다, 사뢰다, 曰)- + -쟈(청종, 아주 낮춤)
6) 바라 : [바로, 直(부사) : 바ᄅᆞ(바르다, 곧다, 直 : 형사)- + -아(연어 ▷ 부접)]
7) 말ᄉᆞᆷ인들 : 말ᄉᆞᆷ[말씀, 말, 言 : ᄆᆞᆯ(말, 言) + -ᄉᆞᆷ(-씀 : 접미)] + -인들(-인들 : 보조사, 양보) ※ 〈성주본〉(1747년)에는 '말인들'로 표현되어 잇다.
8) 어이ᄒᆞ며 : 어이ᄒᆞ[어찌하다 : 어이(어찌 : 부사) + -ᄒᆞ(동접)-]- + -며(연어, 나열)
9) ᄒᆞ야 : ᄒᆞ(하다, 爲)- + -야(← -아 : 연어) ※ 〈성주본〉(1747년)에는 'ᄒᆞ여'로 표기되어 있다.
10) 몌여 : 몌(메다, 미어지다)- + -여(← -어 : 연어)
11) ᄒᆞ니 : ᄒᆞ(하다)- + -니(연어, 설명 계속) ※ 문맥을 감안하면 'ᄒᆞ니'는 불필요한 구절이다. 〈성주본〉(1747년)에는 'ᄒᆞ니'가 표현되지 않았다.
12) 오뎐된 : 형태와 의미를 확인할 수가 없다.
13) 鷄聲의 : 鷄聲(계성, 닭소리) + -의(-에 : 부조, 원인)
14) ᄭᆡ돗던고 : ᄭᆡ(깨다, 醒)- + -돗(감동)- + -더(회상)- + -ㄴ고(-ㄴ가 : 의종, 설명)
15) 虛事로다 : 虛事(허사, 헛일) + -∅(← -이- : 서조)- + -∅(현시)- + -로(← -도- : 감동)- + -다(평종)
16) 간고 : 가(가다, 去)- + -∅(과시)- + -ㄴ고(-ㄴ가 : 의종, 설명)
17) 결의 : 결(즉시, 즉각, 卽 : 명사) + -의(-에 : 부조, 위치)
18) 어엿븐 : 어엿브(불쌍하다, 가엾다, 憐)- + -∅(현시)- + -ㄴ(관전)
19) 그림재 : 그림재(그림자, 影) + -∅(← -이 : 주조)
20) 조ᄎᆞᆯ : 좇(좇다, 從)- + -ᄋᆞᆯ(관전)
21) ᄯᆞᆫ이로다 : ᄯᆞᆫ(뿐 : 의명) + -이(서조)- + -∅(현시)- + -로(← -도- : 감동)- + -다(평종)
22) ᄉᆡ여디어 : ᄉᆡ여디[물 새듯이 없어지다 : ᄉᆡ(새다, 漏)- + -여(← -어 : 연어) + 디(지다 : 보용, 피동)-]- + -어(연어)
23) 落月이나 : 落月(낙월, 지는 달) + -이나(보조사, 선택)
24) 안ᄒᆡ : 안ㅎ(안, 內) + -ᄋᆡ(-에 : 부조, 위치)
25) 번드시 : [환히(부사) : 번듯(번듯 : 불어) + -이(부접)]
26) 비최리라 : 비최(비추다, 照 : 타동)- + -리(미시)- + -라(← -다 : 평종) ※ 'ᄎᆞᆯ하리~비최리라'의 구절은 〈성주본〉(1747년)에는 표현되지 않았다.

같이 잡수시는가? 기나긴 밤에 잠은 어찌 자시는가? 임 쪽의 消息(소식)을 아무리 알자 하니 오늘도 거의로다. 내일이나 사람이 올까? 내 마음 둘 데 없다. 어디로 가자는 말인가? 잡거니 밀거니 높은 산에 올라가니, 구름은 말할 것도 없거니와 안개는 무슨 일인가? 山川(산천)이 어둡거니 日月(일월)을 어찌 보며, 咫尺(지척)을 모르거든 千里(천리)를 바라보랴? 차라리 물가에 가 뱃길이나 보려 하니, 바람이야 물결이야 어리둥절하게 되었구나. 사공은 어디 가고 빈 배만 걸렸는가? 江川(강천)에 혼자 서서 지는 해를 굽어보니, 임 쪽 消息(소식)이 더욱 아득하구나. 茅簷(모첨)의 찬 자리에 밤중 동안에 돌아오니, 半壁(반벽) 靑燈(청등)은 누구를 위하여 밝았는가? 오르며 내리며 헤매며 떠돌며 오락가락하니, 잠시 力盡(역진)하여 풋잠을 잠깐 드니, 精誠(정성)이 지극하여 꿈에 임을 보니, 玉(옥) 같은 모습이 半(반)이 넘어 늙었구나. 마음에 먹은 말씀을 실컷 아뢰자 하니, 눈물이 바로 나니 말씀인들 어찌하며, 情(정)을 못다 하여 목이 따라 메어, 오뎐된(?) 鷄聲(계성)에 잠은 어찌 깨었던가? 어와, 虛事(허사)이구나. 이 임이 어디 갔는가? 즉시에 일어나 앉자 窓(창)을 열고 바라보니, 불쌍한 그림자가 나를 좇을 뿐이로다. 차라리 사라져서 落月(낙월)이나 되어 있어, 임 계신 窓(창) 안에 환하게 비추리라.

> 각시님[27] ᄃᆞᆯ이야ᄏᆞ니와[28] 구ᄌᆞᆫ[29] 비나 되쇼셔[30]

(갑녀) : 각시님, 달이야 말할 것도 없거니와 궂은 비나 되소서.

---

27) 각시님 : [각시님 : 각시(각시, 아내) + -님(높접)]

28) ᄃᆞᆯ이야ᄏᆞ니와 : ᄃᆞᆯ(달, 月) + -이야(보조사 : 강세) + -ᄏᆞ니와(-커녕, 물론이거니와 : 보조사)
※ 'ᄏᆞ니와'는 'ᄒᆞ거니와'의 준말인 '커니와'가 보조사로 굳은 것인데, '-커녕'이나 '물론이거니와', '말할 것도 없거니와'와 같은 뜻을 나타낸다.

29) 구ᄌᆞᆫ : 궂(궂다, 惡)- + -Ø(현시)- + -ᄋᆞᆫ(관전)

30) 되쇼셔 : 되(되다, 化)- + -쇼셔(-소서 : 명종, 아주 높임)

將쟝進진酒쥬辭ᄉᆞ*

ᄒᆞᆫ 盞잔 먹새그려[1)] ᄯᅩ ᄒᆞᆫ 盞잔 먹새그려 곳 것거[2)] 筭산[3)] 노코 無무盡진無무盡진[4)] 먹새그려 이 몸 죽은 後후면[5)] 지게 우ᄒᆡ[6)] 거적 더퍼[7)] 주리혀[8)] ᄆᆡ여[9)] 가나[10)] 流뉴蘇소寶보張댱[11)]의 萬만人인이 우러 녜나[12)] 어욱새[13)] 속새[14)] 덥가나무[15)] 白ᄇᆡᆨ楊양[16)] 수페[17)] 가기곳[18)] 가면 누른[19)] ᄒᆡ 휜 ᄃᆞᆯ ᄀᆞᄂᆞᆫ비[20)] 굴근 눈 쇼쇼리ᄇᆞ람[21)] 불 제 뉘[22)] ᄒᆞᆫ 盞잔 먹쟈 ᄒᆞᆯ고 ᄒᆞ믈며[23)] 무덤

---

* **장진주사(將進酒辭)** : 조선 중기에 정철(鄭澈)이 지은 사설시조이다. 『송강가사』(松江歌辭) 및 『문청공유사』(文淸公遺詞)에 실려 전하며, 『청구영언』와 『근화악부』(槿花樂府) 등 각종 가집(歌集)에도 널리 수록되어 있다.

1) 먹새그려 : 먹(먹다, 食)- + -새(-세 : 청종, 예사 높임) + -그려(보조사, 종결, 강조) ※ 〈성주본〉(1747년)에는 '-그려'를 '-근여'로 표기하고 있다.
2) 것거 : 걳(꺾다, 折)- + -어(연어)
3) 筭 : 산. 산가지, 예전에 수효를 셈하는 데에 쓰던 막대기이다.
4) 無盡無盡 : 무진무진. 다함이 없을 만큼 매우매우(부사)
5) 後면 : 後(후, 뒤) + -Ø(↚ -이- : 서조)- + -면(연어, 조건) ※ '後면'은 後ㅣ면'의 오기이다.
6) 우ᄒᆡ : 우ㅎ(위, 上) + -ᄋᆡ(-에 : 부조, 위치) ※ 〈성주본〉(1747년)에는 '우ᄒᆡ'가 '우히'로 표기되어 있다.
7) 더퍼 : 덮(덮다, 蓋)- + -어(연어) ※ 〈성주본〉(1747년)에는 '덥허'로 표기되어 있다.
8) 주리혀 : 주리혀[줄어지다, 쭈그러지다 : 줄(줄다, 縮)- + -이(피접)- + -혀(강접)-]- + -Ø(← -어 : 연어)
9) ᄆᆡ여 : ᄆᆡ이[매이다 : ᄆᆡ(매다, 負)- + -Ø(← -이- : 피접)-]- + -어(연어)
10) 가나 : 가(가다, 去)- + -나(연어, 선택)
11) 流蘇寶張 : 유소보장. 가마, 술(= 실, 絲)이 달려 있는 비단 장막인데, 주로 상여 위에 친다.
12) 녜나 : 녜(← 녀다 : 가다, 行)- + -나(연어, 선택)
13) 어욱새 : 억새.
14) 속새 : 양치식물 속샛과의 상록 여러해살이풀이다.
15) 덥가나무 : 떡갈나무.
16) 白楊 : 백양. '황철나무'를 일상적으로 이르는 말이다.
17) 수페 : 숲(숲, 林) + -에(부조, 위치) ※ 〈성주본〉(1747년)에는 '속애'로 표현되어 있다.
18) 가기곳 : 가(가다, 去)- + -기(명전) + -곳(보조사, 한정 강조)
19) 누른 : 누르(누르다, 누렇다, 黃)- + -Ø(현시)- + -ㄴ(관전)
20) ᄀᆞᄂᆞᆫ비 : [가랑비, 細雨 : ᄀᆞᄂᆞ(← ᄀᆞᄂᆞᆯ다 : 가늘다, 細)- + -ㄴ(관전) + 비(비, 雨)]
21) 쇼쇼리바ᄅᆞᆷ : [소소리바람 : 쇼쇼리(?) + 바ᄅᆞᆷ(바람, 風)] ※ '쇼쇼리바ᄅᆞᆷ'은 이른 봄에 살 속으로 스며드는 듯한 차고 매서운 바람이다. '쇼쇼리'의 형태와 의미를 확인할 수 없다.
22) 뉘 : 누(누구, 誰 : 인대, 미지칭) + -ㅣ(← -이 : 주조)

우희[24] ᄌᆡᆫ나비[25] ᄑᆞ람[26] 불 제[27] 뉘우ᄎᆞᆫᄃᆞᆯ[28] 엇디리[29]

한 盞(잔) 먹세그려. 또 한 盞(잔) 먹세그려. 꽃 꺾어 算(산) 놓고 無盡無盡(무진무진) 먹세그려. 이 몸이 죽은 後(후)면 지게 위에 거적 덮어 쭈그러져서 매여 가나, 流蘇寶張(유소보장)에 萬人(만인)이 울어서 가나, 억새, 속새, 떡갈나무, 白楊(백양) 속에 가기만 가면, 누른 해와 흰 달, 가랑비, 굵은 눈, 소소리바람 불 때에, 누가 한 盞(잔) 먹자 하겠는가? 하물며 무덤 위에 잔나비(원숭이)가 휘파람 불 때에, 뉘우친들 어찌하리?

---

23) ᄒᆞ물며 : 하물며, 況(부사)

24) 우희 : 우ㅎ(위, 上) + -ᄋᆡ(-에 : 부조, 위치)

25) ᄌᆡᆫ나비 : ᄌᆡᆫ납(← ᄌᆡᆺ납 : 잔나비, 원숭이, 猿) + -이(주조) ※ 〈성주본〉(1747년)에는 'ᄌᆡᆫ납이'로 표현되어 있다.

26) ᄑᆞ람 : 휘파람.

27) 제 : 제, 때에, 時(의명) ※ 〈성주본〉에는 '제야'로 표현되어 있는데, '제야'는 '제(제, 때, 時 : 의명) + -야(보조사, 한정 강조)'로 분석된다.

28) 뉘우ᄎᆞᆫᄃᆞᆯ : 뉘웇(뉘우치다, 悔)- + -ᄋᆞᆫᄃᆞᆯ(-은들 : 연어, 양보)

29) 엇디리 : 엇디(← 엇디ᄒᆞ다(어찌하다) : 엇디(어찌 : 부사) + -Ø(← -ᄒᆞ- : 동접)-]- + -리(평종, 반말, 미시)

18세기 옛글 2부

1. 어제경민음
2. 동명일기
3. 한중만록
4. 오륜행실도

1. 어제경민음

1757(영조 22)년에 영조는 관리와 백성들에게 금주(禁酒)할 것을 명하는 『어제계주윤음』(御製戒酒綸音)을 내렸다. 그리고 이 금주령을 어기는 자에 대한 벌칙도 명시하였는데, 당시에 금주령을 위반하여 변방으로 유배를 간 사람의 수가 거의 1천여 명이나 되었다. 그리고 금주령 위반자에 대한 처벌이 매우 엄하여, 죄인에 대한 대사면을 시행할 때에도 금주령을 위반한 자는 제외하도록 할 정도였다.

그러나 이처럼 엄한 금주령을 내렸음에도 백성들의 음주가 계속되었다. 그러자 영조(英祖)는 이를 심히 개탄하고, 1762년(영조 38)에 『어제경민음』(御製警民音)을 지어서 금주령을 잘 지켜줄 것을 간곡히 부탁하였다. 글의 제목인 '御製警民音'은 임금이 지은, '백성을 깨우치은 글'이라는 뜻이다.

『어제경민음』은 1책 10장의 분량으로 구성되었는데, 표제(表題)와 판심제(版心題)만 한자로써 '御製警民音'으로 적었고 나머지 본문은 모두 언문(諺文)으로 적었다. 그리고 『어제경민음』의 끝 부분에 "이번은 교서관(校書館)으로 박아 반포하니 글자가 분명(分明)하여 비록 (이 글이) 언문선류(諺文選類)이라도 가(可)히 알아볼 것이니……"라는 구절과 "이 글은 이젼 범연(泛然)히 번역(飜譯)ᄒᆞᆫ 글과 다ᄅᆞ니 너희 보기 어렵지 아니ᄒᆞ고"라는 구절이 있다. 이를 보면 『어제경민음』이 그동안 간행되었던 어제 언해본과는 다르게, 한문본을 언해한 것이 아니라 한글본을 직접 편찬한 것으로 추정할 수 있다.

이 책에는 간기(刊記)가 없어서 정확한 발행 연도를 알 수가 없다. 하지만 책머리에는 "오호라. 내가 너의 부모(父母)가 된 지가 그 몇 해이냐? 이제 삼십팔 년이되……," 라는 기록이 있고, 권말에 "임오년 구월십이 일에 (이 글을) 불러서 쓰게 하니……"라는 기록이 적혀 있다. 이러한 기록을 미루어 보면 이 책은 1762년(영조 38년, 壬午)에 저술하였음을 알 수 있다.

『어제경민음』은 18세기 중엽 국어의 전형적인 모습을 보여주는 중요한 자료인데, 이 문헌에 나타나는 국어학적인 특징을 정리하면 다음과 같다.

첫째, 음절 말에 실현되는 /ㄷ/을 'ㅅ'으로 표기한 예가 보인다.

(보기) 듣지 → 듯지, ᄀᆞᆮ게 → ᄀᆞᆺ게, 믿던 → 밋던, ᄀᆞᆮ게 → ᄀᆞᆺ게

둘째, 이어적기(連綴)뿐만 아니라 끊어적기(分綴)와 거듭적기(重綴)가 혼용되었는데, 대체적으로 끊어적기가 이어적기나 거듭적기보다 활성화되었다. 그리고 셋째, 종성의 한 음소를 재음소화하여 두 음절에 나누어서 표기한 예도 보인다.

(보기) ① 끊어적기 : 덕틱이, ᄆᆞ음이, 쥬금홈으로부터, 춤아, 눅으니
② 거듭적기 : ᄒᆞ나히 → ᄒᆞᆫ나히, 자피면 → 잡피면, 기피 → 깁피, ᄀᆞ튼 → ᄀᆞᆺ튼, ᄂᆞᄎᆞ로 → ᄂᆞᆺᄎᆞ로, 쓰지라 → 씃지라
③ 재음소화 : 노픈 → 놉흔

셋째, 앞 음절 종성 /ㄹ/과 뒤 음절의 초성 /ㄹ/이 이어서 발음될 때, 'ㄹㄹ'을 'ㄹㄴ'으로 표기한 예가 보인다.

(보기) ᄃᆞᆯ린 → ᄃᆞᆯ닌, 블러 → 불너, ᄃᆞᆯ리오 → ᄃᆞᆯ니오, 닐러시니 → 닐너시니, 홀로 → 홀노, ᄆᆞᆯ라 → ᄆᆞᆯ나, 몰라 → 몰나, 말라 → 말나, 불러 → 불너

넷째, 이 시기에 /·/가 없어짐에 따라서 'ㆍ'와 'ㅏ'의 표기에 혼란이 일어난 예가 있다.

(보기) 오ᄂᆞᆯ>오날

다섯째, 구개음화의 예가 아주 많이 나타나는데, 원순 모음화와 'ㄹ' 두음 법칙이 적용된 예도 드물게 보인다.

(보기) ① 구개음화 : 엇디>엇지, 되얀 디>되얀 지, 밋디>밋지, 펴디>펴지, 어딘>어진, 쓰디라>씃지라
② 원순 모음화 : 쥬금홈으로브터>쥬금홈으로부터, 깃븐>깃분, 브르다>부ᄅᆞ다, 블너>불너
③ 'ㄹ' 두음 법칙 : 리(利)의>니의

여섯째, 모음으로 끝나는 체언 다음에 주격 조사 '-가'가 실현된 곳이 부분적으로 나타난다.

(보기) 어ᄂᆡ가 니ᄒᆞ며 어ᄂᆡ가 경ᄒᆞ니, 경고가

일곱째, 명사형 어미가 '-옴/-움' 대신에 '-음'이나 '-ㅁ'으로 표기된 예가 많이 발견된다.

(보기) 거록호믈〉거록ᄒᆞ믈, 싀원호믈〉싀원ᄒᆞ믈, 보샤믈〉보시믈, 가음여로미〉가음여름이

여덟째, 명사형 어미의 형태로 '-기'가 쓰이는 예가 늘었다.

(보기) 형츄ᄒᆞ기ᄂᆞᆫ, 사로기로, ᄌᆞᆷ자기ᄅᆞᆯ, 되기ᄅᆞᆯ, ᄃᆞᆯ니기ᄅᆞᆯ

아홉째, 화자 표현과 대상 표현의 선어말 어미인 '-오-/-우-'가 잘 실현된 예가 보이지 않는다.

열째, '-앗-/-엇-/-엿'와 '-아시-/-어시-' 등이 '완료(完了)'를 나타내는 선어말 어미로 쓰였다.

(보기) ㄱ. 아랏더니, 넘엇더라, 둣다가, ᄀᆞ리왓고, 되엿ᄂᆞᆫ
ㄴ. 널너시니, 져ᄇᆞ려시나

御製 警民音

오호ㅣ라[1] 내 너의 부모 되얀[2] 지[3] 그 몃[4] ᄒᆡ뇨[5] 이제 삼십팔 년이로ᄃᆡ[6] 덕ᄐᆡᆨ이 능히 ᄇᆡᆨ셩의게[7] 밋지[8] 못ᄒᆞ고 은혜 능히 ᄇᆡᆨ셩의게 펴지 못ᄒᆞ야 경외[9] ᄇᆡᆨ셩이 것고로[10] ᄃᆞᆯ닌[11] 듯 ᄒᆞ니 낫과 밤의 너희ᄅᆞᆯ ᄉᆡᆼ각ᄒᆞ야도 엇지[12] ᄆᆞ음이 펴일 ᄯᆡ[13] 이시리오[14]

오호라. 내가 너의 부모(父母)가 된 지가 그 몇 해이냐? 이제 삼십팔 년이되, (나의) 덕택(德澤)이 능히 백성(百姓)에게 미치지 못하고, 은혜(恩惠)가 능히 백성에게 펴지 못하여, 경외(京外)의 백성이 거꾸로 매달린 듯하니, 낮과 밤에 너희를 생각하여도 어찌 마음이 펴일 때가 있으리오?

ᄒᆞ믈며 쥬금ᄒᆞᆷ으로부터[15] 팔도의 죵[16] 되여 가ᄂᆞᆫ 류ᄂᆞᆫ[17] 락쇽[18]ᄒᆞ고

---

1) 오호ㅣ라 : [← 오호라(오호라 : 감탄사) : 오호(嗚呼) + -ㅣ(← -이- : 서조)- + -Ø(현시)- + -라(← -다 : 평종)] ※ '오호ㅣ라'는 슬플 때나 탄식할 때에 내는 소리를 나타내는 감탄사이다. 주로 '오호라'로 쓰인다. 표기 원칙에 맞으려면 '오회라'로 표기해야 한다.
2) 되얀 : 되(되다, 爲)- + -야(← -아 : 확인)- + -Ø(과시)- + -ㄴ(관전)
3) 지 : 지(지 : 의명) + -Ø(← -이 : 주조) ※ '디>지'는 /ㄷ/이 /ㅈ/으로 구개음화한 예이다.
4) 몃 : 몃(← 몇 : 몇, 何, 관사, 지시, 미지칭)
5) ᄒᆡ뇨 : ᄒᆡ(해, 年) + -Ø(← -이- : 서조)- + -Ø(현시)- + -뇨(-냐 : 의종, 설명)
6) 년이로ᄃᆡ : 년(년, 年 : 의명) + -이(서조)- + -로ᄃᆡ(← -오ᄃᆡ : -되, 연어, 설명 계속)
7) ᄇᆡᆨ셩의게 : ᄇᆡᆨ셩(백성, 百姓) + -의게(-에게 : 부조, 상대)
8) 밋지 : 밋(← 및다 : 미치다, 及)- + -지(연어, 부정) ※ '믿디>밋지'는 /ㄷ/이 /ㅈ/으로 구개음화하고, '믿-'의 종성 /ㄷ/이 'ㅅ'으로 표기된 형태이다.
9) 경외 : 경외(京外). 서울과 시골을 아울러 이르는 말이다.
10) 것고로 : [← 것ᄀᆞ로(거꾸로, 逆 : 부사) : 것골(← 것ᄀᆞᆯ다(거꾸로 되다, 逆 : 동사)- + -오(부접)]
11) ᄃᆞᆯ닌 : ᄃᆞᆯ니[← ᄃᆞᆯ리다(달리다, 매달리다) : ᄃᆞᆯ(달다, 매달다, 縣)- + -리(← -이- : 피접)-]- + -ㄴ(관전) ※ 'ᄃᆞᆯ닌'은 'ᄃᆞᆯ린'의 'ㄹㄹ'을 'ㄹㄴ'으로 표기한 형태이다.
12) 엇지 : 어찌, 何(부사).
13) 펴일 ᄯᆡ : 펴이[펴이다 : 펴(펴다, 伸)- + -이(피접)-]- + -ㄹ(관전) # ᄯᆡ(때, 時 : 의명) + -Ø(← -이 : 주조)
14) 이시리오 : 이시(있다, 有)- + -리(미시)- + -오(← -고 : -냐 : 의종, 설명)
15) 쥬금ᄒᆞᆷ으로부터 : 쥬금ᄒᆞ[← 쥬금ᄒᆞ다(주금하다) : 쥬금(주금, 酒禁 : 명사) + -ᄒᆞ(동접)-]- +

형조[19]의 형츄ᄒᆞ기ᄂᆞᆫ[20] 업슨 날이 업서 그 부모 되니와[21] ᄌᆞ뎨[22] 되니ᄂᆞᆫ 그 곳을 ᄇᆞ라며[23] 쥬야[24]에 ᄆᆞᄋᆞᆷ을[25] 쓰고 죵 된 류[26]ᄂᆞᆫ 셔울 구름을 ᄇᆞ라[27] 혹 부모를 부ᄅᆞ며 쳐ᄌᆞ[28]를 불너[29] 경샹[30]이 잔잉ᄒᆞ니[31] 내 비록 보지 못ᄒᆞ고 듯지[32] 못ᄒᆞ나 보ᄂᆞᆫ ᄃᆞᆺ ᄒᆞ고 듯ᄂᆞᆫ ᄃᆞᆺ ᄒᆞ니 밤의 엇지 ᄌᆞᆷ이[33] 편ᄒᆞ며 나ᄌᆡ[34] 엇지 옥식이[35] ᄃᆞᆯ니오[36]

하물며 주금(酒禁)함으로부터, 팔도(八道)에 종(僕)이 되어 가는 유(類)는 낙속(落俗)

-옴(명전) + -으로(부조, 방향) + -부터(보조사, 비롯함) ※ '쥬금(酒禁)'은 술을 금하는 것이다. 그리고 '-브터>-부터'의 변화는 원순 모음화가 적용된 결과이다.

16) 죵 : 종(僕)

17) 류ᄂᆞᆫ : 류(유, 무리, 類) + -ᄂᆞᆫ(보조사, 주제)

18) 락쇽 : 낙속(落俗). ※ '낙속(落俗)'은 신분이 천한 사람으로 떨어지는 것이다.

19) 형조의 : 형조(刑曹) + -의(관조, 의미상 주격) ※ '형조(刑曹)'는 조선 시대에 육조(六曹) 가운데 법률, 소송, 형옥, 노예 따위에 관한 일을 맡아보던 관아이다.

20) 형츄ᄒᆞ기ᄂᆞᆫ : 형츄ᄒᆞ[형추하다 : 형츄(형추, 刑推 : 명사) + -ᄒᆞ(동접)-]- + -기(명전) + -ᄂᆞᆫ(보조사, 주제) ※ '형츄(刑推)'는 죄인의 정강이를 때리며 죄를 캐묻는 일이다.

21) 되니와 : 되(되다, 爲)- + -ㄴ(관전) # 이(이, 人 : 의명) + -와(← -과 : 접조)

22) ᄌᆞ뎨 : ᄌᆞ뎨(자제, 子弟) + -Ø(← -이 : 보조)

23) ᄇᆞ라며 : ᄇᆞ라(바라다, 바라보다, 望)- + -며(연어, 나열)

24) 쥬야 : 주야(晝夜). 밤과 낮이다.

25) ᄆᆞᄋᆞᆷ을 : ᄆᆞᄋᆞᆷ(마음, 心) + -을(목조)

26) 죵 된 류 : 종이 된 유(類). 금주령을 어기어서 죄를 입어서 종으로 신분이 떨어진 사람들을 가리킨다.

27) ᄇᆞ라 : ᄇᆞ라(바라보다, 望)- + -아(연어)

28) 쳐ᄌᆞ : 처자(妻子)

29) 불너 : 불ㄴ(← 불ㄹ- ← 부르다 : 부르다, 呼)- + -어(연어) ※ '불너'는 '불러'의 'ㄹㄹ'을 'ㄹㄴ'으로 표기한 형태이다.

30) 경샹 : 경상(景狀). 좋지 못한 몰골이다.

31) 잔잉ᄒᆞ니 : 잔잉ᄒᆞ[자닝하다 : 잔잉(← 자닝 : 명사) + -ᄒᆞ(형접)-]- + -니(연어, 설명 계속, 이유) ※ '잔잉(자닝)'은 애처롭고 불쌍하여 차마 보기 어려운 것이다.

32) 듯지 : 듯(← 듣다 : 듣다, 聞)- + -지(연어, 부정) ※ '듣디>듯지'의 변화는 /ㄷ/이 /ㅈ/으로 구개음화한 형태이며, '듯지'는 '듣지'에서 종성 /ㄷ/을 'ㅅ'으로 표기한 것이다.

33) ᄌᆞᆷ이 : ᄌᆞᆷ[잠, 睡眠 : ᄌᆞ(자다, 眠)- + -ㅁ(명접)] + -이(주조)

34) 나ᄌᆡ : 낮(낮, 晝) + -ᄋᆡ(-에 : 부조, 시간)

35) 옥식이 : 옥식(옥식, 玉食) + -이(주조) ※ '옥식(玉食)'은 맛있는 음식이나 하얀 쌀밥이다.

36) ᄃᆞᆯ니오 : ᄃᆞᆯ(달다, 甘)- + -니(← -리- : 미시)- + -오(← -고 : 의종, 설명) ※ 'ᄃᆞᆯ니오'은 'ᄃᆞᆯ리오'의 'ㄹㄹ'을 'ㄹㄴ'으로 표기한 형태이다.

하고, 형조(刑曹)가 형추(刑推)하기는 없는 날이 없어, 그 부모가 된 이와 자제(子弟)가 된 이는 그곳을 바라보며 주야(晝夜)에 마음을 쓰고, 종(僕)이 된 유(類)는 서울의 구름을 바라보아 혹 부모(父母)를 부르며 처자(妻子)를 불러 경상(景狀)이 자닝하니, 내가 비록 (그 경상을) 보지 못하고 듣지 못하나 보는 듯하고 듣는 듯하니, 밤에 어찌 잠이 편하며 낮에 어찌 옥식(玉食)이 달리오?

> 내 ᄆᆞ음이 이러ᄒᆞ며 이 법을 쓰ᄂᆞᆫ 거시 엇지 즐겨 ᄒᆞ며 즐겨 홈이랴[37] 즁간[38] 탕텩ᄒᆞ야[39] 다 노흘[40] ᄲᅮᆫ이[41] 아니라 이번 ᄯᅩ 탕텩ᄒᆞᄂᆞᆫ 하교[42]에 남은 것 업시 닐너시니[43] 내 비록 덕이 업스나 너희[44] 다 녯 날[45] ᄉᆞ랑ᄒᆞᄋᆸ시던[46] ᄇᆡᆨ셩이라[47] 무ᄉᆞᆷ[48] ᄠᅳᆺ으로[49] 네 덜ᄒᆞ던[50] 거시

37) 즐겨 홈이랴 : 즐겨(즐기다, 樂)- + -어(연어) # ㅎ(← ᄒᆞ다 : 하다, 보용)- + -옴(명전) + -이(서조)- + -Ø(현시)- + -랴(-랴 : 의종, 판정, 설의)

38) 즁간 : 중간(中間)

39) 탕텩ᄒᆞ야 : 탕텩ᄒᆞ[탕척하다 : 탕텩(탕척 : 蕩滌) + -ᄒᆞ(동접)-]- + -야(← -아 : 연어) ※ '탕척(蕩滌)'은 죄명을 씻어 주는 것이다.

40) 노흘 : 놓(놓다, 방면하다, 放)- + -을(관전)

41) ᄲᅮᆫ이 : ᄲᅮᆫ(뿐 : 의명, 한정) + -이(보조)

42) 하교 : 하교(下敎). 윗사람이 아랫사람에게 가르침을 베푸는 것이다.

43) 닐너시니 : 닐ㄴ(← 닐ㄹ- ← 니르다 : 이르다, 曰)- + -어시(-었- : 완료)- + -니(연어, 설명 계속, 이유) ※ '닐너시니'는 '닐러시니'의 'ㄹㄹ'를 'ㄹㄴ'으로 표기한 형태이다.

44) 너희 : 너희[너희 : 너(너, 汝 : 인대, 2인칭) + -희(복접)] + -Ø(← -이 : 주조)

45) 녯 날 : ① 녜(예전, 昔) + -ㅅ(-의 : 관조) + 나(나, 我 : 인대, 1인칭) + -ㄹ(← -ᄅᆞᆯ : 목조) ② 녯날[예날, 昔日 : 녜(예전, 昔) + -ㅅ(사잇) + 날(날, 日)] + -ㄹ(← -ᄅᆞᆯ : 목조) ※ 앞의 '내 비록 덕이 업스나'의 문맥을 감안하면 ①로 분석하는 것이 좀 더 타당하다. '녯'은 '옛날에'로 의역하여 옮긴다.

46) ᄉᆞ랑ᄒᆞᄋᆸ시던 : ᄉᆞ랑ᄒᆞ[사랑하다, 愛 : ᄉᆞ랑(사랑 : 명사) + -ᄒᆞ(동접)-]- + -ᄋᆸ(객높, 공손)- + -시(주높)- + -더(회상)- + -ㄴ(관전) ※ '-ᄋᆸ-'을 객체 높임의 선어말 어미로 보면, '-ᄋᆸ-'은 목적어인 '나(= 임금, 영조)'를 높인 것으로 보아야 한다. 그리고 '-시-'도 '나(=영조 임금)'를 과잉하여 높인 결과로 보인다. 이러한 표현은 영조 임금의 말을 받아 적던 신하가 영조 임금이 구술하는 내용을 언문으로 기록하는 과정에서 화자인 '영조(= 나)'를 높이려는 의도에서 '-ᄋᆸ-'과 '-시-'를 중복하여 표현한 것으로 보인다. 'ᄉᆞ랑ᄒᆞᄋᆸ시던'을 어법에 맞게 표현하면 'ᄉᆞ랑ᄒᆞ던'으로 표현해야 한다.

47) ᄇᆡᆨ셩이라 : ᄇᆡᆨ셩(백성, 百姓) + -이(서조)- + -라(← -아 : -ㄴ데, 연어, 설명 계속)

48) 무ᄉᆞᆷ : 무슨, 何(관사, 지시, 미지칭)

49) ᄠᅳᆺ으로 : ᄠᅳᆺ(뜻, 意) + -으로(부조, 방편)

50) 덜ᄒᆞ던 : 덜ᄒᆞ[덜하다, 정도가 약하다 : 덜(덜, 弱 : 부사) + -ᄒᆞ(동접)-]- + -더(회상)- + -ㄴ(관전)

이제ᄂᆞᆫ 더ᄒᆞ며[51] 네 조심ᄒᆞ던 거시 이제ᄂᆞᆫ 방ᄌᆞᄒᆞ뇨[52] 샹ᄒᆡ[53] 가히 미들 거슨 ᄇᆡᆨ셩으로 아랏더니[54] 너희 무ᄉᆞᆷ ᄆᆞᄋᆞᆷ으로 ᄇᆡᆨ슈의[55] 늘근 님군[56]을 이다지[57] ᄆᆞᄋᆞᆷ을 쓰게 ᄒᆞᄂᆞ뇨 내 비록 덕이 업서 너희ᄅᆞᆯ 져ᄇᆞ려시나[58] 녯 사ᄅᆞᆷ이 니ᄅᆞᄃᆡ 아비 비록 ᄉᆞ랑치[59] 아니ᄒᆞ나 ᄌᆞ식이 엇지 효도치[60] 아니랴[61] ᄒᆞ니 너희 비록 지극히 미ᄒᆞ고[62] 지극히 쳔ᄒᆞ야[63] 깃분[64] ᄆᆞᄋᆞᆷ과 하례ᄒᆞᆯ[65] ᄠᅳᆺ을 펴지 못ᄒᆞᆫ들[66] 므ᄉᆞᆷ ᄆᆞᄋᆞᆷ으로 닐흔 거의 된 님군이 탄일[67] ᄃᆞᆯ의[68] 법 쓸 날을 뎡ᄒᆞ고[69] 이 ᄀᆞᆺ게[70] ᄆᆞᄋᆞᆷ을 쓰게 ᄒᆞᄂᆞ뇨 이ᄅᆞᆯ 보면 젼의[71] 밋던[72] ᄆᆞᄋᆞᆷ이 내 스스로 엇지 붓그럽지[73]

---

51) 더ᄒᆞ며 : 더ᄒᆞ[더하다, 정도가 강하다 : 더(더, 益 : 부사) + -ᄒᆞ(동접)-]- + -며(연어, 나열)

52) 방ᄌᆞᄒᆞ뇨 : 방ᄌᆞᄒᆞ[방자하다 : 방ᄌᆞ(방자, 放恣 : 명사) + -ᄒᆞ(형접)-]- + -Ø(현시)- + -뇨(-냐 : 의종, 설명)

53) 샹ᄒᆡ : 항상, 평소에, 常(부사)

54) 아랏더니 : 알(알다, 知)- + -앗(완료)- + -더(회상)- + -니(연어, 설명 계속)

55) ᄇᆡᆨ슈의 : ᄇᆡᆨ슈(백수, 白首) + -의(관조). ※ 'ᄇᆡᆨ슈'는 '백수(白首)' 곧, '흰머리'를 뜻한다.

56) 님군 : '님君'. '님금'의 오기이다.

57) 이다지 : [이다지, 如此(부사) : 이(이, 此 : 지대, 정칭) + -다지(부접)]

58) 져ᄇᆞ려시나 : 져ᄇᆞ려[저버리다, 棄 : 져(저- : 접두, 강조)- + ᄇᆞ리(버리다, 棄)-]- + -어시(-었- : 완료)- + -나(연어, 대조)

59) ᄉᆞ랑치 : ᄉᆞ랑ㅎ[← ᄉᆞ랑ᄒᆞ다(사랑하다, 愛) : ᄉᆞ랑(사랑 : 명사) + -ᄒᆞ(동접)-]- + -지(연어, 부정) ※ 'ᄉᆞ랑티〉ᄉᆞ랑치'는 /ㅌ/이 /ㅊ/으로 구개음화한 예이다.

60) 효도치 : 효도ㅎ[← 효도ᄒᆞ다(효도하다) : 효도(효도, 孝道 : 명사) + -ᄒᆞ(동접)-]- + -지(연어, 부정) '효도티〉효도치'는 /ㅌ/이 /ㅊ/으로 구개음화한 예이다.

61) 아니랴 : 아니[← 아니ᄒᆞ다(아니하다 : 보용, 부정) : 아니(부사, 부정) + -Ø(← -ᄒᆞ- : 동접)-]- + -랴(의종, 판정, 설의)

62) 미ᄒᆞ고 : 미ᄒᆞ[미하다, 미미하다 : 미(미, 微 : 불어) + -ᄒᆞ(형접)-]- + -고(연어, 나열)

63) 쳔ᄒᆞ야 : 쳔ᄒᆞ[천하다 : 쳔(천, 賤 : 불어) + -ᄒᆞ(형접)-]- + -야(← -아 : 연어)

64) 깃분 : 깃부[← 깃브다(기쁘다, 喜) : 깃(← 깄다 : 기뻐하다, 歡, 동사)- + -브(형접)-]- + -Ø(현시)- + -ㄴ(관전) ※ '깃븐〉깃분'은 원순 모음화를 잘못 적용한 형태이다.

65) 하례ᄒᆞᆯ : 하례ᄒᆞ[하례하다 : 하례(하례, 賀禮 : 명사) + -ᄒᆞ(동접)-]- + -ㄹ(관전) ※ '하례(賀禮)'는 축하하여 예를 차리는 것이다.

66) 못ᄒᆞᆫ들 : 못ᄒᆞ[못하다(보용, 부정) : 못(부사, 부정) + -ᄒᆞ(동접)-]- + -ㄴ들(-ㄴ들 : 연어, 양보)

67) 탄일 : 탄일(誕日). 탄생일이다.

68) ᄃᆞᆯ의 : ᄃᆞᆯ(달, 月) + -의(-에 : 부조, 시간)

69) 뎡ᄒᆞ고 : 뎡ᄒᆞ[정하다 : 뎡(정, 定 : 불어) + -ᄒᆞ(동접)-]- + -고(연어, 계기)

70) ᄀᆞᆺ게 : ᄀᆞᆺ(← ᄀᆞᆮ다 : 같다, 如)- + -게(-게 : 연어, 도달) ※ 'ᄀᆞᆺ게'는 'ᄀᆞᆮ게'의 종성 /ㄷ/을 'ㅅ'으로 표기한 형태이다. 그리고 'ᄀᆞᆺ게'는 문맥상 '같이'로 옮긴다.

아니ᄒᆞ랴 이[74] 다 네 님군의 타시오[75] 이 다 네 님군의 타시나 너희 ᄆᆞ음의 홀연이[76] ᄉᆡᆼ각ᄒᆞ면 ᄯᅩᄒᆞᆫ[77] 붓그렵지 아니ᄒᆞ랴

내 마음이 이러한데 이 법(法)을 쓰는 것을 어찌 즐겨 하며 즐겨 하는 것이랴? 중간(中間)에 탕척(蕩滌)하여 다 사면(赦免)할 뿐이 아니라, 이번에 또 탕척(蕩滌)하는 하교(下敎)에 남은 것이 없이 말하였으니, 내가 비록 덕(德)이 없으나 너희가 다 예전의 나를 사랑하던 백성(百姓)인데, 무슨 뜻으로 예전에 덜하던 것이 이제는 더하며, (무슨 뜻으로) 옛날에 조심하던 것이 이제는 방자(放恣)하냐? 늘 가(可)히 믿을 것은 백성으로 알았더니, 너희가 무슨 마음으로 백수(白首)의 늙은 임금을 이다지 마음을 쓰게 하느냐? 내가 비록 덕(德)이 없어 너희를 저버렸으나, 옛 사람이 이르되 "아버지가 비록 (자식을) 사랑하지 아니하나 자식이 어찌 효도하지 아니하랴?" 하니, 너희가 비록 지극히 미미(微微)하고 지극(至極)히 천(賤)하여 기쁜 마음과 하례(賀禮)할 뜻을 펴지 못한들, 무슨 마음으로 일흔이 거의 된 임금이 탄일(誕日)의 달에 법(法)을 쓸 날을 정(定)하고 이와 같이 마음을 쓰게 하느냐? 이를 보면 전(前)에 믿던 마음이 내 스스로 어찌 부끄럽지 아니하랴? 이것이 다 네 임금의 탓이요 이것이 다 네 임금의 탓이나, 너희가 마음에 홀연(忽然)히 생각하면 또한 부끄럽지 아니하랴?

오호ㅣ라 내[78] ᄇᆡᆨ셩이 법의 범ᄒᆞ야도[79] 사로기로[80] ᄆᆞ음의 힘쓰거든[81]

---

71) 젼의 : 젼(전, 前) + -의(-에 : 부조, 시간)
72) 밋던 : 밋(← 믿다 : 믿다, 信)- + -더(회상)- + -ㄴ(관전) ※'밋던'은 '믿던'의 종성 /ㄷ/을 'ㅅ'으로 표기한 형태이다.
73) 붓그렵지 : 붓그렵[↚ 붓그럽다, ㅂ불 : 붓그리(부끄러워하다)- + -업(형접)-]- + -지(연어, 부정) ※'붓그렵지'는 '붓그럽지'를 오각한 형태이다.
74) 이 : 이(이, 이것, 此 : 지대, 정칭) + -Ø(← -이 : 주조)
75) 타시오 : 탓(탓, 由 : 의명) + -이(서조)- + -오(← -고 : 연어, 나열)
76) 홀연이 : [홀연히, 忽然(부사) : 홀연(홀연, 忽然 : 부사) + Ø(← -ᄒᆞ- : 형접)- + -이(부접)] ※'홀연이'는 뜻하지 아니하게 갑자기라는 뜻을 나타내는 말이다.
77) ᄯᅩᄒᆞᆫ : [또한, 又(부사) : ᄯᅩ(또, 又 : 부사) + ᄒᆞ(하다, 爲)- + -ㄴ(관전 ▷ 부접)]
78) 내 : 나(나, 我 : 인대, 1인칭) + -ㅣ(← -이 : 주조)
79) 범ᄒᆞ야도 : 범ᄒᆞ[범하다, 위반하다 : 범(범, 犯 : 불어) + -ᄒᆞ(동접)-]- + -야도(← -아도 : 연어, 양보)
80) 사로기로 : 사로[살리다 : 살(살다, 活)- + -오(사접)-]- + -기(명전) + -로(부조, 방편)
81) 힘쓰거든 : [힘쓰다 : 힘(힘, 力) + 쓰(쓰다, 用)-]- + -거든(-는데 : 연어, 설명 계속)

ᄒᆞ믈며 무슴 ᄆᆞᄋᆞᆷ과 무슴 ᄠᅳᆮ으로 내 ᄇᆡᆨ셩의 마리ᄅᆞᆯ[82] 보과쟈[83] ᄒᆞ리오 이ᄂᆞᆫ 죠션의 술은 결단ᄒᆞ야 업시 치[84] 아니치 못ᄒᆞᆯ 거신 바ㅣ라[85] 이제 엿새곳[86] 지내면 쟝ᄎᆞᆺ[87] 뎍간ᄒᆞᆯ[88] 거시니 만일 업ᄉᆞ면 내 마ᄋᆞᆷ을 펴 ᄌᆞᆷ을 자려니와[89] 혹 ᄒᆞᆫ나히[90] 잡피면[91] 법은 결단코[92] 샤치[93] 못ᄒᆞ려니와 내 ᄆᆞᄋᆞᆷ이 엇더ᄒᆞ료[94]

오호라. 내가 백성(百姓)이 법(法)에 범(犯)하여도 살리기로 마음에 힘쓰는데, 하물며 무슨 마음과 무슨 뜻으로 내가 백성(百姓)의 머리를 보고자 하리오? 이는 조선의 술은 결단(決斷)하여 없이 하지 아니하지 못할 것인 바이다. 이제 엿새만 지나면 장차(將次) 적간(摘奸)할 것이니, 만일 (잡히는 자가) 없으면 내가 마음을 펴 잠을 자려니와, 혹 하나가 잡히면 법(法)은 결단코 사(赦)하지 못하려니와, (그럴 때에) 나의 마음이 어떠하리오?

너희ᄂᆞᆫ 혜여[95] 보라 내 비록 덕이 업ᄉᆞ나 네희[96] 부모ㅣ니 부모ㅣ

82) 마리ᄅᆞᆯ : 마리(머리, 頭) + -ᄅᆞᆯ(목조) ※ 이때의 '마리'는 금주령을 위반하여 참수 당한 백성의 '머리'를 이른다.

83) 보과쟈 : 보(보다, 見)- + -과쟈(-고자 : 연어, 의도, 바람)

84) 업시 치 : 업시[없이, 無(부사) : 없(없다, 無 : 형사)- + -이(부접)] # ㅎ(← ᄒᆞ다 : 하다, 爲)- + -지(연어, 부정) ※ '티>치'는 /ㅌ/이 /ㅊ/으로 구개음화한 예이다.

85) 바ㅣ라 : 바(바, 所 : 의명) + -ㅣ(← -이- : 서조)- + -Ø(현시)- + -라(← -다 : 평종)

86) 엿새곳 : 엿새(엿새, 六日 : 명사) + -곳(-만 : 보조사, 한정 강조)

87) 쟝ᄎᆞᆺ : 쟝ᄎᆞᆺ(← 쟝ᄎᆞ : 장차, 將次, 부사)

88) 뎍간ᄒᆞᆯ : 적간ᄒᆞ[적간하다 : 뎍간(적간, 摘奸 : 명사) + -ᄒᆞ(동접)-]- + -ㄹ(관전) ※ '뎍간(摘奸)'은 죄상이 있는지 없는지를 밝히기 위하여 캐어 살피는 것이다.

89) 자려니와 : 자(자다, 眠)- + -리(미시)- + -어니와(← -거니와 : 연어, 인정 대조)

90) ᄒᆞᆫ나히 : ᄒᆞᆫ나ㅎ(← ᄒᆞ나ㅎ : 하나, 수사) + -이(주조) ※ 'ᄒᆞᆫ나히'는 'ᄒᆞ나히'의 /ㄴ/을 'ㄴㄴ'으로 거듭 적은 형태이다.

91) 잡피면 : 잡ㅍ[← 자피다(잡히다) : 잡(잡다, 捕 : 타동)- + -히(피접)-]- + -면(연어, 조건) ※ '잡피면'은 '자피면'의 /ㅍ/을 'ㅂㅍ'으로 거듭 적은 형태이다.

92) 결단코 : [결단코(부사) : 결단(決斷 : 명사) + -ㅎ(← -ᄒᆞ- : 동접)- + -고(연어 ▹ 부접)]

93) 샤치 : 샤ㅎ[← 샤ᄒᆞ다(사하다, 사면하다) : 샤(사, 赦 : 불어) + -ᄒᆞ(동접)-]- + -지(연어, 부정) ※ '샤티>샤치'는 /ㅌ/이 /ㅊ/으로 구개음화한 예이다.

94) 엇더ᄒᆞ료 : 엇더ᄒᆞ[어떠하다, 何 : 엇더(어떠 : 불어)- + -ᄒᆞ(형접)-]- + -료(의종, 설명, 미시)

95) 혜여 : 혜(헤아리다, 생각하다, 量)- + -여(← -어 : 연어)

96) 네희 : 네희[↚ 너희 : 네(↚ 너 : 인대) + -희(복접)] ※ '너'에 관형격 조사인 '-ㅣ'를 실현한

ᄎᆞᆷ아[97] ᄌᆞ식의게[98] 이 ᄆᆞ음이 이시랴 비록 니ᄅᆞᄂᆞᆫ 거ᄉᆞᆯ 듯지 아니ᄒᆞ야 법을 ᄡᅳᆫᄃᆞᆯ[99] 그 부모의 ᄆᆞ음이 엇더ᄒᆞ료 너희 부모 되니도[1] 잇고 ᄌᆞ뎨[2] 되니도 이시니 내 동동ᄒᆞ야[3] ᄒᆞᄂᆞᆫ ᄆᆞ음을 ᄉᆡᆼ각ᄒᆞ야 보고 그 ᄣᅢ[4] 경샹을 ᄯᅩ ᄉᆡᆼ각ᄒᆞ야 보라 모든[5] 가온대 세 번 회시ᄒᆞᆯ[6] 제 부모 형뎨ᄂᆞᆫ 발을 굴너[7] 부르지지며[8] 놉흔[9] 대에[10] ᄃᆞᆫ[11] 후의ᄂᆞᆫ[12] 반ᄃᆞ시[13] 소ᄅᆡᄅᆞᆯ[14] ᄎᆞᆷ고 ᄯᅡ희[15] 업더지리니[16] 그 경샹을 ᄉᆡᆼ각ᄒᆞ니 엇지 ᄌᆞᆷ을 자며 옥식을 먹으리오

너희는 헤아려 보라. 내가 비록 덕(德)이 없으나 너희의 부모(父母)이니, 부모가 차마 자식(子息)에게 이 마음이 있으랴? 비록 말하는 것을 듣지 아니하여 법(法)을 쓴들,

---

뒤에 복수 접미사인 '-희'를 실현한 형태이다. '네희'는 '너희'를 오각한 형태로 처리한다.

97) ᄎᆞᆷ아 : [↚ ᄎᆞ마(차마 : 부사) : ᄎᆞᆷ(← ᄎᆞᆷ다 : 참다, 忍)- + -아(연어 ▻ 부접)] ※ 'ᄎᆞᆷ아'는 'ᄎᆞ마'를 과잉으로 분철한 형태이다.

98) ᄌᆞ식의게 : ᄌᆞ식(자식, 子息) + -의게(-에게 : 부조, 상대)

99) ᄡᅳᆫᄃᆞᆯ : ᄡᅳ(쓰다, 用)- + -ㄴ ᄃᆞᆯ(-ㄴ 들 : 연어, 양보)

1) 되니도 : 되(되다, 爲)- + Ø(과시)- + -ㄴ(관전) # 이(이, 人 : 의명) + -도(보조사, 첨가)

2) 자뎨 : 자뎨(자제, 子弟) + -Ø(보조)

3) 동동ᄒᆞ야 : 동동ᄒᆞ[동동하다 : 동동(동동, 憧憧 : 부사) + -ᄒᆞ(형접)-]- + -야(← -아 : 연어) ※ '동동(憧憧)'은 마음이 잡히지 않아 안정되지 못한 것이다.

4) ᄣᅢ : 때, 時(의명)

5) 모든 : 몯(모이다, 集)- + -Ø(과시)- + -은(관전)

6) 회시ᄒᆞᆯ : 회시ᄒᆞ[회시하다 : 회시(회시, 回示 : 명사) + -ᄒᆞ(동접)-]- + -ㄹ(관전) ※ '회시(回示)'는 예전에 죄인을 끌고 다니며 뭇사람에게 보이던 일이다.

7) 굴너 : 굴ㄴ(← 굴ㄹ- ← 구르다 : 구르다, 跺)- + -어(연어) ※ '굴너'는 '굴러'의 'ㄹㄹ'를 'ㄹㄴ'으로 표기한 형태이다.

8) 부르지지며 : 부르짖[부르짖다, 叫 : 부르(부르다, 呼)- + 지지(지저귀다, 嚶)-]- + -며(연어, 나열)

9) 놉흔 : 놉ㅎ(← 높다 : 높다, 高)- + -Ø(현시)- + -은(관전) ※ '놉흔'은 '노픈'의 /ㅍ/을 /ㅂ/과 /ㅎ/으로 재음소화하여 표기한 형태이다.

10) 대에 : 대(대, 대나무, 竹) + -에(부조, 위치)

11) ᄃᆞᆫ : ᄃᆞ(← ᄃᆞᆯ다 : 달다, 매달다, 縣)- + -Ø(과시)- + -ㄴ(관전)

12) 후의ᄂᆞᆫ : 후(후, 뒤, 後) + -의(-에 : 부조, 위치) + -ᄂᆞᆫ(보조사, 주제)

13) 반ᄃᆞ시 : [반드시, 必(부사) : 반ᄃᆞᆺ(반듯, 直 : 불어)- + -이(부접)]

14) 소ᄅᆡᄅᆞᆯ : 소ᄅᆡ(소리, 聲) + -ᄅᆞᆯ(목조)

15) ᄯᅡ희 : ᄯᅡㅎ(땅, 地) + ᄋᆡ(-에 : 부조, 위치)

16) 업더지리니 : 업더지(엎드려지다, 엎어지다, 倒)- + -리(미시)- + -니(연어, 설명 계속, 이유)

그 부모의 마음이 어떠하랴? 너희가 부모 된 이도 있고 자제(子弟)가 된 이도 있으니, 내가 동동(憧憧)하여 하는 마음을 생각하여 보고, 그때에 경상(景狀)을 또 생각하여 보라. (사람들이) 모인 가운데 세 번 회시(回示)할 때에, 부모 형제(兄弟)는 발을 굴러 부르짖으며, (머리를) 높은 대나무에 단 후(後)에는 반드시 소리를 참고 땅에 엎어지리니, 그 경상(景狀)을 생각하니 어찌 잠을 자며 옥식(玉食)을 먹으리요?

내 ᄆᆞ음도 이러ᄒᆞ니 ᄒᆞ믈며 그 부모 되니와 그 자뎨 되니야[17] 더옥 엇더ᄒᆞ료 오호ㅣ라 희미ᄒᆞᆫ ᄃᆞᆯ과 흐린 구름의 쳐풍[18]이 쇼슬ᄒᆞᆯ[19] ᄶᅢ 사쟝[20]의 졍법ᄒᆞᆫ[21] 넉ᄉᆞᆫ[22] 제 부모와 쳐ᄌᆞ[23]를 부ᄅᆞ며[24] 내 엇지 금쥬령을 범ᄒᆞ여 이 디경[25]에 니ᄅᆞ뇨[26] 부모ᄂᆞᆫ 나ᄅᆞᆯ ᄉᆡᆼ각ᄒᆞ며 쳐ᄌᆞ도 ᄯᅩᄒᆞᆫ ᄉᆡᆼ각ᄒᆞᄂᆞ냐 ᄒᆞ야 쳐창ᄒᆞᆫ[27] 말과 ᄋᆡ원ᄒᆞᆫ[28] 소ᄅᆡᄂᆞᆫ 듯지 못ᄒᆞᄂᆞᆫ 가온대 사쟝의 은은ᄒᆞ리니[29] ᄉᆡᆼ각이 이에 밋ᄎᆞ니[30] 내 마음이 씌니[31]

17) 되니야 : 되(되다, 爲)- + -Ø(과시)- + -ㄴ(관전) # 이(이, 人 : 의명) + -야(보조사, 한정 강조) ※ '-야'는 중세 국어에 쓰인 보조사인 '-ᅀᅡ'가 변화한 형태이다.

18) 쳐풍 : 처풍(凄風). 쓸쓸한 바람이다.

19) 쇼슬ᄒᆞᆯ : 쇼슬ᄒᆞ[소슬하다 : 쇼슬(소슬, 蕭瑟 : 명사) + -ᄒᆞ(형접)-]- + -ㄹ(관전) ※ '쇼슬(蕭瑟)'은 으스스하고 쓸쓸한 것이다.

20) 사쟝 : 사장(死場). 사형장이다.

21) 졍법ᄒᆞᆫ : 졍법ᄒᆞ[정법하다 : 졍법(정법, 正法 : 명사) + -ᄒᆞ(동접)-]- + -Ø(과시)- + -ㄴ(관전) ※ '정법(正法)'은 예전에 죄인을 사형에 처하던 것이다.

22) 넉ᄉᆞᆫ : 넋(넋, 魂) + -ᄋᆞᆫ(보조사, 주제)

23) 쳐ᄌᆞ : 처자(妻子), 처와 자식이다.

24) 부ᄅᆞ며 : 부ᄅᆞ(부르다 : 부르다, 呼)- + -며(연어, 나열) ※ '브르다>부ᄅᆞ다'의 변화는 원순 모음화가 적용된 결과이다.

25) 디경 : 지경(地境). '경우'나 '형편', '정도'의 뜻을 나타내는 의존 명사이다.

26) 니ᄅᆞ뇨 : 니ᄅᆞ(이르다, 至)- + -Ø(과시)- + -뇨(-냐 : 의종, 판정)

27) 쳐창ᄒᆞᆫ : 쳐창ᄒᆞ[처창하다 : 쳐창(처창, 悽愴, 悽悵 : 명사)- + -ᄒᆞ(형접)-]- + -Ø(현시)- + -ㄴ(관전) ※ '쳐창(悽愴)'은 몹시 구슬프고 애달픈 것이다.

28) ᄋᆡ원ᄒᆞᆫ : ᄋᆡ원ᄒᆞ[애원하다 : ᄋᆡ원(애원, 哀怨 : 명사) + -ᄒᆞ(형접)-]- + -Ø(과시)- + -ㄴ(관전) ※ 'ᄋᆡ원(哀怨)'은 슬프게 원망하는 것이다.

29) 은은ᄒᆞ리니 : 은은ᄒᆞ[은은하다 : 은은(隱隱 : 명사) + -ᄒᆞ(형접)-]- + -리(미시)- + -니(연어, 설명 계속) ※ '은은(隱隱)'은 소리가 아득하여 들릴 듯 말 듯한 것이다.

30) 밋ᄎᆞ니 : 밋ㅊ(← 및다 : 미치다, 及)- + -ᄋᆞ니(연어, 설명 계속, 이유) ※ '밋ᄎᆞ니'는 '미ᄎᆞ니'의 /ㅊ/를 'ㅊㅊ'으로 거듭 적은 형태이다.

31) 씌니 : 씌[쓰이다 : 쓰(쓰다)- + -ㅣ(← -이- : 피접)-]- + -니(연어, 설명 계속, 이유)

너희 ᄆᆞᄋᆞᆷ이 홀노[32] 엇더ᄒᆞ료

내 마음도 이러하니 하물며 그 부모(父母) 된 이와 그 자제(子弟) 된 이야 더욱 어떠하랴? 오호라, 희미한 달과 흐린 구름에 처풍(凄風)이 소슬(蕭瑟)할 때에, 사형장(死刑場)의 정법(正法)한 넋은 제 부모와 처자(妻子)를 부르며, "내 어찌 금주령(禁酒令)을 범(犯)하여 이 지경(地境)에 이르렀느냐? 부모는 나를 생각하며 처자도 또한 (나를) 생각하느냐?" 하여, 처창(悽愴)한 말과 애원(哀怨)한 소리는 듣지 못하는 가운데 사장(死場)에 은은하리니, 생각이 이에 미치니 내가 마음이 쓰이니, 너희 마음이 홀로 어떠하냐?

내 비록 어진 ᄆᆞᄋᆞᆷ이 업고 어진 정ᄉᆞㅣ[33] 업ᄉᆞ나 그 ᄉᆞ오나온[34] 거ᄉᆞᆫ ᄆᆞᄋᆞᆷ의 깁피[35] 경계ᄒᆞᄂᆞᆫ지라[36] 비록 ᄒᆞᄅᆞ사리[37] ᄀᆞᆺᄐᆞᆫ[38] 져근[39] 즘ᄉᆡᆼ이나[40] 춤아 손으로 해ᄒᆞᆯ ᄆᆞᄋᆞᆷ이 업고 ᄑᆞ리ᄂᆞᆫ[41] 세간에 믜온[42] 즘ᄉᆡᆼ이로ᄃᆡ[43] 혹 믈 그ᄅᆞᄉᆡ[44] ᄡᅡ진[45] 양을 보면 부ᄃᆡ[46] 건져 그ᄂᆞᆯ애[47]

32) 홀노 : 홀노(← 홀로 : 홀로, 獨, 부사) ※ '홀노'는 '홀로'의 'ㄹㄹ'을 'ㄹㄴ'으로 표기한 형태이다.

33) 정ᄉᆞㅣ : 정ᄉᆞ(정사, 情思) + -ㅣ(← -이 : 주조) ※ '정ᄉᆞ(靜思)'는 감정에 따라 일어나는 생각이다.

34) ᄉᆞ오나온 : ᄉᆞ오나오(← 사오납다, ㅂ불 : 사납다, 惡)- + -Ø(현시)- + -ㄴ(← -은 : 관전)

35) 깁피 : 깁ㅍ[← 기피(깊이 : 부사) : 깁ㅍ(← 깊다 : 깊다, 深)- + -이(부접)] ※ '깁피'는 '기피'의 /ㅍ/을 'ㅂㅍ'으로 거듭 적은 형태이다.

36) 경계ᄒᆞᄂᆞᆫ지라 : 경계ᄒᆞ[경계하다 : 경계(경계, 警戒 : 명사) + -ᄒᆞ(동접)-]- + -ᄂᆞ(현시)- + -ㄴ지라(연어, 이유) ※ '경계ᄒᆞᄂᆞᆫ디라>경계ᄒᆞᄂᆞᆫ지라'는 /ㄷ/이 /ㅈ/으로 구개음화한 예이다.

37) ᄒᆞᄅᆞ사리 : ᄒᆞᄅᆞ사리[하루살이, 蝣 : ᄒᆞᄅᆞ(하루, 一日 : 명사) + ᄉᆞᆯ(살다, 活 : 동사)- + -이(명접)] + -Ø(← -이 : -와, 부조, 비교)

38) ᄀᆞᆺᄐᆞᆫ : ᄀᆞᆺㅌ(← ᄀᆞᇀ다 : 같다, 同)- + -ᄋᆞᆫ(관전) ※ 'ᄀᆞᆺᄐᆞᆫ'은 'ᄀᆞᄐᆞᆫ'의 /ㅌ/을 'ㅅㅌ'으로 거듭 적은 형태이다.

39) 져근 : 젹(작다, 小)- + -Ø(현시)- + -은(관전)

40) 즘ᄉᆡᆼ이나 : 즘ᄉᆡᆼ(짐승, 獸) + -이나(보조사, 선택)

41) ᄑᆞ리ᄂᆞᆫ : ᄑᆞ리(파리, 蠅) + -ᄂᆞᆫ(보조사, 주제)

42) 믜온 : 믜오(← 믭다, ㅂ불 : 밉다, 憎)- + -Ø(현시)- + -ㄴ(← -은 : 관전)

43) 즘ᄉᆡᆼ이로ᄃᆡ : 즘ᄉᆡᆼ(짐승, (獸) + -이(서조)- + -로ᄃᆡ(← -오ᄃᆡ : -되, 연어, 설명 계속)

44) 그ᄅᆞᄉᆡ : 그ᄅᆞᆺ(그릇, 皿) + -ᄋᆡ(-에 : 부조, 위치)

45) ᄡᅡ진 : ᄡᅡ지(빠지다, 沒)- + -Ø(과시)- + -ㄴ(관전) ※ 'ᄡᅡ디다>빠지다'는 /ㄷ/이 /ㅈ/으로 구개음화한 예이다.

46) 부ᄃᆡ : 부디, 꼭, 必(부사)

ᄆᆞᆯ나[48] ᄂᆞᄂᆞᆫ 양을 보며 길ᄒᆡ[49] 혹 개얌이[50]를 드ᄃᆡ여도[51] 긔운[52] 출혀[53] 긔ᄂᆞᆫ[54] 양을 본 후의야[55] ᄆᆞᄋᆞᆷ이 눅으니 이 비록 져근 ᄆᆞᄋᆞᆷ이나 미ᄒᆞᆫ[56] ᄃᆡ도 오히려 이러ᄒᆞ거든[57] ᄇᆡᆨ슈 모년의[58] 무ᄉᆞᆷ ᄯᅳᆺ으로 내 젹ᄌᆞ[59]를 효시코져[60] ᄒᆞ리오

내가 비록 어진 마음이 없고 어진 정사(靜思)가 없으나, 그 사나운 것은 마음에 깊이 경계(警戒)하는지라, 비록 하루살이 같은 적은 짐승이나 차마 손으로 해(害)할 마음이 없고, 파리는 세간(世間)에 미운 짐승이로되, 혹 물 그릇에 빠진 양(樣)을 보면 반드시 건져 그늘에 말라 나는 양을 보며, 길에 혹 개미를 디디어도 (개미가) 기운(氣運)을 차려서 기는 양을 본 후에야 마음이 눅으니, 이것이 비록 적은 마음이나 미(微)한 데에도 오히려 이러하거늘, 백수(白壽) 모년(暮年)에 무슨 뜻으로 내가 적자(赤子)를 효시(梟示)하고자 하리요?

이러케[61] ᄌᆞ세히[62] 니ᄅᆞ지 아니ᄒᆞ야 십팔 일 후의 사쟝에 내 ᄇᆡᆨ셩의

---

47) 그ᄂᆞᆯ애 : 그ᄂᆞᆯ(그늘, 陰) + -애(-에 : 부조, 위치)

48) ᄆᆞᆯ나 : ᄆᆞᆯㄴ(← ᄆᆞᆯㄹ- ← ᄆᆞᄅᆞ다 : 마르다, 燥)- + -아(연어) ※ 'ᄆᆞᆯ나'는 'ᄆᆞᆯ라'의 'ㄹㄹ'을 'ㄹㄴ'으로 표기한 형태이다.

49) 길ᄒᆡ : 길ㅎ(길, 路) + -ᄋᆡ(-에 : 부조, 위치)

50) 개얌이 : 개미, 蟻.

51) 드ᄃᆡ여도 : 드ᄃᆡ(디디다, 밟다, 踏)- + -여도(← -어도 : 연어, 양보)

52) 긔운 : 기운(氣運)

53) 출혀 : 출히(차리다, 覺)- + -어(연어)

54) 긔ᄂᆞᆫ : 긔(기다, 匐)- + -ᄂᆞ(현시)- + -ㄴ(관전)

55) 후의야 : 후(후, 後) + -의(-에 : 부조, 위치) + -야(보조사, 한정 강조)

56) 미ᄒᆞᆫ : 미ᄒᆞ[미하다, 미미하다 : 미(미, 微 : 불어) + -ᄒᆞ(형접)-]- + -Ø(현시)- + -ㄴ(관전)

57) 이러ᄒᆞ거든 : 이러ᄒᆞ[이러하다 : 이러(이러 : 불어) + -ᄒᆞ(형접)-]- + -거든(-ㄴ데 : 연어, 설명 계속)

58) 모년의 : 모년(모년, 暮年) + -의(-에 : 부조, 시간) ※ '모년(暮年)'은 나이가 들어 늙어 가는 시기이다.

59) 젹ᄌᆞ : 적자(赤子), 갓난아이이다. ※ 여기서 '적자(赤子)'는 임금이 갓난아이처럼 여겨 사랑한다는 뜻으로, 그 나라의 '백성(百姓)'을 이르던 말이다.

60) 효시코져 : 효시ㅎ[← 효시ᄒᆞ다 (효시하다) : 효시(효시, 梟示 : 명사) + -ᄒᆞ(동접)-]- + -고져(-고자 : 연어, 의도) ※ '효시(梟示)'는 목을 베어 높은 곳에 매달아 놓아 뭇사람에게 보이는 것이다.

61) 이러케 : 이러ㅎ[← 이러ᄒᆞ다(이러하다, 如此) : 이러(이러 : 불어) + -ᄒᆞ(형접)-]- + -게(연어,

마리를 들게 ᄒᆞ면 이는 너희 범ᄒᆞᆫ 거시 아니라 내 너희를 법의 ᄲᅡ지온[63] 거시니 오날[64] 니ᄅᆞ지 아니ᄒᆞ고 너희 만일 ᄌᆞ셰히 몰나[65] 법을 범ᄒᆞ면 내 ᄇᆡᆨ슈 모년의 어ᄂᆡ[66] ᄂᆞᆺᄎᆞ로[67] 너희 모든 ᄇᆡᆨ셩을 ᄃᆡᄒᆞ리오[68] 대져[69] 샹졍으로[70] 니ᄅᆞ면 너희 나라 법을 이대도록[71] 좃지[72] 아니ᄒᆞ니 둣다가[73] 뎡일[74] 후 ᄒᆞᆫ나흘[75] 효시ᄒᆞ야 ᄇᆡᆨ인[76]을 징계코져[77] ᄒᆞᆯ 거시로ᄃᆡ[78] 이는 쾌ᄒᆞᆫ[79] ᄯᅳᆺ지라[80] 법은 비록 펴고 모든[81] 사ᄅᆞᆷ은

도달)

62) ᄌᆞ셰히 : [자세히(부사) : ᄌᆞ셰(자세, 仔細 : 명사) + -ㅎ(← -ᄒᆞ- : 형접)- + -이(부접)]

63) ᄲᅡ지온 : ᄲᅡ지오[빠지게 하다 : ᄲᅡ지(빠지다, 陷)- + -오(사접)-]- + -Ø(과시)- + -ㄴ(관전)

64) 오날 : 오날(← 오ᄂᆞᆯ : 오늘, 今日) ※'오날'은 '오ᄂᆞᆯ'의 오기이다. /·/의 소실로 인하여 '·'와 'ㅏ'의 표기를 혼기한 것으로 볼 수 있다.

65) 몰나 : 몰ㄴ(몰ㄹ- ← 모ᄅᆞ다 : 모르다, 無知)- + -아(연어) ※'몰나'는 '몰라'의 'ㄹㄹ'을 'ㄹㄴ'으로 표기한 형태이다.

66) 어ᄂᆡ : 어ᄂᆡ(← 어느 : 어느, 何, 관사)

67) ᄂᆞᆺᄎᆞ로 : ᄂᆞᆺㅊ(← ᄂᆞᆾ : 낯, 面) + -ᄋᆞ로(부조, 방편) ※'ᄂᆞᆺᄎᆞ로'는 'ᄂᆞᄎᆞ로'의 /ㅊ/을 'ㅅㅊ'으로 거듭 적은 형태이다.

68) ᄃᆡᄒᆞ리오 : ᄃᆡᄒᆞ[대하다 : ᄃᆡ(대, 對 : 불어) + -ᄒᆞ(동접)-]- + -리(미시)- + -오(← -고 : 의종, 설명)

69) 대져 : 대저(大抵), 대체로 보아서(부사)

70) 샹졍으로 : 샹졍(상정, 常情 : 명사) + -으로(부조, 방편) ※'샹졍(常情)'은 사람에게 공통적으로 있는 보통의 인정(人情)이다.

71) 이대도록 : 이토록, 이다지, 至是(부사) ※참고로 '이대도록'을 [이(이, 是 : 지대, 정칭) + 대(← ᄃᆡ : 데, 것, 의명) + -도록(보조사▷부접)]과 같이 분석할 가능성이 있다.

72) 좃지 : 좃(← 좇다 : 좇다, 從)- + -지(연어, 부정) ※'좃디>좃지'는 /ㄷ/이 /ㅈ/으로 구개음화한 예이다.

73) 둣다가 : 두(두다, 置)- + -ㅅ(← -엇- : 완료)- + -다가(연어, 전환) ※'두어 잇다가>뒷다가>둣다가'의 형태로 변화했다.

74) 뎡일 : 정일(定日). 날짜를 정하다.

75) ᄒᆞᆫ나흘 : ᄒᆞᆫ나ㅎ(← ᄒᆞ나ㅎ : 하나, 一, 수사, 양수) + -을(목조) ※'ᄒᆞᆫ나흘'은 'ᄒᆞ나흘'의 /ㄴ/을 'ㄴㄴ'으로 거듭 적은 형태이다.

76) ᄇᆡᆨ인 : 백인(百人). 백 사람이다.

77) 징계코져 : 징계ㅎ[← 징계ᄒᆞ다 : 징계(징계, 懲戒 : 명사) + -ㅎ(← -ᄒᆞ- : 동접)-]- + -고져(-고자 : 연어, 의도)

78) 거시로ᄃᆡ : 것(것 : 의명) + -이(서조)- + -로ᄃᆡ(← -오ᄃᆡ : -되, 연어, 설명 계속)

79) 쾌ᄒᆞᆫ : 쾌ᄒᆞ[쾌하다 : 쾌(쾌, 快 : 불어)- + -ᄒᆞ(형접)-]- + -Ø(현시)- + -ㄴ(관전) ※'쾌(快)'는 원래 하는 짓이 시원스럽다는 뜻으로 쓰인 말인데, 여기서는 '간명하고 손쉽다'의 뜻으로 쓰였다.

80) ᄯᅳᆺ지라 : ᄯᅳᆺㅈ(← ᄯᅳᆮ : 뜻, 意) + -이(서조)- + -라(← -라 : 연어, 이유) ※'ᄯᅳᆺ지라'는 구개음

서로 보와[82] 나라 법은 잇다 ᄒᆞ려니와[83] 내 엇지 ᄎᆞᆷ아 늘근 후 정ᄉᆞ[84]를 다시 ᄒᆞᄂᆞᆫ 가온대 ᄒᆞᆫ 쾌ᄒᆞᆫ ᄆᆞᄋᆞᆷ으로 내 적ᄌᆞ의게[85] 펴리오

이렇게 자세(仔細)히 이르지 아니하여, 십팔 일(日) 후(後)에 사장(死場)에 내 백성(百姓)의 머리를 달게 하면, 이는 너희가 (죄를) 범(犯)한 것이 아니라 내가 너희를 법(法)에 빠지게 한 것이니, (내가) 오늘 (너희에게 법을) 이르지 아니하고 너희가 만일 자세히 몰라서 법을 범하면, 내가 백수(白壽) 모년(暮年)에 어느 낯으로 너희 모든 백성을 대(對)하리요? 대저(大抵) 상정(常情)으로 이르면, 너희가 나라의 법을 이처럼 좇지 아니하니, (그들을 내버려) 두었다가 정일(定日)한 후에 하나를 효시(梟示)하여 백인(百人)을 징계(懲戒)하고자 할 것이로되, 이는 쾌(快)한 뜻이라서 법은 비록 펴고 (형장에) 모인 사람은 서로 보아서 "나라의 법은 있다."고 할 것이지만, 내가 어찌 차마 늙은 후에 정사(政事)를 다시 하는 가운데 한 쾌(快)한 마음으로 나의 적자(赤子)에게 (정사를) 펴리요?

그러모로[86] 탄일[87]이 ᄒᆞᄅᆞ밤이 ᄀᆞ리왓고[88] 녯날을[89] ᄉᆡᆼ각ᄒᆞᄋᆞᆸᄂᆞᆫ[90] ᄆᆞᄋᆞᆷ이 ᄀᆞᆫ절ᄒᆞ되[91] ᄎᆞᆷ아 자지 못ᄒᆞ야 불너 쓰이니[92] 젼의[93] 하교ᄒᆞᆫ 거ᄉᆞᆯ 비록

화에 따라서 '쓰디라'가 '쓰지라'로 변화한 다음에, /ㅈ/을 'ㅅㅈ'으로 거듭 적은 형태이다.

81) 모든 : 몯(모이다, 集)- + -Ø(과시)- + -은(관전) ※'모든'은 '형장에 모인'의 뜻을 나타낸다.

82) 보와 : 보오(↚ 보다 : 보다, 見)- + -아(연어) ※'보와'는 '보아'를 오각한 형태이다.

83) ᄒᆞ려니와 : ᄒᆞ(하다, 爲)- + -리(미시)- + -어니와(← -거니와 : 연어, 인정 반전)

84) 정ᄉᆞ : 정사(政事). 정치 또는 행정상의 일이다.

85) 적ᄌᆞ의게 : 적ᄌᆞ(적자, 갓난아기, 백성, 赤子) + -의게(-에게 : 부조, 상대) ※'적자(赤子)'는 임금이 갓난아이처럼 여겨 사랑한다는 뜻으로, 그 나라의 '백성'을 이르던 말이다.

86) 그러모로 : [그러므로, 故(부사) : 그러(불어) + -Ø(← -ᄒᆞ- : 형접)- + -모로(← -므로 : 연어 ▻부접)]

87) 탄일 : 탄일(誕日), 탄생일(생일)이다.

88) ᄀᆞ리왓고 : ᄀᆞ리오(가리다, 蔽)- + -앗(완료)- + -고(연어, 나열, 계기) ※이 구절은 '탄생일이 하룻밤 남았다는 뜻'을 비유적으로 한 말이다. 이 단어의 형태는 'ᄀᆞ리ᄫᆞ다〉ᄀᆞ리오다'로 변화했다. 여기서는 'ᄀᆞ리왓고'를 '남았고'로 의역하여 옮긴다.

89) 녯날을 : 녯날[예날, 昔日 : 녜(예전, 昔) + -ㅅ(사잇) + 날(날, 日)] + -을(목조)

90) ᄉᆡᆼ각ᄒᆞᄋᆞᆸᄂᆞᆫ : ᄉᆡᆼ각ᄒᆞ[생각하다 : ᄉᆡᆼ각(생각 : 명사) + -ᄒᆞ(동접)-]- + -ᄋᆞᆸ(공손)- + -ᄂᆞ(현시)- + -ㄴ(관전)

91) ᄀᆞᆫ절ᄒᆞ되 : ᄀᆞᆫ절ᄒᆞ[간절하다 : ᄀᆞᆫ절(간절, 懇切 : 명사) + -ᄒᆞ(동접)-]- + -되(연어, 설명 계속)

92) 쓰이니 : 쓰이[쓰게 하다 : 쓰(쓰다, 書)- + -이(사접)-]- + -니(연어, 설명 계속)

언문으로 번역ᄒᆞ야 반포ᄒᆞ야시나[94] 서어ᄒᆞᆫ[95] 하교ᄅᆞᆯ 설게[96] 번역ᄒᆞᆯ 제 엇지 ᄌᆞ셰ᄒᆞ며[97] ᄎᆞᄎᆞ[98] 벗겨[99] 뵐[1] 제 ᄯᅩ 엇지 ᄲᅡ진 거시 업ᄉᆞ랴[2] 그러모로 이 번은 교셔관으로[3] 박아[4] 반포ᄒᆞ니 글ᄌᆞㅣ[5] 분명ᄒᆞ야 비록 언문선류라도[6] 가히 아라볼 거시니 이러ᄒᆞᆫ 후의 너희 혹 범ᄒᆞ면 비록 사쟝에 효시ᄒᆞᆫ 넉신들[7] 엇지 감히 나ᄅᆞᆯ 원ᄒᆞ며[8] 그 부모 되니와[9] 쳐ᄌᆞ[10] 되인ᄃᆞᆯ[11] ᄯᅩ 엇지 감히 나ᄅᆞᆯ 원ᄒᆞ랴

그러므로 탄일(誕日)이 하룻밤이 남았고 옛날을 생각하는 마음이 간절(懇切)하되, 차마 자지 못하여 (신하를) 불러 (이 글을) 쓰게 하니, 전(前)에 하교(下敎)한 것을 비록

---

93) 젼의 : 젼(전, 앞, 前) + -의(-에 : 부조, 위치)
94) 반포ᄒᆞ야시나 : 반포ᄒᆞ[반포하다 : 반포(반포, 頒布 : 명사) + -ᄒᆞ(동접)-]- + -야시(← -아시- : -였-, 완료)- + -나(연어, 대조) ※ 이 글에 앞서 영조(英祖)는 1757년(영조 33년)에 『계주윤음』(戒酒綸音)을 지어서 문무 백관(百官)에게 술을 금한 바가 있다.
95) 서어ᄒᆞᆫ : 서어ᄒᆞ[성기다, 엉성하다 : 서어(서어, 齟齬, 鉏鋙 : 명사) + -ᄒᆞ(형접)-]- + -Ø(현시)- + -ㄴ(관전)
96) 설게 : 설(설다 : 형사)- + -게(연어, 사동) ※ '설다'는 빈틈이 있고 서투른 것이다.
97) ᄌᆞ셰ᄒᆞ며 : ᄌᆞ셰ᄒᆞ[자세하다 : ᄌᆞ셰(자세, 仔細 : 명사) + -ᄒᆞ(형접)-]- + -며(연어, 나열)
98) ᄎᆞᄎᆞ : 차차(次次), 점차(부사)
99) 벗겨 : 벗기(베끼다, 寫)- + -어(연어)
1) 뵐 : 뵈[보이다, 示 : 보(보다, 見 : 타동)- + -ㅣ(← -이- : 사접)-]- + -ㄹ(관전)
2) 업ᄉᆞ랴 : 없(없다, 無)- + -ᄋᆞ랴(의종, 판정, 미시, 설의)
3) 교셔관 : 교서관(校書館). 조선 시대에 경서(經書)의 인쇄나 교정, 향축(香祝), 인전(印篆) 따위를 맡아보던 관아이다.
4) 박아 : 박(박다, 印)- + -아(연어) ※ '박다'는 인쇄물이나 사진을 찍는 것이다.
5) 글ᄌᆞㅣ : 글ᄌᆞ(글자, 字) + -ㅣ(← -이 : 주조)
6) 언문선류라도 : 언문선류[언문선류 : 언문(언문, 諺文) + -선(선, 選 : 접미) + -류(-류 : 類, 접미)] + -라도(보조사, 선택) ※ '언문선류(諺文選類)'는 어떠한 언문에서 가려 뽑아서 지은 글이다.
7) 넉신들 : 넋(넋, 魂) + -인들(보조사, 양보)
8) 원ᄒᆞ며 : 원[원망하다 : 원(원, 怨 : 명사) + -ᄒᆞ(동접)-]- + -며(연어, 나열)
9) 되니와 : 되(되다, 爲)- + -Ø(과시)- + -ㄴ(관전) # 이(이, 人 : 의명) + -와(← -과 : 접조)
10) 쳐ᄌᆞ : 처자(妻子)
11) 되인ᄃᆞᆯ : 되(되다, 爲)- + -Ø(과시)- + -ㄴ(관전) # 이(이, 人 : 의명) + -ㄴᄃᆞᆯ(← -인ᄃᆞᆯ : 보조사, 양보) ※ '되인ᄃᆞᆯ'은 '되닌ᄃᆞᆯ'의 오기이다. 보조사 '-인ᄃᆞᆯ'은 [-이(서조)- + -ㄴᄃᆞᆯ(연어▷조접)]의 방식으로 형성된 파생 연결 어미이다.

언문(諺文)으로 번역(飜譯)하여 반포(頒布)하였으나, 엉성한 하교(下敎)를 서툴게 번역할 때에 (글의 내용이) 어찌 자세(仔細)하며, 차차 (이 글을 다른 이에게) 베껴(寫) 보일 때에 또 어찌 빠진 것이 없으랴? 그러므로 이번은 교서관(校書館)으로 박아 반포하니, 글자가 분명(分明)하여 비록 언문선류(諺文選類)라도 가(可)히 알아볼 것이니, 이러한 후에 너희가 혹 (음주의 죄를) 범하면, 비록 사장(死場)에 효시(梟示)한 넋인들 어찌 감히 나를 원망(怨望)하며, 그 부모가 된 이와 처자(妻子)가 된 이인들 또 어찌 감히 나를 원망(怨望)하랴?

차흡다[12] 너희 등이[13] 혜여[14] 보라 빅슈의 늘근 부모를 ᄆᆞ음을 쓰게 ᄒᆞᄂᆞᆫ 거시 올흐냐[15] 칠슌[16] 갓가온[17] 부모를 ᄆᆞ음을 쓰게 ᄒᆞᄂᆞᆫ 거시 올흐냐 탄일이 밤이 ᄀᆞ린 부모를 즘자기를 닛고 잇ᄭᆞ지[18] ᄆᆞ음 쓰게 ᄒᆞᄂᆞᆫ 거시 올흐냐 ᄯᅩᄒᆞᆫ 이번 효시만 면ᄒᆞ야[19] 하교를 좃다[20] 말나[21] 죠션의[22] 술이 업지[23] 아닌[24] 젼은[25] 이 ᄆᆞ음이 눅지 아니ᄒᆞᆯ 거시니 샹례[26] 도리로 니ᄅᆞ리라 조션[27] 졔ᄉᆞ의[28] 술을 쓰지 아니ᄒᆞ며 그 ᄌᆞ손[29]을

---

12) 차흡다 : 차흡[차흡다, 슬프다(감사) : 차(차, 嗟 : 불어) + -ᄒᆞ(형접)- + -읍(공손)- + -다(평종)] ※'차흡다'는 주로 글에서 매우 슬퍼 탄식할 때 쓰는 감탄사이다.

13) 등이 : 등(등, 等 : 의명) + -이(주조)

14) 혜여 : 혜(헤아리다, 量)- + -여(← -어 : 연어)

15) 올흐냐 : 옳(옳다, 是)- + -Ø(현시)- + -으냐(-으냐 : 의종, 판정)

16) 칠슌 : 칠순(七旬). 사람의 나이 일흔 살을 이른다.

17) 갓가온 : 갓가오(← 갓갑다, ㅂ불 : 가깝다, 近)- + -ㄴ(← -은 : 관전)

18) 잇ᄭᆞ지 : 이(이, 此 : 지대, 정칭) + -ㅅᄭᆞ지(← ᄭᆞ지 : -까지, 보조사, 도달) ※'잇ᄭᆞ지'는 '이ᄭᆞ지'를 거듭 적은 형태인데, 문맥을 감안하여 '이토록'으로 옮긴다.

19) 면ᄒᆞ야 : 면ᄒᆞ[면하다 : 면(면, 免 : 불어) + -ᄒᆞ(동접)-]- + -야(← -아 : 연어)

20) 좃다 : 좃(← 좇다 : 좇다, 從)- + -Ø(과시)- + -다(평종)

21) 말나 : 말(← 말다 : 말다, 勿, 보용, 부정)- + -나(← -라 : 명종) ※'하교를 좃다 말나'는 '하교를 좇았다고 하지 말라.'로 옮긴다. '말나'는 '말라'의 'ㄹㄹ'를 'ㄹㄴ'으로 표기한 형태이다.

22) 죠션의 : 죠션(조선, 朝鮮) + -의(-에 : 부조, 위치)

23) 업지 : 업(← 없다 : 없어지다, 無) + -지(연어, 부정) ※'업디〉업지'는 /ㄷ/가 /ㅈ/로 구개음화한 예이다.

24) 아닌 : 아니[← 아니ᄒᆞ다(보용, 부정) : 아니(부사, 부정) + -Ø(← -ᄒᆞ- : 형접)-]- + -Ø(과시)- + -ㄴ(관전) ※'아닌'은 '아니ᄒᆞᆫ'을 오기한 형태이다.

25) 젼은 : 젼(전, 前) + -은(보조사, 주제) ※여기서 '죠션의 술이 업지 아닌 젼은'을 직역하면 '조선에 술이 없어지지 아니한 전(前)에는'이 된다. 이 구절을 의역하면 '조선에 술이 있는 한에는'으로 의역하여 옮길 수 있다.

방ᄌᆞ히[30] 먹게 ᄒᆞᄂᆞᆫ 거시 효라[31] 니ᄅᆞ며 ᄌᆞ손 되엿ᄂᆞᆫ 인들[32] 그 조션 졔ᄉᆞ의 아듕[33] 쓰ᄂᆞᆫ 술을 방ᄌᆞ히 먹으면 이ᄂᆞᆫ 금슈[34]의 ᄆᆞᄋᆞᆷ이니 사ᄅᆞᆷ이라[35] 니ᄅᆞ랴[36]

슬프다. 너희 등(等)이 헤아려 보라. 백수(白壽)의 늙은 부모(父母)를 마음을 쓰게 하는 것이 옳으냐? 칠순(七旬) 가까운 부모를 마음을 쓰게 하는 것이 옳으냐? 탄일(誕日)이 하룻밤 남은 부모가 잠자기를 잊고 이토록 마음을 쓰게 하는 것이 옳으냐? 또한 이번 효시(梟示)만 면(免)하여, "하교(下敎)를 좇았다."고 (하지) 말라. 조선(朝鮮)에 술이 있는 한에는 이 마음이 눅지 아니할 것이니, 항상 도리(道理)로 이르리라. (앞에 내린 금주령에 따라서) 조선(祖先)의 제사(祭祀)에 술을 쓰지 아니하면서도, 그 자손(子孫)을 방자(放恣)하게 (술을) 먹게 하는 것이 효(孝)이라고 이르며, 자손 된 이(者)인들 그 조선(祖先) 제사의 아준(亞樽)에 쓰는 술을 방자하게 먹으면, 이는 금수(禽獸)의 마음이니 (어찌) 사람이라고 이르랴?

오호ㅣ라 이 술을 먹어 그 오래 살기 비록 ᄑᆡᆼ조[37]와 ᄀᆞᆺ고[38] 이

26) 샹례 : 샹례(← 샹녜, 常例). 늘, 항상(부사)
27) 조션 : 조선(祖先), 조상.
28) 졔ᄉᆞ의 : 졔ᄉᆞ(제사, 祭祀) + -의(-에 : 부조, 위치)
29) ᄌᆞ손 : 자손(子孫)
30) 방ᄌᆞ히 : [방자하게(부사) : 방ᄌᆞ(방자, 放恣) + -ㅎ(← -ᄒᆞ- : 형접)- + -이(부접)]
31) 효라 : 효(효, 孝) + -∅(← -이- : 서조)- + -∅(현시)- + -라(← -다 : 평종) ※ '효라'는 중세 국어에서는 '회라'로 표기되었다.
32) 되엿ᄂᆞᆫ 인들 : ① 되(되다, 爲)- + -엿(← -엇- : 완료)- + -ᄂᆞ(현시)- + -ㄴ(관전) # 이(이, 者 : 의명) + -인들(보조사, 양보) ② 되(되다, 爲)- + -엿(← -엇- : 완료)- + -ᄂᆞ(현시)- + -ㄴ(관전) # 인들[사람들 : 인(인, 人 : 명사) + -들(복접)]
33) 아듕 : 아준(亞樽), '亞' 자 모양의 무늬가 있는 술통이다.
34) 금슈 : 금수(禽獸). 날짐승과 길짐승이라는 뜻으로, 행실이 아주 더럽고 나쁜 사람을 비유적으로 이르는 말이다.
35) 사ᄅᆞᆷ이라 : 사ᄅᆞᆷ(사람, 人) + -이(서조)- + -∅(현시)- + -라(← -다 : 평종)
36) 니ᄅᆞ랴 : 니ᄅᆞ(이르다, 말하다, 曰)- + -랴(의종, 판정, 미시, 설의)
37) ᄑᆡᆼ조 : 팽조(彭祖). 800년이나 살았다고 하는 중국 전설 속의 인물이다. 팽조가 실제로 800년을 살았다고 하는 것은 고증할 수 없으나, 중국 다수의 역사서에 팽조에 대한 언급이 있다.
38) ᄀᆞᆺ고 : ᄀᆞᆺ(← ᄀᆞᇀ다 : 같다, 如)- + -고(연어, 나열) ※ 'ᄀᆞᆺ고'는 종성 /ㄷ/을 'ㅅ'으로 표기한 형태이다.

술을 ᄑᆞ라[39] 그 가음여름이[40] 비록 셕슝[41]과 ᄀᆺᄐᆞᆫ들[42] ᄎᆞᆷ아 그 군부[43]를 니ᄌᆞ며[44] ᄯᅩ ᄎᆞᆷ아 그 부모 쳐ᄌᆞ를 큰 률의[45] ᄲᅡ지오랴[46] 너희ᄂᆞᆫ 이 거시 즐겨 범ᄒᆞᄂᆞᆫ 거시 아니라 ᄯᅩ ᄉᆡᆼ애에[47] 마지 못ᄒᆞ야 ᄒᆞ다[48] 니ᄅᆞ지 말나[49] 비록 ᄉᆡᆼ앤들[50] ᄯᅩᄒᆞᆫ ᄒᆞᆯ 도리 만ᄒᆞ니[51] 엇지 니의[52] 만흐며 져그믈 니ᄅᆞ랴 져근 니를 탐ᄒᆞ야 큰 법에 ᄲᅡ지ᄂᆞᆫ 거시 어ᄂᆡ가[53] 니ᄒᆞ며 어ᄂᆡ가 경ᄒᆞ니[54]

오호라. 이 술을 먹어 그 오래 살기가 비록 팽조(彭祖)와 같고, 이 술을 팔아 그 부유함이 비록 석숭(石崇)과 같은들, 차마 그 군부(君父)를 잊으며, 또 차마 그 부모(父母)와 처자(妻子)를 큰 율(律)에 빠지게 하랴? 너희는 이것이 즐겨 범(犯)하는 것이 아니라, 또 생계(生計)로 마지 못하여 했다고 이르지 말라. 비록 생계인들 또한 할

39) ᄑᆞ라 : ᄑᆞᆯ(팔다, 賣)- + -아(연어)
40) 가음여름이 : 가음열(가멸다, 부유하다, 富)- + -음(명전) + -이(주조)
41) 셕슝 : 석숭(石崇). 중국 서진(西晉)의 부호(富豪)(249~300)이다. 형주(荊州) 자사(刺史)를 지냈으며, 항해와 무역으로 거부가 되었다.
42) ᄀᆺᄐᆞᆫ들 ; ᄀᆺㅌ(← ᄀᆞᇀ다 : 같다, 如)- + -ᄋᆞᆫ들(연어, 양보) ※ 'ᄀᆺᄐᆞᆫ들'은 'ᄀᆞᄐᆞᆫ들'의 /ㅌ/을 'ㅅㅌ'으로 거듭 적은 형태이다.
43) 군부 : 군부(君父). 임금과 아버지를 아울러 이르는 말이다.
44) 니ᄌᆞ며 : 닞(잊다, 忘)- + -ᄋᆞ며(연어, 나열)
45) 률의 : 률(율, 법, 律) + -의(-에 : 부조, 위치) ※ '률(律)'은 형법(刑法)을 이른다.
46) ᄲᅡ지오랴 : ᄲᅡ지오[빠뜨리다 : ᄲᅡ지(빠지다, 陷)- + -오(사접)-]- + -랴(의종, 판정, 미시) ※ 'ᄲᅡ디오랴>ᄲᅡ지오랴'는 /ㄷ/이 /ㅈ/으로 구개음화한 예이다.
47) ᄉᆡᆼ애에 : ᄉᆡᆼ애(생애, 生涯) + -에(부조, 이유) ※ 'ᄉᆡᆼ애에'는 문맥상 '생계(生計)로'로 옮긴다.
48) ᄒᆞ다 : ᄒᆞ(하다, 爲)- + -Ø(과시)- + -다(평종)
49) 말나 : 말(말다, 勿 : 보용, 부정, 금지)- + -나(← -라 : 명종, 아주 낮춤) ※ '말나'는 '말라'의 'ㄹㄹ'를 'ㄹㄴ'으로 표기한 형태이다. ※ "ᄉᆡᆼ애에 마지 못ᄒᆞ야 ᄒᆞ다 말나"는 '생계의 수단으로 마지 못하여 하였다고 말하지 말라.'는 뜻이다.
50) ᄉᆡᆼ앤들 : ᄉᆡᆼ애(생애, 생계, 生涯) + -ㄴ들(연어, 양보)
51) 만ᄒᆞ니 : 만ᄒᆞ(많다, 多)- + -니(연어, 설명 계속, 이유)
52) 니의 : 니(이, 이익, 利) + -의(관조) ※ '리의>니의'의 변화는 'ㄹ' 두음 법칙이 적용된 결과이다.
53) 어ᄂᆡ가 : 어ᄂᆡ(← 어ᄂᆞ : 무엇, 何, 지대, 미지칭) + -가(주조) ※ /j/로 끝나는 체언 뒤에서 주격 조사의 형태로 '-가'가 쓰였다. 그리고 '어ᄂᆡ'는 미지칭의 관형사로 쓰이는 것이 일반적이다. 그러나 여기서는 그 뒤에 주격 조사 '-가'가 실현되었으므로, 지시 대명사로 처리하여 '무엇'으로 옮긴다.
54) 경ᄒᆞ니 : 경ᄒᆞ[경하다, 죄가 가볍다 : 경(경, 輕 : 불어) + -ᄒᆞ(형접)-]- + -니(의종, 반말) ※ '경(輕)'은 형벌 따위가 그다지 대단하지 않은 것이다.

도리(道理)가 많으니, 어찌 이익(利益)이 많으며 적음을 이르랴? 적은 이익을 탐(貪)하여 큰 법(法)에 빠지는 것이, 무엇이 이익(利益)이 되며 무엇이 (죄가) 경(輕)하냐?

> 내 비록 덕이 업ᄉᆞ나 이 ᄀᆞᆺᄐᆞᆫ[55] 거ᄉᆞᆫ ᄒᆞᆫ 호령의[56] 가히 금ᄒᆞᆯ 거시로ᄃᆡ[57] 심ᄒᆞ다 술이며[58] 심ᄒᆞ다 술이여[59] ᄇᆡᆨ셩이 죵 되기ᄅᆞᆯ 도라보지 아니ᄒᆞ고 사쟝의 마리 ᄃᆞᆯ니기ᄅᆞᆯ[60] 저허[61] 아니ᄒᆞ니 그 엇진[62] ᄆᆞᄋᆞᆷ이며 그 엇진 ᄆᆞᄋᆞᆷ고[63] 이를 죵시[64] 금치[65] 못ᄒᆞ면 다른 날 절ᄒᆞ올[66] ᄂᆞᆺ치[67] 업고 오ᄂᆞᆯ날 ᄇᆡᆨ셩 살올[68] 도리 업ᄉᆞ모로[69] 이 ᄀᆞᆺ게[70] 여러 슌[71] 니ᄅᆞ니 이 글은 이젼[72] 범연히[73] 번역ᄒᆞᆫ 글과 다ᄅᆞ니 너희 보기 어렵지

---

55) ᄀᆞᆺᄐᆞᆫ : ᄀᆞᆺᄐ(← ᄀᆞᇀ다 : 같다, 如)- + -Ø(현시)- + -ᄋᆞᆫ(관전) ※'ᄀᆞᆺᄐᆞᆫ'은 'ᄀᆞᄐᆞᆫ'의 /ㅌ/을 'ㅅㅌ'으로 거듭 적은 형태이다.

56) 호령의 : 호령(호령, 號令) + -의(-에 : 부조, 위치, 방편) ※'호령(號令)'은 부하나 동물 따위를 지휘하여 명령하는 것이나, 또는 그 명령이다. 또는 큰 소리로 꾸짖는 것이다.

57) 거시로ᄃᆡ : 것(것 : 의명) + -이(서조)- + -로ᄃᆡ(← -오ᄃᆡ : -되, 연어, 설명 계속)

58) 술이며 : 술(술, 酒) + -이며(↚ -이여 : 호조, 예사 높임, 영탄) ※'-이며'는 영탄의 뜻을 나타내는 호격 조사인 '-이여'를 오각한 형태이다.

59) 술이여 : 술(술, 酒) + -이여(호조, 예사 높임, 영탄)

60) ᄃᆞᆯ니기ᄅᆞᆯ : ᄃᆞᆯ니[← ᄃᆞᆯ리다(달리다) : ᄃᆞᆯ(달다, 懸)- + -니(← -리- ← -이- : 피접)-]- + -기(명전) + -ᄅᆞᆯ(목조) ※'ᄃᆞᆯ니기ᄅᆞᆯ'은 'ᄃᆞᆯ리기ᄅᆞᆯ'의 'ㄹㄹ'을 'ㄹㄴ'으로 표기한 형태이다.

61) 저허 : 젛(두려워하다, 畏)- + -어(연어)

62) 엇진 : 엇지[← 엇지ᄒᆞ다(어찌하다) : 엇지(어찌, 何 : 부사) + -Ø(← -ᄒᆞ- : 동접)-]- + -Ø(과시)- + -ㄴ(관전) ※'엇딘>엇진'은 /ㄷ/이 /ㅈ/으로 구개음화한 예이다.

63) ᄆᆞᄋᆞᆷ고 : ᄆᆞᄋᆞᆷ(마음, 心 : 명사) + -고(-인가 : 보조사, 의문, 설명)

64) 죵시 : 종시(終始), 끝내(부사)

65) 금치 : 금ㅎ[← 금ᄒᆞ다 : 금(금, 禁 : 불어) + -ᄒᆞ(동접)-]- + -지(연어, 부정) ※'금티>금치'는 /ㅌ/이 /ㅊ/으로 구개음화한 예이다.

66) 절ᄒᆞ올 : 절ᄒᆞ[절하게 하다, 切 : 절(절, 切 : 불어) + -ᄒᆞ(동접)- + -오(사접)-]- + -ㄹ(관전) ※'절(切)ᄒᆞ오다'는 '절ᄒᆞ다'의 사동사로서 어떠한 일을 끊게 하는 것이다.

67) ᄂᆞᆺ치 : ᄂᆞᆺㅊ(← ᄂᆞᆾ : 낯, 面) + -이(주조) ※'ᄂᆞᆾ'은 남을 대하는 체면이나 명분이다. 그리고 'ᄂᆞᆺ치'는 'ᄂᆞ치'의 /ㅊ/을 'ㅅㅊ'으로 거듭 적은 형태이다.

68) 살올 : 살오[살리다, 活 : 살(살다, 生)- + -오(사접)-]- + -ㄹ(관전)

69) 업ᄉᆞ모로 : 없(없다, 無)- + -ᄋᆞ모로(← -으므로 : 연어, 이유)

70) ᄀᆞᆺ게 : ᄀᆞᆺ(← ᄀᆞᇀ다 : 같다, 如)- + -게(연어, 도달) ※'ᄀᆞᆺ게'는 종성 /ㄷ/을 'ㅅ'으로 표기한 형태이다.

71) 슌 : 순(順), 차례, 번(의명)

72) 이젼 : 이전(以前)

73) 범연히 : [범연히(부사) : 범연(泛然 : 불어) + -ㅎ(← -ᄒᆞ- : 형접)- + -이(부접)] ※'범연(泛

아니ᄒᆞ고 또 가히 잠심ᄒᆞᆯ지라[74] 내 ᄇᆡᆨ셩과 내 ᄇᆡᆨ셩은 그 감동ᄒᆞ며 감동ᄒᆞᆯ지어다[75]

내가 비록 덕(德)이 없으나 이같은 것은 한 호령(號令)에 가히 금(禁)할 것이로되, 심(甚)하다 술이여! 심(甚)하다 술이여! 백성(百姓)이 종이 되기를 돌아보지 아니하고 사장(死場)에 머리가 (매)달리기를 두려워 아니하니, 그 어떤 마음이며 그 어떤 마음인가? 이를 종시(終始)에 금(禁)하지 못하면 다른 날에 절(切)할 낯이 없고 오늘날 백성(百姓)을 살릴 도리(道理)가 없으므로 이 같이 여러 순(順)으로 이르니, 이 글은 이전(以前)에 범연(泛然)히 번역(飜譯)한 글과 다르니, 너희가 보기 어렵지 아니하고 또 가히 잠심(潛心)할지라. 내 백성과 내 백성은 그 감동하며 감동할지어다.

임오[76] 구월십이 일 불너[77] 쓰이니[78] 경고가[79] 거의 이경[80]이 넘엇더라[81]

임오년(壬午年) 구월십이(九月十二) 일(日)에 (이 글을) 불러서 (신하에게) 쓰게 하니, 경고(更鼓)가 거의 이경(二更)이 넘었더라.

然)'은 성질이 꼼꼼하지 않아 행동이 신중하거나 조심스럽지 않은 모양을 이른다.

74) 잠심ᄒᆞᆯ지라 : 잠심ᄒᆞ[잠심하다 : 잠심(잠심, 潛心 : 명사) + -ᄒᆞ(동접)-]- + -ㄹ지라(-ㄹ 것이다 : 평종, 당위) ※ '잠심(潛心)'은 어떤 일에 마음을 두어 깊이 생각하는 것이다. ※ '-ㄹ지라'는 '-ㄹ 것이다'의 뜻을 나타내는 평서형 종결 어미인데 '당위성'의 뜻이 있으므로 명령형 종결 어미의 기능을 겸한다. ※ '잠심ᄒᆞᆯ디라〉잠심ᄒᆞᆯ지라'는 /ㄷ/이 /ㅈ/으로 구개음화한 예이다.

75) 감동ᄒᆞᆯ지어다 : 감동ᄒᆞ[감동하다 : 감동(감동, 感動 : 명사) + -ᄒᆞ(동접)-]- + -ㄹ지어다(-ㄹ 것이다 : 평종, 당위, 명종) ※ '-ㄹ지어다'는 '-ㄹ지라'에 확인 표현의 선어말 어미인 '-어-'가 실현된 형태이다. ※ '감동ᄒᆞᆯ디어다〉감동할지어다'는 /ㄷ/이 /ㅈ/으로 구개음화한 예이다.

76) 임오 : 임오년(壬午年). 여기서는 1762년(영조 38년)이다.

77) 불너 : 불ㄴ(← 불ㄹ- : 부르다, 讀)- + -어(연어) ※ '불너'는 '불러'의 'ㄹㄹ'을 'ㄹㄴ'으로 표기한 형태이다.

78) 쓰이니 : 쓰이[쓰게 하다 : 쓰(쓰다, 書)- + -이(사접)-]- + -니(연어, 설명 계속) ※ "불너 쓰이니"는 영조가 구술한 경민음(警民音)의 내용을 신하에게 쓰게 하였다고 하는 뜻이다.

79) 경고가 : 경고(경고, 更鼓) + -가(주조) ※ '경고(更鼓)'는 밤에 시각을 알리려고 치던 북이다. 밤의 시간을 초경(初更), 이경(二更), 삼경(三更), 사경(四更), 오경(五更)으로 나누어 시각마다 관아에서 북을 쳐 알렸다. 모음으로 끝난 체언 뒤에 주격 조사의 형태로 '-가'가 쓰였다.

80) 이경 : 이경(二更). 하룻밤을 오경(五更)으로 나눈 시각의 동안으로서, 밤 아홉 시부터 열한 시 사이이다.

81) 넘엇더라 : 넘(넘다, 越)- + -엇(완료)- + -더(회상)- + -라(← -다 : 평종)

2. 동명일기

의유당(意幽堂, 1727~1823)은 『의유당유고』(意幽堂遺稿)라는 문집을 남긴 조선 후기 여류 문인이다. 본관은 의령(宜寧)이며 성은 남씨(南氏), 당호은 의유당(意幽堂)이다.

종래에는 의유당을 김반(金盤)의 딸이며 순조 때에 함흥판관을 지낸 이희찬(李羲贊)의 부인 연안 김씨(延安 金氏, 1765~1792)로 추정하였다. 그러나 부산대학교의 류탁일 교수가 의유당을 연안 김씨로 추정한 종래의 주장은 잘못이고, 실제의 의유당은 신대손(申大孫)의 부인인 의령 남씨(宜寧南氏)이라고 것으로 주장하였다.

류탁일 교수에 따르면 『의유당관북유람일기』(意幽堂關北遊覽日記)는 1772년(영조 48)에 그의 남편인 신대손이 함흥판관으로 부임할 때에 같이 가서, 그 부근의 명승고적을 탐승하며 지은 기행(紀行), 전기(傳記), 번역 등을 합편한 문집이다. 이 문집의 원명은 『의유당관북유람일기』인데, 이를 줄여서 『관북유람일기』라고도 한다. 내용은 〈낙민루〉(樂民樓), 〈북산루〉(北山樓), 〈동명일기〉(東溟日記), 〈춘일소흥〉(春日笑興), 〈영명사득월루상량문〉(永明寺得月樓上樑文) 등이 실려 있다. 이 책에서는 민병도가 편찬한 『의유당집』(을유문화사, 1949)의 텍스트를 대본으로 하여 주해하였다.

〈동명일기〉는 의유당이 46세 되던 1772년(영조 48) 9월 17일에 귀경대(龜景臺)의 해돋이와 달맞이를 하러 나갔다가 이튿날 돌아와 3일 뒤에 기록한 글이다. 의유당은 귀경대에서 본 일출과 월출 장면을 절묘하고 사실적으로 묘사함으로써, 조선조의 국문 수필 문학의 높은 수준을 보였다.

의유당의 〈동명일긔〉에 나타나는 국어사적인 특징을 정리하면 다음과 같다.

첫째, 어두 합용 병서는 'ㅅ'계와 'ㅂ'계가 동시에 사용되고 있는데, 이 중에서 'ㅅ'계가 훨씬 많이 쓰였다. 반면에 각자 병서는 발견되지 않는다.

(보기) ① 'ㅂ'계 병서 : ᄠᅡᆨ어시ᄃᆡ, 악ᄡᅧ, ᄡᅳᆫ덥기, ᄢᅵᆺᄂᆞᆫ다
② 'ㅅ'계 병서 : ᄶᅵ치며, ᄭᅴ와, ᄯᅥ나, ᄯᅢ, ᄶᅡ히, ᄯᅥᆨ, ᄲᅡ디되, ᄲᅧ

둘째, 음절 말에 실현되는 /ㄷ/을 'ㅅ'으로 표기한 예가 보인다.

(보기) 듣고 → 듯고, 믿브디 → 밋브디, 벋텨시니 → 벗텨시니, 고디듣디 → 고디듯디, 밑 → 밋

셋째, 이어적기(連綴)뿐만 아니라 끊어적기(分綴)와 거듭적기(重綴)가 혼용되었다. 그리고 거센소리의 자음 음소를 예사소리와 /ㅎ/으로 재음소화하여 표기한 예가 많이 나타난다.

(보기) ① 끊어적기 : 븕은, 움즉여, 븕으니
② 거듭적기 ; 별비치 → 별빗치, 비치 → 빗치, ᄀᆞ티 → ᄀᆞᇀ티, 거출 → 것출
③ ᄀᆞ튼 → ᄀᆞᆺᄒᆞᆫ, 노피 → 놉히, 브트며 → 븟흐며

넷째, 앞 음절 종성 /ㄹ/과 뒤 음절의 초성 /ㄹ/이 이어서 발음될 때에, 'ㄹㄹ'을 'ㄹㄴ'으로 표기한 예가 보인다.

(보기) 불러 → 불너, ᄆᆞᆯᄅᆞᆯ → ᄆᆞᆯᄂᆞᆯ, 돌로 → 돌노

다섯째, 이 시기에는 단어의 첫째 음절에서도 /·/가 없어짐에 따라서, 전반적으로 '·'와 'ㅏ'의 표기에 혼란이 일어났다.

(보기) ᄒᆞᄃᆡ>하ᄃᆡ, 무르라>무르ᄅᆞ, ᄀᆞ티>ᄀᆞᇀ티, 가ᄋᆞᆸ사이다>가ᄋᆞᆸᄉᆞ이다, ᄒᆞ다>하다

여섯째, 비음화, 원순 모음화, 'ㄹ' 두음 법칙이 적용된 예가 많이 보이는데 반해서, 구개음화는 일부 단어에서만 일어난다.

(보기) ① 비음화 : 즁란>듕난, 중로손>듕뇨손, 명량>명냥, 청량>청냥, 령롱>녕농
② 원순 모음화 : 블러>불너, 믈구ᄇᆡᄂᆞᆫ>물구ᄇᆡᄂᆞᆫ
③ 'ㄹ' 두음 법칙 : 령롱>녕농, ᄅᆡ일>ᄂᆡ일, 련ᄒᆞ야>년ᄒᆞ야, ᄅᆡᆼ쇼>ᄂᆡᆼ쇼, 량목>냥목
④ 구개음화 : 티티니>치치니, 티밀다>치밀다, 밧티다>밧치다

일곱째, 모음으로 끝나는 체언 뒤에 주격 조사 '-가'가 실현된 곳이 부분적으로 나타난다.

(보기) 귀경ᄃᆡ가 십오 리라 ᄒᆞ기, 인부가 계유 조심ᄒᆞ야 일 니는 가니

여덟째, 명사형 어미가 '-옴/-움' 대신에 '-음'이나 '-ㅁ'으로 표기된 예가 많이 발견된다.

(보기) 거록호믈>거록ᄒᆞ믈, 셕원호믈>셕원ᄒᆞ믈, 보샤믈>보시믈

아홉째, 명사형 어미의 형태로 '-기'가 쓰인 예가 아주 많이 늘었다.

(보기) ᄒᆞ기, 근청ᄒᆞ기, 희기, 왓기, 멀기로, 끼티기, 보기ᄅᆞᆯ, 븕기, 통낭ᄒᆞ기ᄂᆞᆫ, 쁜덥기

열째, 화자 표현과 대상 표현의 선어말 어미인 '-오-/-우-'가 거의 실현되지 않았다. 다만, 화자 표현의 선어말 어미는 '-ᄂᆞ-'와 '-오-'가 결합된 형태인 '-노-'에서만 부분적으로 나타난다.

(보기) 긔록ᄒᆞ노라

열한째, 중세 국어에서 종성이 /ㅎ/으로 끝나던 체언들에서, 현대어처럼 종성 /ㅎ/이 탈락된 예가 일부 나타난다.

(보기) 기싱들히>기싱들이, ᄒᆞ인들히>ᄒᆞ인들이

열두째, '-앗-/-엇-/-엿; -아시-/-어시-' 등이 '완료'의 동작상을 표현하는 선어말 어미로 쓰이고 있다.

(보기) ㄱ. 갓더라, 왓던, 머럿고, 그쳣더니
ㄴ. 됴화시니, 뿌어시ᄃᆡ, 안자시ᄃᆡ, 다하시니

열셋째, 현재 시제의 선어말 어미의 형태가 모음의 어간 뒤에서는 '-ㄴ-'으로, 자음의 어간 뒤에서 '-ᄂᆞᆫ-'으로 실현된 예가 보인다.

(보기) ᄒᆞᄂᆞ다>ᄒᆞᆫ다, 유명ᄒᆞ리라 ᄒᆞᄂᆞ다>유명ᄒᆞ리란다; 찟ᄂᆞ다>찟ᄂᆞᆫ다

열다섯째, '-게 ᄒᆞ였-'이 쓰였는데, 이 어형이 축약되어서, 〈한중만록〉(1795)에는 미래 시제 선어말 어미인 '-리-'에 대응하는 '-겟-'이 생성되었다.

(보기) 나게 ᄒᆞ였다

동명일긔*

긔튝년[1] 팔월의 ᄂᆞᆨ[2]을 ᄣᅥ나[3] 구월 초ᄉᆡᆼ의[4] 함흥으로 오니 다 니ᄅᆞ기ᄅᆞᆯ 일월츌[5]이 보암 ᄌᆞᆨ다[6] 하ᄃᆡ[7] ᄆᆞᄋᆞᆷ 듕난ᄒᆞᄃᆡ[8] 기ᄉᆡᆼ들이[9] 못내[10] 칭찬ᄒᆞ여 거록ᄒᆞ믈 일ᄏᆞᄅᆞ니[11] 내 ᄆᆞᄋᆞᆷ이 들셕여[12] 원님긔[13] 청ᄒᆞᆫ대 ᄉᆞ군[14]이 ᄒᆞ시ᄃᆡ 녀ᄌᆞ의 출입이 엇디 경이[15] ᄒᆞ리오 ᄒᆞ여 뇌거불허ᄒᆞ니[16] ᄒᆞᆯ일업

---

* **동명** : 동명(東溟). 함흥부에서 동쪽으로 60리쯤 떨어진 곳에 있는 지명이다. 일출이 장관인 것으로 유명하다.

1) 긔튝년 : 기축년(己丑年). 1769년이다.

2) 낙 : 낙(洛). 낙양(洛陽). 중국 허난 성(河南省)의 서북부에 있는 성 직할시인데, 예로부터 여러 왕조의 도읍지로 번창하여 명승고적이 많다. 여기서는 문맥상 서울인 '한양(漢陽)'을 뜻한다. 그리고 '락〉낙'의 변화는 'ㄹ' 두음 법칙이 적용된 결과이다.

3) ᄣᅥ나 : ᄣᅥ나[떠나다, 發 : ᄣᅳ(← ᄣᅳ다 : 뜨다, 隔)- + -어(연어) + 나(나다, 出)-]- + -아(연어)

4) 초ᄉᆡᆼ의 : 초ᄉᆡᆼ(초승, 初生) + -의(-에 : 부조, 위치) ※ '초ᄉᆡᆼ(初生)'은 음력으로 그 달 초하루부터 처음 며칠 동안이다.

5) 일월츌 : 일월출(日月出). 일출과 월출을 이른다.

6) 보암 ᄌᆞᆨ다 : 보(보다, 見)- + -암(연어, 가치) # ᄌᆞᆨ[← ᄌᆞᆨᄒᆞ다(직하다 : 보용, 가치) : ᄌᆞᆨ(직 : 의명) + -Ø(← -ᄒᆞ- : 보용, 가치)-]- + -Ø(현시)- + -다(평종)

7) 하ᄃᆡ : 하(↚ ᄒᆞ다 : 하다, 謂)- + -ᄃᆡ(-되 : 연어, 설명 계속) ※ '하ᄃᆡ'는 'ㆍ'와 'ㅏ'가 혼기된 형태이다. 이 시기에 'ㅏ'와 'ㆍ'를 혼기한 예가 제법 많이 나타난다. 이는 /ㆍ/가 없어지고 /ㅏ/에 합류됨에 따라서 'ㅏ'와 'ㆍ'의 표기에 혼란이 일어난 현상이다. ※ 이 시기에는 중세 국어의 연결 어미인 '-오ᄃᆡ'가 '-ᄃᆡ/-되'의 형태로 바뀌었다.

8) 듕난ᄒᆞᄃᆡ : 듕난ᄒᆞ[중란하다 : 듕난(중란, 中亂 : 명사) + -ᄒᆞ(형접)-]- + -ᄃᆡ(-되 : 연어, 설명 계속) ※ '듕란(中亂)'은 원래 나라 안에서 일어난 정권을 차지할 목적으로 벌어지는 큰 싸움이다. 여기서 '듕난ᄒᆞ다'는 마음이 어지럽다는 뜻으로 옮긴다. ※ '듕란 → 듕난'의 변동은 /ㄹ/이 /ㄴ/으로 비음화한 형태이다.

9) 기ᄉᆡᆼ들이 : 기ᄉᆡᆼ들[기생들 : 기ᄉᆡᆼ(기생, 妓生) + -들(복접)] + -이(주조) ※ '-들ㅎ〉-들'의 변화는 체언의 종성 /ㅎ/이 탈락한 형태이다.

10) 못내 : [못내(부사) : 못(못, 不能 : 부사, 부정) + -내(부접)] ※ '못내'는 '이루 다 말할 수 없이'의 뜻으로 쓰이는 부사이다. '못'은 종성 /ㄷ/을 'ㅅ'으로 표기한 형태이다.

11) 일ᄏᆞᄅᆞ니 : 일ᄏᆞᆯ(← 일ᄏᆞᆮ다, ㄷ불 : 일컫다, 칭찬하다, 譽)- + -ᄋᆞ니(연어, 설명 계속, 이유)

12) 들셕여 : 들셕이[들썩이다 : 들셕(들석 : 불어) + -Ø(← -ᄒᆞ- : 동접)- + -이(사접)-]- + -어(연어)

13) 원님긔 : 원님[원님 : 원(원, 員 : 명사) + -님(접미, 높임)] + -긔(← -ᄭᅴ : -께, 부조, 상대, 높임)

14) ᄉᆞ군 : 사군(使君). 원래는 명을 받들고 사신으로 가는 사람을 이르는데, 이는 앞에서 말한 원님, 곧 의유당의 남편을 가리킨다.

15) 경이 : [경히, 가벼이, 輕(부사) : 경(경, 輕 : 불어) + -Ø(← -ᄒᆞ- : 형접)- + -이(부접)]

서[17] 그쳣더니[18]

기축년(己丑年) 팔월에 낙(洛)을 떠나 구월 초승(初生)에 함흥으로 오니, 다 이르기를 일월출(日月出)이 봄 직하다 하되, 마음이 중란(中亂)한데, 기생(妓生)들이 못내 칭찬(稱讚)하여 거룩함을 기리어 말하니, 내 마음이 들썩여 원님께 청(請)하니, 사군(使君)이 말하시되 "여자의 출입(出入)이 어찌 경(輕)하게 하리요?" 하여, 뇌거불허(牢拒不許)하니 하릴없어 (내가 청하는 것을) 그쳤더니

신묘년의[19] ᄆᆞ음이 다시 들셕여 하[20] ᄀᆞᆫ졀이[21] 청ᄒᆞ니 허락ᄒᆞ고 겸ᄒᆞ야 ᄉᆞ군이 동힝ᄒᆞ야[22] 팔월 이십일 일 동명셔[23] 나ᄂᆞᆫ 듕뇨손[24] 한명우의 집의 가 자고 게서[25] ᄃᆞᆯ[26] 보ᄂᆞᆫ 귀경ᄃᆡ가[27] 십오 리라[28] ᄒᆞ기[29] 그리 가려 ᄒᆞᆯᄉᆡ[30] 그 ᄯᅢ[31] 츄위[32] 지리ᄒᆞ야[33] 길 ᄯᅥ나ᄂᆞᆫ 날 ᄆᆞ디[34] 구룸이

16) 뇌거불허ᄒᆞ니 : 뇌거불허ᄒᆞ[뇌거불허하다 : 뇌거불허(牢拒不許 : 명사구) + -ᄒᆞ(동접)]- + -니(연어, 설명 계속, 이유) ※ '뇌거불허(牢拒不許)'는 딱 잘라 거절하여서 어떠한 일을 허락하지 않는 것이다.

17) ᄒᆞᆯ일업서 : ᄒᆞᆯ일없[하릴없다, 어쩔 도리가 없다 : ᄒᆞ(하다, 爲)- + -ㄹ(관전) # 일(일, 事) # 없(없다, 無)-]- + -어(연어) ※ 'ᄒᆞᆯ일없다'는 어떻게 할 도리가 없는 것이다.

18) 그쳣더니 : 그치(그치다, 止)- + -엇(완료)- + -더(회상)- + -니(연어, 설명 계속)

19) 신묘년의 : 신묘년(신묘년, 1771년, 辛卯年) + -의(-에 : 부조, 위치)

20) 하 : [많이, 대단히, 大, 甚(부사) : 하(많다, 多 : 형사)- + -Ø(부접)]

21) ᄀᆞᆫ졀이 : [간절히, 懇切(부사) : ᄀᆞᆫ졀(간절, 懇切 : 불어) + -Ø(← -ᄒᆞ- : 형접)- + -이(부접)]

22) 동힝ᄒᆞ야 : 동힝ᄒᆞ[동행하다 : 동힝(동행, 同行 : 명사) + -ᄒᆞ(동접)-]- + -야(← -아 : 연어)

23) 동명셔 : 동명(동명, 동해, 東溟) + -셔(-서 : 보조사, 위치 강조)

24) 듕뇨손 : 중로손(中路孫, 중인의 자손). ※ '듕료손 → 듕뇨손'의 변동은 /ㄹ/이 /ㄴ/으로 비음화된 예이다. /듕/의 /ㄷ/이 유지되는 것을 보면, 이 작품에서는 구개음화가 거의 반영되지 않았음을 알 수 있다.

25) 게서 : 게(거기, 彼 : 지대, 정칭) + -서(← -셔 : 보조사, 강조) ※ 중세 국어의 보조사 '-셔'가 여기서 현대어처럼 '-서'로 실현되었다.

26) ᄃᆞᆯ : 달(月)

27) 귀경ᄃᆡ가 : 귀경ᄃᆡ(귀경대, 龜景臺) + -가(주조) ※ '귀경대(龜景臺)'는 함흥부에서 동쪽으로 사십 리쯤 떨어진 해변가에 있는 큰 바위 언덕이다. ※ /j/로 끝나는 체언 뒤에서 주격 조사가 '-가'의 형태로 실현되었다.

28) 리라 : 리(리, 里 : 의명) + -Ø(← -이- : 서조)- + -Ø(현시)- + -라(← -다 : 평종)

29) ᄒᆞ기 : ᄒᆞ(하다, 謂) + -기(명전) + -Ø(← 에 : 부조, 위치, 이유) ※ 'ᄒᆞ기'는 문맥상 '하기에'로 옮긴다.

30) ᄒᆞᆯᄉᆡ : ᄒᆞ(하다 : 보용, 의도) + -ㄹᄉᆡ(-는데 : 연어, 설명 계속)

ᄉᆞ면으로 운집ᄒᆞ고 ᄯᅡ히[35] 즈러[36] ᄆᆞᆯ 발이 ᄲᅡ디되[37] 임의[38] 내현[39] ᄆᆞ음이라[40] 동명으로 가니 그 날이 죵시[41] 청명티[42] 아니ᄒᆞ니 새박ᄃᆞᆯ도[43] 못 보고 그져 환아[44]를 ᄒᆞ려 ᄒᆞ더니 새박의 종이[45] 드러와 임의 날이 됴화시니[46] 귀경ᄃᆡ로 오ᄅᆞ쟈[47] ᄀᆞᆫ청ᄒᆞ기[48] 쥭을 먹고 길히[49] 오ᄅᆞ니 임의 먼동이 트더라 (… 중략 …)

신묘년(辛卯年)에 마음이 다시 들썩여 대단히 간절(懇切)히 청(請)하니, (사군께서 일월출 구경을) 허락(許諾)하고, 겸(兼)하여 사군(使君)이 동행(同行)하여, 팔월 이십일 일(二十一 日)에 동명(東溟)에서 나는 중로손(中路孫)인 한명우의 집에 가서 자고, 거기서

31) ᄣᆡ : 때, 時(명사)
32) 츄위 : [추위, 寒 : 츄(← 춥다, ㅂ불 : 춥다, 寒)- + -위(명접)] + -Ø(← -이 : 주조) ※ 이 단어는 '치ᄫᅵ 〉 치위 〉 츄위 〉 추위'로 변화했다.
33) 지리ᄒᆞ야 : 지리ᄒᆞ[지루하다 : 지리(지리, 支離 : 명사) + -ᄒᆞ(형접)-]- + -야(-아 : 연어) ※ '지리ᄒᆞ야'는 '오래도록 계속되어'의 뜻으로 쓰였다.
34) ᄀᆞ디 : [↩ ᄀᆞ티(같이, 如 : 부사) : ᄀᆞᇀ(같다, 如 : 형사)- + -이(부접)] ※ 'ᄀᆞ디'는 'ᄀᆞ티'를 오기한 형태이다.
35) ᄯᅡ히 : ᄯᅡㅎ(땅, 地) + -이(주조)
36) 즈러 : 즐(질다, 泥)- + -어(연어)
37) ᄲᅡ디되 : ᄲᅡ디(빠지다, 陷)- + -되(연어, 설명 계속)
38) 임의 : 이미, 已(부사) ※ '임의'는 '이미'를 오기한 형태이다.(과잉 분철)
39) 내현 : 내혀[내치다 : 나(나다, 出)- + -ㅣ(← -이- : 사접)- + -혀(강접)-]- + -Ø(과시)- + -ㄴ(관전)
40) ᄆᆞ음이라 : ᄆᆞ음(마음, 心) + -이(서조)- + -라(← -아 : 연어)
41) 죵시 : 종시(終始), 처음부터 끝까지(부사)
42) 청명티 : 청명ㅎ[← 청명ᄒᆞ다(청명하다) : 청명(청명, 淸明 : 명사) + -ᄒᆞ(형접)-]- + -디(-지 : 연어, 부정)
43) 새박ᄃᆞᆯ도 : 새박달[새벽달 : 새박(새벽, 晨) + ᄃᆞᆯ(달, 月)] + -도(보조사, 마찬가지)
44) 환아 : 환아(還衙). 관아로 돌아가는 것이다.
45) 종이 : 종(종, 鐘 : 사람 이름) + -이(주조) ※ '종'은 의유당의 친정 언니의 아들인 김기종(金基鐘)을 가리킨다. 김기종은 의유당에게 '이질(姨姪)'이다.
46) 됴화시니 : 둏(좋다, 好)- + -아시(완료)- + -니(연어, 설명 계속, 이유)
47) 오ᄅᆞ쟈 : 오ᄅᆞ(오르다, 登)- + -쟈(-자 : 청종, 아주 낮춤)
48) ᄀᆞᆫ청ᄒᆞ기 : ᄀᆞᆫ청ᄒᆞ[간청하다 : ᄀᆞᆫ청(간청, 懇請 : 명사) + -ᄒᆞ(동접)-]- + -기(명전) + -Ø(← 에 : 부조, 위치, 이유) ※ 'ᄀᆞᆫ청ᄒᆞ기'는 문맥상 '간청하기에'로 옮긴다.
49) 길히 : 길ㅎ(길, 路) + -이(↩ -의 : 부조, 위치) ※ '길히'는 문맥상 '길희'나 '길헤'를 오기한 형태로 보인다.

달을 보는 귀경대(龜景臺)가 십오 리(里)라고 하기에 그리 가려 하는데, 그때 추위가 지리(支離)하여 길을 떠나는 날같이 구름이 사면(四面)으로 운집(雲集)하고, 땅이 질어 말(馬)의 발이 빠지되, 이미 내친 마음이라 동명(東溟)으로 가니, 그 날이 종시(終始) 청명(淸明)하지 아니하니, 새벽달도 못 보고 그저 환아(徊還)를 하려 하더니, 새벽에 김기종(金基鐘)이 들어와서 "이미 날이 좋았으니 귀경대(龜景臺)로 오르자." 간청(懇請)하기에, 죽을 먹고 길에 오르니 이미 먼동이 트더라. (… 중략 …)

> 힝여[50] 일츌을 못 볼가 노심쵸ᄉᆞᄒᆞ야[51] 새도록 자디 못하고 ᄀᆞ금[52] 영ᄌᆡ[53]를 불러 사공ᄃᆞ려[54] 무르ᄅᆞ[55] ᄒᆞ니 ᄂᆡ일은[56] 일출을 쾌히[57] 보시리라 ᄒᆞ다[58] ᄒᆞᄃᆡ[59] ᄆᆞ음의 밋브디[60] 아니ᄒᆞ야 쵸조ᄒᆞ더니[61] 먼 ᄃᆡ ᄃᆞᆰ이 울며 년ᄒᆞ야[62] ᄌᆞ초니[63] 기ᄉᆡᆼ[64]과 비복[65]을 혼동ᄒᆞ여[66] 어서 니러나라

50) 힝여 : [행여, 어쩌다, 혹시(부사) : 힝(행, 幸 : 불어) + -여(← -아 : 연어 ▷ 부접)]
51) 노심쵸ᄉᆞᄒᆞ야 : 노심쵸ᄉᆞᄒᆞ[노심초사하다 : 초심쵸ᄉᆞ(초심초사, 勞心焦思 : 명사구) + -ᄒᆞ(동접)-]- + -야(← -아 : 연어)
52) ᄀᆞ금 : 가끔, 間或(부사)
53) 영ᄌᆡ : 하인의 이름이다.
54) 사공ᄃᆞ려 : 사공(뱃사공, 沙工) + -ᄃᆞ려(-더러, -에게 : 부조, 상대)
55) 무르ᄅᆞ : 물(← 묻다, ㄷ불 : 묻다, 問)- + -으ᄅᆞ(← -으라 : 명종) ※'무르ᄅᆞ'의 'ᄅᆞ'는 'ㅏ'를 'ㆍ'로 혼기한 형태이다.
56) ᄂᆡ일은 : ᄂᆡ일(내일, 來日) + -은(보조사, 주제) ※'ᄅᆡ일'이 'ᄂᆡ일'의 변화는 'ㄹ' 두음 법칙이 적용된 결과이다.
57) 쾌히 : [쾌히, 快(부사) : 쾌(쾌, 快 : 불어) + -ㅎ(← -ᄒᆞ- : 형접)- + -이(부접)]
58) ᄒᆞ다 : ᄒᆞ(하다, 曰)- + -Ø(과시)- + -다(평종) ※ 여기서 'ᄒᆞ다(曰)'의 주체는 '사공'이다.
59) ᄒᆞᄃᆡ : ᄒᆞ(하다, 曰)- + -ᄃᆡ(-되 : 연어, 설명 계속) ※'ᄒᆞ되(曰)'의 주체는 '영ᄌᆡ'이다.
60) 밋브디 : 밋브[미쁘다, 信 : 밋(← 믿다 : 믿다, 信, 동사)- + -브(형접)-]- + -디(-지 : 연어, 부정) ※'밋브디'는 종성 /ㄷ/을 'ㅅ'으로 표기한 형태이다.
61) 쵸조ᄒᆞ더니 : 쵸조ᄒᆞ[초조하다 : 쵸조(초조, 焦燥 : 명사) + -ᄒᆞ(형접)-]- + -더(회상)- + -니(연어, 설명 계속)
62) 년ᄒᆞ야 : 년ᄒᆞ[연하다 : 년(연, 連 : 불어) + -ᄒᆞ(동접)-]- + -야(← -아 : 연어) ※'련ᄒᆞ야>년ᄒᆞ야'의 변화는 'ㄹ' 두음 법칙이 적용된 결과이다.
63) ᄌᆞ초니 : ᄌᆞ초[잦게 하다, 頻 : ᄌᆞᆽ(잦다, 頻 : 형사)- + -호(사접)-]- + -니(연어, 이유)
64) 기ᄉᆡᆼ : 기생(妓生). 잔치나 술자리에서 노래나 춤 또는 풍류로 흥을 돋우는 것을 직업으로 하는 여자이다.
65) 비복 : 비복(婢僕). 계집종과 사내종을 아울러 이르는 말이다.
66) 혼동ᄒᆞ여 : 혼동ᄒᆞ[혼동하다 : 혼동(혼동, 混動 : 명사) + -ᄒᆞ(동접)-]- + -여(← -아 : 연어) ※'혼동'은 마구 움직이는 것인데, 여기서는 '재촉하다'나 '야단하다'의 뜻으로 쓰인 말이다.

ᄒᆞ니 밧긔[67] 급댱[68]이 와 관텽[69] 감관[70]이 다 아직 너모[71] 일즉ᄒᆞ니[72] 못 ᄯᅥ나시리라[73] ᄒᆞᆫ다[74] ᄒᆞᄃᆡ 고ᄃᆡ[75] 아니 듯고 ᄇᆞᆯᄇᆞᆯ이[76] ᄌᆡ촉ᄒᆞ야 ᄯᅥᆨ국[77]을 ᄡᅮ어시ᄃᆡ[78] 아니 먹고 밧비[79] 귀경ᄃᆡ에 오ᄅᆞ니

행(幸)여 일출(日出)을 못 몰까 노심초사(勞心焦思)하여, (밤이) 새도록 자지 못하고 가끔 영재를 불러 "사공(沙工)에게 (일출을 볼 수 있을지) 물으라." 하니, (사공이 이르되) "'(마님께서) 내일(來日)은 일출(日出)을 쾌(快)히 보시리라.' 하였다." 하되,[80] 마음에 미쁘지 아니하여 초조(焦燥)하더니, 먼 데 닭이 울며 연(連)하여 잦게 하니, 기생과 비복(婢僕)을 혼동(混動)하여 "어서 일어나라." 하니, 밖에 급창(及唱)이 와서 "관청(官廳)의 감관(監官)이 다 '아직 너무 이르니, (마님께서) 못 떠나시리라.' 한다."고 하되,[81] 곧이 아니 듣고 발발이 재촉하여, 떡국을 쑤었으되 아니 먹고 바삐 귀경대(龜景臺)에 오르니

---

67) 밧긔 : 밝(밖, 外) + -의(-에 : 부조, 위치)

68) 급댱 : 급댱(← 급턍 : 급창, 及唱) ※ '급턍(급창, 及唱)'은 조선 시대에, 군아에 속하여 원의 명령을 간접으로 받아 큰 소리로 전달하는 일을 맡아보던 사내종이다. '급댱'은 '급턍(及唱)'을 오기한 형태이다.

69) 관텽 : 관청(官廳)

70) 감관 : 감관(監官). 조선 시대에, 각 관아나 궁방(宮房)에서 금전과 곡식의 출납을 맡아보거나, 중앙 정부를 대신하여 특정 업무의 진행을 감독하고 관리하던 벼슬아치이다.

71) 너모 : [너무, 過(부사) : 넘(넘다, 越)- + -오(부접)]

72) 일즉ᄒᆞ니 : 일즉ᄒᆞ[이르다, 早 : 일즉(일찍 : 부사) + -ᄒᆞ(형접)-]- + -니(연어, 설명 계속, 이유)

73) ᄯᅥ나시리라 : ᄯᅥ나[떠나다, 離 : ᄯ(← ᄯᅳ다 : 뜨다, 離)- + -어(연어) + 나(나다, 出)-]- + -시(주높)- + -리(미시)- + -라(← -다 : 평종)

74) ᄒᆞᆫ다 : ᄒᆞ(하다, 謂)- + -ㄴ(← -ᄂᆞ- : 현시)- + -다(평종) ※ 모음으로 끝나는 어간 뒤에서 현재 시제의 선어말 어미의 형태가 '-ᄂᆞ-'에서 '-ㄴ-'으로 변화한 형태이다.(ᄒᆞᄂᆞ다 〉 ᄒᆞᆫ다)

75) 고ᄃᆡ : [곧이, 옳게 : 곧(곧다, 直 : 형사)- + -이(부접)]

76) ᄇᆞᆯᄇᆞᆯ이 : [발발이, 勃勃(부사) : ᄇᆞᆯᄇᆞᆯ(발발, 勃勃 : 불어) + -Ø(← -ᄒᆞ- : 형접)- + -이(부접)] ※ '발발이'는 '급하게'나 '갑작스럽게'의 뜻으로 쓰이는 부사이다.

77) ᄯᅥᆨ국 : [떡국, 餻 : ᄯᅥᆨ(떡, 餠) + 국(국, 湯)]

78) ᄡᅮ어시ᄃᆡ : ᄡᅮ(쑤다, 烹)- + -어시(완료)- + -ᄃᆡ(-되 : 연어, 설명 계속) ※ 'ᄡᅮ다'는 곡식의 알이나 가루를 물에 끓여 익히는 것이다.

79) 밧비 : [바삐, 忙(부사) : 밧(← 밫다 : 바빠하다, 忙, 동사)- + -ㅂ(← -브- : 형접)- + -이(부접)]

80) "'내일은 일출을 쾌히 보시겠다.' 하였다." 하되 : 이 문장은 인용절을 두 개 안고 있는 문장으로서, 서술어가 세 개가 겹쳐서 실현되었다. 여기서 '보시겠다'에 호응하는 주체는 '의유당'이며, '하였다'에 호응하는 주체는 '사공'이며, '하되'에 호응하는 주체는 '영재'이다.

81) "관청(官廳)의 감관(監官)이 다 '아직 너무 이르니 못 떠나시겠다.' 한다"고 하되 : ' 못 떠나시겠다'에 호응하는 주체는 의유당이며, '한다'에 호응하는 주체는 '관청 감관'이며, '하되'에 호응하는 주체는 '급창'이다.

ᄃᆞᆯ빗치[82] ᄉᆞ면의 됴요ᄒᆞ니[83] 바다히 어제밤도곤[84] 희기 더ᄒᆞ고 광풍이 대작ᄒᆞ야[85] 사ᄅᆞᆷ의 ᄲᅧ를[86] ᄉᆞ못고[87] 믈결티ᄂᆞᆫ[88] 소ᄅᆡ[89] 산악이 움ᄌᆞᆨ이며[90] 별빗치 ᄆᆞᆯ곳ᄆᆞᆯ곳ᄒᆞ야[91] 동편의 ᄎᆞ레로[92] 이셔[93] 새기ᄂᆞᆫ 머럿고[94] 자ᄂᆞᆫ 아희를 급히 ᄭᆡ와[95] 왓기[96] 치워[97] ᄂᆞᆯ티며[98] 기ᄉᆡᆼ과 비복이 다 니[99]를 두ᄃᆞ려[1] ᄯᅥ니[2] ᄉᆞ군이 소ᄅᆡᄒᆞ여 혼동 왈[3] 샹없이[4] 일ᄌᆞᆨ이[5] 와 아희와[6]

---

82) ᄃᆞᆯ빗치 : ᄃᆞᆯ빗ㅊ[달빛, 月光 : ᄃᆞᆯ(달, 月) + 빗ㅊ(← 빛 : 빛, 光)] + -이(주조) ※ '빗ㅊ'은 '빛'의 /ㅊ/을 'ㅅㅊ'으로 거듭 적은 형태이다.

83) 됴요ᄒᆞ니 : 됴요ᄒᆞ[조요하다 : 됴요(조요, 照耀 : 명사) + -ᄒᆞ(형접)-]- + -니(연어, 설명 계속, 이유) ※ '됴요(조요, 照耀)'는 밝게 비쳐서 빛나는 것이다.

84) 어제밤도곤 : 어제밤[어젯밤 : 어제(어제, 昨日) + 밤(밤, 夜)] + -도곤(-보다 : 부조, 비교)

85) 대작ᄒᆞ야 : 대작ᄒᆞ[대작하다 : 대작(대작, 大作 : 명사) + -ᄒᆞ(동접)-]- + -야(← -아 : 연어) ※ '대작(大作)'은 바람, 구름, 아우성 따위가 크게 일어나는 것이다.

86) ᄲᅧ를 : ᄲᅧ(뼈, 骨) + -를(목조)

87) ᄉᆞ못고 : ᄉᆞ못(← ᄉᆞᄆᆞᆽ다 : 사무치다, 貫)- + -고(연어, 나열) ※ 'ᄉᆞ못고'는 종성 /ㄷ/을 'ㅅ'으로 표기한 형태이다.

88) 믈결티ᄂᆞᆫ : 믈결티[물결치다, 波 : 믈결(물결, 波) + 티(치다, 打)-]- + -ᄂᆞ(현시)- + -ㄴ(관전)

89) 소ᄅᆡ : 소ᄅᆡ(소리, 聲) + -∅(← -ᄋᆡ : 부조, 위치, 원인)

90) 움ᄌᆞᆨ이며 : 움ᄌᆞᆨ이[움직이다, 動 : 움ᄌᆞᆨ(움직, 動 : 불어) + -이(동접)-]- + -며(연어, 나열)

91) ᄆᆞᆯ곳ᄆᆞᆯ곳ᄒᆞ야 : ᄆᆞᆯ곳ᄆᆞᆯ곳ᄒᆞ[말긋말긋하다, 말똥말똥하다 : ᄆᆞᆰ(맑다, 淨 : 형사)- + -옷(부접) + ᄆᆞᆰ(맑다, 淨 : 형사)- + -옷(부접) + -ᄒᆞ(형접)-]- + -야(← -아 : 연어) ※ 'ᄆᆞᆯ곳ᄆᆞᆯ곳ᄒᆞ다'는 생기 있게 맑고 환한 것이다.

92) ᄎᆞ레로 : ᄎᆞ레(← ᄎᆞ례 : 차례, 次例) + -로(부조, 방편) ※ 'ᄎᆞ레'는 'ᄎᆞ례'의 오기이다.

93) 이셔 : 이시(있다, 在)- + -어(연어)

94) 머럿고 : 멀(멀다, 遠)- + -엇(완료)- + -고(연어, 나열)

95) ᄭᆡ와 : ᄭᆡ오[깨우다 : ᄭᆡ(깨다, 寤 : 자동)- + -오(사접)-]- + -아(연어)

96) 왓기 : 오(오다, 來)- + -앗(완료)- + -기(명전) ※ '왓기'에는 부사격 조사인 '-에'가 생략되었다.

97) 치워 : 치우(← 칩다, ㅂ불 : 춥다, 寒)- + -어(연어)

98) ᄂᆞᆯ티며 : ᄂᆞᆯ티[날치다 : ᄂᆞᆯ(날다, 飛)- + -티(강접)-]- + -며(연어, 나열) ※ 'ᄂᆞᆯ티다'는 추위에 어쩔 줄 몰라서 발을 구르는 모양을 표현한 것이다.

99) 니 : 이, 齒.

1) 두ᄃᆞ려 : 두ᄃᆞ리(두드리다, 打)- + -어(연어)

2) ᄯᅥ니 : ᄯᅥ(← ᄯᅥᆯ다 : 떨다, 慄)- + -니(연어, 설명 계속)

3) 왈 : 왈(曰). 이르다. ※ '혼동 왈'은 문맥상 '꾸짖어 말하기를'로 옮긴다.

4) 샹없이 : 샹없[상없이(부사) : 샹(← 상 : 상, 常 : 불어) + 없(없다, 無)- + -이(부접)] ※ '샹(常)없이'는 '보통의 이치에서 벗어나 막되고 상스럽게'라는 뜻이다.

5) 일ᄌᆞᆨ이 : [일찍이, 早(부사) : 일ᄌᆞᆨ(일찍, 早 : 부사) + -이(부접)]

6) 아희와 : 아희(아이, 兒) + -와(← -과 : 접조)

실닉[7] 다 큰 병이 나게 ᄒᆞ였다[8] 하고 소릐ᄒᆞ여 걱정ᄒᆞ니 내 ᄆᆞ음이 불안ᄒᆞ야 ᄒᆞᆫ 소릐를 못 ᄒᆞ고 감이[9] 치워ᄒᆞᄂᆞᆫ[10] 눈픠를[11] 못 ᄒᆞ고 죽은 ᄃᆞ시[12] 안자시ᄃᆡ[13] 날이 셸[14] 가망[15]이 업ᄉᆞ니 년ᄒᆞ여 영ᄌᆡ를 불너[16] 동이 트ᄂᆞ냐 무ᄅᆞ니 아직 멀기로[17] 년ᄒᆞ여 ᄃᆡ답ᄒᆞ고 믈 티ᄂᆞᆫ 소릐 텬디 딘동ᄒᆞ야[18] 한풍 끼티기[19] 더욱 심ᄒᆞ고 좌우 시인[20]이 고개를 기우려 입을 가ᄉᆞᆷ의 박고 치워ᄒᆞ더니

달빛이 사면(四面)에 조요(照耀)하니 바다가 어젯밤보다 희기가 더하고, 광풍(狂風)이 대작(大作)하여 사람의 뼈를 사무치고, 물결치는 소리에 산악(山岳)이 움직이며, 별빛이 말똥말똥하여 동편(東便)에 차례(次例)로 있어 (날이) 새기는 멀었고, 자는 아이를 급(急)히 깨워 왔기에 추워 날뛰며, 기생과 비복(婢僕)이 다 이를 두드려 떠니,

---

7) 실닉 : 실닉(실내, 室內) + -Ø(← -이 : 주조) ※ '실닉'는 남의 아내를 점잖게 이르는 말인데, 여기서는 신대손이 자신의 아내인 '의유당'을 '실닉'로 불렀다.

8) 나게 ᄒᆞ였다 : 나(나다, 生)- + -게(연어, 사동) # ᄒᆞ(하다 : 보용, 사동) + -였(↚ -엿- : 완료)- + -다(평종) ※ '-게 ᄒᆞ엿-'의 어형이 축약되어서 미래 시제 선어말 어미인 '-리-'에 대응하는 '-겟-'이 생성되었다. '-게 ᄒᆞ엿-〉-게엿-〉-겟-'과 같이 축약된 것으로 생각한다.(나진석 1972 : 302의 내용을 참조.) 그리고 1895년에 혜경궁 홍씨가 지은 『한듕만록』에는 '됴화ᄒᆞ시겟다'와 '시기겟다'와 같이 미래 시제의 선어말 어미인 '-겟-'의 형태가 나타난다. 다만, 'ᄒᆞ였-'의 표기는 19세기 말에 나타나므로, '-게 ᄒᆞ였-'은 '-게 ᄒᆞ얏-'을 오기한 형태로 보인다.

9) 감이 : [감히, 敢(부사) : 감(감, 敢 : 불어) + -Ø(← -ᄒᆞ- : 형접)- + -이(부접)]

10) 치워ᄒᆞᄂᆞᆫ : 치워ᄒᆞ[추워하다 : 치우(← 칩다, ㅂ불 : 춥다, 寒 : 형사)- + -어(연어) + ᄒᆞ(하다 : 보용)-]- + -ᄂᆞ(현시)- + -ㄴ(관전)

11) 눈픠를 : 눈픠[↚ 눈츼(눈치) : 눈(눈, 目 : 명사) + -츼(-치 : 접미)] + -를(목조) ※ '눈픠'는 '눈츼'를 오기한 형태이다.

12) ᄃᆞ시 : [듯이(의명) : ᄃᆞᆺ(듯 : 의명, 흡사) + -이(명접)]

13) 안자시ᄃᆡ : 앉(앉다, 坐)- + -아시(완료)- + -ᄃᆡ(-되 : 연어, 설명 계속)

14) 셸 : 셰(↚ 새다 : 새다, 날이 밝아 오다, 明)- + -ㄹ(관전) ※ '셸'은 '샐'을 오기한 형태이다.

15) 가망 : 가망(可望). 될 만하거나 가능성이 있는 희망이다.

16) 불너 : 불ㄴ(← 불ㄹ- ← 부르다 : 부르다, 喚)- + -어(연어) ※ '블러〉불러'의 변화는 원순 모음화가 적용된 결과이고, '불너'는 '불러'의 'ㄹㄹ'을 'ㄹㄴ'으로 표기한 형태이다.

17) 멀기로 : 멀(멀다, 遠)- + -기(명전) + -로(부조, 방편) ※ '멀기로'는 '멀었다고'로 의역하여 옮긴다.

18) 딘동ᄒᆞ야 : 딘동ᄒᆞ[진동하다 : 딘동(진동, 振動 : 명사) + -ᄒᆞ(동접)-]- + -야(← -아 : 연어)

19) 끼티기 : 끼티(끼치다, 影響)- + -기(명전) + -Ø(← -이 : 주조)

20) 시인 : 시인(侍人). 귀한 사람을 모시고 시중드는 사람이다.

사군(使君)이 소리하여 혼동(混動) 왈(曰), "상(常)없이 일찍이 와서 아이와 실내(室內) 다 큰 병(病)이 나게 하였다." 하고 소리하여 걱정하니, 내 마음이 불안(不安)하여 한 소리를 못 하고, 감(敢)히 추워하는 눈치를 못 하고 죽은 듯이 앉았으되, 날이 샐 가망(可望)이 없으니 연(連)하여 영재를 불러 "동이 트느냐?" 물으니, (영재가) 아직 멀었다고 연(連)하여 대답(對答)하고, 물 치는 소리가 천지(天地)를 진동(振動)하여 한풍(寒風)이 끼치기가 더욱 심(甚)하고, 좌우(左右) 시인(侍人)이 고개를 기울여 입을 가슴에 박고 추워하더니,

ᄆᆞ이[21] 이윽ᄒᆞᆫ[22] 후 동편의 셩쉬[23] 드믈며 월ᄉᆡᆨ이 ᄎᆞᄎᆞ 여러디며[24] 홍ᄉᆡᆨ[25]이 분명ᄒᆞ니 소ᄅᆡ ᄒᆞ야 싀원ᄒᆞ믈[26] 브ᄅᆞ고 가마 밧긔[27] 나셔니 좌우 비복과 기ᄉᆡᆼ들이 옹위ᄒᆞ야[28] 보기를 조이더니[29] 이윽고[30] 날이 ᄇᆞᆰ으며 불근 긔운이 종편[31] 길게 벗텨시니[32] 진홍[33] 대단[34] 여러 필을 물 우히 펼틴 듯 만경창패[35] 일시의 ᄇᆞᆰ어 하ᄂᆞᆯ의 ᄌᆞ옥하고 노ᄒᆞᄂᆞᆫ 물결 소ᄅᆡ 더욱 장ᄒᆞ며 홍젼[36] ᄀᆞᆺᄒᆞᆫ[37] 믈 빗치[38] 황홀ᄒᆞ야 슈ᄉᆡᆨ[39]이

---

21) ᄆᆞ이 : 매우, 甚(부사)

22) 이윽ᄒᆞᆫ : 이윽ᄒᆞ[이슥하다, 晩 : 이윽(이윽 : 불어) + -ᄒᆞ(동접)-]- + -Ø(현시)- + -ㄴ(관전) ※ '이윽ᄒᆞ다'는 시간이 한참 지난 것이다.

23) 셩쉬 : 셩수(성수, 星宿) + -ㅣ(← -이 : 주조) ※ '셩수(星宿)'는 모든 별자리의 별들이다.

24) 여러디며 : 여러디[↚ 열워디다(엷어지다, 薄) : 열우(↚ 엷다, ㅂ불 : 엷다, 薄)- + -어(연어) + 디(지다 : 보용, 피동)-]- + -며(연어, 나열) ※ '여러디며'는 '열워디며'의 오기이다.

25) 홍ᄉᆡᆨ : 홍색(紅色). 붉은 빛이다.

26) 싀원ᄒᆞ믈 : 싀원ᄒᆞ[시원하다 : 싀원(시원 : 불어) + -ᄒᆞ(형접)-]- + -ㅁ(명전) + -을(목조)

27) 밧긔 : 바ᇧ(밖, 外) + -의(-에 : 부조, 위치)

28) 옹위ᄒᆞ야 : 옹위ᄒᆞ[옹위하다 : 옹위(옹위, 擁圍 : 불어) + -ᄒᆞ(동접)-]- + -야(← -아 : 연어) ※ '옹위(擁圍)'는 주위를 둘러싸는 것이다.

29) 조이더니 : 조이(죄다, 마음이 긴장되다)- + -더(회상)- + -니(연어, 설명 계속)

30) 이윽고 : [이윽고, 얼마 있다가(부사) : 이윽(이윽 : 불어) + -Ø(← -ᄒᆞ- : 형접)- + -고(연어 ▷부접)] ※ '이윽ᄒᆞ다'는 지난 시간이 얼마간 오랜 것이다.

31) 종편 : 종편(縱偏). 세로쪽이다.

32) 벗텨시니 : 벗티[뻗치다 : 벗(← 벋다 : 뻗다, 長)- + -티(강접)-]- + -어시(완료)- + -니(연어, 설명 계속) ※ '벗텨시니'는 종성 /ㄷ/을 'ㅅ'으로 표기한 형태이다.

33) 진홍 : 진홍(眞紅). 짙고 산뜻한 붉은색이다. 다홍색.

34) 대단 : 대단(大緞). 중국에서 나는 비단의 하나이다.

35) 만경창패 : 만경창파(만경창파, 萬頃蒼波) + -ㅣ(← -이 : 주조) ※ '만경창파(萬頃蒼波)'는 만 이랑의 푸른 물결이라는 뜻으로, 한없이 넓고 넓은 바다를 이르는 말이다.

도요ᄒᆞ니[40)] ᄎᆞᆷ아[41)] 금즉ᄒᆞ더라[42)]

매우 시간이 지난 후(後)에 동편(東便)에 성수(星宿)가 드물며, 월색(月色)이 차차 옮어지며 홍색(紅色)이 분명(分明)하니, 소리 하여 시원함을 부르고 가마 밖에 나서니, 좌우(左右)의 비복(婢僕)과 기생들이 옹위(擁衛)하여 보기를 (마음) 죄더니, 이윽고 날이 밝으며 붉은 기운(氣運)이 종편(從便)으로 길게 뻗쳤으니, 진홍(眞紅) 대단(大緞) 여러 필(疋)을 물 위에 펼친 듯, 만경창파(萬頃蒼波)가 일시(一時)에 붉어 하늘에 자욱하고 노(怒)하는 물결 소리가 더욱 장(壯)하며, 홍전(紅氈) 같은 물빛이 황홀(恍惚)하여 수색(水色)이 조요(照耀)하니, 차마 끔찍하더라.

붉은 비치 더욱 붉으니 마죠[43)] 션 사ᄅᆞᆷ의 ᄂᆞᆺ과[44)] 오시 다 붉더라 믈이 구ᄇᆡ뎌[45)] 치치니[46)] 밤의 믈 티ᄂᆞᆫ[47)] 구ᄇᆡᄂᆞᆫ[48)] 옥 ᄀᆞᇀ티[49)] 희더니

---

36) 홍젼 : 홍전(紅氈). 붉은 빛깔의 모직물이다.

37) ᄀᆞᆺᄒᆞᆫ : ᄀᆞᆺㅎ(← ᄀᆞᇀ다 : 같다, 同)- + -ᄋᆞᆫ(관전) ※'ᄀᆞᆺᄒᆞᆫ'은 'ᄀᆞᄐᆞᆫ'의 /ㅌ/을 /ㄷ/과 /ㅎ/으로 재음소화한 뒤에, 종성 /ㄷ/을 'ㅅ'으로 표기한 형태이다.

38) 빗치 : 빗ㅊ(← 빛 : 빛, 光) + -이(주조) ※'빗치'는 '비치'의 /ㅊ/을 'ㅅㅊ'으로 거듭 적은 형태이다.

39) 슈ᄉᆡᆨ : 수색(水色). 물빛이다.

40) 도요ᄒᆞ니 : 도요ᄒᆞ[↚ 됴요ᄒᆞ다(조요하다, 照耀 : 명사) + -ᄒᆞ(형접)-]- + -니(연어, 이유) ※'도요ᄒᆞ니'는 '됴요ᄒᆞ니'를 오기한 형태이다. '됴요(照耀)'는 밝게 비쳐서 빛나는 것이다.

41) ᄎᆞᆷ아 : [← ᄎᆞ마(차마 : 부사) : ᄎᆞᆷ(참다, 忍)- + -아(연어 ▷ 부접)] ※'ᄎᆞᆷ아'는 'ᄎᆞ마'를 오기한 형태이다.(과잉 분철)

42) 금즉ᄒᆞ더라 : 금즉ᄒᆞ[끔찍하다 : 금즉(금찍 : 불어) + -ᄒᆞ(형접)-]- + -더(회상)- + -라(← -다 : 평종)

43) 마죠 : [↚ 마조(마주 : 부사) : 맞(맞다, 當)- + -요(↚ -오 : 부접)] ※'마죠'는 '마조'를 오기한 형태이다.

44) ᄂᆞᆺ과 : ᄂᆞᆺ(← ᄂᆞᆾ : 낯, 面) + -과(접조) ※'ᄂᆞᆺ과'는 종성 /ㄷ/을 'ㅅ'으로 표기한 형태이다.

45) 구ᄇᆡ뎌 : 구ᄇᆡ디[굽이지다 : 굽(굽다, 曲)- + -ᄋᆡ(명접) + -디(지다, 되다, 爲 : 동접)-]- + -어(연어)

46) 치치니 : 치치[치치다 : 치(강접)- + 치(치다 : 打)-]- + -니(연어, 설명 계속, 이유) ※'치치다'는 아래에서 위로 향하여 치는 것이다. '티티다〉치치다'의 변화는 구개음화가 적용된 예인데, 『동명일기』에서는 구개음화가 적용된 예가 아주 드물게 나타난다.

47) 티ᄂᆞᆫ : 티(치다, 打)- + -ᄂᆞ(현시)- + -ㄴ(관전)

48) 구ᄇᆡᄂᆞᆫ : 구ᄇᆡ[굽이 : 굽(굽다, 曲 : 동사)- + -ᄋᆡ(명접)] + -ᄂᆞᆫ(보조사, 주제)

49) ᄀᆞᇀ티 : [← ᄀᆞ티(같이, 如 : 부사) : ᄀᆞᇀ(같다, 如 : 형사)- + -이(부접)] ※'ᄀᆞᇀ티'는 '가티'의 /ㅌ/을 'ㅌㅌ'으로 거듭 적은 형태이다. 그리고 'ᄀᆞᇀ티'는 'ᄀᆞ티'의 'ㆍ'를 'ㅏ'로 혼기하였는데, 이는

즉금[50] 물구ᄇᆡᄂᆞᆫ[51] 븕기 홍옥[52] ᄀᆞᆺᄒᆞ야[53] 하ᄂᆞᆯ의 다하시니[54] 장관을 니ᄅᆞᆯ 것이 업더라

붉은 빛이 더욱 붉으니 마주 선 사람의 낯과 옷이 다 붉더라. 물이 굽이쳐 치치니 밤에 물이 치는 굽이는 옥(玉)같이 희더니, 즉금(卽今) 물굽이는 붉기가 홍옥(紅玉) 같아서 하늘에 닿았으니, (그) 장관(壯觀)을 (말로써) 이를 것이 없더라.

븕은 기운이 퍼뎌[55] 하ᄂᆞᆯ과 믈이 다 됴요ᄒᆞᄃᆡ ᄒᆡ 아니 나니 기ᄉᆡᆼ들이 손을 두ᄃᆞ려[56] 소ᄅᆡ ᄒᆞ야 애ᄃᆞ라[57] ᄀᆞᆯ오ᄃᆡ[58] 이제ᄂᆞᆫ ᄒᆡ 다 도다 뎌[59] 속의 드러시니[60] 뎌 븕은 기운이 다 프ᄅᆞ러[61] 구ᄅᆞᆷ이 되리라 혼공ᄒᆞ니[62] 낙막ᄒᆞ여[63] 그저 도라가려 ᄒᆞ니 ᄉᆞ군과 슉시셔[64] 그러티[65] 아냐[66] 이제

/·/가 소멸하여 /ㅏ/에 합류된 결과이다.

50) 즉금 : 즉금(卽今). ① 말하는 바로 이때에. 또는 지금 곧. 그 자리에서 곧(부사) ② 바로 지금(명사)

51) 물구ᄇᆡᄂᆞᆫ : 물구ᄇᆡ[물굽이 : 물(물, 水 : 명사) + 굽(굽다, 曲 : 동사) + -ᄋᆡ(명접)] + -ᄂᆞᆫ(보조사, 주제) ※ '믈〉물'의 변화는 원순 모음화가 적용된 결과이다.

52) 홍옥 : 홍옥(紅玉). 붉은 빛깔의 옥(玉)이다.

53) ᄀᆞᆺᄒᆞ야 : ᄀᆞᆺᄒᆞ(← ᄀᆞᆮᄒᆞ다 : 같다, 如)- + -야(← -아 : 연어) ※ 'ᄀᆞᆺᄒᆞ야'는 'ᄀᆞᆮᄒᆞ야'의 종성 /ㄷ/을 'ㅅ'으로 표기한 형태이다.

54) 다하시니 : 닿(닿다, 至)- + -아시(완료)- + -니(연어, 설명 계속, 이유)

55) 퍼뎌 : 퍼디[퍼지다 : 퍼(퍼다, 伸)- + -어(연어) + 디(지다, 보용, 피동)-]- + -어(연어)

56) 두ᄃᆞ려 : 두ᄃᆞ리(두드리다, 打)- + -어(연어)

57) 애ᄃᆞ라 : 애ᄃᆞᆯ[애달프게 여기다, 초조하다, 焦) : 애(애, 腸 : 명사) + ᄃᆞᆯ(← ᄃᆞᆲ다 : 뚫어지다, 穿)-]- + -아(연어)

58) ᄀᆞᆯ오ᄃᆡ : ᄀᆞᆯ오(가로다, 曰)- + -ᄃᆡ(-되 : 연어, 설명 계속) ※ 중세 국어에서는 'ᄀᆞᆯ오ᄃᆡ'를 'ᄀᆞᆯ- + -오ᄃᆡ'로 분석하였으나, 이 시기에는 연결 어미 '-오ᄃᆡ'가 '-ᄃᆡ'로 실현되므로 'ᄀᆞᆯ오- + -ᄃᆡ'로 분석한다.

59) 뎌 : 저, 彼(관사, 지시, 정칭)

60) 드러시니 : 들(들다, 入)- + -어시(완료)- + -니(연어, 설명 계속, 이유)

61) 프ᄅᆞ러 : 프ᄅᆞ(↚ 프르다 : 푸르다, 靑)- + -러(← -어 : 연어) ※ '프ᄅᆞ러'는 '프ᄅᆞ다(↚ 프르다, 靑)'의 '러' 불규칙 활용형이다. ※ 문맥으로 보면 '풀어져서'로 해석해야 하는데, 이렇게 해석하면 '프ᄅᆞ러'는 '프러뎌'를 오기한 형태가 된다. 여기서는 '푸르러'로 옮긴다.

62) 혼공ᄒᆞ니 : 혼공ᄒᆞ[혼공하다 : 혼공(渾恐 : 명사) + -ᄒᆞ(동접)-]- + -니(연어, 설명 계속, 이유) ※ '혼공(渾恐)ᄒᆞ다'는 모두 꺼리거나 두려워하는 것이다. 여기서는 '안타까워하다'로 의역하여 옮긴다.

63) 낙막ᄒᆞ여 : 낙막ᄒᆞ[낙막하다 : 낙막(낙막, 落寞 : 불어) + -ᄒᆞ(형접)-]- + -여(← -아 : 연어)

보리라 ᄒᆞ시되 이랑이 차셤이 ᄂᆡᆼ쇼ᄒᆞ야[67] 이르ᄃᆡ 쇼인 등이 이 번분[68] 아냐[69] ᄌᆞ로[70] 보아ᄉᆞ오니[71] 엇디[72] 모ᄅᆞ리잇가[73] 마누하님[74] 큰 병환 나실 거시니 어서 가ᄋᆞᆸᄉᆞ이다[75] ᄒᆞ거늘 가마 속의 드러 안ᄌᆞ니 봉이[76] 어미 악ᄡᅥ[77] ᄀᆞᆯ오대 ᄒᆞ인들이[78] 다 ᄒᆞᄃᆡ[79] 이제 ᄒᆡ[80] 니라라[81] ᄒᆞᄂᆞᆫᄃᆡ[82] 엇디 가시리오 기ᄉᆡᆼ 아ᄒᆡ들은 철모ᄅᆞ고 즈레[83] 이렁[84] 구ᄂᆞᆫ다[85] 이랑이

※ '낙막(落寞)'은 마음이 쓸쓸한 것이다.

64) 슉시셔 : 슉시(숙씨, 叔氏) + -셔(-서 : 보조사, 위치 강조) ※ '슉시'는 문맥상 '시숙(媤叔)', 곧 남편의 형제를 이르는 말인 것 같다. '슉시셔'는 문맥에 따라서 '숙씨께서'로 옮긴다.

65) 그러티 : 그러ㅎ[← 그러ᄒᆞ다(그러하다) : 그러(그러 : 불어) + -ᄒᆞ(형접)-]- + -디(-지 : 연어, 부정)

66) 아냐 : 아니(← 아니ᄒᆞ다 : 아니하다, 非, 보용, 부정)- + -아(연어) ※ '아냐'는 '않아'로 옮긴다.

67) ᄂᆡᆼ쇼ᄒᆞ야 : ᄂᆡᆼ쇼ᄒᆞ[냉소하다 : ᄂᆡᆼ쇼(냉소, 冷笑 : 명사) + -ᄒᆞ(동접)-]- + -야(← -아 : 연어) ※ 'ᄅᆡᆼ쇼>ᄂᆡᆼ쇼'의 변화는 'ㄹ' 두음 법칙이 적용된 결과이다.

68) 분 : 분(← ᄲᅳᆫ : -뿐, 보조사, 한정) ※ 중세 국어에서는 'ᄲᅳᆫ'이 의존 명사로 쓰였으나, 근대 국어에서는 체언 뒤에 실현되면 '한정'의 뜻을 나타내는 보조사로 처리한다.

69) 아냐 : 아니(아니다, 非)- + -아(연어)

70) ᄌᆞ로 : 자주, 頻(부사)

71) 보아ᄉᆞ오니 : 보(보다, 見)- + -앗(완료)- + -ᄋᆞ오(공손)- + -니(연어, 이유, 근거)

72) 엇디 : 어찌, 何(부사)

73) 모ᄅᆞ리잇가 : 모ᄅᆞ(모르다, 不知)- + -리(미시)- + -잇(← -이- : 상높, 아주 높임)- + -가(의종, 판정)

74) 마누하님 : [마나님 : 마누하(抹樓下) + -님(높접)] '마누하님'는 '마나님'의 뜻으로 쓰이는 아주 높임의 호칭어이다. '마나님'은 나이가 많은 부인(婦人)을 높여 이르는 말이다.

75) 가ᄋᆞᆸᄉᆞ이다 : 가(가다, 行)- + -ᄋᆞᆸ(공손)- + -ᄉᆞ이다(청종, 아주 높임)

76) 봉이 : 사람 이름이다.

77) 악ᄡᅥ : 악ᄡᅳ[← 악ᄡᅳ다(악쓰다) : 악(악 : 명사) + ᄡᅳ(쓰다, 用)-]- + -어(연어) ※ '악'은 있는 힘을 다하여 모질게 마구 쓰는 기운이다.

78) ᄒᆞ인들이 : ᄒᆞ인들[하인들 : ᄒᆞ인(하인, 下人) + -들(복접)] + -이(주조) ※ 'ᄒᆞ인들히'가 'ᄒᆞ인들이'로 바뀐 것은 중세 국어의 복수 접미사인 '-들ㅎ'의 종성 /ㅎ/이 탈락한 형태이다. 'ᄒᆞ인'은 '하인'의 'ㅏ'을 'ㆍ'로 혼기한 형태이다.

79) ᄒᆞᄃᆡ : ᄒᆞ(말하다, 曰)- + -ᄃᆡ(-되 : 연어, 설명 계속)

80) ᄒᆡ : ᄒᆡ(해, 日) + -Ø(← -이 : 주조)

81) 니라라 : 닐(일다, 일어나다, 起)- + -아라(↚ -ᄋᆞ려 : 연어, 의도) ※ '니라라'는 문맥상 '니르려'를 오기한 형태로 보인다.

82) ᄒᆞᄂᆞᆫᄃᆡ : ᄒᆞ(하다, 爲)- + -ᄂᆞ(현시)- + -ㄴᄃᆡ(-ㄴ데 : 연어, 설명 계속)

83) 즈레 : 지레(부사). ※ '즈레'는 '어떤 일이 일어나기 전 또는 어떤 기회나 때가 무르익기 전에 미리'의 뜻을 나타낸다.

84) 이렁 : 이리, 이렇게, 如此(부사, 지시, 정칭)

박댱[86] 왈 그것들은 바히[87] 모ᄅᆞ고 ᄒᆞᆫ 말이니 고디듯디[88] 말라 ᄒᆞ거ᄂᆞᆯ 도라 샤공ᄃᆞ려[89] 무르라[90] ᄒᆞ니 샤공셔[91] 오ᄂᆞᆯ 일츌이 유명ᄒᆞ리란다[92] ᄒᆞ거ᄂᆞᆯ 샤공셔[93] 오ᄂᆞᆯ 일츌이 유명ᄒᆞ리란다 ᄒᆞ거ᄂᆞᆯ[94] 내[95] 도로 나셔니 차셤이 보ᄇᆡᄂᆞᆫ 내 가마의 드ᄂᆞᆫ 샹[96] 보고 몬져 가고 계집종 세히[97] 몬저 갓더라[98]

붉은 기운(氣運)이 펴지어 하늘과 물이 다 조요(照耀)하되 해가 아니 나니, 기생들이 손을 두드려 소리하여 애달아 가로되, "이제는 해가 다 돋아서 저 속에 들었으니, 저 붉은 기운이 다 푸르러 구름이 되리라." (하고) 혼공(渾恐)하니, (내가) 낙막(落寞)하여 그저 돌아가려 하니, 사군(使君)과 시숙(媤叔)이 "그렇지 않아. 이제 (일출을) 보리라."고 하시되, 이랑이와 차섬이가 냉소(冷笑)하여 이르되, "소인(小人) 등이 이 번뿐 아니라 자주 보았사오니 어찌 모르겠습니까? 마나님께서 큰 병환(病患)이 나실 것이니 어서 갑시다."라고 하거늘, (내가) 가마 속에 들어 앉으니, 봉이 어머니가 악써 가로되 "하인(下人)들이 다 하되, '이제 해가 일어나리라.'고 하는데 어찌 가시리요?"

---

85) 구ᄂᆞᆫ다 : 구(← 굴다 : 굴다, 그렇게 행동하다)- + -ᄂᆞ(현시)- + -ㄴ다(-ㄴ가 : 의종, 2인칭)
86) 박댱 : 박장(拍掌). 두 손바닥을 마주 치는 것이다.
87) 바히 : 바이, 아주 전혀, 全(부사)
88) 고디듯디 : 고디듯[← 고디듣다, ㄷ불(곧이듣다) : 곧(곧다, 直 : 형사)- + -이(부접) + 듯(듣다, 聞)-]- + -디(-지 : 연어, 부정) ※ '듯디'는 '듣디'의 종성 /ㄷ/을 'ㅅ'으로 표기한 형태이다.
89) 샤공ᄃᆞ려 : 샤공(사공, 沙工) + -ᄃᆞ려(-더러, -에게 : 부조, 상대)
90) 무르라 : 물(← 묻다, ㄷ불 : 묻다, 聞)- + -으라(명종, 아주 낮춤)
91) 샤공셔 : 샤공(사공, 沙工) + -셔(-서 : 보조사, 강조) ※ 문맥상 '사공이'로 옮긴다.
92) 유명ᄒᆞ리란다 : 유명ᄒᆞ[유명하다(좋다, 好) : 유명(유명, 有名 : 명사) + -ᄒᆞ(형접)-]- + -리(미시)- + -라(← -다 : 평종) + -ㄴ(← -ᄂᆞ- : 현시)- + -다(평종) ※ '유명ᄒᆞ리란다'는 '유명ᄒᆞ리라 ᄒᆞᆫ다'가 줄어진 말이다. 그리고 'ᄒᆞᆫ다(ᄒᆞ- + -ㄴ(← -ᄂᆞ-)- + -다)'는 'ᄒᆞᄂᆞ다'가 변한 말인데, 모음의 어간 뒤에서 현재 시제 선어말 어미가 '-ᄂᆞ-'에서 '-ㄴ'으로 바뀐 형태이다.
93) 샤공셔 : 샤공(사공, 沙工) + -셔(-서 : 보조사, 위치 강조) ※ 문맥상 '사공이'로 옮긴다.
94) 샤공셔 오ᄂᆞᆯ 일츌이 유명ᄒᆞ리란다 ᄒᆞ거ᄂᆞᆯ : '유명하리라'에 호응하는 주체는 '일출'이며, 'ᄒᆞᆫ다'에 호응하는 주체는 '샤공'이며, 'ᄒᆞ거ᄂᆞᆯ'에 호응하는 주체는 '이랑이'이다.
95) 내 : 나(나, 我 : 인대, 1인칭) + -ㅣ(← -이 : 주조)
96) 샹 : 상(狀). 모양.
97) 세히 : 세ㅎ(셋, 三 : 수사, 양수) + -이(주조)
98) 갓더라 : 가(가다, 行)- + -앗(완료)- + -더(회상)- + -라(← -다 : 평종) ※ '갓더라'는 종성 /ㄷ/을 'ㅅ'으로 표기한 형태이다.

기생 아이들은 철모르고 지레 이리 구느냐?" 이랑이 박장(拍掌)하여 왈(曰), "그것들은 전혀 모르고 한 말이니 곧이듣지 말라."고 하거늘, (내가 이랑이에게) "돌아가서 사공(沙工)에게 (일출 여부를) 물으라."고 하니, (이랑이가) "사공이 '오늘 일출(日出)이 유명(有名)하리라.'고 한다." 하거늘 내가 (가마에서) 도로 나서니, 차섬이와 보배는 내가 가마에 드는 상(狀)을 보고 먼저 가고 계집종 셋이 먼저 갔더라.

홍ᄉᆡᆨ이 거록ᄒᆞ야[99] 븕은 긔운이 하ᄂᆞᆯ을 ᄯᅱ노더니[1] 이랑이 소ᄅᆡ를 놉히[2] ᄒᆞ야 나를 불러 져긔[3] 믈 밋ᄎᆞᆯ[4] 보라 웨거ᄂᆞᆯ[5] 급히 눈을 드러 보니 믈 밋[6] 홍운을 헤앗고[7] 큰 실오리[8] ᄀᆞᆺᄒᆞᆫ[9] 줄이 븕기 더옥 긔이ᄒᆞ며[10] 긔운이 진홍 ᄀᆞᆺᄒᆞᆫ 것이 ᄎᆞᄎᆞ[11] 나 손바닥 너ᄇᆡ[12] ᄀᆞᆺᄒᆞᆫ 것이 그믐밤의 보는 숫불[13] 빗 ᄀᆞᆺ더라 ᄎᆞᄎᆞ 나오더니 그 우흐로[14] 젹은 회오리밤[15] ᄀᆞᆺᄒᆞᆫ 것이 븕기 호박 구ᄉᆞᆯ ᄀᆞᆺ고 ᄆᆞᆰ고 통낭ᄒᆞ기ᄂᆞᆫ[16]

---

99) 거록ᄒᆞ야 : 거록ᄒᆞ[거룩하다, 대단하다 : 거록(← 거륵 : 거룩, 명사) + -ᄒᆞ(형접)-]- + -야(← -아 : 연어)

1) ᄯᅱ노더니 : ᄯᅱ노[← ᄯᅱ놀다(뛰놀다) : ᄯᅱ(뛰다, 躍)- + 놀(놀다, 遊)-]- + -더(회상)- + -니(연어, 설명 계속)

2) 놉히 : [높이, 高(부사) : 놉ㅎ(← 높다 : 높다, 高, 형사)- + -이(부접)] ※ '놉히'은 '노피'의 /ㅍ/을 /ㅂ/과 /ㅎ/으로 재음소화하여 표기한 형태이다.

3) 져긔 : 저기, 彼(지대, 정칭)

4) 밋ᄎᆞᆯ : 밋ㅊ(← 밑 : 밑, 底) + -ᄋᆞᆯ(목조) ※ '밋ᄎᆞᆯ'은 '미ᄐᆞᆯ'의 /ㅌ/을 거듭 적어서 표기하는 과정(= 밋ᄐᆞᆯ)에서 오기한 형태로 보인다.

5) 웨거ᄂᆞᆯ : 웨(외다, 외치다, 呼)- + -거ᄂᆞᆯ(-거늘 : 연어, 상황)

6) 밋 : 밋(← 밑 : 밑, 下) ※ '밋'은 '밑'의 종성 /ㄷ/을 'ㅅ'으로 표기한 형태이다.

7) 헤앗고 : 헤앗[헤치다 : 헤(헤다, 泳)- + -앗(강접)-]- + -고(연어, 계기)

8) 실오리 : [실오리, 실오라기 : 실(실, 絲) + 올(올) + -이(명접)] + -Ø(← -이 : 부조, 비교)

9) ᄀᆞᆺᄒᆞᆫ : ᄀᆞᆺᄒᆞ(← ᄀᆞᆮᄒᆞ다 : 같다, 同)- + -ㄴ(관전) ※ 'ᄀᆞᆺᄒᆞᆫ'은 'ᄀᆞᆮᄒᆞᆫ'의 종성 /ㄷ/을 'ㅅ'으로 표기한 형태이다.

10) 긔이ᄒᆞ며 : 긔이ᄒᆞ[기이하다 : 긔이(기이, 奇異 : 명사) + -ᄒᆞ(형접)-]- + -며(연어, 나열)

11) ᄎᆞᄎᆞ : 차차, 점차, 次次(부사)

12) 너ᄇᆡ : 너ᄇᆡ[넓이, 幅 : 넙(넓다, 廣)- + -ᄋᆡ(명접)] + -Ø(← -이 : 부조, 비교)

13) 숫불 : [숯불 : 숫(← 숬 : 숯, 炭) + 불(불, 火)] ※ '숫블>숫불'의 변화는 원순 모음화가 적용된 결과이다.

14) 우흐로 : 우ㅎ(위, 上) + -으로(부조, 방향)

15) 회오리밤 : [회오리밤 : 회오리(회오리) + 밤(밤, 栗)] ※ '회오리밤'은 밤송이 속에 외톨로 들어앉아 있는, 동그랗게 생긴 밤이다.

호박도곤[17] 더 곱더라

홍색(紅色)이 거룩하여 붉은 기운(氣運)이 하늘을 뛰놀더니, 이랑이 소리를 높이 하여 나를 불러, "저기 물 밑을 보라."라고 외치거늘, 급(急)히 눈을 들어 보니 물 밑 홍운(紅雲)을 헤치고, 큰 실오라기 같은 줄이 붉기가 더욱 기이(奇異)하며, 기운(氣運)이 진홍(眞紅) 같은 것이 차차 나서, 손바닥 넓이 같은 것이 그믐밤에 보는 숯불 빛과 같더라. 차차 나오더니 그 위로 적은 회오리밤 같은 것이 붉기가 호박(琥珀) 구슬과 같고 맑고 통랑(通郎)하기는 호박(琥珀)보다 더 곱더라.

그 븕은 우흐로 ᄒᆞᆯᄒᆞᆯ[18] 움ᄌᆞᆨ여[19] 도ᄂᆞᆫᄃᆡ[20] 처엄 낫던[21] 븕은 긔운이 ᄇᆡᆨ지[22] 반 쟝[23] 너ᄇᆡ만치[24] 반ᄃᆞ시[25] 비최며 밤 ᄀᆞᆺ던 긔운이 ᄒᆡ[26] 되야 ᄎᆞᄎᆞ 커 가며 큰 ᄌᆡᆼ반[27] 만[28] ᄒᆞ여 븕웃븕웃[29] 번듯번듯 쒸놀며 젹ᄉᆡᆨ이[30] 왼[31] 바다희 씨치며[32] 몬져[33] 븕은 기운이 ᄎᆞᄎᆞ 가ᄉᆡ며[34] ᄒᆡ 흔들며

---

16) 통낭ᄒᆞ기ᄂᆞᆫ : 통낭ᄒᆞ[← 통랑ᄒᆞ다(통랑하다) : 통낭(통랑, 通郎 : 불어) + -ᄒᆞ(형접)-]- + -기(명전) + -ᄂᆞᆫ(보조사, 주제) ※ '통랑(通郎)'은 속까지 비치어 환한 것이다. ※ '통랑 → 통낭'은 /ㄹ/이 /ㄴ/으로 비음화한 형태이다.

17) 호박도곤 : 호박(호박, 琥珀) + -도곤(-보다 : 부조, 비교)

18) ᄒᆞᆯᄒᆞᆯ : 훌훌(부사). 어떠한 기운이나 물건이 가볍게 날리는 모양이다.

19) 움ᄌᆞᆨ여 : 움ᄌᆞᆨ이[← 움ᄌᆞ기다(움직이다, 動) : 움ᄌᆞᆨ(움직 : 불어)- + -이(동접)-]- + -어(연어)

20) 도ᄂᆞᆫᄃᆡ : 도(← 돌다 : 돌다, 回)- + -ᄂᆞ(현시)- + -ㄴᄃᆡ(-ㄴ데 : 연어, 설명 계속)

21) 낫던 : 나(나다, 出)- + -앗(완료)- + -더(회상)- + -ㄴ(관전)

22) ᄇᆡᆨ지 : 백지(白紙). 흰 종이이다.

23) 쟝 : 장(장, 張 : 의명). '얇고 넓적한 조각'의 수를 헤아리는 단위이다.

24) 너ᄇᆡ만치 : 너ᄇᆡ[넓이, 너비, 幅, 廣 : 넙(넓다, 廣)- + -ᄋᆡ(명접)] + -만치(-만큼 : 부조, 비교)

25) 반ᄃᆞ시 : 반ᄃᆞ시[반듯이, 반듯하게, 直(부사) : 반ᄃᆞᆺ(반듯 : 불어) + -이(부접)]

26) ᄒᆡ : ᄒᆡ(해, 日) + -Ø(← -이 : 보조)

27) ᄌᆡᆼ반 : 쟁반, 錚盤.

28) 만 : 만(의명, 비교). ※ '만'은 어느 정도에 이르는 것을 나타내는 의존 명사이다.

29) 븕웃븕웃 : [불긋불긋, 赤(부사) : 븕(붉다, 赤 : 형사)- + -웃(부접)- + 븕(붉다, 赤 : 형사)- + -웃(부접)]

30) 젹ᄉᆡᆨ이 : 적색(赤色, 붉은 색) + -이(주조)

31) 왼 : 왼(← 온 : 온, 全, 관사, 수량)

32) 씨치며 : 씨치(끼치다, 響)- + -며(연어, 나열, 계기)

33) 몬져 : 먼저, 先(부사)

34) 가ᄉᆡ며 : 가ᄉᆡ(가시다, 사라지다, 변하다, 消)- + -며(연어, 계기)

쒸놀기 더욱 ᄌᆞ로[35] ᄒᆞ며 항[36] ᄀᆞᆺ고 독 ᄀᆞᆺᄒᆞᆫ 것이 좌우로 쒸놀며 황홀이[37] 번득여 냥목[38]이 어즐ᄒᆞ며[39] 븕은 긔운이 명낭ᄒᆞ야[40] 첫 홍식을 헤앗고[41] 텬둥의 징반 ᄀᆞᆺᄒᆞᆫ 것이 수레박희[42] ᄀᆞᆺᄒᆞ야 믈 속으로셔[43] 치미러[44] 밧치ᄃᆞ시[45] 올나븟흐며[46] 항 독 ᄀᆞᆺ한 긔운이 스러디고[47] 처엄 븕어 것출[48] 비최던 거슨 모혀[49] 소 혀텨로[50] 드리워[51] 믈 속의 풍덩 싸디ᄂᆞᆫ[52] 듯 시브더라[53]

35) ᄌᆞ로 : 자주, 頻(부사)
36) 항 : 항아리, 缸. 아래위가 좁고 배가 부른 질그릇이다.
37) 황홀이 : [황홀히, 恍惚(부사) : 황홀(황홀, 恍惚 : 명사) + -Ø(← -ᄒᆞ- : 형접)- + -이(부접)]
38) 냥목 : 양목(兩目). 두 눈이다. ※'량목〉냥목'의 변화는 'ㄹ' 두음 법칙이 적용된 결과이다.
39) 어즐ᄒᆞ며 : 어즐ᄒᆞ[어찔하다 : 어즐(어찔 : 불어) + -ᄒᆞ(형접)-]- + -며(연어, 나열)
40) 명낭ᄒᆞ야 : 명낭ᄒᆞ[명랑ᄒᆞ다(명랑하다) : 명낭(← 명랑 : 명랑, 明朗) + -ᄒᆞ(형접)-]- + -야(← -아 : 연어) ※'명랑 → 명낭'은 /ㄹ/이 /ㄴ/으로 비음화한 형태이다.
41) 헤앗고 : 헤앗[헤치다 : 헤(헤다, 泳)- + -앗(강접)-]- + -고(연어, 계기)
42) 수레박희 : 수레박희[수렛바퀴 : 수레(수레, 車) + 박희(← 박회, 바회 : 바퀴, 輪)] + -Ø(← -이 : -와, 부조, 비교)
43) 속으로셔 : 속(속, 裏) + -으로(부조, 방향) + -셔(-서 : 보조사, 위치 강조, 출발점)
44) 치미러 : 치밀[치밀다 : 치(강접)- + 밀(밀다, 推)-]- + -어(연어) ※'티밀다〉치밀다'는 /ㅌ/이 /ㅊ/으로 구개음화한 예이다.
45) 밧치ᄃᆞ시 : 밧치[받치다, 支 : 받(받다, 떠받다)- + -히(사접)-]- + -ᄃᆞ시(-듯이 : 연어, 흡사) ※'밧티다〉밧치다'의 변화는 구개음화의 형태이다. '밧치ᄃᆞ시'는 '바치ᄃᆞ시'의 초성 /ㅊ/을 'ㅅㅊ'으로 거듭 적은 형태다.
46) 올나븟흐며 : 올나븟ㅎ[← 올라븥다(올라붙다) : 올ㄴ(← 올ㄹ- ← 오ᄅᆞ다 : 오르다, 登)- + -아(연어) + 븟ㅎ(← 븥다 : 붙다, 附)-]- + -으며(연어 : 나열, 계기) ※'올나'는 '올라'의 'ㄹㄹ'을 'ㄹㄴ'으로 표기한 형태이다. 그리고 '븟흐며'는 '브트며'의 초성 /ㅌ/을 /ㄷ/과 /ㅎ/으로 재음소화하여 표기한 뒤에, 다시 종성 /ㄷ/을 'ㅅ'으로 표기한 형태이다.
47) 스러디고 : 스러디[스러지다, 消(자동) : 슬(스러지게 하다 : 타동)- + -어(연어) + 디(지다 : 보용, 피동)-]- + -고(연어, 계기)
48) 것출 : 것ㅊ(← 겇 : 겉, 表) + -올(목조) ※'것출'은 '거출'의 /ㅊ/을 'ㅅㅊ'으로 거듭 적은 형태이다.
49) 모혀 : 모히[← 모이다, 集 : 모ᄋᆞ(모ᄋᆞ다 : 타동)- + -이(피접)-]- + -어(연어) ※'모혀'는 '모여'를 오기한 형태이다.
50) 혀텨로 : 혀(혀, 舌) + -텨로(← -뎨로 : -처럼, 부조, 비교) ※ 조사 '-뎨로'는 '모양'의 뜻을 나타내는 의존 명사인 '톄(體)'에 부사격 조사인 '-로'가 붙어서 된 파생 조사이다. '-뎨로'는 중세 국어에서는 그 용례를 발견할 수 없고 근대 국어에서 새로이 나타난 부사격 조사이다. '-뎨로'는 구개음화를 겪어서 현대 국어에서는 '-처럼'으로 실현된다.
51) 드리워 : 드리우[드리우다, 垂 : 들(들다, 入 : 자동)- + -이(사접)- + -우(사접)-]- + -어(연어)
52) 싸디ᄂᆞᆫ : 싸디(빠지다, 陷)- + -ᄂᆞ(현시)- + -ㄴ(관전)
53) 시브더라 : 시브(싶다 : 보형, 추측)- + -더(회상)- + -라(← -다 : 평종)
※ 이 단어는 '식브다 〉 십브다/시브다 〉 싶다'로 변화하였다.

일ᄉᆡᆨ[54]이 됴요ᄒᆞ며 믈결의[55] 븕은 ᄀᆡ운이 ᄎᆞᄎᆞ 가ᄉᆡ며 일광이 청낭하니[56] 만고텬하의[57] 그런 장관은 ᄃᆡ두할[58] ᄃᆡ[59] 업슬 ᄃᆞᆺ ᄒᆞ더라

그 붉은 위로 (진홍 같은 기운이) 훌훌 움직여 도는데, 처음 나왔던 붉은 기운(氣運)이 백지(白紙) 반(半) 장 너비만큼 반듯이 비치며, 밤 같던 기운(氣運)이 해가 되어 차차 커 가며, 큰 쟁반(錚盤) 만하여 불긋불긋 번듯번듯 뛰놀며 적색(赤色)이 온 바다에 끼치며, 먼저의 붉은 기운(氣運)이 차차(次次) 가시며, 해가 흔들며 뛰놀기를 더욱 자주 하며, 항아리 같고 독 같은 것이 좌우(左右)로 뛰놀며 황홀(恍惚)히 번득여 양목(兩目)이 어찔하며, 붉은 기운(氣運)이 명랑(明朗)하여 첫 홍색(紅色)을 헤치고, 천중(天中)에 쟁반 같은 것이 수레바퀴와 같아서, 물 속으로(부터)서 치밀어 받치듯이 올라붙으며, 항아리와 독 같은 기운이 스러지고, 처음에 붉어서 겉을 비추던 것은 모여서 소의 혀처럼 드리워 물 속에 풍덩 빠지는 듯 싶더라. 일색(日色)이 조요(照耀)하며, 물결에 붉은 기운이 차차 가시며, 일광(日光)이 청랑(晴朗)하니, 만고천하(萬古天下)에 그런 장관(壯觀)은 대두(對頭)할 데가 없을 듯하더라.

짐쟉의[60] 처엄 ᄇᆡᆨ지 반 쟝만티[61] 븕은 ᄀᆡ운은 그 속의셔[62] ᄒᆡ 쟝ᄎᆞᆺ[63] 나려 ᄒᆞ고[64] 우리여[65] 그리 븕고 그 회호리밤 ᄀᆞᄐᆞᆫ 거ᄉᆞᆫ 진짓[66] 일ᄉᆡᆨ을

---

54) 일ᄉᆡᆨ : 일색(日色). 햇빛이다.

55) 믈결의 : 믈결[물결, 波 : 믈(물, 水) + 결(결, 紋)] + -의(-에 : 부조)

56) 청낭하니 : 청낭하[← 청랑ᄒᆞ다(청랑하다) : 청낭(청랑, 晴朗 : 불어) + ᄒᆞ(형접)-]- + -니(연어, 설명 계속, 이유) ※ '청랑(晴朗)'은 날씨가 맑고 화창한 것이다. 그리고 '청랑 → 청낭'의 변동은 비음화가 적용된 예이며, 'ᄒᆞ다'의 'ᆞ'가 'ㅏ'로 혼기되었다.

57) 만고텬하의 : 만고텬하(만고천하, 萬古天下) + -의(-에 : 부조, 위치) ※ '만고텬하(萬古天下)'는 아득한 옛날의 세상이나 만대에 영원한 세상을 이른다.

58) ᄃᆡ두할 : ᄃᆡ두하[← ᄃᆡ두ᄒᆞ다(대두하다) : ᄃᆡ두(대두, 대적, 對頭 : 명사) + -ᄒᆞ(동접)-]- + -ㄹ(관전) ※ 'ᄃᆡ두(對頭)ᄒᆞ다'는 원래 '대적하다'라는 뜻을 나타내는데, 여기서는 '비교하다'는 뜻으로 쓰였다. 'ᄒᆞ다'의 'ᆞ'가 'ㅏ'로 혼기되었다.

59) ᄃᆡ : ᄃᆡ(데, 處 : 의명) + -∅(← -이 : 주조)

60) 짐쟉의 : 짐쟉(짐작, 斟酌) + -의(-에 : 부조, 위치, 근거)

61) 쟝만티 : 쟝(장, 張 : 의명) + -만티(-만치 : 부조, 비교)

62) 속의셔 : 속(속, 裏) + -의셔(-에서 : 부조, 위치)

63) 쟝ᄎᆞᆺ : 쟝ᄎᆞᆺ(← 쟝ᄎᆞ : 장차, 將次, 부사)

64) 나려 ᄒᆞ고 : 나(나다, 出)- + -려(연어, 의도) # ᄒᆞ(하다 : 보용, 의도)- + -고(연어, 나열) ※ 문맥을 고려하여 '나려 ᄒᆞ고'를 '나려고'로 옮긴다.

싸혀내니[67] 우리온[68] 긔운이 ᄎᆞᄎᆞ 가싀며 독 ᄀᆞᆺ고 항 ᄀᆞᆺᄒᆞᆫ 거ᄉᆞᆫ 일ᄉᆡᆨ이 모디리[69] 고온[70] 고로[71] 보는 사람의 안력[72]이 황홀ᄒᆞ야 도모디 혯긔운인[73] ᄃᆞᆺ 시브더라[74]

짐작(斟酌)에 처음 백지(白紙) 반(半) 장만치 붉은 기운은 그 속에서 해가 장차(將次) 나려고 우리어서 그리 붉고, 그 회오리밤 같은 것은 진짜 일색(日色)을 빼어내니, 우린 기운이 차차 가시며 독 같고 항 같은 것은, 일색(日色)이 모질게 고운 고(故)로 보는 사람의 안력(眼力)이 황홀(恍惚)하여 도무지 헛기운인 듯 싶더라.

차셤이 보ᄇᆡ 내 교듕의[75] 드니 몬져 가ᄂᆞᆫ ᄃᆞᆺ 시브더니 도로 왓던[76] 양[77] ᄒᆞ야 묘시[78] 보시믈[79] 하례ᄒᆞ고[80] 이랑이 손을 두ᄃᆞ려 보시도다[81] ᄒᆞ여 즐겨 ᄒᆞ더라[82] 장관을 쁜더이[83] ᄒᆞ고 오려 홀ᄉᆡ[84] 촌녀들이[85]

---

65) 우리여 : 우리(우리다, 어리다)- + -어(연어) ※ '우리다'는 달빛이나 햇빛 따위가 희미하게 비치는 것이다.

66) 진짓 : ① 진짜, 참(명사), ② 진짜로, 정말로(부사)

67) 싸혀내니 : 싸혀내[힘을 주어서 빼다, 拔 : 싸(빼다)- + -혀(강접)- + 나(나다, 出)- + -ㅣ(← -이- : 사접)-]- + -니(연어, 설명 계속, 이유)

68) 우리온 : 우리오(↚ 우리다 : 우리다, 漬)- + -Ø(과시)- + -ㄴ(관전) ※ '우리온'은 '우린'의 오기이다.

69) 모디리 : [모질게, 아주, 虐(부사) : 모딜(모질다, 虐 : 형사)- + -이(부접)]

70) 고온 : 고오(← 곱다, ㅂ불 : 곱다, 麗)- + -Ø(현시)- + -ㄴ(← -은 : 관전)

71) 고로 : 고(고, 까닭, 故 : 의명) + -로(부조, 방편)

72) 안력 : 안력(眼力), 시력(視力)

73) 혯긔운인 : 혯긔운[헛기운 : 혯(← 헛- : 접두)- + 긔운(기운, 氣運)] + -이(서조)- + -Ø(현시)- + -ㄴ(관전) ※ 접두사인 '혯-(← 헛-)'은 일부 명사 앞에 붙어서 '이유 없는, 보람 없는'의 뜻을 더하는 접두사이다. 접두사인 '헛-'은 [허(허, 虛)- + -ㅅ(사잇)]으로 다시 분석할 수 있다.

74) 시브더라 : 시브(싶다 : 보형, 추측)- + -더(회상)- + -라(← -다 : 평종)

75) 교듕의 : 교듕(교중, 가마 안, 轎中) + -의(-에 : 부조, 위치)

76) 왓던 : 오(오다, 來)- + -앗(완료)- + -더(회상)- + -ㄴ(관전)

77) 양 : 양(양, 樣 : 의명)

78) 묘시(卯時) : 십이시(十二時)의 넷째 시(時)로서, 오전 다섯 시에서 일곱 시까지이다. 여기서는 문맥상 '묘시에 일어난 해돋이'를 이른다.

79) 보시믈 : 보(보다, 見)- + -시(주높)- + -ㅁ(명전) + -을(목조)

80) 하례ᄒᆞ고 : 하례ᄒᆞ[하례하다 : 하례(賀禮 : 명사) + -ᄒᆞ(동접)-]- + -고(연어, 계기)

81) 보시도다 : 보(보다, 見)- + -시(주높)- + -Ø(과시)- + -도(감동)- + -다(평종)

작별 운집ᄒᆞ여 와셔 보며 손을 비븨여[86] 므엇[87] 달라[88] ᄒᆞ니 돈냥인디[89] 주어 ᄂᆞᆫ화[90] 먹으라 하다[91] 햐쳐로[92] 도라오니 쁜덥기[93] 듕보[94]를 어든 ᄃᆞᆺ ᄒᆞ더라 (… 중략 …)

차섬이와 보배가 내가 교중(轎中)에 드니 먼저 가는 듯 싶더니 도로 왔던 양(樣)하여, 묘시(卯時)에 일출(日出)을 보신 것을 하례(賀禮)하고, 이랑이가 손을 두드려 "(마누하님께서 일출을) 보셨구나." 하여 즐거워하더라. 장관(壯觀)을 찐덥게 하고 (돌아)오려 하는데, 촌녀(村女)들이 작별(作別)하려고 운집(雲集)하여, 와서 보며 손을 비비어 무엇을 달라 하니, 돈푼이나 주어서 '나누어 먹으라.' 하였다. 하처(下處)로 돌아오니 찐덥기가 중보(重寶)를 얻은 듯 하더라. (…중략…)

구월 십칠 일 가셔 십팔 일 도라와 이십일 일 긔록ᄒᆞ노라[95]

구월 십칠 일에 가서 십팔 일에 돌아와, 이십일 일에 기록(記錄)한다.

---

82) 즐겨 ᄒᆞ더라 : 즐기(즐기다, 樂)- + -어(연어) # ᄒᆞ(하다, 爲)- + -더(회상)- + -라(← -다 : 평종)

83) 쁜더이 : [찐덥게, 흐뭇하고 만족스럽게, 喜(부사) : 쁜더(← 찐덥다, ㅂ불 : 찐덥다)- + -이(부접)] ※ '쁜더이(← 찐더이)'는 '남을 대하기가 마음에 흐뭇하고 만족스럽게'나, '마음에 거리낌이 없고 떳떳하게'라는 뜻이다. 합용 병서 글자로 'ㅶ'이 쓰인 것이 특징인데, 일반적으로는 '찐더이'로 표기된다.

84) ᄒᆞᆯ시 : ᄒᆞ(하다 : 보용, 의도) + -ㄹ시(-는데 : 연어, 설명 계속)

85) 촌녀들이 : 촌녀들[촌녀들 : 촌녀(촌녀, 시골 여자, 村女) + -들(복접)] + -이(주조)

86) 비븨여 : 비븨(비비다, 搓)- + -여(← -어 : 연어)

87) 므엇 : 무엇. 何(지대, 미지칭)

88) 달라 : 달(남이 나에게 주다, 授)- + -라(명종, 아주 낮춤)

89) 돈냥인디 : 돈냥[돈냥, 돈푼 : 돈(돈, 錢) + 냥(냥 : 의명)]- + -이(서조)- + -ㄴ디(-ㄴ지 : 연어, 막연한 의문) ※ '돈냥인디'는 문맥을 감안하여 '돈냥이나'로 옮긴다. ※ '돈냥'은 쉽사리 헤아릴 만큼 그다지 많지 아니한 돈이다.

90) ᄂᆞᆫ화 : ᄂᆞᆫ호(나누다, 分)- + -아(연어)

91) 하다 : 하(← ᄒᆞ다 : 하다, 말하다, 謂)- + -Ø(과시)- + -다(평종) ※ '하다'는 'ᄒᆞ다'의 'ㆍ'를 'ㅏ'로 혼기한 형태이다.

92) 햐쳐로 : 햐처(←하처 : 하처, 下處, 숙소) + -로(부조, 방향) ※ '햐쳐'는 '하처'의 오기이다.

93) 쁜덥기 : 쁜덥(찐덥다)- + -기(명전) + -Ø(← -이 : 주조)

94) 듕보 : 중보(重寶). 귀중한 보물이다.

95) 긔록ᄒᆞ노라 : 긔록ᄒᆞ[기록하다 : 긔록(기록, 記錄 : 명사) + -ᄒᆞ(동접)-]- + -노라(평종, 현시, 화자)

3. 한중만록

『한중만록』(閑中漫錄)은 장헌 세자(사도 세자)의 빈(嬪)이자 정조 임금의 어머니인 혜경궁 홍씨(惠慶宮 洪氏)가 지은 회고록이다. 곧, 자신의 회갑을 맞던 해인 1795년(정조 19)에 남편인 장헌 세자의 일을 중심으로 자기의 일생을 돌아보면서 쓴 자전적인 작품이다.

『한중만록』은 홍씨가 친정 조카인 홍수영(洪守榮)의 소청으로 지었는데, 1795년에 첫째 편을 비롯하여, 67세, 68세, 71세에 지은 쓴 총 네 편의 작품으로 구성되어 있다. 제1편은 1795년(정조 19)에 지었는데, 혜경궁 홍씨의 어린 시절과 세자빈이 된 이후 50년 간 궁궐에서 지낸 이야기로 구성되어 있다. 제2편은 67세인 1801년(순조 1)에 지었는데, 사도 세자의 사건 이후부터 정조 초년까지 정적들에게 모함받은 이야기를 자세하게 기록했다. 제3편은 68세였던 1802년에 쓴 글로 제2편과 비슷한 내용으로 자신의 친정 쪽이 억울한 누명을 쓰고 있음을 주장하는 내용이다. 제4편은 71세인 1805년에 쓴 것으로 사도 세자가 영조에 의해서 뒤주 속에서 죽게 되기까지의 경위를 서술하였다.

『한중만록』은 6권 6책으로 이루어진 필사본이다. 이 외에도 언문본인 『한듕록』(閑中錄, 恨中錄)과 한문본인 『읍혈록』(泣血錄) 등 14종의 이본이 있다. 이들 이본은 혜경궁 홍씨가 직접 지은 작품이 아니고 모두 필사본이라는 점에서 아쉬움이 있다. 이처럼 현존하는 이본이 모두 필사본인 탓으로 이들 문헌에 쓰인 표기가 정연하지 못하고 오자와 탈자가 매우 많은 것이 특징이다. 『한중만록』의 이본들 중에서 중요한 것은 다섯 종류의 이본이다. 곧, 한글본으로서는 일사문고(一簑文庫)에서 소장하고 있는 『한중만록』(閑中漫錄, 일사본)과 이병기가 소장하고 있는 『한중록』(가람본), 김동욱이 소장하고 있는 『恨中錄』(나손본)이 있다. 그리고 한문본으로서는 국립도서관에서 소장하고 있는 『한중만록』(閑中漫錄)과 서울대학교 규장각에서 소장하고 있는 『읍혈록』(泣血錄)이 있는데, 이 두 한문본은 내용이 동일하다.

이 책에서는 1961년에 간행된 『한국 고전 문학 대계』 제14권, 이병기·김동욱 교주본인 『한듕만록』(閑中漫錄)을 분석 대상으로 하였다. 『한국 고전 문학 대계』의 『한듕만록』(閑中漫錄)의 원문은 〈일사본〉을 기본 대본으로 하고 있고, 〈가람본〉과 〈나손본〉과 차이가 나는 내용은 〈일사본〉에 별도로 부기(附記)되어 있다. 이러한 사정을 감안하여 이 책에서도 〈일사본〉을 기본 대본으로 하고, 〈가람본〉과 〈나손본〉에 나타나는 일부 다른 내용은 별로도 기술하기로 한다.

『한중만록』에는 18세기 말에 쓰인 '근대 국어'의 전형적인 특징이 나타나 있다.

첫째, 어두 합용 병서는 'ㅅ'계와 'ㅂ'계가 동시에 사용되고 있는데, 이 중에서 'ㅅ'계가 훨씬 많이 쓰였다. 반면에 각자 병서는 'ㅆ'만 쓰였다.

(보기) ① 'ㅅ'계 합용 병서 : ᄯᅩᄒᆞᆫ, 이ᄯᆡ, ᄲᅡ지오노라, ᄲᆡᆫ, ᄯᅩᆯ, ᄭᅮ듕, ᄭᅮ짓디

② 'ㅂ'계 합용 병서 : ᄡᅧ, ᄡᅡᆼ벽

③ 각자 병서 : 써, 쎠, 쓰나

둘째, 음절 말에 실현되는 /ㄷ/을 'ㅅ'으로 표기한 예가 많이 보인다.

(보기) 받ᄂᆞᆫ → <u>밧</u>ᄂᆞᆫ, 받ᄌᆞ와 → <u>밧</u>ᄌᆞ와, 듣고 → <u>듯</u>고, ᄀᆞᆮ게 → <u>ᄀᆞᆺ</u>게, 듣ᄂᆞ니 → <u>듯</u>ᄂᆞ니

셋째, 앞 음절 종성 /ㄹ/과 뒤 음절의 초성 /ㄹ/이 이어서 발음될 때에, 'ㄹㄹ'을 'ㄹㄴ'으로 표기한 예가 보인다.

(보기) 불러 → 불<u>너</u>, 놀라와 → 놀<u>나</u>와, 알리 → 알<u>니</u>, 올라가매 → 올<u>나</u>가매, 절로 → 절<u>노</u>

넷째, 끊어적기와 거듭적기의 예가 대단히 많이 나타난다. 그리고 거센소리의 음소를 예사소리와 /ㅎ/으로 재음소화하여서 표기한 예가 보인다.

(보기) ① 끊어적기 : ᄌᆞ식이, 옷안은, ᄎᆞᆷ으시고

② 거듭적기: 거ᄉᆞᆯ → 것ᄉᆞᆯ, 비ᄌᆞᆯ → 빗ᄌᆞᆯ

③ 재음소화 : 압ᄒᆡ(앞 + -ᄋᆡ), 겻흘(곁 + -을)

다섯째, 이 시기에는 단어의 첫 음절에서도 /ㆍ/가 /ㅏ/로 바뀜에 따라서, 'ㆍ'와 'ㅏ'를 표기하는 데에 전반적으로 혼란이 일어났다. 그런데 혼기된 예를 살펴보면 기존의 'ㆍ'를 'ㅏ'로 표기한 예보다는 기존의 'ㅏ'를 'ㆍ'로 표기한 예가 더 많다.

(보기) ① 기존의 'ㆍ'를 'ㅏ'로 표기한 예 : ᄒᆞ오시ᄃᆡ〉경계<u>하</u>오시ᄃᆡ, 홍감ᄒᆞᆫ〉홍감<u>한</u>,

경역흔>경역한

② 기존의 'ㅏ'를 '·'로 표기한 예 : 내>닋, 보내다>보닋다, 싸디다>색디다, 내여보내다>닋여보닋다, 지내소셔>지닋쇼셔, 마자>마즈, 대례>딕례

여섯째, 중세 국어에서 종성이 /ㅎ/으로 끝나던 체언들에서, 현대어처럼 종성 /ㅎ/이 탈락된 예가 일부 나타난다.

(보기) 익예들히>익예들이, 지친들콰>지친들과

일곱째, 구개음화, 원순 모음화, 비음화 현상이 적용된 예가 많이 보이며, 'ㄹ' 두음 법칙이 적용된 예도 많이 보인다.

(보기) ① 구개음화 : 참예티>참예치, 색디기를>색지기를, 어르만뎌>어르문져, 엇딘>엇진

② 원순 모음화 : 눈믈이>눈물이, 머므시거니와>머무시거니와, 블너>불너, 블근>불근

③ 비음화 : 근로흐시며>근노하시며, 용렬>용녈, 힝례>힝녜

④ 'ㄹ' 두음 법칙 : 령>녕, 릉둥>능둥, 례모>녜모, 량위>냥위

여덟째, 'ㄴ' 두음 법칙의 예는 발견되지 않는다. 그러데 19세기 초인 1809년에 빙허각 이씨가 지은 필사본 『규합총셔』(閨閤叢書)에는 부분적으로 'ㄴ' 두음 법칙의 예가 나타난다. 이러한 사실을 감안하면, 혜경궁 홍씨가 『한듕만록』을 지었던 18세기 말에는 대궐 밖의 일반 언중이 사용하는 입말에서는 'ㄴ' 두음 법칙이 적용되었을 것으로 추정할 수 있다.

(보기) 닐니>일니, 니로미라>이로미라, 료법>뇨법>요법

아홉, 모음으로 끝나는 체언 뒤에서 주격 조사가 '-가'의 형태로 실현되는 예가 대단히 많이 보인다.

(보기) 만키가, 미스가, 인스가, 비자가, 남유용이가, 니가, 비자가, 닉가

열째, 높임의 뜻을 나타내는 주격 조사의 형태로 '겨오셔' 등의 나타나서 활발하게

쓰였다. 이때 '겨오셔'는 '겨(있다, 在)- + -오(공손)- + -시(주높)- + -어(연어)'로 재분석된다.

(보기) 션인겨오셔, 션비겨오셔, 션ᄃᆡ왕겨오셔, 뎡셩왕후겨오셔, 부모겨오셔

열한째, 객체 높임법의 문법 범주가 완전히 소멸하여서 '-ᄉᆞᆸ-, ᄉᆞ오 ; -ᄌᆞᆸ-, -ᄌᆞ오-, -오-' 등은 공손법의 기능으로 쓰였다.

(보기) 슬ᄉᆞ오이다, 밧ᄌᆞ와, 엿ᄌᆞ오되, 아오시고

열두째, 인칭 표현과 대상 표현의 문법 범주가 거의 소멸하였다. 다만, 평서형의 종결 어미로 쓰이는 용언에서 인칭 표현의 흔적이 보인다.

(보기) 싸지오노라, ᄉᆡᆼ각노라, 찻노라

열셋째, 명사형 전성 어미의 형태가 '-옴/-움'에서 /오/와 /우/가 탈락하여 '-음/-ㅁ'의 형태로 바뀌어서 쓰였다.

(보기) 올흐믈, 심그미라, 덜미, 깃거ᄒᆞ오시미

열넷째, 명사형 전성 어미로 '-기'가 많이 쓰였다.

(보기) 만키가, 슬허ᄒᆞ기를, ᄉᆡᆨ지기를, 써나기를, 빈가지녀기, 허빅ᄒᆞ기로, 슉셩ᄒᆞ시기, 겨오시기, 슬허ᄒᆞ기를

열다섯째, 선어말 어미 '-엇-/-어시-, -앗-/-아시-, -엿-/-여시-'가 완료상을 나타내는 선어말 어미로 쓰였다.

(보기) 갓던지, 어덧도다, 올나실셰, ᄒᆞ엿다, 괴로와ᄒᆞ엿더니, 드러시니

열여섯째, 현재 시제의 선어말 어미인 '-ᄂᆞ-'를 대체하여 '-ㄴ-/-ᄂᆞᆫ-' 의 형태가 쓰였다.

(보기) ① 모음 아래 : 본다, ᄒᆞ신다, 간다
② 자음 아래 : 낡ᄂᆞᆫ다, 뭇ᄂᆞᆫ다, 알ᄂᆞᆫ다

열일곱째, 미래 시제 선어말 어미의 형태가 '-리-'와 함께 '-겟-'이 나타났는데, 이때의 '-겟-'은 '-게 ᄒᆞ엿다'가 축약된 형태로 보인다.

(보기) 됴화ᄒᆞ시겟다, 시기겟다

열여덟째, 남의 말을 인용하는 부사격 조사인 '-고'가 쓰였다.

(보기) 션비겨오셔ᄂᆞᆫ 아ᄒᆡ 말 ᄀᆞᆺ치 아니타고 도로혀 ᄉᆞ듕ᄒᆞ시니

위와 같은 특징을 감안하면 『한중만록』에 쓰인 텍스트는 근대 국어의 전형적인 모습을 보여 주므로, 국어사에서 매우 중요한 가치가 있는 문헌이다.

한듕만록 일

[한중만록을 쓴 내력]

ᄂᆡ[1] 유시의[2] 궐ᄂᆡ의[3] 드러와 셔찰[4] 왕복이 됴셕의[5] 이시니[6] ᄂᆡ 집의 ᄂᆡ 슈젹[7]이 만히 이실 거시로ᄃᆡ[8] 입궐 후 션인겨오셔[9] 경계하오시ᄃᆡ[10] 외간[11] 셔찰이 궁듕의 드러가 흘릴 거시 아니오 문후ᄒᆞᆫ[12] 의외예[13] ᄉᆞ년이[14] 만키가[15] 공경ᄒᆞᄂᆞᆫ 도리의 가치[16] 아니ᄒᆞ니 됴셕봉셔[17] 회답의[18]

---

1) ᄂᆡ : ᄂᆞ(↚나 : 나, 我, 인대, 1인칭) + -ㅣ(← -이 : 주조) ※ 이 시기에 단어의 첫 음절에서 /ㆍ/가 /ㅏ/로 바뀜에 따라서, /ㅏ/의 표기에 혼란이 생겨서 '나'의 'ㅏ'를 'ㆍ'로 혼기하였다.
2) 유시의 : 유시(유시, 어릴 적, 幼時) + -의(-에 : 부조, 위치)
3) 궐ᄂᆡ의 : 궐ᄂᆡ(궐내, 대궐의 안, 大闕) + -의(-에 : 부조, 위치)
4) 셔찰 : 서찰(書札). 편지.
5) 됴셕의 : 됴셕(조석, 아침저녁, 朝夕) + -의(-에 : 부조, 위치)
6) 이시니 : 이시(있다, 有)- + -니(연어, 설명 계속, 이유) ※ 〈가람본〉에는 '잇시니'로 표기됨.
7) 슈젹 : 수적(手迹). 손수 쓴 글씨나 그린 그림이다.
8) 거시로ᄃᆡ : 것(것 : 의명) + -이(서조)- + -로되(← -오되 : 연어, 설명 계속, 대조)
9) 션인겨오셔 : 션인(선인, 돌아가신 아버지, 先人) + -겨오셔(-께옵서 : 주조, 아주 높임) ※ '겨옵셔'는 [겨(있다, 在)- + -오(공손)- + -시(주높)- + -어(연어)]의 방식으로 형성된 주격 조사이다. 여기서 '션인'은 혜경궁 홍씨의 친정 아버지인 홍봉한(洪鳳漢)이다.
10) 경계하오시ᄃᆡ : 경계하[← 경계ᄒᆞ다(경계하다) : 경계(경계, 警戒 : 명사) + -하(← -ᄒᆞ- : 동접)-]- + -오(공손)- + -시(주높)- + -ᄃᆡ(-되 : 연어, 설명 계속) ※ '하오시ᄃᆡ'는 'ᄒᆞ오시ᄃᆡ'의 'ㆍ'를 'ㅏ'로 표기한 형태이다.
11) 외간 : 외간(外間). 자기 집 밖의 다른 곳이다.
12) 문후ᄒᆞᆫ : 문후ᄒᆞ[문후하다, 안부를 묻다 : 문후(문후, 問候 : 명사) + -ᄒᆞ(동접)-]- + -Ø(과시)- + -ㄴ(관전)
13) 의외예 : 의외(↚이외 : 이외, 以外) + -예(← -에 : 부조, 위치) ※ 〈가람본〉에는 '외예'로 표기됨.
14) ᄉᆞ년이 : ᄉᆞ년(↚ᄉᆞ연 : 사연, 事緣) + -이(주조) ※ 〈가람본〉에는 '사연이'로 표기되었다.
15) 만키가 : 많(많다, 多)- + -기(명전) + -가(주조)
16) 가치 : 가ㅎ[← 가ᄒᆞ다(가하다) : 가(가, 可 : 명사) + -ᄒᆞ(형접)-]- + -지(연어, 부정) ※ '가티〉가치'의 변화는 구개음화의 형태이다.
17) 됴셕봉셔 : 조석봉서(朝夕封書). 아침저녁으로 봉하여 보내는 편지이다. 여기서는 혜경궁 홍씨가 아침 저녁으로 그 친정집에 보내는 편지를 이른다.
18) 회답의 : 회답(회답, 回答) + -의(-에 : 부조, 위치) ※ '회답(回答)'은 물음이나 편지 따위에 반응하는 것이나, 또는 그런 반응이다.

쇼식만 알고 그 죠희의[19] ᄡᅥ[20] 보ᄂᆡ라[21] ᄒᆞ시기 션비겨오셔[22] 아참[23] 져역[24] 승후ᄒᆞ오시ᄂᆞᆫ[25] 봉셔의 션인 경계ᄃᆡ로[26] 됴희[27] 머리의 써[28] 보내ᄋᆞᆸ고[29] 집의셔도[30] ᄯᅩᄒᆞᆫ[31] 션인 경계를 밧ᄌᆞ와[32] 다[33] 모화[34] 셰초ᄒᆞ므로[35] ᄂᆡ 필적이 젼ᄒᆞ염ᄌᆞᆨ[36] ᄒᆞᆫ 거시 업난지라[37]

내가 유시(幼時)에 궐내(闕內)에 들어와 서찰(書札) 왕복이 조석(朝夕)에 있으니, 내 집에 나의 수적(手迹)이 많이 있을 것이되, (내가) 입궐(入闕)한 후에 선인(先人)께옵서 경계하오시되, "외간(外間)의 서찰이 궁중에 들어가 흘릴 것이 아니요, 문후(問候)한

19) 죠희의 : 죠희(종이, 紙) + -의(-에 : 부조, 위치) ※ 〈가람본〉에는 '됴희의'로 표기되었다.
20) ᄡᅥ : ㅄ(← ᄡᅳ다 ↚ 쓰다 : 쓰다, 書)- + -어(연어) ※ 'ᄡᅥ'는 '써'를 오기한 형태이다.
21) 보ᄂᆡ라 : 보ᄂᆡ(↚ 보내다 : 보내다, 送)- + -라(명종, 아주 낮춤) ※ '보ᄂᆡ라'는 '보내라'의 'ㅏ'를 'ㆍ'로 혼기한 형태이다.
22) 션비겨오셔 : 션비(선비, 先妣) + -겨오셔(-께옵서 : 주조, 아주 높임) ※ '선비(先妣)'는 돌아가신 어머니인데, 여기서는 돌아가신 어머니인 한산 이씨(韓山 李氏)를 이른다.
23) 아참 : 아참(← 아ᄎᆞᆷ : 아침, 朝) ※ '아참'은 '아ᄎᆞᆷ'의 'ㆍ'를 'ㅏ'로 혼기한 형태이다.
24) 져역 : 져역(↚ 져녁 : 저녁, 夕) ※ 〈가람본〉에는 '져녁'으로 표기되었다.
25) 승후ᄒᆞ오시ᄂᆞᆫ : 승후ᄒᆞ[승후하다 : 승후(승후, 承候 : 명사) + -ᄒᆞ(동접)-]- + -오(공손)- + -시(주높)- + -ᄂᆞ(현시)- + -ㄴ(관전) ※ '승후(承候)'는 웃어른께 문안하는 것인데, 여기서는 어머니인 이씨가 왕비인 혜경궁 홍씨에게 보낸 문안 편지이다.
26) 경계ᄃᆡ로 : 경계(경계, 警戒) + -ᄃᆡ로(-대로 : 보조사, 흡사)
27) 됴희 : '죠희(종이, 紙)'를 오기한 형태이다.
28) 써 : ㅆ(← 쓰다 : 쓰다, 書)- + -어(연어)
29) 보내ᄋᆞᆸ고 : 보내(보내다, 送)- + -ᄋᆞᆸ(공손)- + -고(연어, 계기)
30) 집의셔도 : 집(집, 家) + -의셔(-에서 : 부조, 위치, 의미상 주격) + -도(보조사, 첨가) ※ 이때의 '-의셔'는 단체 유정 명사인 '집'에 실현되어서 의미상 주격으로 기능한다. 여기서 '집'은 혜경궁 홍씨의 친가(親家)를 이른다.
31) ᄯᅩᄒᆞᆫ : [또한, 又(부사) : ᄯᅩ(또, 又 : 부사) + ᄒᆞ(하다, 爲)- + -ㄴ(관전▷부접)]
32) 밧ᄌᆞ와 : 밧(← 받다 : 받다, 受) + -ᄌᆞ오(← -ᄌᆞᆸ- : 공손)- + -아(연어) ※ '밧ᄌᆞ와'는 '받ᄌᆞ와'의 종성 /ㄷ/을 'ㅅ'으로 표기한 형태이다.
33) 다 : 다, 모두, 皆(부사)
34) 모화 : 모호(모으다, 集)- + -아(연어)
35) 세초ᄒᆞ므로 : 세초ᄒᆞ[세초하다 : 세초(세초, 洗草 : 명사) + -ᄒᆞ(동접)-]- + -므로(연어, 이유) ※ '세초(洗草)'는 원래 조선 시대에 실록을 편찬한 뒤 그 초고를 없애 버리던 일이다. 여기서는 봉서 안에 적어 놓은 혜경궁의 글을 물로 씻어 없애는 일을 뜻한다.
36) 젼ᄒᆞ염ᄌᆞᆨ : 젼ᄒᆞ[전하다 : 젼(전, 傳 : 불어) + -ᄒᆞ(동접)-]- + -염ᄌᆞᆨ(← -엄직 : 연어, 가치)
37) 업난지라 : 업(← 없다 : 없다, 無)- + -나(← -ᄂᆞ- : 현시)- + -ㄴ지라(연어, 이유) ※ '업난지라'는 '업ᄂᆞᆫ지라'의 'ㆍ'를 'ㅏ'로 혼기한 예다.

외에 사연(事緣)이 많기가 (왕실을) 공경하는 도리에 가(可)하지 아니하니, 조석봉서(朝夕封書)의 회답(回答)에 (서로의) 소식만 알고, 그 종이에 (문후 외의 사연을) 써 보내라."라고 하시기(에), 선비(先妣)께옵서 아침 저녁 승후(承候)하시는 봉서(封書)에 선인(先人)의 경계대로 종이 머리에 써서 보내옵고, 집에서도 또한 선인의 경계를 받자와 (봉서를) 다 모아 세초(洗草)하므로, 나의 필적(筆跡)이 전(傳)함직 한 것이 없는지라,

> ᄇᆡ딜[38] 슈영[39]이 ᄆᆡ양[40] 본집의 마노라[41] 슈젹이 머믄 거시 업ᄉᆞ니 ᄒᆞᆫ번 친히 무ᄉᆞᆫ 글을 쎠[42] 나리오셔[43] 보장ᄒᆞ야[44] 집의 길니[45] 뎐ᄒᆞ면[46] 미ᄉᆞ가[47] 되게 ᄒᆞ엿다[48] ᄒᆞ니 그 말이 올히여[49] 쎠 쥬고져[50] ᄒᆞ되 틈 업셔 못ᄒᆞ엿더니 올ᄒᆡ[51] ᄂᆡ 회갑 ᄒᆡ를 당ᄒᆞ니 츄모지통[52]이 ᄇᆡᄇᆡ 더ᄒᆞ고 세월이 더 가면 ᄂᆡ 정신이 이 ᄯᆡ만도[53] 못할 ᄃᆞᆺ ᄒᆞ기

38) ᄇᆡ질 : 백질(伯姪). 맏조카.

39) 수영 : 수영(守榮). '수영(守榮)'은 홍수영(洪守榮)을 이른다. 홍수영은 홍봉한(洪鳳漢)의 장손(長孫)이고 홍낙인(洪樂仁)인 장자(長子)이다.

40) ᄆᆡ양 : 늘, 常(부사)

41) 마노라 : 왕, 왕비, 기타 귀인에게 쓰이는 경칭이다. 여기서는 '혜경궁 홍씨'의 호칭이다.

42) 쎠 : ㅆ(← 쓰다 : 쓰다, 書)- + -여(↚ -어 : 연어) ※'쎠'는 '써'를 오기한 형태이다.

43) 나리오셔 : 나리(내리다, 下賜)- + -오(공손)- + -시(주높)- + -어(연어)

44) 보장ᄒᆞ야 : 보장ᄒᆞ[보장하다 : 보장(보장, 寶藏 : 명사) + -ᄒᆞ(동접)-]- + -야(← -아 : 연어) ※'보장(寶藏)'은 매우 소중하게 여겨 잘 간직하여 두는 것이다.

45) 길니 : [↚기리(길이, 永 : 부사) : 길ㄴ(↚길다 : 길다, 長, 형사)- + -이(부접)] ※'길니'는 '기리'의 초성 /ㄹ/을 'ㄹㄹ'로 거듭 적은 뒤에, 다시 'ㄹㄹ'을 'ㄹㄴ'으로 적은 형태이다. 〈가람본〉에는 '기리'로 표기되었다.

46) 뎐ᄒᆞ면 : 뎐ᄒᆞ[전하다 : 뎐(전, 傳 : 불어) + -ᄒᆞ(동접)-]- + -면(연어, 조건)

47) 미ᄉᆞ가 : 미ᄉᆞ(미사, 美事) + -가(보조) ※'미ᄉᆞ(美事)'는 칭찬할 만한 아름다운 일이다.

48) 되게 ᄒᆞ엿다 : 되(되다, 化)- + -게(연어, 사동) # ᄒᆞ(하다, 爲 : 보용, 사동)- + -엿(완료)- + -다(평종) ※'-게 ᄒᆞ엿-'이 축약되어서, 미래 시제 선어말 어미인 '-겟-'이 형성되었다.(나진석 1972 : 302의 내용을 참조.) 그리고 '되게 ᄒᆞ엿다'는 〈나손본〉에는 '되겟다'로 표기되었다.

49) 올히여 : 올히(↚올ᄒᆞ다 : 옳다, 是)- + -여(← -아 : 연어) ※'올히여'는 '올ᄒᆞ여'를 오기한 형태이다. ※〈가람본〉에는 '올ᄒᆞ여'로 표기되었다.

50) 쥬고져 : 쥬(↚주다, 授)- + -고져(-고자 : 연어, 의도) ※'쥬고져'는 '주고져'를 오기한 형태이다.

51) 올ᄒᆡ : 옳(올해, 今年) + -ᄋᆡ(-에 : 부조, 위치)

52) 츄모지통 : 추모지통(追慕之痛). 추모하는 아픔이다. 여기서는 임오년(壬午年)에 죽은 남편 장헌세자(사도세자)를 추모하는 아픔을 이른다.

53) ᄯᆡ만도 : ᄯᆡ(때, 時)] + -만(-만큼 : 부조, 비교) + -도(보조사, 강조)

ᄂᆡ 홍감한[54] 마음과 경녁한[55] 일을 ᄉᆡᆼ각ᄒᆞ난[56] ᄃᆡ로[57] 긔록ᄒᆞ야 쓰나 ᄒᆞ나흘[58] 건디고[59] ᄇᆡᆨ을 ᄡᅡ지오노라[60] (…중략…)

백질(伯姪)인 수영(守榮)이 늘 "본집에 마누하님(= 혜경궁 홍씨)의 수적(手迹)이 머문 것이 없으니, 한번 친히 무슨 글을 써서 내리오시어 (그 글을) 보장(寶藏)하여 집에 길이 전하면 미사(美事)가 되게 하였다."라고 하니, 그 말이 옳아 (글을) 써 주고자 하되 틈이 없어 못하였더니, 올해에 내가 회갑(回甲)의 해를 당하니, (죽은 사도세자에 대한) 추모지통(追慕之痛)이 백(百) 배(倍) 더하고, 세월이 더 가면 나의 정신이 이때만도 못할 듯하기(에), 내가 흥감(興感)한 마음과 경력(經歷)한 일을 생각하는 대로 기록하여 쓰나, 하나를 건지고 백을 빠뜨린다. (…중략…) [3-4]

[궁중에서 어린 자녀를 키우던 일]

쥬상[61]이 홍진[62] 후 잘 ᄌᆞ라시고 돌 즈음의 글ᄌᆞ를 능히 아르셔[63] 슉셩ᄒᆞ시기[64] 범ᄋᆞ와[65] 졀이ᄒᆞ시고[66] 계유[67] 초츄의[68] ᄃᆡ뎨ᄒᆞᆨ[69] 됴관빈[70]

---

54) 홍감한 : 홍감하[홍감하다, 흥겹게 느끼다 : 홍감(홍감, 興感 : 명사) + -하(동접)-]- + -∅(현시)- + -ㄴ(관전) ※'興感(홍감)'은 마음이 움직여 느끼는 것이다. ※'홍감한'에서는 '-ᄒᆞ-'의 'ㆍ'가 'ㅏ'로 혼기되었다. 〈가람본〉에는 '홍감ᄒᆞᆫ'으로 표기되었다.

55) 경역한 : 경녁하[← 경력ᄒᆞ다(경력하다) : 경녁(← 경력 : 경력, 經歷 : 명사) + -하(동접)-]- + -∅(과시)- + -ㄴ(관전) ※'경력(經歷)'는 여러 가지 일을 겪어 지내 오는 것이다. '경력 → 경녁'의 변동은 비음화가 적용딘 예이다. ※'경역한'은 '경역ᄒᆞᆫ의 'ㆍ'가 'ㅏ'로 혼기되었다.

56) ᄉᆡᆼ각ᄒᆞ난 : ᄉᆡᆼ각ᄒᆞ[← ᄉᆡᆼ각하다(생각하다, 思) : ᄉᆡᆼ각(생각 : 명사) + -ᄒᆞ(동접)-]- + -나(← -ᄂᆞ- : 현시)- + -ㄴ(관전) ※이하의 분석에서는 이처럼 /ㆍ/가 /ㅏ/로 바뀜에 따라서 생긴 'ㆍ'와 'ㅏ'의 혼기 현상은 별도로 기술하지 않는다.

57) ᄃᆡ로 : 대로(의명)

58) ᄒᆞ나흘 : ᄒᆞ나ㅎ(하나, 一 : 수사, 양수) + -을(목조)

59) 건디고 : 건디(건지다, 得)- + -고(연어, 나열, 대조)

60) ᄡᅡ지오노라 : ᄡᅡ지오[빠뜨리다, 缺 : ᄡᅡ지(빠지다, 陷)- + -오(사접)-]- + -노라(평종, 현시, 1인칭) ※'ᄡᅡ디다'가 'ᄡᅡ지다'로 바뀐 것는 구개음화의 예이다.

61) 쥬상 : 주상(主上). '임금'을 달리 이르는 말인데, 여기서는 아들인 정조(正祖)를 가리킨다.

62) 홍진 : 홍진(紅疹). 홍역(紅疫)이다.

63) 아르셔 : 알(알다, 知)- + -으시(주높)- + -어(연어)

64) 슉셩ᄒᆞ시기 : 슉셩ᄒᆞ[숙성하다 : 슉셩(숙성, 夙成 : 불어) + -ᄒᆞ(형접)-]- + -시(주높)- + -기(명전) + -∅(← -이 : 주조) ※'슉셩(夙成)'은 나이에 비하여 지각이나 발육이 빠른 것이다.

65) 범ᄋᆞ와 : 범ᄋᆞ(범아, 凡兒) + -와(부조, 비교) ※'범ᄋᆞ(凡兒)'는 평범한 아이이다.

친국ᄒᆞ오실[71] ᄢᅴ[72] 궁듕이 다 공구ᄒᆞ니[73] 당신도[74] 손을 저어 소ᄅᆡ 말나[75] ᄒᆞ니 두 셜의[76] 이런 이상ᄒᆞᆫ 지각이[77] 어이[78] 이시며 삼 셰의 보양관[79]을 경ᄒᆞ고 ᄉᆞ셰의 효경을 ᄇᆡ호시ᄃᆡ[80] 됴곰도[81] 유튱[82]의 일이 업ᄉᆞ시고 글을 됴화ᄒᆞ시니[83] ᄀᆞ르치미 슈고로오미[84] 업고 어룬[85] ᄀᆞᆺ치[86] 일즉이[87] 쇼셰ᄒᆞ고[88] 글을 가지고 놀며 뉵 셰의 유싱[89] 뎐강ᄒᆞᆯ[90] 졔[91]

---

66) 졀이ᄒᆞ시고 : 졀이ᄒᆞ[절이하다 : 졀이(절이, 絶異 : 불어) + -ᄒᆞ(형접)-]- + -시(주높)- + -고(연어, 나열) ※ '졀이(絶異)'는 아주 뛰어나서 다른 것과 다르거나 월등하게 뛰어난 것이다.

67) 계유 : 계유(癸酉). 영조 이십구 년(1753년)이다.

68) 초츄의 : 초츄(초추, 초가을, 初秋) + -의(-에 : 부조, 위치)

69) ᄃᆡ뎨혹 : 대제학(大提學). 조선 시대에 홍문관과 예문관에 둔 정이품의 으뜸 벼슬이다.

70) 됴관빈 : 조관빈(趙觀彬). 조선 후기 문신이다. 호조참판, 평안도 관찰사 등을 거쳐 대제학에 있을 때 죽책문의 제진을 거부하여 성주목사로 좌천되었다가, 풀려나 중추부지사가 되었다.

71) 친국ᄒᆞ오실 : 친국ᄒᆞ[친국하다 : 친국(친국, 親鞫 : 명사) + -ᄒᆞ(동접)-]- + -오(공손)- + -시(주높)- + -ㄹ(관전) ※ '친국(親鞫)'은 임금이 중죄인을 몸소 신문하던 일이다.

72) ᄢᅴ : 때, 時.

73) 공구ᄒᆞ니 : 공구ᄒᆞ[공구하다 : 공구(공구, 恐懼 : 명사) + -ᄒᆞ(동접)-]- + -니(연어, 설명 계속, 이유) ※ '공구(恐懼)'는 몹시 두려워하는 것이다.

74) 당신도 : 당신(당신, 當身 : 인대, 재귀칭, 아주 높임) + -도(보조사, 첨가) ※ 이때의 '당신'인 주상인 정조(正祖)를 가리킨다.

75) 말나 : 말(말다, 勿 : 부정, 금지)- + -나(← -라 : 명종) ※ '말나'는 '말라'의 'ㄹㄹ'을 'ㄹㄴ'으로 표기한 형태이다.

76) 두 셜의 : 두(두, 二 : 관사, 양수) # 셜(살, 歲 : 의명) + -의(-에 : 부조, 위치)

77) 지각이 : 지각(지각, 知覺) + -이(주조)

78) 어이 : 어찌, 何(부사)

79) 보양관 : 보양관(輔養官). 조선 시대에 보양청(輔養廳)에 속하여 세자(世子)와 세손(世孫)을 교육하는 일을 맡아보던 벼슬이다.

80) ᄇᆡ호시ᄃᆡ : ᄇᆡ호(배우다, 學)- + -시(주높)- + -ᄃᆡ(-되 : 연어, 설명 계속)

81) 됴곰도 : 됴곰(조금, 小 : 부사) + -도(보조사, 강조)

82) 유튱 : 유충(幼沖). 나이가 어린 것이다.

83) 됴화ᄒᆞ시니 : 됴화ᄒᆞ[좋아하다 : 둏(좋다, 好)- + -아(연어) + ᄒᆞ(하다, 爲 : 보용)-]- + -시(주높)- + -니(연어, 설명 계속)

84) 슈고로오미 : 슈고로오[← 수고롭다, ㅂ불 : 슈고(수고, 受苦 : 명사) + -롭(형접)-]- + -ㅁ(← -음 : 명전) + -이(주조)

85) 어룬 : [어른, 丈 : 얼(결혼하다, 교합하다, 婚)- + -우(사접)- + -ㄴ(관전▷명접)]

86) ᄀᆞᆺ치 : [같이, 如(부사) : ᄀᆞᆺㅊ(← ᄀᆞᇀ다 : 같다, 如, 형사)- + -이(부접)] ※ 'ᄀᆞ티〉ᄀᆞᆺ치'는 /ㅌ/이 /ㅊ/으로 구개음화한 형태이며, '갓치'는 '가치'의 /ㅊ/을 'ㅅㅊ'으로 거듭 적은 형태이다.

87) 일즉이 : [일찍이, 早(부사) : 일즉(일찍, 早 : 부사) + -이(부접)]

88) 쇼셰ᄒᆞ고 : 쇼셰ᄒᆞ[소세하다 : 쇼셰(소세, 梳洗 : 명사) + -ᄒᆞ(동접)-]- + -고(연어, 나열)

션왕겨오셔[92] 브르오셔[93] 농샹[94] 머리의셔 글을 닑히오시니[95] 셔셩[96]이 ᄆᆞᆰ고 잘 닑으니 보양관 남유용이가[97] 션동[98]이 하강ᄒᆞ여 글 닑ᄂᆞᆫ 소ᄅᆡ라[99] 알외니[1] 션왕이 가열ᄒᆞ오시니[2] 우리 쥬샹 ᄀᆞᆺ치 슉취ᄒᆞ시니ᄂᆞᆫ[3] 젼고[4]의 업ᄉᆞᆯ 듯 ᄒᆞ셔 튱년이나[5] 경모궁긔[6] 불언듕[7] 효도로온[8] 일이 만흐니 다 엇디 거들니오[9] 범빅[10]이 하ᄂᆞᆯ 사ᄅᆞᆷ이시지[11] 네 ᄉᆞᄅᆞᆷ으로[12] 엇지

※ '쇼셰(梳洗)'는 머리를 빗고 낯을 씻는 것이다.

89) 유싱 : 유생(儒生). 유학(儒學)을 공부하는 선비이다.

90) 뎐강ᄒᆞᆯ : 뎐강ᄒᆞ[전강하다 : 뎐강(전강, 殿講 : 명사) + -ᄒᆞ(동접)-]- + -ㄹ(관전) ※ '뎐강(殿講)'은 조선 성종 때부터 경서의 강독을 권장하기 위하여 실시하던 시험이다. 성균관의 유생 가운데서 실력 있는 사람을 뽑아 임금이 친히 대궐에 모아 놓고, 삼경이나 오경에서 찌를 뽑아서 외게 하던 것으로, 뒤에 생원, 진사, 명문의 자제 등도 참가하였다.

91) 졔 : 졔(← 제 : 적에, 時, 의명)

92) 션왕겨오셔 : 션왕(선왕, 先王) + -겨오셔(-께옵서 : 주조, 높임) ※ '션왕(先王)'은 영조(英祖)이다.

93) 브르오셔 : 브르(부르다, 召)- + -오(공손)- + -시(주높)- + -어(연어)

94) 농샹 : 용상(龍床). '룡샹〉농샹'의 변화는 'ㄹ' 두음 법칙이 적용된 결과이다.

95) 닑히오시니 : 닑히[읽히다 : 닑(읽다, 讀 : 타동)- + -히(사접)-]- + -오(공손)- + -시(주높)- + -니(연어, 설명 계속)

96) 셔셩 : 서성(書聲). 글을 읽는 소리이다.

97) 남유용이가 : [남유용이 : 남유용(남유용, 男有容 : 인명) + -이(접미, 어조 고름)] + -가(주조) ※ '남유용(南有容)'은 조선 후기의 문신으로서 영조 때에 승지(承旨)·예조참판 등을 지냈다. 문장과 시, 글씨에 능하였으며, 『뇌연집』, 『명사정강』 등의 저서가 있다.

98) 션동 : 선동(仙童). 선경(仙境)에 살면서 신선의 시중을 든다는 아이이다.

99) 소ᄅᆡ라 : 소ᄅᆡ(소리, 聲) + -∅(← -이- : 서조)- + -∅(현시)- + -라(← -다 : 평종)

1) 알외니 : 알외[아뢰다, 奏 : 알(알다, 知)- + -오(사접)- + -ㅣ(← -이- : 사접)]- + -니(연어, 반응)

2) 가열ᄒᆞ오시니 : 가열ᄒᆞ[가열하다 : 가열(가열, 嘉悅 : 불어) + -ᄒᆞ(동접)-]- + -오(공손)- + -시(주높)- + -니(연어, 설명 계속) ※ '가열(嘉悅)'은 손아랫사람의 경사를 기뻐하는 것이다.

3) 슉취ᄒᆞ시니ᄂᆞᆫ : 슉취ᄒᆞ[숙취하다 : 슉취(숙취, 夙就 : 명사) + -ᄒᆞ(동접)-]- + -시(주높)- + -∅(과시)- + -ㄴ(관전) # 이(이, 人) + -ᄂᆞᆫ(보조사, 주제) ※ '슉취(夙就)'는 일찍 성취하는 것이다.

4) 젼고 : 전고(前古). 지나간 옛날이다.

5) 튱년이나 : 튱년(충년, 沖年 : 명사) + -이(서조)- + -나(연어, 대조) ※ '튱년(沖年)'은 열 살 안팎의 어린 나이이다. 이 구절은 '(비록 우리 쥬샹이) 튱년이나'의 뜻이다.

6) 경모궁긔 : 경모궁(景慕宮) + -긔(-께 : 부조, 상대, 높임) ※ '경모궁(景慕宮)'은 원래 조선 제21대 영조(英祖)의 둘째 아들인 사도세자와 그의 비인 헌경왕후(獻敬王后, 혜경궁 홍씨)의 사당이다. 여기서는 사도세자(思悼世子)를 이른다.

7) 불언듕 : 불언중(不言中). 말을 하지 않은 중(中)이다.

8) 효도로온 : 효도로오[← 효도롭다, ㅂ불(효성스럽다) : 효도(효도, 孝道 : 명사) + -롭(형접)-]- + -∅(현시)- + -ㄴ(← -은 : 관전)

이러ᄒᆞ시리

주상(主上, 정조)이 홍진(紅疹)한 후(後)에 잘 자라시고, 돌 즈음에 글자를 능히 아셔 숙성(夙成)하시기가 범아(凡兒)와 절이(絶異)하시고, 계유(癸酉) 초추(初秋)에 대제학(大提學) 조관빈(趙觀彬)을 친국(親鞫)하오실 때에 궁중(宮中)이 다 공구(恐懼)하니, 당신도 손을 저어 "소리를 말라."라고 하니, 두 살에 이런 이상한 지각(知覺)이 어찌 있으며, 삼 세에 보양관(輔養官)을 정하고 사 세에 효경(孝經)을 배우시되, 조금도 유충(幼沖)의 일이 없으시고 글을 좋아하시니 가르치는 것이 수고로움이 없고, 어른 같이 일찍이 소세(梳洗)하고 글을 가지고 놀며, 육 세에 유생(儒生)이 전강(殿講)할 때에 선왕(先王)께옵서 부르오시어 용상(龍床) 머리에서 글을 읽히오시니 서성(書聲)이 맑고 잘 읽으니, 보양관(輔養官)인 남유용(男有容)이가 "선동(仙童)이 하강(下降)하여 글을 읽는 소리이다."라고 아뢰니, 선왕(先王)이 가열(嘉悅)하오시니, 우리 주상(主上)같이 숙취(夙就)하시는 이는 전고(前古)에 없을 듯 하시어, (우리 주상이 비록) 충년(沖年)이나 경모궁께 불언중(不言中)에 효도(孝道)로운 일이 많으니 다 어찌 (말로써) 거들겠느냐? 범백(凡百)이 하늘의 사람이시지, 예사(例事) 사람으로 어찌 이러하시리?

ᄂᆡ 조년[13]의 이런 거룩ᄒᆞ신 튱ᄌᆞ[14]를 두고 갑슐[15]의 청년[16]을 나코 병ᄌᆞ[17]의 쳥션[18]을 어드니 쳥년은 긔질[19]이 유화관후[20]ᄒᆞ고 쳥션은 온아ᄀᆡ

9) 거들니오 : 거들(거들다, 擧證)- + -니(← -리- : 미시)- + -오(← -고 : 의종, 설명) ※ '거들다'는 근거를 보이거나 증명하기 위하여 보이는 것이다. '거들니오'는 '거들리오'의 'ㄹㄹ'을 'ㄹㄴ'으로 표기한 형태이다.

10) 범ᄇᆡᆨ : 범백(凡百). 갖가지의 모든 것이다.

11) 사ᄅᆞᆷ이시지 : 사ᄅᆞᆷ(사람, 人) + -이(서조)- + -시(주높)- + -지(연어, 대조) ※ '-지'는 상반되는 사실을 서로 대조적으로 나타내는 연결 어미이다.

12) 녜 ᄉᆞᄅᆞᆷ으로 : 녜(예사, 例事) # ᄉᆞᄅᆞᆷ(↚ 사ᄅᆞᆷ : 사람, 人) + -으로(부조, 자격) ※ '례>녜'의 변화는 'ㄹ' 두음 법칙이 적용된 결과이다.

13) 조년 : 조년(早年). 젊었을 때. 또는 젊은 나이이다.

14) 튱ᄌᆞ : 충자(沖子). 어린 아이이다.

15) 갑슐 : 갑술(甲戌). 갑술년. 영조 30년(1754년)이다.

16) 쳥년 : 청연(淸衍). 혜경궁 홍씨의 장녀이다.

17) 병ᄌᆞ : 병자(丙子). 병자년. 영조 32년(1756년)이다.

18) 쳥션 : 청선(淸璿). 혜경경 홍씨의 차녀이다.

19) 긔질 : 기질(氣質)

20) 유화관후 : 유화관후(柔和寬厚). 성품이 부드럽고 온화하며, 마음이 너그럽고 후덕하다.

졔[21]ᄒᆞ야 쟝듕[22]의 빵벽[23]이니 ᄂᆡ 팔ᄌᆞ를 뉘[24] 아니 흠션ᄒᆞ며[25] 밧집으로[26] 부뫼 착ᄒᆞ오시ᄃᆡ[27] 공명[28]과 영홰[29] 빗나시고 형뎨 또 만하[30] ᄒᆞᆫ 근심이 업ᄂᆞᆫ 듕 션비 드러오시면 계ᄆᆡ[31]와 계뎨[32]를 압ᄒᆡ[33] 셰우고 드러오시니

내가 조년(早年)에 이런 거룩하신 충자(沖子)를 두고, 갑술(甲戌)에 청연(淸衍)을 낳고 병자(丙子)에 청선(淸璿)을 얻으니, 청연(淸衍)은 기질이 유화관후(柔和寬厚)하고 청선(淸璿)은 온아개제(溫雅愷悌)하여 장중(掌中)의 쌍벽(雙璧)이니, 나의 팔자(八字)를 누가 아니 흠선(欽羨)하며, 본집(= 친정집)으로 부모(父母)가 착하오시되 공명(功名)과 영화(榮華)가 빛나시고, 형제(兄弟)가 또 많아 한(一) 근심이 없는 중(中)에, 선비(先妣)가 (궁궐에) 들어오시면 계매(季妹)와 계제(季弟)를 앞에 세우고 들어오시니

계뎨 부모의 만ᄉᆡᆼ[34]으로 ᄉᆞ랑이 지극ᄒᆞ신 듕 졔[35] 우인이[36] 튱후ᄒᆞ고[37]

---

21) 온아ᄀᆡ졔 : 온아개제(溫雅愷悌). 성격, 태도 따위가 온화하고 기품이 있으며, 용모가 단아하고 기상이 화평하다.

22) 쟝듕 : 장중(掌中). 원래는 움켜쥔 손아귀의 안을 나타내는데, 비유적으로 마음대로 다룰 수 있는 권한이 미치는 테두리의 안을 이른다.

23) 빵벽 : 쌍벽(雙璧). 두 개의 구슬이다.

24) 뉘 : 누(누구, 誰 : 인대, 미지칭) + -ㅣ(← -이 : 주조)

25) 흠션ᄒᆞ며 : 흠션ᄒᆞ[흠선하다 : 흠션(흠선, 欽羨 : 명사) + -ᄒᆞ(동접)-]- + -며(연어, 나열) ※ '흠션(欽羨)'은 우러러 공경하고 부러워하는 것이다.

26) 밧집으로 : 밧집[본집, 본곁 : 밧(← 밝 : 밖, 外) + 집(집, 家)] + -으로(부조, 방편) ※ '밧집'은 비(妃)나 빈(嬪)의 친정을 이르던 말이다.

27) 착ᄒᆞ오시ᄃᆡ : 착ᄒᆞ[착하다, 善 : 착(착, 善 : 불어) + -ᄒᆞ(형접)-]- + -오(공손)- + -시(주높)- + -ᄃᆡ(-되 : 연어, 설명 계속)

28) 공명 : 공명(功名). 공을 세워서 자기의 이름을 널리 드러내는 것이다.

29) 영홰 : 영화(영화, 榮華) + -ㅣ(← -이 : 주조)

30) 만하 : 많(많다, 多)- + -아(연어)

31) 계ᄆᆡ : 계매(季妹). 매제(妹弟). 누이동생이다. 이때의 계매는 나중에 이복일(李復一)의 처가 된, 혜경궁 홍씨의 누이 동생을 이른다.

32) 계뎨 : 계제(季弟). 혜경궁 홍씨의 동생인 홍낙윤(洪樂倫)을 이른다.

33) 압ᄒᆡ : 압ㅎ(← 앒 : 앞, 前) + -ᄋᆡ(-에 : 부조, 위치) ※ '압ㅎ'은 '앒'의 /ㅍ/을 /ㅂ/과 /ㅎ/으로 재음소화하여 거듭 적은 형태이다.

34) 만ᄉᆡᆼ : 만생(晩生). 늙어서 자식을 낳는 것이다.

35) 졔 : 저(저 : 자기, 己, 인대, 재귀칭) + -ㅣ(← -의 : 관조)

36) 우인이 : 우인(← 위인 : 위인, 사람의 됨됨이, 爲人) + -이(주조)

37) 튱후ᄒᆞ고 : 튱후ᄒᆞ[충후하다 : 튱후(충후, 忠厚 : 불어) + -ᄒᆞ(형접)-]- + -고(연어) ※ '튱후

관홍ᄒᆞ야[38] ᄋᆞ시라도[39] 큰 그릇 될 긔상[40]이 이시니 쥬샹 닛글고[41] 노시며 심히 ᄉᆞ랑ᄒᆞ시니 ᄂᆡ 어엿브고[42] 긔ᄃᆡᄒᆞᄂᆞᆫ[43] ᄆᆞ음이 뎍지[44] 아니ᄒᆞ고 계ᄆᆡᄂᆞᆫ ᄂᆡ 궐ᄂᆡ의 드러온 후 부모긔셔[45] 일심이[46] 경경ᄒᆞ시다가[47] 계ᄆᆡ를 ᄉᆡᆼᄒᆞ시니[48] 사ᄅᆞᆷ마다 ᄉᆡᆼᄌᆞ[49]를 깃거ᄒᆞᄃᆡ[50] 우리 집 졍니[51]ᄂᆞᆫ ᄉᆡᆼ녀ᄒᆞ믈[52] 요ᄒᆡᆼ이 너겨 합가[53]의 깃브므로[54] 일홈을 주시니 ᄂᆡ ᄆᆞ음의 ᄂᆡ가 부모 슬하의 ᄂᆡ 자최[55] 머믄 다시[56] 가열[57]ᄒᆞ고 제 긔품이 아ᄅᆞᆷ다온 옥 ᄀᆞᆺ고[58] 셩ᄒᆡᆼ[59]이 효우[60] 완슌ᄒᆞ니[61] 부뫼 ᄎᆞᆼᄋᆡᄒᆞ시며[62] 동긔[63] ᄉᆞ랑이

(忠厚)'는 충직하고 온순하며 인정이 두터운 것이다.

38) 관홍ᄒᆞ야 : 관홍ᄒᆞ[관홍하다 : 관홍(관홍, 寬弘 : 불어) + -ᄒᆞ(형접)-]- + -야(← -아 : 연어) ※ '관홍(寬弘)'은 관대(寬大)한 것이다.

39) ᄋᆞ시라도 : ᄋᆞ시(아시, 어린아이의 때, 兒時 : 명사) + -라도(← -이라도 : 보조사, 양보)

40) 긔상 : 기상(氣象)

41) 닛글고 : 닛글(↚ 잇글다 : 이끌다, 牽)- + -고(연어, 계기) ※ '닛글고'는 '잇글고'를 오기한 형태이다.

42) 어엿브고 : 어엿브(예쁘다, 姚)- + -고(연어, 나열)

43) 긔ᄃᆡᄒᆞᄂᆞᆫ : 긔ᄃᆡᄒᆞ[기대하다 : 긔ᄃᆡ(기대, 期待 : 명사) + -ᄒᆞ(동접)-]- + -ᄂᆞ(현시)- + -ㄴ(관전)

44) 뎍지 : 뎍(↚ 젹다 : 적다, 小)- + -지(연어, 부정) ※ '뎍지'는 '젹지'를 오기한 형태이며, '젹디>젹지'는 /ㄷ/이 /ㅈ/으로 구개음화한 예이다.

45) 부모긔셔 : 부모(父母) + -긔셔(← -ᄭᅴ셔 : -께서, 주조, 높임)

46) 일심이 : [일심으로, 한 마음으로(부사) : 일심(一心 : 명사) + -∅(← -ᄒᆞ- : 형접)- + -이(부접)]

47) 경경ᄒᆞ시다가 : 경경ᄒᆞ[경경하다 : 경경(경경, 耿耿 : 명사) + -ᄒᆞ(형접)-]- + -시(주높)- + -다가(연어, 전환) ※ '경경(耿耿)'은 마음에서 사라지지 않고 염려가 되는 것이다.

48) ᄉᆡᆼᄒᆞ시니 : ᄉᆡᆼᄒᆞ[생하다 : ᄉᆡᆼ(생, 生 : 불어)- + -ᄒᆞ(동접)-]- + -시(주높)- + -니(연어, 설명 계속, 이유)

49) ᄉᆡᆼᄌᆞ : 생자(生子). 아이를 낳아서 얻는 것이다.

50) 깃거ᄒᆞᄃᆡ : 깃거ᄒᆞ[기뻐하다 : 깄(기뻐하다, 歡)- + -어(연어) + ᄒᆞ(하다, 爲 : 보용)-]- + -ᄃᆡ(-되 : 연어, 설명 계속)

51) 졍니 : 정리(情理). 인정과 도리를 아울러 이르는 말이다. ※ '졍리 → 졍니'는 /ㄹ/이 /ㄴ/으로 비음화한 형태이다.

52) ᄉᆡᆼ녀ᄒᆞ믈 : ᄉᆡᆼ녀ᄒᆞ[생녀하다 : ᄉᆡᆼ녀(생녀, 生女 : 명사) + -ᄒᆞ(동접)-]- + -ㅁ(명전) + -을(목조)

53) 합가 : 합가(闔家). 집안 전체이다.

54) 깃브므로 : 깃븜[기쁨(명사) : 깃(← 깄다 : 기뻐하다, 歡)- + -브(형접)- + -ㅁ(명접)] + -으로(부조, 방편, 이유)

55) 자최 : 자최(자취, 迹) + -∅(← -이 : 주조)

56) 머믄 다시 : 머므(← 머믈다 : 머물다, 留)- + -∅(과시)- + -ㄴ(관전) # 다시(← ᄃᆞ시 : 듯이, 의명, 흡사)

57) 가열 : 가열(嘉悅). 손아랫사람의 경사를 기뻐하는 것이다.

제 몸의 과ᄒᆞᄃᆡ[64] 조곰도 교앙치[65] 아니ᄒᆞ고 궐ᄂᆡ 드러오ᄆᆡ[66] 냥셩모겨오셔와[67] 션희궁긔셔[68] 다 어엿비[69] 너기시고 통명뎐[70] ᄃᆡ례[71] ᄣᆡ 뉵궁[72] ᄂᆡ인들이 돌려가며 안아 보아 ᄆᆞᆰ은 ᄃᆞᆯ과 년화 숑이[73] 귀경ᄒᆞ듯[74] ᄒᆞ던 것시니[75] 제 ᄌᆞ딜의[76] 아ᄅᆞᆷ다오믈 여긔 알디라[77] ᄂᆡ 긔ᄋᆡᄒᆞ미[78]

---

58) ᄀᆞᆺ고 : ᄀᆞᆺ(← ᄀᆞᆮ다 : 같다, 如)- + -고(연어, 나열) ※ 'ᄀᆞᆺ고'는 종성의 /ㄷ/을 'ㅅ'으로 표기한 형태이다.

59) 셩ᄒᆡᆼ : 성행(性行). 성품과 행실을 아울러 이르는 말이다.

60) 효우 : 효후(孝友). 부모에 대하여 효도하고 형제에 대하여 우애를 쌓는 것이다.

61) 완슌ᄒᆞ니 : 완슌ᄒᆞ[완순하다 : 완슌(완순, 婉順 : 불어) + -ᄒᆞ(형접)-]- + -니(연어, 설명 계속, 이유) ※ '완슌(婉順)'은 예쁘고 온순한 것이다.

62) 춍ᄋᆡᄒᆞ시며 : 춍ᄋᆡᄒᆞ[총애하다 : 춍ᄋᆡ(총애, 寵愛 : 명사) + -ᄒᆞ(동접)-]- + -시(주높)- + -며(연어, 나열)

63) 동긔 : 동기(同期). 형제와 자매와 남매를 통틀어서 이르는 말이다.

64) 과ᄒᆞᄃᆡ : 과ᄒᆞ[과하다 : 과(과, 過 : 불어) + -ᄒᆞ(형접)-]- + -ᄃᆡ(-되 : 연어, 설명 계속)

65) 교앙치 : 교앙ㅎ[← 교앙ᄒᆞ다(교앙하다 : 교앙(교앙, 교만, 驕昂 : 명사) + -ㅎ(← -ᄒᆞ- : 형접)-]- + -지(연어, 부정) ※ '교앙티〉교앙치'는 /ㅌ/이 /ㅊ/으로 구개음화한 예이다.

66) 드러오ᄆᆡ : 드러오[들어오다 : 들(들다, 入)- + -어(연어) + 오(오다, 來)-]- + -ㅁ(명전) + -ᄋᆡ(-에 : 부조, 위치, 기준)

67) 냥셩모겨오셔와 : 냥셩모(양성모, 兩聖母) + -겨오셔(-께옵서 : 주조, 높임) + -와(접조) ※ '양성모(兩聖母)'는 두 분의 국모(國母)라는 뜻인데, 여기서는 '인원왕후(仁元王后)'와 '정성왕후(貞聖王后)'를 이른다. ※ '량셩모〉냥셩모'의 변화는 'ㄹ' 두음 법칙이 적용된 결과이다.

68) 션희궁긔셔 : 션희궁(선희궁, 宣禧宮) + -긔셔(-께서 : 주조, 높임) ※ '션희궁(宣禧宮)'은 원래 조선 시대에 영조(英祖)의 후궁(後宮)이었던 영빈 이씨(暎嬪 李氏)의 사당(祠堂)으로 쓰던 집이다. 여기서는 영빈 이씨를 가리킨다.

69) 어엿비 : [어여삐, 예쁘게, 姚(부사) : 어엿ㅂ(← 어엿브다, 姚 : 형사)- + -이(부접)]

70) 통명뎐 : 통명전(通明殿). 서울 창경궁 안에 있는, 대궐의 정전(正殿)을 이른다.

71) ᄃᆡ례 : ᄃᆡ례(← 대례 : 大禮). 규모가 큰 중대한 의식이나 혼인을 치르는 큰 예식을 이른다.

72) 뉵궁 : 육궁(六宮). 옛 중국의 궁중에 있었던, 황후의 궁전과 부인 이하의 다섯 궁실이다. ※ '륙궁〉뉵궁'의 변화는 'ㄹ' 두음 법칙이 적용된 결과이다.

73) 년화 숑이 : 년화(연화, 연꽃, 蓮花) # 숑이(송이) ※ '련화〉년화'의 변화는 'ㄹ' 두음 법칙이 적용된 결과이다.

74) 귀경ᄒᆞ듯 : 귀경ᄒᆞ[구경하다 : 귀경(← 구경 : 구경, 명사) + -ᄒᆞ(동접)-]- + -듯(연어, 흡사)

75) 것시니 : 것ㅅ(← 것 : 것, 의명) + -이(서조)- + -니(연어, 설명 계속) ※ '것시니'는 '거시니'의 'ㅅ'을 'ㅅㅅ'으로 거듭 적은 형태이다.

76) ᄌᆞ딜의 : ᄌᆞ딜(자질, 資質) + -의(관조, 의미상 주격)

77) 알디라 : 알(알다, 知)- + -Ø(현시)- + -ㄹ디라(-ㄹ지라 : 평종, 당위) ※ '-ㄹ디라'는 [-ㄹ(관전) # ㄷ(← ᄃᆞ : 것, 者, 의명) + -이(서조)- + -Ø(현시)- + -라(← -다 : 평종)]로 형성된 평서형의 종결 어미이다. '마땅히 그렇게 할 것이다.', '마땅히 그러할 것이다.'의 뜻을 나타낸다.

엇디 ᄒᆞᆫ갓[79] 동긔의 졍 ᄲᅲᆫ이리오[80]

계제(季弟)가 부모의 만생(晩生)으로 (부모의) 사랑이 지극하신 중(中)에, 자기의 위인(爲人)이 충후(忠厚)하고 관홍(寬弘)하여 아시(兒時)라도 큰 그릇이 될 기상(氣象)이 있으니, 주상(主上)이 (계제를) 이끌고 노시며 심히 사랑하시니, 내가 어여쁘고 기대(期待)하는 마음이 적지 아니하고, 계매(季妹)는 내가 궐내(闕內)에 들어온 후(後)에 부모께서 일심(一心)으로 경경(耿耿)하시다가 계매를 생(生)하시니, 사람마다 생자(生子)를 기뻐하되, 우리 집의 정리(情理)는 생녀(生女)함을 요행(僥倖)히 여겨서 합가(闔家)의 기쁨으로 이름을 주시니, 내 마음에 내가 부모 슬하(膝下)에 내 자취가 머문 듯이 가열(嘉悅)하고, 제 기품(氣稟)이 아름다운 옥 같고 성행(性行)이 효우(孝友)하고 완순(婉順)하니 부모가 총애(寵愛)하시며, 동기(同期)의 사랑이 제 몸에 과(過)하되 조금도 교앙(驕昂)하지 아니하고, 궐내에 들어옴에 양성모(兩聖母)께옵서와 선희궁(宣禧宮)께서 다 어여삐 여기시고, 통명전(通明殿)의 대례(大禮) 때에 육궁(六宮)의 내인(內人)들이 (계매를) 돌려가며 안아 보아 맑은 달과 연화(蓮花) 송이를 구경하듯 하던 것이니, 자기의 자질(資質)이 아름다움을 여기에서 알지라. 내가 기애(奇愛)하는 것이 어찌 한갓 동기(同期)의 정(情)뿐이리오?

제[81] 날을[82] ᄯᆞ와[83] 겻흘[84] ᄯᅥ나ᄂᆞᆫ 일이 업고 경오년[85]의 오셰라[86] 능히 션비 뫼시고 드러왓더니[87] ᄂᆡ 희산ᄒᆞ단[88] 말 듯고 ᄂᆞ라히[89] 깃거ᄒᆞ시

78) 긔ᄋᆡᄒᆞ미 : 긔ᄋᆡᄒᆞ[기애하다 : 긔ᄋᆡ(기애, 奇愛 : 불어) + -ᄒᆞ(동접)-]- + -ㅁ(명전) + -이(주조) ※ '긔ᄋᆡ(奇愛)'는 특별히 사랑하는 것이다.

79) ᄒᆞᆫ갓 : [한갓, 단지, 唯(부사) : ᄒᆞᆫ(한, 一 : 관사, 양수) + 갓(← 가지 : 가지, 類, 의명)]

80) 졍 ᄲᅲᆫ이리오 : 졍(정, 情 : 명사) # ᄲᅲᆫ(뿐 : 의명, 한정) + -이(서조)- + -리(미시)- + -오(-고 : 의종, 설명)

81) 제 : 저(저, 자기, 己 : 인대, 재귀칭) + -ㅣ(← -이 : 주조)

82) 날을 : 나(나, 我 : 인대, 1인칭) + -ㄹ을(← -를 : 목조) ※ '날을'은 '나ᄅᆞᆯ'을 오기한 형태이다.

83) ᄯᆞ와 : ᄯᆞ오(따르다, 從)- + -아(연어)

84) 겻흘 : 겻ㅎ(← 겯 : 곁, 傍) + -을(목조) ※ '겻흘'은 '겨틀'의 /ㅌ/을 /ㄷ/과 /ㅎ/으로 재음소화한 뒤에 /ㄷ/을 'ㅅ'으로 적어서, 결과적으로 'ㅅㄷ'으로 표기한 형태이다.

85) 경오년 : 경오년(庚午年). 1750년. 조선(朝鮮) 영조(英祖) 26년이다.

86) 오셰라 : 오셰(오세, 五歲) + -Ø(서조)- + -라(← -아 : 연어, 이유, 근거)

87) 드러왓더니 : 드러오[들어오다 : 들(들다, 入)- + -어(연어) + 오(오다, 來)-]- + -앗(완료)- + -더(회상)- + -니(연어, 설명 계속)

고 우리 아바님[90] 어마님이[91] 다 됴화ᄒᆞ시겟다[92] ᄒᆞ고 어룬[93] ᄀᆞᆺ치[94] 말ᄒᆞ니 듯ᄂᆞ니[95] 이상이[96] 너기고 효순왕후긔셔[97] 노리ᄀᆡ[98] ᄒᆞᆫ 줄 칙와[99] 겨오시더니[1] 그 후 그 노리ᄀᆡ를 아니 ᄎᆞᆺ거ᄂᆞᆯ[2] ᄂᆡ 어이[3] 아니 ᄎᆞᄂᆞ니[4] 무르니 쥬시던[5] 니가[6] 아니 겨오시기[7] 못 찻노라[8] ᄒᆞ고 임신[9] 삼월의 나라 슬푸미 잇ᄂᆞᆫ디라[10] ᄀᆞ을의 드러와 날을[11] 보고 눈물을 드리오고[12]

---

88) ᄒᆡ산ᄒᆞ단 : ᄒᆡ산ᄒᆞ[해산하다 : ᄒᆡ산(해산, 解産 : 명사) + -ᄒᆞ(동접)-]- + -∅(과시)- + -다(평종) # -ㄴ(관전) ※ 'ᄒᆡ산ᄒᆞ단'은 'ᄒᆡ산ᄒᆞ다 ᄒᆞᄂᆞᆫ'이 줄어진 형태이다.

89) ᄂᆞ라히 : ᄂᆞ라ㅎ(↚나라ㅎ : 나라, 國) + -이(주조) ※ 'ᄂᆞ라ㅎ'은 나랏님(영조 임금)을 뜻한다.

90) 아바님 : [아버님 : 아바(← 아비 : 아버지, 父) + -님(높접)]

91) 어마님이 : 어마님[어머님 : 어마(← 어미 : 어머니, 父) + -님(높접)] + -이(주조)

92) 됴화ᄒᆞ시겟다 : 됴화ᄒᆞ[↚ 됴하ᄒᆞ다(좋아하다, 好) : 둏(좋다, 好)- + -아(연어) + ᄒᆞ(하다, 爲 : 보용)-]- + -시(주높)- + -겟(미시)- + -다(평종) ※ 미래 시제의 선어말 어미인 '-겟-'이 문헌에 처음으로 나타난 예이다. '-게 ᄒᆞ엿- 〉 -겟-'의 변화 과정을 거쳐서 형성된 선어말 어미로 추정한다.(나진석, 1972 : 302 참조.)

93) 어룬 : [어른 : 얼(결혼시키다, 교합하다, 婚)- + -우(사접)- + -ㄴ(관전▷관접)]

94) ᄀᆞᆺ치 : [같이, 如(부사) : ᄀᆞᆺㅊ(← ᄀᆞᇀ다 : 같다, 如, 형사)- + -이(부접)]
※ 'ᄀᆞᆺ치'는 'ᄀᆞ치'의 /ㅊ/을 'ㅅㅊ'으로 거듭 적은 형태이다.

95) 듯ᄂᆞ니 : 듯(← 듣다 : 듣다, 聞)- + -ᄂᆞ(현시)- + -ㄴ(관전) # 이(이, 者 : 의명) + -∅(← -이 : 주조) ※ '듯ᄂᆞ니'은 '듣ᄂᆞ니'의 /ㄷ/을 'ㅅ'으로 표기한 예이다.

96) 이상이 : [이상히(부사) : 이상(이상, 異常 : 명사) + -∅(← -ᄒᆞ- : 형접)- + -이(부접)]

97) 효순왕후긔셔 : 효순왕후(孝純王后) + -긔셔(-께서 : 주조, 높임) ※ '효순왕후(孝純王后)'는 조선 영조 임금의 첫째 아들인 진종(眞宗)의 비(妃)이다.(1715년~1751년)

98) 노리ᄀᆡ : 노리개, 珩.

99) 칙와 : 칙[채우다 : ᄎᆡ(차다, 착용하다, 着)- + -ㅣ(← -이- : 사접)- + -오(사접)-]- + -아(연어)

1) 겨오시더니 : 겨오시(← 겨시다 : 계시다, 보용, 완료 지속, 공손)- + -더(회상)- + -니(연어, 설명 계속) ※ '겨오시-'는 [겨(있다, 보용)- + -오(공손)- + -시(주높)-]로 분석된다.

2) ᄎᆞᆺ거ᄂᆞᆯ : ㅊ(← ᄎᆞ다 : 차다, 착용, 着)- + -ᄋᆞᆺ(↚ -앗- : 완료)- + -거ᄂᆞᆯ(-거늘 : 연어, 상황)

3) 어이 : 어찌, 何(부사)

4) ᄎᆞᄂᆞ니 : ᄎᆞ(차다, 착용, 着)- + -ᄂᆞ(현시)- + -니(의종, 반말) ※ 〈나손본〉에는 '안이 찬 연고을'로 표현되었다.

5) 쥬시던 : 쥬(↚ 주다 : 주다, 授)- + -시(주높)- + -더(회상)- + -ㄴ(관전)

6) 니가 : 니(↚ 이 : 이, 人, 의명) + -가(주조)

7) 겨오시기 : 겨오시(← 겨시다 : '겨시다'의 공손 표현)- + -기(명전)

8) 찻노라 : ᄎᆞ(차다, 착용하다, 着)- + ㅅ(← -앗- : 완료)- + -노라(평종, 현시, 1인칭)

9) 임신 : 임신년(壬申年). 여기서는 영조 28년(1752년)이다. 이 해 3월 4일에 혜경궁 홍씨의 장남인 의소 세손((懿昭世孫, 1750~1753)이 죽었다.

10) 잇ᄂᆞᆫ디라 : 잇(있다, 有)- + -ᄂᆞ(현시)- + -ㄴ디라(-ㄴ지라 : 연어, 이유) ※ '-ㄴ디라'는 앞 절의 상황이 뒤 절의 상황에 대하여 이유나 원인이 됨을 나타내는 연결 어미이다.

그 아ᄒᆡ[13] 기르던 보모의 손을 잡아 뉴쳬ᄒᆞ니[14] 그 ᄣᆡᄂᆞᆫ 칠셰라 엇지 인ᄉᆡ[15] 그리 ᄌᆞ셩턴고[16] 이상ᄒᆞ냐[17] 임신 구월 ᄃᆡ경[18] ᄣᆡ 션비 드러오시니 저도 되시고 드러와 쥬샹[19] 탄ᄉᆡᆼ 후 졔[20] 보고 이 아기시ᄂᆞᆫ[21] ᄃᆞᆫᄃᆞᆫᄒᆞ고[22] 슉셩ᄒᆞ시니[23] 형님 마마[24] 걱경 아니 시기겟다[25] ᄒᆞ니 좌우가 그 말을 올흐믈[26] 웃고 션비겨오셔ᄂᆞᆫ 아ᄒᆡ 말 ᄀᆞᆺ치 아니타고[27] 도로혀[28] ᄭᅮ듕ᄒᆞ시니[29] 그 말이 올흐니 ᄭᅮ짓디[30] 마오쇼셔[31] ᄒᆞ엿더니라 잇ᄣᆡ[32]

---

11) 날을 : 나(나, 我 : 인대, 1인칭) + -ㄹ을(↚ -를 : 목조) ※ '날을'은 '나ᄅᆞᆯ'을 오기한 형태이다.

12) 드리오고 : 드리오[드리우다, 흘리다, 落 : 들(← 듣다, ㄷ불 : 듣다, 떨어지다, 落)- + -이(사접)- + -오(사접)-]- + -고(연어, 계기)

13) 그 아ᄒᆡ : 그(그, 彼 : 관사, 지시, 정칭) # 아ᄒᆡ(아이, 兒) ※ '그 아이'는 죽은 '의소 세손(懿昭世孫)'을 이른다.

14) 뉴쳬ᄒᆞ니 : 뉴쳬ᄒᆞ[유체하다 : 뉴체(유체, 流涕) + -ᄒᆞ(동접)-]- + -니(연어, 설명 계속) ※ '뉴쳬(流涕)'는 눈물을 흘리는 것이다. '류체>뉴체'의 변화는 'ㄹ' 두음 법칙이 적용되었다.

15) 인ᄉᆡ : 인ᄉᆞ(인사, 人事) + -ㅣ(← -이 : 주조)

16) ᄌᆞ셩턴고 : ᄌᆞ성ㅎ[자성하다 : ᄌᆞ셩(↚ 슉성 : 숙성, 夙成) + -ㅎ(← -ᄒᆞ- : 형접)-]- + -더(회상)- + -ㄴ고(-ㄴ가 : 의종, 설명) ※ 'ᄌᆞ셩ᄒᆞ다'의 의미와 형태를 알 수 없다. 문맥상 '슉셩(숙성, 夙成)ᄒᆞ다'와 같은 의미로 보인다. 〈가람본〉에는 '조슉(조숙, 早熟)'으로, 〈나손본〉에는 '슉셩(숙성, 夙成)'으로 표기되었다. '자성(自成)'으로 볼 가능성도 있다.

17) 이상ᄒᆞ냐 : 이상ᄒᆞ[이상하다 : 이상(이상, 異常 : 명사) + -ᄒᆞ(형접)-]- + -냐(↚ -나 : 연어, 대조) ※ '이상하냐'의 형태가 문맥과 어울리지 않는데, 문맥상 '이상하나'의 오기로 보인다.

18) ᄃᆡ경 : ᄃᆡ경(← 대경 : 大慶). 큰 경사이다. ※ 이는 영조 28년(1776년, 임신년) 9월 22일에 창경궁 경춘전에서 정조(正祖)가 탄생한 경사를 가리킨다.

19) 쥬샹 : 주상(主上). 현재의 임금(정조)이다.

20) 졔 : 져(↚ 저 : 자기, 己, 인대, 재귀칭) + -ㅣ(← -이 : 주조)

21) 아기시ᄂᆞᆫ : 아기시[아기씨 : 아기(아기, 兒 : 명사) + -시(-씨 : 접미, 높임)] + -ᄂᆞᆫ(보조사, 주제)

22) ᄃᆞᆫᄃᆞᆫᄒᆞ고 : ᄃᆞᆫᄃᆞᆫᄒᆞ[단단하다, 堅 : ᄃᆞᆫᄃᆞᆫ(단단히 : 부사) + -ᄒᆞ(형접)-]- + -고(연어, 나열)

23) 슉셩ᄒᆞ시니 : 슉셩ᄒᆞ[숙성하다 : 슉셩(숙성, 夙成 : 불어) + -ᄒᆞ(형접)-]- + -시(주높)- + -니(연어, 설명 계속, 이유) ※ '슉셩(夙成)'은 나이에 비하여 지각이나 발육이 빠른 것이다.

24) 마마 : 임금 및 그의 가족과 관련된 명사 뒤에 붙어 '존대'의 뜻을 나타내는 말이다.

25) 시기겟다 : 시기(시키다, 使)- + -겟(미시)- + -다(평종)

26) 올흐믈 : 옳(옳다, 是)- + -음(명전) + -을(목조)

27) 아니타고 : 아니ㅎ[← 아니ᄒᆞ다(아니하다, 非 : 보용, 부정) : 아니(아니, 非 : 부사, 부정) + -ᄒᆞ(형접)-]- + -Ø(현시)- + -다(평종) + -고(부조, 인용) ※ 남의 말을 인용하는 부사격 조사인 '-고'가 처음으로 나타난다.

28) 도로혀 : [도리어, 猶(부사) : 돌(돌다, 回)- + -오(사접)- + -혀(강접)- + -Ø(부접)]

29) ᄭᅮ듕ᄒᆞ시니 : ᄭᅮ듕ᄒᆞ[꾸중하다 : ᄭᅮ듕(꾸중 : 명사) + -ᄒᆞ(동접)-]- + -시(주높)- + -니(연어, 설명 계속)

30) ᄭᅮ짓디 : ᄭᅮ짓(← ᄭᅮ짖다 : 꾸짖다, 叱)- + -디(-지 : 연어, 부정)

궁듕의 복녹[33]이 면면ᄒᆞ시고[34] 집이 ᄯᅩ ᄒᆞᆫ번 셩ᄒᆞ셔[35] 남ᄆᆡ[36] 다 남만 못ᄒᆞ지 아니ᄒᆞ니 궁인들이 날을 우러러 치하[37] 아니 ᄒᆞᄂᆞ니[38] 잇시리오[39]

자기(= 계매)가 나를 따라 곁을 떠나는 일이 없고, 경오년(庚午年)에 오세(五歲)이라 능히 선비(先妣)를 모시고 들어왔더니, “내가 해산(解産)했다.” (하는) 말을 듣고, “나라가 기뻐하시고, 우리 아버님과 어머님이 다 좋아하시겠다.” 하고 어른같이 말하니, 듣는 이가 이상하게 여기고, 효순왕후(孝純王后)께서 노리개 한 줄을 (계매에게) 채워 계시더니, 그 후(後)에 (계매가) 그 노리개를 아니 찼거늘, 내가 “어찌 (노리개를) 아니 차느냐?” 물으니, (계매가) “주시던 이(= 효순왕후)가 아니 계시오기에 못 찼다.” 하고, 임신년(壬申年) 사월에 나라가 슬픔(의소세손의 요절)이 있는지라 가을에 들어와 나를 보고 눈물을 흘리고, 그 아이(= 의소세손)를 기르던 보모(保姆)의 손을 잡아 유체(流涕)하니, 그때는 (계매가) 칠세(七歲)이라 어찌 인사(人事)가 그리 자성하던가 이상하나, 임신년 구월 (주상이 탄생하는) 대경(大慶) 때에 선비(先妣)가 (대궐에) 들어오시니 자기(= 계매)도 (선비를) 모시고 들어와, 주상(主上)이 탄생(誕生)한 후(後)에 자기가 (주상을) 보고, “이 아기씨는 단단하고 숙성(夙成)하시니 형님 마마에게 걱정을 아니 시키겠다.” 하니, 좌우(左右)가 그 말이 옳은 것을 웃고, 선비께오서는 아이의 말 같지 아니하다고 도리어 꾸중하시니, (내가) “그 말이 옳으니 꾸짖지 마오소서.” 하였더니라. 이때에 궁중(宮中)에 복록(福祿)이 면면(綿綿)하시고 집이 또 한번 성(盛)하시어, 남매(男妹)가 다 남만 못하지 아니하니 궁인들이 나를 우러러 치하(致賀)를 아니 하는 이가 있으리오?

※ ‘ᄭᅮ짓디’는 종성 /ㄷ/을 ‘ㅅ’으로 표기한 형태이다.

31) 마오쇼셔 : 마(← 말다 : 말다, 勿, 보용, 부정)- + -오(공손)- + -쇼셔(-소서 : 명종, 아주 높임)

32) 잇ᄢᅵ : [이때(명사) : 이(이, 此 : 지대) + -ㅅ(사잇) + ᄢᅵ(때, 時)]

33) 복녹 : 복록(福祿). 타고난 복과 벼슬아치의 녹봉이라는 뜻으로, 복되고 영화로운 삶을 이른다. ‘복록 → 복녹’의 변동은 비음화의 예이다.

34) 면면ᄒᆞ시고 : 면면ᄒᆞ[면면하다 : 면면(면면, 綿綿 : 불어) + -ᄒᆞ(동접)-]- + -시(주높)- + -고(연어, 나열) ※ ‘면면(綿綿)’은 끊어지지 않고 죽 잇달아 있는 것이다.

35) 셩ᄒᆞ셔 : 셩ᄒᆞ[성하다 : 셩(성, 盛 : 불어) + -ᄒᆞ(형접)-]- + -시(주높)- + -어(연어)

36) 남ᄆᆡ : 남ᄆᆡ(남매, 男妹) + -Ø(← -이 : 주조)

37) 치하 : 치하(致賀). 남이 한 일에 대하여 고마움이나 칭찬의 뜻을 표시하는 것이다. 주로 윗사람이 아랫사람에게 한다.

38) ᄒᆞᄂᆞ니 : ᄒᆞ(하다, 爲)- + -ᄂᆞ(현시)- + -ㄴ(관전) # 이(이, 人 : 의명)- + -Ø(주조)

39) 잇시리오 : 잇시(← 이시다 : 있다, 有)- + -리(미시)- + -오(의종, 설명)

4. 오륜행실도

『오륜행실도』(五倫行實圖)는 조선 정조(正祖) 21년(1797)에 왕명으로 심상규(沈象奎), 이병모(李秉模) 등이 오륜(五倫)에 출중한 사람들의 행적을 설명한 책이다.(활자본 5권 4책) 세종 때(1434년)에 간행된 『삼강행실도』(三綱行實圖)와 중종 때(1518년)에 간행된 『이륜행실도』(二倫行實圖)의 내용을 합하고, 이들 책의 언해문을 정조 당시의 표기로 바꾸어서 간행한 책이다. 이 『오륜행실도』는 초간된 후 62년 만인 1859년(철종 10)에 목판본이 중간(重刊)되었다.

『오륜행실도』에는 우리나라와 중국의 역대 문헌에서 효자(孝子), 충신(忠臣), 열녀(烈女), 형제(兄弟), 붕우(朋友)에 관계된 인물 150명을 뽑아 각 인물의 행적에 대하여 그림과 한문의 설명과 시(詩), 찬(贊)을 붙여 놓았다. 먼저 삼강(三綱)과 관련된 내용으로 효자에 33인, 충신에 35인, 열녀에 35인의 행적을 실었다. 그 다음에 이륜(二倫)과 관련된 내용으로 형제가 24인에 종족(宗族)이 7인, 붕우가 11인에 사생(師生)이 5인으로 모두 150인의 행적이 실렸다. 『삼강행실도』와 『이륜행실도』가 각상(欄上)에 언해문을 적었는데 반해서, 『오륜행실도』는 언해문을 한문의 본문에 이어서 그대로 실었다.

『오륜행실도』에는 이 책이 간행된 18세기 말기의 언어의 모습과 더불어서, 1617년에 간행되었던 『삼강행실도』와 1727년에 간행된 『이륜행실도』에 쓰인 언어의 영향을 받은 것으로 보인다. 이러한 점에서 그 이전에 나온 〈동명일긔〉나 〈한듕만록〉 등에 비해서 보수적인 언어 모습이 나타난다.

『오륜행실도』에 나타난 나타난 표기와 국어사적인 특징을 정리하면 다음과 같다.

첫째, 어두 합용 병서는 'ㅅ'계와 'ㅂ'계가 동시에 사용되고 있는데, 이 중에서 'ㅅ'계가 훨씬 많이 쓰였다. 반면에 각자 병서는 'ㄸ, ㅆ'만이 극히 드물게 쓰였다.

(보기) ① 'ㅂ'계 합용 병서 : ᄡᅡ호며, ᄡᅡᆼᄡᅡᆼ이, ᄡᅳ믈, ᄧᆞ기, ᄡᅡᆨ이
② 'ㅅ'계 합용 병서 : ᄭᅵᆫ, ᄭᅩ리, ᄭᅮ러, ᄯᆞ로디, ᄯᅳ디, ᄲᅡ져, ᄲᅡ혀, ᄯᅴ여디고, ᄠᅳᆺ을, ᄶᅵᆨ으니, ᄯᅳ긔

③ 각자 병서 : 또, 또ᄒᆞᆫ ; 나아갈씨

둘째, 음절 말에 실현되는 /ㄷ/을 ‘ㅅ’으로 표기한 예가 많이 보인다.

(보기) 매맛기에, 밧과, 뭇고, 늣기미, 듯고, 밋디, 엇고, ᄎᆞᆺ다가, 홋옷, 일ᄏᆞᆺ더라

셋째, 앞 음절 종성 /ㄹ/과 뒤 음절의 초성 /ㄹ/이 이어서 발음될 때에, ‘ㄹㄹ’을 ‘ㄹㄴ’이나 ‘ㄴㄹ’로 표기한 예가 보인다.

(보기) ㄱ. 홀ᄅᆞᆫ → 홀ᄂᆞᆫ
ㄴ. 말리디 → 말니디
ㄷ. 멀리 → 먼리

넷째, 전통적으로 쓰이던 이어적기뿐만 아니라, 끊어적기와 거듭적기의 예도 많이 보인다. 특히 체어과 조사뿐만 아니라 용언의 어간과 어미를 끊어적기로 표기한 예가 많은 것이 특징이다. 그리고 하나의 음소를 두 개의 음소로 재음소화한 표기의 예가 보인다.

(보기) ① 끊어적기 : 사ᄅᆞᆷ이니, 밤낫으로, 막을, 일즉이, ᄆᆞᄋᆞᆷ에, 집은 ; 죽으매, 늙은, 먹으리라
② 거듭적기 : 고치디 → 곳치디, 미처 → 밋처
③ 가프리오 → 갑흐리오, 을퍼 → 읇허, 겨ᄐᆡ → 겻ᄒᆡ, 겨ᄐᆡ셔 → 겻ᄒᆡ셔

다섯째, /·/가 없어짐에 따라서 ‘·’와 ‘ㅏ’를 혼기한 예가 보인다.

(보기) ᄊᆡ쳐/깨쳐, ᄉᆡᆼ이여/싸혀, 다ᄅᆡ거ᄂᆞᆯ/다래여, ᄇᆞ람/바람, 오ᄅᆡ/오래, 안ᄒᆡ/안해

여섯째, 구개음화와 원순 모음화, 비음화, ‘ㄹ’ 두음 법칙이 적용된 예가 나타난다.

(보기) ① 구개음화 : 됴타〉죠타, 어디지〉어지디, 고티미〉곳치미, 고티디〉고치디, 부텨〉부쳐, 맛뎟거ᄂᆞᆯ〉맛졋거ᄂᆞᆯ
② 원순 모음화 : ᄇᆡ블러〉ᄇᆡ불러, 블러〉불러, 므셔워〉무셔워, 믈〉물, 플〉풀
③ 비음화 : 왕ᄅᆡ〉왕ᄂᆡ
④ ‘ㄹ’ 두음 법칙 : 리문〉니문, 례라〉녜라, 루백〉누백, 련화〉년화, 란〉난, 려

염〉녀염, 렴〉념

일곱째, 중세 국어에서 종성이 /ㅎ/으로 끝나던 체언들에서, 현대어처럼 종성 /ㅎ/이 탈락된 예가 일부 나타난다.

(보기) ᄉᆞᆯㅎ〉ᄉᆞᆯ

여덟째, 모음으로 끝나는 체언 뒤에서 주격 조사가 '-가'의 형태로 실현되는 예가 나타난다.

(보기) ᄒᆡ가 나즌 ᄒᆞ여서 텬디 어둡고, 매가 새를 ᄡᅩᆺ듯 ᄒᆞᄂᆞ니, 그 아ᄒᆡ 뉘가 제 어민 줄 모로더라

아홉째, 선어말 어미 '-앗-/-아시-, -엇-/-어시-, -엿-/-여시-' 등이 '완료'의 동작상을 나타내는 선어말 어미로 활발하게 쓰였다.

(보기) ㄱ. 갓다가, 갓더니, 왓다가, 가도앗다가
ㄴ. 어더시되, 져머실
ㄷ. 피란ᄒᆞ엿다가, 취ᄒᆞ엿더니, 사괴엿더니, 더ᄒᆞ엿노라, 부탁ᄒᆞ엿더니, 당ᄒᆞ여시니

孝子

婁伯捕虎 高麗 *

최누ᄇᆡᆨ[1)]은 고려 적 슈원[2)] 아젼[3)] 샹쟈[4)]의 아ᄃᆞᆯ이니 샹재[5)] 산영ᄒᆞ다가[6)] 범의게 해ᄒᆞᆫ[7)] 배[8)] 되니 이 ᄣᅢ 누ᄇᆡᆨ의 나히[9)] 십오 셰라[10)]

최누백(崔婁伯)은 고려 때에 수원(水原)의 아전(吏)인 상저(尙翥)의 아들이니, 상저가 사냥하다가 범에게 해(害)한 바가 되니, 이때 누백의 나이가 십오 세(歲)이다.

범을 잡고져 ᄒᆞ거ᄂᆞᆯ 어미 말린대[11)] 누ᄇᆡᆨ이 ᄀᆞᆯ오ᄃᆡ 아븨[12)] 원슈ᄅᆞᆯ 엇디[13)] 아니 갑흐리오[14)] ᄒᆞ고 즉시 돗긔[15)]ᄅᆞᆯ 메고 범의 자최ᄅᆞᆯ ᄯᆞᆯ오니[16)] 범이 이믜[17)] 다 먹고 ᄇᆡ불러[18)] 누엇거ᄂᆞᆯ[19)] 누ᄇᆡᆨ이 바로 알ᄑᆡ ᄃᆞ라드러[20)]

---

* **婁伯捕虎 高麗**(누백포호 고려) : 누백(婁伯)이 범을 잡다. 고려(高麗) 때의 일. [卷1 孝子60]
1) 최누ᄇᆡᆨ : 최누백(崔婁伯). 사람 이름이다. '루백>누백'은 'ㄹ' 두음 법칙이 적용된 예이다.
2) 슈원 : 수원(水原). 땅 이름이다.
3) 아젼 : 아전(衙前). 아전조선 시대에, 중앙과 지방의 관아에 속한 구실아치이다.
4) 샹쟈 : 상저(尙翥). 사람 이름이다.
5) 샹재 : 상쟈(상저, 尙翥 : 사람 이름) + -ㅣ(← -이 : 주조)
6) 산영ᄒᆞ다가 : 산영ᄒᆞ[사냥하다 : 산영(사냥, 獵 : 명사) + -ᄒᆞ(동접)-]- + -다가(연어, 동작 전환)
7) 해ᄒᆞᆫ : 해ᄒᆞ[해하다, 해를 입다 : 해(해, 害 : 명사) + -ᄒᆞ(동접)-]- + -Ø(과시)- + -ㄴ(관전)
8) 배 : 바(바, 所 : 의명) + -ㅣ(← -이 : 보조)
9) 나히 : 나ㅎ(나이, 年) + -이(주조)
10) 셰라 : 셰(세, 살, 歲) + -Ø(← -이- : 서조)- + -Ø(현시)- + -라(← -다 : 평종)
11) 말린대 : 말리(말리다, 止)- + -ㄴ대(-니, -ㄴ데 : 연어, 반응)
12) 아븨 : 압(← 아비 : 아버지, 父) + -의(관조)
13) 엇디 : 어찌, 何(부사)
14) 갑흐리오 : 갑ㅍ(← 갚다 : 갚다, 報)- + -으리(미시)- + -오(-느냐 : 의종, 설명)
※ '갑흐리오'는 '갚다'의 종성 /ㅍ/을 /ㅂ/과 /ㅎ/으로 재음소화하여 표기한 형태이다.
15) 돗긔 : 도끼, 斧.
16) ᄯᆞᆯ오니 : ᄯᆞᆯ오(따르다, 跡)- + -니(연어, 설명 계속)
17) 이믜 : 이미, 旣(부사)
18) ᄇᆡ불러 : ᄇᆡ불ㄹ[← ᄇᆡ부르다(배부르다, 飽) : ᄇᆡ(배, 腹) + 부르다(부르다, 飽)-]- + -어(연어)

범을 ᄭᅮ디저[21] ᄀᆞᆯ오ᄃᆡ 네 내 아비ᄅᆞᆯ 해쳐시니[22] 내 너ᄅᆞᆯ 먹으리라 범이 ᄭᅩ리ᄅᆞᆯ 치고 업ᄃᆡ거ᄂᆞᆯ[23] 돗긔로 ᄶᅵᆨ어[24] ᄇᆡᄅᆞᆯ 헤티고[25] 아븨 ᄲᅧ[26]와 ᄉᆞᆯ을[27] 내여 그ᄅᆞᄉᆡ[28] 담고 범의 고기ᄅᆞᆯ 항에[29] 녀허[30] 믈 가온대 뭇고[31] 아비ᄅᆞᆯ 홍법산[32] 셔편[33]에 장ᄉᆞ[34]ᄒᆞ고 녀묘[35]ᄒᆞ더니

범을 잡고자 하니 어머니가 말리는데, 누백이 말하되, "아버지의 원수(怨讐)를 어찌 아니 갚겠습니까?" 하고, 즉시 도끼를 메고 범의 자취를 따르니, 범이 이미 (아버지를) 다 먹고 배가 불러서 누워 있거늘, 누백이 바로 앞에 달려들어 범을 꾸짖어 말하되, "네가 나의 아버지를 해쳤으니, 내가 너를 먹겠다." 범이 꼬리를 치고 엎드리거늘, 도끼로 찍어 배를 헤치고 아버지의 뼈와 살을 내어 그릇에 담고, 범의 고기를 항아리에 넣어 냇물(川) 가운데에 묻고, 아버지를 홍법산(洪法山)의 서편(西便)에 장사(葬事) 지내고 여묘(廬墓)하더니,

---

※ 'ᄇᆡ블러〉ᄇᆡ불러'는 /ㅡ/가 /ㅜ/로 원순 모음화한 형태이다.

19) 누엇거ᄂᆞᆯ : 누(↚ 누우- : 눕다, ㅂ불, 臥)- + -엇(완료)- + -거ᄂᆞᆯ(-거늘 : 연어, 상황)

20) ᄃᆞ라드러 : ᄃᆞ라들[달려들다, 直進 : ᄃᆞᆯ(← ᄃᆞᆮ다, ㄷ불 : 닫다, 走)- + -아(연어) + 들(들다, 入)-]- + -어(연어)]

21) ᄭᅮ디저 : ᄭᅮ딪(꾸짖다, 叱)- + -어(연어)

22) 해쳐시니 : 해치[해치다 : 해(해, 害 : 명사) + -치(강접)-]- + -어시(완료)- + -니(연어, 설명 계속)

23) 업ᄃᆡ거ᄂᆞᆯ : 업ᄃᆡ(← 업데다 : 엎디다, 엎드리다, 伏)- + -거ᄂᆞᆯ(연어, 상황)

24) ᄶᅵᆨ어 : ᄶᅵᆨ(← 딕다 : 찍다, 斫)- + -어(연어)

25) 헤티고 : 헤티[헤치다, 剨 : 헤(헤치다, 剨)- + -티(강접)-]- + -고(연어, 계기)

26) ᄲᅧ : 뼈, 骨.

27) ᄉᆞᆯ을 : ᄉᆞᆯ(살, 肉) + -을(목조) ※ 'ᄉᆞᆯㅎ〉ᄉᆞᆯ'은 체언 끝의 /ㅎ/이 탈락한 형태이다.

28) 그ᄅᆞᄉᆡ : 그ᄅᆞᆺ(그릇, 器) + -ᄋᆡ(-에 : 부조, 위치)

29) 항에 : 항(항아리, 甕) + -에(부조, 위치)

30) 녀허 : 녛(넣다, 安)- + -어(연어)

31) 뭇고 : 뭇(← 묻다 : 묻다, 埋)- + -고(연어, 계기) ※ '뭇고'는 '묻고'의 /ㄷ/을 'ㅅ'으로 표기한 형태이다.

32) 홍법산 : 홍법산(洪法山). 산 이름이다.

33) 셔편 : 서편(西便)

34) 장ᄉᆞ : 장사(葬事)

35) 녀묘 : 여묘(廬墓). 상제가 무덤 근처에서 여막(廬幕)을 짓고 살면서 무덤을 지키는 일이다. ※ '려묘〉녀묘'는 'ㄹ' 두음 법칙이 적용된 예이다.

ᄒᆞᆯᄂᆞᆫ[36] ᄭᅮᆷ을 ᄭᅮ니 그 아비 와셔[37] 글을 읇허[38] ᄀᆞᆯ오ᄃᆡ 가싀덤블을[39] 헤티고 효ᄌᆞ의 집에 니ᄅᆞ니 졍이[40] 늣기미[41] 만흐매 눈믈이 무궁ᄒᆞ도다[42] 흙을 져셔[43] 날마다 무덤애 더ᄒᆞ니 지음[44]은 명월쳥풍이로다[45] 사라셔 봉양ᄒᆞ고 죽으매[46] 딕희니[47] 뉘 닐오ᄃᆡ ᄒᆈ[48] 시죵이 업다 ᄒᆞ리오 읇기ᄅᆞᆯ[49] 다ᄒᆞ매[50] 믄득 뵈디[51] 아니ᄒᆞ더라 거상을 ᄆᆞᄎᆞ매[52] 범의 고기ᄅᆞᆯ 내여[53] 다 먹으니라[54]

하루는 꿈을 꾸니, 그 아버지가 와서 글을 읊어 말하되, "가시덤불을 헤치고 효자(孝子)의 집에 이르니, 정(情)이 느끼는 것이 많으므로 눈물이 무궁(無窮)하구나. (아들

36) ᄒᆞᆯᄂᆞᆫ : ᄒᆞᆯㄹ(← ᄒᆞᄅᆞ : 하루, 一日) + -ᄋᆞᆫ(보조사, 주제) ※ 'ᄒᆞᆯᄂᆞᆫ'은 'ᄒᆞᆯᄅᆞᆫ'의 'ㄹㄹ'를 'ㄹㄴ'로 표기한 형태이다.
37) 와셔 : 오(오다, 來)- + -아셔(-아서 : 연어)
38) 읇허 : 읇ᄒ(← 읊다 : 읊다, 詠)- + -어(연어) ※ '읇허'는 '을퍼'의 /ㅍ/을 /ㅂ/과 /ㅎ/으로 재음소화하여 표기한 형태이다.
39) 가싀덤블을 : 가싀덤블[가시덤불 : 가싀(가시, 刺) + 덤블(덤불)] + -을(목조)
40) 졍이 : 졍(정, 情) + -이(주조)
41) 늣기미 : 늣기(← 늗기다 : 느끼다, 感)- + -ㅁ(명전) + -이(주조) ※ '늣기미'는 '늗기미'의 /ㄷ/을 'ㅅ'으로 표기한 형태이다.
42) 무궁ᄒᆞ도다 : 무궁ᄒᆞ[무궁하다 : 무궁(무궁, 無窮 : 명사) + -ᄒᆞ(형접)-]- + -Ø(현시)- + -도(감동)- + -다(평종) ※ '무궁(無窮)'은 공간이나 시간 따위가 끝이 없는 것이다.
43) 져셔 : 지(지다, 負)- + -어셔(-어서 : 연어)
44) 지음 : 지음(知音). 마음이 서로 통하는 친한 벗을 비유적으로 이르는 말이다.
45) 명월쳥풍이로다 : 명월쳥풍(명월청풍, 明月淸風 : 명사구) + -이(서조)- + -Ø(현시)- + -로(← -도- : 느낌)- + -다(평종) ※ '명월청풍(明月淸風)'은 밝은 달과 맑은 바람, 곧 자연(自然)의 세상를 이른다.
46) 죽으매 : ① 죽(죽다, 死)- + -음(명전) + -애(-에 : 부조, 위치, 이유) ② 죽(죽다, 死)- + -으매(연어, 이유, 근거)
47) 딕희니 : 딕희(지키다, 守)- + -니(연어, 설명 계속)
48) ᄒᆈ : 효(효, 孝) + -ㅣ(← -이 : 주조)
49) 읇기ᄅᆞᆯ : 읇(← 읊다 : 읊다, 詠)- + -기(명전) + -ᄅᆞᆯ(목조)
50) 다ᄒᆞ매 : ① 다ᄒᆞ[다하다, 盡 : 다(부사, 悉 : 부사) + -ᄒᆞ(동접)-]- + -ㅁ(명전) + -애(-에 : 부조, 위치) ② 다ᄒᆞ[다하다, 盡 : 다(부사, 悉 : 부사) + -ᄒᆞ(동접)-]- + -매(연어, 이유, 근거)
51) 뵈디 : 뵈[보이다, 見 : 보(보다)- + -이(피접)-]- + -디(-지 : 연어, 부정)
52) ᄆᆞᄎᆞ매 : ᄆᆞᆾ(마치다, 闋)- + -ᄋᆞᆷ(명전) + -애(← -에 : 부조, 위치)
53) 내여 : 내[내다, 出 : 나(나다, 出)- + -ㅣ(← -이- : 사접)-]- + -여(← -어 : 연어)
54) 먹으니라 : 먹(먹다, 食)- + -Ø(과시)- + -니(원칙)- + -라(← -다 : 평종)

이) 흙을 져서 날마다 무덤에 더하니, (나의) 지음(知音)은 명월청풍(明月淸風)이구나.[55] (아들은 내가) 살아서 봉양하고 (내가) 죽으매 (나의 무덤을) 지키니, 누가 이르되, '효(孝)가 시종(始終)이 없다.'라고 하겠는가?" (아버지가 글을) 읊기를 마치니, 문득 보이지 아니하더라. 거상(居喪)을 마침에 범의 고기를 내어 다 먹었느니라.

55) 지음(知音)은 명월청풍(明月淸風)이로다 : 나의 친구는 명월(明月)과 청풍(淸風)이구나. 곧 밝은 달과 맑은 바람을 벗하며 지낸다는 뜻이다.

忠臣

岳飛涅背 宋*

악비[1]ᄂᆞᆫ 송나라 샹쥬[2] 사ᄅᆞᆷ이니 텬셩[3]이 튱효[4]ᄒᆞ여 오랑캐 난에[5] 고종[6] 황뎨[7]ᄅᆞᆯ 뫼시고 남경[8]으로 피란ᄒᆞᆯᄉᆡ[9] 안ᄒᆡᄅᆞᆯ 집에 두어 노모ᄅᆞᆯ 봉양ᄒᆞ라 ᄒᆞ고 갓더니[10]

악비(岳飛)는 송(宋)나라 상주(相州) 사람이니, 천성(天性)이 충효(忠孝)로워 오랑캐의 난(亂)에 고종(高宗) 황제(皇帝)를 모시고 남경(南京)으로 피란(避亂)하므로, 아내를 집에 두어 "노모(老母)를 봉양하라." 하고 갔더니

하븍[11] ᄡᅡ히 다 오랑캐게[12] 함몰ᄒᆞᆫ디라[13] 비 사ᄅᆞᆷ을 보내여 노모ᄅᆞᆯ

---

* 岳飛涅背 宋(악비열배 송) : 악비(岳飛)가 등에 검은 물을 들이다. 송나라 때의 일. [卷2 忠臣 52]

1) 악비 : 악비(岳飛). 사람 이름이다. 중국 남송 초기의 무장(武將)이자 학자이며 서예가이다. 북송이 멸망할 무렵 의용군에 참전하여 전공을 쌓았으며, 남송 때 호북(湖北) 일대를 영유하는 대군벌(大軍閥)이 되었지만 무능한 고종(高宗)과 재상 진회(秦檜)에 의해서 살해되었다.

2) 샹쥬 : 상주(相州). 땅 이름이다.

3) 텬셩 : 천성(天性)

4) 튱효 : 충효(忠孝)

5) 난에 : 난(난, 亂) + -에(부조, 위치) ※'란>난'은 'ㄹ' 두음 법칙이 적용된 예이다.

6) 고종 : 고종(高宗, 재위 기간 1127~1162년)은 중국 남송(南宋)의 황제이다. 만주에서 일어난 여진족이 금나라를 세워서 1127년에 송나라(북송)를 멸망시켰다. 당시 북송의 황제인 흠종(欽宗)의 동생이었던 조구(趙構)는 남쪽으로 천도하여 항주에서 황제에 즉위하여 송나라를 재흥하였다. 이 이후부터의 송나라를 남송이라고 부른다.

7) 황뎨 : 황제(皇帝)

8) 남경 : 남경(南京). 중국 강소 성(江蘇省) 서남쪽에 있는 도시이다. 양자강(揚子江) 하류 연안에 있는 수륙 교통의 요충지이며, 역대 왕조의 도읍지로 명승고적이 많다.

9) 피란ᄒᆞᆯᄉᆡ : 피란ᄒᆞ[피난하다 : 피란(피란, 避亂 : 명사)- + -ᄒᆞ(동접)-]- + -ㄹᄉᆡ(-므로 : 연어, 이유)

10) 갓더니 : 가(가다, 去)- + -앗(완료)- + -더(회상)- + -니(연어, 설명 계속)

11) 하븍 : 하북(河北). 중국 황하 강(黃河江) 북쪽 지역을 통틀어 이르는 말이다.

12) 오랑캐게 : 오랑캐(胡) + -게(← -의게 : 부조, 상대)

ᄎᆞ줄ᄉᆡ 열여ᄃᆞᆲ 번 왕ᄂᆡᄒᆞ여[14] 계요[15] 마자[16] 왓다가[17] 인ᄒᆞ여 모상[18]을 만나 무덤 겻히[19] 녀막[20] ᄒᆞ고 잇더니 황뎨 어찰[21]로 여러 번 부ᄅᆞ시니 비 개연히[22] 니러나 ᄆᆡᆼ셰코[23] 오랑캐ᄅᆞᆯ 멸ᄒᆞ고 듕원[24]을 홍복ᄒᆞ려[25] ᄒᆞ여 등에 진튱보국[26] 네 글ᄌᆞᄅᆞᆯ 삭이고[27] 빠홈마다[28] 이긔여 향ᄒᆞᆫ 바에 ᄃᆡ뎍ᄒᆞ리[29] 업ᄂᆞᆫ디라[30] 텬ᄌᆡ[31] 아ᄅᆞᆷ다이[32] 너기샤 긔[33] 우희[34] 정튱이라[35] 두 ᄌᆞᄅᆞᆯ 크게 ᄡᅧ[36] 주시니 오랑캐 악비의 긔ᄅᆞᆯ 보면

---

13) 함몰ᄒᆞᆫ디라 : 함몰ᄒᆞ[함몰하다 : 함몰(함몰, 陷沒 : 명사) + -ᄒᆞ(동접)-]- + -ㄴ디라(-ㄴ지라 : 연어, 이유, 근거) ※ '함몰(陷沒)'은 재난을 당하여 멸망하는 것이다.

14) 왕ᄂᆡᄒᆞ여 : 왕ᄂᆡᄒᆞ[왕래하다 : 왕ᄂᆡ(왕래, 往來) + -ᄒᆞ(동접)-]- + -여(← -아 : 연어) ※ '왕ᄅᆡ>왕ᄂᆡ'는 /ㄹ/이 /ㄴ/으로 비음화된 예이다.

15) 계요 : 겨우(부사)

16) 마자 : 맞(맞이하다, 迎)- + -아(연어)

17) 왓다가 : 오(오다, 來)- + -앗(완료)- + -다가(연어, 동작 전환)

18) 모상 : 모상(母喪). 어머니의 상사(喪事)이다.

19) 겻히 : 겻ㅎ(← 곁 : 곁, 側) + -ᄋᆡ(-에 : 부조, 위치) ※ '겻히'는 '겨틔'의 /ㅌ/을 /ㄷ/과 /ㅎ/으로 재음소화하여 표기한 형태이다.

20) 녀막 : 녀막(여막, 廬) ※ '여막(廬幕)'은 궤연(几筵) 옆이나 무덤 가까이에 지어 놓고 상제가 거처하는 초막이다. '려막>녀막'은 'ㄹ' 두음 법칙이 적용된 예이다.

21) 어찰 : 어찰(御札). 임금의 편지이다.

22) 개연히 : [개연히(부사) : 개연(개연, 慨然 : 명사) + -ㅎ(← -ᄒᆞ- : 형접)- + -이(부접)] ※ '개연(慨然)'은 억울하고 원통하여 몹시 분한 것이다.

23) ᄆᆡᆼ셰코 : [맹세코(부사) : ᄆᆡᆼ셰(맹서, 盟誓 : 명사) + -ㅎ(← -ᄒᆞ- : 동접)- + -고(연어 ▷ 부접)]

24) 듕원 : 중원(中元). 중국의 황허 강 중류의 남부 지역이다. 흔히 한때 군웅이 할거했던 중국의 중심부나 중국 땅을 이른다.

25) 홍복ᄒᆞ려 : 홍복ᄒᆞ[홍복하다 : 홍복(홍복, 興復) + -ᄒᆞ(동접)-]- + -려(연어, 의도) ※ '홍복(興復)'은 다시 일어나는 것이다.

26) 진튱보국 : 진충보국(盡忠報國). 충성을 다하여서 나라의 은혜를 갚는 것이다.

27) 삭이고 : 삭이(← 사기다 : 새기다, 刻)- + -고(연어, 계기) ※ '삭이고'는 '사기고'를 과잉 분철한 것이다.

28) 빠홈마다 : 빠홈[싸움 : 빠호(싸우다, 戰)- + -ㅁ(명접)] + -마다(보조사, 각자)

29) ᄃᆡ뎍ᄒᆞ리 : ᄃᆡ뎍ᄒᆞ[대적하다 : ᄃᆡ뎍(대적, 對敵) + -ᄒᆞ(동접)-]- + -ㄹ(관전) # 이(이, 人) + -∅(← -이 : 주조)

30) 업ᄂᆞᆫ디라 : 없(없다, 無)- + -ᄂᆞ(현시)- + -ㄴ디라(-ㄴ지라 : 연어, 이유, 원인)

31) 텬ᄌᆡ : 텬ᄌᆞ(천자, 天子) + -ㅣ(← -이 : 주조)

32) 아ᄅᆞᆷ다이 : [아름답게(부사) : 아ᄅᆞᆷ(아름 : 불어) + -다(← -답- : 형접)- + -이(부접)]

33) 긔 : 긔(기, 깃발, 旗) + -∅(← -의 : 관조)

34) 우희 : 우ㅎ(위, 上) + -ᄋᆡ(-에 : 부조, 위치)

35) 정튱이라 : 정튱(정충, 貞忠) + -이(서조)- + -∅(현시)- + -라(← -다 : 평종) ※ '정튱(貞忠)'

다 ᄃᆞ라나더라[37)]

하북(河北) 땅이 다 오랑캐에게 함몰(陷沒)한지라, 비(飛)가 사람을 보내어 노모를 찾으므로 열여덟 번 왕래하여 겨우 맞아 왔다가, 인(因)하여 어머니의 상(喪)을 당하여 무덤 곁에 여막(廬幕)하고 있더니, 황제가 어찰(御札)로 여러 번 부르시니, 악비가 개연(蓋然)히 일어나 맹세코 오랑캐를 멸(滅)하고 중원(中元)을 흥복(興復)하려 하여, 등(背)에 '진충보국(盡忠報國)'의 네 글자를 새기고, 싸움마다 이기어 향(向)하는 바에 대적(大敵)할 이가 없는지라, 천자(황제)가 아름답게 여기시어 기(旗)의 위에 '정충(精忠)'이라는 두 글자를 크게 써 주시니 오랑캐가 악비의 기(旗)를 보면 다 달아나더라.

이 ᄶᅢ에 승샹 진회[38)] 오랑캐와 화친ᄒᆞᆯ 의논을 쥬쟝ᄒᆞᆯᄉᆡ[39)] 오랑캐 진회의게 ᄀᆞ만이[40)] 통ᄒᆞ여 악비를 죽여야 화친이 되리라 ᄒᆞᆫ대[41)] 진회 악비 죽이기를 도모ᄒᆞ여 ᄃᆡ간으로[42)] ᄒᆞ여곰 샹소ᄒᆞ여[43)] 비를 무함ᄒᆞ고[44)] 부ᄌᆞ를 다 잡아오니 비 오ᄉᆞᆯ 버서 등에 삭인 글ᄌᆞ를 뵈며[45)] 우서[46)]

은 절개가 곧고 충성스러운 것이다. '정튱이라'는 '정튱이란'의 오기이다. '정튱이란'은 '정튱 + -이(서조)- + -Ø(현시)- + --라(← -다 : 평종) + -ㄴ(관전)'으로 분석되는데, '정튱이라 ᄒᆞ는'의 준말이다.

36) ᄡᅥ : ᄡᅳ(↚ᄡᅳ다 : 쓰다, 書)- + -어(연어)

37) ᄃᆞ라나더라 : ᄃᆞ라나[달아나다 : ᄃᆞᆯ(← ᄃᆞᆮ다, ㄷ불 : 닫다, 走)- + -아(연어) + 나(나다, 出)-]- + -더(회상)- + -라(← -다 : 평종)

38) 진회 : 진회(秦檜) + -Ø(주조) ※ '진회(秦檜)'는 중국 남송(南宋) 초기의 정치가(1090~1155)이다. 금나라의 침공에 맞서는 악비(岳飛)를 죽이는 등 주전파(主戰派)를 탄압하면서 금(金)과 굴욕적인 화약(和約)을 맺었다. 이러한 일로 그는 사후에 간신으로 몰리었다.

39) 쥬쟝ᄒᆞᆯᄉᆡ : 쥬쟝ᄒᆞ[주장하다 : 쥬쟝(주장, 主張 : 명사) + -ᄒᆞ(동접)-]- + -ㄹᄉᆡ(-므로 : 연어, 이유)

40) ᄀᆞ만이 : [가만히(부사) : ᄀᆞ만(가만 : 불어) + -Ø(← -ᄒᆞ- : 형접)- + -이(부접)]

41) ᄒᆞᆫ대 : ᄒᆞ(하다, 謂)- + -ㄴ대(-니, -ㄴ데 : 연어, 반응)

42) ᄃᆡ간으로 : ᄃᆡ간(臺諫, 대간) + -으로(부조, 방편) ※ '대간(臺諫)'은 관료를 감찰 탄핵하는 임무를 가진 대관(臺官)과 국왕을 간쟁(諫諍) 봉박(封駁)하는 임무를 가진 간관(諫官)을 합쳐 부른 말이다.

43) 샹소ᄒᆞ여 : 샹소ᄒᆞ[상소하다 : 샹소(상소, 上疏 : 명사) + -ᄒᆞ(동접)-]- + -여(← -아 : 연어)

44) 무함ᄒᆞ고 : 무함ᄒᆞ[무함하다 : 무함(무함, 誣陷 : 명사)- + -ᄒᆞ(동접)-]- + -고(연어, 계기) ※ '무함(誣陷)'은 없는 사실을 그럴듯하게 꾸며서 남을 어려운 지경에 빠지게 하는 것이다.

45) 뵈며 : 뵈[보이다, 示 : 보(보다, 見)- + -ㅣ(← -이- : 사접)-]- + -며(연어, 나열)

46) 우서 : 웃(웃다, 笑)- + -어(연어) ※ 중세 국어에서는 '웃다'가 'ㅅ' 불규칙 활용을 하였으므

ᄀᆞᆯ오ᄃᆡ 텬디[47] 이 ᄆᆞᄋᆞᆷ을 아ᄅᆞ시리라 ᄒᆞ니 진회 거즛[48] 됴셔ᄅᆞᆯ[49] ᄆᆡᆫᄃᆞ라[50] 옥에 가도앗다가[51] 죽이니 텬하 사ᄅᆞᆷ이 아니 슬허ᄒᆞ리[52] 업고 오랑캐ᄂᆞᆫ 서로 하례ᄒᆞ더라[53]

이때에 승상(丞相)인 진회(秦檜)가 오랑캐와 화친(和親)할 의논(議論)을 주장(主張)하므로, 오랑캐가 진회에게 가만히 통하여 "악비를 죽여야 화친(和親)이 되겠다."고 하므로, 진회가 악비를 죽이기를 도모(圖謀)하여, 대간(臺諫)으로 하여금 상소(上疏)하여 악비를 무함(誣陷)하고 부자(父子)를 다 잡아오니, 악비가 옷을 벗어 등에 새긴 글자를 보이며 웃으며 말하되, "천지(天地)가 이 마음을 아시리라." 하니, 진회가 거짓 조서(詔書)를 만들어 (악비를) 옥(獄)에 가두었다가 죽이니, 천하(天下)의 사람이 아니 슬퍼할 이가 없고, 오랑캐는 서로 하례(賀禮)하더라.

로 '우ᅀᅥ'로 실현되었다. 반면에 이 문헌에서는 '웃다'가 현대어처럼 규칙적으로 활용하여 '우서'로 실현되었다.

47) 텬디 : 텬디(천지, 天地) + -∅(← -이 : 주조)

48) 거즛 : 거짓, 假(명사)

49) 됴셔ᄅᆞᆯ : 됴셔(조서, 詔書) + -ᄅᆞᆯ(목조) ※ '됴셔(詔書)'는 임금의 명령을 일반에게 알릴 목적으로 적은 문서이다.

50) ᄆᆡᆫᄃᆞ라 : ᄆᆡᆫᄃᆞᆯ(만들다, 作)- + -아(연어)

51) 가도앗다가 : 가도[가두다, 囚 : 간(걷다, 收)- + -오(사접)-] + -앗(완료)- + -다가(연어, 동장 전환)

52) 슬허ᄒᆞ리 : 슬허ᄒᆞ[슬퍼하다, 悲) : 슳(슬퍼하다)- + -어(연어) + ᄒᆞ(하다, 爲)-]- + -ㄹ(관전) # 이(이, 人 : 의명) + -∅(← -이 : 주조)

53) 하례ᄒᆞ더라 : 하례ᄒᆞ[하례하다 : 하례(하례, 賀禮 : 명사) + -ᄒᆞ(동접)-]- + -더(회시)- + -라(← -다 : 평종) ※ '하례(賀禮)'는 축하하여 예를 차리는 것이다.

烈女

崔氏奮罵 高麗 *

> 최시[1]ᄂᆞᆫ 고려 적 녕암[2] 션ᄇᆡ 인우[3]의 ᄯᆞᆯ이니 딘쥬[4] 호댱[5] 뎡만[6]의 쳬[7] 되어 네 ᄌᆞ녀ᄅᆞᆯ 나코[8] 사더니

최씨(崔氏)는 고려 적에 영암(靈巖)의 선비인 인우(仁祐)의 딸이니, 진주(晉州)의 호장(戶長)인 정만(鄭滿)의 처(妻)가 되어 네 자녀(子女)를 낳고 살더니

> 왜적이 딘쥬ᄅᆞᆯ 티니 고을 사ᄅᆞᆷ이 다 ᄃᆞ라나ᄂᆞᆫ디라[9] 뎡만은 셔울 가고 도적이 녀염에[10] 드러오니 최시 나히[11] 졈고 ᄌᆞᄉᆡᆨ이[12] 잇더니 여러 ᄌᆞ식을 ᄃᆞ리고 산듕에 피란ᄒᆞ엿다가[13] 도적을 만나 칼로 저히고[14] 겁박ᄒᆞ려[15] ᄒᆞ니 최시 나모ᄅᆞᆯ 안고 ᄭᅮ지저[16] ᄀᆞᆯ오ᄃᆡ 도적의게[17] 더러이고[18]

---

* 崔氏奮罵 高麗(최씨분매 고려) : 최씨가 분하여 꾸짖다. 고려 때의 일. [卷3 烈女64]

1) 최시 : 최씨(崔氏). 사람의 성이다.
2) 녕암 : 영암(靈巖). 땅 이름이다. '령암>녕암'은 'ㄹ' 두음 법칙의 예이다.
3) 인우 : 인우(仁祐). 사람 이름이다.
4) 딘쥬 : 진주(晉州). 땅 이름이다.
5) 호댱 : 호장(戶長). 각 고을 아전(衙前)의 우두머리이다. 신라 시대에는 촌주, 고려 초에는 당대등이라 부르다가, 고려 성종(成宗) 2년(983)에 이 이름으로 고쳐서 조선 때까지 일컬었다.
6) 뎡만 : 정만(鄭滿). 사람 이름이다.
7) 쳬 : 쳐(처, 아내, 妻) + -ㅣ(← -이 : 보조)
8) 나코 : 낳(낳다, 生)- + -고(연어, 계기)
9) ᄃᆞ라나ᄂᆞᆫ디라 : ᄃᆞ라나[달아나다, 奔 : ᄃᆞᆯ(← ᄃᆞᆮ다, ㄷ불 : 닫다, 走)- + -아(연어) + 나(나다, 出)-]- + -ᄂᆞ(현시)- + -ㄴ디라(-ㄴ지라 : 연어, 설명 계속, 이유)
10) 녀염에 : 녀염(여염, 閭閻) + -에(부조, 위치) ※ '녀염(閭閻)'은 백성의 살림집이 많이 모여 있는 곳이다. 그리고 '려염>녀염'은 'ㄹ' 두음 법칙의 예이다.
11) 나히 : 나ㅎ(나이, 齡) + -이(주조)
12) ᄌᆞᄉᆡᆨ : 자색(姿色). 여자의 고운 얼굴이나 모습이다.
13) 피란ᄒᆞ엿다가 : 피란ᄒᆞ[피란하다 : 피란(피란, 避亂 : 명사) + -ᄒᆞ(동접)-]- + -엿(← -앗- : 완료)- + -다가(연어, 동작 전환)
14) 저히고 : 저히[두렵게 하다, 위협하다 : 젛(두려워하다, 懼)- + -이(사접)-]- + -고(연어, 계기)

사ᄂᆞ니[19] 출하리[20] 죽으리라 ᄒᆞ고 ᄭᅮ짓기를 그치디 아니ᄒᆞᆫ대 도적이 드ᄃᆡ여[21] 나모 아래셔[22] 죽이고 두 ᄌᆞ식을 잡아가니 셋재 아ᄃᆞᆯ 습[23]은 나히 계요[24] 뉵 셰라[25] 죽엄[26] 겻ᄒᆡ셔[27] 울고 강보[28]에 아ᄒᆡᄂᆞᆫ 오히려 긔여가[29] 졋을[30] ᄲᆡ라[31] 먹으니 피 흘러 입으로 드ᄂᆞᆫ디라[32] 그 아ᄒᆡ 즉시 죽으니라[33] 그 후 십 년 만에[34] 감ᄉᆞ[35] 댱해[36] 나라ᄒᆡ 장계ᄒᆞ여[37]

---

15) 겁박ᄒᆞ려 : 겁박ᄒᆞ[겁박하다 : 겁박(겁박, 刧迫 : 명사) + -ᄒᆞ(동접)-]- + -려(연어, 의도)
※ '겁박(刧迫)'은 으르고 협박하는 것이다.

16) ᄭᅮ지저 : ᄭᅮ짖(꾸짖다, 叱)- + -어(연어)

17) 도적의게 : 도적(도적, 盜賊) + -의게(-에게 : 부조, 상대)

18) 더러이고 : 더러이[더럽히다, 汚 : 더러(← 더럽다, ㅂ불)- + -이(사접)-]- + -고(연어, 계기)

19) 사ᄂᆞ니 : 사(← 살다 : 살다, 活)- + -ᄂᆞ니(← -느니 : 연어) ※ '-ᄂᆞ니'는 앞절의 일보다 (차라리) 뒷절의 일을 선택한다는 의미를 나타내는 연결 어미이다.

20) 출하리 : 차라리, 寧(부사)

21) 드ᄃᆡ여 : [드디어, 遂(부사) : 드ᄃᆡ(← 드듸다 : 디디다, 이어받다, 踏, 承)- + -여(← -어 : 연어 ▻부접)]

22) 아래셔 : 아래(아래, 下) + -셔(-서 : 보조사, 강조)

23) 습 : 습(習). 사람 이름이다.

24) 계요 : 겨우, 甫(부사)

25) 뉵 셰라 : 뉵(육, 六 : 관사) # 셰(세, 歲) + -∅(← -이- : 서조)- + -라(← -아 : 연어)
※ '륙>뉵'은 'ㄹ' 두음 법칙이 적용된 예이다.

26) 죽엄 : [주검, 시체, 屍 : 죽(죽다, 死)- + -엄(명접)]

27) 겻ᄒᆡ셔 : 겻ㅎ(← 곁 : 곁, 側) + -ᄋᆡ셔(-에서 : 부조, 위치) ※ '겻ᄒᆡ셔'는 '겨ᄐᆡ셔'의 /ㅌ/을 /ㄷ/과 /ㅎ/으로 재음소화한 표기이다. 그리고 '겻ᄒᆡ셔'는 종성인 /ㄷ/을 'ㅅ'으로 표기한 형태이다.

28) 강보 : 강보(襁褓). 포대기.

29) 긔여가 : 긔여가[기어가다, 匍匐 : 긔(기다, 匍)- + -여(← -어 : 연어) + 가(가다, 行)-]- + -∅(← -아 : 연어)

30) 졋 : 졋(← 젖 : 젖, 乳) + -을(목조) ※ '졋을'은 '져즐'의 오기이다. 체언과 조사를 분철하여, 둘째 음절의 초성인 /ㅈ/을 첫 음절의 종성 'ㅅ'으로 표기한 형태이다.

31) ᄲᆡ라 : ᄲᆞᆯ(빨다, 取)- + -아(연어)

32) 드ᄂᆞᆫ디라 : 드(← 들다 : 들다, 入)- + -ᄂᆞ(현시)- + -ㄴ디라(-ㄴ지라 : 연어, 설명 계속, 이유)

33) 죽으니라 : 죽(죽다, 死)- + -∅(과시)- + -으니(원칙)- + -라(← -다 : 평종)

34) 만에 : 만(만 : 의명) + -에(부조, 위치, 시간)

35) 감ᄉᆞ : 감사(監司). 관찰사. 조선 시대에 둔, 각 도의 으뜸 벼슬이다. 그 지방의 경찰권·사법권·징세권 따위의 행정상 절대적인 권한을 가진 종이품 벼슬이다.

36) 댱해 : 댱하(장하, 張夏 : 사람 이름) + -ㅣ(← -이 : 주조)

37) 장계ᄒᆞ여 : 장계ᄒᆞ[장계하다 : 장계(장계, 狀啓 : 명사) + -ᄒᆞ(동접)-]- + -여(← -아 : 연어)
※ '장계(狀啓)'는 왕명을 받고 지방에 나가 있는 신하가 자기 관하(管下)의 중요한 일을 왕에게 보고하던 일이나 문서이다.

경문ᄒᆞ고[38] 습의 구실[39]을 더러[40] 주니라[41]

왜적(倭賊)이 진주(晉州)를 치니 고을 사람이 다 달아나는지라, 정만(鄭滿)은 서울에 가고 도적이 여염(閭閻)에 들어오니, 최씨가 나이가 젊고 자색(姿色)이 있더니, 여러 자식(子息)을 데리고 산중(山中)에 피란(避亂)하였다가, 도적(盜賊)을 만나 (도적이) 칼로 위협하고 겁박(刧迫)하려 하니, 최씨가 나무를 안고 꾸짖어 가로되 "도적에게 (나의 몸을) 더럽히고 사느니 차라리 죽겠다."라고 하고, 꾸짖기를 그치지 아니하는데, 도적이 드디어 나무 아래에서 (최씨를) 죽이고 두 자식을 잡아가니, 셋째 아들 습(習)은 나이가 겨우 육(六) 세(歲)이라 주검 곁에서 울고, 강보에 (있는) 아이는 오히려 기어가 젖을 빨아먹으니, 피가 흘러 입으로 드는지라 그 아이가 즉시 죽었느니라. 그 후 십 년 만에 감사(監司)인 장하(張夏)가 나라에 장계(狀啓)하여 정문(旌門)하고, 습(習)의 (세납의) 사역(使役)을 덜어 주었니라.

38) 경문ᄒᆞ고 : 경문ᄒᆞ[정문하다 : 경문(정문, 旌門 : 명사) + -ᄒᆞ(동접)-]- + -고(연어, 나열, 계기)
※ '경문(旌門)'은 충신, 효자, 열녀 들을 표창하기 위하여 그 집 앞에 붉은 문을 세우는 것이나, 그렇게 세워진 문(門)이다.

39) 구실 : 예전에 온갖 세납(稅納)을 통틀어 이르던 말이다. 곧 '사역(使役)'을 이르는 말이다.

40) 더러 : 덜(덜다, 감하다, 減, 蠲)- + -어(연어)

41) 주니라 : 주(주다 : 보용, 봉사)- + -Ø(과시)- + -니(원칙)- + -라(← -다 : 평종)

兄弟

許武自穢 漢 *

허무[1]ᄂᆞᆫ 한나라[2] 양연[3] 사ᄅᆞᆷ이니 회계[4] 태슈[5] 뎨오륜[6]이 쳔거ᄒᆞ여[7] 벼ᄉᆞᆯᄒᆞ이니[8]

허무(許武)는 한(漢)나라 양연(陽羨) 사람이니, 회계(會稽)의 태수(太守)인 제오륜(第五倫)이 천거(川渠)하여 벼슬을 시키니

뮈[9] 그 두 아이[10] 현달티[11] 못ᄒᆞ므로[12] 일홈을 내려 ᄒᆞ여 이에 아ᄋᆞᄃᆞ려[13] 닐오ᄃᆡ 분ᄌᆡᄒᆞ여[14] 각각 살기ᄂᆞᆫ 응당ᄒᆞᆫ[15] 도리라 ᄒᆞ고 가산을

---

* **許武自穢 漢**(허무자예 한) : 허무가 스스로 명예를 더럽히다. 한나라 때의 일. [卷6 兄弟6]

1) 허무 : 허무(許武). 사람 이름이다.
2) 한나라 : 한(漢)나라(기원전 206년~220년). 고대 왕조인 전한과 후한을 통틀어 이르는 말로서 진나라 이후에 생긴 중국의 통일 왕조이다.
3) 양연 : 양연(陽羨). 고을 이름이다.
4) 회계 : 회계(會稽). 고을 이름이다.
5) 태슈 : 태수(太守). 고대 중국에서 군(郡)의 으뜸 벼슬이다.
6) 뎨오륜 : 제오륜(第五倫). 사람 이름이다.
7) 쳔거ᄒᆞ여 : 쳔거ᄒᆞ[천거하다 : 쳔거(천거, 薦擧 : 명사) + -ᄒᆞ(동접)-]- + -여(← -아 : 연어) ※ '천거(薦擧)'는 어떤 일을 맡아서 할 수 있는 사람을 쓰도록 소개하거나 추천하는 것이다.
8) 벼ᄉᆞᆯᄒᆞ이니 : 벼ᄉᆞᆯᄒᆞ이[벼슬을 시키다 : 벼슬(벼슬, 官) + -ᄒᆞ(동접)- + -이(사접)-]- + -니(연어, 설명 계속)
9) 뮈 : 무(무, 許武 : 사람 이름) + -ㅣ(← -이 : 주조)
10) 아이 : 아(← 아ᄋᆞ : 아우, 弟) + -Ø(← -이 : 주조)
11) 현달티 : 현달ㅎ[← 현달ᄒᆞ다(현달하다) : 현달(현달, 顯達 : 명사) + -ㅎ(← -ᄒᆞ- : 형접)-]- + -디(-지 : 연어, 부정) ※ '현달(顯達)'은 벼슬, 명성, 덕망이 높아서 이름이 세상에 드러나는 것이다.
12) 못ᄒᆞ므로 : 못ᄒᆞ[못하다(보용, 부정) : 못(못, 不 : 부정, 부사) + -ᄒᆞ(형접)-]- + -므로(연어, 이유)
13) 아ᄋᆞᄃᆞ려 : 아ᄋᆞ(아우, 弟) + -ᄃᆞ려(-더러, -에게 : 부조, 상대)
14) 분ᄌᆡᄒᆞ여 : 분ᄌᆡ[분재하다 : 분ᄌᆡ(분재, 分財) + -ᄒᆞ(동접)-]- + -여(← -아 : 연어) ※ '분ᄌᆡ(분재, 分財)'는 재산을 나누는 것이다.

삼분에[16] ᄂᆞᆫ화 무ᄂᆞᆫ 됴흔 밧과[17] 너른[18] 집과 건장ᄒᆞᆫ 죵[19]을 ᄀᆞᆯ히여[20] 가지고 두 아ᄋᆞᄂᆞᆫ 못 ᄡᅳᆯ[21] 거ᄉᆞᆯ 주니 향듕[22] 사ᄅᆞᆷ이 다 무의 탐ᄒᆞ믈 더러이[23] 너기고 두 아의[24] 능히 ᄉᆞ양ᄒᆞ믈[25] 일ᄏᆞ르니[26] 일로[27] 말ᄆᆡ암아[28] 두 아의 다 벼ᄉᆞᆯ을 어드니

무(武)가 그 두 아우가 현달(顯達)하지 못하므로 (아우들의) 이름(名)을 내려 하여, 이에 아우에게 이르되, "분재(分財)하여 각각 살기는 응당(應當)한 도리(道理)이다."라고 하고, 가산(家産)을 삼분(三分)으로 나누어, 무(武)는 좋은 밭과 너른 집과 건장(健壯)한 종을 가리어 가지고 두 아이는 못 쓸 것을 주니, 향중(鄕中)의 사람이 다 무(武)가 탐(耽)하는 것을 더럽게 여기고, 두 아우가 능히 사양(辭讓)하는 것을 칭찬하니, 이로 말미암아 두 아우가 다 벼슬을 얻으니,

뮈[29] 종족[30]을 모호고[31] 울며 ᄀᆞᆯ오ᄃᆡ 내 형이 되어 블쵸ᄒᆞᆫ디라[32]

---

15) 응당ᄒᆞᆫ : 응당ᄒᆞ[응당하다(마땅하다) : 응당(응당, 應當 : 부사) + -ᄒᆞ(형접)-]- + -Ø(현시)- + -ㄴ(관전)

16) 삼분에 : 삼분(삼분, 三分) + -에(부조, 위치, 방편) ※ '삼분(三分)'은 셋으로 나누는 것이다.

17) 밧과 : 밧(← 밭 : 밭, 田) + -과(접조) ※ '밧'은 '밭'의 종성 /ㄷ/을 'ㅅ'으로 표기한 형태이다.

18) 너른 : 너르(너르다, 廣)- + -Ø(현시)- + -ㄴ(관전)

19) 죵 : 종, 僕.

20) ᄀᆞᆯ히여 : ᄀᆞᆯ히(가리다, 選)- + -여(← -어 : 연어)

21) ᄡᅳᆯ : ᄡᅳ(쓰다, 用)- + -ㄹ(관전)

22) 향듕 : 향중(鄕中). 향소(鄕所)의 일을 맡아보던 사람들의 동아리이다.

23) 더러이 : [더럽게, 鄙(부사) : 더러(← 더럽다, ㅂ불 : 더럽다, 汚)- + -이(부접)]

24) 아의 : 아(← 아ᄋᆞ : 아우, 弟) + -의(관조, 의미상 주격)

25) ᄉᆞ양ᄒᆞ믈 : ᄉᆞ양ᄒᆞ[사양하다 : ᄉᆞ양(사양, 辭讓 : 명사) + -ᄒᆞ(동접)-]- + -ㅁ(명전) + -을(목조)

26) 일ᄏᆞ르니 : 일ᄏᆞᆯ(← 일ᄏᆞᆮ다, ㄷ불 : 칭찬하다, 稱)- + -으니(연어, 설명 계속)

27) 일로 : 일(← 이 : 이, 此, 지대, 정칭) + -로(부조, 방편)

28) 말ᄆᆡ암아 : 말ᄆᆡ암[말미암다, 由 : 말ᄆᆡ(까닭, 연유 : 명사) + 암(← 삼다 : 삼다, 爲)-]- + -아(연어) ※ 이 단어는 '말ᄆᆡ사마〉말ᄆᆡᅀᅡ마〉말ᄆᆡ아마〉말미암아'로 변화했다.

29) 뮈 : 무(무, 許武 : 사람 이름) + -ㅣ(← -이 : 주조)

30) 종족 : 종족(宗族), 친척(親戚)이다.

31) 모호고 : 모호(← 뫼호다, 모으다, 會)- + -고(연어, 계기)

32) 블쵸ᄒᆞᆫ디라 : 블쵸ᄒᆞ[불초하다 : 블쵸(불초, 不肖 : 명사) + -ᄒᆞ(형접)-]- + -ㄴ디라(-ㄴ지라 : 연어, 이유, 근거)

일홈과 벼슬을 외람히[33] 어더시되[34] 두 아ᄋᆞᆫ 자라매[35] 홀로 영화ᄅᆞᆯ[36] 보디 못ᄒᆞ니 내 그러므로 분ᄌᆡᄒᆞ믈 구ᄒᆞ여 ᄉᆞᄉᆞ로 ᄭᅮ디ᄅᆞᆷ을[37] 취ᄒᆞ엿더니[38] 이제ᄂᆞᆫ 내 가산이 느러 젼의셔[39] 삼 ᄇᆡ나[40] 더ᄒᆞ엿노라[41] ᄒᆞ고 다 그 아ᄋᆞᆯ[42] ᄂᆞᆫ화[43] 주고 ᄒᆞ나토[44] 가지디 아니ᄒᆞ니 일읍[45] 사ᄅᆞᆷ이 비로소 그 어딜믈[46] 일ᄏᆞᆺ더라[47]

무(武)가 종족(宗族)을 모으고 울며 가로되, "내가 형(兄)이 되어 불초(不肖)한지라 이름과 벼슬을 외람되게 얻었으되, 아우는 자람에 홀로 영화(榮華)를 보지 못하니, 내가 그러므로 분재(分財)하는 것을 구(求)하여 스스로 꾸지람을 취(取)하였더니, 이제는 내 가산(家産)이 늘어 전(前)보다 삼(三) 배(倍)나 더하였다." 하고, 다 그 아우를 나누어 주고 하나도 가지지 아니하니, 일읍(一邑)의 사람이 비로소 그 어진 것을 칭찬하더라.

33) 외람히 : [외람되게(부사) : 외람(외람, 猥濫 : 명사) + -ㅎ(← -ᄒᆞ- : 형접)- + -이(부접)]
34) 어더시되 : 얻(얻다, 得)- + -어시(-았- : 완료)- + -되(연어, 설명 계속)
35) 자라매 : 자라(자라다, 長)- + -ㅁ(명전) + -애(-에 : 부조, 위치, 근거)
36) 영화ᄅᆞᆯ : 영화(영화, 榮華) + -ᄅᆞᆯ(목조) ※ '영화(榮華)'는 몸이 귀하게 되어 이름이 세상에 빛나는 것이다.
37) ᄭᅮ디ᄅᆞᆷ을 : ᄭᅮ디ᄅᆞᆷ[꾸지람, 叱 : ᄭᅮ딜(← ᄭᅮ딛다, ㄷ불 : 꾸짖다)- + -ᄋᆞᆷ(명접)] + -을(목조)
38) 취ᄒᆞ엿더니 : 취ᄒᆞ[취하다, 가지다 : 취(취, 取 : 불어) + -ᄒᆞ(동접)-]- + -엿(← -앗- : 완료)- + -더(회상)- + -니(연어, 설명 계속)
39) 젼의셔 : 젼(前, 전, 앞) + -의셔(-에서, -보다 : 부조, 위치, 비교)
40) 삼 ᄇᆡ나 : 삼(삼, 三 : 관사) # ᄇᆡ(배, 倍) + -나(보조사, 강조)
41) 더ᄒᆞ엿노라 : 더ᄒᆞ[더하다, 加 : 더(더 : 부사) + -ᄒᆞ(동접)-]- + -엿(← -앗- : 완료)- + -노라(평종, 현시, 1인칭)
42) 아ᄋᆞᆯ : 아ᄋᆞ(아우, 弟) + -ㄹ(← -ᄅᆞᆯ : -에게, 목조, 보조사적 용법)
43) ᄂᆞᆫ화 : ᄂᆞᆫ호(나누다, 分)- + -아(연어)
44) ᄒᆞ나토 : ᄒᆞ나ㅎ(하나, 一 : 수사) + -도(보조사, 강조)
45) 일읍 : 일읍(一邑), 한 고을이다.
46) 어딜믈 : 어딜(어질다, 仁)- + -ㅁ(명전) + -을(목조)
47) 일ᄏᆞᆺ더라 : 일ᄏᆞᆺ(← 일ᄏᆞᆮ다, ㄷ불 : 칭찬하다, 讚)- + -더(회상)- + -라(← -다 : 평종)
※ '일ᄏᆞᆺ더라'는 '일ᄏᆞᆮ더라'의 /ㄷ/을 'ㅅ'으로 표기한 형태이다.

朋友

吳郭相報 唐 *

> 오보안[1)]은 당나라 위쥬[2)] 사ᄅᆞᆷ이니 곽듕샹[3)]으로 더브러[4)] ᄒᆞᆫ ᄆᆞ을에셔 사다가[5)] 듕샹이 요쥬[6)] 도독[7)] 니몽[8)]의 판관[9)]이 되여 보안의 궁박ᄒᆞ믈[10)] 불샹이[11)] 너겨 니몽의게 힘뻐 쳔거ᄒᆞ여[12)] 댱셔긔[13)] 벼ᄉᆞᆯ을 ᄒᆞ엿더니[14)]

오보안(吳保安)은 당(唐)나라 위주(魏州)의 사람이니, 곽중상(郭仲翔)과 더불어 한 마을에서 살다가, 중상이 요주(姚州)의 도독(都督)인 이몽(李蒙)의 판관(判官)이 되어 보안이 궁박(窮迫)한 것을 불쌍히 여겨, 이몽(李蒙)에게 힘써 천거(薦擧)하여 장서기(掌書記)의 벼슬을 시켰더니

> 후에 듕샹이 남방 오랑캐게[15)] 잡히여 깁[16)] 일쳔 필을[17)] 밧고[18)] 노흐리

---

* 吳郭相報 唐(오곽상보 당) : 오보안과 곽중상이 서로 보답하다. 당나라 때의 일. [卷4 朋友8]

1) 오보안 : 오보안(吳保安). 사람 이름이다.
2) 위쥬 : 위주(魏州). 땅 이름이다.
3) 곽듕샹 : 곽중상(郭仲翔). 사람 이름이다.
4) 더브러 : 더블(더불다, 與)- + -어(연어)
5) 사다가 : 사(← 살다 : 살다, 居)- + -다가(연어, 동작의 전환)
6) 요쥬 : 요주(姚州). 땅 이름이다.
7) 도독 : 도독(都督). 중국의 관직명으로 위(魏)나라 문제(文帝) 때 도독이 군사권을 장악한 이후 당나라 때까지 군대의 실권을 장악하였고 당나라 중기 이후 절도사로 개칭하였다.
8) 니몽 : 이몽(李蒙). 사람 이름이다.
9) 판관 : 판관(判官). 당나라 때의 벼슬 이름이다.
10) 궁박ᄒᆞ믈 : 궁박ᄒᆞ[궁박하다 : 궁박(궁박, 窮迫 : 명사) + -ᄒᆞ(형접)-]- + -ㅁ(← -음 : 명전) + -을(목조) ※ '궁박(窮迫)'은 몹시 가난하여 구차한 것이다.
11) 불샹이 : [불쌍히(부사) : 불샹(불쌍 : 불어) + -Ø(← -ᄒᆞ- : 형접)- + -이(부접)]
12) 쳔거ᄒᆞ여 : 쳔거ᄒᆞ[천거하다 : 쳔거(천거, 薦擧 : 명사) + -ᄒᆞ(동접)-]- + -여(← -아 : 연어)
13) 댱셔긔 : 장서기(掌書記). 당나라 때의 벼슬 이름이다.
14) ᄒᆞ엿더니 : ᄒᆞ이[하게 하다, 시키다, 使 : ᄒᆞ(하다, 爲)- + -이(사접)-]- + -엇(완료)- + -더(회상)- + -니(연어, 설명의 계속, 이유)
15) 오랑캐게 : 오랑캐(오랑캐, 蠻) + -게(← -의게 : -에게, 부조, 상대)

라[19] ᄒᆞ거늘 보안이 쇽ᄒᆞ여[20] 내고져[21] 호ᄃᆡ 갑시[22] 업ᄉᆞ니 힘ᄡᅥ 댱ᄉᆞ딜ᄒᆞ여[23] 십 년 만에 깁 칠빅 필을 엇고[24] 쳐ᄌᆞ[25]는 ᄒᆞᆫ가지로[26] 슈쥬ᄯᅡ희[27] 부티여[28] 이셔 두로[29] 보안의 잇ᄂᆞᆫ 곳을 ᄎᆞᆺ다가[30] 요쥬에셔 몸이 디쳐[31] 능히 나아가디 못ᄒᆞ더니

후(後)에 중상이 남방(南方)의 오랑캐에게 잡히어, (오랑캐들이) "비단 일천 필(疋)을 받고 (중상을) 놓아 주겠다."고 하거늘, 보안이 속(贖)하여 (비단을) 내고자 하되, 값(= 돈)이 없으니 힘써서 장사질하여 십 년 만에 비단 칠백 필(疋)을 얻고, 처자(妻子)는 마찬가지로 수주(遂州)의 땅에 붙이어 있어서, 두루 보안이 있는 곳을 찾다가, 요주(姚州)에서 몸이 지쳐 능(能)히 나아가지 못하더니,

도독 양안게[32] 그 일을 알고 긔이히[33] 너겨 위ᄒᆞ여 보안을 ᄎᆞ자

---

16) 깁 : 명주실로 바탕을 조금 거칠게 짠 비단(縑)이다.

17) 필을 : 필(필, 疋 : 의명) + -을(목조) ※ '필(疋)'은 피륙을 헤아리는 단위이다.

18) 밧고 : 밧(← 받다 : 받다, 受)- + -고(연어, 계기) ※ '밧고'는 '받고'의 /ㄷ/을 'ㅅ'으로 표기한 형태이다.

19) 노흐리라 : 놓(놓다, 放)- + -으리(미시)- + -라(← -다 : 평종) ※ '놓다'는 '놓아 주다'나 '석방하다'의 뜻으로 쓰였다.

20) 쇽ᄒᆞ여 : 쇽ᄒᆞ[속하다 : 쇽(속, 贖 : 불어) + -ᄒᆞ(동접)-]- + -여(← -아 : 연어) ※ '쇽(贖)'은 죄를 면하기 위하여 돈을 바치는 것이다.

21) 내고져 : 내(내다 : 나(나다, 出)- + -ㅣ(← -이- : 사접)-]- + -고져(-고자 : 연어, 의도)

22) 갑시 : 값(돈, 밑천, 資) + -이(주조)

23) 댱ᄉᆞ딜 : 댱ᄉᆞ딜ᄒᆞ[장사질하다, 居貨 : 댱ᄉᆞ(장사, 商) + -딜(-질 : 접미) + -ᄒᆞ(동접)-]- + -여(← -아 : 연어)

24) 엇고 : 엇(← 얻다 : 얻다, 得)- + -고(연어, 계기) ※ '엇고'는 '얻고'의 /ㄷ/을 'ㅅ'으로 표기한 형태이다.

25) 쳐ᄌᆞ : 처자(妻子)

26) ᄒᆞᆫ가지로 : ᄒᆞᆫ가지[한가지, 마찬가지, 同 : ᄒᆞᆫ(한, 一 : 관사) + 가지(가지, 類 : 의명)] + -로(부조, 방편) ※ 여기서 'ᄒᆞᆫ가지로'는 '함께, 같이'의 뜻으로 쓰였다.

27) 슈쥬 ᄯᅡ희 : 슈쥬(수주, 遂州 : 땅 이름) # ᄯᅡㅎ(땅, 地) + -ᄋᆡ(-에 : 부조, 위치)

28) 부티여 이셔 : 부티[붙이다, 의탁하다, 客 : 붙(붙다, 附)- + -이(사접)-]- + -여(← 어 : 연어) # 이시(있다 : 보용, 완료 지속)- + -어(연어)

29) 두로 : [두루, 周(부사) : 두르(두르다, 周)- + -오(부접)]

30) ᄎᆞᆺ다가 : ᄎᆞᆺ(← ᄎᆞᆽ다 : 찾다, 求)- + -다가(연어, 동작의 전환) ※ 'ᄎᆞᆺ다가'는 'ᄎᆞᆽ다가'의 /ㄷ/을 'ㅅ'으로 표기한 형태이다.

31) 디쳐 : 디치(지치다, 困)- + -어(연어)

어드니 안게[34] 청ᄒᆞ여 닐러 ᄀᆞᆯ오ᄃᆡ 그ᄃᆡ[35] 집을 ᄇᆞ리고 벗의 환란을 급히 너기미[36] 이대도록[37] ᄒᆞ냐[38] 청컨대[39] ᄌᆡ믈을[40] 내여 그ᄃᆡ 부죡[41]ᄒᆞᆫ 거ᄉᆞᆯ 도으리라[42] 보안이 크게 깃거 깁을 가져 오랑캐를 주고 듕샹을 어더 도라오니 후에 듕샹이 모상[43]을 만나 삼 년을 ᄆᆞᄎᆞ매[44] 탄식ᄒᆞ여 ᄀᆞᆯ오ᄃᆡ 내 오공[45]을 힙닙어[46] 사랏ᄂᆞᆫ디라[47] 이제ᄂᆞᆫ 어버이 업ᄉᆞ니 가히 내 ᄠᅳᆺ을 ᄒᆡᆼᄒᆞ리라[48] ᄒᆞ고

도독(都督)인 양안거(楊安居)가 그 일을 알고 기이(奇異)히 여겨 (보안의 처자를) 위(爲)하여 보안을 찾아 얻으니, 안거(安居)가 (보안을) 청(請)하여 일러 말하되, "그대가 집을 버리고 벗의 환란(患亂)을 급히 여기는 것이 이토록 하느냐? 청(請)컨대 재물(財物)을 내어 그대의 부족(不足)한 것을 도우리라." 보안이 크게 기뻐하여 비단을 가져 오랑캐를 주고 중상을 얻어 돌아오니, 후(後)에 중상이 모상(母喪)을 만나 삼 년을 마침에 탄식(歎息)하여 가로되, "내 오공(吳公)에게 힘입어 살아 있는지라, 이제는 어

32) 양안게 : 양안거(楊安居 : 사람 이름) + -ㅣ(← -이 : 주조)
33) 긔이히 : [기이하게(부사) : 긔이(기이, 奇異 : 불어) + -ㅎ(← -ᄒᆞ- : 형접)- + -이(부접)]
34) 안게 : 안거(안거, 安居 : 양안거, 사람 이름) + -ㅣ(← -이 : 주조)
35) 그ᄃᆡ : 그ᄃᆡ[그대, 汝(인대, 2인칭, 예사 높임) : 그(그, 彼 : 지대) + -ᄃᆡ(접미, 높임)] + -Ø(← -이 : 주조)
36) 너기미 : 너기(여기다, 慮)- + -ㅁ(명전) + -이(주조)
37) 이대도록 : 이토록, 이다지, 至是(부사). ※ 참고로 '이대도록'을 [이(이, 是 : 지대) + 대(← ᄃᆡ : 데, 것, 의명) + -도록(보조사▹부접)]과 같이 분석할 가능성이 있다.
38) ᄒᆞ냐 : ᄒᆞ(하다, 爲)- + -Ø(현시)- + -냐(의종, 판정)
39) 청컨대 : 청ㅎ[청하다 : 청(청, 請 : 명사) + -ㅎ(← -ᄒᆞ- : 동접)-]- + -건대(← 건데 : 조건)
40) ᄌᆡ믈을 : ᄌᆡ믈(재물, 財) + -을(목조)
41) 부죡 : 부죡(不足)
42) 도으리라 : 도으(↚ 도오다 ← 돕다, ㅂ불 : 돕다, 助)- + -리(미시)- + -라(← -다 : 평종)
※ '도으리라'는 '도오리라'를 오각한 형태이다.
43) 모상 : 모상(母喪). 어머니의 상(喪)이다.
44) ᄆᆞᄎᆞ매 : ᄆᆞᆾ(마치다, 終)- + -ᄋᆞᆷ(명전) + -애(-에 : 부조, 이유, 근거)
45) 오공 : 오공(吳公). '오보안(吳保安)'을 높여서 부르는 말이다.
46) 힙닙어 : 힙닙[↚ 힘닙다(힘입다, 賴) : 힘(힘, 力) + 닙(입다, 被)-]- + -어(연어) ※ '힙닙어'는 '힘닙어'를 오각한 형태이다.
47) 사랏ᄂᆞᆫ디라 : 살(살다, 生)- + -앗(완료)- + -ᄂᆞ(현시)- + -ㄴ디라(-ㄴ지라 : 연어, 이유)
※ '-앗-'과 '-ᄂᆞ-'가 결합된 형태인 '-앗ᄂᆞ-'는 '현재 완료'의 의미를 나타낸다.
48) ᄒᆡᆼᄒᆞ리라 : ᄒᆡᆼᄒᆞ[행하다 : ᄒᆡᆼ(행, 行 : 불어) + -ᄒᆞ(동접)-]- + -리(미시)- + -라(← -다 : 평종)

버이가 없으니 가히 내 뜻을 행(行)하리라." 하고

이 ᄣᅢ에[49] 보안이 ᄑᆡᆼ산승[50] 벼ᄉᆞᆯ에셔 죽고 그 안ᄒᆡ도 ᄯᅩᄒᆞᆫ 죽어 능히 티샹ᄒᆞ여[51] 도라오디 못ᄒᆞ니 듕샹이 위ᄒᆞ여 복[52]을 닙고 죽엄[53]을 거두어 지고 도라와 장ᄉᆞ[54]ᄅᆞᆯ ᄆᆞᄎᆞ매 삼 년을 슈묘[55]ᄒᆞ고 보안의 아ᄃᆞᆯ을 마ᄌᆞ와[56] 댱가드리고[57] 벼ᄉᆞᆯ을 ᄉᆞ양ᄒᆞ여[58] 주니라[59]

이때에 보안이 팽산승(彭山丞)의 벼슬에서 죽고, 그 아내도 또한 죽어 능히 치상(治喪)하여 (고향으로) 돌아오지 못하니, 중상이 위(爲)하여 복(服)을 입고 주검을 거두어 지고 (고향으로) 돌아와서, 장사(葬事)를 마침에 삼 년을 수묘(守墓)하고, 보안의 아들을 맞아 장가들이고 (자신의) 벼슬을 사양(辭讓)하여 (보안의 아들에게) 주었느니라.

49) ᄣᅢ에 : ᄣᅢ(때, 時 : 의명) + -에(부조, 위치)
50) ᄑᆡᆼ산승 : 팽산승(彭山丞). 벼슬의 이름이다.
51) 티샹ᄒᆞ여 : 티샹ᄒᆞ[치상하다 : 티샹(치상, 治喪) + -ᄒᆞ(동접)-]- + -여(← -아 : 연어) ※ '티샹(治喪)'은 초상을 치르는 것이다.
52) 복 : 복(服), 상복(喪服)이다.
53) 죽엄 : [주검, 시체, 屍(명사) : 죽(죽다, 死)- + -엄(명접)]
54) 장ᄉᆞ : 장사(葬事). 죽은 사람을 땅에 묻거나 화장하는 일이다.
55) 슈묘 : 수묘(守墓). 묘를 지키는 것이다.
56) 마ᄌᆞ와 : 맞(맞이하다, 迎)- + -ᄋᆞ오(공손)- + -아(연어)
57) 댱가드리고 : 댱가드리[장가들이다, 爲娶妻 : 댱가(장가, 杖家) + 들(들다, 入)- + -이(사접)-]- + -고(연어, 계기)
58) ᄉᆞ양ᄒᆞ여 : ᄉᆞ양ᄒᆞ[사양하다 : ᄉᆞ양(사양, 辭讓 : 명사) + -ᄒᆞ(동접)-]- + -여(← -아 : 연어)
59) 주니라 : 주(주다, 授)- + -Ø(과시)- + -니(원칙)- + -라(← -다 : 평종)

19세기 옛글 3부

1. 규합총서

2. 태상감응도설언해

3. 사민필지

4. 독립신문

1. 규합총서

『규합총서』(閨閤叢書)는 빙허각(憑虛閣) 이씨(李氏)가 1809년(순종 9년)에 지은 가정 살림에 관한 내용을 적은 책이다. 빙허각 이씨는 1759년(영조 35)에 태어나서 1824년(순조 24)에 사망한 조선 후기의 여류 실학자(實學者)이다.

빙허각 이씨의 저서로는 『빙허각전서』(憑虛閣全書)의 3부 11책이 전한다. 『빙허각전서』의 제1부는 『규합총서』(閨閤叢書)의 5책으로 1809(순조9년)에 저술하였다. 제2부는 『청규박물지』(淸閨博物志)로 4책이며, 제3부는 『빙허각고략』(憑虛閣稿略)이다. 현재 전하는 책은 제1부인 『규합총서』뿐이고 나머지 책은 아직 발견되지 않았다.

여기서 『빙허각전서』의 제1부인 『규합총서』는 1권 1책으로 된 부인(婦人)의 필지(筆紙)와 더불어 필사본과 목판본이 전하는데, 그 내용은 다음과 같다. 첫째, '주사의(酒食議)'은 술과 음식 갖은 반찬 등 식생활 전반을 다루었다. 둘째, '봉임측(縫任則)'은 복건, 털옷, 도포 등의 여러 가지 옷을 짓고, 수를 놓고, 물을 들이고, 빨래하는 법 등 의생활 전반의 일을 다루었다. 셋째, '산가락(山家樂)'은 밭을 가는 길일(吉日), 꽃 기르기, 실과 나무를 가꾸기, 가축 기르기, 벌 치기 등, 벼슬을 하지 않은 선비가 자급자족하며 살아가는 시골의 실생활을 다루었다. 넷째, '청낭결(靑囊訣)'은 태교(胎敎)를 비롯한 여러 가지 구급방(救急方)을 민간 요법으로 제시하였다. 다섯째, '술수략(術數略)'은 진택(鎭宅), 정거(淨居), 음양 구기(陰陽拘忌), 부주(符呪), 축마(逐魔)하는 일체(一切)의 속방(俗方)으로서, 미신에 빠지는 것을 예방코자 하였다.

『규합총서』의 판본은 현재 목판본(총 29장) 1책으로 된 '가람 문고본'과 2권 1책의 '필사본', 1권 1책으로 된 부인이 직접 쓴 '필지(筆紙)', 총 68장으로 된 '국립중앙도서관본', 필사본 6권으로 된 '정양완(鄭良婉) 소장본' 등이 남아 있다. 이 책에서는 정양완 교수가 교주(校註)하여 1975년에 보진재에서 간행한 『규합총서』(2003년 판)의 텍스트를 근간으로 해서 내용을 분석하고 해석했다.

정양완 교수가 교주한 『규합총서』에 나타난 표기와 국어사적인 특징은 다음과 같다.

첫째, 어두 합용 병서는 'ㅂ'계와 'ㅅ'계가 모두 사용되고 있는데, 'ㅅ'계가 더 많이 쓰인다. 반면에 각자 병서는 'ㅆ'만 나타난다.

(보기) ① 'ㅂ'계 합용 병서 : ᄡᅡ볼고, ᄠᅳᆫ코, ᄡᅧ, ᄡᅴ워, ᄡᅳ니, ᄡᆞᆯ노, ᄡᅡ, ᄧᅡᆨ기, ᄠᅩᆫ, ᄢᅵ코
② 'ㅅ'계 합용 병서: ᄭᅦᄂᆞᆫ, 긋ᄶᅢ, ᄲᆞᆯ히다, ᄲᆞᆯ혀, ᄲᅡ혀, ᄲᅮ리고 ; 써, 쓔어

둘째, 앞 음절 종성 /ㄹ/과 뒤 음절의 초성 /ㄹ/이 이어서 발음될 때에, 'ㄹㄹ'을 'ㄹㄴ'으로 표기한 예가 보인다.

(보기) 별로 → 별노, 살림 → 살님, 멀리 → 멀니, ᄡᆞᆯ로 → ᄡᆞᆯ노, 발라 → 발나, 말ᄅᆡ여 → 말ᄂᆡ여

셋째, 종성의 /ㄷ/을 'ㅅ'으로 표기한 예가 나타난다.

(보기) 므릇, 굿디, 갓다가

넷째, 전통적인 이어적기 뿐만 아니라 끊어적기와 거듭 적기의 예가 많이 보인다.

(보기) ① 끊어적기 : 겨을의, 우연이, 산야, 말을, 졀목이라, 요법이라
② 서듭 적기 : ᄀᆞ쵸아 → 굿쵸아, 지비ᄒᆞ므로브터 → 지비ᄒᆞ므로붓터, 함당ᄒᆞᄂᆞᆫ → 함당ᄒᆞᆫᄂᆞᆫ, 펴니 → 편니, 도ᄎᆞ로 → 돗ᄎᆞ로, ᄀᆞ티 → ᄀᆞᆺ치, 져를 → 졀를

다섯째, /·/가 완전히 소실됨에 따라서 '·'와 'ㅏ'가 혼기된 예가 많이 나타난다.

(보기) ㄱ. ᄆᆞᄋᆞᆷ>마ᄋᆞᆷ, ᄃᆞᆯ고>달고, ᄀᆞᆯ희여>갈희여
ㄴ. 내>ᄂᆡ, 내여>ᄂᆡ여, 개을>ᄀᆡ을, 내여>ᄂᆡ여, 새로>ᄉᆡ로, 나ᄂᆞᆫ>ᄂᆞᄂᆞᆫ, 배요>ᄇᆡ요, 나죵>ᄂᆞ죵

여섯째, 종성이 /ㅎ/으로 끝나는 체언의 /ㅎ/이 탈락한 예가 보인다.

(보기) 우콰>우와

일곱째, 이 책에는 구개음화와 원순 모음화 현상이 일어나고 있으며, 'ㄹ' 두음 법칙뿐만 아니라 'ㄴ' 두음 법칙의 예도 많이 발견된다. 아울러 비음화와 모음 동화의 예가 드물게 발견된다.

(보기) ① 구개음화 : ᄀᆞᆺ툐디〉ᄀᆞᆺ쵸지, 궐티〉궐치, 디뇌ᄂᆡ복지일〉지뇌ᄂᆡ복지일, 뎌거시〉져거시, ᄀᆞ티〉ᄀᆞᆺ치, 다티ᄂᆞᆫ〉다치ᄂᆞᆫ, 고티다〉곳치게

② 원순 모음화 : 므릇〉무릇, 므리로〉무리로, 시므단〉시무단, 잡플이라〉잡풀이라, 슬프도다〉슬푸도다, 베프러〉베푸러

③ 비음화 : 이틄날〉잇튼날, 심력〉심녁

④ ‘ㄹ’ 두음 법칙 : 록〉녹, 룡간〉뇽간, 립신〉닙신

⑤ ‘ㄴ’ 두음 법칙 : 류〉뉴〉유, 닐니〉일니, 니로미라〉이로미라, 료법〉뇨법〉요법

⑥ 모음 동화 : ᄉᆞ이예〉ᄉᆡ이예

여덟째, 주격 조사 ‘-가’의 쓰임이 많이 보인다.

(보기) 정ᄉᆞ가, ᄌᆡ조가, 다과가, ᄉᆞ리가

아홉째, 선어말 어미 ‘-엇-/-어시-, -앗-/-아시-, -엿-/-여시-’ 등이 쓰여서 완료의 의미를 나타내는 선어말 어미로 쓰였다.

(보기) 왓ᄂᆞᆫ고, ᄒᆞ엿ᄂᆞ니라, ᄒᆞ여시니

열째, 인칭법과 대상법의 선어말 어미가 완전히 소멸하였으나, 일부의 용언에서는 인칭법 선어말 어미의 흔적이 일부 보이기도 한다.

(보기) 쥬노라, ᄒᆞ노니

열한째, 명사형 전성 어미의 형태가 ‘-옴/-움’에서 /오/와 /우/가 탈락하여 ‘-음/-ㅁ’의 형태로 바뀌어서 쓰였다.

(보기) ① 심그미라, ᄧᅩ츠미라, 뎍으믈, 올흐믈, 이로미라, 잇슴이

② 긔록ᄒᆞ미, ᄌᆡ빗ᄒᆞ므로븟터

열두째, 자음으로 끝나는 용언의 어간 뒤에 현재 시제의 선어말 어미인 ‘-ᄂᆞᆫ-’이 쓰인 예가 나타난다.

(보기) 아닛ᄂᆞᆫ다

규합[1] 춍서[2]

규합춍서 권지일

쥬ᄉᆡ의[3]

녜긔[4] ᄂᆡ측편의[5] 왈 쇠고기을[6] 쓰거든[7] 쌀노[8] 밥을 ᄒᆞ고 양을 쓰거든 피[9]로 밥을 ᄒᆞ고 돗ᄎᆞ로[10] 쓰거든 기장으로 밥을 ᄒᆞ고 ᄀᆡ을[11] 쓰거든 죠흐로[12] 밥을 ᄒᆞ고 기럭이로[13] 쓰거든 보리로 밥을 ᄒᆞ고 ᄉᆡᆼ선을[14] 쓰거든 외를[15] 쓰라 ᄒᆞ니 존비와[16] ᄉᆞ시를[17] 니ᄅᆞ미라[18]。 밥 먹기는

---

1) 규합 : 규합(閨閤). 원래 궁중의 작은 문이나 침전(寢殿)을 뜻하는데, 여기서는 규방(閨房)의 여자를 뜻한다.
2) 춍서 : 총서(叢書). 일정한 형식과 체재로, 계속해서 출판되어 한 질을 이루는 책들이나, 혹은 통일하지 않고 지은 가지가지의 책을 모음 것이다.
3) 쥬ᄉᆡ의 : 주사의(酒食議). 술(酒)과 밥(食)에 대한 논의(議)이다.
4) 녜긔 : 예기(禮記). 중국 한나라의 무제 때에 집대성한 유학 오경(五經)의 하나이다. 의례의 해설 및 음악·정치·학문에 걸쳐 예의 근본 정신에 대하여 서술하였다. 49권. ※ '례긔>녜긔'의 변화는 'ㄹ' 두음 법칙이 적용된 예이다.
5) ᄂᆡ측편의 : ᄂᆡ측편(내칙편, 內側篇) + -의(-에 : 부조, 위치)
6) 쇠고기을 : 쇠고기[쇠고기, 牛肉 : 쇼(소, 牛) + -ㅣ(사잇) + 고기(고기, 肉)] + -을(← -를 : 목조)
7) 쓰거든 : 쓰(쓰다, 用)- + -거든(연어, 조건)
8) 쌀노 : 쌀(쌀, 米) + -노(← -로 : 부조, 방편) ※ '쌀노'는 '쌀로'의 'ㄹㄹ'을 'ㄹㄴ'으로 표기한 형태이다.
9) 피 : 볏과의 한해살이풀이다. 높이는 1미터 정도이며, 잎은 가늘고 긴데 잎 면이 칼집 모양으로 줄기를 싸고 있다. 여름에 연한 녹색 또는 자갈색의 꽃이 원추(圓錐) 화서로 피고 열매는 영과(穎果)를 맺는다. 열매는 식용하거나 사료로 쓴다.
10) 돗ᄎᆞ로 : 돗ㅊ(← 돝 : 돝, 돼지, 豚) + -ᄋᆞ로(부조, 방편) ※ '돗ᄎᆞ로'는 /ㅌ/ 종성을 가진 체언에 조사가 붙을 때에 구개음화 현상과 관련없이 불규칙하게 /ㅌ/이 /ㅊ/으로 바뀐 예이다. '돗ᄎᆞ로'는 '도ᄎᆞ로'의 /ㅊ/을 'ㅅㅊ'으로 거듭 적은 형태이다.
11) ᄀᆡ을 : ᄀᆡ(개, 犬) + -을(← -를 : 목조)
12) 죠흐로 : 죠ㅎ(조, 粟) + -으로(부조, 방편)
13) 기럭이로 : [기럭이, 雁 : 기럭(기럭 : 부사, 의성어) + -이(명접)] + -로(부조, 방편)
14) ᄉᆡᆼ선을 : ᄉᆡᆼ선(생선, 生鮮) + -을(목조)
15) 외를 : 외(오이, 瓜) + -를(목조)
16) 존비와 : 존비(존비, 尊卑) + -와(접조)

봄 ᄀᆞᆺ치[19] ᄒᆞ고 ᄀᆡᆼ[20] 먹기ᄂᆞᆫ 녀ᄅᆞᆷ ᄀᆞᆺ치 ᄒᆞ고 장 먹기ᄂᆞᆫ ᄀᆞ을 ᄀᆞᆺ치 ᄒᆞ고 ᄉᆞᆯ마시기ᄂᆞᆫ[21] 겨을 ᄀᆞᆺ치 ᄒᆞ라 ᄒᆞ니 밥은 다ᄉᆞᄒᆞᆫ[22] 거시 올코[23] ᄀᆡᆼ은 더운 것이 올코 장은 서늘ᄒᆞᆫ 거시 올코 ᄉᆞᆯ은 (ᄎᆞᆫ) 거시 올호ᄆᆞᆯ[24] 니로미니라[25]。

예기(禮記)의 내칙편(內則篇)에 왈(曰), "쇠고기를 쓰거든 쌀로 밥을 하고, 양(羊)을 쓰거든 피(稷)로 밥을 하고, 돼지로 쓰거든 기장으로 밥을 하고, 개(犬)를 쓰거든 조(粟)로 밥을 하고, 기럭이(雁)로 쓰거든 보리로 밥을 하고, 생선(生鮮)을 쓰거든 오이를 쓰라."고 하니, 존비(尊卑)와 사시(四時)를 이르는 것이다. "밥 먹기는 봄같이 하고, 갱(羹) 먹기는 여름같이 하고, 장(醬) 먹기는 가을같이 하고, 술 마시기는 겨울같이 하라."고 하니, 밥은 따스한 것이 옳고, 갱(羹)은 더운 것이 옳고, 장(醬)은 서늘한 것이 옳고, 술은 (찬) 것이 옳은 것을 이르는 것이니라.

ᄆᆞᄅᆞᆺ 봄의ᄂᆞᆫ[26] 싄[27] 거시 만코 녀름의ᄂᆞᆫ ᄡᅳᆫ[28] 거시 만코 ᄀᆞ을의ᄂᆞᆫ ᄆᆡ온[29] 거시 만코 겨을의ᄂᆞᆫ ᄧᆞᆫ[30] 거시 만호니 마ᄉᆞᆯ[31] 고로면[32] 밋그러고[33]

---

17) ᄉᆞ시ᄅᆞᆯ : ᄉᆞ시(사시, 四時) + -ᄅᆞᆯ(목조)
18) 니ᄅᆞ미라 : 니ᄅᆞ(이르다, 曰)- + -ㅁ(명전) + -이(서조)- + -Ø(현시)- + -라(← -다 : 평종)
19) 봄 ᄀᆞᆺ치 : 봄(봄, 春) # ᄀᆞᆺ치[같이(부사) : ᄀᆞᆺㅊ(← ᄀᆞᇀ다 : 같다, 如)- + -이(부접)] ※ 'ᄀᆞ티〉ᄀᆞᆺ치'는 /ㅌ/이 /ㅊ/으로 구개음화한 형태이며, 'ᄀᆞᆺ치'는 'ᄀᆞ치'의 /ㅊ/을 'ㅅㅊ'을 거듭 적은 형태이다.
20) ᄀᆡᆼ : 갱(羹). 국이다.
21) ᄉᆞᆯ 마시기ᄂᆞᆫ : ᄉᆞᆯ(술, 酒) # 마시(마시다, 飮)- + -기(명전) + -ᄂᆞᆫ(보조사, 주제, 대조)
22) 다ᄉᆞᄒᆞᆫ : 다ᄉᆞᄒᆞ[따스하다, 溫 : 다ᄉᆞ(따스 : 불어) + -ᄒᆞ(형접)-]- + -Ø(현시)- + -ㄴ(관전)
23) 올코 : 옳(옳다, 是)- + -고(연어, 나열)
24) 올호ᄆᆞᆯ : 옳(옳다, 是)- + -음(명전) + -을(목조)
25) 니로미니라 : 닐(← 니르다 : 이르다, 말하다, 曰)- + -옴(← -음 : 명전) + -이(서조)- + -Ø(현시)- + -니(원칙)- + -라(← -다 : 평종)
26) 봄의ᄂᆞᆫ : 봄(봄, 春) + -의(-에 : 부조, 위치) + -ᄂᆞᆫ(보조사, 주제)
27) 싄 : 싀(시다, 酸)- + -Ø(현시)- + -ㄴ(관전)
28) ᄡᅳᆫ : ᄡᅳ(쓰다, 苦)- + -Ø(현시)- + -ㄴ(관전)
29) ᄆᆡ온 : ᄆᆡ오(← ᄆᆡᆸ다, ㅂ불 : 맵다, 辛)- + -Ø(현시)- + -ㄴ(← -은 : 관전)
30) ᄧᆞᆫ : ᄧᆞ(짜다, 鹽)- + -Ø(현시)- + -ㄴ(관전)
31) 마ᄉᆞᆯ : 맛(맛, 味) + -ᄋᆞᆯ(목조)
32) 고로면 : 고로(← 고ᄅᆞ다 : 고르다, 조절하다, 調)- + -면(연어, 조건)

ᄃᆞ다[34] ᄒᆞ여시니[35] 이 네 가지 마시 목화금슈의[36] 다치ᄂᆞᆫ[37] 바라。 긋ᄣᅢ[38] 마ᄉᆞ로ᄡᅥ[39] 긔운을 기로ᄂᆞ니[40] ᄉᆞ시를 다 고론즉[41] 달고[42] 밋그러오믄[43] 토ᄅᆞᆯ[44] 상ᄒᆞ미니[45] 토ᄂᆞᆫ 비위[46] 비친[47] 고로[48] 비우을 열게 ᄒᆞ미니라。

무릇 봄에는 신 것이 많고, 여름에는 쓴 것이 많고, 가을에는 매운 것이 많고, 겨울에는 짠 것이 많으니, "맛을 조절하면 부드럽고 달다."고 하였으니, 이 네 가지의 맛이 '목(木), 화(火), 금(金), 수(水)'에 관계하는 바이다. 그때 맛으로써 기운(氣運)을 기르나니, 사시(四時)를 다 조절한즉, 달고 부드러운 것은 '토(土)'를 상(象)하는 것이니, 토(土)는 비위의 빛인 고로 비위(脾胃)를 열게 하는 것이다.

---

33) 밋그러고 : 밋그러[← 밋그럽다, ㅂ불(미끄럽다, 부드럽다, 滑) : 밋글(미끌 : 불어) + -어(← -업- : 형접)-] + -고(연어, 나열) ※'밋그러고'는 '밋그럽고'의 오기이다.

34) ᄃᆞ다 : ᄃᆞ(← ᄃᆞᆯ다 : 달다, 甘)- + -Ø(현시)- + -다(평종)

35) ᄒᆞ여시니 : ᄒᆞ(하다, 謂)- + -여시(← -아시- : 완료)- + -니(연어, 설명 계속, 이유)

36) 목화금슈의 : 목화금슈(목화금수, 木火金水) + -의(-에 : 부조, 위치) ※'목화금슈(木火金水)'는 오행(五行)을 이루는 요소로서 각각 계절과 맛(味)에 관련되어 있다. 곧, '목(木)'은 봄과 신맛, '화(火)'는 여름과 쓴맛, '금(金)'은 가을과 매운맛, '슈(水)'는 겨울과 짠맛에 관계한다.

37) 다치ᄂᆞᆫ : 다치(스치다, 건드리다, 觸)- + -ᄂᆞ(현시)- + -ㄴ(관전) ※'다치다'는 원래 '스치다'나 '건드리다(觸)'의 뜻으로 쓰이는 말이나 여기는 '관계하다'로 의역한다.

38) 긋ᄣᅢ : [그때 : 긋(← 그 : 그, 관사) + ᄣᅢ(때, 時)] ※'긋ᄣᅢ'는 '그ᄣᅢ'의 'ㅅ'을 'ㅅㅅ'으로 거듭 적은 형태이다.

39) 마ᄉᆞ로ᄡᅥ : 맛(맛, 味) + -ᄋᆞ로ᄡᅥ(-으로써 : 부조, 방편)

40) 기로ᄂᆞ니 : 기로[기르다 : 길(길다, 長 : 형사)- + -오(사접)-]- + -ᄂᆞ(현시)- + -니(연어, 설명 계속)

41) 고론즉 : 고로(← 고ᄅᆞ다 : 고르다, 조절하다, 調)- + -ㄴ즉(연어, 조건, 근거)

42) 달고 : 달(← ᄃᆞᆯ다 : 달다, 甘)- + -고(연어, 나열)

43) 밋그러오믄 : 밋그러오[← 밋그럽다, ㅂ불(미끄럽다, 부드럽다, 滑) : 밋글(미끌 : 불어) + -업(형접)-]- + -ㅁ(명전) + -ㄴ(← -은 : 보조사, 주제)

44) 토ᄅᆞᆯ : 토(토, 土) + -ᄅᆞᆯ(목조) ※오행(五行)의 하나이다. 방위로는 중앙, 계절로는 철마다 18일이 있어 그때를 토왕(土旺)이라 하며, 빛깔로는 황색을 가리킨다.

45) 상ᄒᆞ미니 : 상ᄒᆞ[상하다 : 상(상, 象 : 불어) + -ᄒᆞ(동접)-]- + -ㅁ(명전) + -이(서조)- + -니(연어, 설명 계속) ※'상(象)'은 본뜨거나 따르는 것이다.

46) 비위 : 비우(비위, 脾胃) + -ㅣ(← -의 : 관조) ※'비위(脾胃)'는 ① 지라와 위를 통틀어 이르는 말이다. ② 어떤 음식물이나 일에 대하여 먹고 싶거나 하고 싶은 마음이다.

47) 비친 : 빛(빛, 光) + -이(서조)- + -Ø(현시)- + -ㄴ(관전)

48) 고로 : 고로(고로, 까닭 : 의명) ※'고로'는 [고(까닭, 이유, 故 : 의명) + -로(부조, 방편)]으로 분석되는 부사성 의존 명사이다.

○ **녜긔 팔진[49] 텬ᄌᆞ[50] 먹던 것**

일왈[51] 슌오[52]

슌은 ᄭᅳᆯ히다[53] 말이오 오ᄂᆞᆫ 지〻다[54] 말이니 오려 ᄡᆞᆯ노[55] 밥을 짓고 육장으로[56] ᄭᅳᆯ혀 밥 우희[57] 더ᄒᆞ고 기름을 ᄢᅵ치ᄂᆞᆫ 고로[58] 슌오라[59]。

예기(禮記)의 '팔진(八珍)' – 천자(天子)가 먹던 것

일왈(一曰) 순오(淳熬)

순(淳)은 '끓이다' (하는) 말이요, 오(熬)는 '지지다' (하는) 말이니, 오려 쌀로 밥을 짓고 육장(肉醬)을 끓여 밥 위에 더하고 기름을 끼치는 고로 순오(淳熬)이다.

이왈 슌모[60]

모란[61] 모방ᄒᆞ야 형상ᄒᆞ단[62] 말이니 슌오를 모박ᄒᆞ야[63] ᄆᆡᆫ도ᄅᆡ[64] 다만

---

49) 팔진 : 팔진(八珍). 성대한 식상(食床)에 갖추어 올렸다는 진귀한 여덟 가지의 음식으로서, 팔진미(八珍味)라고도 한다. 팔진은 순오(淳熬), 순모(淳母), 포돈(炮豚), 포장(炮牂), 도진(擣珍), 지(漬), 오(熬), 간료(肝膋)를 이른다.

50) 텬ᄌᆞ : 천자(天子). 천제(天帝)의 아들, 즉 하늘의 뜻을 받아 하늘을 대신하여 천하를 다스리는 사람이라는 뜻으로, 군주 국가의 최고 통치자를 이르는 말이다.

51) 일왈 : 일왈(一曰), 첫째.

52) 슌오 : 순오(淳熬). 볶음의 한 가지이다.

53) ᄭᅳᆯ히다 : ᄭᅳᆯ히[끓이다 : ᄭᅳᆶ(끓다, 沸)- + -이(사접)-]- + -다(평종)

54) 지지다 : 지지(지지다, 煎)- + -다(평종)

55) 오려 ᄡᆞᆯ노 : 오려[오려, 올벼 : 올(← 올ㅎ : 그 해) + -여(← 벼 : 벼, 穋)] # ᄡᆞᆯ(쌀, 米) + -노(← -로 : 부조, 방편) ※ 'ᄡᆞᆯ노'는 'ᄡᆞᆯ로'의 'ㄹㄹ'을 'ㄹㄴ'으로 표기한 형태이다. '오려'는 '올ㅎ'과 '벼'가 결합하여 합성어가 되는 과정에서 '벼'의 /ㅂ/이 탈락한 형태이다.

56) 육장으로 : 육장(육장, 肉漿) + -으로(부조, 방편) ※ '육장(肉漿)'은 새나 짐승의 고기를 끓인 국물이다.

57) 밥 우희 : 밥(밥, 飯) # 우ㅎ(위, 上) + -의(-에 : 부조, 위치)

58) ᄢᅵ치ᄂᆞᆫ 고로 : ᄢᅵ치[끼뜨리다, 潑 : ᄢᅵ(끼다, 덧붙이거나 겹치다)- + -치(강접)-]- + -ᄂᆞ(현시)- + -ㄴ(관전) # 고로(고로, 까닭 : 의명) ※ 'ᄢᅵ치다'는 흩어지게 내어던져 버리는 것이다. 'ᄢᅵ티다>ᄢᅵ치다'는 구개음화의 예이다.

59) 슌오라 : 슌오(순오) + -Ø(← -이- : 서조)- + -Ø(현시)- + -라(← -다 : 평종) ※ 이 시기에는 모음으로 끝나는 체언 뒤에서 서술격 조사는 '-Ø-'의 형태로 실현되기도 하였다.

60) 슌모 : 순모(淳母). 순오(淳熬)를 모방(模倣)하여 만든 음식이다.

61) 모란 : 모(모, 母) + -란(-는 : 보조사, 주제) ※ '모(母)'는 모방(模倣)하거나 본뜨는 것이다.

밥을 기장으로 지어[65] ᄒᆞᄂᆞ니라。

이왈(二曰), 순모(淳母)

모(母)란 "모방하여 형상(形象)하다."라고 (하는) 말이니, 순오(淳熬)를 모방(模倣)하여 만들되, 다만 밥을 기장으로 지어서 하느니라.

삼왈 포돈[66]

도ᄎᆞᆯ[67] 잡아 ᄂᆡ쟝을[68] ᄂᆡ고 ᄃᆡ초을[69] 그 속에 너허[70] ᄀᆞᆯᄃᆡ로[71] 빠[72] 그 우희[73] 흙을 발나[74] 블에 구어 오려 ᄡᆞᆯ을 쥭 쓔어[75] 돗ᄎᆡ[76] 몸의다[77] ᄇᆞ르고 기ᄅᆞᆷ의 돗ᄎᆡ[78] ᄃᆞᆷ기게 부어 가마의 믈을 슬히고 돗ᄎᆞᆯ 너허

62) 형상ᄒᆞ단 : 형상ᄒᆞ[형상하다 : 형상(형상, 形象 : 명사) + -ᄒᆞ(동접)-]- + -다(평종) + -ㄴ(관전)
※ '형상ᄒᆞ단'은 '형상ᄒᆞ다 ᄒᆞᄂᆞᆫ'이 줄어진 형태이다.

63) 모박ᄒᆞ야 : 모박ᄒᆞ[↚ 모방ᄒᆞ다 : 모방(모방, 模倣 : 명사) + -ᄒᆞ(동접)-]- + -야(← -아 : 연어)

64) ᄆᆡᆫ도ᄅᆡ : ᄆᆡᆫ도(← ᄆᆡᆫᄃᆞᆯ다 : 만들다, 製)- + -ᄅᆡ(↚ -ᄃᆡ : -되, 연어, 설명 계속)
※ 'ᄆᆡᆫ도ᄅᆡ'는 'ᄆᆡᆫᄃᆞᆯᄃᆡ'의 오기이다.

65) 지어 : 지(← 짓다, ㅅ불 : 짓다, 製)- + -어(연어)

66) 포돈 : 포돈(炮豚). 돼지를 통으로 구워서 만든 요리이다.

67) 도ᄎᆞᆯ : 돛(↚ 돝 : 돼지, 豚) + -ᄋᆞᆯ(목조) ※ '돛'은 '돝'을 오기한 형태이다.

68) ᄂᆡ쟝을 : ᄂᆡ쟝(내장, 內臟) + -을(목조)

69) ᄃᆡ초을 : ᄃᆡ초(← 대초 : 대추, 棗) + -을(목조) ※ 'ᄃᆡ초'는 /ㆍ/가 없어짐에 따라서 'ㅏ'를 'ㆍ'로 혼기한 예이다.

70) 너허 : 넣(넣다, 含)- + -어(연어)

71) ᄀᆞᆯᄃᆡ로 : ᄀᆞᆯᄃᆡ[← ᄀᆞᆯ대(갈대, 蘆) : ᄀᆞᆯ(갈대, 蘆) + 대(대, 竹)] + -로(부조, 방편)
※ 'ᄀᆞᆯᄃᆡ'는 'ㅏ'를 'ㆍ'로 혼기한 예이다.

72) 빠 : 빠(싸다, 包)- + -아(연어)

73) 우희 : 우ㅎ(위, 上) + -의(-에 : 부조, 위치)

74) 발나 : 발ㄹ(← ᄇᆞ르다, ᄇᆞᄅᆞ다 : 바르다, 塗)- + -아(연어) ※ '발나'는 'ᄇᆞᆯ라'의 'ㄹㄹ'을 'ㄹㄴ'으로 표기하고, 'ㆍ'를 'ㅏ'로 혼기한 예이다. 이 시기에는 'ㆍ'와 'ㅏ'의 혼기 현상은 아주 흔하게 나타나므로, 이하의 분석에서는 'ㆍ'와 'ㅏ'의 혼기 현상은 별도로 기술하지 않는다.

75) 쓔어 : 쓔(↚ 쑤다 : 쑤다)- + -어(연어) ※ '쑤다'는 곡식의 알이나 가루를 물에 끓여 익히는 것이다.

76) 돗ᄎᆡ : 돗ㅊ(↚ 돝 : 돝, 돼지, 豚) + -ᄋᆡ(관조) ※ '돗ᄎᆡ'는 '도ᄐᆡ'의 /ㅌ/을 'ㅅㅊ'으로 거듭 적은 형태이다. 그리고 '돗ᄎᆡ'는 '돗ᄐᆡ'나 '도ᄐᆡ'로 표기해야 올바른 표기이다.

77) 몸의다 : 몸(몸, 身) + -의(-에 : 부조, 위치) + -다(← -다가 : 보조사, 강조)

78) 돗ᄎᆡ : 돗ㅊ(↚ 돝 : 돼지, 豚) + -ᄋᆡ(↚ -이 : 주조) ※ 문맥을 감안하면 '돝'은 주격으로 쓰였으므로 '돗ᄎᆡ'는 '도치(← 돝 + -이)'의 오기이다.

삼쥬야을[79] ᄡᅳᆯ여[80] ᄂᆡ여[81] 졈여[82] 초[83] 육장[84] 양념ᄒᆞ여 ᄡᅳᄂᆞ니라。

삼왈(三曰) 포돈(炮豚)

돼지를 잡아 내장(內臟)을 내고, 대추를 그 속에 넣어 갈대로 싸서, 그 위에 흙을 발라 불에 구어, 올벼 쌀로 죽을 쑤어 돼지의 몸에다가 바르고, 기름에 돼지가 잠기게 부어, 가마에 물을 끓이고 돼지를 넣어 삼주야(三晝夜)를 끓여 내어 저며서, 초(醋), 육장(肉醬)으로 양념하여 쓰느니라.

ᄉᆞ왈 포양[85]

포양법은 우와[86] ᄀᆞᆺᄒᆞᄃᆡ[87] 다만 골[88] 석[89] 양육을 졈이고 오려[90] 쥭을[91] ᄇᆞ르ᄂᆞ니라。

사왈(四曰) 포장(炮牂)

포장법(炮牂法)은 위와 같되, 다만 (양고기를) 골 적에 양육(羊肉)을 저미고, 오려서 죽을 바르느니라.

오왈 도진[92]

79) 삼쥬야을 : 삼쥬야(삼주야, 三晝夜) + -을(↚ -를 : 목조) ※ '삼쥬야(三晝夜)'는 삼일 동안이다.
80) ᄡᅳᆯ여 : ᄡᅳᆯ이[↚ ᄡᅳᆯ히다 : ᄢᅳᇙ(끓다, 沸)- + -이(사접)-]- + -어(연어)
81) ᄂᆡ여 : ᄂᆡ(← 내다 : 내다, 보용, 완료)- + -여(← -어 : 연어)
82) 졈여 : 졈이(← 져미다 : 저미다, 刌) +-여(← -어 : 연어) ※ '졈여'는 '져며'를 과잉 분철한 예다.
83) 초 : 초(醋). 식초(食醋)이다.
84) 육장 : 육장(肉醬). 쇠고기를 잘게 썰어서 간장에 넣고 조린 반찬이다.
85) 포양 : 포장(炮牂). 암양을 통째로 구워서 만든 요리이다. 여기서 '포양'은 '포장(炮牂)'을 오기한 형태이다.
86) 우와 : 우(위, 上) + -와(부조, 비교) ※ '우ㅎ>우'는 체언의 끝소리 /ㅎ/이 탈락한 형태이다.
87) ᄀᆞᆺᄒᆞᄃᆡ : ᄀᆞᆺᄒᆞ(← ᄀᆞᇀ다 : 같다, 如) + -ᄃᆡ(-되 : 연어, 설명 계속) ※ 'ᄀᆞᆺᄒᆞᄃᆡ'는 'ᄀᆞᄐᆞᄃᆡ'의 /ㅌ/을 /ㄷ/과 /ㅎ/으로 재음소화한 뒤에, /ㄷ/을 'ㅅ'으로 표기한 예이다.
88) 골 : 고(고다, 湯)- + -ㄹ(관전)
89) 석 : 석(↚ 적 : 적, 때, 時, 의명) ※ '석'는 '적'을 오기한 형태이다.
90) 오려 쥭을 : 오려[올벼 : 올(올ㅎ) + 여(← 벼 : 벼, 稻)]
91) 쥭을 : 쥭(죽, 鬻) + -을(목조) ※ '오려 쥭'은 '올벼'로 쑨 죽이다.
92) 도진 : 도진(擣珍). 여러 가지 고기를 짓두드려서 만드는 음식이다.

우와 양과 미와[93] 녹과[94] 균의[95]【셰ᄒᆞᆫ[96] 다 사ᄉᆞᆷ 유[97]】 등ᄆᆞ로[98] 고기을 다과가[99] 마치[1] ᄀᆞᆺ치[2] 갓다가[3] 즛두ᄃᆞ려[4] 힘쥴을[5] 쌔혀[6] 먹고 블의[7] 닉여[8] 초의 육장 양념 너허 먹ᄂᆞ니라。

오왈(五曰) 도진(擣珍)

우(牛)와 양(羊)과 미(麋)와 녹(鹿)과 균(麇)의【셋은 다 사슴의 유(類)이다.】등마루 고기를 다과(多寡)가 거의 비슷하게[9] 같이 가져다가 짓두드려서 힘줄을 빼어 먹고, 불에 익혀 초(醋)에 육장(肉醬) 양념을 넣어 먹느니라.

뉵왈 ᄌᆞ[10]

쇠고기 ᄉᆡ로[11] 잡은 거ᄉᆞᆯ 얇게 ᄡᅥ흐되[12] 힘쥴은 ᄠᅳᆫ코[13] 조흔 ᄉᆞᆯ의

---

93) 미와 : 미(미, 麋) + -와(접조) ※ '미(麋)'는 '고라니'이다.
94) 녹과 : 녹(녹, 鹿) + -과(접조) ※ '녹(鹿)'은 '사슴'이다. '록>녹'은 'ㄹ' 두음 법칙의 예이다.
95) 균의 : 균(균, 麇) + -의(관조) ※ '균(麇)'은 '노루'이다.
96) 셰흔 : 셰ㅎ(← 셰ㅎ : 셋, 三, 수사) + -은(보조사, 주제)
97) 사ᄉᆞᆷ 유 : 사ᄉᆞᆷ(사슴, 鹿) # 유(유, 종류, 類) ※ '류>유'의 변화는 'ㄹ' 두음 법칙이 적용된 예이다.
98) 등ᄆᆞ로 : 등ᄆᆞ로[등마루 : 등(등, 背) + ᄆᆞ로(마루, 宗)] ※ '등ᄆᆞ로'는 척추뼈가 있는 두두룩하게 줄진 곳이다.
99) 다과가 : 다과(다과, 多寡) + -가(주조) ※ '다과(多寡)'는 '많고 적은 것', 곧 수량을 뜻한다.
1) 마치 : [거의 비슷하게(부사) : 맞(맞다, 是)- + -히(사접)- + -Ø(부접)]
2) ᄀᆞᆺ치 : [같이, 如(부사) : ᄀᆞᆺㅊ(← ᄀᆞᆮ다 : 같다, 如)- + -이(부접)] ※ 'ᄀᆞᆺ치'는 'ᄀᆞ치'의 /ㅊ/을 'ㅅㅊ'으로 거듭 적은 형태이며, 'ᄀᆞ티>ᄀᆞ치'는 /ㅌ/이 /ㅊ/으로 구개음화한 예이다.
3) 갓다가 : 갓(← 갖다 : 가지다, 持)- + -Ø(← -어 : 연어) + -다가(보조사, 상태의 유지) ※ '갓다가'는 '가져다가'의 준말이며, 종성 /ㄷ/을 'ㅅ'으로 표기한 형태이다.
4) 즛두ᄃᆞ려 : 즛두ᄃᆞ리[짓두드리다 : 즛(짓- : 마구, 접두)- + 두ᄃᆞ리(두드리다, 打)-]- + -어(연어)
5) 힘쥴을 : 힘쥴[힘줄, 筋 : 힘(힘, 力) + 쥴(줄, 線)] + -을(목조)
6) 쌔혀 : 쌔혀[힘주어 빼다 : 쌔(빼다, 拔)- + -혀(강접)-]- + -어(연어)
7) 블의 : 블(불, 火) + -의(-에 : 부조, 위치)
8) 닉여 : 닉이[익히다 : 닉(익다, 熟 : 자동)- + -이(사접)-]- + -어(연어)
9) '다과(多寡)가 거의 비슷하게' : 각 고기의 분량이 적당하게.
10) ᄌᆞ : ᄌᆞ(↚ 지 : 지, 漬). 담그는 것이다. 여기서 'ᄌᆞ'는 '지(漬)'의 오기이다.
11) ᄉᆡ로 : [새로, 新(부사) : ᄉᆡ(← 새 : 새것, 新, 명사) + -로(부조▷부접)]
12) ᄡᅥ흐되 : ᄡᅥ흐(↚ 써흘다 : 썰다, 剿)- + -되(연어, 설명 계속)
13) ᄠᅳᆫ코 : ᄠᅳᆭ(↚ ᄯᅳᆭ다 : 끊다, 斷)- + -고(연어, 나열)

ᄃᆞᆷ가[14] 그 잇튼날[15] 너턴[16] ᄢᅴ[17] 아츰의 ᄂᆡ여[18] 육장의나[19] 초의나[20] ᄆᆡ장의나[21] 먹ᄂᆞ니라。

육왈(六曰) 지(漬)

쇠고기를 새로 잡은 것을 얇게 썰되 힘줄은 끊고 좋은 술에 담가, 그 이튿날 (고기를 술에) 넣던 때의 아침에[22] 내어 육장(肉醬)에나 초(醋)에나 매장(梅醬)에나 먹느니라.

칠왈 오[23]

우양녹[24] 세 가지 고기 즁의 졈메[25] 두ᄃᆞ려[26] 힘쥴을 업시고[27] ᄃᆡᄅᆞᆯ[28] 엿거[29] 보 우의[30] 폐고[31] 그 우희 고기ᄅᆞᆯ 노코 계피와 ᄉᆡᆼ강을[32] 작말ᄒᆞ야[33]

---

14) ᄃᆞᆷ가 : ᄃᆞᆷㄱ(← ᄃᆞᆷᄀᆞ다 : 담그다, 潛)- + -아(연어)

15) 잇튼날 : [↚ 이튼날(이틑날, 翌日) : 잇튼(← 이틀 : 이틀, 二日) + 날(날, 日)] ※'이틄날'에서 /ㄹ/이 탈락한 다음에, 'ㅅ'이 음절 평파열음화에 따라서 /ㄷ/으로 바뀌었다. 그 뒤에 /ㄷ/이 /ㄴ/으로 비음화된 예이다. '이틄날〉이틋날〉이튿날〉이튼날'의 변화 과정을 거쳤다.

16) 너턴 : 넣(넣다, 含)- + -더(회상)- + -ㄴ(관전)

17) ᄢᅴ : 때, 時.

18) ᄂᆡ여 : ᄂᆡ[내다, 出 : ᄂᆞ(← 나다 : 나다, 出)- + -ㅣ(← -이- : 사접)-]- + -여(← -어 : 연어)

19) 육장의나 : 육장(肉醬) + -의(-에 : 부조, 위치) + -나(보조사, 선택)

20) 초의나 : 초(초, 醋) + -의(-에 : 부조, 위치) + -나(보조사, 선택)

21) ᄆᆡ장의나 : ᄆᆡ장(매장, 梅醬) + -의(-에 : 부조, 위치) + -나(보조사, 선택) ※'ᄆᆡ장(梅醬)'은 매실나무의 열매로 만든 초(醋)이다.

22) 그 이튿날 넣던 때의 아침에 : 이 구절은 '고기를 술에 넣은 지 꼭 하루만에'라는 뜻이다.

23) 오 : 오(鰲). '자라'이다.

24) 우양녹 : 우(우 : 소, 牛), 양(양 : 양, 羊), 녹(녹 : 녹, 사슴, 鹿)

25) 졈메 : 졈미(↚ 져미다 : 저미다)- + -어(연어)

26) 두ᄃᆞ려 : 두ᄃᆞ리(두드리다, 打)- + -어(연어)

27) 업시고 : 업시[없이하다(부사) : 없(없다, 無)- + -이(부접)] + -Ø(↚ -ᄒᆞ- : 동접)-]- + -고(연어, 나열, 계기) ※'업시고'는 '업시ᄒᆞ고'를 오기한 형태이다.

28) ᄃᆡᄅᆞᆯ : ᄃᆡ(↚ 대 : 대, 竹) + -ᄅᆞᆯ(목조) ※'ᄃᆡ'는 '대(竹)'을 오기한 형태이다.

29) 엿거 : 엮(엮다, 編)- + -어(연어)

30) 우의 : 우(← 우ㅎ : 위, 上) + -의(-에 : 부조, 위치) ※'우희〉우의'는 종성 /ㅎ/이 탈락한 형태이다.

31) 폐고 : 폐(↚ 펴다 : 펴다, 展)- + -고(연어, 나열)

32) ᄉᆡᆼ강을 : ᄉᆡᆼ강(생강, 生薑) + -을(목조)

33) 작말ᄒᆞ야 : 작말ᄒᆞ[작말하다 : 작말(작말, 作末 : 명사) + -ᄒᆞ(동접)-]- + -야(← -아 : 연어) ※'작말(作末)'은 가루로 만드는 것이다.

우희 ᄲᅮ리고[34] 말ᄂᆡ여[35] 먹ᄂᆞ니라。

칠왈(七曰) 오(熬)

우(牛)·양(羊)·녹(鹿)의 세 가지 고기 중에서, (하나를 골라서) 저며서 두드려 힘줄을 없이 하고, 대(竹)를 엮어 보 위에 펴고, 그 위에 고기를 놓고, 계피(桂皮)와 생강(生薑)을 작말(作末)하여 위에 뿌리고 말리어 먹느니라.

팔왈 간뇨[36]

ᄀᆡ[37] 간을 뇨ᄅᆞᆯ【뇨ᄂᆞᆫ 창ᄌᆞ[38] ᄉᆞ이 기ᄅᆞᆷ 덩니라[39] 말】ᄡᅴ워[40] 약념 아니 코[41] 먹ᄂᆞ니라[42]。

팔왈(八曰) 간료(肝膋)

개(犬)의 간(肝)을 요(膋)를【요(膋)는 '창자 사이에 있는 기름 덩이라고 하는 말이다.】 씌워 양념을 아니 하고 먹느니라.

---

34) ᄲᅮ리고 : ᄲᅮ리(뿌리다, 撒)- + -고(연어, 계기) ※ 'ᄲᅳ리고>ᄲᅮ리고'는 /ㅡ/가 /ㅜ/로 원순 모음화한 형태이다.

35) 말ᄂᆡ여 : 말ᄂᆡ[↚ ᄆᆞᆯ뢰다 : ᄆᆞᆯㄴ(← ᄆᆞᆯㄹ- ← ᄆᆞᄅᆞ다 : 마르다, 乾)- + -ᄋᆞ(↚ -오- : 사접)- + -ㅣ(← -이- : 사접)-]- + -여(← -어 : 연어) ※ '말ᄂᆡ여'는 'ᄆᆞᆯ뢰여'의 'ㄹㄹ'을 'ㄹㄴ'으로 표기한 형태이다.

36) 간뇨 : 간료(肝膋). 개(犬)의 간(肝)에 발기름인 요(膋)을 씌어 만든 음식이다. ※ '간료>간뇨'는 /ㄹ/이 /ㄴ/으로 비음화한 형태이다.

37) ᄀᆡ : 개, 犬.

38) 창ᄌᆞ : 창자. 腸.

39) 덩니라 : 덩니(↚ 덩이 : 덩어리, 塊) + -Ø(← -이- : 서조)- + -Ø(현시)- + -라(← -다 : 평종) ※ '덩니라'는 '덩니라 ᄒᆞᄂᆞᆫ'이 줄어진 말이다.

40) ᄡᅴ워 : [씌우다 : ᄡᅳ(쓰다, 着)- + -ㅣ(← -이- : 사접)- + -우(사접)-]- + -어(연어)

41) 아니 코 : 아니(아니, 不 : 부사, 부정) # ㅎ(← ᄒᆞ다 : 하다, 爲)- + -고(연어, 계기)

42) 먹ᄂᆞ니라 : 먹(먹다, 食)- + -ᄂᆞ(현시)- + -니(원칙)- + -라(← -다 : 평종)

2. 태상감응편도설언해

1852년(철종 3)에 최성환(崔瑆煥)이 중국의 도교 경전인 『태상감응편도설』(太上感應篇圖說)을 언문으로 번역한 책이다.(5권 5책의 목판본)

1655년에 명나라의 허남증(許纘曾)이 『태상감응편도설』을 편찬하였다.(7책) 그 뒤에 1848년(헌종 14)에 조선에서 최성환이 허남증이 지은 『태상감응편도설』을 다시 편집하여 한문본인 『태상감응편도설』을 간행하였다. 이어서 1852년(철종 3)에는 최성환이 다시 한문과 만주어 번역문으로 간행된 『선악소보도설』(善惡所報圖說)을 구하여 그림과 한문은 원본대로 두고 만주어만 한글로 고쳐 책판(冊板)에 박아 내었는데, 이 책이 『태상감응도설언해』이다. 그 후에 1880년(고종 17)에 고종의 명으로 『태상감응도설언해』를 다시 간행하였으나, 이는 1852년(철종 3)에 간행된 책의 판목(版木)을 그대로 사용한 것이기 때문에 철종 3년의 판본과 내용이나 표기에 차이가 전혀 없다.

이 책은 '인(仁)·의(義)·예(禮)·지(智)·신(信)'의 5책으로 되어 있다. 간행도(刊行圖)를 비롯하여, 선악지보(善惡之報), 산감(算減), 유인자소(惟人自召), 불기암실(不欺暗室), 적덕루공(積德累功) 등의 주제에 따라서 중국인 207명에 관련된 일을 기술하고 500여 장의 그림을 삽입하였다. 참고로 책의 제목에 있는 '태상(太上)'이라는 말은 '극히 존신(尊神)하는 것'을 의미한다.

1852년에 간행된 『태상감음도설언해』에 나타난 국어사상의 특징은 다음과 같다.

첫째, 어두 된소리 표기는 'ㅂ'계, 'ㅅ'계와 'ㅆ'이 다 쓰였는데, 대부분 'ㅅ'계 합용 병서가 쓰였다. 그리고 각자 병서 글자로는 'ㅆ'만 쓰였다.

(보기) ①'ㅂ'계 합용 병서 : 돈으로ᄡᅥ, ᄡᅧᆺᄂᆞᆫ지라, ᄧᆞᆨ
② 'ㅅ'계 합용 병서 : ᄭᅮᆷ의, ᄭᅮ여, ᄭᅵ여, ᄯᅩᄒᆞᆫ, ᄯᅳᆺ, ᄯᅵᄅᆞᆯ, ᄲᅮᆫ, 미ᄶᅩᄅᆞᆯ
③ 각자 병서 : ᄊᆞᆯ, 일노써, 글노써, ᄊᆞ하

둘째, 앞 음절의 종성 /ㄹ/과 뒤 음절의 초성 /ㄹ/이 이어서 발음될 때, 'ㄹㄹ'를 'ㄹㄴ'로 표기한 예가 많이 발견된다.

(보기) 불러→불너, 일로→일노, 의슐로→의슐노, 일러→일너, 물러가니라→물너가니라, 닐러→닐너, 길러→길너, 글로써→글노써

셋째, 종성의 /ㄷ/을 'ㅅ'으로 표기한 예가 나타난다.

(보기) 곧→곳, 얻을가→엇을가, 얻으니→엇으니, 얻어→엇어, 얻으뇨→엇으뇨

넷째, /ㅌ/ 종성을 가진 체언에 조사가 붙을 때에는, 구개음화 현상과 관련없이 /ㅌ/이 /ㅊ/으로 바뀐 예가 있다.

(보기) 도틀>돗츨, 밥소틀>밥솟츨

다섯째, 전통적인 이어적기 뿐만 아니라 끊어적기와 거듭적기의 예가 많이 보이는데, 특히 용언이 활용할 때에도 끊어적기가 많이 쓰인 것이 특징이다. 그리고 하나의 음소를 두 개의 음소로 재음소화하여 표기한 예가 보인다.

(보기) ① 끊어적기 : 집이, 몸을 ; 삼으시고, 엇으니, 엇을가, 엇어, 엇으뇨, ᄇᆞᆰ으ᄆᆡ, ᄂᆞᆰ고, 낡으면, ᄇᆞᆰ지, 넉여
② 거듭적기 : 이시니→잇스니, 이시어→잇셔, 타시라→탓시라, ᄀᆞᆯ와이시되→ᄀᆞᆯ왓시되, 이스려든→잇스려든, ᄒᆞ여시되→ᄒᆞ엿시되, ᄒᆞ여시니→ᄒᆞ엿시니, 비치>빗치
③ 재음소화 : 알픠>앏희, 가플>갑흘, 가파>갑하, 구틔여>굿ᄒᆞ여, ᄀᆞ탓더라>ᄀᆞᆺ호엿더라, 미틔>밋희

여섯째, /지/와 /치/ 앞에 /ㄴ/이 첨가되는 일이 있다.

(보기) 고치다>곤치다, 여치>연치, 까치>깐치, 더디다>더지다>던지다

일곱째, /·/가 소실됨에 따라서 '·'와 'ㅏ'가 혼기된 예가 대단히 많이 나타난다.

(보기) 대신>ᄃᆡ신, 내>ᄂᆡ, 디내기ᄅᆞᆯ>디ᄂᆡ기ᄅᆞᆯ, 사ᄂᆞᆫ>ᄉᆞᄂᆞᆫ

여덟째, 종성이 /ㅎ/으로 끝나는 체언의 /ㅎ/이 탈락한 예가 보인다.

(보기) 하ᄂᆞᆯ히>하ᄂᆞᆯ이, 나라희>ᄂᆞ라의

아홉째, 이 책에는 구개음화와 원순 모음화 현상이 일어나고 있으며, 'ㄹ' 두음 법칙뿐만 아니라 'ㄴ' 두음 법칙의 예도 발견된다. 이들 변동 현상과 아울러서 비음화의 예가 일부 발견된다.

(보기) ① 구개음화 : 맛뎌>맛져, 엇디>엇지, 디>지, ᄀᆞ티>ᄀᆞᆺ치
② 원순 모음화 : 블러>불러, 브르ᄃᆡ>부루ᄃᆡ, 블의>불의 므리>무리, 블이>불이, 믈리치고>물니치고, 눈믈>눈물
③ 'ㄴ' 두음 법칙 : 속량>속냥, 렴>념 ; 니마의>이마의, 닐러>일너, 닉히>익이
④ 비음화 : 동리>동니, ᄃᆞ니며>단니며, 이틀날>이튼날

열째, '-이다'와 '아니다'의 어간 뒤에 실현되는 연결 어미 '-고'나 '-거ᄂᆞᆯ' 등에서 /ㄱ/이 탈락된 뒤에, '-오'나 '-어ᄂᆞᆯ' 등이 /ㅣ/에 동화된 형태가 나타난다.

(보기) 이십칠이오>이십칠이요, 부지기슈오>부지기슈요, 인이오>인이요

열한째, 선어말 어미인 '-엇-/-어시-, -앗-/-아시-, -엿-/-여시-' 등이 쓰여서 완료상을 나타내는 선어말 어미로 쓰였다.

(보기) 나타낫더니, 나아갓더니, 되엿더니, ᄒᆞ엿더니, 보ᄂᆡ엿더니, 못ᄒᆞ엿기로, ᄒᆞ엿시니

열두째, 화자 표현의 선어말 어미가 완전히 소멸하였으나, 일부의 용언에서는 '-노라'의 형태로 인칭법 선어말 어미의 흔적이 일부 보이기도 한다.

(보기) ᄒᆞ노라, 갑흐렷노라

열셋째, 명사형 전성 어미의 형태가 '-음/-ㅁ' 대신에 '-기'의 형태로 실현되는 경우가 많다.

(보기) ᄉᆞ로기ᄅᆞᆯ, 쥭기ᄅᆞᆯ, 디ᄂᆡ기ᄅᆞᆯ, 쥬기ᄅᆞᆯ, 못ᄒᆞ엿기로, 울기ᄅᆞᆯ

感應篇 仁

至孝之報 *

趙居先

듀거션[1]의 부뷔[2] 부모 셤기믈[3] 지극히 ᄒᆞ여 ᄆᆡ야의[4] 분향ᄒᆞ고 부모의 슈[5]를 하ᄂᆞᆯᄭᅴ 츅원ᄒᆞ더니[6] 샹졔[7] 비텬[8] ᄃᆡ신[9]을 보ᄂᆡ샤[10] 날마다 그 경셩을 ᄉᆞᆯ피시고 이에 칠ᄌᆞ[11] 삼녀[12]를 두게 ᄒᆞ샤 다 관작[13]을 더으시고[14] 거션으로 신션 졍과[15]를 엇게[16] ᄒᆞ시니라[17]

---

* 至孝之報 : 지효지보. 지극한 효심에 대한 보답.

1) 듀거션 : 조거선(趙居先). 사람 이름이다.
2) 부뷔 : 부부(夫婦) + -ㅣ(← -이 : 주조)
3) 셤기믈 : 셤기(섬기다, 奉)- + -ㅁ(명전) + -을(목조)
4) ᄆᆡ야의 : ᄆᆡ야(매야, 매일 밤, 每夜) + -의(-에 : 부조, 위치, 시간)
5) 슈 : 수(壽). 목숨. 여기서는 장수(長壽), 곧 오래 사는 것을 뜻한다.
6) 츅원ᄒᆞ더니 : 츅원ᄒᆞ[축원하다 : 츅원(축원, 祝願 : 명사) + -ᄒᆞ(동접)-]- + -더(회상)- + -니(연어, 설명 계속)
7) 샹졔 : 샹졔(상제, 하느님, 上帝) + -∅(← -이 : 주조)
8) 비텬 : 비천(飛天). 하늘을 날아다니며 하계 사람과 왕래한다는 여자 선인(仙人)이다. 머리에 화만(華鬘)을 쓰고 몸에는 깃옷을 입고 있으며, 음악을 좋아한다고 한다.
9) ᄃᆡ신 : ᄃᆡ신(← 대신 : 대신, 大神). ※ 이 시기에 /ㆍ/가 소멸됨에 따라서 'ㅏ'를 'ㆍ'로 혼기한 형태이다.
10) 보ᄂᆡ샤 : 보ᄂᆡ(← 보내다 : 보내다, 遣)- + -시(주높)- + -아(연어) ※ 'ㅏ'를 'ㆍ'로 혼기한 형태다.
11) 칠ᄌᆞ : 칠자(七子). 일곱 아들이다.
12) 삼녀 : 삼녀(三女), 세 명의 딸이다. ※ 한문 원문에는 '三壻(삼서)', 곧 세 명의 '사위'로 되어 있다.
13) 관작 : 관작(官爵). 관직(官職)과 작위(爵位)를 아울러 이르는 말이다.
14) 더으시고 : 더으(더하다, 加)- + -시(주높)- + -고(연어, 나열, 계기)
15) 졍과 : 정과(證果). 수행의 인연으로 얻는 깨달음의 결과이다.
16) 엇게 : 엇(← 얻다 : 얻다, 得)- + -게(연어, 사동) ※ '엇게'는 종성 /ㄷ/을 'ㅅ'으로 표기한 형태이다.
17) ᄒᆞ시니라 : ᄒᆞ(하다, 爲)- + -시(주높)- + -∅(과시)- + -니(원칙)- + -라(← -다 : 평종)

조거선(趙居先)의 부부가 부모를 섬기는 것을 지극히 하여, 매야(每夜)에 분향(焚香)하고 부모의 수(壽)를 하늘께 축원(祝願)하더니, 상제(上帝)가 비천(飛天) 대신(大神)을 보내시어 날마다 그 정성(精誠)을 살피시고, 이체 칠자(七子)와 삼녀(三女)를 두게 하시어, 다 관작(官爵)을 더하시고, 거선(居先)으로 (하여금) 신선(神仙)의 증과(證果)를 얻게 하셨느니라. 【1 : 1】

董永

셔한[18] 젹[19] 동영이[20] 집이 가난ᄒᆞ여 부상[21]을 당ᄒᆞᄆᆡ[22] 댱ᄉᆞᄒᆞᆯ[23] 길이[24] 업ᄂᆞᆫ지라[25] 몸을 팔아 영댱ᄒᆞ고[26] 사ᄅᆞᆷ의 고공이[27] 되엿더니[28] 샹졔 어엿비[29] 너기샤 직녀[30]를 나리워[31] 그 쳐ᄅᆞᆯ[32] 삼으시고 날마다 비단 ᄒᆞᆫ 필식[33] ᄡᆞ[34] 그 몸을 속냥케[35] ᄒᆞ시고 귀ᄌᆞ[36]를 두게 ᄒᆞ시니 이[37]

---

18) 셔한 : 서한(西漢). 중국 전한(前漢)'의 다른 이름이다. '서한'은 기원전 202년부터 기원후 220년까지 중국을 지배하던 왕조이다.

19) 젹 : 적, 때, 時(의명)

20) 동영이 : 동영(동영, 董永 : 사람 이름) + -이(주조)

21) 부상 : 부상(父喪). 아버지의 상(喪)이다.

22) 당ᄒᆞᄆᆡ : ① 당ᄒᆞ(당하다, 當)- + -ᄆᆡ(연어, 원인) ② 당ᄒᆞ[당하다 : 당(당, 當 : 불어) + -ᄒᆞ(동접)-]- + -ㅁ(명전) + -ᄋᆡ(-에 : 부조, 위치, 근거) ※ 중세 국어의 '-ㅁ(명전) + -ᄋᆡ(부조)'가 이 시기에는 이유나 원인을 나타내는 연결 어미인 '-(ᄋᆞ)ᄆᆡ'로 굳어서 쓰이기 시작하였다.

23) 댱ᄉᆞᄒᆞᆯ : 댱ᄉᆞᄒᆞ[장사하다 : 댱ᄉᆞ(장사, 葬事 : 명사) + -ᄒᆞ(동접)-]- + -ㄹ(관전)

24) 길이 : 길(길, 방법, 수단) + -이(주조)

25) 업ᄂᆞᆫ지라 : 업(← 없다 : 없다, 無)- + -ᄂᆞ(현시)- + -ㄴ지라(연어, 이유, 근거)

26) 영댱ᄒᆞ고 : 영댱ᄒᆞ[영장하다 : 영댱(영장, 營葬 : 명사) + -ᄒᆞ(동접)-]- + -고(연어, 계기) ※ '영댱(營葬)'은 장례를 치르는 것이다.

27) 고공이 : 고공(고공, 머슴, 雇工) + -이(보조)

28) 되엿더니 : 되(되다, 爲)- + -엿(← -엇- : 완료)- + -더(회상)- + -니(연어, 설명 계속)

29) 어엿비 : [불쌍히, 憐(부사) : 어엿ㅂ(← 어엿브다 : 불쌍하다, 憐)- + -이(부접)]

30) 직녀 : 직녀(織女). 피륙을 짜는 여자이다.

31) 나리워 : 나리우[내리게 하다 : 나리(내리다, 降)- + -우(사접)-]- + -어(연어)

32) 쳐ᄅᆞᆯ : 쳐(쳐, 妻) + -ᄅᆞᆯ(-로 : 목조, 보조사적 용법)

33) 필식 : [필씩 : 필(필, 疋 : 의명) + -식(-씩 : 접미, 각자)]

34) ᄡᆞ : ㅄ(← ᄡᆞ다 : 짜다, 織)- + -ᄋᆞ(↚ -아 : 연어) ※ 'ᄡᆞ(← ᄡᅡ)'는 'ㅏ'를 'ㆍ'로 혼기하였다.

35) 속냥케 : 속냥ㅎ[← 속냥ᄒᆞ다(속량하다) : 속냥(속량, 贖良 : 명사) + -ᄒᆞ(동접)-]- + -게(연어, 사동) ※ '속냥(贖良)'은 몸값을 받고 노비의 신분을 풀어 주어서 양민이 되게 하던 일이다. '속량〉속냥'은 /ㄹ/이 /ㄴ/으로 비음화한 형태이다.

곳[38] 동즁셔라[39] 후의 쟝원급졔ᄒᆞ여 강도[40] 왕틱부[41] 벼슬을 ᄒᆞ니라[42]

서한(西漢) 때에 동영(董永)이 집이 가난하여, 부상(父喪)을 당함에 장사(葬事)할 길이 없는지라, 몸을 팔아서 영장(營葬)하고 사람(= 남, 타인)의 고공(雇工)이 되었더니, 상제(上帝)가 불쌍하게 여기시어 직녀(織女)를 내리게 하여 그 처(妻)를 삼으시고, 날마다 비단 한 필(疋)씩 짜서 그 몸을 속량(贖良)하게 하시고, 귀자(貴子)를 두게 하시니, 이 사람이 곧 동중서(董仲舒) 이다. (동중서는) 후에 장원 급제(壯元及第)하여, 강도(江都) 왕태부(王太傅)의 벼슬을 하였느니라. 【1 : 2】

36) 귀ᄌᆞ : 귀자(貴子). 귀한 아들이다.
37) 이 : 이(이, 이 사람 : 인대, 정칭) + -Ø(← -이 : 주조)
38) 곳 : 곧(← 곧 : 곧, 卽, 부사) ※ '곳'은 종성 /ㄷ/을 'ㅅ'으로 표기한 형태이다.
39) 동즁셔라 : 동즁셔(동중서, 董仲舒 : 사람 이름) + -Ø(← -이- : 서조)- + -라(← -다 : 평종)
※ '동즁셔(董仲舒)'는 중국 전한(前漢)의 유학자이다.(B.C.176~B.C.104)
40) 강도 : 강도(江都). 중국 장쑤성(강소성, 江蘇省) 양저우(揚州)에 있는 시(市)이다.
41) 왕틱부 : 왕태부(王太傅). 왕의 스승이 되는 직책이다.
42) ᄒᆞ니라 : ᄒᆞ(하다, 爲)- + -Ø(과시)- + -니(원칙)- + -라(← -다 : 평종)

不淫之報 *

曹鼐

선덕[1] 년간의[2] 조 문츙공의[3] 명은 ᄂᆡ니[4] 미시의[5] ᄐᆡ화현[6] 뎐ᄉᆞ[7] 벼ᄉᆞᆯ을 ᄒᆞ엿더니[8] 도적을 잡을ᄉᆡ[9] ᄒᆞᆫ 녀ᄌᆞᄅᆞᆯ 엇ᄋᆞ니[10] 심히 아ᄅᆞᆷ답고 공의게[11] 향ᄒᆞᄂᆞᆫ ᄯᅳᆺ이[12] 잇ᄂᆞᆫ지라[13] 공이 그 ᄯᅳᆺ을 알고 분연ᄒᆞ여[14] 왈 ᄂᆡ[15] 엇지 급ᄒᆞᆫ ᄣᆡᄅᆞᆯ[16] 인ᄒᆞ여 남의 쳐녀ᄅᆞᆯ 더러이리오[17] ᄒᆞ고 조각 조희ᄅᆞᆯ[18] 가져 조ᄂᆡ불가라[19] 네 ᄌᆞᄅᆞᆯ[20] ᄲᅧ[21] 불의[22] ᄉᆞ로기ᄅᆞᆯ[23]

---

* 不淫之報 : 불음지보. 음행을 하지 않은 것에 대한 보답.

1) 선덕 : 선덕(宣德). 명조(明朝) 제5대 황제인 명선종(明宣宗) 주첨기(朱瞻基)의 연호로 1426부터 1435년까지 10년간 사용되었다.

2) 년간의 : 년간(연간, 年間) + -의(-에 : 부조, 위치, 시간) ※ '년간(年間)'은 어느 왕이 왕위에 있는 동안이다.

3) 조문츙공의 : 조문츙공(조문충공, 曹文忠公) + -의(관조) ※ '조문츙공(曹文忠公)'은 '조내'의 시호이다. '조(曹)'는 조내(曹鼐)의 성이며, '문츙공(文忠公)'은 시호이다.

4) ᄂᆡ니 : ᄂᆡ(내, 鼐 : 사람이 이름) + -Ø(← -이- : 서조)- + -니(연어, 설명 계속)

5) 미시의 : 미시(미시, 微時) + -의(-에 : 부조, 위치, 시간) ※ '미시(微時)'는 사람이 이름나기 전에 미천(微賤)하여 보잘것없던 때이다.

6) ᄐᆡ화현 : 태화현, 泰和縣(땅 이름)

7) 뎐ᄉᆞ : 전사(典史). 벼슬의 이름이다. ※ '뎐ᄉᆞ(典史)'는 현(縣)의 치안을 맡아 보던 관직이다.

8) ᄒᆞ엿더니 : ᄒᆞ(하다, 爲)- + -엿(완료)- + -더(회상)- + -니(연어, 설명 계속)

9) 잡을ᄉᆡ : 잡(잡다, 捕)- + -을ᄉᆡ(-므로 : 연어, 이유) ※ 한문 원문에 '因捕'로 되어 있으므로, '도적을 잡는 것을 인하여'로 옮길 수 있다.

10) 엇ᄋᆞ니 : 엇(← 얻다 : 얻다, 得)- + -ᄋᆞ니(연어, 설명 계속) ※ '엇ᄋᆞ니'는 종성 /ㄷ/을 'ㅅ'으로 표기한 형태이다.

11) 공의게 : 공(공, 公) + -의게(-에게 : 부조, 상대)

12) ᄯᅳᆺ이 : ᄯᅳᆺ(뜻, 意) + -이(주조)

13) 잇ᄂᆞᆫ지라 : 잇(있다, 有)- + -ᄂᆞ(현시)- + -ㄴ지라 (연어, 이유, 근거)

14) 분연ᄒᆞ여 : 분연ᄒᆞ[분연하다 : 분연(분연, 奮然 : 명사) + -ᄒᆞ(동접)-]- + -여(← -아 : 연어) ※ '분연(奮然)'은 세차게 떨쳐 일어서는 것이다.

15) ᄂᆡ : ᄂᆞ(← 나 : 나, 我, 인대, 1인칭) + -ㅣ(← -이 : 주조) ※ 'ᄂᆡ'는 'ㅏ'를 'ㆍ'로 혼기한 형태이다.

16) ᄣᆡᄅᆞᆯ : ᄣᆡ(때, 時) + -ᄅᆞᆯ(목조)

17) 더러이리오 : 더러이[더럽히다 : 더러(← 더럽다, ㅂ불 : 더럽다, 犯)- + -이(사접)-]- + -리(미시)- + -오(-느냐 : 의종, 설명)

밤이 진토록[24] 마지 아니ᄒᆞ고 날이 ᄇᆞᆰ으ᄆᆡ[25] 그 어미ᄅᆞᆯ 불너[26] 맛져[27] 보ᄂᆡ엿더니[28] 그 후 정시의[29] 나아가 글을 지을셰[30] 홀연 ᄒᆞᆫ 조각 조희 앏희[31] 나려[32] 지며 조ᄂᆡ불가란[33] 네 글ᄌᆡ[34] 잇ᄂᆞᆫ지라 일노[35] 조ᄎᆞ[36] 글 ᄉᆡᆼ각이[37] 신긔ᄒᆞ여[38] 쟝원급졔ᄒᆞ니라

---

18) 조희ᄅᆞᆯ : 조희(← 죠히 : 종이, 紙) + -ᄅᆞᆯ(목조)
19) 조ᄂᆡ불가라 : 조ᄂᆡ불가(조내불가, 曹鼐ㅍ不可 : 명사구) + -Ø(← -이- : 서조)- + -Ø(현시)- + -라(← -다 : 평종) ※ '조ᄂᆡ불가(曹鼐不可)'는 '조내(曹鼐)는 그 일이 불가(不可)하다'의 뜻이다.
20) ᄌᆞᄅᆞᆯ : ᄌᆞ(자, 글자) + -ᄅᆞᆯ(목조)
21) ᄡᅥ : ᄡᅳ(↚ ᄡᅳ다 : 쓰다, 書)- + -어(연어)
22) 불의 : 불(불, 火) + -의(-에 : 부조, 위치)
23) ᄉᆞ로기ᄅᆞᆯ : ᄉᆞ로(사르다, 태우다, 燒)- + -기(명전) + -ᄅᆞᆯ(목조) ※ 중세 국어의 'ᄉᆞᆯ다'가 'ᄉᆞ로다'로 형태가 변화했다.
24) 진토록 : 진ㅎ[← 진ᄒᆞ다(진하다, 다하다) : 진(진, 盡 : 불어) + -ㅎ(← -ᄒᆞ- : 동접)-]- + -도록(연어, 도달)
25) ᄇᆞᆰ으ᄆᆡ : ᄇᆞᆰ(밝다, 明)- + -으ᄆᆡ(-니 : 연어, 이유)
26) 불너 : 불ㄴ(↚ 불ㄹ- ← 부르다 : 부르다, 召)- + -어(연어) ※ '불너'는 '불러'의 'ㄹㄹ'을 'ㄹㄴ'으로 표기했으며, '블러>불러'는 /ㅡ/가 /ㅜ/로 원순 모음화한 형태이다.
27) 맛져 : 맛지[맏기다, 任 : 맜(맡다, 任)- + -이(사접)-]- + -어(연어) ※ '맛뎌>맛져'는 /ㄷ/이 /ㅈ/으로 구개음화한 예이다.
28) 보ᄂᆡ엿더니 : 보ᄂᆡ(← 보내다 : 보내다, 遣)- + -엿(← -엇- : 완료, 과시)- + -더(회상)- + -니(연어, 설명 계속) ※ '보ᄂᆡ엿더니'는 'ㅏ'를 '·'로 혼기한 형태이다.
29) 정시의 : 정시(정시, 廷試) + -의(-에 : 부조, 위치) ※ '정시(廷試)'는 중국의 과거 제도에서, 천자가 성시(省試) 급제자를 궁정에 불러 친히 고시를 보이던 일이다.
30) 지을셰 : 지(← 짓다, ㅅ불 : 짓다, 作)- + -을셰(-으니 : 연어, 이유)
31) 앏희 : 앏ㅎ(← 앒 : 앞, 前) + -의(-에 : 부조, 위치) ※ '앏희'는 '알ᄑᆡ'의 /ㅍ/을 /ㅂ/과 /ㅎ/으로 재음소화하여 표기한 형태이다.
32) 나려 : 나ᄅᆡ(내리다, 墜)- + -어(연어)
33) 조ᄂᆡ불가란 : 조ᄂᆡ불가(조내불가, 曹鼐不可) + -Ø(← -이- : 서조)- + -Ø(현시)- + -라(← -다 : 평종) + -ㄴ(관전) ※ '조ᄂᆡ불가란'은 '조ᄂᆡ불가라 ᄒᆞᄂᆞᆫ'이 줄어진 말이다.
34) 글ᄌᆡ : 글ᄌᆞ(글자, 字) + -ㅣ(← -이 : 주조)
35) 일노 : 일(← 이 : 이, 是) + -노(← -로 : 부조, 방편) ※ '일노'는 '일로'의 'ㄹㄹ'을 'ㄹㄴ'으로 표기한 형태이다.
36) 조ᄎᆞ : 좇(좇다, 따르다, 從)- + -ᄋᆞ(↚ -아 : 연어) ※ '조ᄎᆞ'는 'ㅏ'를 '·'로 혼기한 형태이다. ※ 이하에서는 /·/의 소실에 따라서 생긴 '·'와 'ㅏ'의 혼기 현상은 별도로 기술하지 않는다.
37) 글 ᄉᆡᆼ각이 : 글(글) ᄉᆡᆼ각(생각, 文思) + -이(주조) ※ '글 ᄉᆡᆼ각'은 한문 원문의 '文思'을 직역한 것인데, 글을 짓기 위한 생각을 이른다.
38) 신긔ᄒᆞ여 : 신긔ᄒᆞ[신기하다 : 신긔(신기, 詵起 : 불어) + -ᄒᆞ(형접)-]- + -여(← -아 : 연어) ※ '신긔(詵起)'는 한문 원문의 '沛然(패연)'을 의역한 것이다. 여기서 '沛然'은 원래 비나 폭

선덕(宣德) 연간(年間)에 조 문충공(曹 文忠公)의 명(名)은 내(鼐)이니, 미시(微時)에 태화현(泰和縣)의 전사(典史) 벼슬을 하였더니, 도적(盜賊)을 잡는 것을 인(因)하여 한 여자를 얻으니, (그 여자가) 심히 아름답고 공(公)에게 향하는 뜻이 있는지라, 공이 그 뜻을 알고 분연(奮然)하여 왈(曰), "내 어찌 급한 때를 인하여 남의 처자(處子)를 더럽히겠느냐?" 하고 조각 종이를 가져 '조내불가(曹鼐不可)이다.'라는 네 글자를 써 불에 살르기를 밤이 다하도록 마지 아니하고, 날이 밝음에 그 어머니를 불러 맡겨 보내였더니, 그 후 (조내가) 정시(廷試)에 나아가 글을 지으니, 홀연 한 조각의 종이가 앞에 내려지며 '조내불가(曹鼐不可)'라는 네 글자가 있는지라, 이를 좇아서 (조내에게) 글 생각이 신기(詵起)하여 장원급제(壯元及第)하였느니라. 【1 : 5】

何澄

하징이란[39] 사ᄅᆞᆷ은 의슐노[40] 일홈이[41] 나타낫더니[42] 동니[43] 사ᄅᆞᆷ 손개[44] 잇셔[45] 병들어 오ᄅᆡ[46] 낫지 못ᄒᆞᄆᆡ[47] 징을 청ᄒᆞ여 두어 번 나아갓더니[48] 손가의 쳬[49] 징을 ᄃᆞᄅᆡ여[50] 가만이[51] 일너[52] 왈 가부의[53] 병이 오ᄅᆡ

포 따위가 세차게 쏟아지는 것이다. '신긔(詵起)'는 어떤 일이 한꺼번에 모여서 일어나는 것이다.

39) 하징이란 : 하징(하징, 何澄 : 사람 이름) + -이(서조)- + -Ø(현시)- + -라(← -다 : 평종) + -ㄴ(관전)

40) 의슐노 : 의슐(의술, 醫術) + -노(← -로 : 부조, 방편) ※ '의슐노'는 '의슐로'의 'ㄹㄹ'을 'ㄹㄴ'으로 표기한 형태이다.

41) 일홈이 : 일홈(이름, 名) + -이(주조)

42) 나타낫더니 : 나타나[나타나다, 유명하다, 著 : 낱(나타나다, 現)- + -아(연어) + 나(나다, 出)-]- + -앗(완료)- + -더(회상)- + -니(연어, 설명 계속)

43) 동니 : 동니(← 동리 : 동리, 洞里) ※ '동리>동니'는 /ㄹ/이 /ㄴ/으로 비음화한 형태이다.

44) 손개 : 손가[손가, 孫哥 : 손(손, 孫 : 사람의 성이다) + -가(-가, 哥 : 접미)] + -ㅣ(← -이 : 주조)

45) 잇셔 : 잇시(← 이시다 : 있다, 有)- + -어(연어) ※ '잇셔'는 '이셔'를 거듭 적어서 표기한 형태이다.

46) 오ᄅᆡ : [오래, 久(부사) : 오ᄅᆞ(← 오라다 : 오래다, 久)- + -Ø(부접)] ※ '오ᄅᆡ'는 '오래'의 'ㅏ'를 'ㆍ'로 혼기한 형태이다.

47) 못ᄒᆞᄆᆡ : 못ᄒᆞ[못하다(보용, 부정) : 못(부사, 부정) + -ᄒᆞ(동접)-]- + -ᄆᆡ(-매 : 연어, 이유)

48) 나아갓더니 : 나아가[나아가다, 次 : 나(나다, 出)- + -아(연어) + 가(가다, 去)-]- + -앗(완료)- + -더(회상)- + -니(연어, 설명 계속)

49) 쳬 : 쳐(처, 妻) + -ㅣ(← -이 : 주조)

50) ᄃᆞᄅᆡ여 : ᄃᆞᄅᆡ(← ᄃᆞᆯ이다 : 당기다, 引)- + -여(← -어 : 연어)

낫지 못ᄒᆞ고 가산이 탕진ᄒᆞ니 의약의[54] 슈고를[55] 갑흘[56] 길이 업ᄂᆞᆫ지라 원컨ᄃᆡ[57] 이 몸으로뻐[58] 약 갑슬 갑고져 ᄒᆞ노라[59] 징이 경ᄉᆡᆨ[60] 왈 낭ᄌᆡ[61] 엇지 이런 말을 ᄒᆞ시ᄂᆞ뇨[62] 다만 안심[63] 물녀ᄒᆞ오시면[64] ᄂᆡ 맛당이[65] 치료홀지니[66] 굿ᄒᆞ여[67] 이 닐로[68] 인ᄒᆞ여 셔로 더러인즉[69] ᄂᆡ 소인이 될 ᄲᅮᆫ 아니라 낭ᄌᆡ ᄯᅩᄒᆞᆫ[70] 실졀ᄒᆞᆫ[71] ᄉᆞᄅᆞᆷ이 될 거시니 텬벌을 가히 면티[72] 못ᄒᆞ리로다[73] 그 쳬 붓그리며[74] 감격ᄒᆞ여 물너가니라[75]

---

51) 가만이 : [가만히, 密(부사) : 가만(가만 : 불어) + -Ø(← -ᄒᆞ- : 형접)- + -이(부접)]
52) 일너 : 일ㄴ(← 일ㄹ- ← 이르다 : 이르다, 說)- + -어(연어) ※ '일너'는 '일러'의 'ㄹㄹ'을 'ㄹㄴ'으로 표기한 형태이다.
53) 가부의 : 가부(가부, 家夫) + -의(관조) ※ '가부(家夫)'는 남에게 자기 남편을 이르는 말이다.
54) 의약의 : 의약(의약, 醫藥) + -의(관조) ※ '의약(醫藥)'은 병을 고치는 데 쓰는 약이다.
55) 슈고를 : 슈고(수고, 受苦) + -를(목조)
56) 갑흘 : 갑ㅎ(← 갚다 : 갚다, 酬)- + -을(관전) ※ '갑흘'은 '가플'의 /ㅍ/을 /ㅂ/과 /ㅎ/으로 재음소화하여 표기한 형태이다.
57) 원컨ᄃᆡ : 원ㅎ[원하다 : 원(원, 願 : 불어) + -ㅎ(← -ᄒᆞ- : 동접)]- + -건ᄃᆡ(-건대 : 연어, 조건)
58) 몸으로뻐 : 몸(몸, 身) + -으로뻐(-으로써 : 부조, 방편)
59) ᄒᆞ노라 : ᄒᆞ(하다, 爲)- + -노라(평종, 현시, 1인칭)
60) 경ᄉᆡᆨ : 정색(正色). ※ '경ᄉᆡᆨ(正色)'은 얼굴에 엄정한 빛을 나타내는 것이다.
61) 낭ᄌᆡ : 낭ᄌᆞ(낭자, 娘子) + -ㅣ(← -이 : 주조)
62) ᄒᆞ시ᄂᆞ뇨 : ᄒᆞ(하다, 謂)- + -시(주높)- + -ᄂᆞ(현시)- + -뇨(-냐 : 의종, 설명)
63) 안심 : 안심(安心). 모든 걱정을 떨쳐 버리고 마음을 편히 가지는 것이다.
64) 물녀ᄒᆞ오시면 : 물녀ᄒᆞ[← 물려ᄒᆞ다(물려하다) : 물려(물려, 勿慮 : 불어) + -ᄒᆞ(동접)-]- + -오(공손)- + -시(주높)- + -면(연어, 조건) ※ '물려(勿慮)'는 염려하지 아니하는 것이다. '물녀'는 '물려'의 'ㄹㄹ'을 'ㄹㄴ'으로 표기한 형태이다.
65) 맛당이 : [마땅히, 반드시, 當(부사) : 맛당(마땅 : 불어) + -Ø(← -ᄒᆞ- : 형접)- + -이(부접)]
66) 치료홀지니 : 치료ᄒᆞ[치료하다 : 치료(치료, 治療 : 명사) + -ᄒᆞ(동접)-]- + -ㄹ지니(ㄹ지니, -ㄹ 것이니 : 연어, 당연)
67) 굿ᄒᆞ여 : 굿ᄒᆞ여(← 구틔여 : 구태여, 苟, 부사) ※ '굿ᄒᆞ여'는 '구틔여'의 /ㅌ/을 /ㄷ/과 /ㅎ/으로 재음소화하여, 종성인 /ㄷ/을 'ㅅ'으로 표기한 형태이다.
68) 닐로 : 닐(← 일 : 일, 事) + -로(부조, 방편)
69) 더러인즉 : 더러이[더럽히다 : 더러(← 더럽다, ㅂ불 : 더럽다, 汚)- + -이(사접)-]- + -ㄴ즉(연어, 이유, 근거)
70) ᄯᅩᄒᆞᆫ : [또한(부사) : ᄯᅩ(또, 又 : 부사) + ᄒᆞ(하다, 爲)- + -ㄴ(관전▷관접)]
71) 실졀ᄒᆞᆫ : 실졀ᄒᆞ[실절하다 : 실졀(실절, 失節 : 명사) + -ᄒᆞ(동접)-]- + -Ø(과시)- + -ㄴ(관전) ※ '실졀(失節)'은 정절을 잃어버리는 것이다.
72) 면티 : 면ㅎ[← 면ᄒᆞ다 : 면(면, 免 : 불어) + -ㅎ(← -ᄒᆞ- : 동접)-]- + -디(-지 : 연어, 부정)
73) 못ᄒᆞ리로다 : 못ᄒᆞ[못하다(보용, 부정) : 못(부사, 부정) + -ᄒᆞ(동접)-]- + -리(미시)- + -로(← -도- : 느낌)- + -다(평종)

하징(何澄)이라는 사람은 의술(醫術)로 이름이 나타났더니, 동리(洞里) 사람인 손가(遜哥)가 있어 병들어 오래 낫지 못하매, 징(澄)을 청하여 두어 번 (징이 손가에게) 나아갔더니, 손가의 처(妻)가 징을 당기어 가만히 일러 말하기를, "가부(家夫)의 병이 오래 낫지 못하고 가산(家產)이 탕진(蕩盡)하니, 의약(醫藥)의 수고(受苦)를 갚을 길이 없는지라, 원컨대 이 몸으로써 약 값을 갚고자 한다." 징이 정색(正色)하여 말하되, "낭자(娘子)가 어찌 이런 말을 하시느냐? 다만 안심(安心)하고 물려(勿慮)하오시면 내가 반드시 치료(治療)할지니, 구태여 이 일로 인(因)하여 서로 더럽히다면, 내가 소인(小人)이 될 뿐 아니라 낭자(娘子)가 또한 실절(失節)한 사람이 될 것이니, 천벌(天罰)을 가(可)히 면(免)하지 못하겠구나. 그 처가 부끄러워하며 감격하여 물러갔니라.

타일의[76] 징이 몸이 곤ᄒᆞ여[77] 상의[78] 비겨[79] 됴을더니[80] ᄒᆞᆫ 마을의 니르니 ᄒᆞᆫ 신명이[81] 잇셔[82] 닐너[83] 왈 네 의슐을 힝ᄒᆞ여 공이 만코 또 급ᄒᆞᆫ ᄣᅴ의[84] 사ᄅᆞᆷ의 부녀ᄅᆞᆯ 어즈러이지[85] 아니ᄒᆞ니 상졔[86] 아ᄅᆞᆷ다이[87] 너기샤 너ᄅᆞᆯ ᄒᆞᆫ 벼ᄉᆞᆯ과 돈 오만 냥을 쥬시ᄂᆞ니라[88] ᄒᆞ더니 오ᄅᆡ지[89]

---

74) 붓그리며 : 붓그리(부끄러워하다, 慚)- + -며(연어, 동시)
75) 물너가니라 : 물너가[← 물러가다 : 믈ㄴ(← 믈ㄹ- ← 므르다 : 므르다, 退)- + -어(연어) + 가(가다, 去)-]- + -Ø(과시)- + -니(원칙)- + -라(← -다 : 평종) ※ '물너가니라'는 '물러가니라'의 'ㄹㄹ'을 'ㄹㄴ'으로 표기한 형태이다.
76) 타일의 : 타일(타일, 다른 날, 他日) + -의(-에 : 부조, 위치)
77) 곤ᄒᆞ여 : 곤ᄒᆞ[곤하다, 피곤하다 : 곤(곤, 困 : 불어) + -ᄒᆞ(형접)-]- + -여(← -어 : 연어)
78) 상의 : 상(상, 책상, 床) + -의(-에 : 부조, 위치)
79) 비겨 : 비기(비스듬하게 기대다)- + -어(연어)
80) 됴을더니 : 됴을(↚ 조을다 : 졸다, 假寐)- + -더(회상)- + -니(연어, 설명 계속)
81) 신명이 : 신명(신명, 神明) + -이(주조) ※ '신명(神明)'은 천지의 신령을 이른다.
82) 잇셔 : 잇ㅅ(← 이시다 : 있다, 有)- + -어(연어) ※ '잇셔'는 '이셔'의 /ㅅ/을 'ㅅㅅ'으로 거듭 적은 형태이다.
83) 닐너 : 닐ㄴ(← 닐ㄴ- ← 니르다 : 이르다, 謂)- + -어(연어) ※ '닐너'는 '닐러'의 'ㄹㄹ'을 'ㄹㄴ'으로 표기한 형태이다.
84) ᄣᅴ의 : ᄣᅴ(때, 時 : 의명) + -의(-에 : 부조, 위치, 시간)
85) 어즈러이지 : 어즈러이[어지럽히다 : 어즈리(어지럽히다, 亂)- + -어(← -업- : 형접, ㅂ불)- + -이(사접)-]- + -지(연어, 부정) ※ '어즈러이다'는 '어즐(불어) → 어즈리다(어지럽히다 : 사동사) → 어즈럽다(어지럽다 : 형용사) → 어즈러이다(어지럽히다 : 사동사)'의 순으로 파생되었다.
86) 상졔 : 상졔(상제, 하느님, 上帝) + -ㅣ(← -이 : 주조)
87) 아ᄅᆞᆷ다이 : [아름답게(부사) : 아ᄅᆞᆷ(아름 : 불어) + -다(← -답- : 형접, ㅂ불)- + -이(부접)]

아니ᄒᆞ여 동궁의[90] 병환이 겨시ᄆᆡ[91] 징의 약을 진어ᄒᆞ샤[92] ᄒᆞᆫ 쳡의 나으시니 됴셔ᄒᆞ여[93] 벼슬과 돈을 쥬시되[94] 다 그 말과 ᄀᆺ흐엿더라[95]

타일(他日)에 징이 몸이 곤(困)하여 상(床)에 기대어 졸더니, (꿈에) 한 마을에 이르니 한 신명(神明)이 있어서 일어 말하기를, "네가 의술(醫術)을 행하여 공이 많고 또 급(急)한 때에 사람의 부녀(婦女)를 어지럽히지 아니하니, 상제(上帝)가 아름답게 여기시어 너에게 한 벼슬과 돈 오만 냥을 주시느니라."라고 하더니, 오래지 아니하여 동궁(東宮)의 병환(病患)이 있으시매 (동궁이) 징의 약을 진어(進御)하시어 한 첩에 나으시니, 조서(詔書)하여 벼슬과 돈을 주시되, 다 그 말(= 상제의 말)과 같았더라.【1 : 6~1 : 7】

88) 쥬시ᄂᆞ니라 : 쥬(주다, 受)- + -시(주높)- + -ᄂᆞ(현시)- + -니(원칙)- + -라(← -다 : 평종)

89) 오ᄅᆡ지 : 오ᄅᆡ(← 오래다 : 오래다, 久)- + -지(연어, 부정) ※ '오ᄅᆡ디>오ᄅᆡ지'는 /ㄷ/이 /ㅈ/으로 구개음화한 예이다.

90) 동궁의 : 동궁(동궁, 東宮) + -의(관조) ※ '동궁(東宮)'은 황태자'나 '왕세자'를 이르던 말이다.

91) 겨시ᄆᆡ : 겨시(계시다, 有)- + -ᄆᆡ(-매, -므로 : 연어, 이유)

92) 진어ᄒᆞ샤 : 진어ᄒᆞ[진어하다 : 진어(진어, 進御 : 명사) + -ᄒᆞ(동접)-]- + -시(주높)- + -아(연어) ※ '진어(進御)'는 임금이 먹고 입는 일을 높여 이르던 말이다.

93) 됴셔ᄒᆞ여 : 됴셔ᄒᆞ[조서하다 : 됴셔(조서, 詔書 : 명사) + -ᄒᆞ(동접)-]- + -여(← -아 : 연어) ※ '됴셔(詔書)'는 임금이 임금의 명령을 일반에게 알릴 목적으로 적은 문서이다. 그리고 '됴셔ᄒᆞ다'는 이러한 조서를 내리는 것이다.

94) 쥬시되 : 쥬(← 주다 : 주다, 賜)- + -시(주높)- + -되(연어, 설명 계속)

95) ᄀᆺ흐엿더라 : ᄀᆺ흐(← ᄀᆮᄒᆞ다 : 같다, 如)- + -엿(완료, 과시)- + -더(회상)- + -라(← -다 : 평종) ※ 'ᄀᆺ흐엿더라'는 종성 /ㄷ/을 'ㅅ'으로 표기한 형태이며, 'ᄀᆺ흐-'는 'ᄀᆺᄒᆞ-'를 오각한 형태이다.

好義之報 *

竇禹鈞

송나라 두우균은[1)] 오ᄃᆡ[2)] 시의[3)] 간의ᄃᆡ부라[4)] 년이[5)] 삼십의 무ᄌᆞᄒᆞ더니[6)] ᄭᅮᆷ의[7)] 그 부친이 니ᄅᆞ되 네 팔ᄌᆡ[8)] 무ᄌᆞᄒᆞ고 ᄯᅩᄒᆞᆫ 단슈ᄒᆞ니[9)] 일ᄌᆞᆨ이[10)] 착ᄒᆞᆫ ᄒᆡᆼ실을 ᄃᆞᆺ그라[11)] ᄒᆞ거ᄂᆞᆯ 우균이 일노[12)] 조ᄎᆞ[13)] 슈ᄒᆡᆼᄒᆞᆯᄉᆡ[14)] 그 위인이 본ᄃᆡ 쟝ᄌᆡ라[15)] 집의 부리ᄂᆞᆫ ᄉᆞ환이[16)] 잇더니 쥬인의 돈 이ᄇᆡᆨ쳔을[17)]

---

* 好義之報 : 호의지보. 호의를 베푼 데에 대한 보답.

1) 두우균 : 두우균(竇禹鈞 : 사람 이름, 936~946). 중국의 후오대(五代) 시절에 범양(范陽) 땅에 살았다는 인물이다. 30세가 되도록 슬하에 자식이 없었는데, 선행을 쌓아서 늦은 나이에 다섯 아들을 차례로 얻어서 엄정한 교육을 행하여 다섯 모두가 과거에 급제하였다.

2) 오ᄃᆡ : 오대(五代). 중국에서 당나라가 망한 뒤부터 송나라가 건국되기 전까지의 과도기에 흥망한 다섯 왕조이다. 후량(後梁), 후당(後唐), 후진(後晉), 후한(後漢), 후주(後周)를 이른다.

3) 시의 : 시(때, 時) + -의(관조)

4) 간의ᄃᆡ부라 : 간의ᄃᆡ부(간의대부, 諫議大夫) + -Ø(← -이- : 서조)- + -Ø(현시)- + -라(← -다 : 평종) ※ '간의ᄃᆡ부(諫議大夫)'는 임금에게 잘못을 고치도록 간하는 일을 맡아보던 벼슬이다.

5) 년이 : 년(연, 나이, 年) + -이(주조)

6) 무ᄌᆞᄒᆞ더니 : 무ᄌᆞᄒᆞ[무자하다 : 무ᄌᆞ(무자, 자식이 없음, 無子) + -ᄒᆞ(형접)-]- + -더(회상)- + -니(연어, 설명 계속)

7) ᄭᅮᆷ의 : ᄭᅮᆷ[꿈, 夢 : ᄭᅮ(꾸다, 夢 : 동사)- + -ㅁ(명접)] + -의(-에 : 부조, 위치)

8) 팔ᄌᆡ : 팔ᄌᆞ(팔자, 八字) + -ㅣ(← -이 : 주조)

9) 단슈ᄒᆞ니 : 단슈ᄒᆞ[단수하다 : 단슈(단수, 短壽 : 명사) + -ᄒᆞ(형접)-]- + -니(연어, 설명 계속) ※ '단슈(短壽)'는 수명이 짧은 것이다.

10) 일ᄌᆞᆨ이 : [← 일ᄌᆞ기(일찌기 : 부사) : 일ᄌᆞᆨ(← 일즉 : 일찍, 早, 부사) + -이(부접)]

11) ᄃᆞᆺ그라 : ᄃᆞᆰ(닦다, 修)- + -으라(명종)

12) 일노 : 일(← 이 : 이, 是) + -노(← -로 : 부조, 방편) ※ '일노'는 '일로'의 'ㄹㄹ'를 'ㄹㄴ'로 표기한 형태이다.

13) 조ᄎᆞ : 좇(좇다, 따르다, 말미암다, 從)- + -ᄋᆞ(← -아 : 연어) ※ '조ᄎᆞ'는 'ㅏ'를 'ㅏ'로 혼기한 형태이다.

14) 슈ᄒᆡᆼᄒᆞᆯᄉᆡ : 슈ᄒᆡᆼᄒᆞ[수행하다 : 슈ᄒᆡᆼ(수행, 遂行 : 명사) + -ᄒᆞ(동접)-]- + -ㄹᄉᆡ(-니 : 연어, 설명 계속)

15) 쟝ᄌᆡ라 : 쟝ᄌᆞ(장자, 큰 부자, 長者) + -ㅣ(← -이- : 서조)- + -Ø(현시)- + -라(← -다 : 평종)

16) ᄉᆞ환이 : ᄉᆞ환(사환, 使喚) + -이(주조) ※ 'ᄉᆞ환(使喚)'은 관청이나 회사, 가게 따위에서 잔심부름을 시키기 위하여 고용한 사람이다.

쓰고 죄 엇을가[18] 두려[19] 도망ᄒᆞᆯ싀 ᄒᆞᆫ ᄯᆞᆯ이 이시니 년이 십이 셰라[20] ᄉᆞᄉᆞ로 문셔를[21] 써 ᄯᆞᆯ의 팔의 ᄆᆡ고 가니 ᄒᆞ엿시되[22] 이 ᄯᆞᆯ을 ᄃᆡᆨ의[23] 팔아 진[24] 바 돈을 갑흐렷노라[25] ᄒᆞ엿거ᄂᆞᆯ 우균이 보고 불샹이[26] 넉여[27] 그 문셔를 불지르고 그 ᄯᆞᆯ을 됴히[28] 길너[29] 나히[30] 차ᄆᆡ 착실ᄒᆞᆫ 사ᄅᆞᆷ을 갈희여[31] ᄉᆡ집보ᄂᆡ고[32] ᄯᅩ 돈 이ᄇᆡᆨ쳔을 쥬어[33] 보ᄂᆡ니 그 ᄉᆞ환이 감읍ᄒᆞ여[34] 도라와 청죄ᄒᆞ니라[35]

---

17) 이백쳔을 : 이백쳔(이백천, 二百千) + -을(목조) ※ '이ᄇᆡᆨ쳔(二百千)'은 '십만(十萬)'의 수이다.

18) 엇을가 : 엇(← 얻다 : 얻다, 得)- + -을가(의종, 판정, 미시) ※ '엇을가'는 '얻을가'의 종성 /ㄷ/을 'ㅅ'으로 표기한 형태이다.

19) 두려 : 두리(두려워하다, 걱정하다, 慮)- + -어(연어)

20) 셰라 : ① 셰(세, 歲) + -∅(← -이- : 서조)- + ∅(현시)- + -라(← -다 : 평종) ② 셰(세, 歲) + -∅(← -이- : 서조)- + -라(← -아 : 연어, 근거)

21) 문셔를 : 문셔(문서, 글, 文書) + -를(목조)

22) ᄒᆞ엿시되 : ᄒᆞ(하다, 云)- + -엿ㅅ(← -엿- ← -앗- : 완료)- + -되(연어, 설명 계속) ※ 'ᄒᆞ엿시되'는 'ᄒᆞ여시되'의 'ㅅ'을 'ㅅㅅ'으로 거듭 적은 형태이다.

23) ᄃᆡᆨ의 : ᄃᆡᆨ(댁, 宅) + -의(-에 : 부조, 위치)

24) 진 : 지(지다, 빚을 지다, 負)- + -∅(과시)- + -ㄴ(관전)

25) 갑흐렷노라 : 갑ㅎ(← 갚다 : 갚다, 償)- + -으려(연어, 의도) # ㅅ(← ᄒᆞ- : 하다, 보용, 의도)- + -노라(평종, 현시, 1인칭) ※ '갑흐렷노라'는 '가프려 ᄒᆞ노라'가 줄어진 말이다. '갑흐렷노라'는 '가프렷노라'의 /ㅍ/을 /ㅂ/과 /ㅎ/으로 재음소화하여 표기한 예이다.

26) 불샹이 : [불상히, 憐(부사) : 불샹(불상, 憐 : 불어) + -∅(← -ᄒᆞ- : 형접)- + -이(부접)]

27) 넉여 : 넉이(← 너기다 : 여기다, 思)- + -어(연어) ※ '넉여'는 '너겨'를 과잉 분철한 형태이다.

28) 됴히 : [좋게, 善(부사) : 둏(좋다, 善)- + -이(부접)]

29) 길너 : 길ㄴ(← 길ㄹ- ← 기르다 : 기르다, 養)- + -어(연어) ※ '길너'는 '길러'의 'ㄹㄹ'을 'ㄹㄴ'으로 표기한 형태이다.

30) 나히 : 나ㅎ(나이, 年) + -이(주조)

31) 갈희여 : 갈희(← ᄀᆞᆯᄒᆡ다 : 가리다, 擇)- + -여(← -어 : 연어)

32) ᄉᆡ집보ᄂᆡ고 : ᄉᆡ집보ᄂᆡ[시집보내다, 嫁 : ᄉᆡ(시-, 媤 : 접두)- + 집(집, 家) + 보ᄂᆡ(← 보내다, 보내다, 遣)-]- + -고(연어, 계기) ※ 'ᄉᆡ집보ᄂᆡ고'는 'ᄉᆡ집보내고'의 'ㅏ'를 'ㆍ'로 혼기한 형태이다.

33) 쥬어 : 쥬(← 주다 : 주다, 贈)- + -어(연어)

34) 감읍ᄒᆞ여 : 감읍ᄒᆞ[감읍하다 : 감읍(감읍, 感泣 : 명사) + -ᄒᆞ(동접)-]- + -여(← -어 : 연어) ※ '감읍(感泣)'은 감격하여 목메어 우는 것이다.

35) 청죄ᄒᆞ니라 : 청죄ᄒᆞ[청죄하다 : 청죄(청죄, 請罪 : 명사) + -ᄒᆞ(동접)-]- + -∅(과시)- + -니(원칙)- + -라(← -다 : 평종) ※ '청죄(請罪)'는 저지른 죄에 대하여 벌을 줄 것을 청하는 것이다.

송(宋)나라 두우균(竇禹鈞)은 오대(五代) 시(時)의 간의대부(諫議大夫)이다. 연(나이, 年)이 삼십에 무자(無子)하더니, 꿈에 그 부친이 이르되 "너의 팔자(八字)가 무자(無子)하고 또한 단수(短壽)하니, 일찍이 착한 행실을 닦으라."라고 하거늘, 우균이 이를 좇아 수행(遂行)하니, 그 위인(爲人)이 본디 장자(長者)이라서 집에 부리는 사환(使喚)이 있더니, (그 사환이) 주인의 돈 이백천(二百千)을 쓰고 죄를 얻을까 두려워하여 도망하니, (사환에게) 한 딸이 있으니, 연(나이, 年)이 십이 세(歲)이다. (사환이) 스스로 문서(文書)를 써서 딸의 팔에 매고 가니, (문서에) 하였으되, "이 딸을 댁(宅)에 팔아 (내가 빚) 진 바 돈을 갚으려 한다." 고 하였거늘, 우균이 보고 불쌍히 여겨 그 문서를 불지르고, 그 딸을 잘 길러 나이가 차매, 착실한 사람을 가리어 시집보내고, 또 돈 이백천(二百千)을 주어 보내니, 그 사환이 감읍(感泣)하여 돌아와 청죄(請罪)하였느니라.

또 산ᄉᆞ의[36] 가 노다가 들닌[37] 금 두 덩이와 은 슈십 냥을 엇어[38] 도라오더니 명일의[39] 가지고 그 졀의[40] 가 기ᄃᆞ리다가 님ᄌᆞᄅᆞᆯ[41] ᄎᆞᄌᆞ[42] 쥬니 그 사ᄅᆞᆷ이 글노써[43] 기부의[44] 죄ᄅᆞᆯ 속ᄒᆞ여[45] 죽기ᄅᆞᆯ 면ᄒᆞ고 또 사ᄅᆞᆷ의 혼상을[46] 당ᄒᆞ여 가난ᄒᆞ여 ᄒᆞᆯ 슈[47] 업ᄉᆞ믈 보면 돈을 ᄂᆡ여[48]

---

36) 산ᄉᆞ의 : 산ᄉᆞ(산사, 山寺) + -의(-에 : 부조, 위치)

37) 들닌 : 들니[← 흘리다(흘리다, 遺) : 흘ㄴ(← 흘ㄹ- ← ᄒᆞ르다 : 흐르다, 流)- + -이(사접)-]- + -ㄴ(관전) ※ 한문 원문의 '遺'를 감안하면 '들닌'은 '흘닌'을 오각한 형태로 추정된다.

38) 엇어 : 엇(← 얻다 : 얻다, 得)- + -어(연어) ※ '엇어'는 '얻어'의 /ㄷ/을 'ㅅ'으로 표기한 형태이다.

39) 명일의 : 명일(명일, 다음날, 明日) + -의(-에 : 부조, 위치, 시간)

40) 졀의 : 졀(절, 寺) + -의(-에 : 부조, 위치)

41) 님ᄌᆞᄅᆞᆯ : 님ᄌᆞ(임자, 主) + -ᄅᆞᆯ(목조)

42) ᄎᆞᄌᆞ : ᄎᆞᆽ(찾다, 索)- + -ᄋᆞ(← -아 : 연어) ※ 'ᄎᆞᄌᆞ'는 'ᄎᆞ자'의 'ㅏ'를 '·'로 혼기한 형태이다. ※ 이하에서는 /·/의 소실로 인하여 'ㅏ'와 '·'가 혼기되는 현상을 언급하지 아니한다.

43) 글노써 : 글(← 그 : 그, 彼, 지대) + -노써(← -로써 : 부조, 방편) ※ '글노써'는 '글로써'의 'ㄹㄹ'을 'ㄹㄴ'으로 표기한 형태이다.

44) 기부의 : 기부(기부, 그 아버지, 其父) + -의(관전)

45) 속ᄒᆞ여 : 속ᄒᆞ[속하다 : 속(속, 贖 : 불어) + -ᄒᆞ(동접)-]- + -여(← -아 : 연어)

46) 혼상을 : 혼상(혼상, 婚喪 : 명사) + -을(목조) ※ '혼상(婚喪)'은 혼인에 관한 일과 초상에 관한 일을 아울러서 이르는 말이다.

47) 슈 : 수(수, 방법, 手 : 의명)

48) ᄂᆡ여 : ᄂᆡ(← 내다 : 내다, 出)- + -여(← -어 : 연어)

도으니[49] 무릇 가난ᄒᆞᆫ 상ᄉᆞ의[50] 장ᄉᆞ[51] 디ᄂᆡ기ᄅᆞᆯ[52] 이십칠이요[53] 가난ᄒᆞᆫ 녀ᄌᆞ의 혼인ᄒᆞ여 쥬기ᄅᆞᆯ 이십팔이며 친지간 궁곤ᄒᆞᆫ[54] 사ᄅᆞᆷ이면 다소간 돈을 ᄭᅮ여[55] ᄉᆡᆼᄋᆡᄒᆞ게[56] ᄒᆞ니 공을 인ᄒᆞ여 ᄉᆞᄂᆞᆫ[57] ᄌᆡ 슈십[58] 가요[59] ᄉᆞ방[60] 현ᄉᆡ[61] 공을 ᄒᆞ여[62] 쳔거ᄒᆞᆫ ᄌᆡ[63] 부지기슈요[64] ᄯᅩ 집의 셔당 ᄉᆞ십 간을 지어 셔ᄎᆡᆨ[65] 쳔 권을 두고 착ᄒᆞᆫ 션ᄇᆡᄅᆞᆯ 엇어 스승을 ᄉᆞᆷ고 ᄉᆞ방의 빈한ᄒᆞᆫ[66] 션ᄇᆡᄅᆞᆯ 모하[67] 지여부지간[68] 공궤ᄒᆞ고[69] 집이 검소ᄒᆞ여 일 년 쓸 거ᄉᆞᆯ 계교ᄒᆞ여[70] 둔 후 그 남져지ᄂᆞᆫ[71] 다 사ᄅᆞᆷ을 구졔ᄒᆞ더니

---

49) 도으니 : 도으(↜ 도우-/도오-, 돕다, ㅂ불 : 돕다, 助)- + -니(← -으니 : 연어, 설명 계속)
※ '도으니'는 '도오니/도우니'를 오각한 형태이다.

50) 상ᄉᆞ의 : 상ᄉᆞ(상사, 喪事) + -의(-에 : 부조, 위치) ※ '상ᄉᆞ(喪事)'는 사람이 죽은 일이다.

51) 장ᄉᆞ : 장사(葬事). 죽은 사람을 땅에 묻거나 화장하는 일이다.

52) 디ᄂᆡ기ᄅᆞᆯ : 디ᄂᆡ(← 디내다 : 지내다, 爲)- + -기(명전) + -ᄅᆞᆯ(목조)

53) 이십칠이요 : 이십칠(이십칠, 二十七) + -이(서조)- + -요(← -오← -고 : 연어, 나열)
※ '-고'에서 /ㄱ/이 탈락한 뒤에 '-오'가 /ㅣ/에 동화되어서 '-요'로 실현되었다.

54) 궁곤ᄒᆞᆫ : 궁곤ᄒᆞ[궁곤하다 : 궁곤(궁곤, 窮困 : 명사) + -ᄒᆞ(형접)-]- + -Ø(현시)- + -ㄴ(관전)

55) ᄭᅮ여 : ᄭᅮ이[꾸이다, 빌리게 하다 : ᄭᅮ(꾸다, 빌리다, 借)- + -이(사접)-]- + -어(연어)

56) ᄉᆡᆼᄋᆡᄒᆞ게 : ᄉᆡᆼᄋᆡᄒᆞ[← ᄉᆡᆼ애ᄒᆞ다(생애하다) : ᄉᆡᆼ애(생애, 生涯 : 명사) + -ᄒᆞ(동접)-]- + -게(연어, 사동) ※ 'ᄉᆡᆼ애(生涯)'는 살림을 살아 나가는 것이다.

57) ᄉᆞᄂᆞᆫ : ᄉᆞ(← 살다 : 살다, 活)- + -ᄂᆞ(현시)- + -ㄴ(관전)

58) 슈십 : 슈십(↜ 수십 : 수십, 數十, 관사).

59) 가요 : 가(가, 家) + -ㅣ(← -이- : 서조)- + -요(← -오 ← -고 : 연어, 나열) '-고'의 /ㄱ/이 탈락한 뒤에 '-오'가 /ㅣ/에 동화되어서 '-요'로 실현되었다.

60) ᄉᆞ방 : 사방(四方).

61) 현ᄉᆡ : 현ᄉᆞ(현사, 어진 선비, 賢士) + -ㅣ(← -이 : 주조)

62) ᄒᆞ여 : ᄒᆞ이[하게 하다, 賴 : ᄒᆞ(하다, 爲)- + -이(사접)-]- + -어(연어) ※ 'ᄒᆞ여'에 대응되는 한문 원문이 '賴(뢰)'이므로 '의뢰하다'로 의역할 수 있다.

63) ᄌᆡ : ᄌᆞ(자, 者 : 의명) + -ㅣ(← -이 : 주조)

64) 부지기슈요 : 부지기슈(↜ 부지기수 : 부지기수, 不知其數) + -ㅣ(← -이 : 서조)- + -요(← -오 ← -고 : 연어, 나열) ※ '-고'에서 /ㄱ/이 탈락한 뒤에 '-오'가 /ㅣ/에 동화되어서 '-요'로 실현되었다.

65) 셔ᄎᆡᆨ : 서책(書冊).

66) 빈한ᄒᆞᆫ : 빈한ᄒᆞ[빈한하다 : 빈한(빈한, 貧寒 : 불어) + -ᄒᆞ(형접)-]- + -Ø(현시)- + -ㄴ(관전)

67) 모하 : 모ᄒ(↜ 뫼호다 : 모으다, 聚)- + -아(연어) ※ '모하'는 '뫼화'를 오각한 형태이다.

68) 지여부지간 : 지여부지간(知與不知間). 알게 모르게(부사).

69) 공궤ᄒᆞ고 : 공궤ᄒᆞ[공궤하다 : 공궤(공궤, 供饋 : 명사) + -ᄒᆞ(동접)-]- + -고(연어, 나열, 계기) ※ '공궤(供饋)'는 음식을 주는 것이다.

70) 계교ᄒᆞ여 : 계교ᄒᆞ[계교하다 : 계교(계교, 計較 : 명사) + -ᄒᆞ(동접)-] + -여(← -아 : 연어)

또 산사(山寺)에 가 놀다가 (어떤 사람이) 흘린 금 두 덩이와 은 수십 냥을 얻어 돌아오더니, 명일(明日)에 가지고 그 절에 가 기다리다가 임자를 찾아 주니, 그 사람이 그로써 기부(其父)의 죄를 속(贖)하여 (기부가) 죽기를 면(免)하고,[72] 또 사람이 혼상(婚喪)을 당하여 가난하여 (혼상을) 할 수 없음을 보면 돈을 내어 도우니, 무릇 가난한 상사(喪事)에 장사(葬事)를 지내기를 이십칠이요, 가난한 여자에게 혼인하여 주기를 이십팔이며, 친지간(親知間) 궁곤(窮困)한 사람이면 다소간 돈을 꾸게 하여 생애(生涯)하게 하니, 공(公)을 인(因)하여 사는 자(者)가 수십 가(家)이요, 사방(四方) 현사(賢士)가 공(公)을 인하여 천거(薦擧)한 자가 부지기수(不知其數)요, 또 집에 서당(書堂) 사십 칸(間)을 지어 서책(書冊) 천 권을 두고 착한 선비를 얻어 스승을 삼고, 사방의 빈한(貧寒)한 선비를 모아 지여부지간(知與不知間)에 공궤(供饋)하고, 집이 검소하여 일 년 쓸 것을 계교(計較)하여 둔 후에 그 나머지는 다 사람을 구제(救濟)하더니

> 일일은 ᄭᅮᆷ의 그 조뷔[73] 또 닐너[74] 왈 네 슈년[75] ᄂᆡ로 음덕을 ᄊᆞ하[76] 이믜[77] 일홈이 텬조의[78] 올나실셰[79] 샹졔[80] 특별이 ᄉᆞᆷ긔지슈[81]를 늘이시고 오ᄌᆞ를[82] 쥬어 ᄌᆡ히[83] 되게 ᄒᆞ시니라 ᄒᆞ더니 그 후 과연 오ᄌᆞ 팔손이

※ '계교(計較)'는 서로 견주어 살펴보는 것이다.

71) 남져지ᄂᆞᆫ : 남져지(나머지, 餘) + -ᄂᆞᆫ(보조사, 주제)

72) 기부(其父)의 죄를 속(贖)하여 죽기를 면(免)하고 : 금 덩어리를 잃어버린 사람은 그의 아버지가 죄를 지어서 죽을 처지에 있었다. 이에 금덩어리를 잃어버린 사람은 그 금 덩어리로써 자신의 아버지의 죄를 속(贖)하려고 했다. 이에 '두우균'이 주은 금 덩어리를 잃어버린 사람에게 돌려줌으로써, 그 사람의 아버지가 죽는 것을 면했다는 것이다.

73) 조뷔 : 조부(조부, 祖父) + -ㅣ(← -이 : 주조)

74) 닐너 : 닐ㄴ(← 닐ㄹ- ← 니르다 : 이르다, 謂)- + -어(연어) ※ '닐너'는 '닐러'의 'ㄹㄹ'을 'ㄹㄴ'으로 표기한 형태이다.

75) 슈년 ᄂᆡ로 : 슈년(수년, 數年) # ᄂᆡ(← 내 : 내, 內) + -로(부조, 방편)

76) ᄊᆞ하 : ᄊᆞᇂ(← 쌓다 : 쌓다, 積)- + -아(연어)

77) 이믜 : 이미, 已(부사).

78) 텬조의 : 텬조(천조, 天曹) + -의(-에 : 부조, 위치) ※ '텬조(天曹)'는 천상(天上)의 관부 혹은 관리라는 뜻이다. 도교(道敎)에서 사람의 공죄(功罪)에 따라 수명을 가감하는 권한이 있는 신(神)을 이르는 말이다.

79) 올나실셰 : 올ㄴ(← 올ㄹ- ← 오ᄅᆞ다 : 오르다, 掛)- + -아시(-았- : 완료)- + -ㄹ셰(-므로 : 연어, 이유) ※ '올나실셰'는 '올라실셰'의 'ㄹㄹ'을 'ㄹㄴ'으로 표기한 형태이다.

80) 샹졔 : 샹졔(상제, 上帝) + -∅(← -이 : 주조)

81) ᄉᆞᆷ긔지슈 : 삼기지수(三紀之壽). '一紀(일기)'는 12년이므로, 'ᄉᆞᆷ긔(三紀)'는 36년을 이른다. 따라서 'ᄉᆞᆷ긔지슈(三紀之壽)'는 36년의 수명을 이른다.

다 ᄌᆡᄒᆞᆫ[84] 벼ᄉᆞᆯ ᄒᆞ고 공이 향슈[85] 팔십이세[86] ᄒᆞ니라[87]

일일(一日)은 꿈에 그 조부(祖父)가 또 일러 말하기를, “네가 수년(數年) 내(內)로 음덕(陰德)을 쌓아 이미 이름이 천조(天曹)에 올랐으므로, 상제(上帝)가 특별히 삼기지수(三紀之壽)를 늘이시고 오자(五子)를 주어 (지위가) 높게 되게 하셨니라.”고 하더니, 그 후 과연 오자(五子) 팔손(八孫)이 다 높은 벼슬을 하고 공(公)이 향수(享壽) 팔십이세(八十二歲) 하였니라.【1 : 10~1 : 11】

---

82) 오ᄌᆞᄅᆞᆯ : 오ᄌᆞ(오자, 다섯 아들, 五子) + -ᄅᆞᆯ(목조)

83) ᄌᆡ히 : [지위가 높게(부사) : ᄌᆡㅎ(← ᄌᆡᄒᆞ다 : 높다, 顯, 형사)- + -이(부접)] ※ ‘ᄌᆡ히’의 형태와 의미를 알 수 없다. 다만, ‘ᄌᆡ히’는 한문 원문의 ‘귀현(貴顯)’에 대응되는데, 이때의 ‘귀현(貴顯)’은 존귀하고 벼슬이나 명성, 덕망 따위가 높은 것이다. 이러한 원문을 감안하면 ‘ᄌᆡ히’는 ‘ᄌᆡᄒᆞ다(높다)’에서 파생되어서 ‘존귀하게’의 의미로 쓰이는 부사인 것으로 보인다. ‘ᄌᆡ’를 ‘宰’의 한자음으로 볼 가능성이 있다.

84) ᄌᆡᄒᆞᆫ : ᄌᆡᄒᆞ(높다, 顯)- + -Ø(현시)- + -ㄴ(관전) ※ ‘ᄌᆡᄒᆞᆫ 벼슬’에 대응되는 한자가 ‘顯秩(=높은 벼슬)’이므로, ‘ᄌᆡᄒᆞᆫ 벼슬’을 ‘높은 벼슬’로 옮긴다.

85) 향슈 : 향수(享壽). 오래 사는 복을 누리는 것이다.

86) 팔십이셰 : 팔십이세(八十二歲)

87) ᄒᆞ니라 : ᄒᆞ(하다, 爲)- + -Ø(과시)- + -니(원칙)- + -라(← -다 : 평종)

宰相善報 *

司馬光

ᄉᆞ마온공[1)]이 낙양으로 조ᄎᆞ[2)] 셔울의 드러오니 군ᄉᆞ의 무리 셔로 손을 들어 이마의 더으며[3)] ᄇᆡᆨ셩이 길을 막아 부루ᄃᆡ[4)] 원컨ᄃᆡ 공은 도라가지 말고 머물너[5)] 텬ᄌᆞᄅᆞᆯ 도아[6)] 우리 ᄇᆡᆨ셩을 ᄉᆞᆯ오라[7)] ᄒᆞ며 디ᄂᆞᄂᆞᆫ바[8)] 촌민이 쳔ᄇᆡᆨ이[9)] 무리 지어 쒸놀며[10)] 불너 왈 ᄉᆞ마공이 경승[11)] ᄒᆞ니 우리 무리 ᄉᆞᆯ니로다[12)] ᄒᆞ며 거란[13)]이 듯고[14)] 졔[15)] ᄂᆞ라의[16)]

---

* **宰相善報** : 재상상보. 재상이 좋게 보답받다.

1) ᄉᆞ마온공 : 사마온공(司馬溫公, 1019~1086). '사마광'의 다른 이름이다. 중국 북송 때의 학자·정치가(1019~1086)이다. 신종 초에 왕안석의 신법(新法)에 반대하여 은퇴하고 철종 때에 재상이 되자, 신법을 폐하고 구법(舊法)으로 통치하였다. 저서에 『자치통감』(資治通鑑) 등이 있다.
2) 조ᄎᆞ : 좇(쫓다, 따르다, 말미암다, 從)-+-ᄋᆞ(↚-아 : 연어)
3) 더으며 : 더으(더하다, 加)-+-며(연어, 나열) ※'더으다'는 문맥상 '얹다'의 뜻으로 쓰였다. ※"손을 들어 이마에 얹는다."라는 것은 군사들이 사마온공에게 경례를 하는 것이다.
4) 부루ᄃᆡ : 부루(부르다, 呼)-+-되(연어, 설명 계속) ※'브르ᄃᆡ>부루ᄃᆡ'는 /ㅡ/가 /ㅜ/로 원순 모음화한 형태이다.
5) 머물너 : 머물ㄴ(←머무ㄹ-←머무르다 : 머무르다, 留)-+-어(연어) ※'머물너'는 '머물러'의 'ㄹㄹ'을 'ㄹㄴ'으로 표기한 형태이며, '머믈너>머물너'는 원순 모음화의 예이다.
6) 도아 : 도(↚도오-←돕다, ㅂ불 : 돕다, 相)-+-아(연어) ※'도아'는 '도와'를 오각한 형태이다.
7) ᄉᆞᆯ오라 : ᄉᆞᆯ오[←살오다(살리다, 活) : ᄉᆞᆯ(←살다 : 살다, 生)-+-오(사접)-]-+-라(명종, 아주 낮춤)
8) 디ᄂᆞᄂᆞᆫ바 : 디ᄂᆞ(지나다, 過)-+-ᄂᆞ(현시)-+-ㄴ바(-ㄴ바 : 연어, 상황 제시) ※한문 원문에는 '王過青州道'으로 되어 있으므로, '디ᄂᆞ다'에 대응되는 주어인 '왕(王)'이 언해문에서 빠졌다.
9) 쳔ᄇᆡᆨ이 : 쳔ᄇᆡᆨ(천백, 千百)+-이(주조)
10) 쒸놀며 : 쒸놀[↚쒸놀다(뛰놀다, 踊躍) : 쒸(뛰다, 踊)-+놀(놀다, 遊)]-+-며(연어, 나열)
11) 정승 : 정승(政丞).
12) ᄉᆞᆯ니로다 : ᄉᆞᆯ(←살다 : 살다, 活)-+-니(←-리- : 미시)-+-로(←-도- : 느낌)-+-다(평종) ※'ᄉᆞᆯ니로다'는 'ᄉᆞᆯ리로다'의 'ㄹㄹ'을 'ㄹㄴ'으로 표기한 형태이다.
13) 거란 : 거란(거란, 契丹). 5세기 중엽부터 내몽골의 시라무렌 강(Siramuren江) 유역에 나타나 살던 유목 민족. 몽골계와 퉁구스계의 혼혈종으로, 10세기 초 야율아보기가 여러 부족을 통일하여 요나라를 건국한 후 발해를 멸망시키고 고려에도 세 차례나 쳐들어왔다.

경계ᄒᆞ여 왈 즁국이 ᄉᆞ마ᄅᆞᆯ 졍승 ᄒᆞ엿시니[17] 변방의 틈을 ᄂᆡ지 말나[18] ᄒᆞ더라

사마온공(司馬溫公)이 낙양(洛陽)으로 좇아서 서울에 들어오니, 군사(軍士)의 무리가 서로 손을 들어 이마에 얹으며, 백성(百姓)이 길을 막아 부르되, "원컨대 공(公)은 돌아가지 말고 (낙양에) 머물러서, 천자(天子)를 도와 우리 백성을 살려라."고 하며, (왕이) (길을) 지나는바 촌민(村民)이 천백(千百)이 무리를 지어 뛰놀며 불러 왈(曰), "사마공이 정승(政丞)을 하니 우리 무리가 살겠구나."라고 하며, (그때에) 거란(契丹)이 (그 소식을) 듣고 제 나라에 경계(警戒)하여 왈(曰), "중국(中國)이 사마(司馬)를 정승을 시켰으니 변방(邊方)에 틈을 내지 말라."고 하더라.

밋[19] 공이 홍ᄒᆞᄆᆡ[20] 도하[21] ᄇᆡᆨ셩이 져ᄌᆡᄅᆞᆯ[22] 파ᄒᆞ고 오ᄉᆞᆯ 팔아 티졔ᄒᆞ며[23] ᄉᆞ방 사ᄅᆞᆷ이 회댱ᄒᆞᄂᆞᆫ[24] ᄌᆡ[25] 슈만 인이요[26] 무덤을 ᄇᆞ라고[27]

---

14) 듯고 : 듯(← 듣다 : 듣다, 聞)- + -고(연어, 계기) ※'듯고'는 '듣고'의 /ㄷ/을 'ㅅ'으로 표기한 형태이다.
15) 졔 : 져(← 저 : 자기, 己, 인대, 재귀칭) + -ㅣ(← -의 : 관조)
16) ᄂᆞ라의 : ᄂᆞ라(↚ 나라ㅎ : 나라, 國) + -의(-에 : 부조, 위치) ※'나라희〉나라의'는 체언의 종성 /ㅎ/이 탈락한 예이다.
17) ᄒᆞ엿시니 : ᄒᆞ이[하게 하다, 시키다, 使 : ᄒᆞ(하다, 爲)- + -이(사접)-]- + -엇시(-었- : 완료)- + -니(연어, 설명 계속) ※'ᄒᆞ엿시니'는 'ᄒᆞ여시니'의 'ㅅ'을 'ㅅㅅ'으로 거듭 적은 형태이다.
18) 말나 : 말(말다, 勿 : 보용, 부정)- + -나(← -라 : 명종) ※'말나'는 '말라'의 'ㄹㄹ'을 'ㄹㄴ'으로 표기한 형태이다.
19) 밋 : 밋(← 및 : 및, 그리고, 접속 부사)
20) 홍ᄒᆞᄆᆡ : ① 홍ᄒᆞ[홍하다 : 홍(홍, 薨 : 불어) + -ᄒᆞ(동접)-]- + -ᄆᆡ(연어, 이유, 원인) ② 홍ᄒᆞ[홍하다 : 홍(홍, 薨 : 불어) + -ᄒᆞ(동접)-]- + -ㅁ(명전) + -ᄋᆡ(-에 : 부조, 위치, 원인) ※'홍(薨)'은 제후가 죽는 것이다.
21) 도하 : 도하(都下). 서울 지방 또는 서울 안이다.
22) 져ᄌᆡᄅᆞᆯ : 져ᄌᆡ(저자, 시장, 市) + -ᄅᆞᆯ(목조)
23) 티졔ᄒᆞ며 : 티졔ᄒᆞ[치제하다 : 티졔(치제, 致祭 : 명사) + -ᄒᆞ(동접)-]- + -며(연어, 나열) ※'티졔(致祭)'는 임금이 제물과 제문을 보내어 죽은 신하를 제사 지내는 것이다. 여기서는 '제사를 지내다.'의 뜻으로 쓰였다.
24) 회댱ᄒᆞᄂᆞᆫ : 회댱ᄒᆞ[회장하다 : 회댱(회장, 會葬 : 명사) + -ᄒᆞ(동접)-]- + -ᄂᆞ(현시)- + -ㄴ(관전) ※'회댱(會葬)'은 장례를 지내는 자리에 참여하는 것이다.
25) ᄌᆡ : ᄌᆞ(자, 者) + -ㅣ(← -이 : 주조)
26) 인이요 : 인(인, 사람, 人) + -이(서조)- + -요(← -오 ← -고 : 연어, 나열) ※연결 어미인 '-

울기ᄅᆞᆯ 삼ᄇᆡᆨ여 리의 디ᄂᆞ니[28] 공의 나라의 츙셩ᄒᆞ고 ᄇᆡᆨ셩의게[29] 은혜ᄒᆞ오미[30] 쳔고의 드믄[31] ᄇᆡ라[32] 지금거지[33] 그 셩덕을 일ᄏᆞ라[34] 오니라[35]

그리고 공(公)이 훙(薨)함에, 도하(都下) 백성이 시장을 파(破)하고 옷을 팔아 치제(致祭)하며, 사방(四方)의 사람이 회장(會葬)하는 자(者)가 수만 인이요, 무덤을 바라보고 울기를 삼백여 리(里)에 지나니, 공이 나라에 충성(忠誠)하고 백성에게 은혜(恩惠)하는 것이 천고(千古)에 드문 바이라, 지금까지 그 성덕(性德)을 일컬어 왔니라. 【1 : 34~1 : 35】

고'에서 /ㄱ/이 탈락한 뒤에 '-오'가 앞선 모음 /ㅣ/에 동화되어서 '-요'로 실현되었다.

27) ᄇᆞ라고 : ᄇᆞ라(바라보다, 쳐다보다, 望)- + -고(연어, 나열)

28) 디ᄂᆞ니 : 디ᄂᆞ(지나다, 過)- + -니(연어, 설명 계속)

29) ᄇᆡᆨ셩의게 : ᄇᆡᆨ셩(백성, 百姓) + -의게(-에게 : 부조, 상대)

30) 은혜ᄒᆞ오미 : 은혜ᄒᆞ[은혜하다 : 은혜(은혜, 恩惠 : 명사) + -ᄒᆞ(동접)-]- + -옴(명전) + -이(주조) ※ '은혜(恩惠)'는 신세나 혜택을 고맙게 베풀어 주는 것이다.

31) 드믄 : 드므(← 드믈다 : 드물다, 稀)- + -Ø(현시)- + -ㄴ(관전)

32) ᄇᆡ라 : ᄇᆡ(← 바 : 바, 의명) + -ㅣ(← -이- : 서조)- + -라(← -아 : 연어, 이유)

33) 지금거지 : 지금(지금, 至今) + -거지(← -ᄭᆞ지 : -까지, 보조사, 범위의 끝)

34) 일ᄏᆞ라 : 일ᄏᆞᆯ(← 일ᄏᆞᆮ다, ㄷ불 : 일컫다, 칭찬하다, 謂)- + -아(연어)

35) 오니라 : 오(오다 : 보용, 진행)- + -Ø(과시)- + -니(원칙)- + -라(← -다 : 평종)

宰相惡報 *

王安石

왕안셕[1)]이 정승 되여 ᄉᆡ 법[2)]을 챵ᄀᆡᄒᆞ니[3)] 일시의[4)] 착ᄒᆞᆫ ᄌᆡ[5)] 불편타[6)] 말ᄒᆞ면 다 물니치고[7)] 항상 니르ᄃᆡ 텬변이[8)] 죡히[9)] 두릴[10)] ᄇᆡ[11)] 아니요 인언이[12)] 죡히 도라볼 ᄇᆡ 아니요 조죵의 법[13)]이 죡히 직힐[14)] ᄇᆡ 아니라 ᄒᆞ며 기ᄌᆞ[15)] 왕방[16)]이 더옥 표한각박ᄒᆞ여[17)] 아비를 도아[18)] 잔인ᄒᆞᆫ 닐을[19)]

---

* 宰相惡報 : 재상악보. 재상이 악하게 보답받다.

1) 왕안셕 : 왕안석(王安石). 중국 송(宋, 960~1279) 때의 문필가이자 시인으로서, 그는 뛰어난 산문과 서정시를 남겨 이른바 당송팔대가(唐宋八大家) 가운데 한 명으로 꼽히며 후대에 큰 영향을 끼쳤다. 또한 북송(北宋)의 6대 황제인 신종(神宗, 재위 1067~1085)에게 발탁되어 1069~1076년에 신법(新法)이라고 불리는 여러 정책을 입안하고 추진한 개혁적 정치 사상가로 널리 알려져 있다.

2) ᄉᆡ 법 : ᄉᆡ(← 새 : 새, 新, 관사) # 법(법, 法) ※ 'ᄉᆡ 법(新法)'은 왕안석이 1069년에서 1076년까지 만든 '청묘법(青苗法), 모역법(募役法), 시역법(市易法), 보갑법(保甲法), 보마법(保馬法)' 등의 개혁적 정책이다.

3) 챵ᄀᆡᄒᆞ니 : 챵ᄀᆡᄒᆞ[창개하다(창시하다) : 챵ᄀᆡ(창개, 創開 : 명사) + -ᄒᆞ(동접)-]- + -니(연어, 설명 계속, 이유)

4) 일시의 : 일시(일시, 한때, 一時) + -의(-에 : 부조, 위치, 시간)

5) ᄌᆡ : ᄌᆞ(자, 者 : 의명) + -ㅣ(← -이 : 주조)

6) 불편타 : 불편ㅎ[← 불편ᄒᆞ다(불편하다) : 불편(불편, 不便 : 명사) + -ㅎ(← -ᄒᆞ- : 형접)-]- + -∅(현시)- + -다(평종)

7) 물니치고 : 물니치[← 믈리티다(물리치다, 排斥) : 믈ㄹ(← 므르다 : 물러나다, 退)- + -이(사접)- + -치(← -티- : 강접)-]- + -고(연어, 나열) ※ '물니치고'는 '물리치고'의 'ㄹㄹ'을 'ㄹㄴ'으로 표기한 형태이다. 그리고 '믈리티다〉물리치다'는 원순 모음화와 구개음화가 적용된 형태이다.

8) 텬변이 : 텬변(천변, 天變) + -이(주조) ※ '텬변(天變)'은 하늘에서 생기는 자연의 큰 변동, 곧 동풍, 번개, 일식, 월식 따위를 이른다.

9) 죡히 : [죡히(부사) : 죡(족, 足 : 불어) + -∅(← -ᄒᆞ- : 형접)- + -이(부접)]

10) 두릴 : 두리(두려워하다, 畏)- + -ㄹ(관전)

11) ᄇᆡ : ᄇᆞ(← 바 : 바, 의명) + -ㅣ(← -이 : 보조)

12) 인언이 : 인언(인언, 人言) + -이(주조) ※ '인언(人言)'은 사람의 말이다.

13) 조죵의 법 : 조죵(조종, 祖宗) + -의(관조) # 법(법, 法) ※ '조죵(祖宗)'은 시조가 되는 조상을 이른다. 따라서 '조죵의 법'은 옛날의 법을 이르는 말이다.

14) 직힐 : 직히(지키다, 守)- + -ㄹ(관전)

힝ᄒᆞ더니 방이 죽으ᄆᆡ[20] 안셕이 ᄯᅩᄒᆞᆫ 파샹ᄒᆞ여[21] 일즉[22] 황홀ᄒᆞᆫ[23] ᄀᆞ온ᄃᆡ[24] 보니 방이 쇠칼[25]을 매엇거ᄂᆞᆯ[26] ᄆᆞᄋᆞᆷ의 두려ᄒᆞ더니[27] 안셕이 이믜[28] 죽으ᄆᆡ 그 ᄣᅵ의[29] 그 친척 곽권이 병들어 죽엇다가[30] ᄃᆞ시[31] ᄭᆡ여[32] 말ᄒᆞ여 왈 지부의[33] ᄒᆞᆫ 옥[34]이 잇고 그 즁의 ᄒᆞᆫ 귀인이 이셔 ᄇᆡᆨ발이 드리오고[35] 눈이 크고 칼을 메워[36] 잇더라 ᄒᆞ고 그 셩명은 니르지

---

15) 기ᄌᆞ : 기자(其子), 그 아들.
16) 왕방 : 왕방(王雱). 북송 때에 무주(撫州) 임천(臨川, 강서성)의 사람이며, 왕안석(王安石)의 아들이다. 왕안석의 아들이다.(1044년~1076년) 성격이 민첩하여 약관(弱冠)도 되기 전에 저서 수만 언(言)을 지었다. 아버지를 도와 『삼경신의』(三經新義)를 찬술했다.
17) 표한각박ᄒᆞ여 : 표한각박ᄒᆞ[표한각박ᄒᆞ다 : 표한각박(剽悍刻薄 : 명사구) + -ᄒᆞ(형접-]- + -여(← -아 : 연어) ※ '표한각박(剽悍刻薄)'은 성질이 급하고 사나우며 인정이 없고 삭막한 것이다.
18) 도아 : 도(↚ 도오- ← 돕다, ㅂ불 : 돕다, 助)- + -아(연어) ※ '도아'는 '도와'를 오각한 형태이다.
19) 닐을 : 닐(↚ 일 : 일, 事) + -을(목조) ※ '닐'은 '일(事)'의 오각한 형태이다.
20) 죽으ᄆᆡ : ① 죽(← 죽다 : 죽다, 死)- + -으ᄆᆡ(연어, 원인) ② 죽(← 죽다 : 죽다, 死)- + -음(명전) + -ᄋᆡ(-에 : 부조, 위치, 원인)
21) 파샹ᄒᆞ여 : 파샹ᄒᆞ[파상하다 : 파샹(파상, 破傷 : 명사) + -ᄒᆞ(동접)-]- + -여(← -아 : 연어) ※ '파샹(破傷)'은 몸이 다치거나 물건, 건물 따위가 부서져서 상하는 것이다.
22) 일즉 : 일찍이, 嘗(부사)
23) 황홀ᄒᆞᆫ : 황홀ᄒᆞ[황홀하다 : 황홀(황홀, 恍惚 : 명사) + -ᄒᆞ(형접)-]- + Ø(과시)- + -ㄴ(관전) ※ '황홀(恍惚)'은 정신이 흐릿하여 분명하지 아니한 것이다.
24) ᄀᆞ온ᄃᆡ : [가운데, 中 : ᄀᆞ온(가운-, 中, 半 : 접두)- + ᄃᆡ(데, 處 : 의명)] 'ᄀᆞ온-'은 용언의 관형사형처럼 보이지만, 어근이 분명하지 않아서 접두사로 처리한다.(허웅 1975 : 143)
25) 쇠칼 : 쇠로 만든 칼(鐵枷). 여기서 '칼'은 죄인에게 씌우던 형틀이다. 두껍고 긴 널빤지의 한 끝에 구멍을 뚫어 죄인의 목을 끼우고 비녀장을 질렀다.
26) 매엇거ᄂᆞᆯ : 매(매다, 荷)- + -엇(완료)- + -거ᄂᆞᆯ(연어, 상황)
27) 두려ᄒᆞ더니 : 두려ᄒᆞ[두려워하다, 懼 : 두리(두렵다, 畏)- + -어(연어) + ᄒᆞ(하다, 爲)-]- + -더(회상)- + -니(연어, 설명 계속)
28) 이믜 : 이미, 旣(부사)
29) ᄣᅵ의 : ᄣᅵ(때, 時) + -의(-에 : 부조, 위치, 시간)
30) 죽엇다가 : 죽(↚ 죽다 : 죽다, 死)- + -엇(완료, 과시)- + -다가(연어, 동작 전환)
31) ᄃᆞ시 : ᄃᆞ시(↚ 다시 : 다시, 復, 부사)
32) ᄭᆡ여 : ᄭᆡ(깨다, 蘇)- + -여(← -어 : 연어)
33) 지부의 : 지부(지부, 저승, 地府) + -의(-에 : 부조, 위치)
34) 옥 : 옥(獄). 감옥이다.
35) 드리오고 : 드리오(드리우다, 被枝)- + -고(연어, 나열)
36) 메워 : 메우(메우다)- + -어(연어) ※ '메우다'는 말이나 소의 목에 멍에를 얹어서 매는 것이다.

아니ᄒᆞ니 안셕의 ᄯᆞᆯ이[37] 사ᄅᆞᆷ으로 ᄒᆞ여곰[38] 무르되[39] 가히 부친을 만나 보앗ᄂᆞᆫ가[40] ᄒᆞ거ᄂᆞᆯ 권 왈 못 보왓거니와[41] 아모려나[42] 됴흔 공덕을 만히 지으라[43] ᄒᆞ니 이ᄂᆞᆫ 그 칼 쓴 ᄌᆞ 곳[44] 왕안셕이미러라[45]

왕안석(王安石)이 정승이 되어 새 법(法)을 창개(創開)하니, 일시(一時)에 착한 자(者)가 "(새 법이) 불편(不便)하다."고 말하면, 다 물리치고 항상 이르되 "천변(天變)이 족(足)히 두려워할 바가 아니요, 인언(人言)이 족히 돌아볼 바가 아니요, 조종(祖宗)의 법(法)이 족히 지킬 바가 아니다."고 하며, 그(其) 자(子)인 왕방(王雱)이 더욱 표한각박(剽悍刻薄)하여 아버지를 도와 잔인(殘忍)한 일을 행(行)하더니, 왕방이 죽으매 왕안석(王安石)이 또한 파상(破傷)하여 일찍 황홀(恍惚)한 가운데 보니, 왕방이 쇠칼을 매었거늘 마음에 두려워하더니, 왕안석이 이윽고 죽으매, 그때의 그 친척(親戚)인 곽권(郭權)이 병들어 죽었다가 다시 깨어 말하여 왈(曰), "지부(地府)에 한 옥(獄)이 있고 그 중에 한 귀인(貴人)이 있어, 백발(白髮)이 드리우고 눈이 크고 칼을 씌워 있더라."고 하고 (그 귀인의) 그 성명(姓名)은 이르지 아니하니, 왕안석의 딸이 사람으로 시켜서 권(權)에게 묻되 "가히 (나의) 부친을 만나 보았는가?" 하거늘, 권(權)이 왈(曰), "못 보았지만 아무쪼록 좋은 공덕(功德)을 많이 지으라."고 하니, 이는 그 칼 쓴 자(者)가 곧 왕안석인 것이더라. 【1 : 43】

37) ᄯᆞᆯ이 : ᄯᆞᆯ(딸, 女) + -이(주조)
38) ᄒᆞ여곰 : ᄒᆞ이[시키다, 使 : ᄒᆞ(하다, 爲)- + -이(사접)-]- + -어(연어) + -곰(보조사, 강조)
39) 무르되 : 물(↚묻다, ㄷ불 : 묻다, 問)- + -으되(↚-되 : 연어, 설명 계속) ※'무르되'는 '묻되'의 오기이다.
40) 보앗ᄂᆞᆫ가 : 보(보다, 見)- + -앗(완료)- + -ᄂᆞ(현시)- + -ㄴ가(-ㄴ가 : 의종, 판정)
41) 보왓거니와 : 보오(↚보다 : 보다, 見)- + -앗(완료)- + -거니와(-거니와, -지만 : 연어, 인정 대조)
42) 아모려나 : 아무쪼록. 但(부사)
43) 지으라 : 지(← 짓다, ㅅ불 : 짓다, 作)- + -으라(명종, 아주 낮춤)
44) 곳 : 곳(← 곧 : 곧, 卽, 부사) ※'곳'은 '곧'의 /ㄷ/을 'ㅅ'으로 표기한 형태이다.
45) 왕안셕이미러라 : 왕안셕(왕안석) + -이(서조)- + -ㅁ(명전) + -이(서조)- + -러(← -더- : 회상)- + -라(← -다 : 평종) ※'왕안셕이미러라'는 '왕안석임이더라'로 직역되는데, 이를 의역하면 '왕안석인 것이더라.'로 옮길 수 있다.

3. ᄉᆞ민필지

『ᄉᆞ민필지』(士民必知)는 미국인 선교사인 H. B. 헐버트(Hulbert, H. B.)가 1889년(고종 26)에 세계 각국의 산천, 풍토, 정령(政令), 학술 등을 한글로 간략하게 소개한 세계 지리서이다.(2권 1책) 책 이름인 『ᄉᆞ민필지』(士民必知)는 '선비와 백성이 반드시 알아야 할 지식'이라는 뜻이다. 이 책은 한국 최초의 세계지리 교과서로서 한국에 세계지리 지식을 심어주어 근대화의 문을 열게 하였다는 의의가 있다.

이 책은 1889년(고종 26)에 한글본으로 초판이 간행되고, 그 후 1895년에 학부(學部)에서 백남규(白南圭), 이명상(李明翔) 등이 한문으로 번역하고, 김택영(金澤榮)이 보완하여 1895년에 간행하였다. 초판 한글본은 총 161쪽으로 구성되어 있고, 10장의 지도가 수록되었다. 반면에 한문본은 총 71쪽으로 구성되었고 지도는 실려 있지 않다.

한글본 내용은 'ᄯᅡ덩이(지구), 유로바(유럽), 아시아, 아메리까(아메리카), 아프리가, 오스트렐랴' 등으로 구성되어 있다. 이 가운데에서 총론에 해당하는 'ᄯᅡ덩이(지구)'에서는 태양계와 그 현상, 지구의 모습, 기후, 인력, 일월식, 그 밖의 지구상의 현상, 대륙과 해양, 인종 등에 관한 내용을 담고 있다.

이 책은 한글 전용으로 편찬되어서 1890년대 국어의 연구의 중요한 자료가 된다.

첫째, 된소리를 표기하는 데에 전통적인 'ㅅ'계 합용 병서만 쓰고, 'ㅂ'계 합용 병서는 쓰지 않았다. 그리고 'ㄲ, ㄸ, ㅃ, ㅆ, ㅉ' 등의 각자 병서 글자를 모두 사용한 것이 큰 특징이다.

(보기) ① 'ㅅ'계 합용 병서 : 거리ᄭᅵᆷ이, ᄯᅢ도, ᄯᅳᄅᆞ더니, ᄲᅮᆫ더러, ᄲᅦ도, 리ᄯᅮᆷ이오, ᄶᅩ기
② 각자 병서 : 꼴렌벨드ㅣ란 ; ᄈᆞᆯ니, ᄈᆞᄅᆞ고, 드리ᄈᆞᆫᄂᆞᆫ, ᄈᆞᆯ나, 쁘레스로, 뽕나무 ; 똑똑이, 뚤코, 별똥 ; 언문으로써, 써야, 길쏨, 쏠 ; 쫓고, 쫓기여

둘째, /·/의 소리가 이미 없어졌지만 표기의 보수성으로 인해 그 이전 시대에 쓰였던 '·'가 그대로 쓰였다. 따라서 당시의 문헌에 많이 나타났던 'ㅏ'와 '·'의 혼기 현상은 잘 나타나지 않는다.

셋째, 앞 음절의 종성 /ㄹ/과 뒤 음절의 초성 /ㄹ/이 이어서 발음될 때, 'ㄹㄹ'을 'ㄹㄴ'으로 표기한 예가 대단히 많이 발견된다.

(보기) 별로 → 별노, 널리 → 널니, 빨리 → 빨니, 줄로 → 줄노, 틀리지 → 틀니지, 갈라진 → 갈나진

넷째, 종성의 /ㄷ/이나 /ㄴ/을 'ㅅ'으로 표기한 예가 많이 보인다.

(보기) ① ᄀᆞᆮ지 → ᄀᆞᆺ지, 받아 → 밧아, 굳어져 → 굿어저, 받ᄂᆞᆫ → 밧ᄂᆞᆫ
② 요긴ᄒᆞᆫ건마는 → 요긴ᄒᆞᆫ것마는

다섯째, 전통적인 이어적기보다는 끊어적기나 거듭적기로 표기한 예가 아주 많이 보인다. 체언과 조사뿐만 아니라 용언이 활용할 때에도 어간과 어미를 끊어 적은 예가 보이는 것이 특징이다. 한 음소를 두 음소로 재음소화하여 표기한 예가 보인다.

(보기) ① 끊어적기 : 지금이, 엇더ᄒᆞᆷ을, 통ᄒᆞᆷ에, 지금은 ; 적이, 젹은, 잇으니, 얼어, 녹인, 굿어
② 거듭적기 : 마치 → 맛치, 잇되 → 잇스ᄃᆡ, 쇽ᄒᆞ여시니 → 쇽ᄒᆞ엿시니, 다ᄉᆞᄉᆞᆫ → 다ᄉᆞᆺᄉᆞᆫ, 비치 → 빗치, 미처 → 밋처, 며치 → 몃치
③ 재음소화 : 바퀴를 → 박휘를, 노피 → 놉히, 기픈 → 깁흔, 더피니 → 덥히니, 비출 → 빗흘

여섯째, 종성이 /ㅎ/으로 끝나는 체언의 /ㅎ/이 탈락한 예가 일부 보인다.

(보기) 길히오>길이오, 네히오>넷시오, 사ᄅᆞᆷ들흘>사ᄅᆞᆷ들을

일곱째, '-이다'와 '아니다'의 어간 뒤에 실현되는 연결 어미 '-고' 등에서 /ㄱ/이 탈락된 뒤에, '-오' 등이 선행 모음인 /ㅣ/에 동화된 형태가 나타난다.

(보기) 쥬비더요, 비너스요, 마스요, 리요

여덟째, 관형격 조사나 사잇소리를 표기하는 글자로서, 'ㅅ'을 사용한 예가 많이 나타난다.

(보기) ① ᄒᆞᆫ ᄃᆞᆯᄉ 동안에, 일 년ᄉ 동안에, 틈ᄉ ᄉᆞ이는, 털ᄉ 빗흔

② 글ㅅ자, 언문ㅅ법, 도ㅅ슈, 살ㅅ빗치

아홉째, 구개음화와 원순 모음의 예가 흔히 발견되며, 아울러 비음화의 예도 일부 발견된다. 다만 'ㄴ' 두음 법칙의 예는 매우 드물게 발견된다.

(보기) ① 구개음화 : 고티디>곳치지, ᄀᆞ티>ᄀᆞᆺ치, 엇디>엇지, 듕국>즁국, ᄃᆞ라나디>지ᄃᆞ라나지, 디ᄂᆞᆫ>지ᄂᆞᆫ, ᄯᅥ러딘다ᄂᆞᆫ>ᄯᅥ러진다ᄂᆞᆫ, 디니>지니, 믄딜러>문질러

② 원순 모음화 : 븍극>북극, 검븕으며>검붉으며, 플이>풀이, 믈건>물건, 믄딜러>문질러

③ 비음화 : ᄯᅥᄃᆞᆮ니다가>ᄯᅥᄃᆞᆫ니다가, ᄃᆞᆮ니ᄂᆞᆫ>ᄃᆞᆫ니ᄂᆞᆫ

④ 'ㄴ' 두음 법칙 : 닉지>익지

열째, 선어말 어미 '-엇-/-어시-, -앗-/-아시-, -엿-/-여시-' 등이 쓰여서, 완료의 동작상을 표현하였다.

(보기) 왓다가, 낫ᄂᆞ니라, 쇽ᄒᆞ엿시니, 되엿ᄂᆞ니라

열한째, 동사가 서술어로 쓰일 때에 과거 시제를 나타내는 무형의 형태소 '-Ø-'인, '-엇-/-어시-, -앗-/-아시-, -엿-/-여시-'의 선어말 어미로 대체되었다.

열두째, 명사형 전성 어미의 형태가 '-음/-ㅁ' 대신에 '-기'의 형태로 실현되는 경우가 많다.

(보기) 통ᄒᆞ기를, 알기, 보시기를, 도라가기는, 도라가기만, 말ᄒᆞ기, 되기, 살기에

열셋째, 모음으로 끝나는 체언 뒤에서 주격 조사의 형태로 '-가'가 아주 활발하게 쓰였다.

(보기) 경의가, 별쩔기가, 샹거가, 도ㅅ슈가, ᄇᆡ가, 돌ㅅ덩이가

ᄉᆞ민필지

[서문]

 텬하 형셰가 녜와[1] 지금이 크게 ᄀᆞᆺ지[2] 아니ᄒᆞ야 전에는 각국이 각각 본 디방을[3] 직희고[4] 본국 풍쇽만 ᄯᆞᄅᆞ더니[5] 지금은 그러치 아니ᄒᆞ여 텬하 만국이 언약을 서로 밋고[6] 사ᄅᆞᆷ 믈건과 풍쇽이 서로 통ᄒᆞ기를 맛치[7] ᄒᆞᆫ 집안과 ᄀᆞᆺᄒᆞ니[8] 이는 지금 텬하 형셰의 곳치지[9] 못ᄒᆞᆯ 일이라

천하의 형세(形勢)가 옛날과 지금이 크게 같지 아니하여, 전(前)에는 각국이 각각 본(本) 지방(地方)을 지키고 본국(本國)의 풍속(風俗)만 따르더니, 지금은 그렇지 아니하여, 천하(天下) 만국(萬國)이 언약(言約)을 서로 맺고, 사람과 물건과 풍속이 서로 통하기를 마치 한 집안과 같으니, 이는 지금 천하(天下) 형세(形勢)의 고치지 못할 일이다.

 이 곳치지 못ᄒᆞᆯ 일이 잇슨즉[10] 각국이 젼과 ᄀᆞᆺ치[11] 본국 글ᄉᆞᄌᆞ와[12]

---

1) 녜와 : 녜(옛날, 昔) + -와(← -과 : 접조)
2) ᄀᆞᆺ지 : ᄀᆞᆺ(← ᄀᆞᆮ다 : 같다, 如)- + -지(연어, 부정) ※ 'ᄀᆞᆺ지'는 'ᄀᆞᆮ지'의 종성 /ㄷ/을 'ㅅ'으로 표기한 형태이며, 'ᄀᆞᆺ디〉ᄀᆞᆺ지'는 /ㄷ/이 /ㅈ/으로 구개음화한 예이다.
3) 본디방을 : 본(본, 本 : 관사) # 디방(지방, 地方) + -을(목조)
4) 직희고 : 직희(지키다, 守)- + -고(연어, 나열) ※ '직희고'는 '지키고'의 /ㅋ/을 /ㄱ/과 /ㅎ/으로 재음소화하여 표기한 형태이다.
5) ᄯᆞᄅᆞ더니 : ᄯᆞᄅᆞ(따르다, 從)- + -더(회상)- + -니(연어, 설명 계속)
6) 밋고 : 밋(← 밎다 : 맺다, 結)- + -고(연어, 나열) ※ '밋고'는 '밎고'의 종성 /ㄷ/을 'ㅅ'으로 표기한 형태이다.
7) 맛치 : 맛치(← 마치 : 마치, 如, 부사) ※ '맛치'는 '마치'의 /ㅊ/을 'ㅅㅊ'으로 거듭 적은 형태다.
8) ᄀᆞᆺᄒᆞ니 : ᄀᆞᆺᄒᆞ(← ᄀᆞᆮ다 : 같다, 如)- + -니(연어, 이유) ※ 'ᄀᆞᆺᄒᆞ니'는 'ᄀᆞᄐᆞ니'의 /ㅌ/을 /ㄷ/과 /ㅎ/으로 재음소화한 뒤에, 앞의 /ㄷ/을 'ㅅ'으로 표기한 형태이다.
9) 곳치지 : 곳치[← 고치다(고치다, 改) : 곳(← 곧다 : 곧다, 直)- + -히(사접)-]- + -지(연어, 부정) ※ '고티디〉곳치지'는 /ㅌ/이 /ㅊ/으로 구개음화한 예이다. 그리고 '곳치지'는 '고치지'의 /ㅊ/을 'ㅅㅊ'으로 거듭 적은 형태이다.
10) 잇슨즉 : 잇ㅅ(← 잇다 : 있다, 有)- + -은즉(연어, 근거, 이유) ※ '잇슨즉'은 '이슨즉'의 /ㅅ/을 'ㅅㅅ'으로 거듭 적은 형태이다. 혹은 '잇다'의 형태가 '있다'로 바뀐 결과로 볼 수도 있다.

ᄉᆞ젹만[13] 공부ᄒᆞᆷ으로는 텬하 각국 풍긔[14]를 엇지 알며 아지 못ᄒᆞ면 서로 교접ᄒᆞᄂᆞᆫ ᄉᆞ이에 유상치[15] 못ᄒᆞᆷ과 인정을 통ᄒᆞᆷ에 거리ᄭᅵᆷ이[16] 잇슬 거시오 거리ᄭᅵᆷ이 잇스면 졍의가[17] 서로 도탑지[18] 못ᄒᆞᆯ지니[19] 그런즉[20] 불가불[21] 이젼에 공부ᄒᆞ던 학업 외에 ᄯᅩ 각국 일홈과 디방[22]과 폭원[23]과 산쳔과 소산[24]과 국졍[25]과 국셰[26]와 국ᄌᆡ[27]와 군ᄉᆞ와 풍쇽과 학업과 도학의 엇더ᄒᆞᆷ을 알아야 ᄒᆞᆯ 거시니 이런고로[28] 태셔[29] 각국은 남녀를 무론ᄒᆞ고[30] 칠팔 세 되면 몬져[31] 텬하 각국 디도[32]와 풍쇽을 ᄀᆞᄅᆞ친

---

11) ᄀᆞᆺ치 : [같이, 如(부사) : ᄀᆞᆺㅊ(← ᄀᆞᇀ다 : 같다, 如, 형사)- + -이(부접)] ※ 'ᄀᆞᆺ치'는 'ᄀᆞ치'의 /ㅊ/을 'ㅅㅊ'으로 거듭 적기은 형태이며, 'ᄀᆞᆺ티>ᄀᆞᆺ치'는 /ㅌ/이 /ㅊ/으로 구개음화한 예이다.

12) 글ㅅᄌᆞ와 : 글ㅅᄌᆞ[글자, 字 : 글(글, 書) + -ㅅ(사잇) + ᄌᆞ(자, 字)] + -와(← -과 : 접조)

13) ᄉᆞ젹만 : ᄉᆞ젹(사적, 史蹟) + -만(보조사, 한정) ※ 'ᄉᆞ젹(史蹟)'은 역사적으로 중요한 사건이나 시설의 자취이다.

14) 풍긔 : 풍기(風氣). 옛날부터 그 사회에 전해 오는 생활 전반에 걸친 습관 따위이다.

15) 유상치 : 유상ㅎ[← 유상ᄒᆞ(유상하다) : 유상(유상, 有償 : 불어) + -ㅎ(← -ᄒᆞ- : 형접)-]- + -지(연어, 부정) ※ '유상(有償)'은 어떤 행위에 대하여 보상이 있는 것이다. '유상티>유상치'는 /ㅌ/이 /ㅈ/으로 구개음화한 예이다.

16) 거리ᄭᅵᆷ이 : 거리ᄭᅵᆷ[거리낌(명사) : 거리ᄭᅵ(거리끼다 : 동사)- + -ㅁ(명접)] + -이(주조)

17) 졍의가 : 졍의(정의, 情意 : 명사) + -가(주조) ※ '졍의(情意)'는 마음과 참된 의사를 통틀어 이르는 말이다.

18) 도탑지 : 도탑(도탑다, 敦)- + -지(연어, 부정) ※ '도탑디>도탑지'는 /ㄷ/이 /ㅈ/으로 구개음화한 예이다.

19) 못ᄒᆞᆯ지니 : 못ᄒᆞ[못하다, 不能(보용, 부정) : 못(못, 不能 : 부사, 부정) + ᄒᆞ(동접)-]- + -ㄹ지니(연어, 당위적 근거)

20) 그런즉 : 그러[← 그러ᄒᆞ다(그러하다, 如彼 : 형사) : 그러(그러 : 불어) + -ᄒᆞ(형접)-]- + -ㄴ즉(연어) ※ '-ㄴ즉'은 앞 절의 일이 뒤 절의 근거나 이유임을 나타내는 연결 어미이다.

21) 불가불 : 불가불, 不可不(부사). 하지 아니할 수 없이.

22) 디방 : 지방(地方)

23) 폭원 : 폭원(幅員). 땅이나 지역의 넓이이다.

24) 소산 : 소산(所産). 어떤 지역에서 생산되는 물건이다.

25) 국졍 : 국정(國情). 나라의 정세나 형편이다.

26) 국셰 : 국세(國勢). 인구, 산업, 자원 따위의 방면에서 한 나라가 지니고 있는 힘이다.

27) 국ᄌᆡ : 국재(國財). 나라의 재산이다.

28) 이런고로 : [이러므로(부사) : 이러(불어) + -Ø(← -ᄒᆞ- : 형접)- + -ㄴ(관전▷관접) + 고(고, 故 : 의명) + -로(부조▷부접)]

29) 태셔 : 태서(泰西). 서양을 예스럽게 이르는 말이다.

30) 무론ᄒᆞ고 : 무론ᄒᆞ[← 물론ᄒᆞ다(물론하다) : 무론(← 물론 : 물론, 勿論) + -ᄒᆞ(동접)-]- + -고(연어, 나열) ※ '무론(勿論)'은 말할 것도 없는 것이다.

후에 다른 공부를 시작ᄒᆞ니 텬하의 산쳔 슈륙[33]과 각국 풍쇽 졍치를 모ᄅᆞᄂᆞᆫ 사ᄅᆞᆷ이 별노[34] 업ᄂᆞᆫ지라[35] 죠션도 불가불 이와 ᄀᆞᆺ치 ᄒᆞᆫ 연후에야 외국 교졉에 거리씸이 업슬 거시오

이 고치지 못할 일이 있으면, 각국이 전(前)과 같이 본국(本國)의 글자와 사적(事蹟)만 공부하는 것으로는 천하 각국(各國)의 풍기(風氣)를 어찌 알며, (천하 각국의 풍기를) 알지 못하면 서로 교접(交接)하는 사이에 유상(有償)하지 못하는 것과 인정(人情)을 통(通)하는 것에 거리낌이 있을 것이요, 거리낌이 있으면 정의(情意)가 서로 도탑지 못할 것이니, 그런즉 불가불(不可不) 이전에 공부하던 학업 외에 또 각국 이름과 지방(地方)과 폭원(幅員)과 산천(山川)과 소산(所産)과 국정(國情)과 국세(局勢)와 국재(國財)와 군사(軍事)와 풍속(風俗)과 학업(學業)과 도학(道學)의 어떠함을 알아야 할 것이니, 이런고로 태서(泰西) 각국은 남녀를 물론(勿論)하고 칠팔 세가 되면, 먼저 천하 각국의 지도(地圖)와 풍속(風俗)을 가르친 후에 다른 공부를 시작하니, 천하(天下)의 산천(山川)과 수륙(水陸)과 각국의 풍속(風俗)과 정치(政治)를 모르는 사람이 별로 없는지라, 조선(朝鮮)도 불가불(不可不) 이와 같이 한 연후(然後)에야 외국과 교접(交接)에 거리낌이 없을 것이요,

ᄯᅩ ᄉᆡᆼ각건대[36] 즁국 글ㅅᄌᆞ로는[37] 모든 사ᄅᆞᆷ이 ᄲᆞᆯ니[38] 알며 널니[39]

---

31) 몬져 : 먼저, 先(부사)

32) 디도 : 지도(地圖)

33) 산쳔 슈륙 : 산천(山川)과 수륙(水陸)이다.

34) 별노 : [← 별로(별로, 부사) : 별(별, 別 : 불어) + -노(← -로 : 부조▻부접)] ※ '별노'는 '별로'의 'ㄹㄹ'을 'ㄹㄴ'으로 표기한 형태이다.

35) 업ᄂᆞᆫ지라 : 업(← 없다 : 없다, 無)- + -ᄂᆞ(현시)- + -ㄴ지라(연어, 이유, 근거) ※ '업ᄂᆞᆫ디라>업ᄂᆞᆫ지라'는 /ㄷ/이 /ㅈ/으로 구개음화한 예이다.

36) ᄉᆡᆼ각건대 : ᄉᆡᆼ각[← ᄉᆡᆼ각ᄒᆞ다(생각하다) : ᄉᆡᆼ각(생각 : 명사) + -Ø(← -ᄒᆞ- : 동접)-]- + -건대(연어, 전제)

37) 글ㅅᄌᆞ로는 : 글ㅅᄌᆞ[글자, 字 : 글(글, 書) + -ㅅ(사잇) + ᄌᆞ(자, 字)] + -로(부조, 방편) + -는(보조사, 주제)

38) ᄲᆞᆯ니 : [← ᄡᆞᆯ리(빨리, 速 : 부사) : ᄲᆞᆯㄴ(← ᄲᆞᆯㄹ- ← ᄲᆞᄅᆞ다 : 빠르다, 速, 형사)- + -이(부접)] ※ 표기 형태가 'ᄡᆞᄅᆞ다>ᄲᆞᄅᆞ다'로 변화했는데, 된소리 표기에 각자 병서인 'ㅃ'이 쓰였다. 그리고 'ᄲᆞᆯ니'는 'ᄲᆞᆯ리'의 'ㄹㄹ'을 'ㄹㄴ'으로 표기한 형태이다.

39) 널니 : [널리, 廣(부사) : 널ㄴ(← 널ㄹ- ← 너르다 : 너르다, 廣, 형사)- + -이(부접)] ※ '널니'는 '널리'의 'ㄹㄹ'을 'ㄹㄴ'으로 표기한 형태이다.

볼 수가 업고 죠션 언문은 본국 글ᄉᆡᆫ더러[40] 션ᄇᆡ와 ᄇᆡᆨ셩과 남녀가 널니 보고 알기 쉬오니 슬프다 죠션 언문이 즁국 글ᄉᆞᄌᆞ에 비ᄒᆞ야 크게 요긴ᄒᆞ것마는[41] ᄉᆞᄅᆞᆷ들이 긴ᄒᆞᆫ[42] 줄노[43] 아지 아니ᄒᆞ고 도로혀[44] 업수히넉이니[45] 엇지 앗갑지[46] 아니리오[47] 이러므로[48] 외국 용우ᄒᆞᆫ[49] 인믈이 죠션말과 언문ᄉ 법에[50] 익지 못ᄒᆞᆫ 거ᄉᆞ로 붓그러움을[51] 니저ᄇᆞ리고[52] 특별히 언문으로써 텬하 각국 디도와 이문목견ᄒᆞᆫ[53] 풍긔를 대강 긔록ᄒᆞᆯᄉᆡ 몬져 ᄯᅡ덩이와[54] 풍우 박뢰[55]의 엇더ᄒᆞᆷ과 ᄎᆞ례로 각국을 말ᄉᆞᆷᄒᆞ니 ᄌᆞ세히 보시면 각국 일을 대총은[56] 알 거시오 또 외국

---

40) 글ᄉᆡᆫ더러 : 글ᄉ[↚글ᄉᄌᆞ(글자, 字) : (글, 書) + -ᄉ(사잇) + ᄌᆞ(자, 字)] + -∅(↚-이- : 서조) + -ㄹᄉᆡᆫ더러(← -ㄹᄉᆡᆫ더러 : -ㄹ뿐더러, 연어, 첨가) ※ '글ᄉᆡᆫ더러'는 '글ᄉᄌᆞ일ᄉᆡᆫ더러'을 오기한 형태이다.

41) 요긴ᄒᆞ것마는 : 요긴ᄒᆞ[요긴하다 : 요긴(요긴, 要緊 : 명사) + -ᄒᆞ(형접)-]- + -것마는(← -건마는 : 연어, 대조)

42) 긴ᄒᆞᆫ : 긴ᄒᆞ[긴하다 : 긴(긴, 緊 : 불어) + -ᄒᆞ(형접)-]- + ∅(현시)- + -ㄴ(관전) ※ '긴(緊)ᄒᆞ다'는 꼭 필요한 것이다.

43) 줄노 : 줄(줄 : 의명) + -노(← -로 : 부조, 방편) ※ '줄노'는 '줄로'의 'ㄹㄹ'을 'ㄹㄴ'으로 표기한 형태이다.

44) 도로혀 : [도리어, 猶(부사) : 돌(돌다, 回 : 자동)- + -오(사접)- + -혀(강접)- + -어(연어▷부접)]

45) 업수히넉이니 : 업수히넉이[↚업슈이너기다(업신여기다, 蔑視) : 없(없다, 無)- + -우(사접)- + -이(부접) + 넉이(← 너기다 : 여기다, 念)-]- + -니(연어, 이유)

46) 앗갑지 : 앗갑[아깝다, 惜 : 앗기(아끼다, 惜 : 동사)- + -압(형접)-]- + -지(연어, 부정)

47) 아니리오 : 아니(↚아니ᄒᆞ다 : 보용, 부정)- + -리(미시)- + -오(의종, 설명)

48) 이러므로 : 이러(← 이러ᄒᆞ다 : 이러하다, 如此)- + -므로(연어, 이유)

49) 용우ᄒᆞᆫ : 용우ᄒᆞ[용우ᄒᆞ다 : 용우(용우, 庸愚 : 불어) + -ᄒᆞ(형접)-]- + -∅(현시)- + -ㄴ(관전) ※ '용우(庸愚)'는 용렬하고 어리석은 것이다.

50) 언문ᄉ 법에 : 언문(언문, 諺文) + -ᄉ(-의 : 관조) # 법(법, 法) + -에(부조, 위치)

51) 붓그러움을 : 붓그러움[부끄러움, 恥(명사) : 붓그리(부끄러워하다, 恥)- + -어우(← -업- : 형접)- + -음(명접)] + -을(목조)

52) 니저ᄇᆞ리고 : 니저ᄇᆞ리[잊어버리다, 忘 : 닞(잊다, 忘)- + -어(연어) + 버리(버리다 : 보용, 완료)-]- + -고(연어, 나열)

53) 이문목견ᄒᆞᆫ : 이문목견ᄒᆞ[이문목견 : 이문목견(이문목견, 耳聞目見 : 명사구) + -ᄒᆞ(동접)-]- + -∅(과시)- + -ㄴ(관전) ※ '이문목견(耳聞目見)'은 귀로 듣고 눈으로 본다는 것으로 실지로 경험하는 것이다.

54) ᄯᅡ덩이와 : ᄯᅡ덩이[땅덩이, 地 : ᄯᅡ(← ᄯᅡᇂ : 땅, 地) + 덩이(덩이, 塊)] + -와(← -과 : 접조)

55) 풍우 박뢰 : 풍우 박뢰(風雨雹雷). 바람과 비와 우박과 벼락을 아울러서 이르는 말이다.

56) 대총은 : 대총(대총, 大總) + -은(보조사, 주제) ※ '대총(大總)'은 '대충'의 원말이다.

교졉에 적이[57] 긴홈이 될 듯ᄒᆞ니 말솜의 잘못됨과 언문의 셔투른[58] 거슨 용셔ᄒᆞ시고 이야기만 ᄌᆞ셰히 보시기를 그윽히 ᄇᆞ라ᄋᆞᆸᄂᆞ이다[59]

죠션 육영공원[60] 교ᄉᆞ 헐벗

또 생각건대 중국 글자로는 모든 사람이 빨리 알며 널리 볼 수가 없고, 조선 언문(諺文)은 본국 글자일뿐더러 선비와 백성과 남녀가 널리 보고 알기 쉬우니, 슬프다. 조선 언문이 중국 글자에 비하여 크게 요긴(要緊)하건마는, 사람들이 긴(緊)한 줄로 알지 아니하고, 도리어 업신여기니 어찌 아깝지 아니하리오? 이러므로 외국의 용우(庸愚)한 인물(= 필자인 헐벗)이 조선말과 언문의 법(法)에 익지 못한 것으로 부끄러움을 잊어버리고, 특별히 언문으로써 천하 각국 지도와 이문목견(耳聞目見)한 풍기(風氣)를 대강 기록하니, 먼저 땅덩이와 풍우(風雨)와 박뢰(雹雷)의 어떠한 것과 차례(次例)로 각국을 말씀하니, 자세히 보시면 각국의 일을 대충은 알 거시요, 또 외국 교접(交接)에 적이 긴(緊)한 것이 될 듯하니, 말씀이 잘못된 것과 언문이 서툰 것은 용서(容恕)하시고, 이야기만 자세히 보시기를 그윽이 바라옵나이다.

조선(朝鮮) 육영공원(育英公院) 교사(教師) **헐벗**

ᄒᆡ와 여ᄃᆞᆲ 별의 그림

ᄒᆡᆺ ᄀᆞ헤[61] ᄒᆡ를 에워[62] 도라가ᄂᆞᆫ 여ᄃᆞᆲ 별이 잇ᄉᆞ니 이 그림에 둥군 줄은 여ᄃᆞᆲ 별이 도라가ᄂᆞᆫ 길이오[63] 그 줄에 박힌 뎜은[64] 여ᄃᆞᆲ

57) 적이 : [적이, 어느 정도, 少(부사) : 적(적다, 少 : 형사)- + -이(부접)]

58) 셔투른 : 셔투르(서투르다, 未熟)- + -Ø(현시)- + -ㄴ(관전)

59) ᄇᆞ라ᄋᆞᆸᄂᆞ이다 : ᄇᆞ라(바라다, 望)- + -ᄋᆞᆸ(공손)- + -ᄂᆞ(현시)- + -이(상높, 아주 높임)- + -다(평종) ※ '-ᄋᆞᆸᄂᆞ이다'는 이후에 '-ᄋᆞᆸᄂᆞ이다>-ᄋᆞᆸᄂᆡ다>-읍니다'의 형태로 변화하여, 이후에 현대 국어의 아주 높임 등분의 평서형 종결 어미인 '-읍니다/-ㅂ니다'의 형태로 발전한다. 참고로 현대 국어의 '-습니다'는 '-ᄉᆞᆸᄂᆞ이다'가 줄어져서 형성된 평서형의 종결 어미이다.

60) 육영공원 : 육영공원(育英公院). 구한말의 교육 기관이다. 고종 23년(1886)에 나라에서 세운 최초의 현대식 학교로, 미국인 교사를 초빙하여 수학·지리학·외국어·정치 경제학 따위를 가르쳤는데, 한국 현대식 공립 학교의 효시이다. 고종 31년(1894)에 폐지되었다.

61) ᄒᆡᆺ ᄀᆞ헤 : ᄒᆡ(해, 日) + -ㅅ(-의 : 관조) # ᄀᆞᇂ(가, 邊) + -에(부조, 위치)

62) 에워 : 에우(에우다, 둘러싸다, 圍)- + -어(연어)

63) 길이오 : 길(← 길ㅎ : 길, 路) + -이(서조)- + -오(← -고 : 연어, 나열)

별이오 별ㅅ ᄀᆞ헤 젹은[65] 뎜들은 그 별에 쇽ᄒᆞᆫ ᄃᆞᆯ이니 엇던[66] 별은 ᄃᆞᆯ이 혹[67] 여ᄃᆞᆲ 혹 여ᄉᆞᆺ 혹 넷시오[68] 이 ᄯᅡ헤는[69] ᄃᆞᆯ이 ᄒᆞ나히며[70] ᄯᅩ ᄒᆞᆫ가온대는[71] ᄒᆡ니 여ᄃᆞᆲ 별이 ᄒᆡᆼ샹[72] ᄒᆡ를 에워 도라가고 ᄯᅩ ᄭᅩ리[73] 잇ᄂᆞᆫ 뎜은 미셩이니[74] 그 별은 ᄒᆡ를 에워 도라가지 아니ᄒᆞ고 다만 ᄒᆡ에게로 왓다가[75] 도로 ᄯᅥ나 멀니 나가니 그 도ㅅ수는[76] 혀아릴[77] 수가 업ᄂᆞ니라[78]

(해와 여덟 별의 그림)

해(日)의 가(邊)에 해를 에워 돌아가는 여덟 별이 있으니, 이 그림에 둥근 줄은 여덟 별이 돌아가는 길이요, 그 줄에 박힌 점(點)은 여덟 별(星)이요, 별의 가의 적은 점들은 그 별에 속한 달이니, 어떤 별은 달이 혹(或)은 여덟, 혹(或)은 여섯 혹은 넷이요, 이 땅에는 달이 하나이며, 또 한 가운데는 해(日)이니, 여덟 별이 항상 해를 에워 돌아가고, 또 꼬리 있는 점은 미성(尾星)이니, 그 별은 해를 에워 돌아가지 아니하고 다만 해에게로 왔다가 도로 떠나 멀리 나가니, 그 도수(度數)는 헤아릴 수가 없느니라.

---

64) 뎜은 : 뎜(점, 點) + -은(보조사, 주제)
65) 젹은 : 젹(작다, 小)- + -Ø(현시)- + -은(관전)
66) 엇던 : [어떤, 何(관사) : 엇더(어떠 : 불어) + -Ø(← -ᄒᆞ- : 형접)- + -ㄴ(관전 ▷ 관접)]
67) 혹 : 혹은(或 : 부사)
68) 넷시오 : 넷ㅅ(← 넷 ← 네ㅎ : 넷, 四, 수사, 양수) + -이(서조)- + -오(← -고 : 연어, 나열)
※ '넷시오'는 '네시오'의 'ㅅ'을 거듭 적기은 형태인데, 수사 '네ㅎ'이 '넷'의 형태로 변화했다.
69) ᄯᅡ헤는 : ᄯᅡㅎ(← ᄯᅡㅎ : 땅, 地) + -에(부조, 위치) + -는(보조사, 주제, 대조)
70) ᄒᆞ나히며 : ᄒᆞ나ㅎ(하나, 一 : 수사, 양수) + -이(서조)- + -며(연어, 나열)
71) ᄒᆞᆫ가온대는 : ᄒᆞᆫ가온대[한가운데 : ᄒᆞᆫ(한, 정확한 : 접두) + 가온대(가운데, 中)] + -는(보조사, 주제)
72) ᄒᆡᆼ샹 : ᄒᆡᆼ샹(← 항샹 : 항상, 常, 부사)
73) ᄭᅩ리 : ᄭᅩ리(꼬리, 尾) + -Ø(← -이 : 주조)
74) 미셩이니 : 미셩(미성, 尾星) + -이(서조)- + -니(연어, 설명 계속) ※ '미셩(尾星)'은 혜성이다.
75) 왓다가 : 오(오다, 來)- + -앗(완료)- + -다가(연어, 동작의 전환)
76) 도ㅅ수는 : 도ㅅ수[도수, 度數 : 도(度) + -ㅅ(사잇) + 수(數)] + -는(보조사, 주제) ※ '도ㅅ수(度數)'는 거듭하는 횟수이다.
77) 혀아릴 : 혀아리(↚ 혜아리다, 算)- + -ㄹ(관전)
78) 업ᄂᆞ니라 : 업(← 없다 : 없다, 無)- + -ᄂᆞ(현시)- + -니(원칙)- + -라(← -다 : 평종)

짜덩이[79)]

태허[80)] 챵명ᄒᆞᆫ[81)] 즈음에 무수ᄒᆞᆫ 별ᄯᅥᆯ기가[82)] 잇스ᄃᆡ[83)] ᄯᅥᆯ기마다 각각 큰 별 ᄒᆞ나ㅅ식[84)] 잇서 젹은 별들을 거ᄂᆞ려 ᄒᆞᆫ ᄯᅥᆯ기ᄅᆞᆯ 일우고 젹은 별들은 그 큰 별을 ᄯᆞ라[85)] 에워 도라가니 태양이 ᄒᆞᆫ 큰 별이라 극히 빗나며 움즉임이 업고 그 ᄀᆞ헤 도ᄂᆞᆫ 별 여ᄃᆞᆲ이 쇽ᄒᆞ엿시니[86)] ᄒᆞ나흔[87)] 쥬비더요[88)] 둘흔 비너스요 세흔 ᄉᆡᆺ언이오[89)] 네흔 마스요[90)] 다ᄉᆞᆺ슨[91)] 이 짜히오 여ᄉᆞᆺ슨 넵춘[92)]이오 닐곱은 유레너스오[93)] 여ᄃᆞᆲ은 머규릐니[94)] 각각 샹거가[95)] 혹 멀고 갓가오며[96)] ᄒᆡ를 에워 도라가ᄂᆞᆫ

---

79) 짜덩이 : [땅덩이 : 짜(← 짜ㅎ : 땅, 地) + 덩이(덩이, 덩어리, 塊)]

80) 태허 : 태허(太虛). '하늘'을 달리 이르는 말이다.

81) 챵명ᄒᆞᆫ : 챵명ᄒᆞ[창명하다 : 챵명(창명, 蒼冥 : 불어) + -ᄒᆞ(형접)-]- + -Ø(현시)- + -ㄴ(관전) ※ '창명(蒼冥)'은 푸르고 어두운 것이다.

82) 별 ᄯᅥᆯ기가 : 별(별, 星) # ᄯᅥᆯ기(무더기, 叢) + -가(주조) ※ '별 ᄯᅥᆯ기'는 '태양계'처럼 항성(恒星)을 중심으로 그에 딸려 있는 행성(行星)과 그 위성(衛星)을 아울러서 이르는 말이다.

83) 잇스ᄃᆡ : 잇ㅅ(← 있다 : 있다, 有)- + -으ᄃᆡ(← -되 : 연어, 설명 계속) ※ '잇스ᄃᆡ'은 '이스ᄃᆡ'의 /ㅅ/을 'ㅅㅅ'으로 거듭 적은 형태로도 볼 수도 있고, 혹은 '잇다'의 형태가 '있다'로 바뀐 결과로 볼 수도 있다.

84) ᄒᆞ나ㅅ식 : ᄒᆞ나(하나, 一) + -ㅅ식(← -씩 : 보조사, 각자)

85) ᄯᆞ라 : ᄯᆞᆯ(← ᄯᆞᄅᆞ다 : 따르다, 從)- + -아(연어)

86) 쇽ᄒᆞ엿시니 : 쇽ᄒᆞ[속하다 : 쇽(속, 屬 : 불어) + -ᄒᆞ(동접)-]- + -엿ㅅ(← -였- : 완료)- + -이니(← -으니 : 연어, 설명 계속)

87) ᄒᆞ나흔 : ᄒᆞ나ㅎ(하나, 一 : 수사, 양수) + -은(보조사, 주제)

88) 쥬비더요 : 쥬비더(주피터, Jupiter, 목성, 木星) + -이(서조)- + -오(← -고 : 연어, 나열) ※ 연결 어미 '-고'에서 /ㄱ/이 탈락한 형태인 '-오'가 선행하는 /ㅣ/에 동화되어서 '-요'로 바뀌었다.

89) ᄉᆡᆺ언이오 : ᄉᆡᆺ언(새턴, Saturn, 토성, 土星) + -이(서조)- + -오(← -고 : 연어, 나열)

90) 마스요 : 마스(마르스, Mars, 화성, 火星) + -Ø(← -이- : 서조)- + -요(← -오 ← -고 : 연어, 나열)

91) 다ᄉᆞᆺ슨 : 다ᄉᆞᆺㅅ(← 다ᄉᆞᆺ : 다섯, 五) + -은(보조사, 주제) ※ '다ᄉᆞᆺ슨'은 '다ᄉᆞᆺ은'의 /ㅅ/을 'ㅅㅅ'으로 거듭 적은 형태이다.

92) 넵춘 : 넵툰, Neptune. 해왕성(海王星)이다.

93) 유레너스오 : 유레너스(유러너스, Uranus, 천왕성, 天王星) + -Ø(← -이- : 서조)- + -오(← -고 : 연어, 나열)

94) 머규릐니 : 머규릐(머규리, Mercury, 수성, 水星) + Ø(← -이- : 서조)- + -니(연어, 설명 계속)

95) 샹거가 : 샹거(상거, 相距) + -가(주조) ※ '샹거(相距)'는 서로 떨어져 있는 두 곳의 거리이다.

도ㅅ슈가 ᄈᆞᄅᆞ고[97] 더딤과 형톄의 크고 적은 분별이 서로 ᄀᆞᆺ지[98] 아니ᄒᆞ고 이 도ᄂᆞᆫ 별 여ᄃᆞᆲ 즁에 각각 제게[99] 쇽ᄒᆞᆫ 일ᄇᆡᆨ여 별이 잇고 ᄯᅩ 제게 쇽ᄒᆞᆫ ᄃᆞᆯ이 잇는 것도 잇으니 이 ᄯᅡ흔[1] ᄃᆞᆯ ᄒᆞ나히 잇서 ᄒᆞᆼ샹 ᄯᅡ흘 에워 도라가ᄃᆡ ᄒᆞᆫ ᄃᆞᆯㅅ 동안에 ᄒᆞᆫ 박휘를[2] 돌고 형톄ᄂᆞᆫ ᄯᅡ보다 삼분지일이오[3] ᄯᅡ헤셔 샹거는 거의 구십만 리나 되고 ᄉᆡᆺ언에 쇽ᄒᆞᆫ ᄃᆞᆯ은 여ᄃᆞᆲ이오 쥬비더에 쇽ᄒᆞᆫ ᄃᆞᆯ은 네히오 유레너스에 쇽ᄒᆞᆫ ᄃᆞᆯ도 네히오 그 ᄂᆞᆷ아는[4] 다 ᄃᆞᆯ이 업ᄂᆞ니라

(땅덩이)

태허(太虛)가 창명(蒼冥)한 즈음에 무수한 별무더기가 있되, 덩이마다 각각 큰 별 하나씩 있어 적은 별들을 거느려 한 덩이를 이루고, 적은 별들은 그 큰 별을 따라 에워 돌아가니, 태양(太陽)이 한 큰 별이라 극히 빛나며 움직임이 없고, 그 가에 도는 별 여덟이 속하였으니, 하나는 주피터요 둘은 비너스요 셋은 새턴이요 넷은 마르스요 다섯은 이 땅이요 여섯은 넵툰이요 일곱은 유레너스요 여덟은 머큐리니, 각각 상거(相距)가 혹은 멀고 가까우며, 해를 에워서 돌아가는 도수(度數)가 빠르고 더딤과 형체(形體)의 크고 적은 분별(구분, 分別)이 서로 같지 아니하고, 이 도는 별 여덟 중에 각각 자기에게 속(屬)한 일백여 별이 있고 또 자기에게 속한 달이 있는 것도 있으니, 이 땅은 달 하나가 있어 항상 땅을 에워 돌아가되 한 달의 동안에 한 바퀴를 돌고, 형체는 땅보다 삼분지일(삼분)이요, 땅에서 상거(相距)는 거의 구십만 리나 되고, 새

96) 갓가오며 : 갓가오(← 갓갑다, ㅂ불 : 가깝다, 近)- + -며(← -으며 : 연어, 나열)
97) ᄈᆞᄅᆞ고 : ᄈᆞᄅᆞ(← ᄲᆞᄅᆞ다 : 빠르다, 速)- + -고(연어, 나열) ※ 된소리인 /ㅃ/의 표기에 'ㅄ' 대신에 'ㅃ'이 쓰인 예이다.
98) ᄀᆞᆺ지 : ᄀᆞᆺ(← ᄀᆞᇀ다 : 같다, 如)- + -지(연어, 부정) ※ 'ᄀᆞᆺ디〉ᄀᆞᆺ지'는 /ㄷ/이 /ㅈ/으로 구개음화된 형태이며, 'ᄀᆞᆺ디'는 종성인 /ㄷ/을 'ㅅ'으로 표기한 형태이다.
99) 제게 : 저(저, 자기, 己 : 지대, 재귀칭) + -ㅣ게(-에게 : 부조, 상대)
1) ᄯᅡ흔 : ᄯᅡᇂ(땅, 地) + -은(보조사, 주제)
2) 박휘를 : 박휘(← 바퀴 : 바퀴, 回, 의명) + -를(목조) ※ '박휘'는 '바퀴'의 /ㅋ/을 /ㄱ/과 /ㅎ/으로 재음소화하여 표기한 형태이다.
3) 삼분지일이오 : 삼분지일(三分之一 : 수사, 양수) + -이(서조)- + -오(← -고 : 연어, 나열)
4) ᄂᆞᆷ아는 : ᄂᆞᆷ아(← 나마 : 나마, 나머지, 餘 : 의명) + -는(보조사, 주제)

턴에 속한 달은 여덟이요, 주피터에 속한 달은 넷이요, 유레너스에 속한 달도 넷이요, 그 나머지는 다 달이 없느니라.

> 이 싸흘 의론컨대[5] 히와 샹거가 삼만 일천팔빅오십만 리쯤이오[6] 히를 에워 도라가기는 흔 시ᄉ 동안에 ᄉ십칠만 륙쳔 리를 가고 일 년ᄉ 동안에 흔 박휘를 돌며 형톄는 둥굴고 히에 비ᄒ야 일빅이십륙만 빅가[7] 젹고 쥬회[8]는 팔만여 리요 바로 쒜뚤흐면[9] 이만 칠쳔륙빅여 리며 남극과 북극이 곳곳이[10] 바름은[11] 맛치[12] 곳쟝이로[13] 탄ᄌ[14]를 쒜인[15] 것 ᄀ고 남북극 흔가온대 젹도ㅣ라[16] ᄒ는 한뎡이[17] 잇서 젹도 남북편에 각 ᄉ쳔팔빅오십 리에 황도[18]ㅣ라 ᄒ는 한뎡이 잇서 남황도ㅣ라 북황도ㅣ라 ᄒ고 남황도 남편 팔쳔구빅 리와 북황도 북편 팔쳔구빅 리에 흑도[19]ㅣ라 ᄒ는 한뎡이 잇서 남흑도ㅣ라 북흑도ㅣ라 ᄒ고 남흑도 남편 ᄉ쳔팔빅오십 리와 북흑도 북편 ᄉ쳔팔빅오십 리에는 남극이라 북극이라 ᄒ니

이 땅을 의논(議論)하건대, 해와 상거(相距)가 삼만 일천팔백오십만 리(里)쯤이요,

---

5) 의론컨대 : 의론ᄒ[← 의논ᄒ다 : 의론(의논, 議論 : 명사) + -ᄒ(← -ᄒ- : 동접)-]- + -건대(연어, 조건, 전제)

6) 리쯤이오 : 리쯤[리쯤 : 리(리, 里 : 의명) + -쯤(-쯤 : 접미)] + -이(서조)- + -오(← -고 : 연어, 나열)

7) 빅가 : 빅(배, 倍) + -가(주조)

8) 쥬회는 : 주회(周回). 둘레이다.

9) 쒜뚤흐면 : 쒜뚫[꿰뚫다 : 쒜(꿰다, 貫)- + 뚫(뚫다, 鑿)-]- + -으면(연어, 조건)

10) 곳곳이 : [꼿꼿이, 直(부사) : 곳곳(꼿꼿 : 불어) + -Ø(← -ᄒ- : 형접)- + -이(부접)]

11) 바름은 : 바르(바르다, 正)- + -ㅁ(명전) + -은(보조사, 주제)

12) 맛치 : 마치, 如(부사) ※ '맛치'는 '마치'의 /ㅅ/을 'ㅅㅊ'으로 거듭 적은 형태이다.

13) 곳쟝이로 : 곳쟝이(꼬챙이, 串) : 곳(← 곶 : 꼬챙이)- + -쟝이(-장이 : 접미)] + -로(부조, 방편)

14) 탄ᄌ : 탄자(彈子), 탄알.

15) 쒜인 : 쒜이(← 쒜다 : 꿰다, 串)- + -Ø(과시)- + -ㄴ(관전) ※ '쒜인'은 '쒠'을 오기한 형태이다.

16) 젹도ㅣ라 : 젹도(적도, 赤道) + -ㅣ(← -이- : 서조)- + -Ø(현시)- + -라(← -다 : 평종)

17) 한뎡이 : 한뎡(한정, 限定) + -이(주조)

18) 황도 : 황도(黃道). 태양의 둘레를 도는 지구의 궤도가 천구(天球)에 투영된 궤도이다.

19) 흑도 : 흑도(黑道). 태음(太陰)의 궤도이다. 황도(黃道)에서 43도 4분, 양극(兩極)에서 28도 38분 기울어져 있다.

해를 에워 돌아가기는 한 시(時)의 동안에 사십칠만 육천 리(里)를 가고, 일년의 동안에 한 바퀴를 돌며, 형체는 둥글고 해에 비하여 일백이십륙만 배(倍)가 적고, 주회(周回)는 팔만여 리(里)요, 바로 꿰뚫으면 이만 칠천육백여 리(里)며, 남극(南極)과 북극(北極)이 꼿꼿이 바른 것은 마치 꼬챙이로 탄자(彈子)를 꿴 것과 같고, 남북극의 한가운데 '적도(赤道)이다' 하는 한정(限定)이 있어서, 적도 남북편에 각 사천팔백오십 리에 '황도(黃道)이다' 하는 한정(限定)이 있어 '북황도(北黃道)이다', '남황도(南黃道)이다' 하고, 남황도의 남편(南便) 팔천구백 리와 북황도 북편(北便) 팔천구백 리에 '흑도(黑道)이다' 하는 한정이 있어서 '남흑도이다' '북흑도이다' 하고, 남흑도 남편 사천팔백오십 리와 북흑도 북편 사천팔백오십 리에는 '남극이다', '북극이다' 하니

적도 남북 구쳔칠ᄇᆡᆨ 리는 ᄒᆞᆼ샹 ᄒᆡㅅ빗흘[20] 바로 밧아[21] ᄉᆞ시[22] 분별이 젹고 ᄒᆞᆼ샹 뜨거운 고로[23] 열ᄃᆡ라[24] 닐ᄋᆞ고[25] 남황도 밧[26] 팔쳔구ᄇᆡᆨ 리와 북황도 팔쳔구ᄇᆡᆨ 리는 일 년에 ᄒᆞᆫ 번ㅅ식[27] ᄒᆡㅅ빗흘 바로 밧ᄂᆞᆫ 고로 여름과 겨을 분별이 잇스니 온ᄃᆡ라[28] 닐ᄋᆞ고 남흑도 밧 ᄉᆞ쳔팔ᄇᆡᆨ오십 리와 북흑도 밧 ᄉᆞ쳔팔ᄇᆡᆨ오십 리 남북극ᄭᆞ지는[29] ᄒᆞᆼ샹 ᄒᆡㅅ빗흘 보지 못ᄒᆞ여 치운[30] 고로 ᄅᆡᆼᄃᆡ라[31] 닐ᄋᆞ며 ᄯᅩ 남북극 근쳐에는 ᄒᆞᆼ샹 얼고 풀이 나지 못ᄒᆞ며 ᄒᆞᆼ샹 얼어 잇는 바다가 잇스니 빙ᄒᆡ라[32]

---

20) ᄒᆡㅅ빗흘 : ᄒᆡㅅ빗ㅎ[햇빛(日光) : ᄒᆡ(해, 日) + -ㅅ(사잇) + 빗ㅎ(빛, 光)] + -을(목조) ※ '빗흘'은 '비츨'의 /ㅊ/을 /ㅈ/과 /ㅎ/으로 재음소화한 뒤에, 종성 /ㅈ/을 'ㅅ'으로 표기한 형태이다.

21) 밧아 : 밧(← 받다 : 받다, 受)- + -아(연어) ※ '밧아'는 /바다/의 /ㄷ/을 'ㅅ'으로 표기한 형태이다.

22) ᄉᆞ시 : 사시(四時). 네 계절이다.

23) 고로 : [고로(의명) : 고(고, 故 : 의명) + -로(부조▷명접)] ※ '고로'는 부사어성 의존 명사이다.

24) 열ᄃᆡ라 : 열ᄃᆡ(열대, 熱帶) + -Ø(← -이- : 서조)- + -Ø(현시)- + -라(← -다 : 평종)

25) 닐ᄋᆞ고 : 닐ᄋᆞ(↚ 니ᄅᆞ다 : 이르다, 謂)- + -고(연어, 나열) ※ '닐ᄋᆞ고'는 '니ᄅᆞ고'를 과잉 분철한 형태이다.

26) 밧 : 밧(← ᄇᆞᆰ : 밖, 外)

27) ᄒᆞᆫ 번ㅅ식 : ᄒᆞᆫ(한, 一 : 관사, 양수) # 번(번, 番 : 의명) + -ㅅ식(-씩 : 접미, 각자)

28) 온ᄃᆡ라 : 온ᄃᆡ(온대, 溫帶) + -Ø(← -이- : 서조)- + -Ø(현시)- + -라(← -다 : 평종)

29) 남북극ᄭᆞ지는 : 남북극(남북극, 南北極) + -ᄭᆞ지(-까지 : 보조사, 도달점) + -는(보조사, 주제)

30) 치운 : 치우(← 칩다, ㅂ불 : 춥다, 寒)- + -Ø(현시)- + -ㄴ(← -은 : 관전)

31) ᄅᆡᆼᄃᆡ라 : ᄅᆡᆼᄃᆡ(냉대, 冷帶) + -Ø(← -이- : 서조)- + -Ø(현시)- + -라(← -다 : 평종)

32) 빙ᄒᆡ라 : 빙ᄒᆡ(빙해, 氷海) + -Ø(← -이- : 서조)- + -Ø(현시)- + -라(← -다 : 평종)

닐ᄋᆞ고 ᄯᅩ 반 년이 ᄂᆞᆺ이오[33] 반 년이 밤이며

적도(赤道)의 남북 구천칠백 리는 항상 햇빛을 바로 받아 사시(四時)의 분별(分別)이 적고 항상 뜨거운 고(故)로 '열대(熱帶)이다' 이르고, 남황도 밖 팔천구백 리와 북황도 (밖) 팔천구백 리는 일 년에 한 번씩 햇빛을 바로 받는 고로 여름과 겨울의 분별이 있으니 '온대(溫帶)이다' 이르고, 남흑도 밖 사천팔백오십 리와 북흑도 밖 사천팔백오십 리의 남북극(南北極)까지는 항상 햇빛을 보지 못하여 추운 고로 '냉대(冷帶)이다.' 이르며, 또 남북극 근처에는 항상 얼고 풀이 나지 못하며 항상 얼어 있는 바다가 있으니 '빙해(氷海)이다' 이르고, 또 반 년이 낮이요 반 년이 밤이며,

ᄯᅩ 이 ᄯᅡ히 둥글ᄃᆡ 남북극편은 좀 납ᄶᅩᆨᄒᆞ고[34] 도ᄂᆞᆫ 모양이 두 가지니 일 쥬야[35]에 ᄒᆞᆫ 번 뒤집히고 일 년에 ᄒᆡ를 에워[36] ᄒᆞᆫ 박휘를 도ᄃᆡ[37] 남북극 ᄭᅩᆺᄭᅩᆺᄒᆞᆷ은 조곰도 틀니지[38] 아니ᄒᆞ고 다만 좀 비스듬ᄒᆞ게 도ᄂᆞᆫ 고로 남극편이 ᄒᆡ를 향ᄒᆞᄂᆞᆫ ᄯᆡ도[39] 잇고 북극편이 ᄒᆡ를 향ᄒᆞᄂᆞᆫ ᄯᆡ도 잇스니 아모 ᄯᆡ나 아모 곳이나 ᄒᆡㅅ빗흘 바로 밧으면 곳 여름이오 ᄒᆡㅅ빗흘 바로 밧지 못ᄒᆞ면 겨을이며 ᄯᅩ ᄒᆡㅅ빗흘 보면 ᄂᆞᆺ이오[40] ᄒᆡㅅ빗흘 보지 못ᄒᆞ면 밤이며 ᄯᅩ 이 ᄯᅡ덩이는 ᄃᆞ라나ᄂᆞᆫ[41] 힘이 잇고

33) ᄂᆞᆺ이오 : ᄂᆞᆺ(← 낮 : 낮, 晝)- + -이(서조)- + -오(← -고 : 연어, 나열) ※ 'ᄂᆞᆺ이오'는 '나지오'의 /ㅈ/을 'ㅅ'으로 표기한 형태이다.

34) 납ᄶᅩᆨᄒᆞ고 : 납ᄶᅩᆨᄒᆞ[납작하다 : 납(납- : 불어)- + -ᄶᅩᆨ(-작- : 접미)- + -ᄒᆞ(형접)-]- + -고(연어, 나열)

35) 쥬야 : 주야(晝夜)

36) 에워 : 에우(에우다, 圍)- + -어(연어) ※ '에우다'는 사방을 빙 둘러싸는 것이다.

37) 도ᄃᆡ : 도(← 돌다 : 돌다, 回)- + -ᄃᆡ(-되 : 연어, 설명 계속)

38) 틀니지 : 틀니[← 틀리다(틀리다, 틀어지다, 偏) : 틀(틀다, 偏)- + -리(피접)-]- + -지(연어, 부정) ※ '틀니지'는 '틀리지'의 'ㄹㄹ'을 'ㄹㄴ'으로 표기한 형태이다. '틀니디〉틀니지'는 /ㄷ/이 /ㅈ/으로 구개음화한 예이다. /ㄹ/ 아래에서 피동 접미사인 '-이-'가 '-리-'로 변동한 형태이다.

39) ᄯᆡ도 : ᄯᆡ(때, 時) + -도(보조사, 첨가)

40) ᄂᆞᆺ이오 : ᄂᆞᆺ(← 낮 : 낮, 晝) + -이(서조)- + -오(← -고 : 연어, 나열) ※ 'ᄂᆞᆺ이오'는 'ᄂᆞᆽ이오'의 종성 /ㅈ/을 'ㅅ'으로 표기한 형태이다.

41) ᄃᆞ라나ᄂᆞᆫ : ᄃᆞ라나[달아나다, 逃走 : ᄃᆞᆯ(← ᄃᆞᆮ다 : 달리다, 走)- + -아(연어) + 나(나다, 出)-]- + -ᄂᆞ(현시)- + -ㄴ(관전)

ᄒᆡ는 드리ᄈᆡᄂᆞᆫ[42] 힘이 잇는 고로 멀니 ᄃᆞ라나지 못ᄒᆞ고 ᄒᆞᆼ샹 ᄒᆡ를 에워 도라가기만 ᄒᆞ니 대개 크고 무거운 거슨 젹고 가ᄇᆡ야운[43] 거슬 드리ᄈᆡᄂᆞᆫ지라[44] 이 셰상의 만믈로 의론컨대 일ᄉ 쥬야에 ᄒᆞᆫ 번ᄉ식 뒤집히ᄃᆡ ᄯᅥ러지ᄂᆞᆫ[45] 믈건이 ᄒᆞ나토[46] 업는 거슨 이 ᄯᅡ히 만믈 즁에 크고 무거워 드리ᄈᆡᄂᆞᆫ 고로 ᄯᅥ러지지 못ᄒᆞᄂᆞᆫ 연고ㅣ니라[47]

또 이 땅이 둥글되 남북극편(南北極便)은 좀 납작하고 도는 모양이 두 가지이니, 일(一) 주야(晝夜)에 한 번 뒤집히고 일 년에 해를 에워 한 바퀴를 돌되, 남북극의 꼿꼿함은 조금도 틀리지 아니하고 다만 좀 비스듬하게 도는 고로, 남극편(南極便)이 해를 향하는 때도 있고 북극편(北極便)이 해를 향하는 때도 있으니, 아무 때나 아무 곳이나 햇빛을 바로 받으면 곧 여름이요 햇빛을 바로 받지 못하면 겨울이며, 또 햇빛을 보면 낮이요 햇빛을 보지 못하면 밤이며, 또 땅덩이는 달아나는 힘(= 원심력)이 있고 해는 들이빠는 힘(= 구심력)이 있는 고로 멀리 달아나지 못하고 항상 해를 에워 돌아가기만 하니, 대개 크고 무거운 것은 적고 가벼운 것을 들이빠는지라, 이 세상의 만물로 의논하건대, 일(日)의 주야(晝夜)에 한 번씩 뒤집히되 떨어지는 물건이 하나도 없는 것은, 이 땅이 만물 중(中)에 크고 무거워 들이빠는 고로 떨어지지 못하는 연고(緣故)이니라.

---

42) 드리ᄈᆡᄂᆞᆫ : 드리ᄈᆡ[← 드리ᄡᆡᆯ다(들이빨다, 吸入) : 들(들다, 入)- + -이(부접) + ᄈᆡᆯ(빨다, 吸)-]- + -ᄂᆞ(현시)- + -ㄴ(관전) ※ /ㅃ/을 표기하는 데에 ‘ㅄ’ 대신에 각자 병서인 ‘ㅃ’이 쓰였다.

43) 가ᄇᆡ야운 : 가ᄇᆡ야우(← 가ᄇᆡ얍다, ㅂ불 : 가볍다, 輕)- + -Ø(현시)- + -ㄴ(← -은 : 관전)

44) 드리ᄈᆡᄂᆞᆫ지라 : 드리ᄈᆡ[← 들이ᄈᆡᆯ다(들이빨다, 吸入) : 들(들다, 入)- + -이(부접) + ᄈᆡᆯ(빨다, 吸)-]- + -ᄂᆞ(현시)- + -ㄴ지라(-ㄴ지라 : 연어, 당위)

45) ᄯᅥ러지ᄂᆞᆫ : ᄯᅥ러지[떨어지다 : ᄯᅥᆯ(떨다, 振)- + -어(연어) + 지(지다, 落)-]- + -ᄂᆞ(현시)- + -ㄴ(관전) ※‘ᄯᅥ러디ᄂᆞᆫ〉ᄯᅥ러지ᄂᆞᆫ’는 /ㄷ/이 /ㅈ/으로 구개음화한 예이다.

46) ᄒᆞ나토 : ᄒᆞ나ㅎ(하나, 一 : 수사, 양수) + -도(보조사, 강조)

47) 연고ㅣ니라 : 연고(연고, 緣故) + -ㅣ(← -이- : 서조)- + -Ø(현시)- + -니(원칙)- + -라(← -다 : 평종)

헐버트

[H.B 헐버트]

H. B. 헐버트(Hulbert, H. B.)는 미국인으로 1862년 1월 26일 미국 버몬트 주 뉴헤이번에서 태어났다. 1884년에 다트머스 대학을 졸업하고 그 해에 유니언 신학교에 들어가서 2년 간 수학하였다.

1886년(조선 고종 23년)에 조선 정부의 요청으로 길모어, 벙커 등과 함께 조선에 들어와 조선 최초의 근대식 교육기관인 육영공원(育英公院)에서 교사직으로 영어를 가르쳤다. 그는 자비로 한글 개인 교사를 고용하여 한글을 배워, 3년 만에 한글로써 『사민필지』를 저술할 정도로 뛰어난 한국어 구사 능력을 갖추었다.

1905년에 을사조약이 체결되자, 한국의 자주 독립을 주장하여 고종의 밀서를 휴대하고 미국에 돌아가 국무장관과 대통령을 면담하려 했으나 실패하였다. 1908년에는 매사추세츠주 스프링필드에 정착하면서 한국에 관한 글을 썼고, 1919년에 삼일 독립 운동을 지지하는 글을 서재필(徐載弼)이 주관하는 잡지에 발표하였다.

대한민국이 수립된 후 1949년에 국빈으로 초대를 받고 내한한 직후에 병사하여 양화진(楊花津)에 있는 외국인 묘지에 묻혔다. 1950년 3월 1일에 대한민국 정부에서 외국인 최초로 건국 공로훈장 태극장을 추서했다. 그리고 2014년 10월 9일에 한글 보전과 보급에 헌신한 공로로 대한민국 정부에서 금관문화훈장을 추서했다.

헐버트는 『스민필지』, 『한국사』(The History of Korea), 『대동기년』(大東紀年), 『대한제국 멸망사』(The Passing of Korea) 등의 저서를 남겼다.

4. 독립신문

〈독립신문〉은 서재필(徐載弼)이 갑신정변(1884년) 후 미국으로 망명했다가 귀국한 뒤에, 정부로부터 자금을 받아서 1896년 4월 7일에 창간한 신문이다. 창간하던 해에는 가로 22cm, 세로 33cm의 크기로 4면 가운데 3면은 한글 전용으로 〈독립신문〉을 편집하고, 마지막 1면은 영문판인 〈The Independent〉로 편집하였다. 창간 이듬해인 1897년 1월 5일자부터는 국문판과 영문판을 분리하여 발행하였다. 그러나 〈독립신문〉은 외세의 영향하에 있었던 정부 관료와 개화 사상에 반감을 가졌던 수구파의 미움을 사게 되었는데, 그 결과로 정부가 〈독립신문〉을 인수하여 1899년 12월 4일자로 폐간하였다.

〈독립신문〉은 19세기 말 한국 사회의 발전과 민중의 계몽을 위하여 매우 큰 역할을 수행한 기념비적인 신문으로 평가받고 있다. 그리고 현대 국어로 넘어가는 개화기 국어의 모습을 잘 반영하고 있다는 점에서도 큰 의의가 있다. 특히 불완전하기는 하지만 <u>한글 표기에서 최초로 띄어쓰기를 시도한 점</u>은 높이 평가할 수 있다.

〈독립신문〉에 나타난 국어사적인 특징을 다음과 같이 정리할 수 있다.

첫째, 된소리를 표기하는 데에는 'ㅂ'계 합용 병서는 잘 쓰이지 않았으며, 주로 'ㅅ'계 합용 병서가 쓰였다. 그리고 'ㄲ, ㄸ, ㅃ, ㅆ, ㅉ' 각자 병서 글자가 쓰였다.

(보기) ① 'ㅂ'계 합용 병서 : ᄡᅥ드면, 건강으로ᄡᅥ
② 'ㅅ'계 합용 병서 : ᄭᅡᄃᆞᆰ에, ᄉᆡᆼ각ᄒᆞᆯᄭᅡ, ᄉᆞᆺ치기, 폐하ᄭᅴ, ᄯᅩ, ᄯᅳᆨ, ᄲᅦ여, ᄒᆞᆫᄶᅩᆨ
③ 각자 병서 : ᄁᆞᄃᆞᆰ이라, 떡국, 빼기도, 써야, 언짠ᄒᆞᆫ

둘째, 종성의 /ㄷ/을 'ㅅ'으로 표기한 예가 많이 나타난다.

(보기) 듣고 → 듯고, 믿노라 → 밋노라, 듣기에 → 듯기에, 곧 → 곳, 믿고 → 밋고

셋째, 앞 음절의 종성 /ㄹ/과 뒤 음절의 초성 /ㄹ/이 이어서 발음될 때에, 'ㄹㄹ'을 'ㄹㄴ'으로 표기한 예가 대단히 많이 발견된다.

(보기) ᄃᆞᆯ로→ᄃᆞᆯ노, 달리→달니, 몰라셔→몰나셔, 불란셔→불난셔,
달라고→달나고, 갈린→갈닌

넷째, 전통적인 이어적기 뿐만 아니라 끊어적기와 거듭적기의 예가 많이 보인다. 특히 용언이 활용할 때에도 끊어적기가 많이 쓰인 것이 특징이다. 그리고 거센소리의 음소를 예사소리와 /ㅎ/으로 '재음소화(在音素化)'하여 표기한 예가 나타난다.

(보기) ① 끊어적기 : 분국이, 소문을, 일을, 일년에, 일년간으로 ; 적어, 알어셔, 알아보기, 먹은, 붓잡아 ; 죽음을, 붉히
② 거듭적기 : 쓰ᄂᆞᆫ고로→씃ᄂᆞᆫ고로, 쓰시니→씃시니, 쓰ᄉᆞᆫ→씃ᄉᆞᆫ
③ 재음소화 : 노픈→놉흔, 아픠→압희

다섯째, 최초로 띄어쓰기를 시도하였는데, 이는 1933년에 재정된 〈한글 맞춤법 통일안〉에서 띄어쓰기를 규정한 것보다 35년 정도나 앞선다.

(보기) 독닙신문이 본국과 외국 ᄉᆞ졍을 자셰이 긔록ᄒᆞᆯ터이요

여섯째, /ㆍ/의 소리가 이미 없어졌지만 보수적인 표기법 때문에 'ㆍ'가 그대로 쓰인 경우가 많으며, 이에 따라서 'ㆍ'와 'ㅏ'가 혼기된 경우가 있다.

(보기) 아래>아ᄅᆡ, ᄃᆡ졉ᄒᆞ자>ᄃᆡ졉ᄒᆞᄌᆞ, 보내ᄂᆞᆫᄃᆡ>보ᄂᆡᄂᆞᆫᄃᆡ

일곱째, 종성이 /ㅎ/으로 끝나는 체언의 /ㅎ/이 탈락한 예가 대단히 많이 보인다.

(보기) 사ᄅᆞᆷᄃᆞᆯ힌고로>사ᄅᆞᆷ드린고로, 사ᄅᆞᆷ들히>사ᄅᆞᆷ들이

여덟째, 구개음화와 원순 모음화가 활발히 일어났으며, 비음화의 예가 일부 발견된다. 다만 'ㄹ' 두음 법칙과 'ㄴ' 두음 법칙, 모음 동화의 예는 드물게 발견된다.

(보기) ① 구개음화 : 뎡부>졍부, 인텬항>인쳔항, 엇디>엇지, 한심티>한심치, 맛당티>맛당치
② 원순 모음화 : 더브러>더부러, -브터>-부터, 드믈미라>드물미라, 브터ᄂᆞᆫ지>부터ᄂᆞᆫ지
③ 비음화 : 독립신문>독닙신문, 명령>명녕, 실례>실네

④ 'ㄹ' 두음 법칙 : 론셜〉논셜, 령〉녕, 로인〉노인

⑤ 'ㄴ' 두음 법칙 : 닐그니〉일그니, 니르도록〉이르도록, 닉지〉익지

⑥ 모음 동화('ㅣ' 모음 역행 동화, 움라우트 현상) : 펴일터이요〉폐일터이요, ᄂᆞ리다〉닉리다

아홉째, '-이다'와 '아니다'의 어간 뒤에 실현되는 연결 어미 '-고'나 의문형 어미 '-고/-가' 등에서 /ㄱ/이 탈락된 뒤에, '-오' 등이 선행 모음인 /ㅣ/에 동화된 형태가 나타난다.

(보기) 터이요, 글이요, 아니ᄒᆞ리요, 볍이요

열째, 명사형 전성 어미의 형태가 '-옴'에서 '-(으)ㅁ'으로 바뀐 예가 많이 나타난다.

(보기) 보기 쉽도록 홈이라, 알어 보게 홈이라, 드물미라, 병신이 됨이라

열한째, 평서문의 문장을 명사형 전성 어미인 '-ㅁ'으로써 끝맺는 예가 광고 부분과 사설의 첫 부분에서 더러 나타난다. 이렇게 종결 어미 대신에 명사형 전성 어미인 '-ㅁ'을 실현하여 문장을 끝맺음으로써, 문장을 간결하게 끝맺는 효과가 나타난다.

(보기) 이 신문샹 ᄆᆡ일 긔록홈(긔록ᄒᆞ+-오-+-ㅁ), 속히 셩명을 보내기 ᄇᆞ라옴, 내기도 홀 터이옴, 한문으로ᄒᆞᆫ 편지ᄂᆞᆫ 당초에 샹관 아니홈, ᄇᆡᆨ쟝에 여든쟝만 세음홈, 젼 국인민을 위ᄒᆞ여 무ᄉᆞᆷ 일이든지 ᄃᆡ언ᄒᆞ여 주랴홈

열두째, 명사형 전성 어미로서 '-기'의 쓰임이 활발하였다.

(보기) 모도 언문 으로 쓰기는, ᄇᆡ호기가 수흔이, 알어 보기가 쉬흔터이라, 싸홈되기가 쉽다더라, 우리가 듯기에

열셋째, 화자 표현, 대상 표현의 문법 범주가 완전히 소멸하였다. 다만, 평서형으로 종결 어미로 쓰인 용언에서 인칭법의 흔적이 보인다.

(보기) ᄒᆞ노라, ᄇᆞ라노라, 아노라

열넷째, 선어말 어미 '-엇-/-어시-, -앗-/-아시-, -엿-/-여시-' 등이 쓰여서, '완

료'의 동작상을 나타내는 선어말 어미로 쓰였다.

(보기) 머ᄂᆞᆫ듸(넘- + -엇- + -ᄂᆞ- + -ㄴ듸)
ᄭᅮ지져든이(ᄭᅮ짖- + -엇- + -더- + -니)
갓다더라(가- + -앗- + -다 # (ᄒᆞ)- + -더- + -라)
ᄒᆡᆺ든이(ᄒᆞ + -엿- + -더- + -니)

열다섯째, 동사가 서술어로 쓰일 때에 실현되는 과거 시제의 형태소 '-Ø-'는 거의 실현되지 않았고, '-엇-/-어시-, -앗-/-아시-, -엿-/-여시-'의 완료상을 나타내는 선어말 어미로 대체되었다. 다만 극히 일부의 예에서 과거 시제 표현의 선어말 어미인 '-Ø-'가 실현되었다.

(보기) 츌발ᄒᆞ다, 반포ᄒᆞ다

열여섯째, 현재 시제의 선어말 어미가 '-ㄴ-'과 '-ᄂᆞᆫ-'의 형태로 실현된 예가 대단히 많이 쓰였다.

(보기) ㄱ. 보호ᄒᆞᆫ다, ᄌᆞ퇴ᄒᆞᆫ다니, 간다고
ㄴ. 쫏ᄂᆞᆫ다든지, 짓ᄂᆞᆫ다든지, 먹ᄂᆞᆫ다더라

열일곱째, 미래 시제의 선어말 어미의 형태로 '-겟-'이 많이 쓰였다.

(보기) 몰오겟더라, 다ᄉᆞ리겟다, 말ᄒᆞ겟노라, 살겟고, ᄒᆞ겟다

열여덟째, 중세 국어에 쓰였던 객체 높임법의 선어말 어미인 '-오-'가 그 기능을 상실하여 공손 표현의 선어말 어미로 바뀌었다.

(보기) 기록홈(기록ᄒᆞ + -오- + -ㅁ)
ᄇᆞ라옴(ᄇᆞ라- + -오- + -ㅁ)
샹관아니홈(아니ᄒᆞ- + -오- + -ㅁ)
세음홈(ᄒᆞ- + -오- + -ㅁ)
주랴홈(ᄒᆞ- + -오- + -ㅁ)

열아홉째, '-옵ᄂᆞ이다'와 '-옵ᄂᆡ다'의 형태가 쓰였는데, 이는 '-옵(공손)- + -ᄂᆞ(현

시)-+-이(상높, 아주 높임)-+-다(평종)'으로 분석된다. 이 형태는 20세기 초부터는 아주 높임의 등분의 평서형 종결 어미인 '-ㅂ니다/-습니다'로 변한다.

(보기) ㄱ. 알외<u>옵ᄂᆞ이다</u>, ᄒᆞ<u>옵ᄂᆞ이다</u>, 기다리<u>옵ᄂᆞ이다</u>

ㄴ. 알외<u>옵ᄂᆡ다</u>

스물째, 모음으로 끝나는 체언 뒤에서 주격나 보격 조사의 형태로 '-가'가 아주 활발하게 쓰였다.

(보기) 우리<u>가</u>, 얼마<u>가</u>, 보기<u>가</u>, 쳐치<u>가</u>, 화<u>가</u>, 앙화<u>가</u>, 맛길 슈<u>가</u>

스물한째, 인용을 나타나는 부사격 조사로서 '-고'의 예가 많이 나타난다.

(보기) ㄱ. ᄌᆞ하하여 달나<u>고</u>

ㄴ. 드러오라<u>고</u> ᄒᆞᄆᆡ

ㄷ. 오원봉이라<u>고</u> ᄒᆞᆫ 이가

ㄹ. 되라<u>고</u> ᄒᆞ기로

뎨일권 독닙신문 뎨일호

조션 셔울 건양[1)] 원년 ᄉᆞ월 초칠일 금요일

광고

독닙신문이 본국과 외국 ᄉᆞ정을 자셰이 긔록ᄒᆞᆯ터이요[2)] 정부속콰[3)] 민간 소문을 다보고 ᄒᆞᆯ터이라[4)] 정치샹일과[5)] 농ᄉᆞ 쟝ᄉᆞ 의술샹 일을 얼만콤식[6)] 이신문샹[7)] ᄆᆡ일 긔록홈[8)] 갑슨 일년에 일원삼십젼 ᄒᆞᆫᄃᆞᆯ에 십이젼 ᄒᆞᆫ쟝에 동젼 ᄒᆞᆫ푼 독닙신문 분국이 졔물포 원산 부산 파주 숑도 평양 슈원 강화 등지에 잇더라[9)]

제일 권 독립신문 제일호

조선 서울 건양 원년 사월 초칠일 금요일

광고

1) 건양 : 건양(建陽). 조선 고종 때인 1896년에 제정한 조선(朝鮮)의 연호(年號)이다.

2) 긔록ᄒᆞᆯ터이요 : 긔록ᄒᆞ[기록하다 : 긔록(기록, 記錄 : 명사) + -ᄒᆞ(동접)-]- + -ㄹ(관전) # 터(터, 것 : 의명) + -이(서조)- + -요(← -오 ← -고 : 연어, 나열) ※ 연결 어미 '-고'에서 /ㄱ/이 탈락한 '-오'가 선행하는 /ㅣ/에 동화되어서 '-요'로 바뀌었다.

3) 정부속콰 : 정부(정부, 政府) # 속ㅎ(↚ 속 : 속, 안, 內) + -과(접조)

4) 다보고 ᄒᆞᆯ터이라 : 다(다 : 다, 悉, 부사) # 보고ᄒᆞ[보고하다 : 보고(보고, 報告 : 명사) + -ᄒᆞ(동접)-]- + -ㄹ(관전) # 터(터, 것 : 의명) + -이(서조)- + -Ø(현시)- + -라(← -다 : 평종)

5) 정치샹일과 : 정치샹[정치상 : 정치(정치, 政治) + -샹(-상, 上 : 접미)] # 일(일, 事) + -과(접조)

6) 얼만콤식 : 얼(↚ 얼마 : 명사) + -만콤(↚ -만큼 : 부조, 흡사) + -식(-씩 : 보조사, 접미, 각자) ※『고등학교 문법』에서는 '-식(-씩)'을 접미사로 처리하고 있으나, 보조사적인 성격이 짙다.

7) 신문샹 : 신문(신문, 新聞) # 샹(상, 上)

8) 긔록홈 : 긔록ᄒᆞ[기록하다 : 긔록(기록, 記錄 : 명사) + -ᄒᆞ(동접)-]- + -오(공손)- + -ㅁ(명전 ▷평종) ※ '-ㅁ'은 원래 명사형 어미인데 여기서는 평서형 종결 어미로 기능했다. 이 시기에는 명사형 전성 어미가 '-(으)ㅁ'으로 바뀌었는데, 여기서 평서형으로 쓰일 때에는 공손 표현의 선어말 어미인 '-오-'를 실현하여 '-옴'의 형태로 평서문을 끝맺었다.

9) 잇더라 : 잇(있다, 在)- + -더(회상)- + -라(← -다 : 평종)

독립신문이 본국과 외국 사정을 자세히 기록할 터이요, 정부 속(안)과 민간(의) 소문을 다 보고할 터이다. 정치상의 일과 농사, 장사, 의술상의 일을 얼마만큼씩 이 신문 상(에) 매일 기록하옴. 값은 일 년에 일 원 삼십 전, 한 달에 십이 전, 한 장에 동전 한 푼. 독립신문 분국(分局)이 '제물포, 원산, 부산, 파주, 송도, 평양, 수원 강화' 등지에 있더라.

> 신문을 ᄃᆞᆯ노경ᄒᆞ든지[10] 일년간으로 경ᄒᆞ여 사보고스분이ᄂᆞᆫ[11] 정동[12] 독닙신문샤로 와셔 돈을 미리 내고 셩명과 집이 어ᄃᆡ라고[13] 적어 노코 가면 ᄒᆞ로걸어[14] 신문을 보내줄터이니[15] 신문 보고 스분이ᄂᆞᆫ[16] 속히 셩명을 보내기 ᄇᆞ라옴[17]

신문을 달(月)로 정하든지 일 년간으로 정하여 사 보고 싶은 이는, 정동(貞洞) 독립신문사로 와서 돈을 미리 내고 성명과 집이 어디라고 적어 놓고 가면, 하루 걸러 신문을 보내 줄 것이니, 신문을 보고 싶은 이는 속히 성명을 보내기 바라옴.

> 무론[18] 누구든지[19] 무러볼 말이 잇든지[20] 셰샹사ᄅᆞᆷ의게[21] ᄒᆞ고스분말잇ᄉᆞ

10) ᄃᆞᆯ노경ᄒᆞ든지 : ᄃᆞᆯ(달, 月) + -노(↚ -로 : 부조, 방편) # 경ᄒᆞ[정하다 : 경(정, 定 : 불어) + -ᄒᆞ(동접)-]- + -든지(연어, 선택) ※ 'ᄃᆞᆯ노'는 'ᄃᆞᆯ로'의 'ㄹㄹ'을 'ㄹㄴ'으로 표기한 형태이다.

11) 사보고스분이ᄂᆞᆫ : 사(사다, 買)- + -아(연어) # 보(보다 : 보용, 시도)- + -고(연어) # 스부(↚ 시프다 : 싶다, 보용, 희망)- + -∅(현시)- + -ㄴ(관전) # 이(사람, 者 : 의명) + -ᄂᆞᆫ(보조사, 주제)

12) 정동 : 정동(貞洞). 서울특별시 중구에 있는 마을 이름이다.

13) 어ᄃᆡ라고 : 어ᄃᆡ(어디, 何 : 지대, 미지칭) + -∅(← -이- : 서조)- + -∅(현시)- + -라(← -다 : 평종) + -고(부조, 인용) ※ '인용'을 나타내는 부사격 조사인 '-고'가 쓰인 것이 주목할 만하다.

14) ᄒᆞ로걸어 : ᄒᆞ로(하루, 一日) # 걸(↚ 걸르- ← 거르다 : 거르다, 缺)- + -어(연어)

15) 보내줄터이니 : 보내(보내다, 送)- + -어(연어) # 주(주다 : 보용, 봉사)- + -ㄹ(관전) # 터(터, 것, 者 : 의명) + -이(서조)- + -니(연어, 설명 계속)

16) 스분이ᄂᆞᆫ : 스부(↚ 시프다 : 싶다, 보용, 희망)- + -∅(현시)- + -ㄴ(관전) # 이(이, 者 : 의명) + -ᄂᆞᆫ(보조사, 주제)

17) ᄇᆞ라옴 : ᄇᆞ라(바라다, 望)- + -오(공손) + -ㅁ(명전 ▷ 평종)

18) 무론 : 무론(無論, 毋論). 물론(勿論), 말할 것도 없이(부사)

19) 누구든지 : 누구(누구, 誰 : 인대, 미지칭) + -든지(보조사, 선택)

20) 잇든지 : 잇(있다, 有)- + -든지(연어, 선택)

21) 셰샹사ᄅᆞᆷ의게 : 셰샹(세상, 世上) # 사ᄅᆞᆷ(사람, 人) + -의게(-에게 : 부조, 상대)

면[22] 이신문샤로[23] 간단ᄒᆞ게 귀졀[24] ᄯᅦ여셔[25] 편지ᄒᆞ면 ᄃᆡ답ᄒᆞᆯ만ᄒᆞᆫ말이든지[26] 신문에 낼만ᄒᆞᆫ[27] 말이면 ᄃᆡ답ᄒᆞᆯ터이요[28] 내기도 ᄒᆞᆯ터이옴 한문으로ᄒᆞᆫ[29] 편지ᄂᆞᆫ 당초에[30] 샹관아니홈[31]

무론(毋論) 누구든지 물어볼 말이 있든지 세상 사람에게 하고 싶은 말이 있으면, 이 신문사로 간단하게 구절(句節)을 떼어서 편지하면, 대답할 만한 말이든지 신문에 낼 만한 말이면 대답할 것이요, (신문에) 내기도 할 터이옴. 한문(漢文)으로 한 편지는 당초에 상관 아니 하옴.

경향간에[32] 무론 누구든지 길거리에셔 쟝ᄉᆞᄒᆞᄂᆞᆫ이[33] 이신문을 가져다가[34] 노코 팔고져 ᄒᆞ거든 여긔와셔[35] 신문을 가져다가 팔면 열쟝에 여ᄃᆞᆯ쟝만 세음ᄒᆞ고[36] ᄇᆡᆨ쟝에 여든쟝만 세음홈

22) ᄒᆞ고스분말잇ᄉᆞ면 : ᄒᆞ(하다, 謂)- + -고(연어) # ᄉᆞ부(↚ 시프다 : 싶다, 보용, 희망)- + -Ø(현시)- + -ㄴ(관전) # 말(말, 言) # 잇ㅅ(← 있다 : 있다, 有)- + -ᄋᆞ면(연어, 조건) ※ '잇다'의 형태가 '있다'로 바뀐 예이다.
23) 이신문샤로 : 이(이, 此 : 관사, 지시, 정칭) # 신문샤(신문사, 新聞社) + -로(부조, 방향)
24) 귀졀 : 구절(句節)
25) ᄯᅦ여셔 : ᄯᅦ(떼다, 離)- + -여셔(← -어서 : 연어)
26) ᄃᆡ답ᄒᆞᆯ만ᄒᆞᆫ말이든지 : ᄃᆡ답ᄒᆞ[대답하다 : ᄃᆡ답(대답, 對答) + -ᄒᆞ(동접)-]- + -ㄹ(관전) # 만(의명, 흡사) # ᄒᆞ(하다 : 보형)- + -Ø(현시)- + -ㄴ(관전) # 말(말, 言) + -이(서조)- + -든지(연어, 선택)
27) 낼만ᄒᆞᆫ : 내[내다 : 나(나다, 出)- + -ㅣ(← -이- : 사접)-]- + -ㄹ(관전) # 만(의명, 흡사) # ᄒᆞ(하다 : 보형)- + -Ø(현시)- + -ㄴ(관전)
28) ᄃᆡ답ᄒᆞᆯ터이요 : ᄃᆡ답ᄒᆞ[대답하다 : ᄃᆡ답(대답, 對答) + -ᄒᆞ(동접)-]- + -ㄹ(관전) # 터(터, 것, 者 : 의명) + -이(서조)- + -요(← -오 ← -고 : 연어)
29) 한문으로ᄒᆞᆫ : 한문(한문, 漢文) + -으로(부조, 방편) # ᄒᆞ(하다, 爲, 製)- + -Ø(과시)- + -ㄴ(관전)
30) 당초에 : 당초(당초, 일이 생기기 시작한 처음, 當初) + -에(부조, 위치)
31) 샹관아니홈 : 샹관(상관, 相關) # 아니(부사, 부정) # ᄒᆞ(하다, 爲)- + -오(공손)- + -ㅁ(명전 ▹평종) ※ '샹관아니홈'은 '다루지 아니한다'의 뜻으로 쓰였다.
32) 경향간에 : 경향(경향, 京鄕) # 간(간, 間 : 의명) + -에(부조, 위치) ※ '경향'은 서울과 지방이다.
33) 쟝ᄉᆞᄒᆞᄂᆞᆫ이 : 쟝ᄉᆞᄒᆞ[장사하다 : 쟝ᄉᆞ(장사 : 명사)- + -ᄒᆞ(동접)-]- + -ᄂᆞ(현시)- + -ㄴ(관전) # 이(이, 者 : 의명) + -Ø(← -이 : 주조)
34) 가져다가 : 가지(가지다, 持)- + -어(연어) + -다가(보조사, 동작의 유지, 강조)
35) 여긔와셔 : 여긔(여기, 此 : 지대, 정칭) # 오(오다, 來)- + -아셔(-아서 : 연어)
36) 세음ᄒᆞ고 : 세음ᄒᆞ[셈하다 : 세(세다, 算)- + -음(↚ -ㅁ : 명접) + -ᄒᆞ(동접)-]- + -고(연어, 나

경향(京鄕) 간에 물론(하고) 누구든지 길거리에서 장사하는 이가 이 신문을 가져다가 놓고 팔고자 하거든, 여기 와서 신문을 가져다가 팔면 열 장에 여덟 장만 셈하고 백 장에 여든 장만 셈하옴.

논셜

> 우리가 독닙신문을 오늘 처음으로 츌판ᄒᆞᄂᆞᆫᄃᆡ[37] 조션속에 잇ᄂᆞᆫ ᄂᆡ외국[38] 인민의게 우리 쥬의[39]를 미리 말ᄉᆞᆷᄒᆞ여 아시게 ᄒᆞ노라[40]

우리가 독립신문을 오늘 처음으로 출판하는데, 조선 속(안)에 있는 내외국 인민에게 우리 주의를 미리 말씀하여 아시게 하노라.

> 우리는 첫ᄌᆡ[41] 편벽[42] 되지 아니ᄒᆞᆫ고로[43] 무ᄉᆞᆷ당애도[44] 상관이 업고 샹하귀쳔을 달니ᄃᆡ졉아니ᄒᆞ고[45] 모도죠션[46] 사ᄅᆞᆷ으로만 알고 죠션만 위ᄒᆞ며공평이[47] 인민의게 말 ᄒᆞᆯ터인ᄃᆡ[48] 우리가 셔울 ᄇᆡᆨ셩만 위ᄒᆞᆯ게[49]

열) ※ '세음ᄒᆞ고'는 '셈ᄒᆞ고'의 오기이다.

37) 츌판ᄒᆞᄂᆞᆫᄃᆡ : 츌판ᄒᆞ[출판하다 : 츌판(출판, 出版 : 명사) + -ᄒᆞ(동접)-]- + -ᄂᆞ(현시)- + -ㄴᄃᆡ(-ㄴ데 : 연어, 설명 계속)

38) ᄂᆡ외국 : ᄂᆡ외국(내외국, 內外國). 내국와 외국이다.

39) 쥬의 : 주의(主義)

40) ᄒᆞ노라 : ᄒᆞ(하다, 爲)- + -노라(평종, 현시, 1인칭)

41) 첫ᄌᆡ : [첫째(수사, 서수) : 첫(관사, 서수) + -ᄌᆡ(-째 : 접미, 서수)]

42) 편벽 : 편벽(偏僻). 생각 따위가 한쪽으로 치우쳐 있는 것이다.

43) 아니ᄒᆞᆫ고로 : 아니ᄒᆞ[아니하다, 不(보용, 부정) : 아니(아니, 不 : 부사, 부정) + -ᄒᆞ(형접)-]- + -∅(현시)- + -ㄴ(관전) # 고로(까닭으로, 故로 : 의명) ※ '고로'는 [고(고, 故 :) + -로(부조▻부접)]의 방식으로 형성된 의존 명사이다.

44) 무ᄉᆞᆷ당애도 : 무ᄉᆞᆷ(무슨, 何 : 관사, 지시, 미지칭) # 당(당, 黨) + -애(-에 : 부조, 위치) + -도(보조사, 강조)

45) 달니ᄃᆡ졉아니ᄒᆞ고 : 달니[← 달리(부사) : 달ㄹ(← 다ᄅᆞ다 : 다르다, 異, 형사)- + -이(부접)] # ᄃᆡ접(대접, 待接) # 아니(아니, 不 : 부사, 부정) # ᄒᆞ(하다, 爲)- + -고(연어, 나열) ※ '달니'는 '달리'의 'ㄹㄹ'을 'ㄹㄴ'으로 표기한 형태이다.

46) 모도죠션 : 모도[모두, 皆(부사) : 몯(모이다, 會 : 자동)- + -오(부접)] # 죠션(조선, 朝鮮 : 나라 이름)

47) 위ᄒᆞ며공평이 : 위ᄒᆞ[위하다, 爲 : 위(위, 爲 : 불어) + -ᄒᆞ(동접)-]- + -며(연어, 나열) # 공평이[공평히(부사) : 공평(공평, 公平 : 명사) + -∅(← -ᄒᆞ- : 형접)- + -이(부접)]

아니라 죠션 젼국인민을 위ᄒᆞ여 무ᄉᆞᆷ일이든지[50] ᄃᆡ언ᄒᆞ여[51] 주랴홈[52] 정부에셔 ᄒᆞ시ᄂᆞᆫ일을 ᄇᆡᆨ셩의게 젼ᄒᆞᆯ터이요[53] ᄇᆡᆨ셩의 졍셰을 졍부에 젼ᄒᆞᆯ터이니 만일 ᄇᆡᆨ셩이 졍부일을 자세이알고 졍부에셔 ᄇᆡᆨ셩에[54] 일을 자세이 아시면 피ᄎᆞ에 유익ᄒᆞᆫ 일만히[55] 잇슬터이요[56] 불평ᄒᆞᆫ ᄆᆞ음과 의심ᄒᆞᄂᆞᆫ ᄉᆡᆼ각이 업서질 터이옴

우리는 첫째 편벽(偏僻)되지 아니한 고로, 무슨 당(黨)에도 상관이 없고 상하귀천(上下貴賤)을 달리 대접 아니 하고, 모두 조선 사람으로만 알고 조선만 위하며 공평히 인민(人民)에게 말 할 터인데, 우리가 서울의 백성만 위할 게 아니라 조선의 전국 인민을 위하여 무슨 일이든지 대언(代言)하여 주려 하옴. 정부에서 하시는 일을 백성에게 전할 터이요, 백성의 정세(情勢)를 정부에 전할 터이니, 만일 백성이 정부 일을 자세히 알고 정부에서 백성의 일을 자세히 아시면, 피차(彼此)에 유익한 일이 많이 있을 터이요, 불평한 마음과 의심하는 생각이 없어질 터임.

우리가 이신문 츌판 ᄒᆞ기ᄂᆞᆫ 취리ᄒᆞ랴ᄂᆞᆫ게[57] 아닌고로[58] 갑슬 헐허도록[59]

---

48) ᄒᆞᆯ터인ᄃᆡ : ᄒᆞ(ᄒᆞ다, 爲)- + -ㄹ(관전) # 터(터, 것, 者 : 의명) + -이(서조)- + -ㄴᄃᆡ(-ㄴ데 : 연어, 설명 계속)

49) 위ᄒᆞᆯ게 : 위ᄒᆞ(위하다, 爲)- + -ㄹ(관전) # 거(← 것 : 것, 의명) + -ㅣ(← -이 : 주조)

50) 무ᄉᆞᆷ일이든지 : 무ᄉᆞᆷ(무슨, 何 : 관사, 지시, 미지칭) # 일(일, 事) + -이든지(보조사, 선택 나열)

51) ᄃᆡ언ᄒᆞ여 : ᄃᆡ언ᄒᆞ[대언하다 : ᄃᆡ언(대언, 代言 : 명사) + -ᄒᆞ(동접)-]- + -여(← -어 : 연어) ※ 'ᄃᆡ언(代言)'은 남을 대신하여 말하는 것이다.

52) 주랴홈 : 주(주다 : 보용, 봉사)- + -랴(-려 : 연어, 의도) # ᄒᆞ(하다 : 보용)- + -오(공손) + -ㅁ(명전 ▷ 평종)

53) 젼ᄒᆞᆯ터이요 : 젼ᄒᆞ[전하다 : 젼(전, 傳 : 불어) + -ᄒᆞ(동접)-]- + -ㄹ(관전) # 터(터, 것, 者 : 의명) + -이(서조)- + -요(← -오 ← -고 : 연어, 나열)

54) ᄇᆡᆨ셩에 : ᄇᆡᆨ셩(백성, 百姓) + -에(← -의 : 관조) ※ '-에'는 관형격 조사 '-의'인데, 이 시기에 관형격 조사인 '-의'의 발음이 단모음인 /ㅔ/로 바뀌었음을 알 수 있다.

55) 일만히 : 일(일, 事) # 만히[많이(부사) : 많(많다, 多 : 형사)- + -이(부접)]

56) 잇슬터이요 : 잇ㅅ(← 있다 : 있다, 有)- + -을(관전) # 터(터, 것 : 의명) + -이(서조)- + -요(← -오 ← -고 : 연어, 나열)

57) 취리ᄒᆞ랴ᄂᆞᆫ게 : 취리ᄒᆞ[취리하다 : 취리(취리, 取利 : 명사) + -ᄒᆞ(동접)-]- + -랴(-려 : 연어) # Ø(← ᄒᆞ(하다, 爲)- + -ᄂᆞ(현시)- + -ㄴ(관전) # 거(← 것 : 것, 者, 의명) + -ㅣ(← -이 : 주조) ※ '취리ᄒᆞ랴ᄂᆞᆫ게'는 '취리ᄒᆞ랴 ᄒᆞᄂᆞᆫ 것이'에서 보조 용언의 어간인 'ᄒᆞ-'가 탈락한 형태이다.

ᄒᆞ엿고 모도 언문 으로 쓰기ᄂᆞᆫ 남녀 샹하귀쳔이모도 보게홈이요 ᄯᅩ 귀졀을[60] ᄶᅦ여[61] 쓰기ᄂᆞᆫ 알어[62] 보기 쉽도록 홈이라 우리ᄂᆞᆫ 바른 ᄃᆡ로만[63] 신문[64]을 ᄒᆞᆯ터인고로[65] 정부 관원이라도 잘못ᄒᆞᄂᆞᆫ이 잇스면[66] 우리가 말ᄒᆞᆯ터이요 탐관오리 들을[67] 알면 셰샹에 그사ᄅᆞᆷ의 ᄒᆡᆼ젹을 폐일터이요[68] ᄉᆞᄉᆞᄇᆡᆨ셩이라도[69] 무법ᄒᆞᆫ일ᄒᆞᄂᆞᆫ 사ᄅᆞᆷ은 우리가 차저[70] 신문에 셜명ᄒᆞᆯ터이옴 우리ᄂᆞᆫ 죠션 대군쥬폐하와[71] 됴션정부와 죠션인민을 위ᄒᆞᄂᆞᆫ 사ᄅᆞᆷ드린고로[72] 편당잇ᄂᆞᆫ[73] 의논이든지 ᄒᆞᆫ쪽만[74] ᄉᆡᆼ각코[75] ᄒᆞᄂᆞᆫ 말은 우리 신문상에 업실터이옴[76] ᄯᅩ ᄒᆞᆫ쪽에 영문으로 기록ᄒᆞ기ᄂᆞᆫ 외국인민이 죠션 ᄉᆞ졍[77]을

---

58) 아닌고로 : 아니(아니다, 非 : 형사, 부정)- + -Ø(현시)- + -ㄴ(관전) # 고로(까닭으로, 때문에 : 의명) ※ '고로'는 [고(고, 故 : 명사) + -로(부조⊳부접)]으로 분석되는 파생 명사이다.

59) 헐허도록 : 헐허[↚ 헐하다(헗다, 값이 싸다, 低價) : 헐(헐, 歇 : 불어) + -ᄒᆞ(형접)-]- + -도록(연어, 도달)

60) 귀졀을 : 귀졀(구절, 句節) + -을(목조)

61) ᄶᅦ여 : ᄶᅦ(떼다, 離)- + -여(← -어 : 연어)

62) 알어 : 알(알다, 知)- + -어(↚ -아 : 연어)

63) ᄃᆡ로만 : ᄃᆡ(데, 處 : 의명) + -로(부조, 방편) + -만(보조사, 한정)

64) 신문 : 신문(訊問). 알고 있는 사실을 캐어묻는 것이다.

65) ᄒᆞᆯ터인고로 : ᄒᆞ(하다, 爲)- + -ㄹ(관전) # 터(터, 것, 者 : 의명) + -이(서조)- + -Ø(현시)- + -ㄴ(관전) # 고로(까닭으로, 故로 : 의명)

66) 잇스면 : 잇ㅅ(← 있다 : 있다, 有)- + -으면(연어, 조건)

67) 탐관오리 들을 : [탐관오리들 : 탐관오리(탐관오리, 貪官汚吏) + -들(복접)] + -을(목조)

68) 폐일터이요 : 폐이[펴게 하다 : 펴(펴다, 伸)- + -ㅣ(← -이- : 사접)- + -이(사접)-]- + -ㄹ(관전) # 터(터, 것 : 의명) + -이(서조)- + -요(← -오 ← -고 : 연어, 나열) ※ '폐이-'는 '펴이-'에서 모음 동화(움라우트 현상)가 일어난 형태이다.

69) ᄉᆞᄉᆞᄇᆡᆨ셩이라도 : ᄉᆞᄉᆞ(사사, 私事) # ᄇᆡᆨ셩(백성, 百姓) + -이라도(보조사, 양보) ※ 'ᄉᆞᄉᆞ ᄇᆡᆨ셩'은 '사사로운 백성'이다.

70) 차저 : 찾(찾다, 索)- + -어(↚ -아 : 연어)

71) 대군쥬폐하와 : 대군쥬(대군주, 大君主) # 폐하(폐하, 陛下) + -와(접조) ※ 여기서 '대군쥬'는 고종(高宗) 임금을 가리킨다.

72) 사ᄅᆞᆷ드린고로 : 사ᄅᆞᆷ들[사람들 : 사ᄅᆞᆷ(사람, 人) + -들(복접)] + -이(서조)- + -Ø(현시)- + -ㄴ(관전) # 고로(까닭으로, 故로 : 의명)

73) 편당잇ᄂᆞᆫ : 편당(편당, 偏黨) # 잇(← 있다 : 있다, 有)- + -ᄂᆞ(현시)- + -ㄴ(관전) ※ '편당(偏黨)'은 한 당파에 치우치는 것이다.

74) ᄒᆞᆫ쪽만 : ᄒᆞᆫ(한 : 관사) # 쪽(쪽, 偏) + -만(보조사, 한정)

75) ᄉᆡᆼ각코 : ᄉᆡᆼ각ㅎ[← ᄉᆡᆼ각ᄒᆞ다(생각하다, 思) : ᄉᆡᆼ각(생각, 思 : 명사) + -ㅎ(← -ᄒᆞ- : 동접)-]- + -고(연어, 나열)

76) 업실터이옴 : 없(없다, 無)- + -일(↚ -을 : 관전) # 터(터, 것 : 의명) + -이(서조)- + -오(공손)-

자셰이몰은즉[78] 혹 편벽 된 말만 듯고[79] 죠션을 잘못 ᄉᆡᆼ각ᄒᆞᆯᄭᅡ[80] 보아 실샹[81] ᄉᆞ졍을 알게ᄒᆞ고져ᄒᆞ여[82] 영문으로 조곰 긔록ᄒᆞᆷ

우리가 이 신문을 출판하기는 취리(取利)하려는 게 아닌 고로 값을 헐(歇)하도록 하였고, 모두 언문으로 쓰기는 남녀 상하귀천(上下貴賤)이 모두 보게 하옴이요, 또 구절(句節)을 떼어 쓰기는 알아보기 쉽도록 함이다. 우리는 바른 대로만 신문(訊問)을 할 터인 고로 정부 관원이라도 잘못하는 이가 있으면 우리가 말할 터이요, 탐관오리(貪官汚吏)들을 알면 세상에 그 사람의 행적(行績)을 펴게 할 터이요, 사사(私私)로운 백성이라도 무법(無法)한 일을 하는 사람은 우리가 찾아 신문에 설명할 터이옴. 우리는 조선 대군주 폐하와 조선 정부와 조선 인민을 위한 사람들인 고로, 편당(偏黨)이 있는 의논이든지 한 쪽만 생각하고 하는 말은 우리 신문 상(上)에 없을 터이옴. 또 한쪽에 영문(英文)으로 기록하는 것은 외국 인민이 조선 사정을 자세히 모르는즉, 혹 편벽(偏僻)된 말만 듣고 조선을 잘못 생각할까 보아서, 실상(實相) 사정을 알게 하고자 하여 영문(英文)으로 조금 기록하옴.

그리ᄒᆞᆫ즉 이신문은 ᄯᅩᆨ[83] 죠션만 위ᄒᆞᆷ을 가히 알터이요 이신문을 인연ᄒᆞ여 ᄂᆡ외 남녀 샹하 귀쳔이 모도 죠션일을 서로알터이옴[84] 우리가 ᄯᅩ 외국 사졍도 죠션 인민을 위ᄒᆞ여 간간이 긔록ᄒᆞᆯ터이니 그걸 인연ᄒᆞ여 외국은 가지 못ᄒᆞ드ᄅᆡ도[85] 죠션인민이 외국 사졍도 알터이옴 오날은

+ -ㅁ(명전▻평종) ※ '업실터이옴'은 '업슬터이옴'의 오기이다.

77) ᄉᆞ졍 : 사정(事情)

78) 자셰이몰은즉 : 자셰이[자세히(부사) : 자셰(자세, 仔細 : 불어) + -Ø(← -ᄒᆞ- : 형접)- + -이(부접)] # 몰(← 모ᄅᆞ다 : 모르다, 不知)- + -은즉(연어, 이유, 근거)

79) 듯고 : 듯(← 듣다 : 듣다, 聞)- + -고(연어, 계기) ※ '듯고'는 '듣고'의 종성 /ㄷ/을 'ㅅ'으로 표기한 형태이다.

80) ᄉᆡᆼ각ᄒᆞᆯᄭᅡ : ᄉᆡᆼ각ᄒᆞ[생각하다 : ᄉᆡᆼ각(생각 : 명사) + -ᄒᆞ(동접)-]- + -ㄹᄭᅡ(-ㄹ까 : 의종, 판정, 미시)

81) 실샹 : 실상(實狀)

82) 알게ᄒᆞ고져ᄒᆞ여 : 알(알다, 知)- + -게(연어, 사동) # ᄒᆞ(하다, 爲)- + -고져(-고자 : 연어, 의도) # ᄒᆞ(하다, 爲)- + -여(← -어 : 연어)

83) ᄯᅩᆨ : 똑, 꼭, 반드시, 必(부사)

84) 서로알터이옴 : 서로(서로, 相 : 부사) # 알(알다, 知)- + -ㄹ(관전) # 터(터, 것 : 의명) + -이(서조)- + -오(공손)- + -ㅁ(명전▻평종)

처음인 고로 대강 우리 쥬의만 셰상에 고ᄒᆞ고 우리신문을 보면 죠션인민 이 소견과 지혜가 진보ᄒᆞᆷ을 밋노라[86] 논셜ᄭᅳᆺ치기젼에[87] 우리가 대균쥬 폐하ᄭᅴ[88] 송덕ᄒᆞ고 만세을 부르ᄂᆞ이다[89]

그리한즉 이 신문은 꼭 조선(朝鮮)만 위함을 가(可)히 알 터이요, 이 신문을 인연(因緣)하여 내외 남녀 상하귀천이 모두 조선 일을 서로 알 터이옴. 우리가 또 외국 사정도 조선 인민을 위하여 간간이 기록할 터이니, 그것을 인연하여 외국은 가지 못하더라도 조선 인민이 외국 사정도 알 터옴. 오늘은 처음인 고로 대강 우리의 주의(主義)만 세상에 고하고, 우리 신문을 보면 조선 인민이 소견(所見)과 지혜가 진보함을 믿는다. 논설 그치기 전에 우리가 대군주 폐하께 송덕(頌德)하고 만세를 부릅니다.

우리신문이 한문은 아니쓰고 다만 국문로로만[90] 쓰ᄂᆞᆫ거슨 상하귀쳔이 다보게 ᄒᆞᆷ이라 ᄯᅩ 국문을 이러케 귀졀을 ᄠᅦ여[91] 쓴즉[92] 아모라도[93] 이신문 보기가 쉽고 신문속에 잇ᄂᆞᆫ말을 자세이 알어 보게 ᄒᆞᆷ이라 각국에셔ᄂᆞᆫ 사ᄅᆞᆷ들이 남녀 무론ᄒᆞ고 본국 국문을 몬져 ᄇᆡ화[94] 능통ᄒᆞᆫ 후에야 외국 글을 ᄇᆡ오ᄂᆞᆫ 법인ᄃᆡ[95] 죠션셔ᄂᆞᆫ[96] 죠션 국문은 아니

---

85) 못ᄒᆞ드ᄅᆡ도 : 못ᄒᆞ[못하다(보용, 부정) : 못(못, 不能 : 부사, 부정) + -ᄒᆞ(동접)-]- + -드(↚-더- : 회상)- + -ᄅᆡ도(↚-라도←-아도 : 연어, 양보)

86) 밋노라 : 밋(←믿다 : 믿다, 信)- + -노라(평종, 현시, 1인칭) ※ '밋노라'는 '믿노라'의 종성 /ㄷ/을 'ㅅ'으로 표기한 형태이다.

87) 논셜ᄭᅳᆺ치기젼에 : 논셜(논설, 論說) # ᄭᅳᆺ치(↚그치다 : 그치다, 止)- + -기(명전) # 젼(전, 前) + -에(부조) ※ '론셜〉논셜'의 변화는 'ㄹ' 두음 법칙이 적용된 결과이며, 'ᄭᅳᆺ치기'는 'ᄭᅳ치기'의 /ㅊ/을 'ㅅㅊ'으로 거듭 적은 형태이다.

88) 폐하ᄭᅴ : 폐하(폐하, 陛下) + -ᄭᅴ(-께 : 부조, 상대, 높임)

89) 부르ᄂᆞ이다 : 부르(부르다, 唱)- + -ᄂᆞ(현시)- + -이(상높, 아주 높임)- + -다(평종)

90) 국문로로만 : 국문(국문, 國文) + -로로(↚-으로 : 부조, 방편) + -만(보조사, 한정) ※ '-로로'는 '-으로'를 오기한 형태이다.

91) ᄠᅦ여 : ᄠᅦ(떼다, 離)- + -여(←-어 : 연어)

92) 쓴즉 : 쓰(쓰다, 書)- + -ㄴ즉(연어, 이유, 근거)

93) 아모라도 : 아모(아무, 某 : 인대, 부정칭) + -라도(보조사, 양보)

94) ᄇᆡ화 : ᄇᆡ호(배우다, 學)- + -아(연어)

95) 법인ᄃᆡ : 법(법, 法) + -이(서조)- + -ㄴᄃᆡ(-ㄴ데 : 연어, 설명 계속)

96) 죠션셔ᄂᆞᆫ : 죠션(조선, 朝鮮) + -셔(←-서 : 보조사, 강조) + -ᄂᆞᆫ(보조사, 주제)

ᄇᆡ오드ᄅᆡ도[97] 한문만 공부 ᄒᆞᄂᆞᆫ ᄭᆞ닭에[98] 국문을 잘아ᄂᆞᆫ 사ᄅᆞᆷ이 드물미라[99]

우리 신문이 한문을 아니 쓰고 다만 국문으로만 쓰는 것은 상하(上下) 귀천(貴賤)이 다 보게 함이다. 또 국문을 이렇게 구절(句節)을 떼어 쓴즉, 아무라도 이 신문 보기가 쉽고 신문 속에 있는 말을 자세히 알아보게 함이다. 각국에서는 사람들이 남녀 물론하고 본국 국문을 먼저 배워 능통한 후에야 외국 글을 배우는 법인데, 조선서는 조선 국문은 아니 배우더라도 한문만 공부하는 까닭에 국문을 잘 아는 사람이 드문 것이다.

죠션 국문ᄒᆞ고[1] 한문ᄒᆞ고 비교ᄒᆞ여 보면 죠션국문이 한문 보다[2] 얼마가[3] 나흔거시[4] 무어신고ᄒᆞ니[5] 첫ᄌᆡᄂᆞᆫ[6] ᄇᆡ호기가 쉬흔이[7] 됴흔 글이요 둘ᄌᆡᄂᆞᆫ 이글이 죠션글이니 죠션 인민 들이 알어셔 ᄇᆡᆨᄉᆞ[8]을 한문ᄃᆡ신[9] 국문으로 써야 샹하 귀쳔이 모도보고[10] 알어 보기가 쉬흘터이라[11]

---

97) ᄇᆡ오드ᄅᆡ도 : ᄇᆡ오[←ᄇᆡ호다 : 배우다, 學)- + -드(←-더- : 회상)- + -ᄅᆡ도(←-라도←-아도 : 연어, 양보) ※'ᄇᆡ호다>ᄇᆡ오다>배우다'의 형태 변화의 과정을 보인다.

98) ᄭᆞ닭에 : ᄭᆞ닭(까닭, 由) + -에(부조, 위치, 이유)

99) 드물미라 : 드물(드물다, 稀)- + -ㅁ(명전) + -이(서조)- + -Ø(현시)- + -라(←-다 : 평종)

1) 국문ᄒᆞ고 : 국문(국문, 國文) + -ᄒᆞ고(-하고 : 접조)

2) 한문 보다 : 한문(한문, 漢文) + -보다(부조, 비교)

3) 얼마가 : 얼마(얼마, 幾何 : 명사) + -가(주조)

4) 나흔거시 : 낳(←낫다, ㅅ불 : 낫다, 優)- + -Ø(현시)- + -은(관전) # 것(것 : 의명) + -이(주조) ※'나흔거시'는 '나은것이'를 오기한 형태이다.

5) 무어신고ᄒᆞ니 : 무엇(무엇, 何 : 지대, 미지칭) + -이(서조)- + -Ø(현시)- + -ㄴ고(-ㄴ가 : 의종, 설명) # ᄒᆞ(하다, 爲)- + -니(연어, 설명 계속)

6) 첫ᄌᆡᄂᆞᆫ : 첫ᄌᆡ[첫째(수사, 서수) : 첫(첫, 第一) + -ᄌᆡ(-째 : 접미, 서수)] + -ᄂᆞᆫ(보조사, 주제)

7) 쉬흔이 : 쉬ㅎ(←쉬우- : 쉽다, ㅂ불, 易)- + -은이(←-으니 : 연어) ※'쉬흔이'는 '쉬우니'를 오기한 형태이다.(과잉 분철)

8) ᄇᆡᆨᄉᆞ을 : ᄇᆡᆨᄉᆞ(백사, 여러 가지 일, 百事) + -을(←-ᄅᆞᆯ : 목조)

9) 한문ᄃᆡ신 : 한문(한문, 漢文) # ᄃᆡ신(대신, 代身 : 명사)

10) 모도보고 : 모도[모두, 皆(부사) : 몯(모이다, 集 : 자동)- + -오(부접)] # 보(보다, 見)- + -고(연어, 계기)

11) 쉬흘터이라 : 쉬ㅎ(←쉬우- : 쉽다, ㅂ불, 易)- + -을(관전) # 터(터, 것 : 의명) + -이(서조)- + -Ø(현시)- + -라(←-다 : 평종) ※'쉬흘터이라'는 '쉬울터이라'의 오기이다.

> 한문만 늘써[12] 버릇ᄒᆞ고 국문은 폐ᄒᆞᆫ ᄭᆞᄃᆞᆰ에 국문만 쓴 글을 조션 인민이 도로혀[13] 잘 아러보지못ᄒᆞ고 한문을 잘알아보니 그게 엇지[14] 한심치[15] 아니ᄒᆞ리요[16]

조선 국문하고 한문하고 비교하여 보면, 조선 국문이 한문보다 얼마가 나은 것이 무엇인고 하니, 첫째는 배우기가 쉬우니 좋은 글이요, 둘째는 이 글이 조선 글이니, 조선 인민들이 알아서 백사(百事)를 한문 대신 국문으로 써야, 상하 귀천(貴賤)이 모두 보고 알아보기가 쉬울 터이다. 한문만 늘 써 버릇하고 국문은 폐(廢)한 까닭에, 국문만 쓴 글을 조선 인민이 도리어 잘 알아보지 못하고 한문을 잘 알아보니, 그게 어찌 한심치 아니하리요?

> ᄯᅩ 국문을 알아보기가 어려운건[17] 다름이 아니라 쳣ᄌᆡᄂᆞᆫ 말마ᄃᆡ을[18] ᄯᅦ이지[19] 아니ᄒᆞ고 그져 줄줄ᄂᆡ려[20] 쓰ᄂᆞᆫ ᄭᆞᄃᆞᆰ에 글ᄌᆞ가 우희[21] 부터ᄂᆞᆫ지[22] 아ᄅᆡ 부터ᄂᆞᆫ지 몰나셔[23] 몃번 일거 본후에야 글ᄌᆞ가 어ᄃᆡ부터ᄂᆞᆫ지 비로소[24]

---

12) 늘써 : 늘(늘, 항상, 常 : 부사) # 쓰(쓰다, 用)- + -어(연어)

13) 도로혀 : [도리어, 오히려, 猶(부사) : 돌(돌다, 回 : 자동)- + -오(사접)- + -혀(강접)- + -∅(부접)]

14) 엇지 : 어찌, 何(부사, 지시, 미지칭)

15) 한심치 : 한심ᇂ[← 한심ᄒᆞ다(한심하다) : 한심(한심, 寒心 : 불어) + -ᇂ(← -ᄒᆞ- : 형접)-]- + -지(연어, 부정) ※ '한심티>한심치'는 /ㅌ/이 /ㅊ/으로 구개음화한 예이다.

16) 아니ᄒᆞ리요 : 아니ᄒᆞ[아니하다(보용, 부정) : 아니(아니, 不 : 부사, 부정) + -ᄒᆞ(형접)-]- + -리(미시, 추정)- + -요(← -오 : 의종, 하오체)

17) 어려운건 : 어려우(← 어렵다, ㅂ불 : 어렵다, 難)- + -ㄴ(← -은 : 관전) # 거(← 것 : 것, 者) + -ㄴ(← -은 : 보조사, 주제)

18) 말마ᄃᆡ을 : 말마ᄃᆡ[어절, 語節 : 말(말, 言) + 마ᄃᆡ(마디, 節)] + -을(↚ -를 : 목조)

19) ᄯᅦ이지 : ᄯᅦ이(↚ ᄯᅦ다 : 떼다, 離)- + -지(연어, 부정) ※ 'ᄯᅦ이지'는 'ᄯᅦ지'를 오기한 형태이다.

20) 줄줄ᄂᆡ려 : 줄줄(줄줄 : 부사) # ᄂᆡ리(내리다, 降)- + -어(연어) ※ 'ᄂᆞ리다>ᄂᆡ리다'은 모음 동화가 적용된 예다.

21) 우희 : 웋(위, 上) + -의(-에 : 부조, 위치)

22) 부터ᄂᆞᆫ지 : 붙(붙다, 附)- + -어(↚ -엇- : 완료, 과시)- + -ᄂᆞ(현시)- + -ㄴ지(-ㄴ지 : 의종) ※ '부터ᄂᆞᆫ지'는 '부텃ᄂᆞᆫ지'를 오기한 형태이다. 그리고 '브터ᄂᆞᆫ지>부터ᄂᆞᆫ지'는 /ㅡ/가 /ㅜ/로 원순 모음화한 예이다.

23) 몰나셔 : 몰ㄴ(← 몰ㄹ- ← 모ᄅᆞ다 : 모르다, 不知)- + -아셔(-아서 : 연어) ※ '몰나셔'는 '몰라셔'의 'ㄹㄹ'을 'ㄹㄴ'으로 표기한 형태이다.

24) 비로소 : [비로소, 始(부사) : 비롯(비롯하다, 始 : 동사)- + -오(부접)]

알고 일그니 국문으로 쓴편지 ᄒᆞᆫ쟝을 보자ᄒᆞ면[25] 한문으로 쓴것보다 더듸[26] 보고 ᄯᅩ 그나마 국문을 자조아니[27] 쓴ᄂᆞᆫ고로[28] 셔툴어셔[29] 잘못봄이라 그런고로[30] 정부에셔[31] ᄂᆡ리ᄂᆞᆫ 명녕과 국가 문젹[32]을 한문으로만 쓴즉 한문못ᄒᆞᄂᆞᆫ 인민은 나모[33] 말만 듯고 무슴 명녕인줄[34] 알고 이편이[35] 친이[36] 그글을 못 보니 그ᄉᆞᄅᆞᆷ은 무단이[37] 병신이 됨이라

또 국문을 알아보기가 어려운 건 다름이 아니라, 첫째는 말마디를 떼지 아니하고 그저 줄줄 내려 쓰는 까닭에, 글자가 위에 붙었는지 아래 붙었는지 몰라서, 몇 번 읽어 본 후에야 글자가 어디 붙었는지 비로소 알고 읽으니, 국문으로 쓴 편지 한 장을 보자 하면, 한문으로 쓴 것보다 더디 보고, 또 그나마 국문을 자주 아니 쓰는 고로, 서툴러서 잘못 봄이다. 그런고로 정부에서 내리는 명령과 국가 문적(文籍)을 한문으로만 쓴즉, 한문 못 하는 인민은 남의 말만 듣고 무슨 명령인 줄 알고, 이편이 친(親)히 그 글을 못 보니, 그 사람은 무단(無斷)히 병신이 됨이다.

한문 못 ᄒᆞᆫ다고 그 ᄉᆞᄅᆞᆷ이 무식ᄒᆞᆫᄉᆞᄅᆞᆷ이 아니라 국문만 잘ᄒᆞ고 다른 물졍과[38] 학문이잇스면[39] 그ᄉᆞᄅᆞᆷ은 한문만ᄒᆞ고 다른 물졍과 학문이

25) 보자ᄒᆞ면 : 보(보다, 見)- + -자(청종) # ᄒᆞ(하다, 爲)- + -면(연어, 조건)
26) 더듸 : 더듸[더디, 더디게, 遲(부사) : 더듸(더디다, 遲)- + -Ø(부접)]
27) 자조아니 : 자조[자주(부사) : 잦(잦다, 頻 : 자동)- + -오(부접)] # 아니(아니, 不 : 부사, 부정)
28) 쓴ᄂᆞᆫ고로 : 쓰(쓰다)- + -ㄴᄂᆞ(← -ᄂᆞ- : 현시)- + -ㄴ(관전) # 고로(까닭으로, 故로 : 의명)
※ '쓴ᄂᆞᆫ고로'는 '쓰ᄂᆞᆫ고로'의 종성 /ㄴ/을 'ㄴㄴ'으로 거듭 적은 예이다.
29) 셔툴어셔 : 셔툴(← 셔투르다 : 서투르다, 未熟)- + -어셔(-어서 : 연어)
30) 그런고로 : 그런[그런고로, 그러므로(부사, 접속) : 그러(그러 : 불어)- + -Ø(← -ᄒᆞ- : 형접)- + -ㄴ(관전 ▹ 관접) + 고로(까닭으로, 故로 : 의명)]
31) 정부에셔 : 정부(정부, 政府) + -에셔(-에서 : 주조) ※ '-에셔'는 원래 부사격 조사이나, 단체 무정 명사 뒤에 실현되어서 주격 조사로 쓰였다.
32) 문젹 : 문적(文籍). 책.
33) 나모 : 남(남, 他人) + -오(↚ -의 : 관조) ※ '나모'는 '나믜'를 오기한 형태이다.
34) 명녕인줄 : 명녕(← 명령 : 명령, 命令) + -이(서조)- + -ㄴ(관전) # 줄(줄 : 의명)
※ '명령 → 명녕'의 변동은 비음화의 예이다.
35) 이편이 : 이편[이편, 此便(인대 : 이(이, 此 : 관사, 지시, 정칭) + 편(편, 便 : 의명)] + -이(주조)
36) 친이 : [친히, 親(부사) : 친(친, 親 : 불어) + -Ø(← -ᄒᆞ- : 형접)- + -이(부접)]
37) 무단이 : [무단히, 아무 사유가 없이(부사) : 무단(무단, 無斷) + -Ø(↚ -ᄒᆞ- : 형접)- + -이(부접)]

> 업ᄂᆞᆫ 사ᄅᆞᆷ 보다 유식ᄒᆞ고 놉흔[40] 사ᄅᆞᆷ이 되ᄂᆞᆫ 법이라 죠션부인네도[41] 국문을 잘ᄒᆞ고 각ᄉᆡᆨ[42] 물졍과 학문을 ᄇᆡ화 소견이 놉고 ᄒᆡᆼ실[43]이 졍직ᄒᆞ면 무론[44] 빈부 귀쳔 간에 그부인이 한문은 잘ᄒᆞ고도 다른것 몰으ᄂᆞᆫ[45] 귀족 남ᄌᆞ 보다 놉흔 사ᄅᆞᆷ이 되ᄂᆞᆫ 법이라 우리 신문은 빈부귀쳔을 다름업시 이신문을 보고 외국 물졍과 ᄂᆡ지[46] ᄉᆞ졍을 알게 ᄒᆞ랴ᄂᆞᆫ[47] ᄯᅳᆺ시니[48] 남녀 노소 샹하 귀쳔 간에 우리 신문을 ᄒᆞ로[49] 걸너[50] 몃ᄃᆞᆯ간[51] 보면 새지각과[52] 새학문이 ᄉᆡᆼ길걸[53] 미리 아노라[54]

한문 못 한다고 그 사람이 무식한 사람이 아니라, 국문만 잘하고 다른 물정(物情)과 학문이 있으면, 그 사람은 한문만 하고 다른 물정과 학문이 없는 사람보다 유식하고

38) 물졍과 : 물졍(물정, 物情) + -과(접조)
39) 잇스면 : 잇ㅅ(← 있다 : 있다, 有)- + -으면(연어, 조건)
40) 놉흔 : 놉ㅎ(← 높다 : 높다, 高)- + -은(관전) ※ '놉흔'은 '노픈'의 /ㅍ/을 /ㅂ/과 /ㅎ/으로 재음소화하여 표기한 형태이다.
41) 죠션부인네도 : 죠션(조선, 朝鮮) # 부인네[부인네 : 부인(부인, 婦人) + -네(-네 : 접미)] + -도(보조사, 마찬가지, 강조) ※ '-네'는 '같은 부류나 처지의 사람'이라는 뜻을 더하는 접미사이다. 중세 국어와 근대 초기 국어에서 쓰인 복수 접미사인 '-내'가 변한 형태이다.
42) 각ᄉᆡᆨ : 각색(各色), 각종.
43) ᄒᆡᆼ실 : 행실(行實)
44) 무론 : 물론(勿論). 말할것도 없이(부사)
45) 몰으ᄂᆞᆫ : 몰으(← 모르다 : 모르다, 不知)- + -ᄂᆞ(현시)- + -ㄴ(관전)
46) ᄂᆡ지 : 내지(內地). 한 나라의 영토 안이다.
47) ᄒᆞ랴ᄂᆞᆫ : ᄒᆞ(하다, 爲)- + -랴(-려 : 연어, 의도) # Ø(← ᄒᆞ다 : 하다, 보용, 의도)- + -ᄂᆞ(현시)- + -ㄴ(관전) ※ 'ᄒᆞ랴ᄂᆞᆫ'은 'ᄒᆞ랴 ᄒᆞᄂᆞᆫ'이 축약된 형태이다.
48) ᄯᅳᆺ시니 : ᄯᅳᆺ(← ᄯᅳᆺ : 뜻, 意) + -이(서조)- + -니(연어, 이유) ※ 'ᄯᅳᆺ시니'는 'ᄯᅳ시니'의 /ㅅ/을 'ㅅㅅ'으로 거듭 적은 형태이다. 현대어의 '뜻(意)'은 'ᄠᅳᆮ>ᄠᅳᆺ>ᄯᅳᆺ>뜻'으로 형태가 바뀌었다.
49) ᄒᆞ로 : 하루, 一日.
50) 걸너 : 걸ㄴ(← 걸ㄹ- ← 거르다 : 거르다, 缺)- + -어(연어) ※ '걸너'는 '걸러'의 'ㄹㄹ'을 'ㄹㄴ'으로 표기한 형태이다.
51) 몃ᄃᆞᆯ간 : 몃(← 몇 : 관사) # ᄃᆞᆯ간[달간 : ᄃᆞᆯ(달, 月) + -간(-간, 間 : 접미)] ※ '몃'은 '몇'의 종성 /ㄷ/을 'ㅅ'으로 표기한 형태이다.
52) 새지각과 : 새(새, 新 : 관사) # 지각(지각, 지식, 知覺) + -과(접조)
53) ᄉᆡᆼ길걸 : ᄉᆡᆼ기(생기다, 生)- + -ㄹ(관전) # 거(← 것 : 것, 의명) + -ㄹ(← -를 : 목조)
54) 아노라 : 아(← 알다 : 알다, 知)- + -노라(평종, 현시, 화자) ※ '-노라'는 '-ᄂᆞ(현시)- + -오(화자)- + -라(← -다 : 평종)'이 축약된 형태이다.

높은 사람이 되는 법이다. 조선 부인네도 국문을 잘하고 각색(各色) 물정과 학문을 배워 소견(所見)이 높고 행실이 정직하면, 물론 빈부(貧富) 귀천(貴賤) 간에 그 부인이 한문은 잘하고도 다른 것 모르는 귀족 남자보다 높은 사람이 되는 법이다. 우리 신문은 빈부 귀천에 다름없이 이 신문을 보고 외국 물정과 내지(內地) 사정을 알게 하려는 뜻이니, 남녀 노소 상하 귀천 간에 우리 신문을 하루 걸러 몇 달간 보면, 새 지각(知覺)과 새 학문이 생길 것을 미리 안다.

참고 문헌

강규선(1992), 「17세기 국어의 경어법 연구」, 『인문과학논집』 11, 청주대.

고명균(1992), 「번역박통사와 박통사언해에 대하여—문장의 종결어미를 중심으로—」, 『한국어문학연구』 4집, 한국외국어대학교 한국어문학연구회.

고영근(2010), 『제3판 표준 중세 국어 문법론』, 집문당.

교육인적자원부(2010), 『고등학교 문법』, (주)교학사.

국립국어연구원(1997), 『국어의 시대별 변천 연구–근대국어』, 2.

국립국어원, 『표준 국어 대사전』, 인터넷판.

권영환(1992), 「우리말 도움풀이씨 연구」, 석사학위 논문, 부산대학교.

권인영(1991), 「18세기 국어의 형태 통어적 연구」, 연세대 대학원 박사학위 논문.

기주연(1994), 『근대국어 조어론 연구(1)』, 태학사.

김문웅(1987), 「근대국어 문법형태의 변천—노걸대언해와 중간노걸대언해의 비교를 통하여—」, 『한국어학과 알타이어학』, 효성여대출판부.

김영욱(1995), 『문법형태의 역사적 연구』, 박이정.

김완진(1975), 「번역박통사와 박통사언해의 비교연구」, 『동양학』 5집, 단국대 동양학연구소.

김완진(1976), 『노걸대의 언해에 대한 비교연구』, 한국연구원.

김정수(1979), 「17세기 초기 국어의 때매김법과 강조·영탄법을 나타내는 안맺음씨끝에 대한 연구」, 『언어학』 4.

김정수(1984), 『17세기 한국말의 높임법과 그 15세기로부터의 변천』, 정음사.

김정시(1994), 「17세기 국어 종결어미 연구」, 『우리말의 연구』, 우골탑.

김창섭(1997), 「합성법의 변화」, 『국어사 연구』(국어사연구회 편), 태학사.

김철남(1992), 「근대국어 이름씨 파생접미법 연구」, 동아대 석사학위 논문.

김형수(1967), 「주격 '이'의 어원에 대하여」, 『어문학』 17.

김형철(1984), 「19세기 말엽의 국어에 대하여—독립신문을 중심으로—」, 『어문논집』 1집.

나벼리(2020), 「중세 국어의 '리'와 '니' 종결문의 생략 현상」, 우리말연구 61집.

나벼리(2021), 「중세 한국어 '이ᅀᅡ'의 문법적 성격과 실현 양상」, 우리말연구 67집.

나벼리(2024), 「훈민정음 'ㅣ' 상합 글자 교육의 개선 방안」, 우리말연구 79집.
나벼리(2024), 「문법 교육을 위한 품사와 문장성분의 연계 교육 방안」, 동남어문논집 58집.
나벼리(2025), 『고등학교 국어 문법-이론편』, 도서출판 경진.
나벼리(2025), 「'화법과 언어'에서 문장 구조 교육 내용의 재구성」, 동남어문논집
나벼리(2025), 국어의 음운 이론과 표준 발음법
나벼리(2024), 「중세국어 문법상 체계의 변화 연구」, 부산대학교 대학원 박사학위논문.
나진석(1971), 『우리말 때매김 연구』, 과학사.
나찬연(2011), 『수정판 옛글 읽기』, 도서출판 월인.
나찬연(2013), 제2판 『훈민정음의 이해』, 도서출판 월인.
나찬연(2017), 『제5판 현대 국어 문법의 이해』, 도서출판 월인.
나찬연(2020), 『제2판(수정) 학교 문법의 이해 2』, 경진출판.
나찬연(2020), 『국어 교사를 위한 고등학교 문법』, 경진출판.
나찬연(2020), 『중세 국어의 이해』, 경진출판.
나찬연(2020), 『중세 국어 강독』, 경진출판.
나찬연(2020), 『중세 국어 입문』, 경진출판.
남광우(1957), 「주격조사 '가'에 대하여」, 『문경』 4, 중앙대.
남광우(1971), 『근세어 연구』, 『아세아연구』 41.
남광우(2009), 『교학 고어 사전』, 교학사.
류성기(1984), 「18세기 국어의 피동문과 사동문에 대한 연구」, 한국정신문화연구원 부속대학교 석사학위 논문.
류성기(1988), 「19세기 국어의 피동문과 사동문에 관한 연구」, 『새국어교육』 43·44, 한국국어교육학회.
류성기(1992), 「17C 국어 사동문 연구」, 이규창박사 정년기념 국어국문학논문집
류성기(1997), 「국어의 시대별 변천 연구 2-근대국어」, 『근대 국어 형태』, 국립국어연구원.
명지연(1995), 「18세기 국어의 파생어형성에 대한 연구—명사파생과 형용사파생을 중심으로—」, 『성심어문논집』 17.
민병도(1949), 『의유당집』(조선역사여류문집), 을유문화사.
박노준(1990), 『고려가요의 연구』, 새문사.
박양규(1991), 「국어 경어법의 변천」, 『새국어생활』 1~3.
박영준(1994), 『명령문의 국어사적 연구』, 국학자료원.

박종은(1984), 「18세기 전반기의 안맺음씨끝 연구—오륜전비언해(오륜전비언해)를 중심으로—」, 한양대학교 석사학위 논문.
박진완(1998), 「17세기 국어의 의문형 종결어미 연구—역학서 자과를 중심으로—」, 고려대 대학원 석사학위 논문.
박진호(1994), 「중세국어 피동적 -어 잇- 구문」, 『주시경학보』 13(주시경연구소), 탑출판사.
박태영(1993), 「사동사 사동법의 변화와 사동사 소멸」, 『국어학』 22.
백두현(1997), 「17세기 초의 한글 편지에 나타난 생활상 자료, 책, 교육—경북 현풍의 진주 하씨묘에서 출토된 곽씨언간을 대상으로—」, 『문헌과 해석』 1, 태학사.
서재극(1969), 「주격 '가'의 생성기반에 대한 연구」, 『신태식박사송수기념논총』.
안주호(1991), 「후기 근대 국어의 인용문 연구」, 『자하어문논집』 8, 문학과지성사.
염광호(1998), 『종결어미의 통시적 연구』, 박이정.
오승세(1984), 「18세기 국어의 종지법 어미 연구」, 한양대 석사학위 논문.
유경종(1995), 「근대국어 피동과 사동 표현의 연구」, 한양대학교 박사학위 논문.
유성기(1984), 「18세기 국어의 피동문과 사동문에 대한 연구」, 한국정신문화연구원 석사학위 논문.
육진경(1990), 「19세기 후기 국어의 형태론적 연구—예수셩교 젼서를 중심으로—」, 건국대 대학원 석사학위 논문.
이 용(1992), 「18세기 국어의 시상에 관한 연구」, 서울시립대학교 석사학위 논문.
이경우(1990), 「최근세 국어에 나타난 경어법 연구」, 이화여대 대학원 박사학위 논문.
이기갑(1987), 「미정의 씨끝 '-으리-'와 '-겠-'의 역사적 교체」, 『말』 12, 연세대 한국어학당.
이기문(1998), 『국어사개설—신정판』, 태학사.
이병기(1948), 『의유당일기』, 백양당.
이병기·김동욱(1961), 『한중록—閑中漫錄』(한국 고전 문학 대계 14).
이숭녕(1972), 「17세기 초기 국어의 형태론적 고찰」, 『동양학』 2.
이승욱(1971), 「18세기 국어의 형태론적 특징—노걸대류의 국어 관계 자료를 중심으로 하여—」, 『동양학』 1.
이영경(1992), 「17세기 국어의 종결어미에 대한 연구」, 서울대 대학원 석사학위 논문.
이진환(1984), 「18세기 국어의 조어법 연구」, 단국대 석사학위 논문.
이태영(1985), 「주격조사 {가}의 변화기에 대하여」, 『국어문학』 25, 전북대.
이태영(1991), 「근대국어 -씌셔, -겨셔의 변천과정 재론」, 『주시경학보』 8.
이현규(1978), 「국어 물음법의 변천」, 『한글』 162호.

이현희(1982), 「국어 종결어미의 발달에 대한 관견」, 『국어학』 11, 국어학회
이현희(1982), 「국어의 의문법에 대한 통시적 연구」, 『국어연구』 52.
이현희(1993), 「19세기 국어의 문법사적 고찰, 근대이행기의 사회와 사상」, 『서울대 한국문화연구소 제5회 학술토론회』.
장경희(1977), 「17세기 국어의 종결어미 연구」, 『논문집』 16집, 서울대학교 사범대학.
장경희(1993), 「노걸대·박통사의 언해본」, 『국어사 자료와 국어학의 연구』(안병희 선생 회갑기념 논총), 문학과지성사.
전광현(1967), 「17세기국어의 연구」, 『국어연구』 19.
전광현(1978), 「17세기 국어의 접미파생어에 대하여」, 『동양학』 18.
전광현(1978), 「18세기 전기 국어의 일고찰」, 『어학』 5, 전북대.
전광현(1988), 「근대국어연구의 현황과 과제」, 『제21회 동양학학술회의강연초』, 단국대학교 동양학연구소.
정 광(1992), 「근대국어 연구에 대한 반성과 새로운 연구방법의 모색」, 『어문논집』 31, 고려대.
정길남(1992), 「19세기 성서의 우리말 연구」, 서광학술자료사.
정호성(1988), 「17세기 국어의 파생접미사에 대한 연구」, 성균관대 석사학위 논문.
조일규(1997), 『파생법의 변천』 1, 박이정.
주경미(1990), 「근대국어의 선어말어미에 대한 연구—18세기 국어를 중심으로—」, 단국대학교 석사학위 논문.
최기호(1978), 「17세기 국어의 마침법(종지법) 연구」, 『논문집』 2, 목원대.
최기호(1981), 「청자존대법 체계의 변천양상」, 『자하어문논집』 1, 상명여대.
최동주(1994), 「선어말 {-더-}의 통시적 변화」, 『주시경학보』 14.
한동완(1986), 「과거시제 '었'의 통시론적 고찰」, 『국어학』 15.
허웅(1967), 「서기 18세기 후반기의 국어사에 관한 약간의 자료에 대하여」, 『아세아학보』 3집, 영남대.
현종애(1991), 「근대국어 명령형 어미 연구」, 서강대 석사학위 논문.
홍윤표(1975), 「주격어미 가에 대하여」, 『국어학』 3, 국어학회.
홍윤표(1976), 「19세기 국어의 격현상」, 『국어국문학』 72·73.
홍윤표(1981), 「근대국어의 처소표시와 방향표시의 격」, 『동양학』 11, 단국대.
홍종선(1987), 「국어 시제의 발달」, 『어문논집』 27, 고려대.
황문환(1996), 「16·17세기 언간의 상대경어법 연구」, 한국정신문화연구원 박사학위 논문.
황병순(1980), 「국어 부정법의 통시적 고찰」, 『어문학』 40, 한국어문학회.

*지은이 **나찬연**은 1960년 부산에서 태어났다. 부산대학교 국어국문학과를 나오고 (1986), 같은 학교 대학원에서 문학 석사(1993)와 문학 박사(1997) 학위를 받았다. 지금은 경성대학교 인문문화학부 국어국문학전공에서 교수로 재직하고 있으면서 국어학 분야의 강의를 맡고 있다.

주요 논저

우리말 이음에서의 삭제와 생략 연구(1993), 우리말 의미중복 표현의 통어·의미 연구(1997), 우리말 잉여 표현 연구(2004), 옛글 읽기(2011), 벼리 한국어 회화 초급 1, 2(2011), 벼리 한국어 읽기 초급 1, 2(2011), 제2판 언어·국어·문화(2013), 제2판 훈민정음의 이해(2013), 근대 국어 문법의 이해－강독편(2013), 표준 발음법의 이해(2013), 제5판 현대 국어 문법의 이해(2017), 쉽게 읽는 월인석보 서, 1, 2, 4, 7, 8, 9, 10, 11, 12, 13(2017~2022), 쉽게 읽는 석보상절 3, 6, 9, 11, 13, 19(2017~2019), 한국 시사 읽기(2019), 한국 문화 읽기(2019), 국어 어문 규정의 이해(2019), 현대 국어 의미론의 이해(2019), 국어 교사를 위한 고등학교 문법(2020), 중세 국어의 이해(2020), 중세 국어 강독(2020), 근대 국어 강독(2020), 길라잡이 현대 국어 문법(2021), 길라잡이 국어 어문 규정(2021), 중세 국어 서답형 문제집(2022), 현대 국어 문법(2023), 국어 교육을 위한 학교 문법 1, 2(2024), 고등학교 국어 문법-이론편(2025), 국어의 음운 이론과 표준 발음법(2025)

*지은이 **나벼리**는 1990년 부산에서 태어났다. 건국대학교 국어국문학과를 나오고 (2016), 고려대학교 교육대학원에서 교육학 석사 학위(2019)를 받고, 부산대학교에서 〈중세국어 문법상 체계의 변화 연구〉로 문학 박사 학위(2024)를 받았다.

주요 논저

탐구학습을 활용한 '이다'의 교수-학습 방법 연구(석사학위 논문, 2019), 중세 국어의 '리'와 '니' 종결문의 생략 현상(2020), 중세 한국어 '이ᅀᅡ'의 문법적 성격과 실현 양상(2021), 중세국어 문법상 체계의 변화 연구(박사학위 논문, 2024), 훈민정음 'ㅣ' 상합 글자 교육의 개선 방안(2024), 문법 교육을 위한 품사와 문장성분의 연계 교육 방안(2024), 고등학교 국어 문법-이론편(2025), 화법과 언어에서 문장 구조 교육 내용의 재구성(2025), 국어의 음운 이론과 표준 발음법(2025)

* '학교문법교실(http://scammar.com)'의 자료실에서는 학교 문법과 관련된 각종 자료를 제공합니다. 그리고 학교문법교실의 '문답방'을 통하여 독자들의 질문에 대하여 지은이가 직접 피드백을 합니다.

인

제2판 **근대 국어 강독**

1판 1쇄 발행_2020년 04월 30일
2판 1쇄 인쇄_2025년 12월 10일
2판 1쇄 발행_2025년 12월 20일

지은이_나찬연·나벼리
펴낸이_양정섭

펴낸곳_경진출판
등록_제2010-000004호
이메일_mykyungjin@daum.net
스마트스토어_https://smartstore.naver.com/kyungjinpub/ (경진출판 예서의 책)
사업장주소_서울특별시 금천구 시흥대로57길 17(시흥동, 영광빌딩), 203호
전화_070-7550-7776 **팩스**_02-806-7282

값 18,000원
ISBN 979-11-24168-03-5 93710